通貨統合の歴史的起源

資本主義世界の大転換とヨーロッパの選択

権上康男

日本経済評論社

横浜商科大学学術叢書

はしがき

第二次世界大戦が終結して以後、欧州諸国は地域統合を旗印に掲げ、次々と歴史上類例のない企てに挑んできた。一九五二年の石炭鉄鋼共同体（ＥＣＳＣ）に始まり、欧州経済共同体（ＥＥＣ）、欧州同盟（ＥＵ）と、段階を踏んで統合の対象領域を拡大した。それとともに統合組織への加盟国を増やし、さらに統合を深めた。一九九八年には欧州中央銀行（ＥＣＢ）を創設した。そして翌一九九九年、至難と見られてきた単一通貨ユーロの導入を実現し、経済領域における統合を完結させた。

長い人間の歴史をつうじて、通貨の発行は国家主権の基本的要素、権力者の大権と見られてきた。それだけに、有力な主権国家が通貨発行権を欧州中央銀行のような国家を超える機関に移譲した例はない。欧州諸国はなぜこのような選択をしたのか。通貨統合とは具体的にどのようなものか。欧州諸国はこの野心的事業を進めるにあたってどのような困難に直面し、この困難をどのように克服してきたか。本研究はこうした一連の疑問にたいする答を、歴史のなかに探ろうとするものである。

欧州通貨統合の歴史を扱った研究文献は日本国内にも海外にも数多く存在する。しかしその多くは主題を制度面から扱ったもので、固有の意味における歴史研究はきわめて少ない。ここで固有の意味における歴史研究とは、未開発の歴史文書（第一次史料）に可能なかぎり依拠し、対象を経済社会の歴史的進化の文脈に位置づけて分析し考察する研究という意味である。歴史研究の遅れから、通貨統合史の大半はなお神話の世界にとどまっている。「マネタリストとエコノミストの対立」、「ブリュッセルの官僚たちによる支配」、「狭まる国家主権」、「早すぎた単一通貨の導入」

などのフレーズが、各種の文献やメディアに厳密な定義も十分な裏づけもなしに登場することが、そのわかりやすい証である。このような研究史の現状にかんがみ、本研究は第一次史料の徹底した探査と開発をつうじて、また具体的な歴史の文脈とのかかわりに注意を払いつつ、通貨統合史の真実に迫ることを意図している。

先行研究が少ないだけに、歴史研究者は欧州通貨統合史にどのような課題意識をもって臨むべきかが問題になるであろう。筆者のように長く経済社会の歴史研究に携わってきた者には、ごく自然に三つの疑問が、したがってまた課題が浮かぶ。

通貨統合に向けた欧州諸国の取組みは、一九七〇年代初頭から一九九九年にいたるまで、実に三〇年もの長きに及んでいる。この間、多くの困難に直面し、さまざまな曲折があったものの、この取組みは途絶えることがなかった。この事実は、欧州諸国には通貨を統合することによってしか解決できない問題があったことを示唆している。しかもこの問題は、一九六〇年代末以降という歴史段階に登場し、今日も継続して存在していると考えざるを得ない。この問題は何なのか。これが第一の疑問である。

疑問の第二は社会とのかかわりである。詳細は本論に譲るが、通貨統合を進めるには、そしてまた統合された通貨制度が安定して機能するには、関係する諸国の物価政策、財政政策、通貨政策などの経済政策、経済成長率や国際収支など経済のファンダメンタルズ、そして最終的には経済構造そのものを相互に接近させること、つまり欧州共同体および欧州同盟の用語で言う「収斂《コンヴァージェンス》」が必要になる。なかでも経済政策の目標や政策手段、それに現実の政策運営を収斂させることは、統合のどの段階においても必要とされる。そうした収斂は、欧州諸国の国内ならびに欧州諸国間において、あるべき経済政策および市場経済モデルについて社会的コンセンサスが成立していないと難しい。そうであるなら、この社会的コンセンサスはどのような経済政策、市場経済モデルにおいて成立したのか、それはいつなのかが問われねばならない。

ところで経済政策とは国家の経済過程への介入にほかならない。この介入は一九三〇年代以降、国家統治の基本的な手段に、すなわち経済領域における国家主権そのものになっている。それゆえ経済政策を収斂させることは、形式論理的に考えるなら、国家主権の部分的放棄ないしは制限を意味すると言える。では、通貨統合への取組みを進める過程で、国家主権問題はどのようなかたちで処理されたか、あるいは処理されたと考えるべきか。これが第三の疑問である。

以上の疑問ないし課題は、一見してわかるように欧州における経済統合、なかでも通貨統合の何たるかを理解するためのカギとなるものである。しかし筆者は、このような疑問を提示し、それに答えようとした論者を知らない。通貨統合については、その長期の歴史をつうじて、メディアや一部の経済学者たちによって何度となく悲観的観測や否定的評価がなされた。そうした観測や評価はしかし、これまでのところ中長期的には的中することがなかった。それは三つの疑問に向き合う論者がいなかったためと考えられる。

欧州諸国が通貨統合を政治課題に据え、その実現に取り組むことで合意したのは一九六九年一二月のハーグ欧州首脳会議である。以後、一九八〇年代初頭までに、通貨統合に向けた最初の取組みが行われた。この取組みはさまざまな種類の困難に直面しただけでなく、その進め方をめぐって関係諸国のあいだに深刻な軋轢を生じた。この一〇年余りの時期に、欧州諸国は通貨統合にかかわる困難な問題のほとんどすべてを経験したと言っても過言ではない。今日のユーロ圏を揺るがしている諸問題の原型もすでにこの時期に、すなわち六カ国、次いで九カ国に拡大した欧州経済共同体の時代に、きわめてわかりやすいかたちで確認できる。かくて試練の一〇年余りは、逆説的ではあるが、通貨統合史上もっとも豊饒な時代であったとも言える。

一方、本研究の対象となるこの時期は、市場機構が欧州諸国の国内では経済社会全体を、また国際的地平では国際通貨制度という決済の仕組みを、歴史上かつてない広がりと深さでとらえるようになった時期にあたる。それを媒介したのは石油危機とブレトンウッズ体制の崩壊という二つの歴史的事件であった。この時期に、戦後に欧州諸国（西ドイツを除く）に出現した高度に組織化された資本主義は軒並み構造再編を迫られ、自由な市場経済を公準として掲げる今日的タイプの資本主義に向けた道を歩み始める。本研究ではこの構造再編を「大転換」と呼ぶ。カール・ポランニーは一九四四年の著作で、一九世紀に起源をもつ、市場の理念に合わせてつくられた「市場社会」が一九三〇年代に終焉するとし、これを「大転換」と呼んだ。[1] しかし本研究では、ポランニーとは反対に、大転換を「市場社会」の終焉ではなく誕生の意味で用いる。[2] 当然のことながら、通貨統合に向けた取組みと大転換の歴史過程は相互に分かちがたく結びついていたはずである。本研究は第一次的には通貨統合を対象にするが、この主題への取組みをつうじて、欧州における現代の経済社会の誕生の秘密に光をあてることをも意図している。

本研究がめざすのは固有の意味における歴史研究であるが、厳密には、フランスという特定の国の側からの社会経済史研究である。

社会経済史とは経済領域を社会領域と不可分のものとして扱うアプローチである。社会の変動は最終的には政治を動かすことになるから、このアプローチでは政治も重要な対象領域に含まれる。本研究がこのようなアプローチをとるのは、先に述べたように、通貨統合を進めるには経済政策の収斂、ないしは収斂に向けた政府の行動が必要だからである。通貨統合はそれ自体としては通貨という上部構造に属する事象ではあるが、根本において、あるいは最終的には、政治とその背後に控える社会の動向と無関係ではあり得ないのである。ただしそれは、三つの領域を同じ比重で扱わねばならないということではない。そもそもそうしたことは技術的に困難である。本研究に即して言うと、第一次的には通貨問題を扱うものの、常に他の諸領域を射程に収めつつ分析と考察を行うという意味である。

フランスの側から課題に接近することには理由が二つある。まず、歴史や文化を背景にもつ社会や国家を射程に入れたアプローチをとるかぎり、特定の国や地域に焦点を絞らざるを得ないからである。次に、通貨統合史のもつ複雑で多様な側面に光をあてるうえでフランス以上に好適な国はないからである。本論で明らかになるように、通貨統合に向けた取組みに支配的な影響力を行使できたのは、フランスとドイツという大陸欧州の二つの大国、いわゆる「枢軸国《アックス》」である。通貨統合にたいするドイツの姿勢は一貫して明快で、ぶれることが少なかったが、フランスの姿勢はそれとは対照的に、複雑で、かつ屈折していた。また、フランスは経済大国ではなかったが、西側諸国のなかで唯一、超大国アメリカ合衆国にたいして正面から物の言える国であった。欧州通貨統合はドルを基軸とする戦後の国際通貨制度のあり方をめぐる問題と深くかかわっていた。それだけに、フランスの側からのアプローチは、欧州通貨統合問題を戦後の資本主義世界の歴史的進化のなかに位置づけて、バランスよく考察するうえで有益と考えられるのである。

本研究をまとめるにあたって筆者がとくに意を用いたこと、したがってまた本研究を大きく特徴づけることになったものが二つある。

第一は、意思決定の過程を可能なかぎり具体的に示そうとしたことである。本研究ではしばしば、専門技術官僚たちがくり広げる金融や外国為替の技術的細部にかかわる議論に立ち入っている。そうした手法をとったのは、通貨統合の真実は、そしてまた欧州諸国の経済社会の現代化の秘密を解くカギは、技術的細部に隠されていると筆者が考えるからである。別の言い方をすると、人々の日常生活からもっとも遠いところで経済社会の進化の方向づけがなされ、人々の運命が決められているという現実を示したかったからである。あるいは、それまでの職業団体間の調整に基礎をおくコーポラティズム型の社会とは違って、経済領域と社会領域が分離し、しかも後者が前者のなかに溶解しつつあるかに見えるような現実こそが、一九七〇年代以後の欧州諸国の経済社会をそれ以前から区別するものであると筆者が考えるからである。

第二の特徴は、欧州通貨統合の歴史そのもの、およびそれと表裏一体となって進む欧州諸国の資本主義の歴史的進化を合理的に理解するために、新しい理論的道具だてないしは概念装置を使用したことである。

歴史研究の重要な使命は、選択した研究対象に関係する可能なかぎり多種多様な史料を渉猟し、そこから一定の史実を選択して抽出し、それらを整理・統合することによって、対象についてのまとまった理解、すなわち「歴史像」を示すことにある。そうした使命はさまざまな理論や概念の援けなしには達成できない。本研究を進める過程で筆者を悩ませた最大の問題は、既存の理論や概念を援用するだけではこの使命を達成できないことにあった。

この困難はしかし、本研究を進める過程で、欧州の現代史に埋もれていた二つの概念を再発見したことによって最終的に克服することができた。一つは「新自由主義」（ネオリベラリズム）である。日本では新自由主義を「市場原理主義」とする理解が一般的である。しかし「市場原理主義」とはかなり性格の異なる新自由主義の流れが欧州大陸諸国に存在したし、現在も存在しつづけている事実を発見できた。筆者たちの共同研究によれば[(3)]、一九三〇年代のドイツとフランスに主要な起源をもつこの新自由主義の流れは、国家には市場経済にたいして果たすべき重要な役割（なかでも市場経済の制度的基盤を整え、場合によっては市場経済を新しい方向に誘導するという役割）があることを説き、社会と市場経済との折合いを重視する点に大きな特徴がある。

もう一つの再発見は「対外的拘束」（contrainte extérieure）である。この概念は、とくに一九七〇年代に入って顕著になった新しい現実を説明するために、フランスを中心とする欧州の政策当局者たちのあいだで用いられていた。そこで問われていたのは、欧州諸国のように対外経済依存度の高い中規模の工業国では、経済活動全体が中長期はもとより短期についても対外的要因によって支配されるようになり、政策選択の余地が大幅に狭まっているという現実であり、これにどう対処するかという問題であった。「対外的拘束」は一九九〇年代に入ってグローバル化が急速に進むなかで顕在化したと理解されがちであるが、欧州諸国ではそれよりもはるか以前に確認され、問題にされていたのである。

筆者が本研究を社会経済史研究としてまとめることができたのは、これら二つを操作概念として利用できたことによるところが大きい。

筆者が本研究に従事したこの一〇年余りは欧州諸国、なかでもとりわけフランスにおいて、一九七〇～八〇年代前半の公的歴史文書の整理が急速に進み、研究者に公開されるようになった時期にあたる。その先頭を切ったのはフランス銀行である。一九九八年に欧州中央銀行が創設されたのにともない、同行の外事局文書の大半が現用文書の括りを外され、歴史文書室に移管された。こうして同行が所蔵する膨大な量の欧州通貨統合関連文書にアクセスする道が開かれた。筆者は一九九九年夏にパリに滞在した際この情報に接し、ただちに歴史文書室で数点の文書を試験的に抽出して閲覧した。本研究はここに起源を発している。

フランス銀行につづいて、フランス財務省の経済財政文書館でも一九七〇年代の歴史文書の整理が進み始めた。また同省の経済財政史委員会（現在の経済財政史部）では、一九六〇～七〇年代に活躍した財務官僚および中央銀行の総裁・副総裁の音声史料の作成作業が精力的に進められた。さらに、それと前後して国立公文書館ではジョルジュ・ポンピドゥーとヴァレリー・ジスカールデスタンの二代の大統領府文書が公開されるようになった。

なかでも大統領府文書の公開は歴史研究にとって画期的な意味をもっている。これによって国家の最高の意思決定中枢を介して通貨統合問題を直接追跡することが可能になった。その結果、一般に流布している通説の類はもちろんのこと、他の行政諸機関内で作成された文書類をも批判的に分析することが可能になった。ちなみに、フランス銀行外事局文書とともに本研究を史料の質と量の両面から支えているのはこの大統領府文書である。

このような事情から、この場を借りてまず感謝の意を表したいのはフランスの歴史文書館・歴史文書室の方々である。フランス銀行の二人のアーキヴィスト、ルーズ・ファブリス、フレデリック・グルラール、それに職員のオディユ・ブテイエの三氏からは、史料の探査ならびに閲覧に関して、大変行き届いた支援をうけた。おかげで、整理の途中にある、未だ整理番号の付されていない史料、さらには歴史文書室への移管前の文書の一部をも閲覧することができた。財務省経済財政文書館のアーキヴィスト、ローラン・ドュピュイ氏からは特別許可の必要な文書の閲覧に関して、また同経済財政史委員会の研究員アンヌ・ドゥ・カステルノー氏からは音声史料の閲覧に際して、さまざまな便宜を図っていただいた。

フランスの研究者ではまず社会科学高等研究院（ＥＨＥＳＳ）の畏友パトリック・フリーダンソン氏のお名前をあげねばならない。筆者が本研究の構想について最初に意見交換したのは氏である。氏は筆者の構想に全面的に賛成してくれただけでなく、さまざまな助言もしてくれた。経済財政史委員会の元研究員で現ＣＮＲＳ研究員のロール・クヌエル＝コール氏からは、歴史文書館以外の場所に所蔵されている財務省文書に関する情報提供をうけただけでなく利用に関する便宜も図っていただいた。パリ第一大学のミシェル・マルゲラーズ氏は、パリの歴史家たちとの意見交換を可能にすべく、氏が主催するフランス銀行内の研究会で筆者に報告の機会をあたえてくれた。パリ在住のベルギー人、フランツ・ラリュー氏は、筆者が史料調査のためにパリを訪れるたびに適切な宿舎を手配してくれ、また筆者の不案内なベネルクス諸国の人名の読み方も教えてくれた。

フランスの元閣僚、元経済・財務官僚の方々は、筆者からのインタヴューの申込みに快く応じてくれた。なかでも元計画庁長官で現フランス・アカデミー会員のミシェル・アルベール氏とのインタヴューは筆者にとって特別のものがあった。氏はこの種のインタヴューとしては異例なことに、筆者のノート類のコピーを事前に送ってくれるよう連絡してきた。二〇一〇年九月一三日、アルベール氏はフランス・アカデミー内の執務室で秘書とともに筆者を迎えてくれたが、その手元には筆者が送った五〇頁余りの史料の抜書きと五頁の筆者の研究概要がおかれていた。いずれにも多数の下線と書込みが朱で施されていた。アルベール氏は万全の態勢で筆者を迎えてくれたのである。氏はこれらの資料にもとづいてコメントをしてくれたが、ほとんどすべての点で筆者の解釈に賛成であると述べ、何度も「大変光栄である《トレ・ゾノレ》」と言われた。一九七〇年代フランスにおける経済政策路線の転換が世界史的な意味をもつものであったこと、そしてアルベール氏がこの転換を先導する役割を果たしたことに、筆者が光をあてていることが氏をひどく感動させたようである。本研究のなかで筆者はかなり踏み込んだ歴史解釈をこころみているが、そうした勇気の源となっているのはアルベール氏とのインタヴューである。

欧米経済史、経済学史、金融論を専門とする日本の研究者との意見交換も本研究をまとめるうえできわめて有益であった。西川純子、米山高生、雨宮昭彦、須藤功、小島健、石山幸彦、矢後和彦、福澤直樹、石坂綾子、水野里香の諸氏には、筆者の主宰する「ネオリベラリズム研究会」に参加し、歴史に埋もれた「新自由主義」を今日に蘇生させる事業に協力していただいた。石坂綾子氏と水野里香氏は宮崎礼二、石井聡、佐藤秀樹の諸氏とともに、同じく筆者の主催する「一九七〇年代史研究会」にも参加してくれた。この研究会における議論をつうじて、筆者は未だ歴史的評価の定まっていない戦後資本主義の構造再編に関する理解を深めることができた。

浅井良夫氏は成城大学において、また上川孝夫氏は横浜国立大学において、それぞれ筆者に講演の機会を用意し、異なる分野の専門家との意見交換の場をあたえてくれた。村田春美氏は日本の各種定期刊行物に掲載された国際通貨問題に関する内外の当局者たちの証言資料類を収集してくれた。この資料の大半は本研究で引用されていないが、日本における関連情報のありようを把握できたおかげで、筆者は多少の余裕をもって本研究をまとめることができた。

村田氏には原稿にも目をとおしていただき、有益なコメントもいただいた。ここにお名前をあげたすべての方々には心から感謝の意を表するものである。

本研究の出版にあたっては日本経済評論社の社長栗原哲也氏、谷口京延氏に今回もお世話になった。学術書の出版をめぐる厳しい環境のなかで奮闘される両氏には、心より敬意と感謝の意を表したい。

本研究は二〇〇二～二〇〇四年度日本学術振興会科学研究費補助金（基盤研究B）（14330023）、二〇〇三年度同特定国派遣研究者（長期）、二〇〇八～二〇一〇年度同科学研究費補助金（基盤研究C）（20530315）による研究の成果である。また、本研究の刊行にたいして横浜商科大学学術研究会から出版助成をうけたことを付記しておく。

二〇一三年三月

注

（1）Karl Polanyi, *The Great Transformation. The Political and Economic Origins of Our Time*, New York, 1944.（カール・ポラニー著／野口建彦・栖原学訳『〔新訳〕大転換——市場社会の形成と崩壊』東洋経済新報社、二〇〇九年）。

（2）筆者の「大転換」の理解については、権上康男「一九七〇年代フランスの大転換——コーポラティズム型社会から市場社会へ」『日仏歴史学会会報』第27号、二〇一二年六月、を参照。

（3）このタイプの新自由主義については、権上康男編著『新自由主義と戦後資本主義——欧米における歴史的経験』日本経済評論社、二〇〇六年、を参照。

凡例

一 機関・団体名の欧文表記は初出時に本文中に示し、人名の欧文表記は巻末の索引に掲げる。

二 よく知られた国際機関および欧州経済共同体の諸機関の原語表記およびそれらの略記は原則として英語で行い、その他は仏語で行う。

三 欧米の人名の表記は初出時に姓名を記し、それ以外は原則として姓のみを記す。また人名のカタカナ表記は可能なかぎり母国語発音にもとづいて行い、英語式発音は避けた。たとえば、ヴェルネル（英語式発音、ウェルナー）、トリフィン（トリファン）など。

四 引用文中の（……）は原典にある挿入を、また〔……〕は筆者による挿入を示す。

五 引用文中の傍点は、とくに断りのないかぎり原典のイタリックを示す。

六 本書における欧文略記は以下のとおり。

ＡＢＦ	Archives de la Banque de France
ＡＮ	Archives nationales
ＢＩＳ	Bank for International Settlements
ＣＡＥＦ	Centre des archives économiques et financières
ＣＤＵ	Christlich-Demokratische Union
ＣＥＥ	Communauté économique européenne
ＣＦＤＴ	Confédération française démocratique du travail
ＣＦＴＣ	Confédération française des travailleurs chrétiens
ＣＧＣ	Confédération générale des cadres
ＣＧＴ	Confédération générale du travail
ＣＧＴ－ＦＯ	Confédération générale du travail-Force ouvrière

CHEF	Comité pour l'histoire économique et financière (Ministère de l'Economie et des Finances)
CNPF	Conseil national du patronat français
CRS	Compagnie républicaine de sécurité
DGAEF	Direction générale des affaires économiques et financières (Commission des Communautés européennes)
DGSE	Direction générale des services étrangers (Banque de France)
ECB	European Central Bank
ECSC	European Coal and Steel Community
ECU	European Currency Unit
EDF	European Development Fund
EEC	European Economic Community
EIB	European Investment Bank
EMS	European Monetary System
EPU	European Payments Union
EU	European Union
EUA	European Unit of Account
FDES	Fonds de développement économique et social
FECOM	Fonds européen de coopération monétaire
FEN	Fédération de l'éducation nationale
FEOGA	Fonds européen d'orientation et de garantie agricole.
FTA	Free Trade Area
GATT	General Agreement on Tariffs and Trade
IMF	International Monetary Fund
INSEE	Institut national de la statistique et des études économiques

ISEA　Institut des sciences économiques appliquées
MCM　Montants compensatoires monétaires
OEEC　Organization for European Economic Cooperation
OPEC　Organization of Petroleum Exporting Countries
RI　Républicains indépendants
RPR　Rassemblement pour la République
SDR　Special Drawing Rights
SME　Système monétaire européen
SMIC　Salaire minimum interprofessionnel de croissance
UC　Unité de compte
UCE　Unité de compte européenne
UCME　Unité de compte monétaire européenne

目次

序章　ローマ条約と一九六〇年代における欧州通貨統合問題

欧州における通貨統合は、欧州諸国が、欧州経済共同体（ＥＥＣ）という「経済社会領域における政治同盟」[1]の枠組みのなかで、経済統合を完成へと導く目的のもとに追求した課題である。しかし、それが公式の課題になるのは経済共同体が発足して一〇年後の一九六〇年代末と、かなり遅い。通貨統合への取組みが遅れたことには、経済共同体の基本法であるローマ条約に関連する規定がなかったことが関係していた。

では、ローマ条約のなかで通貨や為替をめぐる問題はどのような位置づけをあたえられていたか。また、この問題は初期の経済共同体においてどのように扱われていたか。この二つの疑問を解くことから始めることにしよう。

第1節　ローマ条約の歴史的性格

1　ローマ条約の二元性

ローマ条約は一九五七年三月二五日、フランス、西ドイツ（以下、「ドイツ」と略記）、イタリア、ベネルクスの六カ国のあいだで結ばれたが、それは二元的性格を備えていた点に大きな特徴がある。

ローマ条約には、加盟諸国間における財貨、サーヴィス、資本および労働力の移動をほぼ全面的に自由化し、かつ第三国にたいして共通の政策を実施することによって、加盟諸国間に統合された経済圏を創出することが謳われていた。一九二〇年代以降、アメリカ合衆国の巨大な市場に匹敵する「単一市場」(marché unique) ないしは「大市場」(grand marché) ――ローマ条約の用語で言う「共同市場」(2) (marché commun) ――を欧州に建設するという構想が欧州のエリートたちのあいだに支持を広げていた。(3) 条約はこの壮大な構想を実現するというのである。

いうまでもなく、この構想にもとづいて共同市場の建設が進めば政府の自由な政策判断や行動は制限をうけざるを得ない。やがて共同体の諸機関への国家主権の移譲という問題も浮上してくるはずである。ところがローマ条約は、欧州石炭鉄鋼共同体（ＥＣＳＣ）の設立を定めた一九五一年四月一八日のパリ条約とは違って、独立した「超国家機関」や「中央政策決定機関」はおかず、加盟諸国の国務大臣（なかでも外務大臣、経済・財務担当大臣）から構成される欧州閣僚理事会（Conseil）を最高の決議機関としていた。つまり、加盟諸国の国家主権に抵触するような制度の存在を排除していたのである。

共同市場の建設を目標に掲げるけれども超国家機関は排除する。ローマ条約に内在するこの二元性については、経済共同体の諮問機関である通貨委員会の初代のオランダ出身委員でオランダ銀行理事ポストゥーマが、第一次大戦前の「経済統合」との対比で興味深い考察をこころみている。その内容を、いくぶん敷衍しつつ紹介してみよう。

第一次大戦前においては、国際経済関係の自由化に関する理解は各国間で共通していた。また、各国の通貨は国内法により金の重量で定義されていた。こうした歴史的条件のもとで、国民経済の相互浸透の流れが自然発生的に形成されていた。第二次大戦後になると、経済関係の自由化と国民通貨の安定にたいする人々の関心が弱まり、社会、経済、金融の諸領域への国家の介入が容認されるようになった。自由な市場経済は絶対視されなくなり、その機能は完全雇用に代表される新しい社会目標とのかかわりで制約をうけるようになった。それゆえ関税や為替管理のような、経済的諸要素の国際移動を妨げる制度や政策を排除するだけでは統合は実現できなくなった。国民国家の枠内で公権力が独自に行っている経済政策を相互に近づけること、すなわちマクロ介入政策をめぐる「協調」(coordination)、さらにはこの政策の「収斂」(convergence)[4]が必要不可欠になっている。というのは、関係諸国間における経済政策の違いを放置したまま経済関係の自由化が進めば、重大な問題が生じるからである。たとえば、A国は社会紛争を避けるために物価や賃金の上昇に寛容な政策をとり、B国は物価や賃金の安定を重視する政策をとっていると仮定しよう。このA、B両国間を財貨や資本が自由に移動するようになれば、為替相場が固定されているかぎりA国のB国にたいする貿易収支は悪化し、資本もA国からB国に流出する。他の条件に変化がなければ、A国の総合収支は悪化し、やがてA、B両国の為替関係は緊張する。最終的には通貨危機が発生し、経済活動は深刻な危機に陥る[5]。

以上のポストゥーマの考察から、ローマ条約(したがってまた経済共同体)の歴史的性格ならびに本質にかかわる二つの命題を導くことができる。一つは、ローマ条約が中央政策決定機関なしで共同市場を建設しようとしたのは第二次大戦後の国家が介入政策の主体として重要な役割を果たすようになっているからである、という命題である。つまり、ローマ条約がめざす統合とは、欧州委員会も確認していたように、「自由に基礎をおく経済秩序が経済活動における国家の恒常的プレゼンスなしには存続できない[6]」歴史段階における統合だということである。

もう一つの命題は、介入政策――その方向性や強度――は経済および社会の仕組みや状況を反映して国ごとに異なっているが、共同市場の建設にはこの差異をなくし、関係諸国間における成長率、物価、国際収支など経済のファンダメンタルズを収斂させることが必要不可欠になるというものである。ドイツ出身の初代欧州委員会委員長ヴァルター・ハルシュタインは、機会をとらえては次のように述べていた。「統合されるのは、経済活動の行われる前提条件の創造にあたって国民国家が演じる役割である。……それ〔経済統合〕はたんに自由貿易をめざした運動ではない」、したがって「われわれはビジネスを行っているのではない、政治を行っているのである[7]」と。経済共同体の公式文書もまた、「経済統合は政治的現象である」(8)ことをしばしば強調していた。こうした言説はポストゥーマの考察から導かれる第二命題に根拠をおくものだったのである。

2　経済政策の協調と通貨問題

以上から明らかなように、経済政策をめぐる協調は共同体加盟諸国間の為替関係の安定を保障し、共同体の域内における自由な経済取引を可能にするうえで決定的な意味をもつ。ローマ条約はこの政策協調について、国際収支を扱った第2篇第2章で一般的な原則を規定している。

第2章第104条には「各加盟国は総合収支の均衡を保障し、自国通貨の信認を維持するために、高水準の雇用と物価水準の安定を保障することに注意を払いつつ、必要な経済政策を遂行しなければならない」と規定され、つづく第105条には「第104条に示された目標の達成を容易にするために加盟諸国は経済政策における協調を図らなければならない」と規定されている。さらに、第107条にも「各加盟国は為替相場に関する自国の政策を共通の利益にかかわる問題と見なさなければならない」と規定されている。なお、総合収支の均衡維持が困難になった場合の対処法については、第108条と第109条に「相互支援」と「保護的諸措置」(セーフガード)の規定がある。

一方、政策協調を保障するための実務調整機関については、第105条が「通貨委員会」(Comité monétaire)の設置を定めている。通貨委員会は、決議機関である欧州閣僚理事会と執行機関である欧州委員会(Commission)の双方の諮問機関――経済共同体内の用語で言えば「専門委員会」(comité spécialisé)――で、加盟国を代表する各二名の委員から構成される。その基本的任務は、加盟国の通貨および金融の動向と国際収支全般を調査し、欧州閣僚理事会と欧州委員会に報告することとされている。通貨委員会はローマ条約に明文規定された唯一の諮問機関であったから、この委員会が政策協調を推進する実務上の責任を負うことになっていたのである。ちなみに、通貨委員会は共同体の発足と同時に創設される。一九六八年一〇月時点の構成員は表序－1のとおりである。表から明らかなように、各国がこの委員会に送ったのは、経済・財務担当省の局長級の代表と中央銀行の副総裁級の代表である。

以上のような政策協調に関するローマ条約の一連の規定を論理的に整理すれば次のようになる。加盟諸国は総合収

表序－1 通貨委員会の構成（1968年10月）

氏 名	出身機関・役職・出身国
委員長	
E. van Lennep	財務省総財務官（オランダ）
副委員長	
B. Clappier	フランス銀行首席副総裁（フランス）
O. Emminger	ドイツ・ブンデスバンク理事（ドイツ）
委員	
R. Larre	経済財務省国庫局長（フランス）
W. Hanemann	連邦経済省局長（ドイツ）
M. D'Haeze	財務省国庫・公債局総局長（ベルギー）
F. De Voghel	ベルギー国立銀行副総裁（ベルギー）
P. Bastian	政府管理官（ルクセンブルグ）
R. Weber	国立貯蓄金庫管理委員（ルクセンブルグ）
A. W. R. baron Mackay	オランダ銀行局長（オランダ）
G. Stammati	国庫省主計局長（イタリア）
R. Ossola	イタリア銀行経済顧問（イタリア）
U. Mosca	欧州委員会経済金融総局総局長
M. F. Boyer de la Giroday	欧州委員会経済金融総局局長
代理人会議議長	
J. Mertens de Wilmars	ベルギー国立銀行経済顧問（ベルギー）
代理人	
D. Deguen	経済財務省国庫局副局長（フランス）
H. Koch	フランス銀行研究総局長（フランス）
G. Willmann	連邦財務省（ドイツ）
G Jennemann	ドイツ・ブンデスバンク局長（ドイツ）
M. Meulemans	財務省（ベルギー）
M. Schmit	予算課長（ルクセンブルグ）
N. Rollmann	国立貯蓄金庫理事（ルクセンブルグ）
H. O. Chr. R. Ruding	財務省（オランダ）
A. Szasz	オランダ銀行国際局長（オランダ）
D. Gagliardi	対外通商省監察官（イタリア）
L. Fronzoni	ベネルクス駐在イタリア銀行代表（イタリア）
B. Molitor	欧州委員会経済金融総局局長
G. Wissels	欧州委員会経済金融総局局長

（出所） ABF, 1489200205/206. *Onzième rapport d'activité du Comité monétaire*, Bruxelles, 15 mai 1969, pp. 17-19.

支の均衡と自国通貨の安定を維持するために、経済政策で協調する。そうすることによって加盟諸国間の為替関係の安定を図り、共同市場の建設を通貨面から保障する。そのために必要となる政策調整の実務は通貨委員会が担う。ローマ条約の論理構造をこのように理解するなら、一つの重要な事実が確認できる。ローマ条約は通貨も為替も正面から扱っていないが、それらは総合収支の均衡、経済政策の協調という問題の背後に厳然と控えていたという事実である。通貨も為替も決して不問に付されていたわけではなかったのである。したがってまた、実務調整機関の名称がなぜ「通貨委員会」なのかという謎も解ける。

　ところでローマ条約を通貨および為替の側面から見るなら、この条約はブレトンウッズ体制における固定相場制のルールを共同体に適用しようとしていたと言える。この戦後の国際通貨制度のもとでは、世界の国々は対ドル平価の上下それぞれ一パーセント、欧州諸国については対ドル平価の上下それぞれ〇・七五パーセントの範囲内で為替相場の変動が認められていたから、欧州諸国通貨間では為替相場は最大で一・五パーセントまで変動が可能であった。一・五パーセントという為替変動は小幅であるとはいえ共同市場の円滑な機能の妨げになる。共同市場を完全なかたちで実現しようとするなら、一・五パーセントの為替変動を廃絶し、欧州という地域レヴェルにおける通貨統合を考えて当然である。しかしローマ条約は、一・五パーセントの変動幅の廃絶はもとより一・五パーセント以下への変動幅の圧縮にも言及していない。条約締結時の欧州諸国には通貨統合という考えはなかったのである。

　総じてローマ条約が経済政策をめぐる協調や収斂、それと不可分の関係にある通貨および為替の領域に具体的に踏み込んでいなかったことは、早い段階から共同体の当局者たちによって、条約の「不備」ないしは「不十分さ」として認識されていた。たとえば、一九五八年六月四日に開かれた通貨委員会の第一回会合で、欧州閣僚理事会を代表して挨拶したベルギーの外務大臣で同理事会初代議長のヴィクトール・ラロックは、同委員会の任務について次のように述べている。

こうした〔ローマ条約の〕規定は、たんに向かうべき方向性を示しているに過ぎません。多分それは、政策における協調は共同市場から生じる必要に応じて経験的に決められるものだからなのでしょう。……条約の不十分さと言っても過言でないということは、〔通貨委員会が〕自らの意思でより自由に行動できるということですから、思い切った決定に向けた刺激剤になるでしょう。言い換えれば、皆様方の委員会の役割は、条約の文言に忠実に、かつその精神に沿いつつも、条約の条項を超えないわけにはいかないのです。(9)（傍点は引用者）

ラロックによると、条約の「不備」は共同市場を建設する過程で、実践をつうじて克服すべき事柄であり、通貨委員会が「不備」を克服する中心的な主体になり得るというのである。

3　欧州統合の理念問題と「フーシェ・プラン」――「連邦主義」と「連合主義」の対立

前項で引用した挨拶のなかで、ラロックはローマ条約の「不備」を共同市場建設における経験主義と関連づけて説明している。しかし、この説明は必ずしも本質を衝いているとは言えない。というのは、もともと条約の「不備」には十分な政治的理由があり、経験主義で解決できる余地はそれほど大きくなかったと見られるからである。理由は二つある。一つは、戦後の欧州諸国では、経済政策のなかでも物価政策や通貨・信用政策が、経済変動や労働組合運動によってもたらされる社会的緊張を緩和する目的で、機動的かつ柔軟に実施されていたからである。もう一つは、経済政策における協調を実現するための方法や制度をめぐる議論は、最終的には、国民国家の主権の制限や共同体への主権の移譲という政治問題に行き着くからである。

とくに問題は第二の理由にあった。欧州石炭鉄鋼共同体が発足する以前から、統合の理念をめぐって、緩やかな国家連合をめざす「連合主義」（unionisme）と国家の統合を展望する「連邦主義」（fédéralisme）の対立があり、各国の世論は多かれ少なかれ分裂していた。国家間においても事情は同じであった。国家間の問題は経済政策における協調や通貨問題の行方にも重要なかかわりをもっているので、経済共同体発足当初の問題状況を簡単に見ておくことにしよう。

　欧州統合の理念をめぐる共同体加盟諸国間、なかでもフランスと他の諸国のあいだの足並みの乱れは、フランスで一九五八年六月に国民的英雄シャルル・ドゴールが政界に復帰し、次いで翌一九五九年一月に第五共和制の初代大統領に就任してから急速に拡大する。もともと欧州の統合に否定的だったドゴールは、政権の座に就くや「諸国家の欧州」（Europe des Etats）を唱え、それに即した新しい欧州の枠組みづくりに乗り出したからである[10]。実際、フランス政府は一九六〇年から六二年にかけて「政治的欧州」（Europe politique）——ドゴールの言葉で言えば「政治、経済、文化、防衛レヴェルにおける六カ国の実質的な同盟[11]」——の実現に向けて外交努力を傾注した。ドゴールによると、「政治的欧州」とは首脳会議を含む六カ国の政府間定期協議によって保障される国際組織すなわち「国家連合」のことで、欧州を超大国アメリカ合衆国と対等の地位に引き上げるという政治的課題に応えるための組織であった。ドゴールの計画は、それを検討するために一九六一年二月に設置された六カ国専門委員会の委員長クリスティアン・フーシェの名をとって「フーシェ・プラン」（Plan Fouchet）と呼ばれた。このプランが実現すれば、経済共同体は「政治的欧州」に吸収され、その「技術的機関[12]」へと地位を押し下げられるはずであった。

　フランスは、ドゴールとドイツの首相コンラド・アデナウアーという二人の卓越した政治指導者の相互信頼を梃子に、早い段階でフーシェ・プランにたいするドイツの原則的了解をとりつけることができた。しかしベネルクスとイタリアから同意を得るための交渉は難航した。オランダとベルギーは連邦主義の牙城であったうえに、両国は大西洋同盟を維持し、かつ統合欧州における仏独のヘゲモニーを弱めるという狙いから[13]、イギリスの経済共同体加盟を望んでいた。ドゴールの言う「政治的欧州」にはイギリスの参加が想定されていなかっただけに、両国はプランを受け入れようとしなかったのである。イタリアもまた、戦後に対米英関係を重視する政策をとっていたから、同じくプランには乗りにくかった。

結局、フランスはさまざまな妥協をこころみたもののオランダとベルギーの強い反対を押さえ込めなかった。こうして一九六二年四月一七日の六カ国外相会議における最終調整も不調に終わった(14)。この日、ベルギーの外務大臣ポール＝アンリ・スパークが展開した主張からは、欧州統合の緊張に満ちた内奥を垣間見ることができる。

計画されている政治同盟に参加する場合に、小国には二種類の異なる安全の仕組みがある。共同体という方式と、〔仏独との釣合いをとるための〕イギリスという錘である。ところがフランス案はわれわれに両方とも認めようとしない。……しかし、ベルギーは少なくとも二つのうちの一つはぜひとも必要だと考えている(15)。

フランスが欧州統合を前進させるつもりならイギリスが経済共同体に加盟しないことになってもかまわない、しかしフランスが統合そのものを望まないのなら「政治的欧州」にイギリスを加える必要がある。ベルギーはこう主張し、フランスに二つの選択肢のいずれか一方を選ぶよう迫ったが、フランスはそれに応じなかったのである。

フーシェ・プランの登場とその頓挫は、あるべき欧州をめぐる共同体諸国間の政治レヴェルにおける思惑の違いを端的に示している。

第2節　ローマ条約の「不備」への対応

欧州諸国の多くは一九五八年一二月に通貨の交換性回復を宣言し、為替の自由化に段階的に踏み出した。次いで一九五九年一月からは、経済共同体加盟六カ国による貿易数量制限の撤廃と関税引下げが組織的に進む。かくてこれ以後、六カ国間の経済面における相互依存関係は急速に高まり、それにともなってローマ条約の「不備」への対応が問題として浮上してくる。

1　ミュラー＝アルマック案（一九五九年一月）――短期経済政策委員会の創設構想

経済政策における協調を保障するための制度構築の動きは、すでに経済共同体発足の前夜からあった。ドイツによる「欧州短期経済動向局」（Bureau européen de la conjoncture）創設の提案がそれである。この提案は、フランスが深刻な経済危機に見舞われ、共同市場への参加が危ぶまれていた一九五八年の夏に、ドイツ連邦経済省次官アルフレート・ミュラー＝アルマックの手で覚書にまとめられ、一九五九年一月になって関係諸国に提示された(16)。

ミュラー＝アルマック案は三〇年来の政策への厳しい批判によって支えられている。ミュラー＝アルマックによると、欧州諸国は一九二九年恐慌以降、雇用の確保という政治的・社会的要請に応えるために市場経済を犠牲にして「国家管理経済《ディリジスム》」に走り、その結果、慢性的インフレに苦しんできた。しかし、もはやそのやり方は許されない。

一九五八年の今日、欧州における物価の変動が〔国ごとに〕異なっており、その原因が異なる経済政策にあるということや、完全雇用政策の必然的結果として物価が欧州諸国中最高の水準にまで高騰してしまったなどということは、われわれには許しがたい。伝統的な考え方のもとで実施された不適切な短期経済政策がおそらくインフレ的傾向の本質なのであり、それが現在、欧州の諸通貨、各国の財政の安定および国際協力を脅かしているのである。[17]

かくて、インフレと国家管理にいろどられた過去を清算し、安定した物価の基礎上に高い雇用水準の確保と「秩序ある成長」の持続を図るべきである。それには経済政策における国際協調が必要であり、この協調を保障するために強力な超国家機関を欧州経済協力機構（ＯＥＥＣ）加盟一七カ国のうえに構築する。これがミュラー＝アルマック提案の核心であった。

この案の根幹にあるのは、市場経済と社会との調和に配慮し、かつ物価の安定を最優先の課題に掲げるドイツの新自由主義である。それは新自由主義者の国際組織、モンペルラン協会[18]の会員であったミュラー＝アルマック自身が「社会的市場経済」（Soziale Marktwirtschaft）と命名した新自由主義の流れで、戦後ドイツの経済社会ならびに経済政策理念として社会に広く受け入れられていた。[19]ミュラー＝アルマック案は、ドイツの社会的市場経済をＯＥＥＣ諸国の共通の政策理念にすることによって、経済政策における国際協調を実現しようとするものだったのである。

2　フランスにおける反応

フランスでは一九五九年六月に、フランス銀行研究総局の三人のエコノミストが、同行の管理部門の指示をうけてミュラー＝アルマック案の分析と評価を行っている。

三人はまず、次のように同案の背景を批判的に分析する。この案はフランスが共同市場に参加できない場合を想定して作成された「代替案」の可能性がある。経済共同体ではなくＯＥＥＣ諸国を対象にしているのはそのためと考えられる。この案はまた、経済共同体を、イギリスが構想する「自由貿易連合」[20]（Free Trade Association）と結びつけようとするところに特徴があり、六カ国からなる経済共同体に批判的な連邦経済大臣ルートヴィヒ・エアハルトの意向が働いている可能性がある。

しかし、こうしたドイツ側の事情もさることながら、三人がとくに問題視したのは超国家機関、しかも既存のどの国際機関も手にしていないような強力な権限をもつ超国家機関の創設が謳われている点である。というのは、「欧州経済動向局の創設は、経済に関する政府の固有の権限を部分的に放棄することを想定するに等しい」[21]からである。かくて三人の意見をもとに作成された覚書は、研究総局としての見解を次のようにまとめている。

やがて紛争《コンフリ》が起こるであろう。なぜなら、もはや国際収支ではなく、物価、労働力、財政および信用の各政策――共通通貨にまでは行かないが――が問題になっているからである。……それゆえ、この案に乗るのであれば慎重のうえにも慎重を期さねばならないように思われる。……ドイツ人たちは、市場経済を自由主義的環境のなかに戻すために、個々の政府の自由裁量を大幅に制限する内容の解決法を押しつけようとしている。ここにあるのは、まさしく、ドイツの古い権威主義《オートリタリスム》およびライヒの支配への待望の名残と、エアハルトがその擁護者である自由の規範との折衷である。[22]（傍点は引用者）

フランス銀行の研究総局は、ミュラー＝アルマック案が社会的市場経済の特徴である公権力の庇護のもとでの自由な市場経済――いわゆる「かのように」（als-ob, comme si）の経済――という考え方にもとづいているのを見抜き、ドイツ主導の経済政策の協調に懸念を表明したのである。研究総局は最後にこう覚書を締め括っている――「通貨の交換性回復によって各国政府にはすでに厳しい責務が発生している。この責務を超国家機関の管理に委ねることに各国政府が同意するとでもいうのであろうか[23]」。

ミュラー＝アルマック案にたいするOEEC諸国の個別の反応は明らかでないが、積極的に対応しようとした国はなかったようである。オランダは経済共同体の歴史をつうじてほとんど常にドイツに近い立場に立つことになるが、このオランダも超国家的性格をもつ国際機関構想には否定的であった[24]。

3　欧州委員会の対応と短期経済政策委員会の創設

ミュラー＝アルマック案に正面から対応したのは欧州委員会である。欧州委員会では一九五九年六月一五日、経済・金融・通貨を担当するフランス出身の副委員長ロベール・マルジョランのもとに六カ国の代表が集まり、同案の取扱いを協議している。代表たちは経済政策における協調を図ることの意義は認めるものの、そのために超国家機関を創設することには否定的であった。ドイツの代表も、一九五九年の上半期にフランスが経済危機を脱したこともあり[25]、超国家機関には固執しなかった。当日の会議記録には協議の結果が次のようにまとめられている。「この機関に各国政府の権限を侵すような権限を認めることは問題にならない。この機関の活動は経済状況、ないしは経済状況に影響をあたえる可能性のある諸措置の分析に限定すべきであろう。しかも、その関与は基本的な部分や本質的な諸措置に限定し、細部にわたるべきではなかろう[26]」。

このように超国家機関に否定的な判断を下した六カ国の代表は、代わりに控えめな代替案を提案する。欧州委員会には「短期経済動向委員会」（Comité de conjoncture）という名称の作業委員会が設置されており、四半期ごとおよび年次ごとに各国の経済動向の監視にあたっていた。代替案は、この委員会を欧州委員会から独立させるとともに、六カ国の責任ある地位の代表を加えることによって組織を拡大し、かつその権威を高めるというものである。

それから九カ月が経過した一九六〇年三月九日、欧州閣僚理事会が欧州委員会の提案にもとづいて「短期経済政策委員会」(Comité de politique conjoncturelle)の設置を決めた。短期経済政策委員会は欧州委員会と六カ国のそれぞれ三名ずつの代表によって組織するものとされ、その任務は加盟諸国の経済政策と経済動向の調査および監視に限定された。委員会は同年四月に発足するが、各国によって選任された委員は経済・財務担当省の局長級代表二名と中央銀行の局長級代表一名であった。したがってこの委員会は、構成も任務も通貨委員会と同様の専門委員会であった。OEEC諸国による超国家機関の創設というミュラー=アルマックの壮大な構想は、その姿を大きく変え、欧州経済共同体の一専門委員会として実現することになったのである。

以上のミュラー=アルマック案をめぐる議論で注目されるのは、フランスとドイツを隔てる経済政策をめぐる考え方の違いである。新自由主義的政策理念に忠実なドイツは、各国間における経済政策の協調を安定した物価の基礎上に実現すべきだとするのにたいして、フランスは経済政策のあり方も国際収支の均衡維持も基本的に個別の国の責任に委ねるべきだとし、ドイツ流の安定政策に懐疑的であった。こうした経済政策にたいする仏独の基本姿勢の違いは、経済共同体の歴史をつうじてくり返される両国の確執の淵源をなしている。

第3節　欧州委員会の「第二段階の行動プログラム」(一九六二年一〇月)

1　「第二段階の行動プログラム」——通貨同盟に向けた備え

ローマ条約によると、共同市場は一二年をかけて建設される。完成までの一二年間は「移行期」と呼ばれ、各四年ずつの三つの段階に区分されている。前の段階から次の段階への移行にあたっては、前の段階の終了時に評価が行われ、次の段階の目標が設定されることになっていた。第一段階はローマ条約が発効した一九五八年一月一日に始まっており、一九六二年一月一日からは第二段階に入っていた。

欧州委員会は一九六二年一〇月二四日、副委員長マルジョランのもとで、第二段階における行動計画を「第二段階の期間中における共同体の行動プログラム」[27]——以下、「第二段階の行動プログラム」と略称——と題する覚書にまとめ、同月二九日に欧州閣僚理事会に提出した。全一一章からなるこの行動計画は、通貨の領域に大きく踏み込んでおり、ローマ条約の「不備」を埋めようとしている点に特徴がある。

第二段階の行動プログラムによると、関税同盟の建設に中心がおかれた第一段階とは違い、第二段階では経済政策の協調が進展し「経済同盟」（union économique）が実現しても、それだけでは十分といえない。域内諸国間で為替相場が変動すれば経済関係の自由化は実質的な意味を失うからである。それゆえ行動プログラムは、通貨の領域においても政策協調を進め、最終的には為替相場を固定し通貨を統合すること、すなわち「通貨同盟」（union monétaire）を実現すべきだとしている。

行動プログラムは国際通貨制度との関連でも同様の必要性を説いている。現行の国際通貨制度には「一定の脆弱性」があり、そのために共同体の域内では為替関係の緊張が生じやすい。この種の緊張を回避するために、共同体が通貨面で一つの単位になり、「欧州準備通貨」をもつ必要がある[28]。

こうした通貨領域におけるプロセスを保障するために、行動プログラムは第二段階で「中央銀行総裁理事会」（Conseil des Gouverneurs des banques centrales）を創設するとしている。行動プログラムによると、バーゼルで国際決済銀行（ＢＩＳ）の理事会が開かれる際に、六カ国の中央銀行総裁は非公式に会合を開いて経済共同体に固有の通貨問題について意見交換を行っているから、この会合を制度化することによって中央銀行総裁委員会は創設できる。中央銀行総裁理事会には二つの任務を付与する。一つは、通貨政策の協調を進めるために、公定歩合の変更、公開市場操作、信用政策等について事前協議を行うこと。もう一つは、国際通貨問題への対応について事前協議を行い、この領域で六カ国が共同歩調をとれるようにすることである。

さらに行動プログラムは、中央銀行総裁理事会に野心的な任務を託そうとしていた。すなわち、第二段階では「協調」だけに満足せず、「決定の中央集権化」(centralisation des décisions)に向かう、そして最終の第三段階において、中央銀行総裁理事会を母体にして「連邦型の銀行システム」(欧州中央銀行制度)を創設する。[29]

以上から明らかなように、欧州委員会はローマ条約の規定から論理的に導かれる課題と解決法を段階別に整理し、経済統合の全工程を示して見せた。つまり、第二段階では政策の「協調」を前進させるための制度や方法の整備目標を設定し、第三段階では経済政策と通貨政策[30]のそれぞれ中央決定機関を創設する(「経済同盟」および「通貨同盟」の創設)という展望を示した。そして、共同市場は為替相場の固定、すなわち通貨の完全統合によって最終的に完成するものであることを明確にしたのである。この工程表は、第2章で明らかになるように、一九六〇年代末から七〇年代初頭に登場するさまざまな通貨統合プランと大筋で一致している。第二段階の行動プログラムはそれらのプランを先取りしていたことになる。

ところで共同市場の完成に向けた道筋を詰めようとすれば、ローマ条約に内在する二元性という問題を避けて通るわけにいかない。行動プログラム作成の責任者マルジョランもそのことは承知していた。彼は一年後の一九六三年一一月に行動プログラムの説明文書を作成しているが、そのなかで次のように記している。

> 通貨に関係する諸決定は国家主権に属する伝統的な権限の一部をなすものであるということ、そしてまた、この領域では漸進的な進展しかあり得ないし、進展は経済統合の大きな広がりをもった歩みと緊密に連携することによってはじめて可能になるということ、を見失ってはならない。……欧州経済共同体委員会は、通貨および金

融面での加盟諸国間の緊密な相互依存関係、ならびに通貨に関する国家の大権の尊重、という星のもとにある。この委員会が行う提案は、当然のことながら、経済統合のプロセスのなかに組み込まれている。つまり、欧州委員会提案は共同市場それ自体の本義にかなっているように見える。(31)（傍点は引用者）

マルジョランの表現は微妙でまわりくどい。筆者の言葉で言い換えれば次のようになる。ローマ条約の二元性は、経済統合の漸進的進展という現実のなかで自然なかたちで調整され、解決される性格のものである。欧州委員会はそうしたかたちでの統合の進展を保障する責務がある。

2　フランスの反応と農業利害

オルトリ委員会

では、第二段階の行動プログラムは経済共同体の内部でどのように受けとめられたか。

フランスでは、政府の省間委員会が一九六二年一一月九日の会合で覚書をとりあげている。この委員会を主宰したのはポンピドゥー首相府の官房長フランソワ＝グザヴィエ・オルトリである。会合に出席した関係省庁の代表たちの意見は次のように整理できる。(32)

経済政策と通貨政策における協調をいちだんと強化するという提案のうち、経済政策については二つの理由から賛成できる。第一に、フランスは一貫して、「自由な通商は競争条件の調和をともなわねばならない」と主張してきたからである。つまり、関係省庁の代表たちは、あとでみるドイツの当局者たちとは違って、経済政策の向かうべき方向性や内容を問うことなく、一般的な意味において政策の協調に賛意を表明したのである。第二に、経済政策のなかでも中期経済政策の協調は「欧州の計画化（programmation européenne）への第一歩」を画するものであり、それは、フランスが戦後に進めてきた五カ年計画、いわゆる「フランス型プラン」（planification à la française）[33]に他の域内諸国が同調することを意味するからである。

問題は通貨政策の協調である。関係省庁の代表たちによると、そもそも「統合の努力は必然的に通貨同盟に行き着く」という第二段階のプログラムの考え方は「根拠に乏しい」。なぜなら、各国の通貨政策は国内事情に深く規定されており、通貨統合という最終目標を設定し、それに向けて政策協調を強めて行くのは実情に合わないからである。とくにフランスでは、五カ年計画の枠内で大規模な財政投資が行われているだけに、通貨政策の協調は容易でない。一方、イギリスが経済共同体への加盟を希望していることも考慮に入れる必要がある[34]。イギリスには外部からの干渉を嫌う伝統があるから、この国が割引率や為替平価の変更に関する事前協議に応じるとは思えない。

かくてオルトリは省間委員会の議論をこう総括することになった。「覚書〔第二段階のプログラム〕には全体として賛成できる。しかし、覚書の考え方を実践すれば各国の介入手段（諸部門への支援、地方への支援など）に影響が出る。この影響については慎重に研究する必要があるであろう」。つまり、総論には賛成するが各論には態度を保留するというのである。

フランスと共通農業政策

オルトリによる総括は歯切れの悪いものであったが、これには農業領域における経済共同体の政策、すなわち「共通農業政策」（politique agricole commune）にたいするフランスの利害が深くかかわっていた。ローマ条約では農業は通商および経済一般と区別され、独立した領域として扱われていた。農業は工業に代表される他の経済活動とは違って、自然への依存度が高い、小農民経営が大きな比重を占めているなどの事情から、市場経済の変動に迅速に適応できない。そのために特別に扱われていたのである。そこで、共通農業政策について簡単に見ておくことにしよう。

一九六〇年代初頭における経済共同体加盟六カ国の農産物貿易は、全体として共同体の域外にたいして輸入超過であった。フランスの可耕地面積と穀物生産は六カ国全体のそれぞれ四七パーセント、四三パーセントを占めていたから、フランスには欧州市場にたいして農産物なかでも穀物の大きな潜在的供給能力があった。しかも、フランス農業には世界市場における競争力が不足していた。それだけに共同市場はフランスにとって魅力的であった。このため、すでに一九五〇年の時点で、農業大臣ピエール・フリムランは石炭鉄鋼共同体における石炭鉄鋼の共同市場と同様の農業共同市場――いわゆる「緑のプール制」（pool vert）――の建設を提唱していた[35]。

ところがローマ条約では、農産物市場の「共通の組織化」（第40条）が謳われてはいたもののその内容は詰められていなかった。こうした事情もあり、共通農業政策をめぐる問題は、フランスで一九五八年にドゴールが大統領に就任したのを機に新しい展開を見せる。フランスの新政権が次の二点を強く主張し、行動を起こしたからである。第一に、ローマ条約における農業関連規定は通商および工業に比べて不十分であり、フランスの国益が損なわれている。第二に、経済共同体内におけるフランスの農業利害がドイツの工業利害と対等に位置づけられるように、域外共通関税と農業特恵をもつ農産物の共同市場を建設すべきである[36]。

一九五八年一月に経済共同体が発足するや、域内の穀物大国フランスは、酪農大国オランダと連携しつつ、他の領域とは異なる原則にもとづく共通政策をめざして域内交渉に臨んだ。フランスが導入しようとした原則は、域内に共同市場を創設する、ただしこの共同市場は農家所得を保障できるように組織されねばならない、というものである。この原則が入れられれば、すべてがフランスに有利に運ぶはずであった。財務省国際金融局長ジャン・サドランが一九六一年一〇月一六日付で経済財務大臣（以下、財務大臣と略記）ヴィルフリッド・ボーンガルトネルのために作成した覚書には次のように記されている。

共通農業政策によって六カ国の市場を単一市場に転換するなら、わが国の過剰農産物の少なくとも一部は自動的に、不足している諸国（主としてドイツ）に売却できる。さらに、共同体における過剰生産は共同体の負担となる。また〔域外の〕第三国への輸出にかかわる負担は輸出国だけでなく、加盟諸国全体が負うことになる。[37]

フランスの努力は、長期にわたる困難な交渉——いわゆる「農業マラソン」（marathons agricoles）——を経て、一九六二年の初頭に実を結んだ。同年一月一三日から一四日の未明にまで及んだ欧州閣僚理事会の会合で、次の三項目を共通農業政策の柱とすることで合意が成立したのである。⑴農産物価格を下支えする価格支持制度の採用。⑵域内特恵の原則。⑶共同体による介入を財政面から保障する欧州農業指導保障基金（ＦＥＯＧＡ）の創設。なお、欧州閣僚理事会は同じ日の会合で、共同市場建設の第一段階の基本目標が達成されたことを確認し、五〇パーセントの関税引下げが実施される第二段階へ移行することを決議している。[38] 共通農業政策についての合意が、事実上、第二段階への移行の前提条件となっていたのである。

以上のような共通農業政策をめぐる事実経過に明らかなように、この政策はフランスに多大の利益をもたらす方向で基本的に決着した。それゆえ、得られた成果を保全し、かつ共通政策をさらに前進させるために、フランス政府は第二段階の行動プログラムにたいして、総論レヴェルでは前向きの姿勢を示す必要があったのである。[39]

3　ドイツの反応と中央銀行総裁たちの見解

第二段階の行動プログラムにたいする反応は、域内のもう一つの大国ドイツにおいてもかんばしくなかった。この国では一九六二年の一〇月から一一月にかけて、連邦経済省、連邦財務省、ドイツ・ブンデスバンクにおいて行動プログラムの検討が行われている。しかし、そこでの議論はいずれも積極性に欠けていた。なかでも問題になったのは中央銀行総裁理事会の設置と通貨同盟の創設である。というのも、ドイツの中央銀行は世界の中央銀行のなかで唯一、基本法で政府からの独立が認められており、しかも同行の任務は、設置法であるドイツ連邦銀行法第三条に「通貨価値の安定を図る」ことと明文規定されていたからである(40)。中央銀行総裁理事会が設置され、そこで中央銀行間協議が行われるようになれば、ブンデスバンクの独立性が侵される恐れがあるし、通貨同盟が実現すればブンデスバンクは自らの任務を遂行できなくなる恐れがある、というのが当局者たちの見解であった(41)。

言論界の反応については、ボンのフランス大使館付財務参事官が、本国の財務大臣ヴァレリー・ジスカールデスタンに宛てた覚書のなかで総括的な報告(42)を行っている。それによると、経済政策に関する欧州委員会提案はドイツ国内に大きな波紋を生じ、活発な論議を呼んだ。行動プログラムが「プランないしはプログラム」の策定の必要性に触れており、そのことが自由な市場経済を標榜する社会的市場経済の原則に抵触すると受けとられたのである。一方、通貨政策に関する提案は比較的冷静に受けとめられた。ただし財務参事官は、《Zeitschrift für das gesamte Kreditwesen》誌に掲載されたブンデスバンク理事で金融理論家としても知られるオトマール・エミンガーの論説を、この問題に関するドイツの論調の代表として詳しく紹介している。

財務参事官がエミンガー論文でとくに注目するのは、エミンガーが制度や手続き問題よりも政策の内容を重視している点である。エミンガーによると、信用、予算、賃金などの諸政策における協調を進めるにしても、問題はそれをどの方向で進めるのか——インフレを容認する方向なのか、安定をめざす方向なのか、にある。経済共同体の発足以来、通貨の安定と、それと両立可能な経済政策の諸目標（成長、社会進歩など）の双方を重視することで六カ国の考え方は接近してきている。とはいえ各国間には「依然として温度差がある」。インフレが「不可侵の権利」として個々の国家の手中にあるかぎり、共同体は安定しない。かくて制度の整備もさることながら、域内諸国が通貨の安定を守れるか否かがエミンガーの中心的な関心事になっている、と財務参事官は結論づける。

エミンガーの議論は先に紹介したミュラー＝アルマックのものと一致している。したがってそれは、通貨政策を基本的に各国の内政上の問題とみなし、狭義の経済政策から切り離そうとする先のフランス側の議論の対極に位置している。

以上のように、第二段階の行動プログラムには総論レヴェルでの反対はなかったものの、個別の政策レヴェルでは仏独両国ともに国内に強い異論があった。仏独以外の国については反応の詳細は明らかでないが、いずれの国の反応も「慎重な」ものだったといわれる。(43)

第4節　欧州経済共同体の危機と通貨統合への傾斜（一九六三〜六五年）

一九五八年一月一日に発足した経済共同体は一九六三年から六四年にかけて最初の試練に直面する。域内諸国の多くがインフレに見舞われ、国際収支にいちじるしい不均衡が生じたのである。一方、ほぼ時を同じくして共通農業政策が実施段階に入った。さらに、この制度の完成度を高めるための取組みも進みつつあった。こうした共同体の内部に生じた困難と新たな状況の側圧をうけて、ローマ条約に内在する「不備」が放置できない問題として表面化することになる。また、それと同時に、経済政策の協調と通貨統合が課題として浮上してくる。

1　イタリアの経済危機と共通農業政策の発進

イタリアの経済危機

経済共同体のすべりだしは順調であった。域内諸国はいずれも高い経済成長を記録しただけでなく、域外にたいして高い競争力を維持した。このため総体としての共同体は一九六二年まで経常収支の大幅な黒字を記録し、「欧州の奇跡」[44]と呼ばれる繁栄を享受した。ところが一九六二年末から局面が変わる。景気が過熱し賃金が高騰したからである。ドイツを除く域内諸国の域外にたいする競争力は弱まり、域外の工業諸国なかでもアメリカ合衆国からの輸入が急増し、経常収支が悪化した。最初にフランスとイタリアに生じたこの変化は、やがてオランダとベルギーにも波及し、一九六三年度には経常収支の黒字が消滅する（表序－2を参照）。

国際的ポジションの変化は国ごとにばらつきがあった。このため域内諸国間、なかでもドイツと他の諸国のあいだにいちじるしい不均衡が生じた。ドイツだけは、域内と域外のいずれにたいしても高い競争力を維持していたからである。実際、表序－3が示すように、ドイツの貿易収支は巨額の黒字を記録しつづけており、この黒字はアメリカ合衆国に代表される域外とイタリア、フランスに代表される域内の双方に由来していた。かくてドイツには大量の短期資本が流入し、この国は輸入インフレに見舞われる。一九六四年の春になると、ドイツでも物価と賃金のスパイラルが確認される。同じ時期に、イタリアとフランスで貿易収支赤字の増加が加速するが、増えた赤字の大半はドイツにたいするものであった[45]。

インフレによる経済の混乱は共同体全体を覆うものであったが、状況はとくにイタリアで深刻であった。経済危機が政治危機と重なったからである。

ローマ条約第108条によれば、共同体は域内の特定国に生じた国際収支危機にたいして、三つの段階を踏んで対処することになっていた。まず、欧州委員会が危機の実態と、当該国が実施した対応措置について調査する。次に、必要な対応措置がすべてとられたにもかかわらず改善が見られない場合に、欧州委員会は通貨委員会に諮ったうえで、欧州

表序－2　欧州経済共同体の経常収支（1958～63年）
――年平均額――

（単位：10億ドル）

	1958～61	1962	1963
貿易収支（f.o.b.）	＋1.7	＋0.9	＋0.1
役務、移転収支	＋0.9	－0.1	－0.1
経常収支残高	＋2.6	＋0.8	0

（出所）　ABF, 1489200205/206. *Sixième rapport d'activité du Comité monétaire*, Bruxelles, 15 avril 1964.

表序-3　欧州経済共同体の貿易額（1958～63年）

A）域外貿易

（単位：100万ドル）

	1958	1959	1960	1961	1962	1963
1．輸入（c.i.f.）	16,156	16,222	19,445	20,455	22,353	24,644
2．輸出（f.o.b.）	15,911	17,051	19,484	20,428	20,636	21,620
3．貿易収支	−245	+829	+39	−27	−1,717	−3,024
貿易収支内訳：						
ドイツ	+939	+1,058	+967	+1,147	+467	+487
フランス	−397	+359	+390	+225	−346	−609
イタリア	−560	−359	−846	−808	−1,136	−1,810
ベルギー／ルクセンブルグ	+1	−50	−196	−249	−366	−522
オランダ	−226	−179	−276	−342	−336	−570

B）域内貿易

（単位：100万ドル）

	1958	1959	1960	1961	1962	1963
1．輸入（c.i.f.）	6,790	8,091	10,151	11,718	13,416	15,706
2．輸出（f.o.b.）	6,864	8,176	10,246	11,893	13,562	15,925
3．他の域内諸国との貿易収支内訳：						
ドイツ	+510	+269	+345	+599	+517	+1,111
フランス	−92	+161	+194	+318	+188	−35
イタリア	−79	−96	−231	−232	−267	−682
ベルギー／ルクセンブルグ	−84	−97	+14	−46	+135	+260
オランダ	−181	−154	−227	−464	−427	−435

（出所）　表序-2に同じ。

閣僚理事会にたいして「相互協力」に入るよう勧告する。「相互協力」には次の三つがある。(1)域内諸国が協力して国際機関（具体的にはGATTおよびIMF）に働きかけ、当該国が金融支援を得られるようにする。(2)当該国が貿易数量制限の撤廃を遅らせるか、数量制限を再設定した場合には、それによって生じる域内貿易の歪みを是正するために共同体としての諸措置を講じる。(3)他の域内諸国が当該国にたいして一定の信用供与を行う。

最後の段階は欧州閣僚理事会が相互協力の勧告を拒否した場合、あるいは実施された相互協力や諸措置が効果を生じなかった場合である。この場合には、当該国は「保護的諸措置」（セーフガード）を実施できる。

欧州委員会は一九六四年六月に副委

員長マルジョランをローマに派遣し、イタリアの国庫大臣エミリオ・コロンボと危機への対応策について協議させた。しかしイタリア政府は、アメリカ合衆国とＩＭＦに金融支援をもとめる道を選んだ。このため、共同体としての対応は結局、イタリア政府に緊縮財政の維持・強化を勧告するだけにとどまった。「その根本原因が域内にあった」(46)ことを確認しつつも、共同体はイタリアの危機にたいして実効ある対応策をとれなかったのである。この経験は欧州委員会に大きな衝撃をあたえた。マルジョランは回想録にこう記している。

一般的に言って、域内諸国の経済政策の協調を実現できるかどうか、またそうすることの意義についてすら、私が疑念を抱くようになったのは当時のことである。政府というものは己れの利害にもとづいて勝手に行動するか、あるいは臆病で行動できないか、のどちらかであり、後者である場合にはどんな外からの圧力も政府を動かせないであろう(47)。

共通農業政策の完成——事実上の通貨統合

ところで同じ時期に、農業の分野では共通政策の完成度をさらに高めるための協議がつづけられていた。この問題ではフランスとドイツが激しく対立したものの、最後にドイツが譲歩して決着をみた。こうして一九六四年一二月の欧州閣僚理事会において、農産物価格に「統一価格」（prix uniques）を適用することと、それを一九六七年七月一日から実施することが決まった。統一価格制度の採用は農業政策をめぐる一連の取組みの掉尾を飾るもので、これによって一九九二年までつづく共通農業政策全体の枠組みが完成した。

統一価格制度は概略次のようなものである。⑴域内農産物の価格を、ドルにリンクした共通の「計算単位」（unité de compte：UC）で表示する。⑵ＵＣで表示された農産物の価格を各国の国内価格に換算する際に国内価格が為替変動の影響をうけないようにする。⑶そのために、農産物に固定為替相場を適用し、同時に固定相場からの実際の相場の乖離を調整するための通貨調整金制度を設ける。

この統一価格制度が円滑に機能するには、域内諸国が為替平価を維持する必要がある。域内を流通する農産物はUCで表示された統一価格で取引されるために、かりにある国が為替平価を切り下げるとその国の国内農産物価格は自動的に切下げ幅だけ上昇し、消費者物価と農業所得を引き上げることになるからである。統一価格制度の採用は共同体内にまったく新しい状況が生まれたことを意味する。通貨委員会は一九六四年度の年次報告書で、この制度が通貨面にもたらす効果を次のように分析している。

> 統一価格が存在し、それらがUCで表示されることになっているために、加盟諸国間の為替関係が変更されると、その変更幅が大きければ大きいほど経済に深刻な影響が出る。この影響は、UC〔表示〕という方式がとられたために農産物価格が瞬時に自動的に調整されることと、この調整が農業所得と消費者物価にもたらす効果〔の双方〕から生じる。したがって通貨委員会は、UCが採用されたことによって、為替平価が変更されれば通貨政策という重要な政策手段が無効になってしまうのではないか、と自問した。そして通貨委員会は、欧州経済共同体における統合の前進、なかでも統一価格適用品目の増加が、〔為替〕平価の変更をますます困難にし、不可能にしていることを確認した。[48]（傍点は引用者）

同じ年次報告書で、通貨委員会は分析の範囲をさらに広げて次のような議論を展開している。インフレのもとで生じた域内不均衡と、共通農業政策の導入によって生まれた新しい状況から、域内の一国もしくは複数の国に生じた経済の変動がただちに共同体全体に波及することが、すなわち各国の経済が共同体全体の経済動向に大きく規定されることが判明した。加盟諸国の当局には、「独自の通貨政策、財政政策および所得政策の実施が、あるいは為替平価の変更によって自国経済を操作することが、ますます困難になっている」。言い換えれば、「事実上の通貨統合がますます進んでいる」(49)（傍点は引用者）。

ところで、通貨委員会の年次報告書は以下の手順で作成されていた。まず、欧州委員会内に設けられた通貨委員会事務局が草案を用意する。次に、通貨委員会の代理人会議が草案に技術面から検討を加える。その検討結果は通貨委員会における討議にかけられる。そして最後に、必要な修正が施されたのちに、正規の年次報告書として公表される。通貨委員会とその代理人会議は、前掲の表序－1に明らかなように、六カ国の経済・財務担当省と中央銀行の上級職員によって構成されていたから、報告書に示された認識は六カ国の専門技術官僚たちのあいだで共有されていたことになる。

2　専門委員会の増設と「通貨同盟への前進」

三つの専門委員会の創設

欧州委員会は一九六三年から、前項で確認したような新たな現実をふまえて、第二段階の行動プログラムの具体化に向けて行動を起こす。

同年五月、欧州委員会は行動プログラムに盛り込まれた提案のなかから通貨に関係する次の三項目を抽出し、その是非を通貨委員会に諮問した。(1)中央銀行総裁理事会を創設する。(2)為替平価の変更、共同体加盟国によるＩＭＦからの引出し、国際通貨制度改革など、国際通貨に関するすべての問題について通貨委員会が事前協議を行えるように同委員会の権限を拡大する。(3)通貨政策と財政政策との調整の仕組みを整える。

通貨委員会は同年五月二一～二二日の会合でこれら三項目を議題にとりあげている(50)。三つのうち(1)と(3)については、オランダ銀行理事ポストゥーマの問題提起を軸に議論が行われた。問題提起とは、中央銀行総裁理事会が創設された場合には、ある国で生じた中央銀行と政府の対立が中央銀行総裁理事会と（経済・財務）閣僚理事会という二つの機関に持ち込まれることになり、厄介なことになりはしまいか、というものである。これにたいする委員会の多数意見は、形式主義に陥らないかぎり心配はないというものであった。たとえば、通貨委員会副委員長でフランス銀行首席副総裁のピエール・カルヴェは、「実際には中央銀行はみな政府の政策にしたがわざるを得ませんので、この問題は実質的というよりは表面的なものと考えられます」と言う。同委員会委員長でオランダ財務省国庫局長のレネップもカルヴェに同調した。そのうえで彼は、「理事会」（Conseil）という名称は諮問機関であるにもかかわらず執行機関であるかの印象をあたえるので適切でないとし、名称変更の必要性を説いた。名称変更については、もう一人の副委員長でドイツ・ブンデスバンク理事のエミンガーが賛意を表明した。

委員のあいだでとくに論議を呼んだのは(2)の通貨委員会における事前協議である。これについては問題が二つあった。一つは、通貨政策に関する決定には迅速さがもとめられるが、こうした特性をもつ通貨政策が事前協議になじむであろうか、というものである。この問題については、欧州委員会の原案に「可能な範囲で」という文言があるので通貨政策の特性に抵触しないという、エミンガーの示した解釈で委員たちのあいだに合意が成立した。もう一つの問題は、平価の変更に関する事前協議は加盟諸国の国家主権に抵触するのではないか、というものである。この問題については、ベルギー国立銀行理事ストリッケルが、平価の変更は「本質的に国内問題」であり、それを通貨委員会で協議するのは「危険である」と断じた。しかし、つづいて発言したレネップ、カルヴェ、エミンガー、それにフランス財務省国際金融局長の代理で出席した同国際金融局次長ピエール・エステヴァの意見は、いずれも、欧州委員会提案はローマ条約に規定のない新たな権限を通貨委員会に付与するものではなく、「通貨委員会は加盟諸国の行動を場合によって研究できる」（傍点は引用者）という具合に解釈すればよい、というものであった。要するに、事前協議は国家主権と抵触しない範囲のものにかぎればよいし、またそのようなものでしかあり得ない、というのが委員会の多数意見であった。

以上のような通貨委員会内における議論は、委員たちが欧州委員会提案のいずれの項目についても柔軟に解釈し運用できるものであると理解し、そのかぎりで提案を了承したことを物語っている。中央銀行総裁から構成される新たな機関の設置に慎重だったブンデスバンクのエミンガーが賛成にまわることができたのも、こうした理解によるものであった。

その後、欧州委員会は経済政策の協調を進めるための制度整備に向けてさらに積極的な行動に出る。「中央銀行総裁理事会」から「中央銀行総裁委員会」（Comité des Gouverneurs des banques centrales）へと名称変更された通貨問題を扱う専門機関のほかに、中期経済政策を扱う専門機関と財政政策を扱う専門機関の二つの機関を設置すべく、域内諸国に働きかけたのである。

欧州委員会の努力は一九六四年四月から五月にかけて結実した。欧州閣僚理事会は、まず四月一三日の会合で中央銀行総裁委員会の設置を決議した。また同時に、通貨委員会にたいして国際通貨問題に関する事前協議を行う権能を認めることと、為替平価の変更については閣僚間で事前協議を行うことでも合意した[51]。次いで四月一五日には、中期経済政策委員会（Comité de politique à moyen terme）の設置を決議した。最後に五月八日の会合で、財政政策委員会（Comité de politique budgétaire）の設置を決議した。新設された三つの委員会のうち中央銀行総裁委員会を除く二つの委員会は、通貨委員会と同様の高級実務者を集めた共同体の諮問機関である。その基本的任務は、マクロ経済政策における協調を図るために国別に総括的な調査を実施し、その結果を検討し、必要に応じて勧告案を作成することとされた。

かくて専門委員会は一挙に五つに増えることになった。このため五つの委員会間の調整が必要になったが、この調

図序－1　欧州経済共同体組織図（1964年）

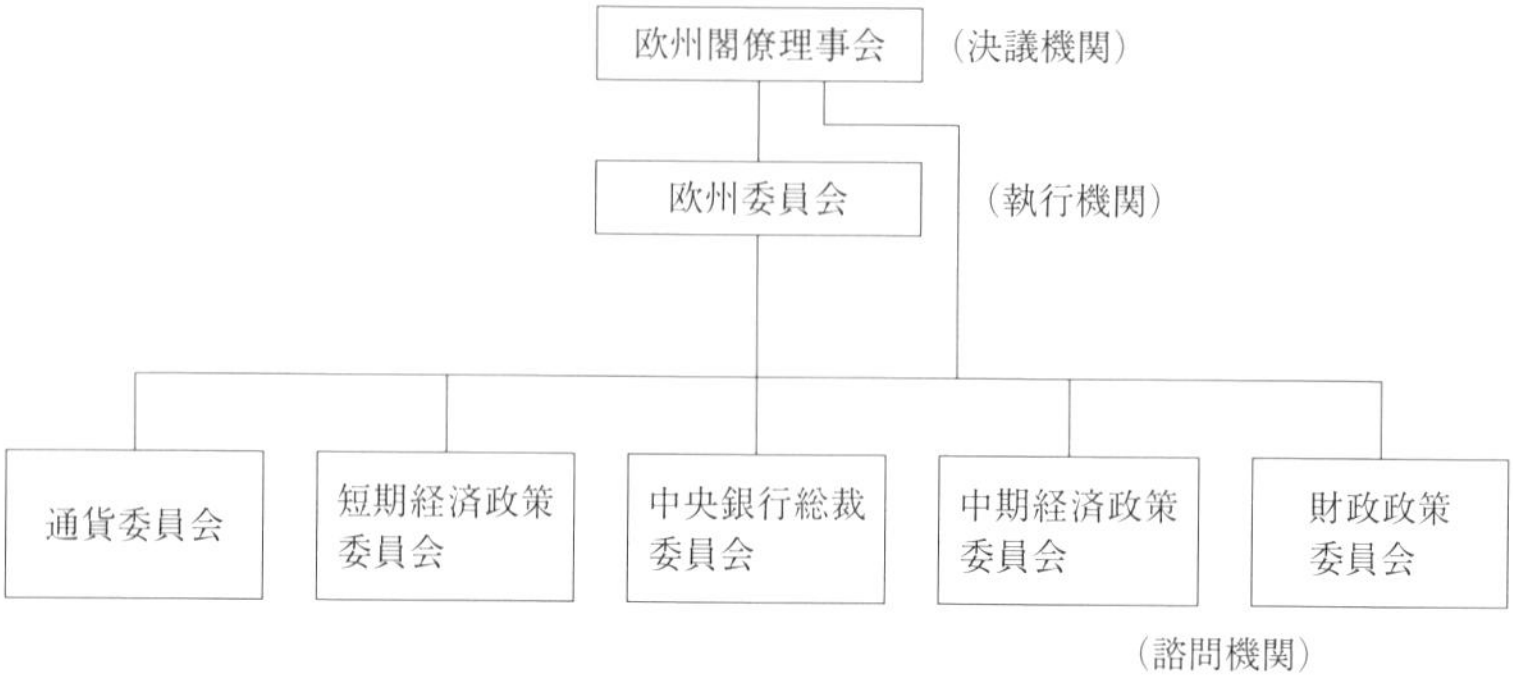

整は通貨委員会の委員長が他の委員会に陪席することによって保障されることとされた。通貨委員会の長がこうした特別な役割を果たすことになったのは、いうまでもなくこの委員会がローマ条約に謳われた唯一の諮問機関であったからであり、また先に確認したように、それが各国の経済・財務当局と中央銀行の双方の高級実務代表から構成される最強の専門委員会だったからである。ともあれ、こうしてマクロ経済政策の調整のための、いわば「政府に似た組織(52)」が誕生したのである（図序－1を参照）。

「通貨同盟への前進」

一九六四年の秋には、マルジョランが回想録で告白していたような懐疑とは裏腹に、欧州委員会は通貨統合に向けた工程表の準備に着手している。欧州委員会はまず、経済金融総局の部長ボワイエ＝ドゥ＝ラ＝ジロデーに原案の作成をもとめた。原案は一一月初めに覚書にまとめられたが、そのなかでボワイエ＝ドゥ＝ラ＝ジロデーは、共同市場は通貨の完全統合によって最終的に完成するものであるとしたうえで、通貨統合の方式を検討している。その結論は、域内諸国間の「事前協議」を段階的に強化していくことによって実現するのが現実的であるというものであった(53)。

一九六四年一一月三日にはマルジョランが通貨委員会に出席し、「通貨同盟に向けて実施可能な取組み(54)」について各国代表の意見を聴取している。マルジョランは冒頭で、欧州委員会がこの課題に取り組むにいたった理由を二つあげている。一つは、「欧州委員会の役割は各国経済の統合を準備することにあるが、通貨問題は経済統合にとってきわめて重要である」からである。もう一つは、「すでに共同市場が為替平価の変更によってその存在が脅かされる段階にまで達している」からである。一方、通貨委員会委員長レネップは、討議に先立って、通貨同盟をめぐる論点として以下の項目を列挙している。ローマ条約第108条に規定された「相互協力」の具体化。各国間における国際収支格差の段階的解消。国際通貨制度における経済共同体の役割。欧州為替準備基金の創設。経済政策の「調和」を実現するために必要な諸手段の集積（財政政策、所得政策、通貨政策における「基準《ノルム》」、すなわち収斂基準の設定）。

つづく討議では、ドイツ連邦経済省の局長ロルフ・ゴッホトが口火を切った。ゴッホトによると、依然として域内諸国間には国際収支の不均衡があり、それが商品、人、資本の移動の妨げとなっている。域内不均衡の原因は中央銀行間で政策協調が行われていないことにある。よって問題は中央銀行間の政策協調ということになるが、この点に関するゴッホトの考えは単純明快である。アメリカ合衆国の連邦準備制度をモデルに欧州中央銀行制度を創り、この制度を介し、「すべての中央銀行の流動性創出政策を国際収支の均衡という絶対的要請にしたがわせる」ことによって一挙に実現できる。つまり、「通貨同盟という目標は財政政策や所得政策を事前に調和させることなく達成できる」というのである。

しかし、ゴッホトの主張に賛成する委員はいなかった。レネップは、通貨同盟は単純に国際収支の不均衡をなくせば実現できるというものではないと言う。そもそも、「完全雇用のような経済政策の目標のいくつかを見誤るなら、国際収支の構造的赤字を招くことになる」からである。レネップは、なかでも成長や所得が無視できない問題であることを力説した。フランス財務省国際金融局長アンドレ・ドゥ・ラットルもまた、通貨同盟は短期間で実現できるものではなく、「相互協力」（金融支援）や経済政策の協調、租税制度や租税政策の調和が前提にならなければならないと言う。ベルギー国立銀行副総裁のヴォージェルの発言は直截でかつ厳しかった。彼は、「通貨政策は全能ではなく、それは政府の経済政策全般のなかに位置づけられねばなりません。中央銀行は中央権力から全面的に独立しているものでは決してありません」と述べ、ゴッホトの見方は「間違っています」と決めつけた。

ブンデスバンク理事のエミンガーも、「国際収支の困難や物価・景気問題を解決するには、通貨政策についてわずかな決まりをつくるだけでは十分でありません」と述べ、自国の経済省局長を批判する。エミンガーの発言で注目されるのは、それが共通農業政策にも及んでいることである。彼は言う――「共通農業政策の為替政策への影響は慎重に考量する必要があります。なぜなら、加盟諸国は前提的諸条件が満たされないかぎり通貨同盟に移行できないからです。たとえば、〔国ごとに〕生産費がばらばらに変化していくなら、重大な歪みが生じるでしょう」。この発言の狙いは、共通農業政策の枠組みの完成を理由に通貨同盟の実現を急ごうとする欧州委員会を牽制することにあったとみられる。

委員たちの発言にマルジョランが個別に反応することはなかった。しかし、通貨同盟の早期実現に慎重な多数意見を前にして、マルジョランが、「事前協議」を段階的に強めていくことによって通貨同盟を建設するという先のボワイエ＝ドゥ＝ラ＝ジロデー提案が、事実上唯一の現実的解決法であると判断したことは容易に想像できる。

3　ローマ条約の二元性と「空席」危機

以上のように一九六三～六四年には、共同市場の建設と共通農業政策の枠組みづくりが進む過程で生まれた「事実上の通貨統合」を、制度面から保障しようとする動きが欧州委員会の内部で活発化していた。とはいえ通貨委員会の議論にもうかがえるように、個々の国家の手中にある経済政策を協調へと導くことはきわめて困難であった。現状は、ローマ条約の二元性を自然なかたちで調整し克服できるような段階からほど遠かったのである。

二元性の問題はほどなく劇的なかたちで歴史の表舞台に浮上する。その契機となったのは、欧州委員会が一九六五年三月三〇日付で六カ国の政府に示した共通農業政策の財務に関する提案である。提案の骨子は次のようなものであった。ＦＥＯＧＡによる支出が輸入農産物からの課徴金収入で賄えない場合には、不足分を欧州委員会が負担することとし、その財源に工業製品にたいする域外共通関税収入をあてる。このスキームに合わせて、域内関税の全廃と共通域外関税の設定を、穀物統一価格制度が実施される一九六七年七月一日にくり上げて実施する。これによって欧州委員会には年々約一二〇億フラン相当の資金が渡り、共同体に「正真正銘の欧州予算」(55)が生まれるが、この「欧州予算」の審議は欧州議会が行う。

欧州委員会案が採択されるなら、正真正銘の「欧州連邦予算」が生まれ、欧州委員会と欧州議会は超国家的な性格をおびる。事態に危機感をつのらせたフランスのドゴール政権は、課徴金収入の不足分には六カ国が財政醵出金を増やすことで対処するという対案を用意し、欧州委員会案に対抗しようとした。しかし欧州委員会案は、欧州閣僚理事会で決められた諸原則にもとづいて作成されていただけに、他の諸国なかでも連邦主義を標榜するオランダとイタリアの同意を得ることは難しかった。一九六五年六月一四～一六日と二八～三〇日の二度、欧州閣僚理事会で協議が行われたが、いずれも不調に終わった。この結果フランスは、同年八月から欧州閣僚理事会をはじめすべての共同体の諸機関から自国の代表を引き上げた。いわゆる「空席」政策（politique de la «chaise vide»）に出たのである。(56)

ドゴール政権が強硬策に出た背景として注目すべきは次の二つの事実である。第一に、一九六四年一二月に共通農業政策の枠組みが完成し、フランスの所期の目的が達成されていた。これにより、欧州統合に懐疑的なドゴール政権が統合の前進に関与しつづける動機は希薄になっていたと考えられる。第二に、農業領域に完成度の高い共同市場が誕生したことから、欧州統合の課題を、経済政策の協調から欧州共同体の諸機関の機能と権限の強化――いわゆる「制度問題」（questions institutionnelles）――に移そうとする動きが、欧州委員会の内部で委員長ハルシュタインを中心に加速していた。というのも、ハルシュタインは「連邦主義」を政治信条としており、[57] ひとたび共同市場の建設を決定したからには欧州は経済同盟、政治同盟に向かわねばならないとする理念先行型のアプローチをとっていたからである。[58]

以上二つの事実は、共通農業政策の枠組みの完成を契機に、フランスと欧州委員会のあいだに決定的な亀裂が生じたことを意味する。[59] つまり、「空席」危機とは、ローマ条約に伏在していた二重性が抜き差しならない問題として表面化したものだったのである。

このあと、一九六五年の秋から「空席」危機の収拾に向けた協議が六カ国間で始まった。そして一九六六年一月、ルクセンブルグで開かれた欧州閣僚理事会で妥協が成立した。この妥協――いわゆる「ルクセンブルグの妥協」(compromis de Luxembourg)――によって、欧州閣僚理事会の決議に全会一致制が導入された。フランスは、曖昧な部分の多かった経済共同体内における各国の主権について、その絶対性を認めさせることに成功したのである。この結果、欧州委員会が第二段階の行動プログラムのなかで最終目標と位置づけた通貨同盟の創設は完全に宙に浮くことになった。後年、すなわち一九六九年一二月のハーグ欧州首脳会議の前夜に、ドゴールの側近でドゴール派の有力な政治指導者ミシェル・ドゥブレは、ポンピドゥー大統領府に宛てた肉筆の私信に次のように記している。

> 一九六五年の危機のあと、わが国がルクセンブルグで受け入れさせた決定のおかげで、〔経済統合の〕最終段階への移行は「国家の枢要な利益を」損なうものであると見ることができるようになりました。また〔ローマ〕条約を額面どおり実施する必要もなくなりました。〔ドゴール〕将軍が……そうした考えを支持しなかっただけに、それ〔最終段階への移行〕は排斥すべき仮定の話なのです。それは外国でも理解されていることだと私は思います。[60]

要するに、フランスにとっても他の諸国にとっても、共同市場建設の第三段階は「仮定の話」になった、したがってまた通貨同盟も「仮定の話」になったと理解してよいというのである。

ドゥブレによる説明は正鵠を射ていたと言える。五つの専門委員会の中心に位置する通貨委員会についてみれば、一九六五年から六九年にいたるまで、経済政策の協調や「相互協力」に正面から取り組むことはなかった。通貨委員会の会議記録によると、委員会の実質的な仕事は、域内諸国の経済動向の評価・診断と国際通貨制度改革をめぐる協議に事実上限定されていた。フランスの国庫局長で通貨委員会の委員でもあるルネ・ラールは、財務大臣ジスカールデスタンに宛てた一九六九年一〇月二〇日付の覚書に次のように記している。

一九六八年の末まで、具体的な成果はゼロではないものの極端に限定されていました。通貨委員会は、たしかに〔各国経済の〕相互診断および情報交換の次元では有用な役割を果たしました。しかしこの委員会による検討作業は、通貨に関する加盟諸国の義務を強化することについては、きわめて限定された二つの領域においてしか積極的に道筋をつけようとしませんでした。その領域とは、加盟国が平価を変更する際の事前協議に関する規則の整備と、域外諸国との通貨関係に関する共同市場諸国間の連携強化に関する手続きの明確化です(61)。

小　括

ローマ条約では共同市場の建設が目標に掲げられ、この目標達成のために、欧州経済共同体加盟諸国は国際収支の均衡を維持し経済政策の協調を図る必要があるとされていた。経済政策の協調を図り経済統合を前進させようとすれば、欧州諸国の国家主権を共同体の諸機関に部分的に移譲することが問題になるはずである。しかし条約にはこうした制度にかかわる規定がなかった。したがってローマ条約は、一方で共同市場の建設を目標に掲げ、経済政策の協調を謳いながら、他方で国家主権には手を触れていないという、二元的性格を備えていたのである。

このようなローマ条約の構造に注目するなら、共同市場の建設とは、条約に内在する二元性とそれから生じる諸問題を、政治が現実的な方法で不断に解決し克服する過程だったということになる。欧州委員会委員長ハルシュタインならびに経済共同体の文書が、機会あるごとに、「経済統合は本質的に政治的現象である」ことを確認していたのは、まさにこのためだったのである。

経済政策の協調を保障する体制は、機構面に関するかぎり、一九六四年に専門委員会が増設されたことにより、整備が進んだ。しかし、そのすぐあとに「空席」危機が発生し、欧州委員会が第二段階の行動プログラムで想定していた通貨の完全統合への道は閉ざされた。この事実は、経済共同体がこの時点で二元性の克服に失敗したことを意味している。経済統合が「本質的に政治的現象」であることを考えれば、失敗の原因は、危機の引金を引いた域内の大国フランスとそれを事実上容認したもう一つの大国ドイツに、経済統合をより高次の段階に引き上げるための十分な政治的動議づけが不足していたことにある。一方、危機を誘発したのが欧州委員会だったことに着目するなら、失敗の原因は、共同市場の実現には経済政策の協調や経済諸制度の調和の進展が必要不可欠であり、それゆえ長期を要するものであることを、欧州委員会の中枢が軽視したことにある。

経済統合を再発進させようとする動きがフランスとドイツに生まれるには一九六〇年代末をまたねばならない。

注

（1）ABF, 1397199404/99. Commission de la Communauté économique européenne. Mémorandum de la Commission sur le programme d'action de la Communauté pendant la 2ème étape, Bruxelles, 24 octobre 1962, p. 1.

（2）「単一市場」、「大市場」、「共同市場」の用語は一般に定義なしに用いられてきているが、用例から見て、意味内容に実質的な違いは認められない。

（3）たとえば以下の文献を参照。Richard Mayne, *The Community of Europe*, London, 1962, pp. 62-63（R・メイン著／現代研究会訳『ヨーロッパ共同体――その歴史と思想』ダイヤモンド社、一九六三年、七八頁）；廣田功『現代フランスの史的形成――両大戦間期の経済と社会』東京大学出版会、一九九四年、一八四～一八六頁；小島健『欧州建設とベルギー――統合の社会経済史的研究』日本経済評論社、二〇〇七年、三七～八三頁。

（4）共同体でよく用いられるこれらの用語については、公式の定義は存在しない。本書では、フランス銀行総務局長ディディエ・ブリュネルに倣い、以下のような意味で用いることにする。「協調」は域内諸国の相互依存関係を深めることを目的とした合意に関係しており、一般にマクロ政策に関する合意形成を意味する。「収斂」は域内諸国の経済変数の成長水準ないしは成長率を相互に接近させることを意味するが、広義では財政や通貨などの構造や政策手段を相互に近づけるという意味でも用いる。これら以外にも、似た用語として「調和」(harmonisation)、「協力」(coopération) がある。「調和」は域内諸国の経済構造に統一性を付与する目的でなされる合意で、ミクロ政策に関連する個別の規制や立法などを相互に接近させるという意味である。また「協力」はたんなる情報交換を含む協力関係一般という意味である。Didier Bruneel, *La monnaie*, Paris, 1992, p. 305. を参照。

（5）ABF, 1370198301/13. Quelques aspects monétaires du traité de Rome, par S. Posthuma, août 1959.

（6）ABF, 1397199404/99. Commission de la Communauté économique européenne. Mémorandum de la Commission sur le programme d'action de la Communauté pendant la 2ème étape, Bruxelles, 24 octobre 1962, p. 3.

（7）Walter Hallstein, "Economic integration and political unity in Europe", a speech delivered at Harvard University on May 22, 1961, cit. by R. Mayne, *op. cit.*, p. 128（前掲邦訳、一七〇～一七一頁）; id., *Europe in the making*, London, 1972, p. 28. 同じく、ハルシュタインが一九五八年六月四日の通貨委員会の初会合で行った演説 «Allocution prononcée par M. le Président

Hallstein devant le Comité monétaire consultatif, Bruxelles, 3 juin 1958»（ABF, 139719802/1）を参照。

（8）たとえば、Commission de la Communauté économique européenne. Mémorandum de la Commission sur le programme d'action de la Communauté pendant la 2ème étape, Bruxelles, 24 octobre 1962（ABF, 139719404/99）.

（9）ABF, 139719802/1. Allocution de Victor Larock prononcée à l'occasion de la session constitutive du Comité monétaire, Bruxelles, 2 juin 1958.

（10）ドゴールの欧州にたいする考え方や行動は彼の回想録に明確に記されている（Charles de Gaulle, *Mémoires d'espoir*, Paris, t. 1, 1970, pp. 173-210. ドゴール著／朝日新聞外報部訳『希望の回想』一九七一年、一三七〜一三八頁）。ドゴール政権時代のフランスの対欧州政策については、川嶋周一『独仏関係と戦後ヨーロッパ国際秩序――ゴール外交とヨーロッパの構築』創文社、二〇〇七年、を参照。

（11）Procès-verbal d'un Conseil de ministres au sujet du traité de Rome, 17 janvier 1962, in Charles de Gaulle, *Lettres, notes et carnets*, janvier 1961-décembre 1963, pp. 196-197.

（12）Georges-Henri Soutou, «Le général de Gaulle et le plan Fouchet», in Institut de Charles de Gaulle, *De Gaulle en son siècle*, t. V: *L'Europe*, Paris 1992, p. 130.

（13）欧州委員会副委員長、次いでフランスの首相兼財務大臣を務めたレイモン・バールの回想談によると、ベルギーのスパーク内閣の官房長エティエンヌ・ダヴィニョンは、バールにたいして、「一九世紀末以来、ベルギー外交というのはフランスの影響力をイギリスの影響力によって相殺することである」と説明したという。Raymond Barre, *L'expérience du pouvoir. Conversations avec Jean Bothorel*, Paris, 2007, p. 54.

（14）フーシェ・プランをめぐるベネルクス諸国との外交交渉については、以下の研究を参照。小林正英「欧州統合過程におけるベネルクス三国の外交――フーシェ・プラン交渉を中心にして」『法学政治学論究』第27号、一九九五年一二月：川嶋周一、前掲書、六〇〜六六頁。

（15）Paul-Henri Spaak, *Combats inachevés*, II: *De l'espoir à la déception*, Paris, 1969, p. 369.

（16）ABF, 148920205/18. Le ministère fédéral de l'Economie. Projet du Bureau européen de la conjoncture（traduit de l'allemand）, Bonn, 8 janvier 1959. 以下、ミュラー＝アルマック案に関する引用はすべてこの覚書（仏語版）から行う。

(17) *Idem.*

(18) 第二次大戦後にフリードリヒ・フォン・ハイエクとヴィルヘルム・レプケによって創設された新自由主義者の国際組織、モンペルラン協会については、権上康男編著『新自由主義と戦後資本主義——欧米における歴史的経験』日本経済評論社、一九九九年、第1章、を参照。

(19) ドイツの新自由主義についてはかなりの数の邦語文献があるが、なかでも雨宮昭彦『競争秩序のポリティックス——ドイツ経済政策思想の源流』東京大学出版会、二〇〇五年、を参照。

(20) FTA問題については、能勢和宏「FTAと欧州統合（一九五六～五九）——フランスの対応を手がかりにして」『史林』第95巻第3号、二〇一二年五月、を参照。

(21) ABF, 1489200205/18. Banque de France. Direction des Etudes. Impressions de Pichot.

(22) ABF, 1489200205/18. Banque de France. Direction des Etudes. Note sur le projet allemand du Bureau européen de la Conjoncture, 11 juin 1959.

(23) *Idem.*

(24) たとえば、前出のポストゥーマは、物価が不安定な状況のもとで安定基金を介して貸出しを行うことに否定的であった。ABF, 1370198301/13. Quelques aspects monétaires du traité de Rome, par S. Posthuma, août 1959.

(25) これは「リュエフ・プラン」(Plan Rueff) の実施によるものである。権上康男「戦後フランスにおける新自由主義の実験（一九五八～七二年）——三つのリュエフ・プラン」権上編『新自由主義と戦後資本主義（前掲書）』所収、三〇四～三一一頁、を参照。

(26) ABF, 1489200205/18. CEE. Coordination des politiques de conjoncture, Bruxelles, 27 juillet 1959.

(27) ABF, 1397199404/99. Commission de la Communauté économique européenne. Mémorandum de la Commission sur le programme d'action de la Communauté pendant la 2ème étape, Bruxelles, 24 octobre 1962.

(28) *Idem.*

(29) *Idem.*

(30) 日本では中央銀行が国内で実施する政策を「金融政策」と総称し、それを《monetary policy》と英訳している。一方、欧州諸国では、政策の内容に応じて«credit policy»、«money policy»、«financial policy»などの用語が使われてきた。しかし一九七〇年代以降、政策の軸がインターバンク市場としての「貨幣市場」（money market. これも日本では「金融市場」と呼ばれる）への介入やマネー・サプライの管理に移るにともない、中央銀行の政策は«monetary policy»という用語に統一されるようになった。欧州共同体では「通貨」、「信用」、「金融」という用語が厳密に使い分けられていることから、本書では日本における一般的用語法から離れ、«monetary policy»に「通貨政策」という訳語をあてる。

（31）CAEF, B17687. Robert Marjolin, «La coopération monétaire et financière au sein de la Communauté économique européenne», in *Bulletin CEE*, n°11, novembre 1963.

（32）以下、省間委員会に関する引用は、とくに断りのないかぎり以下の史料から行う。ABF, 1248920205/46. Premier ministre. Comité interministériel pour les questions de coopération économique européenne. Examen du mémorandum de la Commission de la CEE sur le programme d'action de la Communauté pendant la deuxième étape. Compte rendu de la réunion du 9 novembre 1962, 16 novembre 1962.

（33）フランスの五カ年計画については、簡単には以下のものを参照。Commissariat général du Plan, *Cinquante ans de planification à la française*, Paris, s.d.：権上康男「一九七〇年代フランスの『大転換』——コーポラティズム型社会から『市場社会』へ」『日仏歴史学会会報』第27号、二〇一二年六月、二一〜二三頁、を参照。

（34）イギリスは一九六一年の夏から欧州経済共同体への加盟を公式に表明するようになっていた。

（35）一九五〇年代における農業共同体構想については、Gilbert Noël, *Du pool vert à la politique agricole commune. Les tentatives de la Communauté agricole européenne entre 1945 et 1955*, Paris, 1988.：廣田愛理「戦後フランスの農業政策とヨーロッパ統合（一九四五〜五七年）」廣田功編著『現代ヨーロッパの社会経済政策——その形成と展開』日本経済評論社、二〇〇六年、所収、を参照。

（36）当時、欧州委員会を代表してフランス政府と折衝していたマルジョランも、回想録に次のように記している。フランス政府は、「共通農業政策が欠けると、ローマ条約はフランスにとっては不利で、共同体の北部の工業諸国とくにドイツにとっては有利になり、深い不均衡を呈することになる」と思い込んでおり、「共通農業政策が欠ければ共同市場はフランスにとって価値がなくなる」と考えていた、と。Robert Marjolin, *Le travail d'une vie. Mémoires 1911-1986*, Paris, 1986, pp. 318-

320.

（37） ABF, 1489200205/216. Note pour le Ministre. CEE. Politique agricole commune, par Jean Sadrin, 16 octobre 1961.

（38） 以上、フランス側から見た共通農業政策の形成過程については、Pierre Barral, *Les agrariens français de Méline à Pisani*, 1968, pp. 325 et suiv.; Gilbert Noël, «Les finalités de la politique agricole commune (1958-1972). Marché et cohésion économique et sociale», in Antonio Varsori (éd.), *Inside the European Community. Actors and Policies in the European Integration, 1957-1972*, Barden-Barden/Bruxelles, 2006. を参照。

（39） Gilbert Nöel, «Politique agricole commune: l'approche commerciale de la France», in *Le rôle des ministères des Finances et de l'Economie dans la construction européenne (1957-1978)*, Actes du colloque tenu à Bercy les 26, 27, 28 mai 1999, t. I, 2002; John S. Keeler, «De Gaulle et la politique agricole commune de l'Europe: logique et héritages de l'intégration nationaliste», in *De Gaulle en son siècle,* t. V: *L'Europe, op. cit.*

（40） ドイツ連邦銀行著／葛見雅之・石川紀訳『ドイツ連邦銀行――金融政策上の課題と政策手段』学陽書房、一九九二年、一二九～一四七頁；日本銀行調査局『各国の中央銀行制度』一九五八年五月。

（41） Deutsche Bundesbank (ed.), *Fifty Years of the Deutsche Mark. Central Bank and the Currency in Germany since 1948*, Oxford/New York, 1999, pp. 736 and 744-745.

（42） CAEF, B17687. Ambassade de France à Bonn. Conseiller financier au ministre des Finances, 5 février 1963. 以下、引用はこの史料から行う。

（43） 一九六三年五月二二日の通貨委員会におけるフランス銀行首席副総裁ピエール・カルヴェの発言。ABF, 1489200205/200. Compte rendu du Comité monétaire, session des 21 et 22 mai 1963.

（44） ABF, 1035200250/10. Monnaie, intégration et C. E. E., par F. Boyer de la Giroday, Bruxelles, octobre-novembre 1964.

（45） ABF, 1397199802/8. Compte rendu du Comité monétaire, session des 12 et 13 mars 1964.

（46） ABF, 1489200205/205. *Septième rapport d'activité du Comité monétaire*, 15 mars 1965.

（47） R. Marjolin, Le travail, *op. cit.*, p. 342.

（48） ABF, 1489200205/205. *Septième rapport d'activité du Comité monétaire*, 15 mars 1965.

（49） *Idem.*

（50） 当日の通貨委員会からの引用はすべて以下の会議記録に拠る。ABF, 1489200205/200. Compte rendu du Comité monétaire, session des 21 et 22 mai 1963.

（51） ABF, 1489200205/206. *Sixième rapport d'activité du Comité monétaire*, Bruxelles, 15 avril 1964.

（52） 二〇〇三年一二月九日、フランス学士院で開催された「ロベール・マルジョラン・シンポジウム」で元欧州委員会経済金融総局経済構造・開発局長ミシェル・アルベールが行った証言。Michel Albert, «Robert Marjolin et la coordination des politiques économiques dans la CEE», in *Colloque Robert Marjolin*, à l'Institut de France, 9 décembre 2003. なお、短期経済政策委員会、中期経済政策委員会、財政政策委員会の三つの委員会は一九七四年に統合され、新たに「経済政策委員会」（Comité de politique économique）が生まれる。

（53） ABF, 1035200205/10. Monnaie, intégration et C. E. E. par F. Boyer de la Giroday, octobre-novembre 1964. なお、この覚書は、フランス銀行次席副総裁ベルナール・クラピエの意見を聞くために、ボワイエ＝ドゥ＝ラ＝ジロデー自身によって、極秘に一一月九日付でクラピエに送られている。

（54） ABF, 1489200205/200. Compte rendu du Comité monétaire, session du 3 novembre 1964. 以下、一九六四年一一月三日の通貨委員会の会合からの引用はすべてこの会議記録から行う。

（55） *L'Année politique, économique, sociale et diplomatique*, 1965, p. 265.

（56） 正確に言えば、ドゴールはすでに五月から、閣僚たちにたいして外国で開催される会議への出席を控えるようもとめていた。

（57） W. Hallstein, *Europe in the making*, *op. cit.*; R. Marjolin, *Le travail*, *op. cit.*, pp. 264-267.

（58） ただし厳密に言うと、欧州委員会は必ずしも一枚岩ではなかった。副委員長マルジョランは、ハルシュタインのアプローチを「歯車理論」（théorie de l'engrenage）と評し、欧州統合にたいして現実的なアプローチをとろうとしていた。R. Marjolin, *Le travail*, *op. cit.*, pp. 264-267 et 312.

（59） J. T. S. Keeler, *op. cit.*, p. 160.

（60） AN, 5AG2/1036. note manuscrite, signée par Michel Debré, s. d.

(61)　CAEF, B12544. Note pour le Ministre. Possibilités et limites d'un renforcement de la coopération monétaire entre les pays du Marché commun, par René Larre, 20 octobre 1969. なお、ドイツ・ブンデスバンク理事レオンハルト・グレスケも同様の評価を行っている。Deutsche Bundesbank, *Währung und Wirtschaft in Deutschland 1876-1975*, Frankfurt am Main, 1976, S. 761.（ドイツ・ブンデスバンク編／呉文二、由良玄太郎監訳、日本銀行金融史研究会訳『ドイツの通貨と経済――一八七六～一九七五年』東洋経済新報社、一九八四年、九二二頁）。

第1部　ブレトンウッズ体制の危機とスネイクの誕生

第1章　国際通貨危機と欧州通貨統合問題

一九六七年秋から一九六九年秋にかけて、ポンド、ドル、フランが相次いで国際投機の標的になった。地域通貨と世界の基軸通貨を見舞ったこの一連の危機によって欧州経済共同体の域内の為替関係は緊張した。折しも、共同市場は関税同盟としてほぼ完成しつつあったが、この共同市場が為替関係の変動によって機能不全に陥る可能性が出てきた。こうして、域内諸国間における為替相場の変動の廃絶すなわち通貨統合に向けた取組みが始まる。

第1節　ポンド危機およびフラン危機と欧州通貨協力問題（一九六七〜六八年）

1　ヴェルネル・プランとバール秘密報告

一九六七年は国際収支の不均衡が世界レヴェルで深刻化した年として知られる。ドルとポンドはくり返し売りを浴び、一一月一八日になってポンドは一四・三パーセント切り下げられた。

ポンド危機が共同体にあたえた衝撃は大きかった。この危機のあいだじゅう、通貨委員会では多くの時間が域内諸国通貨への影響の評価に割かれた。ポンド危機は経済統合における通貨問題の重要性を再認識させた。それを裏書するように、ポンドが切り下げられてまもなく、欧州通貨統合史にその名を残す二人の人物が相次いで行動を起こした。一人はルクセンブルグの首相兼財務大臣ピエール・ヴェルネル、もう一人は欧州委員会の経済・通貨担当副委員長レイモン・バールである。

ヴェルネルは一九六八年一月、ザールブリュッケンで開催されたドイツ・キリスト教民主同盟（ＣＤＵ）の経済会議に招かれ、「欧州の金融・経済政策の展望」（Perspectives de la politique financière et monétaire européenne）と題する報告[1]を行った。彼はそのなかで次の二項目を提案している。(1)ブレトンウッズ協定によって共同体の域内諸国間に認められている一・五パーセントの為替変動幅を廃止し、域内の為替相場を固定する。(2)域内諸国は国際通貨問題に関して組織的に事前協議を行い、ＩＭＦにおいて一体として行動できるようにする。[2]

バールの方は同年二月に、ローマで開かれた非公式の欧州閣僚理事会で通貨統合に関する秘密報告を行った。バールはフランスの大統領シャルル・ドゴールによって欧州委員会に送り込まれた人物で、前職はパリ大学経済学担当教授である。ただし、欧州委員会副委員長という役職からして当然のことではあるが、彼は欧州統合にたいしてきわめて積極的であった。

秘密報告のなかでバールはこう問題を提起する。通貨領域における協力関係を前進させて共同市場を為替相場の変動から守らないかぎり、共同体は安定しない。為替変動は域内の要因にかぎらず域外の要因によっても生じる。それだけに、現状を放置するなら経済統合の前進は望めなくなり、農業共通政策に代表される統合の成果も損なわれる恐れがある。[3]

次いでバールは、共同体として以下の四項目を検討することを提案した。

(1) 為替平価の変更を加盟諸国による事前協議の対象とする。

(2)　加盟諸国は相互間における為替相場の変動を廃絶し、域外にたいして同一の為替変動幅を採用する。
(3)　加盟諸国の通貨を国際投機から防衛するために、域内に相互信用網を創設する。
(4)　共同体のすべての活動で用いられる共通の通貨単位、すなわち「欧州計算単位」(unité de compte européenne) を制定する。(4)

以上四項目の基本的な部分はすでに一九六二年の「第二段階の行動プログラム」に盛り込まれており、目新しいものではない。バール提案の意義は、ポンド危機が発生したのを機に為替変動の廃絶に向けて具体的な検討作業に入ることと、そのためにまず「通貨協力」(coopération monétaire) の強化に着手することをもとめた点にあった。しかし、バール提案にたいする六カ国の経済・財務担当大臣の反応はかんばしくなかった。(5) 各国の関心は、欧州という地域の通貨問題よりもＩＭＦを舞台とする国際通貨制度の改革の方にあったからである。とくにフランスがそうであった。

フランスの関心は一九六〇年代の初頭から一貫して、金本位制の復活を軸に据えた国際通貨制度改革に向けられており、欧州通貨問題は関心の埒外にあった。この国の関心のありようは、ドゴールが一九六五年二月四日に行った記者会見(6)に端的に現れている。ドゴールはこの会見で、ドルを基軸とする金為替本位制――いわゆるブレトンウッズ体制――の現状を厳しく批判した。この国際通貨制度はアメリカによる金の独占的保有という戦後状況を背景に生まれたものであるが、そうした状況はすでに消滅している。それにもかかわらず、多くの国がアメリカの国際収支赤字をつうじて流出するドルを金と同等に受け入れているために、アメリカは「外国から無償で借入れを行う」ようになっている。ドゴールは、こうした「アメリカへの一方的な便宜供与」からさまざまな「不都合」や「混乱」が生じているとし、「金為替本位制の安楽死、金本位制の再興」の必要性を説く。そして、「フランスは全世界の利益のために必要とされる壮大な改革に積極的に参加する用意がある」と宣言したのである。ちなみに、このドゴールの主張を理論面から支えていたのは、戦後フランスを代表する経済学者で新自由主義の理論家として知られるジャック・リュエフである。(7)

一九六六年からは、主としてＳＤＲ（特別引出し権）の創設がフランスの関心をとらえる。ＳＤＲは一九六七年九月のＩＭＦ総会でその大綱が承認されるが、フランスはＳＤＲを金で定義されたものにしようとしていた。そして、この新しいタイプの流動性を普及させることによって、一介の国民通貨にすぎないドルを世界の準備通貨・決済通貨から排除すること――いわゆるドルの「バナル化」（banalisation）――を目論んだのである。(8) 要するにフランスは、ＳＤＲにドゴール／リュエフ構想を反映させようとしていたのである。

こうしたフランスの対外通貨戦略はポンド危機後も変わっていなかった。前出の欧州閣僚理事会ローマ会議の直前に、財務省国庫局長ルネ・ラールが財務大臣ミシェル・ドゥブレのために作成した覚書にそれがよくうかがえる。(9) この覚書はヴェルネルのザールブリュッケン講演の分析にあてられていた。そのなかでラールは、ヴェルネルの提案はフランスのＳＤＲ構想を実現するうえで有益だと評価している。提案は欧州諸国の一体化を強める方向に作用する、それゆえＳＤＲ問題で対応が分かれている欧州諸国をフランスの構想支持に回らせる手段として利用できる、というのである。つまり、フランス財務省の最高の実務責任者がヴェルネル提案を評価したのは、国際通貨制度改革をめぐる「戦術的な地平」(10) においてであって、欧州通貨の統合提案それ自体を評価したわけではなかった。

2　フラン危機と欧州閣僚理事会ロッテルダム会議――「通貨関係の新たな前進」

フラン危機とフランスの政策転換

域内通貨協力をめぐる問題状況は、一九六八年の五月から六月にかけて、フランスで「五月危機」が発生したことから大きく変わる。

この年の五月から六月にかけて、フランスでは若者の異議申し立て運動に連動して労働者のストライキが全国に広がり、生産活動は二カ月にわたって停止状態に陥った。そのため大量のフランが売られ、フランスは一五億ドル相当の公的準備を失った。この危機にたいしてフランス政府は、まず緊急措置として為替管理、輸入制限、国内企業にたいする金融支援を実施し、次いで金融を緩和し、財政支出を拡大した。それゆえ、五月危機が共同体の域内経済にもたらした緊張は前年のポンド危機の比ではなかった。

五月危機の際にフランスで実施された諸措置や政策をめぐっては、その保護主義的で、かつインフレ的な性格のために、欧州委員会の内部でも、また通貨委員会においても、各国の代表からフランスに厳しい批判が浴びせられた。(11) バールの官房長ジャン＝クロード・パーユは当時、ブリュッセルでこうした緊迫した場面に立ち会っていたが、彼によると、五月危機にともなって生じた事態は欧州委員会にとって、ヨーロッパ建設の「脆さ」と「可逆性」(12) を強く印象づけるものであったという。

七月一〇～一一日の通貨委員会では、共同体の前途に不安を抱いた欧州委員会が「通貨協力機構」（un mécanisme de coopération monétaire）の創設を提案している。(13) 欧州諸国の中央銀行が協力して為替投機に対処するための基金を共同体の内部に設けようというのである。また九月四日の同じ通貨委員会では、フランス代表の国庫局長ラールとフランス銀行首席副総裁ベルナール・クラピエが、共同体として「通貨協力の発展」に積極的に取り組む必要があることを力説している。二人によると、欧州諸国の通貨を投機的資本移動から防衛する適切な信用手段が存在しない。SDRは信用額が不十分なだけでなく、手続きが複雑すぎる。中央銀行間にはスワップ協定(14) があるが、利用できる信用がごく短期に限定されているために、これも役に立たない。そこでフランスの代表たちは、通貨支援のための信用機構を共同体の内部に設置するようもとめたのである。

かくて「五月危機」を契機に、それまで国際通貨に向けられていたフランスの関心は欧州の域内通貨にも向かうことになった。しかし、通貨委員会がこの問題を検討対象に据えるには、欧州閣僚理事会による政治判断をまつ必要があった。

欧州閣僚理事会ロッテルダム会議（一九六八年九月九～一〇日）――「通貨関係の新たな前進」

一九六八年九月九～一〇日のロッテルダム会議では域内通貨協力が議題にとりあげられた。

この問題で口火を切ったのはヴェルネルである。ヴェルネルは自らが一月にザールブリュッケンで行った提案内容を紹介し、六カ国の経済・財務担当大臣が「通貨協力の強化」に取り組む意思を表明することにより、この課題に「政治的重み」[15]をもたせることを提案した。

大臣たちの多数は通貨協力の重要性を認め、問題の検討を通貨委員会に付託することで意見が一致した。しかしドイツの経済大臣カール・シラーだけはこれに条件をつけた。シラーによると、「本質的なことは、いろいろな通貨協力の仕組みを用意することではなく、物価の安定を目的とする経済政策の実施にある」（傍点は引用者）。それゆえ、会議の終了後に発表されるコミュニケに「安定という至上命令」[16]という文言を盛り込むべきである。前章で述べたように、戦後のドイツでは「社会的市場経済」の名のもとに物価と通貨の安定を最優先する新自由主義的政策が実施されていた。シラーは、これと同様の政策を共同体諸国が実施することの方が、域内諸国間の為替関係の安定にとって重要だというのである。

フランスでは七月に内閣の交代があり、財務大臣はドゥブレからフランソワ＝グサヴィエ・オルトリに代っていた。シラー発言にはこのオルトリが強く反発した。戦後のフランスはドイツとは対照的に、ほぼ一貫して投資と成長を優先する政策をつづけてきた。この政策は物価の上昇をもたらし社会的緊張を高める作用をしたが、歴代の政府は賃金および各種所得の引上げに寛大な政策をとることによってこの緊張を解いてきた。とくに五月危機以後は、物価スライド式賃金制の導入が急速に広がりつつあった。物価の安定を優先することは、フランスにとって戦後政策の全面転換を意味した。しかも五月危機の直後で、政府は強力な労働攻勢にさらされていたから、成長政策の維持は以前にもまして政治的に重要な意味をもっていた。オルトリはシラーの主張を受け入れるわけにいかなかったのである。

かくてシラー／オルトリ論争に決着がつくはずがなかった。二人は論争のすえに妥協する。こうして欧州閣僚理事会のコミュニケには、「通貨関係の新たな前進」と、「持続的成長と物価安定という共通の目標を実現するための政策」[17]（傍点は引用者）という、シラーとオルトリ双方の主張を入れた文言が挿入された。通貨領域における協力、あるいは通貨統合に向けた通貨面での協力については、その方法をめぐって、共同体を基軸となって支える仏独両国が初発から対立していたのである。

第2節　第一次バール・プラン（一九六九年）――仏独の対立と妥協

1　難航する通貨委員会の検討作業――孤立するフランス

通貨委員会は一九六八年一〇月から翌一九六九年一月にかけて、都合四回の会合を、閣僚理事会から付託された課題「通貨関係の新たな前進」の検討にあてた。

通貨委員会には事前に、欧州委員会経済金融総局の総局長モスカから次の一二項目からなる作業計画案が提出されていた。(1)通貨政策手段の改良と開発。(2)為替市場への介入方法の改善。(3)情報手段とくに統計情報の改善と各国間における調和。(4)資本の輸出入における協調政策。(5)欧州資本市場の発展。(6)事前協議一般に関する方法の改善と強化。(7)国際通貨関連領域における加盟諸国間の協調の促進。(8)ＥＥＣ域内における通貨支援（相互協力）の組織化。(9)為替準備基金の創設。(10)加盟国通貨間における為替（直物、先物）変動の廃絶。(11)欧州計算単位の定義とこの通貨単位の利用。(12)ＥＥＣ域内における為替平価の固定[18]。以上の項目は、一見して明らかなように、バールが秘密報告のなかで示した構想を具体化したものである。

しかしこの作業計画案については、実質的な議論はほとんど行われなかった。大半の項目について、フランス以外の諸国が検討に入ることに抵抗したからである。欧州委員会は(8)に含まれる「短期通貨支援」を緊急事項と位置づけていたが、これを検討することにさえ抵抗した。四回分の会議記録をとおしてうかがえるのは、三つの大きな問題が六カ国の協調を妨げていたという事実である。

第一は共同体内の政治である。ドゴールが一九六七年の五月に、一九六三年につづいて再度イギリスの共同体加盟申請を拒否しており、このことが、フランス救済色の強い通貨協力案に取り組むことを難しくしていたのである。たとえば一〇月二二～二三日の会合で、モスカは一二項目のなかでも、(3)情報手段、(6)事前協議、(8)通貨支援、(10)為替変動の廃絶、の四項目を優先的に検討するよう提案したが、これを支持したのはフランス代表とルクセンブルグ代表だけであった。その他の代表はいずれも態度を保留し、とくに(8)と(10)にたいしては「重大な留保[19]」（très sérieuses résèrves）を表明した。その理由として、ベルギー代表とイタリア代表は関連する規定がローマ条約にないことをあげる。さらに、イタリア代表と通貨委員会の議長でオランダ代表のレネップは、そうした方向に踏み出せば「共同体の拡大をいっそう難しくする可能性がある[20]」と言う。つまり、通貨協力の前進よりも共同体の拡大すなわちイギリスの共同体加盟が先であり、通貨協力の前進は共同体拡大の妨げになるというのである[21]。

第二に、共同体加盟国は六カ国と少なく、しかもその構成が非対称的であった。通貨支援国にまわる国（ドイツ、オランダ）と被支援国にまわる可能性の高い国（イタリア、フランス）の色分けがはっきりしていた。ドイツとオランダの代表はとりわけ通貨支援機構や中期信用制度に強い異論をとなえたが、それは、新たな機構や制度のなかで自国が中心的な資金の貸し手になることがわかっていたからである。

第三に、通貨委員会が検討作業を開始した直後の一九六八年一一月にフランが為替市場で大量の売りを浴びせられた。このフラン危機はきわめて深刻で、フランス政府もフラン平価の切下げが不可避と判断するにいたった。しかし、バールの仲立ちでブンデスバンクを中心に域内の中央銀行が一〇億ドルにのぼる支援に応じたおかげで、フランの切下げはかろうじて回避された(22)。フランスの国民通貨を見舞ったこの危機は、為替関係の安定を通貨支援機構だけで保障することの難しさを強く印象づけることになった。このことがドイツとオランダの態度を硬化させたのである。実際、一九六九年一月八日の通貨委員会では、ドイツとオランダが前年一一月のフラン危機を例にとり、通貨協力のもつ限界と経済政策の収斂の決定的な重要性を強調している。たとえば、両国代表がこの日、通貨委員会の中間報告の前文に盛り込ませようとした事項のなかには次の一文が含まれていた。

ＥＥＣ加盟諸国間の相互協力や独自の通貨機構を整えたところで、各国間で経済目標をめぐる協調が大きく前進しないかぎり、共同市場の基本目標の実現を容易にするどころか、反対に既存の硬直性を増幅することにしかならないであろう。……とくに一一月の〔フラン〕危機は、現時点におけるこの調整の到達度がきわめて不十分であり、深刻な緊張の発生はもとより、基礎的不均衡の発生すら抑止できないことを証明した(23)。

ちなみに、通貨協力を前進させるには経済政策の協調が前提になるとするドイツとオランダの考え方は、「エコノミスト」のアプローチとして知られている。この考え方が公式の場に登場し、ドイツの見解としていわば公認されたのは一九六二年一〇月二五日のブンデスバンク理事会である(24)。その後、一九六七年一一月二二〜二四日の連邦経済省科学審議会の答申のなかで再確認され、欧州通貨統合にたいするドイツのアプローチとして定着することになる。[25] 一九六八年一一月のフラン危機は、シラーがロッテルダム会議で展開したような「エコノミスト」の主張に根拠をあたえる結果となったのである。

その後、「通貨関係の新たな前進」に関する通貨委員会の中間報告の原案が欧州委員会事務局によって用意されたが、その内容は通貨委員会において大幅に修正された。ほとんどすべての提案項目について通貨委員会としての判断が留保される一方で、ドイツとオランダの意向に沿って、経済政策の協調の重要性を説く前文が新たに付け加えられていた。この中間報告は一九六九年一月一五日付で欧州閣僚理事会に提出された。

2　第一次バール・プランと「パラレリズム」——仏独の妥協

通貨委員会の中間報告が提出されて一カ月も経たない一九六九年二月一二日、欧州委員会が「経済政策の協調および通貨協力に関する欧州委員会の覚書」[26] を作成し、欧州閣僚理事会に提出した。この覚書は、副委員長バールの責任でまとめられたことから「バール・プラン」——ただし、一九七〇年に作成されるもう一つのバール・プランと区別して「第一次バール・プラン」——と呼ばれる。

バール・プランには大きな特徴が二つある。前節で紹介した一九六八年二月のバールの秘密報告と同年一〇月のモスカの作業計画案では通貨協力に重点がおかれていた。これにたいしてバール・プランは、経済政策の収斂を通貨協力と同時併行的に進めることによって「経済通貨同盟」(union économique et monétaire) を実現しようとしていた。いわゆる「パラレリズム」であり、これが第一の特徴である。パラレリズムが採用されているのは、通貨委員会における討議と同委員会の中間報告をふまえたためであり、また、フラン危機後の共同体内の政治・経済状況を勘案し、仏独間のバランスと調整のうえに策定されたためでもある。[27] なお、ここに登場する「経済通貨同盟」とは、経済政策の収斂と通貨統合（為替変動の廃絶）が実現した段階の欧州経済共同体を意味している。[28]
バール・プランのもう一つの特徴は、バールの秘密報告のなかにあった①為替変動幅の廃止、②為替平価の変更を事前協議の対象にする、③単一の欧州計算単位の定義づけ、の三項目が当面の課題から外されていることにある。したがって、プランが対象とする範囲は秘密報告よりも限定的であり、フランスの側から見るなら「後退している」[29]ということになる。

専門委員会における第一次バール・プランの検討と欧州閣僚理事会モンス会議（一九六九年四月二一日）

バール・プランについては、国庫局長ラールが一九六九年七月一〇日付の覚書[30]で、共同体の各種機関における検討状況を総括的に分析している。そこで、主としてこの文書に拠りながら主要な諸事実を確認しておこう。

プランの専門技術的側面に関する検討は、通貨委員会、中央銀行総裁委員会、短期経済政策委員会、中期経済政策委員会、財政政策委員会の五つの専門委員会で併行して行われた。なかでもひときわ大きな重みをもつのは、通貨委員会と中央銀行総裁委員会における検討である。というのは、通貨委員会は経済・財務当局の代表と中央銀行の代表から構成されているために、「通貨政策」と「経済政策」のいずれか一方しか扱えない他の委員会とは違い、プラン全体を検討対象に据えることができたし、中央銀行総裁委員会は、各国の中央銀行総裁から構成されており、通貨領域に関するその判断には決定的ともいえる重みがあったからである。

最初に通貨委員会における検討状況から見ることにしよう。ここでは、経済政策の協調に関する欧州委員会提案については、いずれの国からも異論は出なかった。しかし通貨領域に関する提案については、フランスと他の諸国のあいだで意見が大きく分かれた。まず短期通貨支援については、欧州委員会提案には含まれていない事前協議制を導入すべきだとする意見が多数を制した。次に中期金融支援については、短期支援との原則上の区別を明確にし、かつ短期支援のコンソル化の手段として利用されないように、支援を事前協議の対象にするだけでなく、すでに短期支援をうけている国を支援の対象国から除外すべきだとする意見が優勢であった。

次に中央銀行総裁委員会を見ると、総裁たちの意見は通貨委員会にもましてフランスに厳しかった。フランス銀行総裁オリヴィエ・ヴォルムセル以外の総裁はすべて、短期支援を事前協議なしに自動的に供与することにも、中期信用を短期通貨支援のコンソル化に利用することにも否定的であった。オランダとイタリアの中央銀行総裁にいたっては、信用制度は既存の国際的制度で十分足りており、共同体として独自の制度を設ける必要はないとさえ主張した。さらに、どうしても短期通貨支援制度を創設するのであれば、経済政策の協調を保障する制度とセットにすべきである、と条件をつけた。欧州諸国は当時、ニューヨーク連邦準備銀行を介して、自動的な相互通貨支援制度であるスワップを利用していた。それだけに、会議の席上ヴォルムセルが指摘したように、オランダとイタリアの姿勢は不自然であった。そこには政治が影を落としていたと考えざるを得ない。

以上二つの専門委員会と比べるなら、欧州閣僚理事会における議論は総じて穏やかであった。欧州委員会が「パラレリズム」へと路線を転換したことが効を奏したのである。四月二一日にモンスで開かれた同理事会では、ドイツ、ベルギー、ルクセンブルグが「パラレリズム」支持を表明した。三国は、経済政策の目標の収斂、通貨機構の整備という、経済と通貨のそれぞれの領域における基本的課題についても受け入れる意思を表明した。しかしオランダだけはいずれについても反対した。財務大臣ヨハネス・ヴィッテヴェーンは、欧州委員会が提案する方式は「不適切であり有害でさえある(31)」と、パラレリズムそのものに異議を唱えた。ブリュッセルに駐在するオランダ代表によると、ヴィッテヴェーン発言は、「危機への対策は政策協調にあるのであって信用供与にはない(32)」という原則的な考え方によるものであったという。

通貨関連の領域とは対照的に、経済政策の協調や収斂の必要性についてはいずれの国からも異論は出なかった。とところが、経済政策の協調を実現するための仕組みや経済政策の内容となると、各国の意見は分かれたままであった。ドイツのシラーは、「成長政策と安定政策との詰めた調整」が必要であり、政策の核心には「物価水準の安定(33)」が据えられねばならないと主張する。さらにシラーは、短期経済政策についても法的拘束力をもつ事前協議が必要であると言う。これにたいしてベルギーのドプエール・スノワとイタリアのエミリオ・コロンボは、短期経済政策については事前協議の義務化に賛意を表明したものの、経済政策の内容には立ち入ろうとしなかった。

なお、ヴィッテヴェーンとコロンボは、欧州経済共同体を拡大することなしに、すなわちイギリスの加盟を認めることなしに、通貨協力を進めるわけにはいかないと発言し、フランスを牽制した。

バール・プランとフランス

バール・プランにたいするフランスの姿勢については、同じ一九六九年七月一〇日付覚書の後半で、ラールが立ち入った論点整理を行っている。

ラールは最初に、「欧州委員会の諸提案はわが国の考えと大部分で重なっており、賛成であると言わざるを得ない」として、バール・プラン全般にたいするフランスの支持を確認する。次いでラールは各論に入る。

問題はこの各論である。まず経済政策については、ラールはフランスが中期政策で他の欧州諸国と協調することに問題はないと言う。なぜなら、「中期経済政策の収斂は、欧州共同体の経済発展に重大なひずみが生じないようにするための本質的な条件であり、フランス政府がそれを受け入れることに支障はないと思われる」からである。しかし問題は経済政策の目標をどこにおくかである。ラールによると、この点に関する各国政府の政治的意思は固まっていない。とくに目標とすべき物価安定の水準を確定することは難しく、現にこの問題をめぐって「各国間ならびに各国の国内世論は完全に分裂している」。これにたいして短期経済政策の方は、中期の目標が決まればそれに応じて決まってくるので、この政策自体には特段の問題はない。

そこで問題は中期経済政策の収斂の可能性ということになるが、ラールの観測は悲観的である。彼はこう記している――「ドイツが向こう五カ年の物価上昇目標をたとえば〇・五パーセントに維持するなら、短期の協調をいくらやろうとしても失敗は目にみえている。二・五パーセントにするなら意味があるであろう」[34]。要するに、インフレ率が各国間で大きく開いているために、経済政策の収斂に向けて早期に行動を起こすことは難しいというのが、経済政策についてのラールの判断であった。

次に通貨支援の領域では、ラールはフランスにとって重要なのは短期通貨支援であると言う。彼は「短期通貨支援はわが国にとって必要不可欠である」[35]とまで言い切っている。すでに述べたように、フランスは一九六八年一一月のフラン危機の際に域内諸国から一〇億ドルの金融支援をうけていた。いわば制度を先取りするかたちで短期通貨支援を得ていたのである。この借入れは一九六九年の年末から翌七〇年一月初めに期限を迎えることになっており、フランスはこれを更新するだけでなく、さらに借り増す可能性についても考えておかねばならない。それゆえ、短期通貨支援の仕組みは柔軟でなければならず、また利用可能な支援額も可能なかぎり高い水準に設定する必要がある、とラールは言う。

一方、中期信用については、ラールは、残念ながらフランス以外の諸国は未だ態度を明確にしていないと言う。そして、「中期信用機構は真の欧州通貨協力への入口となるものなので」[36]、通貨委員会はさらに検討を深める必要があるとしている。

以上の分析からラールは次のような結論を導く。七月一七日の欧州閣僚理事会では、「経済通貨協力」にたいするわが国の「政治的意欲」を示す必要がある。また、「〔通貨協力の〕本質が失われないようにするとともに、すでにわが国が利用している通貨支援の条件を厳しくするような決定がなされぬようにすべきである」。それには、「バール・

プラン全体が一体のものとして扱われるようにすることと、短期支援の額および〔供与の〕自動的性格に関して前向きの決定がなされぬかぎり、経済政策の事前協議の実施を目的とする『決定』は受け入れないことが、きわめて重要である[37]」。

かくてラール覚書からは、フランスがモンス会議でバール・プランを全面的に支持したことの裏には、すでに域内諸国から取り入れていた短期信用を新しい制度のなかにそっくり移行させるとともに、この信用を継続して利用できるようにするという思惑が強く働いていたことがうかがえる。

欧州閣僚理事会ブリュッセル会議（一九六九年七月一七日）――第一次バール・プランの了承

一九六九年七月一七日に欧州閣僚理事会がブリュッセルで開かれた。この会議までに、共同体諸国間の関係は大幅に改善されていた。フランスで政権交代があったからである。四月にドゴールが大統領職を辞し、次いで六月に行われた大統領選挙でジョルジュ・ポンピドゥーが勝利を収めた。次章で詳しく見るように、フランスの新大統領がイギリスのEEC加盟に前向きであることは以前から知られており、この政権交代によってフランスと他の五カ国のあいだにあった最大の政治的障害が取り除かれたのである。

ブリュッセル会議においても、オランダだけは「六カ国の枠内に組織されるいっさいの通貨支援機構にたいして断固反対する[38]」という固い姿勢を崩していなかった。しかしこの会議では、欧州閣僚理事会としてバール・プランを受け入れることで最終的に合意が成立した。というのは、オルトリのあとを襲ったフランスの財務大臣ヴァレリー・ジスカールデスタンが示した二つの原則を、ドイツとベルギーが支持したからである。原則の一つは「欧州委員会の諸提案は一体のものと見なければならない」、もう一つは「全体について原則的な決定を行う」（傍点は引用者）というものである。なお、第二の原則については、「なぜなら、閣僚理事会がただちに経済政策における協調について意見表明することも、通貨協力に関するいっさいの約束を先延ばしにすることも難しいからである」[39]（傍点は引用者）という理由説明が付されていた。

ともあれ、こうして共同体諸国は「パラレリズム」の原則にもとづいて経済通貨同盟を創設することで合意した。フランス財務省国庫局がまとめた当日の会議記録は次の言葉で結ばれている。「われわれの考えは、同一歩調で進む（*pari passu*）ことで、すなわち経済と通貨の道を同時並行的に進むことで、ドイツ代表団の考えと一致した」[40]。これは、フランスのもとめる通貨協力、なかでも短期通貨支援制度創設への道が開かれたことを意味する。第二の原則に関するジスカールデスタンの説明（傍点を付した部分）を注意深く読めばわかるように、この合意は「パラレリズム」という大枠を維持しつつも、技術的に容易で、かつ緊急性のある通貨協力を先行させることを含意していたからである。

第3節　ドル危機と為替変動幅の拡大問題——問題の先送り

世界の為替制度と異なる欧州に独自の為替制度を創設する問題には、欧州委員会が早い段階から取り組んでいた。一九六二年の「第二段階における行動プログラム」には最終段階での「為替平価の固定」が謳われていたし、一九六八年一〇月にモスカが通貨委員会に提出した一二項目の作業計画にも「為替変動の廃絶」が盛り込まれていた。とはいえ、前節からも明らかなように、通貨委員会の中間報告でも第一次バール・プランでも、欧州為替制度の創設は当面の課題から外されていた。

しかし一九六八年の年末になると、欧州為替制度の創設問題を放置しつづけることが難しくなる。国際通貨制度にたいする不安が広がるなかで、ＩＭＦ改革をめぐる論議が活発化し、変動幅の拡大を容認する議論が勢いを増したからである。[41]

1　為替変動幅の拡大問題と欧州諸国

ブレトンウッズ体制のもとでは、各国通貨のドル平価（いわゆる「対ドル中心相場」）からの乖離は上下それぞれ一パーセントまで――ただし、共同体諸国の場合には上下それぞれ〇・七五パーセントまで――認められていた。これは共同体諸国間では為替相場が最大で一・五パーセントまで開くことを意味する。かりにＩＭＦ協定が改定されてドルからの各国通貨の乖離幅が従来以上に拡大されるなら、共同体の域内為替変動幅は一・五パーセント以上に広がることになる。共同市場を維持し、さらに経済統合を前進させようとするのであれば、域内変動幅を世界変動幅以下に縮小すべきではないか。あるいは、そもそも域内では変動幅は廃絶にもって行くべきではないか。共同体にとっての為替変動幅問題の核心はここにあった。

共同体諸国のなかでは、ドル危機のたびに大量の投機的資本が流入する強い通貨国ドイツと、投機的資本がドイツに向けて流出する弱い通貨国イタリアが、変動幅拡大容認論に傾きつつあった。これにたいして、国民経済の対外開放度（ＧＤＰにたいする国際貿易の比率）が高く、国内経済が為替変動の影響をうけやすいベルギーとルクセンブルグの二つの小国が固定相場制維持を主張していた。[42]唯一、旗色が不鮮明だったのはフランスであるが、このフランスも一九六九年の年初に態度を固めることになる。

一九六九年一月二〇日と二一日の両日、国庫局長ラールの執務室に国庫局とフランス銀行の実務責任者たちが集まり、変動幅問題への対応を協議している。両日の会議記録[43]によれば、問題は「一般」と「共同体」の二つのレヴェルで検討され、それぞれ次のような結論が導かれた。

まず、一般的に言って、変動幅の拡大は不況期における貿易収支の調整を容易にしてくれるものの、構造的危機の解決には役立たない。当該国が構造的危機に陥っている場合には、投機を誘発して危機をいっそう深刻なものにする恐れがある。そうした可能性は、対ドル変動幅が二パーセント以上になった場合に大きくなる。またそれは、当該国の経済の開放度（とくにＧＤＰにたいする輸入額の比率）が高いほど大きくなる。次に、共同体のレヴェルでは、二つの場合に分けて問題を考える必要がある。一つは、域内変動幅が世界変動幅以下に設定された場合である。この場合には遅かれ早かれ六カ国の通貨関係が緊密化することになるが、そうした状況は「いくつかの国の政策と相容れない」。成長政策をつづけるフランスがこの「いくつかの国」の筆頭に位置していたことはいうまでもない。もう一つは、これと反対に、世界変動幅が拡大され、それに連動して域内の変動幅も広がる場合である。この場合には、共通政策の適用をうける共同体内の価格、なかでも農産物価格が歪められ、共同市場の機能が大きく損なわれる。

以上の分析結果にもとづいて、財務・通貨当局の実務責任者たちはフランスのとるべき立場を以下のように定式化する。「一般的に言って、変動幅の拡大は好ましくない。とはいえ、現在の共同体では通貨統合に着手するわけにいかない。そこで、世界レヴェルで変動幅の拡大が行われるような場合には、この変動幅は、六カ国それぞれによってすべての人々にたいして適用されるべきである」。つまり、かりに世界変動幅が拡大したとしても、当面、域内変動幅の縮小は行わないというのである。

変動幅問題にたいするフランスの姿勢は、実務責任者たち自身が認めていたように「一見矛盾している」。しかし会議記録によると、通貨委員会の委員長でオランダ代表のレネップの考えもそうであるという。ともあれこの時点では、フランスは共同市場の防衛より、自国の経済政策（成長政策）の維持を優先しようとしていたのである。

2　通貨委員会代理人会議における討議

フランスが態度を決めてから一カ月あまりが経過した三月、通貨委員会は為替変動幅をめぐる問題に取り組むことを決め、代理人会議に予備的検討を付託した。四月一五日に開かれた代理人会議では四点の資料にもとづいて意見交換が行われた。欧州委員会事務局の手になる長大な覚書、ドイツ代表でブンデスバンク理事のエミンガーの覚書、同じエミンガーが通貨委員会の年次報告書用に作成した文書、それにイタリア代表でイタリア銀行のオッソラ、の覚書の四点である。

欧州委員会の覚書(44)は「為替問題と農業共同市場」という表題がつけられており、為替問題がもっぱら農業共同市場とのかかわりで分析されている。その結論は、①一パーセント、ときには〇・五パーセントの変動幅であっても共同市場内における穀物取引に歪みが生じる、②それゆえ域内における変動幅は縮小ないしは廃止することが望ましい、というものである。しかし、この提案を支持したのはベルギーとルクセンブルグの二国だけで、残る四カ国は不支持にまわった。不支持の理由は、「変動可能な幅について厳密に論じることはできない」、「もっぱら農業問題だけを理由に変動幅を縮小したり廃止したりするのは適当ではない(45)」というものであった。

エミンガーの手になる年次報告書用文書および覚書とオッソラの覚書(46)は、現行の変動幅が縮小ないしは廃止された場合に生じる問題を扱うことに主眼がおかれ、そうした改革が非現実的であることを強く印象づけるものになっていた。なかでもエミンガーの分析は理論的によく整理されているだけでなく、通貨委員会内の多数派によって支持されることになる（ただし、一九六九年一二月のハーグ欧州首脳会議まで）。そこで、変動幅の廃止に焦点を絞ってその要点を紹介しよう。

変動幅を廃止した場合には、域内諸国の通貨は域外の通貨にたいして一体となって変動することになる。このため域内諸国は国際収支の調整手段を失い、自律的な為替政策を遂行できなくなる。国際収支が赤字基調の国では、たとえば他の域内諸国が外貨を溜め込んでいるために、その国の通貨がドルをはじめとする域外の通貨にたいして過大に評価されることになり、国内に「深刻な問題」（すなわちデフレ）が生じる。一方、中央銀行の介入政策にも困難な技術的問題が生じる。中央銀行による為替市場介入には二通りが考えられる。一つは、各国の中央銀行が為替平価を遵守することを約束し、個別に介入する場合であり、もう一つは、域内のすべての中央銀行が、ドル平価からの自国通貨の乖離を等しい水準に維持するために、恒常的に介入する場合である。前者にあっては、中央銀行間で恒常的に決済を行う必要が生じる。また後者にあっては、誰が、どのようにして中央銀行の介入を方向づけるのかという問題が生じる。しかも、いずれの場合にも、域内諸国の短期の政策（なかでも財政、物価、賃金に関する政策）を全面的に統一することが必要になる。そうしないと国際収支の均衡が崩れ、通貨危機が発生するからである。また各国の金利や国際収支を等しくすることも必要になる。(47)

以上のようなエミンガー（およびオッソラ）による分析ならびに主張にはベルギーが異を唱えた。通貨委員会の代理人会議の議長で、ベルギー国立銀行経済顧問メルタンス＝ドゥ＝ヴィルマルスは、域内の変動幅が対ドル変動幅よりも大きい現状が「正常と言えるであろうか」と疑問を投じ、域内変動幅の縮小に着手する必要があると主張した。しかしこれには、ドイツ、オランダ、フランス、イタリアの代表たちがこもごも次のように応じた。

第一に、変動幅の拡大を想定して現行の域内変動幅の維持やその縮小を考える必要はない。なぜなら、「変動幅は現に有効に機能しているし、また、この領域でアメリカ当局がEEC諸国の了解なしに動くことはほとんどあり得ないので、〔変動幅の拡大に〕団結して断固反対の態度を貫けばよい」からである。第二に、現行の変動幅は国際収支の調整と通貨政策の自律性を保障する機能を果たしており、「こうした国際通貨制度の真に柔軟な要素を放棄するいわれはない」。

以上の第一と第二の反論は、この時点では、共同体諸国の多くがアメリカの行動とブレトンウッズ体制の将来にたいして楽観的であったことを示している。

第三はフランスが行った反論である。それはベルギーの主張する域内変動幅の縮小は通貨支援機構、しかも「自動相殺型相互協力機構」(un mécanisme de concours mutuel automatique compensateur) の援けなしには十全に機能し得ない、というものである。フランスは変動幅問題に通貨支援機構の創設を絡めようとしたのである[48]。かくてメルタンス＝ドゥ＝ヴィルマルスは、「変動幅を直ちに変更できるとは思えない」という言葉で討議を総括することになった。ただし彼は、すぐつづけて、「変動幅を廃止ないしは縮小するうえで加盟諸国間に相互信用機構を設置する必要があるか否かを研究することにより、問題を前進させる必要がある[49]」と述べている。この議長発言は、ベルギーおよびルクセンブルグとフランスとの通貨協力問題における協調を予知させるものとして興味深い。

このように為替変動幅に関して問題提起がなされたものの、代理人会議が問題の先送りでまとまったことから、通貨委員会でも本格的な検討は見送られた。

小　括

一九六七年から六八年にかけて、ポンド、ドル、フランが相次いで危機に見舞われた。動揺するブレトンウッズ体制を前に、ＩＭＦを改革しようとする議論が一定の広がりを見せた。経済統合は固定相場制を前提にしていたから、為替関係の動揺はこの事業の将来にとって大きな不安要因となる。こうして、為替関係を安定させること、そして最終的には通貨を統合することが、「通貨協力の強化」もしくは「通貨関係の新たな前進」の名のもとに、共同体の歴史上はじめて公式の検討課題に浮上したのである。

この時期に検討の俎上に載せられた主要な事項は、①事前協議の強化、②通貨支援機構の創設、③為替変動幅の縮小さらには廃止、の三つであったが、共同体六カ国の対応はとくに②と③をめぐって大きく分かれた。対応が分かれた主な原因は三つあった。一つは政治的なもので、イギリスの共同体加盟を拒否しつづけるフランスにたいする他の諸国の反発である。もう一つは、国際通貨制度改革の行方が未だ定かでなかったことである。残る一つは「通貨協力」へのアプローチの違いである。

三つの原因のなかでも、通貨統合へのアプローチの違いがすでにこの時点で顕在化していたことは注目に値する。そこで問われていたのは、為替関係の安定を実現するうえで重要なのは通貨協力制度（域内信用、中央銀行間協力）なのか、それとも経済政策の協調、しかも物価の安定を目的に据えた経済政策の協調なのか、という問題である。これは別の観点から言うと、経済政策の協調ないしは収斂を進めるにあたって拠るべき政策原則を、インフレに寛容な成長政策とするのか、それとも物価の安定を最優先する安定政策とするのかという、選択の問題である。これをめぐって、「インフレ国との約束を望まない[50]」ドイツと、インフレ基調の経済政策を維持しようとするフランスとが対立していた。欧州通貨統合史の最初の頁を飾った第一次バール・プランでは、通貨協力と経済政策の協調を同時併行的に進める「パラレリズム」の原則が採用されたが、それは対立する仏独の妥協を図るためであった。

以上のように、通貨問題に取り組む必要性については六カ国の認識が一致したものの、この問題に本腰を入れて取り組むための条件は未だ整っていなかった。それゆえ六カ国は決定的な一歩を踏み出すことができなかった。それを可能にしたのが次章で扱う一九六九年一二月のハーグ欧州首脳会議である。

注

（1）この講演原稿は講演の直後に印刷に付され、共同体諸国の当局者たちに送付された。さらに一九六九年一二月のハーグ欧州首脳会議の直後には、*«L'Europe en route vers l'union monétaire, par Pierre Werner, Président du gouvernement luxembourgeois et Ministre des Finances»* の表題でその新版も発行された。

（2）ザールブリュッケン会議におけるヴェルネル発言の要点については、一九六八年九月の欧州閣僚理事会ロッテルダム会議の席上、ヴェルネル自身が再確認している。CAEF, B50478. Compte rendu de la réunion des ministres des Finances de la

CEE tenue à Rotterdam les 9 et 10 septembre 1968, 23 septembre 1968.

（3）バールの官房長ジャン＝クロード・パーユによる証言。Jean-Claude Paye, «Vers le plan Werner. Le rôle de la Commission des Communautés, 1967-1973», in *Le rôle des ministères des Finances et de l'Economie dans la construction européenne (1957-1978), Journées préparatoires tenues à Bercy le 14 novembre 1997 et le 29 janvier 1998*, t. 2, Paris, 2002, p. 115.

（4）バールによる秘密報告の要点は、「第一次バール・プラン」と通称される欧州委員会の覚書《Mémorandum de la Commission au Conseil sur la coordination des politiques économiques et la coopération monétaire au sein de la Communauté, 12 février 1969》（in *Le rôle des ministères des Finances et de l'Economie*, *op. cit.*, t. 2, Annexes.）のなかで公にされている。

（5）バールの官房長パーユの証言。J.-C. Paye, *op. cit.*, p. 116.

（6）以下、ドゴールの記者会見に関する引用は、«Conférence de presse du général de Gaulle (4 février 1965)», in *Année politique, op. cit.*, 1965, pp. 425-430. から行う。ドゴール政権の国際通貨制度改革提案については、「資料　国際通貨制度に関するフランスの提案」『調査月報』大蔵省大臣官房調査課、第54巻第3号、一九六五年三月：Henri Bourguinat, «Le général de Gaulle et la réforme du Système monétaire international. La contestation manquée de l'hégémonie du dollar», in *De Gaulle en son siècle*, t. 3: *Moderniser la France*, Paris, 1992, pp. 110-125. を参照。

（7）リュエフの国際通貨理論については以下のものを参照。Jacques Rueff, *Le lancinant problème du déficit des balances des paiements*, Paris, 1964; du même, *Le péché monétaire de l'Occident*, Paris, 1971.（ジャック・リュエフ著／長谷川公昭・村瀬満男訳『ドル体制の崩壊――金本位制の擁護者、フランスの碩学による《国際通貨改革論》』サイマル出版会、一九七三年）。

（8）Robert Solomon, *The International Monetary System, 1945-1981*, pp. 128-150.（ロバート・ソロモン著／山中豊国監訳『国際通貨制度研究　一九四五～一九八七』千倉書房、一九九〇年、一七九～二一〇頁）。

（9）CAEF, B12543. Direction du Trésor. Note pour le Ministre, s. d. (29ème réunion des Ministres des Six, Rome, 26-27 février 1968).

（10）CAEF, B12544. Note pour le Ministre. Possibilités et limites d'un renforcement de la coopération monétaire entre les pays du Marché commun, par René Larre, 20 octobre 1969.

(11) ABF, DDPE. Compte rendu du Comité monétaire, juillet-novembre 1968.

(12) J.-C. Paye, *op. cit.*, p. 116.

(13) ABF, 1397199802/15. Commission des Communautés européennes. Coopération monétaire au sein de la CEE (note pour le Comité monétaire des 10 et 11 juillet 1968); ABF, DDPE-43-1397. Compte rendu du Comité monétaire, 10 et 11 juillet 1968.

(14) スワップについては、本書、四二二頁、を参照。

(15) CAEF, B50478. Compte rendu de la réunion des ministres des Finances de la CEE tenue à Rotterdam les 9 et 10 septembre 1968, 23 septembre 1968.

(16) *Idem*.

(17) *Idem*.

(18) ABF, 1397199802/15. Compte rendu de la 112e session du Comité monétaire, s. d.

(19) ABF, 1397199802/15. Compte rendu du Comité monétaire, 22 et 23 octobre 1968, par le directeur du Trésor et le sous-gouverneur de la Banque de France.

(20) *Idem*.

(21) 通貨委員会から事務局案の技術的検討を委ねられた同委員会代理人会議の様子は異様ですらあった。フランスを代表する代理人の一人、フランス銀行研究総局長アンリ・コッシュが作成した会議記録によって、一一月八日の代理人会議の模様を紹介しよう。

一二項目のうち通貨支援、共同準備基金の創設、為替相場の変動の廃絶、の三項目については、フランス以外の国の代表はいずれも検討に入ることを拒否した。ルクセンブルグ代表は親委員会で同国代表がフランスと共同歩調をとったにもかかわらず、代理人会議ではまったく発言しなかった。イタリアは「棄権」を決め込み、正規の代理人の代わりにオブザーバーを出席させた。ベルギーとオランダは上記三項目について発言しようとしなかった。コッシュによると、それは「技術的というよりは明らかに政治的理由」によるものであった。結局、代理人会議は個別の項目について検討を行うことなく、全体を四つのグループに整理するだけにとどまった。①「すでに研究に付されている事項」、②「通貨委員会が閣僚理事会から負託されて検討を始めたばかりの事項」、③「研究——ただし、困難な研究——がなされるべき重要事項」、④「当面は研究に着手できない重要事項」、の四つである。そして、通貨支援、共同準備基金の創設、為替相場の変動の廃絶、の三項目は第三グループに、また為替平価の固定は第四グループに整理された。いずれも早期に結論を出せないグループに括られたのである。ABF, 1397199802/15. Amélioration des relations monétaires dans la CEE. Réunion des Suppléants du Comité monétaire, par H. K., 8 et 12 novembre 1968.

(22) Jean-Marcel Jeanneney, *Une mémoire républicaine*, Paris, 1997, pp. 253-259.

(23) ABF, 1397199802/16. Compte rendu du Comité monétaire, 8 janvier 1969.

(24) Peter Bernholz, «The Bundesbank and the Process of European Monetary Integration», in Deutsche Bundesbank (ed.), *Fifty Years of the Deutsche Mark. Central Bank and the Currency in Germany since 1948*, Oxford/New York, 1999, p. 744.

(25) Hans Tietmeyer, *Economie sociale de marché et stabilité monétaire*, traduit de l'allemend, Paris, 1999, pp. 197-198.

(26) Mémorandum de la Commission sur la coordination des politiques économiques et la coopération monétaire, 12 février 1969.

(27) 通貨協力問題への欧州委員会のアプローチが変わったことについて、国庫局長ラールは、一九六八年一一月のフラン危機から得た教訓が反映していると分析している。ABF, 1489200205/255. Note pour le Ministre, par René Larre, 10 juillet 1969. Mémorandum de la Commission au Conseil sur la coordination des politiques économiques et la coopération monétaire au sein de la Communauté.

(28) ただし、共同体内で一般に用いられている他の特殊な用語と同様、経済通貨同盟についても公式の定義は存在しない。

(29) AN, 5AG2/1042. Présidence de la République. Secrétariat général. Note pour le Président de la République, par J. R. Bernard, 16 octobre 1939. Examen sommaire du mémorandum Barre.

(30) *Idem.*

(31) *Idem.*

(32) *Idem.*

(33) *Idem.*

(34) *Idem.*

(35) *Idem.*

(36) *Idem.*

(37) *Idem.*

(38) CAEF, B50484. Décision du Conseil de la CEE du 17 juillet 1969, 16 septembre 1969.

(39) *Idem.*

(40) *Idem.*

(41) ABF, 1397199801/41. Note sur l'élargissement des marges de fluctuation des parités monétaires, par Georges Plescoff, 11 décembre 1968.

(42) *Idem.*

(43) ABF, 1489200205/280. Elargissement des marges de fluctuation des taux de change. Réunion dans le bureau de M. Larre le 20 janvier 1969, 22 janvier 1969. 以下、国庫局とフランス銀行との協議に関する引用は、とくに断りのないかぎり、すべてこの会議記録から行う。

(44) ABF, 1397199801/41. DGAEF. Commission des Communautés européennes. Problèmes de change et marché agricole commun, Bruxelles, 21 mars 1969.

(45) *Idem.*

(46) ABF, 1489200205/280. Projet révisé de texte d'un chapitre du rapport d'activité du Comité monétaire, proposé par Emminger, 8 mars 1969; *id.*, Suppression des changes de fluctuation des cours de change, par Emminger; *id.*, Marges de fluctuation plus restreintes des cours de change à l'intérieur de la CEE, par Ossola.

(47) ABF, 1489200205/280. Projet révisé de texte d'un chapitre du rapport d'activité du Comité monétaire, proposé par Emminger, 8 mars 1969; *id.*, Suppression des changes de fluctuation des cours de change, par Emminger.

(48) ABF, 1397199802/12. Rapport du Président des Suppléants sur les conclusions de la réunion du 15 avril 1969, in Compte rendu de la 121ème session du Comité monétaire, s. d.

（49） *Idem.*

（50） 当時の欧州委員会副委員長レイモン・バールが回想談のなかで用いている表現。Raymond Barre, *Raymond Barre. Entretien avec Jean-Michel Djian*, Paris, 2001, p. 103.

第2章　経済通貨同盟の創設構想

一九六九年一二月一～二日、ハーグで欧州首脳会議が開かれた。この会議で六カ国の首脳は二つの懸案に前向きに取り組むことで合意した。一つは、経済共同体への加盟を希望するイギリス、アイルランド、デンマーク、ノルウェーと交渉に入ることである。もう一つは、関税同盟の段階にある経済統合を、「経済通貨同盟」すなわち通貨統合という高次の目標に向けて前進させることである。

翌一九七〇年一月には、右の第二の合意を具体化するためにルクセンブルグの首相ピエール・ヴェルネルを長とする作業委員会が設置された。この委員会は一〇カ月に及ぶ作業ののち、一〇年後に単一通貨を導入するための工程表を作成し、欧州閣僚理事会に答申した。これが欧州通貨統合史上有名な「ヴェルネル報告」である。この報告をとりまとめる作業は困難をきわめたが、提出された報告の取扱いをめぐってもフランスと他の五カ国が厳しく対立した。いうまでもなくそれは、通貨統合が欧州諸国全体の問題であると同時にそれぞれの国の内政上の問題でもあったからである。

では、そもそも一九六九年末という時点で、なぜ六カ国の首脳は経済通貨同盟に向けて経済統合を再発進させることを決めたのか。工程表の作成過程で何が問題になったのか。対立する意見や立場はどう調整され、妥協が図られたのか。欧州通貨統合の性格ないし本質はこれらの論点に集中的に投影されていると考えられる。いずれの論点も問われている事柄が微妙であることから、本章では可能なかぎり丁寧な史料操作によってこれらの点に光をあてることにしたい。

第1節　ポンピドゥーの欧州戦略とハーグ欧州首脳会議（一九六九年五～一二月）

1　ハーグ会議とハーグ・コミュニケ

ハーグ欧州首脳会議の主役はフランスの大統領ジョルジュ・ポンピドゥーとドイツの首相ヴィリー・ブラントであった。ポンピドゥーは一九六九年五月、ブラントは同年九月に、それぞれ大統領、首相に就任したばかりであった。この二人がそれまでの自国の欧州政策を大きく転換し、経済統合の再発進に道を開いたのである。

会議の席上ポンピドゥーは、イギリス以下四カ国と共同体加盟交渉に入ることと、統合を深化させることの二つの課題に積極的に取り組む意思のあることを明言した(1)。一方、ブラントは、統合に関してポンピドゥー以上に踏み込んだ発言をした。二つの段階を踏んで経済通貨同盟を創設することを提案したのである。それは、第一段階で短期経済政策の調和を進めるとともに中期経済政策の目標を設定し、第二段階で「欧州準備基金」(Fonds de réserve européen) を創設して為替関係の安定を図る、というものであった(2)。

ブラント提案に登場する欧州準備基金とは、欧州諸国の為替準備――最初はその一部、最終的にはすべて――を集中管理する共同体の中央機関で、いわば将来の欧州中央銀行の萌芽となるものである。欧州準備基金の構想自体は新しいものではない。それはすでに一九五九年一一月二〇日に、ジャン・モネが一九四七年に設立した欧州統合運動の民間国際組織「欧州合衆国に向けた行動委員会」(Comité d'action pour les Etats-Unis) によって提案されていた(3)。

その後、この行動委員会の活動と連携しつつ、ベルギーの経済学者ロベール・トリファンやイタリア銀行総裁グイド・カルリが盛んに基金創設の意義を説いていた。ブラントは行動委員会の有力会員であり、ハーグ会議直前にモネと接触していた。それゆえ、ブラント提案にはモネがかかわっていた可能性が高い(4)。それを裏づけるように、提案は政府内の議を経ておらず、ドイツ国内でも驚きをもって迎えられた(5)。

仏独首脳の発言は、第一次バール・プランにもとづいて経済通貨同盟を創設することに両国が合意したことを意味する。残る四カ国の首脳はいずれも仏独首脳の発言を歓迎した。かくて会議後に発表されたコミュニケの第8項にはこう謳われることになった――「欧州委員会によって一九六九年二月一二日付で提出された覚書〔第一次バール・プラン〕にもとづき、また同委員会と緊密に協力しつつ、一九七〇年のうちに、欧州閣僚理事会において、経済通貨同盟の創設に向けた段階を追った計画（plan par étapes）を作成する(6)」。要するに、六カ国の首脳はバール・プランの実施計画を、欧州閣僚理事会すなわち政治の責任において一年以内に策定することで合意したのである。

2　ハーグへの道

オランダで欧州首脳会議を開催することは、フランスでドゴールが大統領職にあった一九六七年に決まっていた。その後、ドゴールは辞任し、前述のようにポンピドゥーが後任の大統領に就任した。ハーグを開催地とするこの会議が歴史的な会議となったのは、このフランスにおける大統領の交代劇に負うところが大きい。

「欧州はドゴールにとっては一つの可能性であるが、ポンピドゥーにとっては望ましいことである(7)」。こう評されるように、欧州問題にたいするポンピドゥーの姿勢が柔軟なことは以前から知られていた。とはいえ、ポンピドゥーの統合問題へのアプローチは屈折しており、わかりにくい。後日、ヴェルネル報告の取扱いをめぐってフランスと他の諸国が対立したのもそこに淵源がある。そこで、ポンピドゥーの統合問題へのアプローチをやや立ち入って見ておくことにしよう。

共同体の現状と課題――ドゥニオ覚書

ポンピドゥー政権が発足してほどなく、欧州経済協力省間委員会事務局のジャン＝フランソワ・ドゥニオが共同体の現状と課題を覚書にまとめ(8)、大統領府に届けている。そのなかでドゥニオは、ハーグ会議前夜の共同体内におけるフランスの位置づけを要領よく、かつ的確に分析している。

ドゥニオによると、近年、共同市場はフランスにとって「理想に近い均衡」を示している。制度面では、「わが国の影響力がおそらく最大限に発揮できる枠組み」になっている。しかも、ドゴール政権時代に連邦化の動きに歯止めをかけたおかげで、フランスには「最大限の自律性」が保障されている。共同市場では「自由」と「保護」の調和が図られており、域内におけるフランス産業の競争力は確保されている。農業面では、共通農業政策を介して共同体へのフランスの財政醵出分を大きく上回る財政資金が還流しており、フランスは「かなりの共同体会計からの利益」を得ている。

とはいえ現在の均衡を維持することは二つの事情から難しくなっている。第一に、「経済同盟の進展」に対応した「制度の強化」を進めようとする流れが「機能面ではないにしても、少なくとも心理面で」生まれている。第二に、イギリスの共同体加盟問題を先延ばしすることが難しくなっている。すでにベネルクスを中心に、イギリスとの関係強化を模索する動きが生まれている。ただし、イギリスの加盟問題に決着をつけるとなると、これまで曖昧なままになっていた共同体の諸機構とそれらの最終的なあり方を議論しなければならなくなる。

かりにイギリスが加盟申請をしなかったとしても、フランスは関税同盟の円滑な機能を図るためにも、現在の均衡点を超えて「一定の前進」を考えざるを得ない。「諸制度の機能、通貨協力、それらがもたらす政治・軍事面への効果に関する問題を長く放置するわけにいかない」からである。

以上の現状分析からドゥニオは次の結論を導く。「かくて六カ国の〔関係〕強化政策とは、ローマ条約が――連邦主義（fédéralisme）の用語は慎重に避けるとして――統合（intégration）に向けて前進するのを受け入れることにほかならない。しかもこの統合は、さまざまな面で、基本的にドイツと一緒に進めなければならない。つまり、……〔ドイツ〕連邦共和国と緊密な関係に入ることのメリットとデメリットを受け入れざるを得ない」。

ポンピドゥーの欧州戦略――「パラレリズム」

ポンピドゥーの欧州問題への対応は素早かった。七月四日には、ドイツの外務大臣ヴィリー・ブラントとパリで、次いで九月八～九日にはボンで首相クルト・ゲオルク・キージンガーと会談している。この二回の会談の場で、ポンピドゥーは自らの統合問題への考え方をドイツ側に説明している。それは、イギリスの加盟問題と共同体の深化という二つの課題に同時併行的に取り組むというもので、ポンピドゥー自身は「パラレリズム」と呼んでいる。

問題はパラレリズムの意味内容である。ポンピドゥーは九月九日のキージンガーとの会談でこう述べている。「私どもは、六カ国を超えて進む前に、法的にも実際上も可能で、かつ必要なことは処理しておくことを、すなわち共同市場の最終段階に到達することを望んでいます」[9]。前日の八日の会談では、彼は同様のことを別の角度から説明している。

　目下の私の最大の関心事は共同市場を迅速に最終段階に到達させることです。それが私の考えの核心です。イギリスが本当に共同市場への参加を望んでいるのか、望んでいないのか。イギリスが共同市場を全面的に改造し、それを解体する目的で参加を望んでいるのか。イギリスの参加は〔共同市場を〕全面的に改造することなく可能なことなのか。イギリスの参加によって共同体が変わり、これまでのルールの全面的な改定が行われることになるのか。……こういったことをはっきりさせねばなりません。いっさいの問題を明確にすること、それらの問題にたいするイギリスの対応と六カ国のそれぞれの姿勢がわかるようにすることが必要です。だから先ほど、第一歩は共同市場の最終段階への移行である、つまり、共同市場の現行のルールを原則として最終的に確定することである、と私たちが考えていると言ったのです。これらのルールとは、関税同盟もさることながら農業共同体のことです[10]。

以上、九月八日と九日のポンピドゥーの発言から三つのことが読みとれる。第一に、パラレリズムとはいうものの、イギリスの加盟承認は統合の深化をめぐる問題で六カ国の合意が成立したあとである。第二に、統合の深化、つまりポンピドゥーの言う「最終段階への移行」とは、当面は、共同体の現行のルールを最終的なものとして確定するという意味である。第三に、ポンピドゥーにとっての最大の関心事は現行の共通農業政策の維持にある。要するに、まず六カ国が現行のルールを最終的なものとすることで合意したあとで、イギリスに加盟するか否かを判断させるというのである。ポンピドゥーの狙いは、イギリスの加盟問題と共同体の深化を絡めることによって、フランスの既得権益を守りつつ、懸案を一挙に解決することだったのである。

ポンピドゥーは、パラレリズムを受け入れることはイギリスにとって容易ではないと考えていた。それは一〇月二一日の閣議における彼の発言にはっきりとうかがえる。彼は、「イギリスとの交渉を拒否することは、われわれが共同市場の消滅を受け入れるのでないかぎり難しくなりました」と述べたあとに、イギリスとの加盟交渉問題を解決するカギはこの問題を統合の深化と結びつけることであるとし、次のようにつづけている。

問題を加盟要求とかかわらせて考えるべきです。そうすれば事は簡単です。わが国の利益は、〔共同体の〕財政資金による清算をともなう農業共同市場をできるだけ長く機能させることです。まず財政面に問題があるのです。とくに財政問題全体はイギリスには受入れが困難です。それがイギリスの加盟にとって最大の障害になります。……

われわれは〔統合の〕深化をめぐる議論の発展と加盟交渉の前進との一種のパラレリズムを受け入れるべきです。とはいえ、われわれはいかなる幻想も抱くべきではありません。なぜなら、深化はイギリスの考え方と相容れないからです。そうは言っても、〔ハーグ会議では〕あまりに漠然としたことを言うだけではいけません。さまざまな領域で前に進もうとする一定の意思のあることを印象づけるべきです。(11)

同じ一〇月二一日の閣議では、財務大臣ジスカールデスタンと外務大臣モーリス・シューマンが通貨領域で積極的な発言をしている。ジスカールデスタンによると、欧州通貨統合を進めることによって「共同市場の諸通貨の対ドル依存を減らすことができる」。それゆえ、通貨統合は「政治的観点から見て重要である」。もとより通貨統合は「時期尚早」であるが、「通貨協力を問題にし、若干のイニシアティヴをとる可能性」は追求すべきである。ちなみに、通貨統合をドルによる支配から欧州を解放するための手段と見るのは、ジスカールデスタンが率いる政治集団「独立共和派」（ＲＩ）の考え方であった。(12)

ジスカールデスタン以上に通貨統合にたいして積極的だったのはシューマンである。彼は、為替平価の変更を事前協議の対象にできないのであれば、代わりに通貨政策、経済政策および社会政策の収斂を保障するための機関を共同体内に創設すべきである、と言う。

この二人にたいしてポンピドゥーは、「われわれはすぐに実現可能なものしか受け入れることも提案することもすべきではありません[13]」と、経済通貨同盟問題には深入りしないよう釘をさしている。九月八日のキージンガーとの会談のなかで、経済共同体の完成には「少なくとも一〇年かかります[14]」と述べていることから見ても、ポンピドゥーの頭には経済統合の完成を意味する通貨統合はなかったようである。彼の関心は農業を中心とするフランスの既得権益の防衛に向けられており、これをまず他の五カ国が受け入れ、次いでそれをイギリスに受け入れさせることにあったのである。

ところで、ポンピドゥー／キージンガー会談からは、仏独両国の経済通貨同盟にたいする姿勢に大きな違いのあったことがうかがえる。フランスがイギリスの加盟問題と農業問題との関連を重視していたのにたいして、ドイツは「経済同盟」と「政治同盟」の関連を重視し、「経済同盟」の停滞が「政治同盟」の遅れを招いているとし、経済通貨同盟の実現に大きな期待をかけていた。この会談におけるキージンガーの発言には、彼の政権が一九六九年九月から始めた「東方政策」（Ostpolitik）との関連でドイツが西欧における安全保障の強化を必要としており、そのために欧州統合の前進を望んでいる様子が滲み出ていた。このため、フランスの大統領府は九月の首脳会談以後、ドイツは東方政策とのかかわりで経済統合を重視するようになったと評価するようになる。この評価は、二年後の一九七一年に行われた仏米英独四カ国外相会議におけるドイツの外務大臣ヴァルター・シェールの発言によって裏づけられることになる。

この〔東方〕政策が欧州における継続的な平和の到来を急がせています。この目的にとって必要な政治的裁量の幅は、私の意見では、〔ドイツ連邦〕共和国が二国間であれ多国間であれ、西側の諸大国とのあらゆる関係を維持し、さらに拡大しないかぎり生まれません。それが、ハーグ会議になぜ特別な意味があるのかということです。この会議は、連邦政府の目には、東側諸国との緊張緩和と協力の可能性の追求を容易にしてくれる本質的な

要素として映ります。[15]（傍点は引用者）

3　フランス財務省と欧州通貨統合問題

欧州統合問題にたいする大統領ポンピドゥーの姿勢は以上のとおりだったとして、実務者たちはこの問題をどうとらえていたのであろうか。前項から明らかなように、閣僚のなかではジスカールデスタンとシューマン、なかでもシューマンが通貨統合にきわめて積極的であった。一九七〇年から七三年にかけて財務省国庫局長を務めたクロード・ピエールブロソレットによると、シューマンは「共通通貨」[16]（monnaie commune）の導入を欧州統合の「王道」と考えていたという。このシューマン構想については財務省の内部でも検討がなされた。しかし、財務省の高官たちはこの構想を支持せず、むしろそれを阻む側にまわった。共通通貨を採用すれば、戦後に普及した「重く、旧式で、時代遅れの、反自由主義的管理システム」の放棄に間違いなく行き着くから、彼らも「哲学」のレヴェルでは反対でなかった。しかし、世論や議会の支持が得られそうにないことと、経済手法の急激な変更――ピエールブロソレットの言葉を借りれば「コペルニクス的革命」――を余儀なくされることから、シューマン構想は受け入れられなかったという。[17]

ピエールブロソレット証言は、彼の前任の国庫局長ラールがジスカールデスタンのために作成した一九六九年一〇月二〇日付の覚書[18]によっても裏づけられる。ラールはこの覚書で、共同体内の議論に登場するようになった「共通の欧州通貨単位」（共通通貨）について批判的な論評を加えている。彼によると、欧州通貨単位を導入する意味は「物価や賃金の〔六カ国間における〕乖離を平価の変更によって修正することを禁じる」ことにある。そうしたこころみは、共同体に占めるドイツ経済の圧倒的な比重を考えるなら、フランスにとって「危険である」。この通貨単位を導入すると、「フランスは物価と賃金の名目価値の変動をドイツの物価と賃金の変動に適応させることを余儀なくされる」。しかし「フランス社会には物価と賃金の安定政策にたいする適応力がない」。そのために「企業閉鎖や失業が発生し、社会的・政治的危機状況が生れる」。かくてラールはこう結論づける――「結局、六カ国による共通通貨の採用は政治統合のあとにとられる諸措置のなかに入るものであり、それに先行するものではないように思われます」と。かくてラールは、戦後フランスの経済社会はその伝統的なインフレ体質のゆえに、マルクによるフランス経済の支配を意味する共通通貨に適応できないと見ていたのである。

4　ハーグに向けた最終の課題設定

本節を終えるにあたって、ポンピドゥー大統領府によってまとめられたハーグ会議に向けた最終的な課題設定を確認しておこう。それは次の二点に集約されている。第一に、イギリスを含む四カ国との共同体加盟交渉は受け入れるものの、「イギリス人の勝手は許さない」[19]。つまり、イギリスには、六カ国を分断し交渉を自国に有利に進めるようなことはさせない。第二に、これら諸国の加盟以前に共通農業政策の金融方式問題に決着をつけ、共同市場を完成させる。そしてさらに、共同体の今後の発展に方向づけをあたえる。具体的には、第一次バール・プランにもとづいて通貨同盟を前進させる[20]。

この二つの課題についてはポンピドゥー自身も確認している。ハーグに出発する直前、彼は著名な政治記者レイモン・トゥルヌーとのインタヴューに応じ、会議に向けた抱負を語っている。そのなかでポンピドゥーは、イギリスとの交渉には六カ国が結束してあたる必要があること、交渉に期限を設けてはならないことを力説したあと、こうつけ加えている。「当面のことを言えば、共同市場を完成させることと若干の将来展望を探るという、さしあたりの目標があります。とくに通貨同盟はわれわれの優先課題になるはずです。具体的な成果が得られるのはそこです[21]」。ただし、この場合の通貨同盟とは第一次バール・プランをさしており、通貨統合すなわち為替変動の廃絶は具体的な目標とされていないことに注意しておく必要がある。

一方、欧州建設をめぐる制度問題については、ポンピドゥーの姿勢はきわめて硬直的であった。彼は、同じトゥルヌーとのインタヴューで、「欧州委員会の権限強化には絶対に反対です」、将来、欧州政府が生まれるとしても、それは「加盟諸国の最高責任者たちの集合体」です、「欧州議会は大陸の従来の国会（Parlement）にはなれません」(22)と、強い口調で語っている。このような制度問題にたいする姿勢といい、また先のイギリス加盟問題にたいする姿勢といい、ポンピドゥーは前任者であるドゴールの路線を基本的に継承していたのである。

第2節　経済通貨同盟創設への始動（一九七〇年一～三月）

ハーグ会議で二つの懸案に展望が開けたことから、欧州通貨をめぐる問題は一気に動き始める。最初に動いたのは通貨支援問題である。

1　通貨支援制度の成立――短期通貨支援と中期金融支援

ハーグ会議から一週間後の一九六九年一二月九日、通貨委員会で金融支援問題が議題にとりあげられた。国庫局長ラールはその様子を次のように記している。「非常に興味深いことに、この問題をめぐる討議からは、ハーグ会議によって委員たちの精神状態が変わったことがうかがえる。ほんの一カ月前まで、彼らはこの制度そのものに反対するか、制度の技術的難点を並べ立てていた。それなのに彼らは、いまや、一月一五日の欧州閣僚理事会に報告書を提出する覚悟を固め、これまで何人もの委員が解決不能だとしてきた難問に具体的な解決策を見つけるつもりでいるようである」(23)。こうして、それまで棚上げ状態にあった通貨協力制度が実現に向けて動き始めた。

最初に合意にたっしたのは短期通貨支援である。この問題の検討を付託されていた中央銀行総裁委員会は、一九七〇年一月二〇日に中央銀行間で結ぶ協定案をまとめた。その概要は以下のとおりである。

(1) 各国の中央銀行ごとに割当額《クオータ》を設定する。割当額はフランスとドイツがそれぞれ三億ドル、イタリアが二億ドル、オランダが一億ドル、ベルギー／ルクセンブルグ経済同盟が一億ドルとする。

(2) 割当額は各中央銀行が貸出しに応じる上限であると同時に、各中央銀行が自由に借り入れられる上限とする。借入れは更新が可能な三カ月の信用形式で行う。

(3) 事情によっては、各中央銀行は割当額を超えて一〇億ドルまで借り入れることができる。ただし、六カ国全体の借入れ上限は割当額の総額（一〇億ドル）とする。

(4) 借入れが行われる際には、通貨委員会で当該国の経済政策について協議を行うものとする。[24]

以上の協定案は一月二六日の欧州閣僚理事会で了承され、短期通貨支援制度は二月九日から実施に移された。こうして、一九六八年の五月危機を契機に生まれた構想は一年半を経て実現した。

中期金融支援の方は合意形成がいくぶん遅れた。短期通貨支援は中央銀行間の技術レヴェルの問題として扱われたが、中期金融支援はローマ条約第108条の「相互支援」に該当すると見なされたからである。「相互支援」は国際収支の困難に対処するための制度で、各国の財政資金が原資として使われることから、中期金融支援の制度設計は政治的性格をもつとされたのである。

通貨委員会は一九七〇年に入って中期金融支援の検討を本格化させたものの、一月の会合でも二月の会合でも、各国間の意見は大きく分かれたままであった。支援額（信用額）については、ドイツが一〇億ドルに抑えようとしたのにたいして、その他の諸国は一五～二〇億ドルを主張した。金利については、ドイツが市場金利、その他の諸国が優遇金利を適用することを主張した。さらに信用期限については、イタリアとフランスが更新可能な二年の信用とすることを主張し、その他の諸国は変更可能な三～五年の信用とすることを主張した。国庫局長ラールの分析によると、意見調整が難航した原因はドイツとオランダが「追加的信用の相互供与という原則そのものに反対している」[25]ためであった。ドイツは経済政策の収斂を優先させることによって相互信用を例外的な性格のものにとどめようとし、オランダも信用を狭く抑えようとしていた。

通貨委員会の意見はようやく四月に入ってまとまり、報告書[26]として欧州閣僚理事会に提出された。その骨子は以下の三項目に整理できる。

(1) 各国が醵出する支援額は、欧州閣僚理事会における満場一致による議決と各国議会の承認を経たうえで決定される。一方、個々の金融支援は、借入れ国の経済政策を検討したうえで、同じく欧州閣僚理事会における満場一致の決議によって行うものとする。

(2) 支援額の上限は当分のあいだ、二〇億欧州計算単位とする。また、各国にたいする醵出割当ては、ＩＭＦの醵出割当てを準用し、フランスが三〇パーセント、ドイツが三〇パーセント、イタリアが二〇パーセント、ベルギー／ルクセンブルグが一〇パーセント、オランダが一〇パーセントとする。

(3) 信用の期限は原則として二～五年とするが、経済通貨同盟の第一段階の期間中は二～三年とする。[27]

なお報告書では、金利や信用の流動性などについては両論が併記されていた。細部については合意形成ができていなかったのである。なお、中期金融支援はバール・プランのなかで提案されていたものだったために、その実施は経済通貨同盟計画の完成後とされた。

2　欧州閣僚理事会パリ会議と各国の経済通貨同盟プラン

ハーグ会議によって欧州諸国に付託された最大の課題は、「経済通貨同盟の創設に向けた段階を追った計画」の具体化、すなわち経済通貨同盟の全体計画とそれに向けた工程表の作成である。その作業は一九七〇年二月二三～二四日の欧州閣僚理事会パリ会議とともに始まる。

各国のプラン

パリ会議には、六カ国の経済・財政担当大臣が経済通貨同盟創設のための行動計画案を用意して臨んだ。とくにドイツ、ベルギー、イタリアの三国は行動計画案を文書化し、それをメディアにも公表した。三国の行動計画案は、それぞれの国の大臣の名を付して「シラー・プラン」、「スノワ・プラン」、「コロンボ・プラン」と呼ばれた。[28]なお、ルクセンブルグについては、ヴェルネルがザールブリュッケン会議報告の改訂版をパリ会議直前に公刊していたから、[29]文書化されたプランは四つ存在したことになる。残るフランスとオランダの二国は文書を用意しなかった。フランスのプランについては後段で触れるとして、オランダが文書を用意しなかったのは、後段で明らかになるように、エコノミスト派の原則にかたくななまでに忠実で、「パラレリズム」に反対だったことによると考えられる。

各国のプランはいずれも第一次バール・プランをベースにしていた。しかしそれらは、域内諸国通貨間の為替変動幅の縮小と最終段階における為替変動の廃絶が明記されている点で、第一次バール・プラン以上に具体的な内容のものになっていた。

以上のプランについては、フランス銀行の内部で比較対照表が作成されている。表2－1がそれである。五つのプ

表２－１　各国プランの比較対照表――フランス銀行外事局作成――

	シラー案	スノワ案	コロンボ案	ヴェルネル案	フランスの覚書
I．優先度	少なくとも第１段階では、通貨統合にたいして経済統合なかでも景気政策の改善を優位におく。	経済統合と通貨統合は同時に進める。	フランスの考え方よりもドイツ案に近い。	フランスの考え方に近い。第１段階には中期金融支援が含まれている。	通貨統合のための諸措置とくに中期金融支援を優先する。第２段階で、為替変動幅を縮小するとともに経済政策の調和を進める。
II．時期・期間	1970–80年（４段階）。	1970–77年（３段階）。	不明確	７から10年の期間で（７段階）。	不明確。ただし、おそらく1970年代の10年間（４段階）。
III．中期支援	1974－75年に終了する第２段階中に実施する。	最初の２つの段階中に漸進的に拡大する。	記述なし。	第１段階から実施する。SDR を含める。	SDR を共同体の機関に醵出することによって、第１段階から実施する。
IV．為替変動幅の縮小	1976年以前には実施しない（第３段階で実施する）。	第１段階から実施する。	中期目標の調和が達成されたのちに実施する。	第２段階から実施する。	第２段階から実施する。
V．共同体準備基金の創設	1976年以前には創設しない（第３段階で創設する）。	第３段階で創設する	政治的諸条件が満たされた時期に創設する。	第５段階で通貨協力基金を創設し、第７段階でそれを欧州準備基金に転換する。	共同体諸国の為替準備の一部を醵出し、第２段階から創設する。
VI．通貨ないしは経済に関する決定	第３段階から、多数決によって、重要な諸領域（とくに中期財政計画）で行う。為替平価の変更は特定多数決で行う。	第２段階から、各国による通貨関連の決定を中央銀行総裁委員会の事前承認事項とする。	記述なし。	為替平価の変更を共同体の事前承認事項とする（第４段階）。	記述なし。
VII．資本流通	第１段階から、貨幣市場と金融市場の漸進的自由化を実施する。第２段階から、金利政策と信用政策の協調を実施する。				第３段階から、域内貨幣市場の調和を図るとともに共通の外資政策をとることによって、可能なかぎり資本移動の完全自由化を実現する。

（出所）　ABF, 1489200205/255. Tableau comparatif des différents plans d'intégration monétaire, 5 mars 1970.

ランのなかでも注目を引くのはシラー・プランとスノワ・プランである。他の三つのプランは、経済通貨同盟の完成年次が示されていないなど、多かれ少なかれ明確さを欠いていたのにたいして、これら二つのプランは細部にいたるまで詰められていた。しかも、二つのプランのあいだには個別の課題の優先順位やその実施年次といった、原則にかかわる部分で大きな違いがあるからである。

シラー・プランでは、経済通貨同盟は一九七〇年から始まり、四つの段階を経て一九八〇年に完成することになっている。第一段階は経済政策の収斂に重点がおかれ、変動幅の縮小はようやく第三段階になって、すなわち経済政策、財政政策、通貨政策に関するすべての権限が共同体の機関に移譲され、欧州通貨単位が導入される最終段階（第四段階）の前夜になって実施される。一方、スノワ・プランでは、経済通貨同盟は三つの段階を経て完成することになっており、変動幅の縮小とそれを保障するための「欧州為替調整基金」（Fonds européen de régularisation des changes）の創設は第一段階で行われる。また、経済通貨同盟は一九七〇年から始まり七七年に完成する。したがってスノワ・プランは、五つのプランのなかでもっとも急進的なプランだったといえる。後段で明らかになるように、ヴェルネル委員会における討議の軸になるのはシラーとスノワの二つの対照的なプランである。

フランス・プラン

ドイツとベルギーのプランに次いで注目を引くのはフランス・プランである。このプランについてはこれまでその存在すら知られていなかった。それだけに、成立の事情も含めて、やや詳しく見ておくことにしよう。

ハーグ会議後の一九六九年一二月二〇日、フランスの首相府は国庫局にたいして、「ＥＥＣの深化に関するフランスの覚書」の作成に必要な資料の提供をもとめた。国庫局はこれに応えて、一九七〇年一月二三日付で四種類の覚書を首相府に送付した(30)。そのなかには「経済通貨同盟プランの第一段階」と題する覚書(31)が含まれていた。第一段階のみのこのプランは、第一次バール・プランの解説に紙数の大半を割き、最後に変動幅の縮小と「共同準備基金」について技術的な説明を加え、それらが「技術的に不可能ではない」ことを確認しているだけのものであった。この時点では、国庫局は全体像を示すことができなかったのである。

その後、国庫局は三月初めに、次の四つの段階からなるプランを作成している。第一段階では二〇億ドル規模の中期金融協力制度を創設する。その原資として欧州諸国はＳＤＲの一部を醵出する。第二段階で為替変動幅の縮小を行ない、第三段階で資本移動の自由化に取り組む。そして最後の第四段階で共通通貨を導入する。なお、各段階への移行の時期や完成までの期間には触れていない。ジスカールデスタンがパリ会議でフランスの構想として紹介することになるのはこのプランである。

フランス・プランについては、大統領府の副官房長ジャン＝ルネ・ベルナールが三月六日付と九日付の二篇の覚書(32)をポンピドゥーのために作成している。次いで三月一二日に、ポンピドゥーの主催する閣議でこのプランについて意見調整が行われている。これらの文書や議論から、フランス・プランには三つポイントのあることが確認できる。

第一に、プランはドイツやベルギーのものに比べて漠然としたものにとどめられている。実際、各段階への移行の時期や各段階の期間が明記されていないし、プランを欧州閣僚理事会に「政府の覚書」として提出しないことも閣議で確認されている。ポンピドゥーは閣議でこう述べている。「文書にもとづいてやりとりをすることに反対ではありませんが、時期を決めるべきではありませんし、各段階にこだわるべきでもありません。実際、通貨条約に調印するところまで行かせてはなりません。これらの問題では、一歩ずつ進む必要があるのです(33)」。

第二に、パラレリズムの原則に立っているとはいえ、通貨面での協力関係が優先されている。ベルナールによると、それは「欧州共同体を通貨面でドル圏から区別する(34)」ことに重点がおかれているからである。より具体的に言うと、フランス・プランは、ＳＤＲの共同管理、ＩＭＦ、および為替変動幅をめぐる問題で欧州諸国が結束して行動できるようにすることと、イギリスの共同体加盟前に「共同体の発展という選択肢をもてる」ようにすること、の二つを目標としていたのである。

とはいえ、プランでは通貨協力の程度が軽めに抑えられていた。その理由は二つあった。一つはアメリカを刺激しないことである。閣議でジスカールデスタンが「ドル圏と異なる通貨組織の建設に着手する」ことの利点に言及した際、ポンピドゥーはこう述べている――「気軽にそうすべきではありません。アメリカ人が機嫌を損ねると、〔頼れる人が〕誰もいなくなってしまいます[35]」と。もう一つの理由は、次の第三のポイントと関係している。

第三に政治への配慮、とくに連邦主義を勢いづかせないようにする配慮がなされている。ベルナールは、プランを「覚書」として欧州閣僚理事会に提出した場合の「リスク」ないしは「不安」について、次のように記している。「政治面でどこまで行こうとしているのか。というのは、人が望むと望むまいとにかかわらず、共通通貨とは連邦国家(l'Etat fédéral ou confédéral)のことだからである[36]」(傍点は引用者)。第一と第二のポイントにはこうした政治的配慮も関係していたのである。

3　欧州閣僚理事会パリ会議におけるジスカールデスタンとシラー――経済と通貨のいずれを比較優位とするか

パリ会議では、まずドイツ、ベルギー、イタリアの三国の大臣がそれぞれ自国のプランの概容を説明した。三人のなかでもシラーによる説明は、プランの内容に条件を付けようとしている点で注目を引く。彼はとくに二つの点を強調した。第一に、ハーグ・コミュニケに謳われているパラレリズムとは、通貨協力の発展は経済政策の調和のうえに築かれねばならないという趣旨である。それゆえこの原則には、すでに、「諸目標の実現に関する一定の優先順位と一定の時系列上の序列が含まれている」。それは、「通貨同盟の制度化に入る前に、まず物価、原価、および需要変化の実質的な調和が達成されている必要がある」というものである。第二に、「固定的な日程をあらかじめ決めることは望ましくない。一つの段階から他の段階への移行は、先行する段階の本質的目標がすべて達成されたときになされるべきである[37]」。

要するにシラーは、①パラレリズムという枠組みのなかでも経済政策の収斂に比較優位がおかれるべきであること、②それぞれの段階ごとに「パラレリズム」が実現されねばならないこと、すなわち経済政策の収斂を置き去りにしたまま次の段階に移行することがあってはならないこと、の二点を主張したのである。ちなみに、この②は「慎重条項」(clause de prudence) と呼ばれ、経済通貨同盟にたいするドイツの基本姿勢を示す主張として広く知られることになる。

シラーとの比較で注目されるのはジスカールデスタンの発言である。彼はまず、ドイツ、ベルギー、イタリアの三国のプランについて、「それらのなかの通貨に関係する部分が自分にはもっとも重要であるように思われる」と評し、次いで、いずれも通貨に関連する三点からなる意見を述べた。第一に、「通貨同盟のプロセスには、このプロセスが経済的連帯の強化によって補完されないかぎり緊張や拘束が生じる」。第二に、「通貨同盟のさまざまな構成要素は相互に切り離すことができない」。第三に、「通貨の結びつきを強めるなら、共同体は必然的に固有の特性およびアイデンティティを具えることになる(38)」。ジスカールデスタンは、シラーとは反対に、パラレリズムの枠組みのなかでは通貨協力の方に優位がおかれるべきであること、通貨協力を構成する要素が恣意的に選択されて実施されてはならないこと、を主張したのである。

つづいてジスカールデスタンは、フランス・プランの概容を段階ごとに口頭で説明したのち、自らの発言を次の言葉で結んでいる――「通貨の側からのアプローチが経済統合にとって〔迷宮の出口へと導く〕アリアドネの糸になることは自明であるように見えます(39)」。かくてフランスの財務大臣の発言は、経済通貨同盟にたいする通貨の側面からのアプローチに徹していたと言うことができよう。

以上、仏独の大臣の発言を重ね合わせるなら、両国はパラレリズムという同床のうえで異なる夢を見ていたことになる。

パリ会議で最後に陳述したのは欧州委員会副委員長バールである。彼は欧州委員会としての「全体プラン」は、各国から提出された提案にもとづいて後日作成するとしながらも、暫定的な欧州委員会プランの要点を説明している。

それは次項で紹介する「第二次バール・プラン」と事実上同じであった。

4　第二次バール・プランとヴェルネル委員会の発足

欧州委員会は一九七〇年三月四日付で欧州委員会プランを作成した。「経済通貨同盟に向けた段階ごとの計画作成に関する、欧州委員会の欧州閣僚理事会にたいする報告[40]」がそれであり、一般に「第二次バール・プラン」と呼ばれる。このプランは、欧州閣僚理事会のもとに設置される作業委員会（後出のヴェルネル委員会）のための基礎資料として作成された。

第二次バール・プランは、「経済と通貨の相互作用」（l'interaction de l'économique et du monétaire）によって共同体の凝集力が高められるとし、「経済政策の協調」と「通貨協力」を相互規定的な関係に位置づけている。それゆえ通貨協力にたいする基本的アプローチは、前年の第一次バール・プランと変わっていない。第一次バール・プランとの違いは、経済通貨同盟の実現に向けていっそう踏み込んだ提案がなされている点にある。通貨に関係する主要な提案は以下のとおりである。

(1)　通貨同盟の目標は「固定平価関係を特徴とする、組織された、ひとまとまりの通貨関係（un ensemble monétaire organisé）を段階的につくりあげる」ことにあり、最終目標は「不可逆的な為替平価の固定」である。

(2)　経済政策の収斂をつうじて固定平価が実現するまでの過渡期の制度として、短期および中期の通貨協力制度を創設する。

(3)　国際通貨制度の内部における共同体の、固体としての存在、すなわち「固体性」（individualité）を明確にする。そのために、ＩＭＦ改革が行われて世界の為替変動幅が広がった場合には、現行の域内変動幅を維持する。また、将来は段階的に域内変動幅を縮小する。

（4）経済通貨同盟は一〇年をかけて三つの段階を経て実現する。第一段階は一九七一年一月一日から始まる三年間とする。この段階の主要目標は中期の経済政策および財政政策の調整とする。第二段階で域内変動幅を現行の一・五パーセントから一パーセント以下に縮小する。第三段階において「中央銀行総裁理事会」（Conseil des Gouverneurs des banques centrales）を創設し、「共同体中央銀行制度」（un système communautaire des banques centrales）を立ち上げる。この最終段階において、変動幅を廃止し、最終的に「不可逆的な平価の固定」を実現する。[41]

ところで、当時の欧州委員会の各国経済・経済動向局長ベルナール・モリトールの証言によると、報告書（第二次バール・プラン）の作成に始まり、経済通貨同盟の工程表を作成する特別委員会の構成、この委員会が取り組むべき検討課題や結論の方向づけなど、ハーグ・コミュニケの具体化にかかわる企画・調整のすべてを取り仕切ったのは副委員長のバールであった。

なかでも、報告書の作成とともに注目されるのは特別委員会の構成である。共同体の専門委員会の委員長職は、通貨委員会がクラピエ（フランス）、中央銀行総裁委員会がユベール・アンショー（ベルギー）、短期経済政策委員会がブルワーズ（オランダ）、中期経済政策委員会がシェルホルン（ドイツ）、財政政策委員会がスタッマティ（イタリア）で、いずれも共同体諸国の中央銀行の副総裁、経済・財務担当省の局長級の人物によって占められ、出身国も重なっていなかった。このため委員会を五人の専門委員会の委員長によって構成する案が有力になった。しかしこの案にはルクセンブルグが入っていないという難点がある。そこでバールが考えついたのが、ルクセンブルグの首相兼財務大臣ヴェルネルを委員長にあてる案であった。

特別委員会にはこれらの委員のほかに、各国から一人ずつ実務専門家が補佐役として参加することになった。この実務専門家としてフランスは国庫局国際課課長補佐ジャン＝ミシェル・ブロックレネを、またドイツは連邦経済省共同市場課課長補佐ハンス・ティトマイヤーをそれぞれあてることになる(42)。特別委員会の全体構成からは、委員会は形式的には各国政府から独立していたものの、各国の意向が間接的に反映できる仕組みになっていたことがうかがえる。ポンピドゥー大統領府の副官房長ベルナールによると、特別委員会の委員と政府との関係は「新聞社の社主にたいする編集主幹(43)」のようなものであった。

こうした特別委員会の構成案は一九七〇年三月六日の欧州閣僚理事会で了承され、特別委員会は三月六日に発足した。この委員会、すなわち「ヴェルネル委員会」は組織面でも欧州委員会と部分的に重なっていた。共同体の経済金融総局総局長モスカが委員として参加することになっただけでなく、事務局も経済金融総局のモレッリが引き受けることになったからである(44)。それゆえヴェルネル委員会も、またこの委員会がまとめることになるヴェルネル報告も、それ自体としては独立のものであったが、いずれについても欧州委員会とその副委員長バールが深くかかわっていたのである。

第3節　ヴェルネル委員会とヴェルネル報告（一九七〇年三～一〇月）――仏独の確執

ヴェルネル委員会は一九七〇年三月二〇日から五月二〇日までに五回の会合を開き、五月二〇日付で欧州閣僚理事会に中間報告を提出した。そして同理事会の了承を得たのち、最終報告のとりまとめに入った。その際、共同体が採用すべき為替制度については、中央銀行総裁委員会に検討を依頼した。これをうけて中央銀行総裁委員会は、ベルギー国立銀行総裁アンショーを長とする小委員会を設置し、この問題を検討させた。ヴェルネル委員会は一〇月に最終報告をまとめるが、それにはこのアンショー委員会の報告が添付されることになる。

ヴェルネル委員会においてもアンショー委員会においても六カ国、なかでもフランスとドイツのあいだで意見が分かれ、作業は難航した。

1　経済通貨同盟の第一段階をめぐる論争

ヴェルネル委員会では、経済通貨同盟の工程表の大枠については容易に合意が成立した。この同盟を九年で完成させ、一〇年目から単一通貨を導入する。その間に各国の予算の仕組みや予算編成の手続きの調和と短期経済政策の収斂を図り、中期経済政策の数値目標を定める。第一段階は三年間とする。最終段階において共同体の域内の為替変動幅を廃止し、中央政策決定機関を創設する。これがその大枠である。

しかし肝腎の第一段階の行動計画をめぐって意見が三つに分かれた。第一はベルギーのアンショーの意見で、先のスノワ・プランをなぞるものであった。すなわち、第一段階から域内の為替変動幅の縮小を実施し、共同体に独自の為替関係を創出する。この新しい為替関係を維持するために、同じく第一段階から欧州為替調整基金を創設し、中央銀行の為替市場介入と各国の国際収支の監視にあたらせる。[45]

第二の意見はドイツのシェルホルンとオランダのブルワーズのもので、ベルギーの対極に位置している。それは、第一段階では経済面における協力関係の進展に力点をおくというものである。ただし厳密に言うと、ドイツとオランダのあいだにも意見の違いがあった。ブルワーズは、経済協力が進まないかぎり通貨協力はいっさい進めるべきではないとする、原理主義的エコノミスト派とも言うべき立場に立つ。彼によると、「パラレリズムを実践するのは難しい。……通貨同盟は徐々に建設するのではなく、経済面の統合が進んだ最終段階で一挙に実現すべきである」[46]。そこで問題になるのは経済面の統合であるが、これを進めるには税制や補助金政策を各国間で調和させることが必要になる。

したがってブルワーズは、各国の国会がもつ予算権限を欧州議会に移すための取決めから着手すべきであると主張する。これにたいしてドイツのシェルホルンは、パラレリズムも為替変動幅の段階的縮小も受け入れる。しかし彼は、通貨協力にただちに着手するよりも、「為替変動をもたらす深い諸要因、すなわち域内諸国間における各種原価の開き」[47]に対処することの方が重要だと言う。

第三はフランスのクラピエの意見である。クラピエは、為替変動幅の縮小や為替準備の共同化など可能なものは第一段階から「躊躇せず、プラグマティックに」[48]進めた方がよいと言う。そして、各国の通貨政策から柔軟性を奪わない程度の軽微な変動幅の縮小を提案する。彼によると、縮小変動幅は、六カ国の中央銀行による対ドル、対欧州通貨協調介入によって保障される。したがって欧州為替調整基金のような共同機関を創設する必要はなく、旧欧州決済同盟（ＥＰＵ）に似た信用機構を創設するだけでよい。ちなみに、フランスの国庫局長ラールによると、クラピエ案はベルギー案とドイツ・オランダ案の「中間」に位置する「現実的な案」[49]であり、ベルギーとルクセンブルグも関心を示したという。

ところで、二月に用意された「フランス・プラン」では縮小変動幅が採用されるのは第二段階とされていた。なぜクラピエはこのプランから離れたのであろうか。彼はヴェルネル委員会で、くり返し次のような意見を述べている。ＩＭＦを舞台に、世界の為替変動幅を拡大しようとする動きが勢いを増している。欧州統合が世界レヴェルにおける為替制度の改革によって撹乱されることのないよう、欧州の「通貨面での個体性」（individualité monétaire）――すなわち、世界変動幅以下への域内変動幅の縮小――を早期に実現することが急務になった。よって実行可能なものから速やかに着手する必要がある。つまり、世界の為替変動幅を拡大しようとするアメリカの動きに遅れないよう、縮小変動幅の導入を早めるべきだというのである。

クラピエの「中間」的な案は、当時フランスの政策当局者たちのあいだで語られていた対ドル、対マルクの双方をにらんだ対外通貨戦略と符合している。この戦略は、一方で、ドルからの独立を図るために域内諸国通貨間の変動幅を対ドル変動幅以下に抑え、他方で、共同体がマルクによって支配されないように、域内諸国通貨間の変動幅を適切な水準に維持するというものである。クラピエ案はこうした当局者たちの関心に応えるものだったといえる(50)。六カ国のうちの残るイタリアは、為替変動幅の縮小を第一段階から実施することに積極的に賛意を表明した。しかし欧州為替調整基金については明言を避け、その姿勢に曖昧さを残した。

2　ヴェルネル中間報告と欧州閣僚理事会ベネチア会議――フランス財務省の対ドル戦略

ヴェルネル委員会は一九七〇年五月二〇日に中間報告をまとめたが、それは前項の冒頭に紹介した経済通貨同盟計画の大枠を記したものであった。この中間報告は五月二九～三〇日の経済・財務担当大臣と外務大臣からなる欧州閣僚理事会ベネチア会議に諮られ、了承された。

ヴェルネル中間報告については、国庫局長ラールが五月二六日付でジスカールデスタンのために覚書を作成している(51)。彼はそのなかで、「ヴェルネル委員会の中間報告が提起している中心的な問題は、共同体が統合過程の第一段階から特別の為替体制を採用するか否かにある」とし、ベネチア会議ではクラピエ案に沿った対応をするよう大臣に助言している。彼はさまざまな理由を根拠に挙げているが、なかでも注目されるのは次の四点である。

第一に、中間報告には通貨領域以外に新味のある提案がないことから、為替変動幅の縮小が第一段階で実施されないと共同体内に「失望感」が広がる。第二に、為替変動幅を「各国の通貨政策の自律性および有効性を損なわない」水準に設定することは、技術的に容易である。第三に、「域内変動幅の縮小はドルにたいする共同体のアイデンティティの始まりを画することになる」。第四に、「通貨領域は、現在のところ、制度論争を引き起こさずに欧州統合を前進させられる唯一の領域である」。

要するに為替変動幅の縮小には、共同体の内部に政治問題を生じることなく経済統合の深化を可能にし、かつドルにたいする欧州の通貨面での自律性を明確にしてくれる利点がある、というのである。ラールは、為替変動幅の縮小は「あらゆる点から見て通貨同盟へ向かう最良の手段」であるとさえ記している。

ところで、縮小変動幅の導入を第一段階において実施するとなると、変動幅が廃止される最終段階についても考えておかねばならない。ラールは覚書の最後でこの問題に触れ、「共同体における通貨同盟」と「国際通貨制度〔改革〕にたいする共同体諸国の態度」を一体のものとして考える必要があるとし、ジスカールデスタンのために次のように論点を整理している。

時がくれば、共同体諸国は経済通貨同盟の究極の目的について、〔しかも、〕とくにこの同盟をドルと将来の欧州通貨のそれぞれの役割とかかわらせて、合意しなければならなくなります。欧州通貨同盟はさまざまな調整や制約を含意しています。それらの調整や制約は、ＥＥＣが自らの個体性を主張し、世界の決済制度の規律や安易さに〔国による〕違いが生じないように自らの影響力を行使する決意を固めないかぎり、受け入れられないでしょう。この点については、数カ月以来、アメリカ合衆国の圧力のもとにＩＭＦが作成しつつある各種改革案について、域内諸国が互いに意見を戦わせ、自らの態度を明確にすることが望まれます。(52)

この引用については若干の説明が必要である。すでに部分的に述べており、また第3章でより詳しくとりあげるように、一九七〇年に入ってから、ＩＭＦ協定を改定し為替変動幅を拡大しようとする動きが勢いを増していた。フランスはベネルクス諸国とともに、この動きに強く反対していた。というのは、アメリカがドルの安定化に努めるどころか、反対に国際通貨制度を規律のない制度に変えることによって基軸通貨特権を維持しようとしている、という認識に立っていたからである。一方、ドイツとイタリアは、世界の為替変動幅の拡大はドルにたいする各国通貨の自由度を広げてくれるとして肯定的に評価し、アメリカに同調する構えをみせていた。欧州諸国のあいだに国際通貨問題をめぐって亀裂が生じていたのである。ラールはこうした現実をふまえ、フランスが為替変動幅の廃止や共通通貨の導入に応じるとすれば、それはドイツ、イタリアを含む欧州諸国が結束してアメリカの行動に掣肘を加えることを決意した場合である、というのである。

ベネチア会議では、ジスカールデスタンはラールの助言のとおり、フランス・プランから離れ、第一段階から為替変動幅を縮小することに賛成した[53]。ただし、ベルギーの提案する為替調整基金の創設には「時期尚早」であるとして反対した。一方、ドイツのシラーは、第一段階での為替変動幅の縮小と為替調整基金の創設のいずれにも反対した。さらにシラーは、将来は「単純な協議」や「口頭による約束」ではすまなくなるとして、「制度的・政治的問題」についても一般的な検討を行っておく必要があると言う。まず制度面では、それぞれ短期経済政策と通貨政策に責任を負う二つの機関の創設が必要となるが、それらは「連邦的性格」をもち、政治権力にたいして「大幅な自律性」を具えたものでなければならない。次に政治面では、共同体の機関への各国の権限の移譲が避けられなくなるので、欧州議会によるそうした機関の統制についても考えておかねばならない。このシラー発言にたいして、ジスカールデスタンは、最終段階で連邦的性格をもつ機関が必要になることは認めたものの、「当面はそうした機関の性格や権限にまで立ち入ることは適切でない」と述べ、ヴェルネル委員会が制度問題に深入りすることに反対した。

仏独以外の大臣たちの発言は新味に欠けていた。オランダはヴィッテヴェーンの代理人が、経済政策の収斂が最優先されるべきであり、それゆえ制度問題の検討から着手すべきであるとする、従来の主張をくり返した。またイタリアのコロンボは、経済領域と通貨領域のパラレリズムには「一定の柔軟性」が必要であると述べ、経済通貨同盟の建設には現実的に対応する必要があることを強調した。

最後に、会議を主宰したコロンボが討議内容を三項目に整理し、ヴェルネル中間報告をめぐる協議は終了した。第一に、合意が成立したのは次の三点である。⑴経済通貨同盟は段階的に実現するものとし、完成までの期間は九年、第一段階の期間は三年とする。⑵共同体諸国は、域外との通貨関係について共同の立場をとる。⑶国際通貨制度が改定されて為替変動幅が広がるような場合には、共同体諸国は現行の為替変動幅を維持する。第二に、為替安定基金と為替変動幅の縮小については意見が分かれており、検討を継続する必要がある。第三に、経済政策の協調については大枠で合意が成立しており、詰めの作業に移ることができる。

3　ヴェルネル最終報告と付属文書（アンショー報告）

ベネチア会議のあと、ヴェルネル委員会は最終報告に向けた詰めの作業に入った。主要な課題は二つあった。一つは為替変動幅の縮小を技術面から詰めることであり、もう一つは経済通貨同盟の第一段階の行動計画を確定することである。

アンショー委員会とアンショー報告

ヴェルネル委員会は六月一二日の会合で、「共同体加盟諸国通貨に固有の、特別な為替体制の導入[54]」に関する検討を中央銀行総裁委員会に委託することを決めた。この決定をうけて、中央銀行総裁委員会は六月二四日、アンショーを委員長とする各国の専門家からなる小委員会を発足させた。

アンショー委員会が最初にとりあげたのは、共同体に固有の為替制度をどのようなものにするかという問題である。検討の俎上には、①単一通貨を制定する、②域内諸国通貨間の為替相場を固定する、③域内諸国通貨間の変動幅（欧州変動幅）を域外諸国通貨にたいする変動幅以下に設定する、の三つの選択肢が載せられた。この選択肢をめぐる合

図2-1　スネイクの概念図――アンショー報告（1970年8月）による――

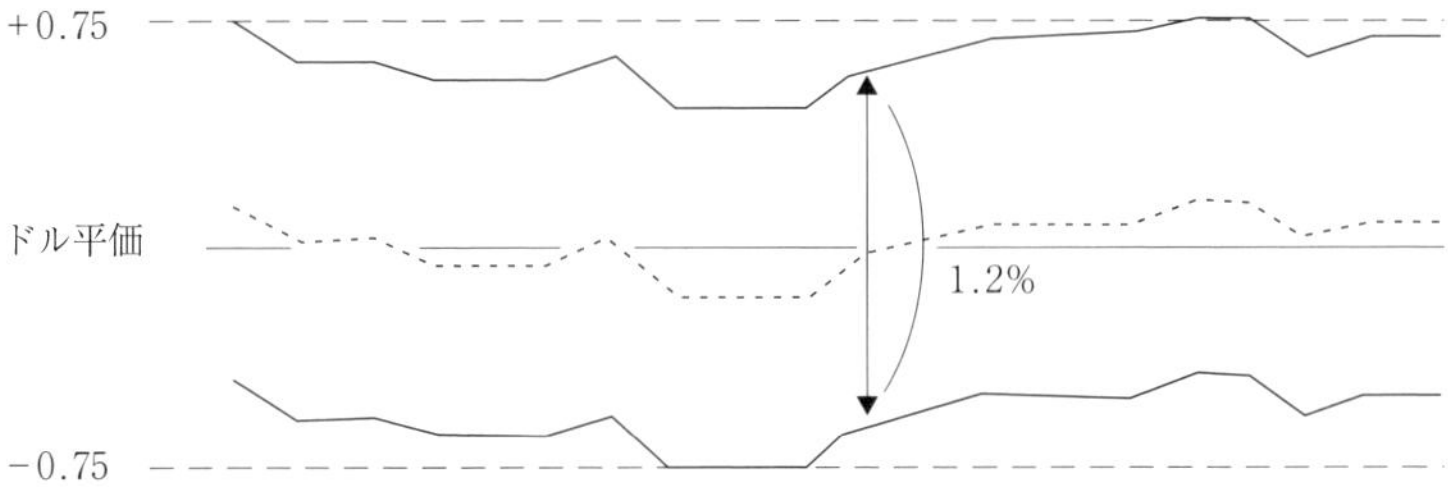

（出所）　CAEF, Z3661. Comité des Gouverneurs des banques centrales des Etats membres de la C. E. E. Comité d'experts présidé par le baron Ansiaux. Rapport sur les questions posées par le Comité «ad hoc» présidé par M. le Premier Ministre Werner, 1er août 1970.

意形成は比較的容易であった。すでに親委員会の中央銀行総裁委員会において、①と②は時期尚早であり、③から始めざるを得ないとする意見が大勢となっていたからである。

次に、③を採用するとなると、域内諸国通貨の対ドル変動幅と欧州変動幅を決めなければならない。この問題については、ドル相場にたいする変動幅は平価の上下〇・七五パーセントのままとし、欧州変動幅を従来の一・五パーセントから一・二パーセントに狭めることで意見が一致した。これは欧州の為替制度を、対ドル平価の上下〇・七五パーセントの「トンネル」の内部を蛇行する「トンネルの中のスネイク」（図2-1を参照）とすることを意味する。

各国の専門家のあいだで意見が分かれたのは、欧州変動幅のさらなる縮小ないしは廃止の方法と、欧州変動幅を維持するために必要な中央銀行の市場介入のあり方である。まず、欧州変動幅のさらなる縮小ないしは廃止については、ヴェルネル委員会における同様、オランダ(55)が過渡期を設けず、経済政策の収斂が進んだ段階で一挙に変動幅の廃止を行えばよいと主張した。これにたいして、ドイツを含むその他の諸国は、為替変動幅の急激な縮小は混乱を招くとして、為替変動幅を段階的に縮小する方式を支持した。

次に、市場介入のあり方をめぐっては、介入に用いる通貨の選択と、それと不可分の関係にある中央銀行間の協調をどのようにして実現するかが問題になった。通貨の選択については、フランスとドイツのあいだで意見が分かれた。

ドイツの主張はこうである。中央銀行が為替政策で協調できるようになるには時間がかかるから、全体を三つの段階に分ける必要がある。第一段階ではドルを介入通貨として使い、十分な経験を積んだのちに第二段階に進む。第二段階では、第一段階と同様、基本的にドルを介入通貨に使うものの、為替変動幅の限界点で介入する場合には域内諸国の通貨も補助的に用いる。最後の第三段階ではじめてドルと域内諸国の通貨を併用する。一方、フランスは、最初からドルと域内諸国の通貨の両方で介入することは可能であり、準備期間を設ける必要はないと主張した。しかしフランスの主張は多数の支持を得られなかった。現実的でないというのがその理由であった。

市場介入をめぐる中央銀行間の協調は「代理機関」（agent）ないしは独立した「基金」（fonds）を設置すれば容易になるし、また確実になる。こうした理由から、アンショー委員会では代理機関および基金についても検討が行われた。その結果、次のような合意が成立した。まず通貨統合が実現するまでの過渡期には、中央銀行の市場介入を単純に記録するだけの代理機関をおく。次いで、経済政策の収斂が進んだ最終段階で、各国の為替準備を集中管理する基金、すなわち「アメリカの連邦準備制度に似た基金」を創設する。しかし基金を具体的にどの時点で創設するかについては、各国のあいだに意見の違いがあるうえに、「技術的問題であるよりも政治的選択の問題である」という理由から、意見の集約は行われなかった。本書の後段で明らかになるように、ここに登場する二つのタイプの機関のうち代理機関は、一九七四年四月に「欧州通貨協力基金」（ＦＥＣＯＭ）として日の目を見る。しかし残る基金の方は、一九七八年一二月の欧州首脳理事会ブリュッセル会議で一九八一年三月までに創設することが決議されたものの、実現するにいたらなかった。

ともあれ以上のような経緯を経て、ヴェルネル委員会にたいするアンショー委員会からの主要な勧告は次の三項目となった。⑴最初に導入する為替制度は最大変動幅を一・五パーセントとする欧州変動幅（「トンネルの中のスネイク」）とする。⑵さらなる為替変動幅の縮小および介入通貨の選択については、段階を踏んで欧州の諸通貨を用いるようにする方式が望ましい。⑶過渡期における中央銀行間の協調を進めるための機関は「代理機関」とする。

アンショー委員会の報告は九月一三日付でヴェルネル委員会に送られた。この報告については、国庫局長のラールがジスカールデスタンのために覚書を作成している。[56] それはフランスとドイツの隠れた意図を端的に指摘した文書として貴重である。

ラールによると、アンショー報告はドイツ・ブンデスバンクの二つの関心事に配慮するかたちで作成されている。一つは、「欧州通貨統合がドルの役割を損なうための企てと見られないようにする」という政治的配慮である。それは「アンショー委員会の場では公にされなかったものの〔ドイツ〕連邦共和国当局にとってきわめて重要なこと」である。[57] 第一段階における介入通貨をドルに限定するという提案は、「アメリカ合衆国を満足させるもの」であり、まさにドイツの関心に沿うものであった。もう一つの関心事は、「相互信用機構の立上げをできるだけ遅らせる」ことである。「共同機関」の役割や権限が軽微にとどめられているのはこのためである。

次いでラールは、「ドイツの専門家たちの考え方はわれわれの観点からすれば納得できるものではない」とし、フランスのとるべき立場を次のように整理している。

> 欧州変動幅の〔世界変動幅からの〕差別化はそれ自体が目的なのではない、ということを再確認しておく必要があります。差別化の主要な意義は、統合の初発から欧州の通貨面での一体性（personnalité）をはっきりと象徴的に示すこと、そして国際決済制度の内部に、その機能の改善を可能にしてくれる多元主義（pluralisme monétaire）を持ち込むことにあります。かりにＥＥＣ固有の為替体制の創設が、暗黙で非公然の中央銀行間協定にもとづく為替変動幅の軽微な縮小から始まり、欧州諸国通貨による介入も行われないとするなら、この企てからその心理的な意義が奪われることになります。[58]（傍点は引用者）

要するに、第一段階から域内諸国通貨間の為替変動幅を縮小することの意味は、フランスにとっては、統合の「深化」をもたらすからではなく、国際通貨を多元化し、ドル支配に楔を打ち込む効果がある点にあったのである。かくてラールは、覚書の最後で、①「少なくとも域内諸通貨による介入と為替調整基金の設置を第一段階の終了前に実現する」[59]ことと、②国際通貨交渉と欧州通貨問題とを連結すること、の二点をジスカールデスタンに進言している。より直截に言えば、世界の為替変動幅が変更される前に、欧州の通貨を介入通貨として用いる制度と欧州為替調整基金の二つを立ち上げるよう進言したのである。

ヴェルネル最終報告と欧州委員会によるその改訂

一九七〇年一〇月一〇日、ヴェルネル委員会は最終報告「共同体における経済通貨同盟の段階的実現に関する、欧州閣僚理事会および欧州委員会への報告」[60]をまとめた。この報告には二つのきわだった特徴がみとめられる。

一つは、完成時の経済通貨同盟の姿が厳密なかたちで記述されていることである。報告によると、完成時には「単一通貨」（monnaie unique）が導入され、「経済政策の中央決定機関」（un centre de décision pour la politique économique）とアメリカの連邦準備制度に似た「共同体中央銀行制度」（le système communautaire des banques centrales）という、それぞれ経済政策と通貨政策の策定にあたる二つの中央機関が創設される。それと同時に、域内諸国から共同体への「権限移譲」が行われ、共同体の「制度改革」も進む。単一通貨、権限移譲、制度改革は、いずれも第二次バール・プランには盛り込まれていなかった。政治領域に属すると見なされたからである。ところが、ヴェルネル報告はそうした領域にまで踏み込んでいるのである。

ヴェルネル報告は単一通貨と制度改革について次のように説明している。最終的な通貨のあり方としては、国民通貨の使用を継続する方式と、国民通貨を廃止して単一通貨を導入する方式の二つがあるが、「心理的ならびに政治的側面」に留意し、「不可逆性」が担保される単一通貨方式を採用することが望ましい。一方、制度改革についてはローマ条約に関連する規定がない。しかし、制度改革の「本質的な部分」が欧州委員会の権限の強化と中央銀行総裁委員会の役割の拡大にあることは明らかである。

完成時の経済通貨同盟とは対照的に、そこにいたる過程については、第一段階を除いて多くの部分が曖昧なままに残されていた。これがヴェルネル報告のもう一つの特徴である。報告は同盟完成までの年限を九年とし、それを三つの段階に分けている。そして、移行期に関する説明の大半を第一段階にあて、第一段階以降については、第一段階の終了までに成果を検証し、そのうえで政府間協議を行ってその後の手順を決めるとしている。それゆえ報告の核心部分は第一段階にあるということになる。この第一段階で実施される中心的な制度改革は、域内諸国通貨間の為替変動幅を対ドル変動幅以下の一・二パーセントに縮小することと、域内諸国通貨による対ドル協調介入を行うことであるとされている。

では、なぜヴェルネル報告は以上のようなものになったのか。ヴェルネル委員会の会議記録が部分的にしか利用できないために、この点を細部にわたって検証することはできない。しかし同委員会の活動については、バールの官房長を務めた前出のパーユや、ヴェルネル委員会に陪席したフランス財務省のブロックレネやドイツ連邦経済省のティトマイヤー、さらには委員長ヴェルネル自身による証言もある。それらの証言から次のような経緯のあったことがわかる。

第一段階における為替制度をめぐる仏独間の調整は困難をきわめた。フランスの関心は国内政策に自由度を残すことに、なかでもマルクによる国内経済の支配を軽微なものにとどめることにあった。それゆえフランスは、第一段階以外の段階の内容を詰めることに強く抵抗した。これにたいしてドイツは、潜在的債権国であることから、「放蕩息子だらけのクラブの万年金づる[61]」にさせられないように、あるいは他国による「ラインの黄金の支配[62]」を封じるために、経済政策の協調を重視した。このためドイツは、経済政策の協調を制度的に保障するために必要な国家主権の移譲や共同体の機構改革を重視し、これらを早い段階で実現しようとした。こうした対立する両国の立場に配慮して次のような措置がとられた。まずフランスに配慮し、あらかじめ最終段階に向けて制度を立ち上げることはしない。とりあえず九年で通貨統合を完成させることとし、実施計画の策定は第一段階だけにとどめる。この第一段階において通貨協力制度を立ち上げる。次にドイツに配慮し、最終段階に関する報告書の記述に「経済政策の中央決定機関」、「共同体中央銀行制度」といういくぶん強い「政治的表現」（ヴェルネル[63]）を挿入する。こうして中間の第二段階が事実上空白のままに残されることになった。

ところで、ヴェルネル最終報告には欧州委員会の手で若干の手直しが施された。それは「フランスとドイツおよびオランダとのあいだのショック[64]」を和らげるためであった。この改訂版は一〇月二九日付で、同委員会提案として欧州閣僚理事会に提出された。

欧州委員会提案のポイントは二つあった。一つは、加盟諸国から共同体へ移譲される権限の内容を、経済通貨同盟の制度としての一体性と共同体の効率的活動を保障するために必要なものだけに限定していることである。この点についてはとくに説明の必要はなかろう。

注目を引くのはもう一つの点である。それは、最終段階で創設される「経済政策の決定機関」と「共同体中央銀行制度」の、それぞれが担う業務を厳密に定義していることである。欧州委員会提案によると、経済通貨同盟の「通貨面の運営」（gestion monétaire）にかかわる、多分に技術的な問題は「共同体中央銀行制度」（欧州中央銀行制度）を立ち上げることによって解決できる。それゆえこの機関の性格と責任を明確にするだけでよい。表現がわかりにくいが、欧州委員会経済金融総局総局長モスカは中央銀行総裁委員会でこう説明している。共同体中央銀行制度とはいっても、独立した機関を新設するわけではない。その機能は既存の機関（欧州閣僚理事会、中央銀行総裁委員会）が引き受け、共同体への特別な権限移譲をもたらすことではない、と。(65)

一方、経済通貨同盟の「通貨面の運営」とは違って、経済政策と通貨政策の運営については、各国から権限と責任を共同体の諸機関に移すことが問題になる。しかし欧州委員会提案によると、そのために必要な共同体の諸機関と加盟諸国当局とのあいだの権限の分割は、さしあたり問題にならない。なぜなら、国家主権の移譲をともなう「経済政策の決定機関」の創設は将来の課題であり、問題にする必要はないからである。

第4節　ヴェルネル報告の取扱い（一九七〇年一〇月〜七一年三月）

1　フランス大統領府の困惑とポンピドゥー

ベルナールの覚書

ドイツ、オランダ両国政府はヴェルネル委員会の活動にほぼ満足していたようである。しかしフランスの大統領府は、中間報告が出た段階から同委員会を危険視するようになる。

大統領府の副官房長ベルナールは中間報告を次のように批判している。(66) ハーグ会議では、ポンピドゥーはかなり漠然とした事柄を、とくに期限を設けることなく実現することに同意した。ところがヴェルネル委員会は大統領が想定した範囲を超えてしまった。第一段階で縮小変動幅を導入することに問題はない。むしろ好ましいことである。かりに現状のままで国際通貨関係が変動すれば、「共同市場なかでも農業共同市場が吹っ飛んでしまう」からである。しかし最終段階で単一通貨を導入し、それを準備通貨・決済通貨にするというのは行き過ぎである。それは「危険であり、当面は必要ない」ことである。さらに問題なのは、第一段階が経済通貨同盟の全工程の不可欠な構成要素とされ、「最終目標まで行くという決断と一体のものとされている」ことである。

ヴェルネル委員会から最終報告が提出されると、ベルナールの苦悩はさらに深まる。彼は大統領に宛てた覚書(67)に、「報告全体を受け入れることはできません」、この報告は「明らかにわが国に深刻で根本的な問題を投げかけています」と記している。彼が問題視したのは以下の三点である。

第一に、最終報告では、「最終段階における共同体の連邦制的諸機関に関する厳密な記述」(傍点は引用者)がなされている。すなわち、「経済通貨同盟の不可逆性を保障する単一通貨」の導入がこの同盟の到達点とされ、それを実現するために「経済政策の中央決定機関」と「共同体中央銀行制度」の二つの中央機関を創設するとされている。たしかに、欧州委員会が欧州閣僚理事会に提出した修正案ではこの部分が若干薄められている。しかしこの修正案にあっても問題の本質は変わらない。ベルナールが危惧するのは、単一通貨の導入によってフランスが「通貨に関する国家主権」を失い、その結果、政府が内政上の問題に機動的に対処できなくなることであった。ベルナールは次のように記している。「これほど進んだ通貨同盟になった場合に、フランス――イタリアも同じですが――では、経済政策が共同体レヴェルで決められることから生じる日常的な拘束に、政治や地域が果たして耐えられるでしょうか。あれこれの変化に〔国民を〕適応させるためにとられる便宜的諸措置から生じる問題を、通貨の操作によって消去できなくなってもよいのでしょうか(68)」。

ベルナールが危惧するのも無理はなかった。戦後フランスにおける信用供与・通貨発行と経済成長の仕組みは次のようなものだったからである。財務大臣が議長、フランス銀行総裁が副議長を務める国家機関、「国家信用理事会」(Conseil national du Crédit)が信用政策と信用条件の大枠を決め、フランス銀行がその枠内で自らの信用政策を実施する。したがって通貨発行は信用政策の結果として行われる、あるいは通貨発行量は中央銀行が設定する信用条件

（経済部門ごとに異なる政策金利、金融機関ごとに設定された再割引額上限など）の変更によって調節される。この制度は、同じく戦後に採用された「計画化」（五カ年計画）および国有企業制度に対応していた。こうした制度のもとで「寛大な」物価政策および賃金政策が実施され、社会的緊張を回避しつつ高成長が達成されていたのである。一方、こうした制度と政策から不可避的に生じるインフレと国際収支の不均衡は、フランの切下げによって解消されていた。(69) 一九六八年に発生した騒乱事件「五月危機」も、政府は大幅な賃上げという伝統的方法で乗り切っていた。いうまでもなく、単一通貨が導入されれば以上のような仕組みは機能不全に陥る。

次にベルナールが問題視するのは、ヴェルネル最終報告には、経済通貨同盟の完成期限が示され、必要な法的手続きが明記されていることである。すなわち、この同盟は一九七〇年代中に完成することになっており、第一段階が終わる最後の年（一九七三年）に、ローマ条約の改定協議が政府間で行われることになっている。しかしベルナールによると、この改定協議はイギリスとの加盟交渉が始まるだけに「危険である」。

残る第三の問題点は、経済通貨同盟が最終報告どおりになるなら、「一定の政治統合の形態」が必要になることである。しかしベルナールによると、フランスは政治統合への流れを阻止しなければならない。

かくてベルナールは、ヴェルネル最終報告は連邦主義に傾斜しており、そのことがフランスの政治、経済、社会の諸領域で重大な問題を引き起こすと見ていたのである。

では、なぜヴェルネル報告は大統領の想定を大きく超えることになったのか。ベルナールはその理由として、ヴェルネル委員会の構成、ジャン・モネが行った活発な裏面工作、ドイツ側の攻勢、の三つをあげている。ベルナールは最後の点に関連して、ヴェルネル報告と欧州委員会提案の裏には「純粋に政治的な判断」が働いていると分析している。それは、「ドイツ連邦共和国を西側にしっかり固定するための時間的余裕はあるにしても、今が好機である」という判断である。それというのも、ドイツが通貨統合で結束しているからである。ベルナールは言う――「それにしても、ドイツの政治家とすべての専門家が、〔一九七〇年八月の〕独ソ・モスクワ条約以来、欧州通貨という考え方に全面的に改宗したことは驚くべきことです。たしかに、それをチャンスと見るなら、そこに何か新しいもの、多分またとない何かがあります」(70)（傍点は引用者）。

政権内部の意見分布とポンピドゥー

ヴェルネル最終報告に政府としてどう対応するか。この問題は一九七〇年の一一月から一二月にかけて三回の関係閣僚会議でとりあげられた。

一一月一七日の閣議(71)を主宰したのは首相のジャック・シャバンデルマスである。閣議に出席した大臣たちの発言はヴェルネル報告に必ずしも否定的ではなかったし、欧州委員会の提案にはむしろ肯定的であった。外務大臣シューマンは欧州委員会提案を「歓迎する」と明言した。財務大臣ジスカールデスタンは、「ヴェルネル報告は行き過ぎている」と批判するものの、「長期の欧州の経済組織をめぐる議論は避けるわけにいきません」と述べている。シャバンデルマスも、「プラン〔ヴェルネル報告〕全体に悪感情をもっている印象をあたえてはなりません」、「欧州委員会提案から出発すべきです」と述べている。しかし、閣議に陪席したベルナールは閣僚たちに批判的であった。彼は大統領に宛てた覚書で、「大臣たちの考えとは違い、私には欧州委員会提案に乗ることがわが国の利益にかなうとは思えません」と記し、ヴェルネル最終報告だけでなく、欧州委員会提案にたいしても慎重に対応するよう助言している。

翌日の一一月一八日の閣議を主宰したのはポンピドゥー自身であり、そこにはフランス銀行総裁ヴォルムセル、同副総裁でヴェルネル委員会の委員クラピエも出席をもとめられていた。

この閣議(72)で最初に発言したジスカールデスタンは、ヴェルネル報告の問題点は経済通貨同盟の完成期限とこの同盟の最終段階の定義にあるが、これらの問題は表記上の工夫で解決できると言う。たとえば、「単一通貨」を「共通の通貨組織」（une organisation monétaire commune）と言い換える。「権限の移譲」についても「大幅な権限移譲を必要としない」表現に変えればよい。ジスカールデスタンは結論として、フランスがとるべき立場を四点にまとめる。(1)単一通貨には反対する。(2)期限は厳格なものでなければ受け入れる。(3)「到達点」（最終段階）についてはより正確で、かつ制約の少ない表現に改める。(4)第一段階は残すが、それを最終段階における制度改革と一体のものとはしない。

次に発言したヴォルムセルは外務省出身の総裁だったこともあり、経済通貨同盟のもつ対外的意義を重視し、単一通貨に一定の理解を示す。彼によると、「根本にあるのは、欧州人が何かしないとアメリカに支配される」という問題であるから、ドルの支配をはねのけるために「通貨的欧州」（une Europe monétaire）を建設するというのは「かなり魅力的」である。もう一人のフランス銀行代表クラピエは、ヴェルネル委員会におけると同様、第一段階で縮小変動幅を導入することの意義を説いた。ドル危機とイギリスの加盟という差し迫った問題に対処するためにそれが必要だというのである(73)。

ジスカールデスタンは二人のあとで再度発言し、フランスの通貨政策の自由度が狭められている現実も考慮に入れるべきだと言う。彼によると、ユーロ・カレンシー市場や共同市場の発展にともない、金利の変更も平価の調整（フランの切下げ）も以前のようには自由にできなくなっている。こうした状況に対処するために、欧州の内部に「適切な制度」を創る必要がある。第一段階で導入される縮小変動幅は、国外に起源をもつ拘束からのいわば「解放装置」（un dispositif d'émancipation）の意味をもっている。ちなみに、ジスカールデスタンが指摘した状況は、本書の後段で詳しく触れるように(74)、とくに一九七四～七五年の経済危機以降、フランス政府および欧州委員会の内部で「対外的拘束」という用語を使って問題にされることになる。

ところで、いうまでもなく、注目すべきは最後に発言した大統領ポンピドゥーである。ポンピドゥーは主としてヴェルネル報告の政治的側面を問題にした。彼は最初に、ドゴール以来の欧州統合にたいするフランスの原則的立場、すなわち連邦主義的アプローチはとらないとする立場を確認する。次いで、フランの切下げができなくなる、イギリスの共同体加盟交渉へ波及するなど、ベルナールが覚書で指摘した問題点に言及する。しかしポンピドゥーが力を注いだのは、自らの政権の内部とその周辺で行われている議論にたいする批判である。財務大臣も外務大臣も、それにフランス銀行の総裁も副総裁も、単一通貨を創設し、それをドルと並ぶ準備通貨・決済通貨とすることによって、ドルに対抗する新しい「通貨の極」（「欧州通貨極」pôle monétaire européen）を構築するという構想に多かれ少なかれ理解を示していた。これは本章の各所で確認済みである。ポンピドゥーはこれを痛烈に批判する。

> 欧州通貨極という表現は消し去っていただきたい。欧州は経済的、財政的および政治的欧州であり、通貨問題だけではありません。われわれが政治問題であるドルへの従属の問題を解決しないかぎり、欧州の〔通貨〕極について語るわけにはいきません。欧州諸国がアメリカにたいして、ドルを回収し、欧州諸国に金を返還することを要求できないかぎり、欧州の極について語ることはできないでしょう。……
>
> 　第一段階について言いますと、われわれに何が約束できるか考えてみましょう。若干の制約条件を受け入れることそれ自体は悪くありません。しかし、単一通貨やドルにたいする欧州〔通貨〕極について語るのはやめましょう。それは偽りのドゴール主義です。ドルの溜め込みを拒否する政治力がないのに、丸薬に金色をつける〔真実をごまかす〕ために、ある用語〔欧州通貨極、単一通貨〕が使われているのです……。[75]（傍点は引用者）

ポンピドゥー自身が一九七〇年代初頭のドル危機にどの程度つうじていたかは明らかでない。しかし、通貨統合問題の枠組みのなかで彼が展開したのは次のような論理であった。ドルによる支配の本質は政治である。ところが、政治の領域で何もできないのに単一通貨の創設によって、つまり通貨的措置だけでドル支配を排除しようとするのは一見「ドゴール主義」を継承しているように見えて、実はそうではない。単一通貨の導入はフランスから国家主権の一部を奪い、政策選択の幅を狭めるだけである。それは内政問題の解決をいちじるしく困難にする。

経済通貨同盟がフランスの内政にもたらす困難については、一二月九日の閣議で、ポンピドゥーが具体的かつ率直に語っている。

> 本当に、漸進的〔に深化する〕同盟（union progressive）が必要なのだということです。不均衡は日常的にあり、個々の国家がそれを是正しているのです。というのは、こうした不均衡から政治面で衝撃をうけるのは国家だからです。
>
> 共同体をここ〔ヴェルネル報告〕に示されているような超均衡状態にある厳格な予算をもったものにしようとすれば、フランスやイタリアでは共産主義者が権力の座に就くことになるでしょう。それを変えられるのは共同体ではありません。野蛮で統制のきかない資本主義は受け入れられません。さもないと、まずイタリア、次いでフランスで政治的反乱が起こるでしょう。おめでたい人たちに言っておかねばならないのは、以上のようなことです。……漸進的〔欧州〕以外の欧州はあり得ません。
>
> 他の加盟国の代表たちにはこう言ってやるべきです。皆さんは自分たちの事業を転覆させようとしているのです。もしも南仏で騒乱が起これば、ブドウ栽培農民と対峙することになるのは〔欧州委員会委員長の〕マルファッティ氏ではありません。共和国保安機動隊（ＣＲＳ）を送るのは〔フランス〕政府になるでしょう。悪くするとフランス政府が倒壊するかもしれません、と。……欧州には、国家が政治的責任――すなわち物事の変化を人々が受け入れられるようにする責任――を負う連合形態（une forme confédérale）しかあり得ません。他の加

盟国の代表たちは国内に問題を抱えていないのかもしれませんが、政府の役割は悲劇を回避することです。……一九六八年五月〔危機〕がまた起これば、そのときの〔CGT書記長〕セギュイと交渉することになるのはマルファッティ氏ではありません。われわれは機械を統治しているのではないのです、われわれは人間を統治しているのです。(76)（傍点は引用者）

首相として身を呈して「五月危機」の収拾にあたったポンピドゥーの目には、ヴェルネル報告の執筆者たちは現実感覚に乏しい「おめでたい人たち」、「不真面目な人たち」(77)として映ったのである。また彼にとっては、国内の社会的・政治的反乱は今後とも起こり得るものであり、それにたいする有効な手立ては経済の成長であり、成長通貨であり、国際収支の最終的な調整手段としての国民通貨の平価切下げであった。(78)かくてポンピドゥーは、首相のシャバンデルマス以下の関係閣僚にたいして、一二月に予定されている欧州閣僚理事会には、ヴェルネル報告を受け入れない方針で臨むよう指示した。

2　仏独の対立と妥協

欧州閣僚理事会ブリュッセル会議（一九七〇年一二月一四～一五日）

欧州閣僚理事会を前に六カ国の実務者間、大使間で事前折衝が行われたが、いずれも不調に終わった。かくて、一九七〇年一二月一四～一五日にブリュッセルで開かれた欧州閣僚理事会は紛糾することになった。

理事会では、ドイツとオランダの代表団は経済通貨同盟の最終的なあり方を明確にしておく必要があるとし、制度問題を討議の中心に据えるよう主張した。これにたいしてフランス側からは、ジスカールデスタンが、不確定要素の多い将来の制度問題を論じるのは「非現実的」(79)であり、討議は経済通貨同盟案の文章表現と第一段階の内容に絞るべきである、と応じた。ジスカールデスタンはポンピドゥーの意向に沿うかたちで対応したのである。しかし、こうしたフランス側の主張にもかかわらず、議長を務めるドイツの経済大臣シラーは制度問題を中心に議事を運営した。このため、フランスと他の諸国とくにドイツとの原則上の対立があらわになった。

なかでも最大の争点になったのは、最終段階における共同体の諸制度と共同体への権限移譲をめぐる問題である。この問題領域でフランスが展開した主張は次のようなものであった。(1)共同体レヴェルにおける権限の行使は、最終段階においても基本的に現行の諸制度、すなわち各国の代表から構成される各種専門委員会が担う。(2)共同体への権限移譲は大幅なものとしない。(3)とくに「賃金政策および物価政策のような基本的な事項は〔各国政府の手に〕残しておく」。これにたいしてドイツを中心とする他の加盟諸国は、現行の共同体の諸制度では経済通貨同盟を円滑に運営できないとし、新しい諸制度の創設を強く主張した。とくにドイツ代表のシェルホルンは、通貨の領域に各国から独立した新しい組織を創る必要があることを力説した。イタリア代表のフェライ・アグラディにいたっては、将来の共同体の意思決定においては「全員一致原則を超える」ことも必要になるとし、「ルクセンブルグの妥協」の見直しすら口にした。かくて、さまざまな妥協がこころみられたものの、ほとんどすべての問題領域で議論は暗礁に乗り上げた。

フランスが完全に孤立したことから、議長のシラーはますます制度問題に執着した。このために会議は三日目の未明にまでずれ込んだ。結局午前三時に閉会したが、その間際にシラーが、議長席から「フランス代表団を激しく非難する」[80]という前代未聞の幕切れとなった。この一二月の欧州閣僚理事会の顛末はジスカールデスタンとシラーのあいだに大きなしこりを残した。以後、フランスの大統領とドイツの首相は二人の関係が正常でないと判断し、両首脳の官房が直接接触することによって意思の疎通を図るようになる[81]。

仏独首脳会議（一九七一年一月二五〜二六日）――「慎重条項」による政治決着

一九七〇年七月にボンで行われた仏独経済・財務大臣会談で、ジスカールデスタンはシラーにこう語っていた――「六カ国のなかでは、フランスとドイツがこの問題〔ヴェルネル報告〕のカギを握っています。両国間で合意ができれば、いかなる国も両国の同意なしには反対できないでしょう」[82]。しかし二人の関係が悪化してしまったからには、両国の首脳が前面に出て事態を収拾するしかない。翌一九七一年一月二五〜二六日にパリで仏独首脳会議が開かれたが、この会議はそうした事態収拾の場となった。

会議[83]では、両首脳は互いに柔軟な姿勢を強調して見せた。ブラントは「制度的完全主義」にも「統合観念論」にも与していないことをくり返し述べた。たとえば、「われわれはとりわけ東との関係を考えて、西欧同盟の前進を心底から望んでいます」。「フランスの新聞は誤って、わが国の政府の何人かが、東にたいしてフリーハンドをもつという下心から、経済通貨同盟をめぐる議論を、どの国もこの同盟から抜け出せないようなレヴェルにまでもって行こうとしていると書いています。私はあなたがそうは考えておられないと確信しています。それは間違いであると考えてくださって結構です」。

さらにブラントは、ドイツの関心は、経済通貨同盟の全過程について「おおよそのイメージ」をもてることと、経済領域と通貨領域における前進に「実質的なパラレリズム」が保障されること、の二つにあるとも述べた。これにたいしてポンピドゥーは、経済通貨同盟に向けて前進することには賛成であるが、この前進を「慎重かつ柔軟な」ものにしたいというのがフランスの希望である、と応じた。

首脳会議をつうじて、両国は経済通貨同盟の完成期限については歩み寄った。すなわち、一〇年という期限を大まかな目安ないしは「政治的約束」とすることで折り合った。しかし、最終段階における制度のあり方と共同体への権限の移譲については、両国間の溝は埋まらなかった。膠着した状況を打開する秘策としてポンピドゥーが提示したのが「慎重条項」である。この場合の慎重条項とは、第一段階において域内の通貨をめぐる状況が悪化し、しかも回復が見込めないと判断された場合、もしくは、同じく第一段階において次の段階への移行に必要な条件が整わなかった場合には、経済通貨同盟の創設を中断するというものである。これはドイツにとって、第二段階への移行が実現しない場合に潜在的債権国の立場から解放されることを意味する。このポンピドゥー提案をドイツ側は歓迎した。こうして「慎重条項」という暗黙の了解を基礎に、第一段階以降を棚上げにしたまま、第一段階に入ることで仏独両国間に事実上の合意が成立したのである。

フランスの最終方針と欧州閣僚理事会決議（一九七一年一～四月）

仏独首脳会議の結果をうけ、フランス大統領府は一九七一年一月三〇日付で外務大臣シューマンのために覚書を作成した。そこには、次回の欧州閣僚理事会でフランスがとるべき姿勢に関する大統領の指示が列挙されていた。以下の五項目からなるこの指示は、ヴェルネル報告にたいするフランス政府の最終方針を定義づけたものとして注目される。

(1)「経済通貨同盟を建設する意思のあることを表明する。一〇年余りが合理的な期限であることを了解する……」。

(2)「制度面でいかなる約束もさせられないよう、経済通貨同盟の構造を子細に検討しなければならない」。

(3)経済と通貨の二つの領域で併行して協力関係を深める「パラレリズム」には賛成する。ただし、パラレリズムを「とくに定義づけることも、この領域で率先して事を進めることもしない」。

(4)「第二段階以降については将来、経済、社会、税制、財政などに関する、また場合によっては共同体の諸機関の機能に関する検討を閣僚理事会にもとめる用意がある、と述べても差支えない」。ただし、「どんなことがあっても先に進むことはしない。とくに欧州委員会の役割にいて主張したり、欧州『議会』に言及したりすることはしない」。権限の移譲については、「共同体の諸機関に顔を向けた諸国家」(des Etats *vers les organes* de la Communauté. 傍点は原文)という表現を用いる。この表現は「閣僚理事会と欧州委員会における各国の常任代表を意味している」。つまり、筆者の言葉で言い換えると、共同体の諸機関は各国の代表によって運営するという意味である。

(5)「できるかぎりハーグ・コミュニケの線に近づくが、それから先には進まない。とくに政治同盟をほのめかすような文言を入れるようなことはしない[84]」。

以上の一連の指示からは、フランス大統領府が経済通貨同盟への関与をきわめて限定的なものにとどめようとしていたこと、そしてとくに国家主権の移譲が絡む制度問題に極度に神経質になっていたことがうかがえる。

仏独間で妥協が成立したことから、欧州閣僚理事会は二月八〜九日と三月二二日の二度の会合を経済通貨同盟問題に割き、この同盟構築の「実施計画《プログラム》」を作成した。その内容は次の三項目に整理できる。(1)一〇年以内に経済通貨同盟を段階的に実現する。(2)第一段階は一九七一年一月一日から一九七三年一二月三一日までとし、この段階において域内諸国の短期経済政策の「調整強化」と中央銀行間の「協力強化」を進める。(3)第一段階の初発から試験的に縮小変動幅を導入する。(4)一九七〇年四月一〇日の通貨委員会報告(前出)にもとづいて、一九七二年一月一日から中期金融支援機構を始動させる。また、将来の欧州中央銀行制度の母体となる「欧州通貨協力基金」(FECOM)に関する検討を通貨委員会と中央銀行総裁委員会に付託する[85]。

かくて各国が拘束されるのは第一段階に限定され、制度問題は実施計画から除かれた。また財政、税制、通貨の各政策については「協力」や「調整」という表現が用いられ、各国にかかる拘束力は弱いレヴェルにとどめられた。実施計画はヴェルネル報告から大きく後退したものとなり、ポンピドゥーの介入は功を奏したのである。

小　括

欧州通貨統合をめぐる問題は一九七〇年代初頭に急展開した。それには四つの歴史的要因が深くかかわっていた。ドル危機の深刻化、この危機にともなって活発化した国際通貨制度の「柔軟化」への動き、ドイツによる東方政策の展開、イギリスの共同体加盟問題、である。これらの要因が複合的に作用して、欧州の六カ国を経済通貨同盟へと向かわせたのである。

しかし六カ国のなかでもフランスのポンピドゥー政権だけは、経済通貨同盟にたいしてきわめて慎重な姿勢をとった。ポンピドゥーと彼の官房の考え方は、基本的に前任の大統領ドゴールを継承するものであった。すなわち、欧州統合には賛成する、ただし統合の意義は農業利害の確保と国際社会における欧州の発言力の強化にある、統合によって部分的であれ国家主権が侵されることがあってはならない、というものである。ヴェルネル委員会でも欧州閣僚理事会でも、フランスは軽微な縮小為替変動幅が導入される第一段階にのみ責任を負い、それ以外については具体的な約束をしないという立場を貫いたが、当時の政権にはそれ以外の選択肢がなかったのである。

ただし、ポンピドゥー政権の内部にもジスカールデスタンのように、長期の展望のなかでは通貨統合を受け入れる必要があると考える閣僚もいた。その狙いは、ドルに対抗する欧州通貨をもつことによってフランス経済をドルによる支配から解放することにあった。しかし、その彼といえども、七〇年代初頭の時点で単一通貨の導入を現実の目標に据えるのは非現実的だと見ていた。フランスとドイツの経済政策路線は大きく異なっており、両国経済のファンダメンタルズには大きな乖離があったからである。

かくてフランスの側から見るなら、経済通貨同盟をめぐって問われ、かつ争われていたのは、国家主権の問題であり、経済政策の路線問題であり、さらにドル支配への対応ないしは対抗という対米戦略上の問題だったのである。

ところで、こうしたフランスと他の欧州諸国、とくにドイツと対立は、「マネタリスト」と「エコノミスト」の対立として伝えられてきた。一方のフランスが、まず通貨を統合し、そのあとで経済政策の収斂を進めればよいと主張し、他方のドイツが、経済政策の収斂を最初に行い、通貨の統合はあとで行うべきだと主張したというのである[86]。たしかに、ジスカールデスタンのように、「通貨的アプローチ」（approche monétaire）、「経済的アプローチ」（approche économique）という表現で、仏独の経済通貨同盟へのアプローチの違いを述べた人物もいた。しかしこの表現は、経済通貨同盟の第一段階へのアプローチの違いを示すために用いられたものであった。

経済通貨同盟の実現に向けた全過程を「エコノミスト」対「マネタリスト」のシェーマで説明しようとするなら、史実とのあいだに大きな齟齬が生じる。本論から明らかなように、オランダについては「エコノミスト」に括ることが可能であっても、フランスを「マネタリスト」と呼ぶことはできない。そもそもフランスは為替相場の変動の廃絶を意味する通貨同盟を実現できると見ていなかったからである。経済通貨同盟の第一段階についてしか責任を負えないというのがこの時点における政府の公式の立場であり、連邦主義的「政治同盟」に道を開きフランスの経済社会に危機をもたらす単一通貨の導入には反対するというのが政府の基本姿勢であった。したがって問題のシェーマは、複雑で豊かな歴史を整理するための道具立てとして適切とは言えない。

注

（1）AN, 5AG2/1036. Allocution du Président de la République, La Haye, 1er décembre 1969.

（2）Jacques van Ypersele et Jean-Claude Koeune, *Le système monétaire européen. Origines, fonctionnement et perspectives*, seconde éd. Bruxelles, 1985 p. 41.（ジャック・ヴァン・イペルゼル、ジョーン - クロード・クーヌ共著／東京銀行ブラッセ

ル支店訳『EMS（欧州通貨制度）――その歴史と展望』東銀リサーチインターナショナル、一九八六年、六四～六五頁。）

（3）ABF, 1489200205/245. Comité d'Action pour les Etats-Unis d'Europe. Note sur l'Union européenne de réserves, neuvième session, 10 et 11 juillet 1964, Paris.

（4）モネは首相就任直後のブラントに一〇月三一日付で覚書を送り、自身が長年温めてきた欧州準備基金構想について詳細に説明し、その実現につとめるよう進言している。次いで一一月七日には、自らボンに赴いてブラントと会談し、立ち入った助言を行っている。Jean Monnet, *Mémoires*, Paris, 1976, pp. 582-583; Willy Brandt, *My Life in Politics*, translated from German, London, 1992, p. 422; Andreas Wilkens, Willy Brandt, l'Europe et le mark, in *Georges Pompidou face à la mutation économique de l'Occident, 1969-1975*, Actes du colloque des 15 et 16 novembre 2001, Paris, 2003, p. 51.

（5）A. Wilkens, *op. cit.*, pp. 50-51. 欧州準備基金提案はハーグ会議の数日前に、関係する仏独の事務当局を介することなく、ブラントからポンピドゥーにたいして直接書簡で伝えられた。

（6）«Communiqué du 2 décembre 1969», in *Bulletin des Communautés européennes*, 3（1970）n° 1, pp. 12-17.

（7）Pierre-Bernard Couste et François Visine, *Pompidou et l'Europe*, Paris, 1974, p. 3.

（8）AN, 5AG2/1042. Note de M. Deniau sur l'évolution du Marché commun, s. d. 以下、この覚書に関連する引用はすべてこの史料に拠る。

（9）AN, 5AG2/104. Entretien en tête entre le Chancelier Kiesinger et le Président Pompidou, Bonn, 9 septembre 1969.

（10）AN, 5AG2/104. Entretien en tête entre le Chancelier Kiesinger et le Président Pompidou, Bonn, 8 septembre 1969.

（11）AN, 5AG2/1042. Compte rendu du Conseil sur les affaires européennes du 21 octobre 1969.

（12）AN, 5AG2/1043. Note pour le Président de la République, par Jean-René Bernard, 2 novembre 1970.

（13）Cit. par Gérard Bossuat, «Le président Georges Pompidou et les tentatives d'Union économique et monétaire», in Association Georges Pompidou, *Georges Pompidou et l'Europe. Colloque, 25 et 26 november 1993*, Paris, 1995, p. 408.

（14）AN, 5AG2/104. Entretien en tête à tête entre le Chancelier Kiesinger et le Président Pompidou, Bonn, 8 septembre 1969.

（15）AN, 5AG2/104. Compte rendu de l'entretien des quatre ministres des affaires étrangères（Schumann, Rogers, Stewart, Scheel）, à Bruxelles, s. d.

(16) 「共通通貨」とは、金、通貨バスケット、あるいはドルのような第三国の国民通貨によって定義された通貨で、関係する諸国が国際協定によって相互の経済取引や計算の単位として用いることを約束したものを意味する。この通貨は既存の国民通貨と併行して用いられるために、二つの通貨のあいだで為替相場の変動が生じる。国民通貨の廃止をともなう「単一通貨」とは機能面で部分的に重なるが、通貨としての性格が異なることに注意する必要がある。しかし実際には、単一通貨と共通通貨は当局者たちのあいだでもとくに区別されず、同義に用いられることがある。シューマンもこうした区別なしに「共通通貨」という用語を用いていた可能性が高い。

(17) 以上については、引用を含め、Claude Pierre-Brossolette, «Les données relatives à la construction européenne après l'élection de Georges Pompidou», in *Le rôle des ministères des Finances et de l'Economie, op. cit.*, t. II, pp. 105-108. に拠る。

(18) CAEF, B12544. Note pour le Ministre, par René Larre, 20 octobre 1969. Possibilités et limites d'un renforcement de la coopération monétaire entre les pays du Marché commun. 以下、この覚書に関する引用はすべてこの史料から行う。

(19) AN, 5AQ2/1035. Entretien entre Pompidou et Franco Maria Malfatti, président de la Commission des Communautés européennes, 24 septembre. Cit. par E. Roussel, *Georges Pompidou, 1911-1974*, Paris, 1994, pp. 648-649.

(20) 二つの課題については、たとえば外務大臣シューマンの証言を参照。E. Roussel, *op. cit.*, p. 339.

(21) Archives inédites de Raymond Tournoux. Cit. par E. Roussel, *op. cit.*, pp. 337-338. なお、トゥルヌーは『パリ・マッチ』誌の記者で、彼の政治家とのインタヴューは現代史研究の第一級の資料として知られる。

(22) *Idem.*

(23) ABF, 1397199802/18. Compte rendu du Comité monétaire, 9 décembre 1969.

(24) *Douzième rapport d'activité du Comité monétaire*, Bruxelles, 30 juin 1970, p. 16.

(25) CAEF, B54757. Note pour le Ministre. Soutien monétaire à court terme et concours financier à moyen terme, 20 février 1970.

(26) «Rapport du Comité monétaire au Conseil et à la Commission, 10 avril 1970», in *Douzième rapport d'activité du Comité monétaire, op. cit.*, pp. 19-23.

(27) *Ibid.*, pp. 19-23.

(28) シラー、スノワ、コロンボの各プランのフランス語版はそれぞれ以下のとおりである。«Les lignes fondamentales d'un plan par étapes en vue de la réalisation d'une union économique monétaire au sein de la CEE», «Un plan de solidarité monétaire européenne en trois étapes 1971-1977», «Eléments pour une position italienne sur les problèmes monétaires, communautaires et internationaux»（ABF, 1489200205/255）.

(29) Pierre Werner, *L'Europe en route vers l'Union monétaire*, s. d.（février 1970?）.

(30) CAEF, B12544. Note pour le Ministre, 23 janvier 1970. Notes demandées par le Cabinet du Premier Ministre en vue de la préparation d'un mémorandum français sur l'approfondissement de la Communauté.

(31) CAEF, B12544. Note sur la première étape d'un plan d'Union économique et monétaire, 23 janvier 1970.

(32) AN, 5AG2/89. Note pour le Président de la République, par Jean-René Bernard, 6 mars 1970; *id*. Note pour le Président de la République, par Jean-René Bernard, 9 mars 1970.

(33) AN, 5AG2/89. Projet de compte rendu du Conseil interministériel sur les questions européennes du 12 mars 1970.

(34) AN, 5AG2/89. Note pour le Président de la République, par Jean-René Bernard, 6 mars 1970; *id*. Note pour le Président de la République, par Jean-René Bernard, 9 mars 1970.

(35) AN, 5AG2/89. Projet de compte rendu du Conseil interministériel sur les questions européennes du 12 mars 1970.

(36) AN, 5AG2/89. Note pour le Président de la République, par Jean-René Bernard, 9 mars 1970.

(37) CAEF, B50479. CEE. Projet de procès-verbal de la 34ᵉ conférence des ministres des Finances à Paris les 23 et 24 février 1970, Bruxelles, 13 mars 1970.

(38) *Idem*.

(39) *Idem*.

(40) Communication de la Commission au Conseil au sujet de l'élaboration d'un plan par étapes vers une union économique et monétaire, Bruxelles, 4 mars 1970.

(41) *Idem*. なお、五項目中の第四項目については、モリトールによる興味深い証言がある。それによると、バールはプランの準備過程で「独立した欧州中央銀行」（une banque centrale européenne indépendante）案を示した。しかし、この案は欧州委員会内で多数の支持が得られず、日の目を見るにいたらなかった。バールの当初案が修正を余儀なくされたことから「ドイツは経済通貨同盟の推進にいっそう尻込みするようになった」。このモリトール証言は、新自由主義者バール（この点については本書、二五三〜二五五頁、を参照）と新自由主義（社会的市場経済）の国ドイツの代表たちが、物価の安定に重きをおいた欧州中央銀行構想を共有していたことを物語るものとして興味深い。Bernhard Molitor, «Les origines du plan Werner», in *Le rôle des ministères des Finances et de l'Economie*, *op. cit.*, t. 2, p. 110.

(42) CAEF, B62129. Communautés européennes. Projet de compte rendu de la troisième réunion du groupe *ad hoc* «Plan par étapes» (30 avril 1970), Bruxelles, 6 mai 1970.

(43) AN, 5AG2/1043. Note pour le Président de la République, par Jean-René Bernard, 2 novembre 1970.

(44) Jean-Claude Paye, *op. cit.*, pp. 120-121.

(45) CAEF, B54757. Note pour le Ministre, par René Larre, s. d. Rapport intérimaire du Groupe de travail présidé par M. Werner.

(46) CAEF, B62129. Note pour le Ministre, par René Larre, 23 mars 1970. Première réunion du «Comité Werner» à Luxembourg le 20 mars 1970.

(47) CAEF, B62129. Note pour le Ministre, s. d. Seconde réunion du «Comité Werner» à Bruxelles le 7 avril 1970.

(48) *Idem.*

(49) CAEF, B62129. Note pour le Ministre, par René Larre, 26 mai 1970. Rapport intérimaire du «Groupe Werner».

(50) たとえば、フランス銀行外事局が一九七〇年一月六日付の覚書で域内変動幅の縮小がもたらすさまざまな効果を分析しているが、この覚書は「ドルによる経済的支配を逃れようとして、欧州の通貨〔マルク〕による支配を招こうとしているのは残念なことである」という言葉で結ばれている。ABF, 1489200205/280. DGSE. De la réduction des marges de fluctuation des monnaies de la Communauté économique européenne, 6 janvier 1970.

(51) CAEF, B62129. Note pour le Ministre, par René Larre, 26 mai 1970. Rapport intérimaire du «Groupe Werner». 以下、この覚書に関する引用はすべてこの史料に拠る。

(52) *Idem.*

(53)　以下、ベネチア会議に関連する引用および記述はすべて、次の二つの会議記録に拠っている。CAEF, B50480. Projet de procès-verbal de la conférence des ministres des Finances des pays de la CEE tenue à Venise les 29 et 30 mai 1970, Bruxelles, 5 juin 1970; CAEF, B62129. Projet de communication du Ministre sur la conférence de Venise les 29 et 30 mai 1970, 1er juin 1970.

(54)　CAEF, Z3661. Comité d'experts présidé par le baron Ansiaux. Rapport sur les questions posées par le Comité «*ad hoc*» présidé par M. le Premier Ministre Werner, 1er août 1970, in *Rapport intérimaire concernant la réalisation par étapes de l'Union économique et monétaire* (*rapport Werner*), supplément au Bulletin 7-1970 des Communautés européennes. 以下、アンショー委員会に関係する引用はこの史料に拠る。

(55)　報告書では各国代表は匿名とされているが、ヴェルネル委員会での各国代表の発言と重ね合わせると、発言者を特定することは容易である。

(56)　ABF, 1489200205/255. Note pour le Ministre, par René Larre, 8 septembre 1970. Propositions du Groupe Werner en matière d'union monétaire.

(57)　経済領域でのアメリカとの軋轢を避けることがドイツの基本政策であったことは、首相ブラントも確認している。彼は一九七一年一二月三日、ポンピドゥーとの首脳会談の席で、安全保障の必要上、アメリカとの良好な同盟関係を望んでいると述べたあとに、「それ以上ではないにしても、それと同程度に、経済面で〔アメリカとのあいだに〕軋轢が少ないことを望んでいます」とつづけている。AN, 5AG2/105. Entretien entre Pompidou et Brandt, 3 décembre 1971.

(58)　*Idem.*

(59)　*Idem.*

(60)　«Rapport au Conseil et à la Commission concernant la réalisation par étapes de l'union économique et monétaire dans la Communauté, Luxembourg, 8 octobre 1970», in *Le role des ministères des Finances et de l'Economie, op. cit.*, t. 2, pp. 181-198. 以下、ヴェルネル報告に関する引用はすべてこの史料から行う。

(61)　Jean-Michel Bloch-Lainé, «Le plan Werner: Quels enjeux? Quelle démarche?», in *Le rôle des ministères des Finances et de l'Economie, op. cit.*, t. 2, p. 126.

（62）Hans Tietmeyer, L'union économique et monétaire au centre du débat politique, in *Cahiers* de l'Institut für wirtschaftpolitik de l'Université de Cologne（n° 1, 1971）. Repris dans *Le rôle des ministères des Finances et de l'Economie*, *op. cit.*, t. 1, p. 319.

（63）Observation de Pierre Werner, in *Georges Pompidou et l'Europe, Colloque, 25 et 26 novembre 1993*, Paris, 1995, p. 464.

（64）AN, 5AG2/1043. Note pour le Président de la République, par Jean-René Bernard, 2 novembre 1970.

（65）ABF, 1397199801/47. Procès-verbal du Comité des Gouverneurs, 8 novembre 1970.

（66）以下、ベルナールに関係する引用は次の史料に拠る。AN, 5AG2/89. Note pour le Président de la République, par Jean-René Bernard, 28 juillet 1970.

（67）AN, 5AG2/89. Note pour le Président de la République, par Jean-René Bernard, 2 novembre 1970. 以下、この覚書に関する引用はすべてこの史料に拠る。

（68）*Idem.*

（69）権上康男『フランス資本主義と中央銀行――フランス銀行近代化の歴史』東京大学出版会、一九九九年、第3部：同「フランスにおける新自由主義と信用改革（一九六一～七三年）――『大貨幣市場』創出への道」『エコノミア』第54巻第2号、二〇〇三年一一月、を参照。

（70）AN, 5AG2/89. Note pour le Président de la République, par Jean-René Bernard, 2 novembre 1970.

（71）この閣議に関する引用は下記の史料に拠る。AN, 5AG2/1043. Note pour le Président de la République, 17 novembre 1970.

（72）以下、この閣議に関係する引用はすべて下記の史料に拠る。AN, 5AG2/1043. Compte rendu du Conseil restreint du 18 novembre 1970 consacré aux affaires européennes, 19 novembre 1970.

（73）クラピエは次のように述べている。「〔第一段階にも〕リスクがないわけではありませんが、何もしないことにもリスクがあります。われわれには時間がありません。というのは、一方にはアメリカの国際収支の悪化がありますし、他方には、かりに遅れるとイギリスとゼロ・ベースで交渉を再開しなければならなくなります。いずれにせよ、第一段階であれば制度問題は生じません」（*Idem.*）。

（74）本書、二四三、二七〇、二八九頁、を参照。

(75) AN, 5AG2/1043. Compte rendu du Conseil restreint du 18 novembre 1970 consacré aux affaires européennes, 19 novembre 1970.

(76) Compte rendu du Conseil restreint sur les affaires économiques du 9 décembre 1970. Cit. par Robert Frank, «Pompidou, le franc et l'Europe 1969-1974», in *Georges Pompidou et l'Europe, op. cit.*, pp. 352-353.

(77) *Ibid.*

(78) 実際、ポンピドゥーは一二月九日の閣議で、「一九六九年のフランの切下げを最後であるかのように考えることはできない」と述べている。Cit. par *ibid.*

(79) CAEF, B12543. Note pour le Ministre. Etat actuel des négociations sur l'union économique et monétaire, 8 janvier 1971. 以下、欧州閣僚理事会に関する引用はすべてこの史料から行う。

(80) AN, 5AG2/89. Note pour le Président de la République, par Jean-René Bernard, 15 décembre 1970.

(81) 一九七一年八月二五日にポンピドゥーの官房を訪れたブラントの秘書官カタリーナ・フォッケは、ベルナールにドイツ側の希望をこう伝えている。「ジスカールデスタン氏とシラー氏の関係からすると、欧州の将来に向けた本質的な領域で積極的な結論は導けない」恐れがあるので、今後ともフランス大統領官房とドイツ連邦首相官房との接触を継続したいと。AN, 5AG2/69. Note pour le Président de la République, par Jean-René Bernard, 25 août 1971. Compte rendu d'une conversation avec Mme Focke.

(82) AN, AG2/104. Compte rendu de la réunion plénière à Bonn, 4 juillet 1970.

(83) 以下、仏独首脳会議に関する引用はすべて下記の史料に拠る。AN, AG2/105. Premier entretien en tête entre Pompidou et Brandt à l'Elysée, 25 janvier 1971; *id.*, Compte rendu de l'entretien élargi entre Pompidou et Brandt à Paris, 26 janvier 1971.

(84) AN, 5AG2/25. Note pour le Président. Instructions à M. Schumann, 30 janvier 1971.

(85) *Treizième rapport d'activité du Comité monétaire*, Bruxelles, 16 février 1972.

(86) この対抗的な二つのアプローチは、一九六〇年代に、欧州委員会内で作業仮説として考案されたもののようである。ブリュッセルで作成された一九六八年一〇月一五日付の覚書にはこう記されている。「通貨同盟の前進については、対立する二つの主要な考え方がある。一方は、通貨統合は経済同盟のすべての領域で進展が見られたあとについてくるもので、いわば進展の完了を示すものと見る。他方は、反対に、通貨・金融の協調政策は他の諸領域における進展を促す諸要素の一つであり、また進展の前提となるものである、と主張する」（ABF, DDPE-43-1397. Note, Bruxelles, 15 octobre 1968.）。この作業仮説がヴェルネル委員会における仏独論争に機械的にあてはめられ、一般に流布したと考えられる。

第3章　スネイクの誕生（一九七〇～七三年）

欧州閣僚理事会が一九七一年二月と三月に採択した決議により、経済通貨同盟の第一段階は同年一月一日に遡って発足することになった。これをうけて中央銀行総裁委員会は、六月一五日から試験的に欧州為替変動幅の縮小に着手することを決めた。こうして、アンショー報告にもとづいた、対ドル平価の上下〇・七五パーセントのトンネルの内部を一・二パーセントの欧州変動幅が蛇行する「トンネルの中のスネイク」が実施段階を迎えることになった。

しかしスネイクの発足は大幅に遅れた。ドル危機の深刻化にともなって通貨投機が活発化し、国際通貨制度の前途がにわかに不透明になったからである。五月一〇日にはマルクとギルダーが固定相場制を離れてフロートに移行し、次いで八月一五日には、これに追討ちをかけるようにアメリカ合衆国が金／ドル交換性を停止し、基軸通貨ドルもフロートに移行した。国際通貨制度の危機は一二月のスミソニアン会議を経て、ひとまず収束に向かう。その結果、翌一九七二年四月に、対ドル平価の上下それぞれ二・二五パーセントという新たなトンネルのなかを、二・二五パーセントの新たな欧州変動幅が蛇行する「トンネルの中のスネイク」が発足した。しかしスミソニアン体制は安定せず、一九七三年春の大規模な通貨投機によって崩壊する。それにともなってスネイクを囲んでいたトンネルが消え、スネイクは「空中のスネイク」として再発足する。

以上に列挙した簡単な諸事実からうかがえるように、経済通貨同盟の実現に向けた欧州諸国の取組みは初発から大きな困難に直面し、曲折を経ることになった。では、国際通貨をめぐるこの危機と混乱の時期に、欧州諸国は欧州通貨と国際通貨という相互に複雑に絡み合った二つの問題にどう取り組んだのか。本章ではこの取組みに光をあてる。

第1節　国際通貨制度改革問題とフランスの通貨戦略

前章でも触れたように、一九六〇年代末に国際通貨制度改革をめぐる議論が活発化していた。そこでは、投機的国際資本移動の抑制とその手段としての為替相場制度の「柔軟化」が中心的な問題になっていた。アカデミズムの世界で始まったこの議論は、一九六九年に入ると、アメリカの国際収支赤字が急増しドル危機が深刻の度合いを増したことから、ＩＭＦ自体をもとらえることになる。この年の一月から四月にかけて、ＩＭＦの理事会内で非公式ながら為替相場制度の柔軟化について意見交換が行われている。次いで秋には、総会の了解のもとにこの問題の検討が実務レヴェルで開始される。そして翌一九七〇年一月から、問題がＩＭＦの公式の検討課題に格上げされる[1]。それと同時に、ＯＥＣＤのG10諸国でもバーゼルの国際決済銀行でも検討が始まる。

これらの国際機関とその周辺では次の三つの対応策が俎上に載せられていた。⑴固定相場制のもとでの為替変動幅の拡大。すなわち、ＩＭＦ協定（第4条「通貨の平価」）を改定し、対ドル平価（中心相場）にたいする変動幅を上下一パーセント以上に拡大すること。⑵二種類の異なる固定相場を設定し、その中間を為替相場が自由に変動する二重相場制度。⑶クローリング・ペッグ制と呼ばれる小刻みな平価調整制度。以上の三つの選択肢をめぐって、あるいはまた制度の柔軟化それ自体の是非をめぐって、主要諸国の立場は分かれた。

クローリング・ペッグ制に傾いていたアメリカとともに、為替制度の柔軟化にもっとも積極的だったのはドイツである。一九七〇年三月四日、ＩＭＦ理事会内の共同体六カ国代表者会議で、ドイツ代表のシュライミンガーは本国の訓令にもとづいて自国の立場を説明している。それによると、為替変動幅の二～三パーセントまでの拡大についてはＩＭＦへの報告を条件に自動的に認める、また、クローリング・ペッグ制も変動幅が年率で三～五パーセントまでであれば容認する、というのがドイツの立場であった。なお、シュライミンガーは、クローリング・ペッグ制は共同体にとっても利点があると言う。なぜなら、「アメリカ合衆国のインフレ率が欧州諸国の平均率を超えた場合には、欧州諸国が協調して、アメリカ合衆国にたいして年々〔為替平価を〕調整できるようになる(2)」からである。あるいは、ブンデスバンク副総裁エミンガーの言葉で言い換えれば、「自国通貨の対ドル平価の固定を主張しつづけるかぎり、六カ国はいわばアメリカ合衆国に従属し、この国のインフレに追随せざるを得ない(3)」からである。

この説明からは、ドイツがすでに欧州諸国通貨の対ドル共同フロートを視野に入れていたことがうかがえる。ドイツの立場はこの国に固有の事情を考えるならば納得がいく。事情の一つは、ドイツは日本、カナダとともにアメリカにたいして貿易収支の大幅な黒字を記録し、マルクが常に切上げ圧力をうけていたことである。もう一つの事情は、ドイツは経済的自由主義の原則に忠実で、行政的手段による国際資本移動規制を一貫して拒否していたことである。

とはいえ、ドイツでも合意形成が十分進んでいたわけではなかった。ブンデスバンク総裁カール・クラーゼンは、一九七〇年五月一一日の中央銀行総裁委員会で、為替相場制度の柔軟化やＩＭＦ協定の改定には否定的である旨の発言をしている。ＩＭＦやＧ10におけるドイツ代表の発言との食い違いを指摘されると、クラーゼンは「ドイツでは論争が依然としてつづいており、未だ調整は終わっていない(4)」と述べている。

これにたいして、対米経常収支が赤字を記録していたフランス、ベルギーおよびオランダは為替相場制度の柔軟化に慎重な立場をとっていた。三国のうちベルギーとオランダは、かりに変動幅の拡大を認めるにしても、それは個別に、条件付で、かつ一時的なものにかぎるべきだと主張していた。しかし、残るフランスだけは現状維持の立場を崩していなかった。財務大臣ジスカールデスタンとフランス銀行総裁ヴォルムセルは一九七〇年五月初頭にワシントンでアメリカの当局者たちと会談しているが、そこで二人が展開した主張は次のようなものであった。国際収支の不均衡はアメリカとドイツ、日本、カナダのあいだに存在するのであるから、その調整はこれら大国のあいだで行えばよいことである。それに、ＩＭＦ協定を改定しても問題は解決しない。というのは、「多数の国が〔改定〕協定に調印しても、それが最大の国〔アメリカ〕に適用されなければ、国際収支の不均衡は当事国間で修正されないことになる」からである。つまり、アメリカが自らの国際収支の均衡に責任を負おうとしないかぎり、あるいはドルの金平価を切り下げないかぎり、問題は解決しないというのである。フランスはいわば「小国」の側に立って問題をとらえていたのである。[5]

一九七〇年の夏になると、アメリカはますますクローリング・ペッグ制導入に執着し、ＩＭＦ協定の改定に向けて他の諸国への働きかけを強める。共同体諸国のなかではドイツとイタリアがアメリカに同調する構えを見せたのにたいして、フランス、ベルギー、オランダの三国は抵抗姿勢を維持していた。[6]この問題への対応をめぐって六カ国は完全に分裂したのである。

ドイツと真っ向から対立することになったフランスは、このときまでに、現状維持という自らの主張を「ドクトリン」と呼ぶにふさわしいまでに強固なものにしていた。当時作成された国庫局とフランス銀行外事局の覚書類によると、フランスが現状維持を主張したのはそれぞれ性格の異なる三つの理由によるものであった。第一は技術的ないしは理論的な理由で、為替制度の柔軟化は基礎的不均衡の是正につながらず、問題の解決にはならないというものである。[7]第二は、為替制度の柔軟化は共同市場なかでも共通農業政策の機能を危うくし、フランスの国益を損なう、という現実主義的な理由である。第三は、一介の国民通貨にすぎないドルが基軸通貨特権を享受しつづけるのを容認することになる、という政治的理由である。一九七〇年七月一八日付のフランス銀行外事局の覚書にはこう記されている――「真の問題は為替平価の決定方法の改革にあるのではない。問題は、あたかも世界全体が米ドルの平価を決して問題視しないことで合意しているかのように想定し、ドルの果たす本位機能を固定化してしまうことにある」[8]。とはいえ、このような原則的立場を貫きながらも、他の共同体諸国とは折り合いをつけなければならない。ではどうすればよいのか。国庫局が行きついた「唯一の解決策」は、対ドル変動幅を二～三パーセントまで拡大することを認めるというものである。上限が二～三パーセントとされているのは、ドイツの主張するように四～五パーセントにまで拡大した場合には、共同体の内部に「耐えがたい緊張」[9]が生じるからである。

しかしその後、国際通貨関係が小康状態を維持したために、フランスがこのような行動に出ることはなかった。一方、IMFや他の国際機関においても為替相場制度の柔軟化の動きは沈静化した。事態が動くのは翌一九七一年五月以降のことである。

第2節　スミソニアン協定への道――フランスの戦略の勝利か

1　マルク、ギルダー、ドルの固定相場制離脱とフランスの対応

一九七一年五月一〇日、ドイツとオランダに大量の投機資金が流入し、マルクとギルダーが固定相場制を離れた。それに先立つ五月六日、ドイツの要請で通貨委員会が招集され、危機への対応をめぐって事前協議が行われた。ドイツによる状況判断は、資本移動の管理、もしくは変動幅を限定した一時的なフロートのいずれかを選択することにより、危機に対処せざるを得ないというものであった。通貨委員会は、協議の結果、ドイツにたいして資本移動規制で対処するよう勧告した[10]。

次いで五月八～九日、今度は欧州閣僚理事会で事前協議が行われている。ドイツの経済大臣シラーは変動相場制の

「古くからの信奉者」[11]として知られていた。しかもＩＭＦでは、フランス出身の専務理事ピエール＝ポール・シュヴェッツェルが多数派の圧力に屈して変動幅の拡大を理事会に提案したばかりであった。したがって欧州閣僚理事会では、シラーが、欧州諸国が一体となって変動相場制に移行することを提案してくると予想される。フランスの国庫局はこうした情勢分析にもとづいて、最終的にはドイツに一時的なフロートを認めざるを得ないとの判断を財務大臣ジスカールデスタンに伝えていた[12]。

事は国庫局の想定どおりに運んだ。欧州閣僚理事会では、シラーは「共同フロート」（flottement en commun）ないしは「協調フロート」（flottement concerté）に移行することを主張する一方で、ブンデスバンクが他の域内諸国に金融支援を行うという条件を提示した。これにたいしてオランダを除く他の四カ国の代表たち、なかでもジスカールデスタンは、資本移動規制を行うことによってあくまでも固定相場制にとどまるようドイツに強くもとめた[13]。双方の主張が平行線をたどったことから、欧州閣僚理事会は「一時的」という条件付でマルクとギルダーをフロートさせることに「理解」[14]を示した。

こうしてマルクとギルダーは固定相場制を離れることになったが、それとともに二つの通貨は旧平価にたいしてそれぞれ四〜五パーセント、二パーセント増価し、その後ほぼその水準で落ち着いた。このため共同体内に大きな混乱は生じなかった。

とはいえフランスは問題を放置できなかった。一九七一年六月二九日、ラールの後任の国庫局長クロード・ピエールブロソレットが新たな状況を分析し、フランスがとるべき政策の選択肢を覚書[15]にまとめている。

それによると、現状が長引けば深刻な問題が生じる。まずドイツとオランダ（それに前年から固定相場制を離れていたカナダ）に追随する国が増えるであろう。たとえば、フランス以外で固定相場制に執着していると見られるのは日本だけであるが、この日本も数カ月以来態度が不鮮明である。やがてＩＭＦ協定にたいする信頼が崩れ、結果としてドルを利することになる。ドルはこれまでどおり「システムの唯一の固定的要素」、「国際取引の計算と決済の単位」としてとどまることになる。しかも、アメリカが積極的なドル安定策を講じようとしないだけに、国際通貨関係はいっそう不安定になる。一方、統合欧州の建設なかでも共通農業政策の継続は困難になり、最終的に破綻することになろう。

かくてピエールブロソレットは、マルクを早急に固定相場制に復帰させる必要があると言う。とはいえ、ドイツ政府が何の見返りもなしに固定相場制に復帰することは考えにくい。フランスが譲歩し、ドイツが「名誉ある撤退」を行えるようにするのが得策である。それには二つの方策が考えられる。一つは、変動幅の「軽微な拡大」である。ただしフランスが応じられる変動幅の拡大は一・五〜二パーセントにすぎず、この程度の小幅な拡大ではドイツを通貨投機から守れない。もう一つの方法は、例外的状況にかぎって、一時的に（最長で三〜六カ月）固定相場制からの離脱を認めることである。ピエールブロソレットはこの第二の方法が「もっとも現実的」であると言う[16]。

七月五〜六日にボンで行われた仏独首脳会議では、ピエールブロソレット提案の線で仏独の妥協が模索された。ポンピドゥーは、フランスが変動幅の拡大に応じる代わりにドイツがマルクの切上げと資本移動規制に応じるようもとめ、ブラントはこの提案を検討することを約束した。一方、通貨委員会と中央銀行総裁委員会でも妥協に向けた流れが生まれつつあった。ブンデスバンク総裁クラーゼンが、他の域内諸国からの要求に応え、変動幅の拡大と引換えにマルクを固定相場制に戻すことと、ドイツへの資本流入を阻止すべく実効性のある資本移動管理措置をとることに理解を示したからである。ただし、こうしたドイツの首相と中央銀行総裁の柔軟姿勢とは対照的に、経済大臣シラーは固定相場制への復帰に慎重な姿勢を崩そうとしなかった[17]。

しかし、妥協に向けた動きが具体的成果を生む前に、「ニクソン・ショック」によって状況は一変する。八月一五日にアメリカが金／ドル交換性の停止と一〇パーセントの輸入課徴金の導入を決めた。通貨委員会の年次報告書の言葉を借りれば、これによって問題は「ＩＭＦの枠内における変動幅の拡大」から「国際通貨制度の構造そのものの再検討[18]」へと転換する。この緊急事態にたいして、共同体諸国は共同行動をとるべく通貨委員会と欧州閣僚理事会において対応策を協議した。検討の組上には①シラー提案に沿った共同フロートと②フランスが採用することになる二重為替制度の二つが載せられたが、合意にはいたらなかった[19]。

かくて六カ国は個別に対応することになった。ベネルクス三国は相互間の為替変動幅を平価の上下一・五パーセント以内に制限し、それ以外の国にたいしては自国通貨をフロートさせることにした。イタリアは従来の変動幅を維持するものの、状況に応じてリラ相場がこの法定変動幅を超えることを認めることにした。これにたいしてドイツは自国の資本市場の機能を維持する必要からフロートの継続を決めた。

問題はフランスである。この国は為替管理の強化に加えて、ベネルクスとは異なるタイプの二重為替制度を導入することにより、事態に対処することを決めた。これによってフランスの外国為替市場は二つの市場に分裂することになる。一つは、商品およびサーヴィスの取引が平価で決済される「公設市場」（marché officiel）ないしは「商業フラン市場」（marché du franc commercial）であり、もう一つはその他の取引が変動相場で決済される「金融フラン市場」（marché du franc financier）である。国庫局内で作成された文書類によると、フランスが技術面に難点のある二重為替制度をあえて選択したのは次の三つの課題に応えるためであった。⑴共同市場、なかでも農業共同市場を防衛する。⑵事実上の「マルク圏」を意味する共同変動相場制を回避する。⑶「公設市場」を設けることによって、固定相場制をあくまでも維持する姿勢を世界に向けて示しつづける[20]。したがって国庫局も認めているように、フランスが採用したのは「完璧に保守的な性格[21]」の措置であった。

フランスは以後、欧州諸国の結束を図ることによってアメリカへの圧力を強め、二つの目標に向かって行動することになる。目標の一つはドルを固定相場制に復帰させることであり、もう一つはドルから基軸通貨特権を剥奪し、一国民通貨に戻すことである。

2　一九七一年九月一三日の欧州閣僚理事会ブリュッセル会議

ベネルクスとの個別協議

欧州諸国にたいするフランスの働きかけは、一九七一年九月一三日に開催が予定されていた欧州閣僚理事会に照準を合わせて進められた。フランス政府は八月末から九月にかけて、共同体の専門委員会における討議と併行して、ドイツ、イギリス、ベネルクス三国とのあいだで個別協議を行っている[22]。

個別協議では、固定相場制への復帰を主張するフランスと、対ドル共同フロートを第一の選択肢とみる他の諸国のあいだで意見が分かれた。なかでもベネルクスとの実務者協議は、それが欧州閣僚理事会直前の九月一〇日に行われており、しかもベネルクスがフランスとドイツの中間に位置し、共同体内でキャスティングボートを握る立場にあっただけに、とくに重要な意味をもっていた。この協議の場で、国庫局長ピエールブロソレットはベネルクス代表団にたいして、フランスの主張が次の六項目にあることを確認している。(1)固定相場制の維持。(2)主要諸国通貨の交換性維持。(3)ドルからの基軸通貨特権の剥奪。(4)ドル・バランスの一部コンソル化。(5)経常収支と資本移動の区別。(6)資本移動の実質的管理。ピエールブロソレットはまた、フランス政府は「為替の柔軟化」と「フランの切上げ」に関連するものは何であれ反対すると言明している。

これにたいしてベネルクス代表団は、共同フロートが「もっとも共同体的な道」（la voie la plus communautaire）であると主張し、三国が八月に採用した制度に執着する姿勢をみせた。しかしピエールブロソレットは、「ベネルクス・プランは対ドル変動相場制を意味しており、アメリカ合衆国を利する」としてこれを拒否した。このように、双方の立場の違いはこの協議においても変わらなかった。とはいえ、オランダ代表は協議の終わりに、①ドルの切下げを含む各国平価の調整、②ドルからの基軸通貨特権の剥奪、とくに準備手段としてのＳＤＲのドルへの代替、③為替変動幅の拡大、④為替準備に関する政策協調、の四項目については他の諸国の賛同が得られるであろう、との見通しを述べている[23]。

以上のベネルクスとのやりとりからは、固定相場制への復帰とドルからの特権剥奪をもとめるフランスの姿勢がきわめて強いものであったことと、六カ国間の調整が固定相場制への復帰と為替変動幅の拡大の二項目を軸に進んでいたことがうかがえる。

欧州閣僚理事会ブリュッセル会議

欧州閣僚理事会は予定どおり九月一三日にブリュッセルで開かれた。この会議で六カ国は以下の五項目で合意し、共同体が陥っていた分裂状態にひとまず終止符が打たれた。

(1) 国際通貨制度の改革は固定相場制の原則を尊重するものでなければならない……。国際決済関係における満足のいく均衡は、工業諸国の平価関係の、国ごとに異なる再調整に（réalignement différencié）よってはじめて実現する。こうした再調整は、ドルを含むすべての関係諸国の通貨を網羅するものでなければならない。

(2) 〔国際資本移動にたいする諸措置のなかには〕金利格差を相殺するための為替変動幅の限定的拡大が含まれる……。

(3) 国際流動性は、従来どおり金、および共同で創造され国際的に管理される準備手段から構成される。それはＳＤＲ制度の適応・発展と、それと連動した準備手段としての国民通貨の漸進的な縮小を意味する。

(4) 新たな国際収支均衡は、すべての国家ないしは国家連合が国際収支調整過程における義務ならびに制約を尊重し、適切な国内政策を実施することによってはじめて維持される。

(5)　……ＩＭＦの権威とそれがなし得る活動は、その権限が及ぶすべての領域で強化されねばならず、共同体加盟諸国はこの機関の内部で共同歩調をとらねばならない。[24]（傍点は引用者）

以上の五項目に含まれている固定相場制の尊重、ドル平価の再調整（ドルの切下げ）、為替変動幅の限定的拡大、金の役割の再確認、ドルからの基軸通貨特権の剥奪、という一連の合意事項は、ドイツの大幅な譲歩を意味している。実際、フランスの首相府内で首相シャバンデルマスのために作成された九月一四日付覚書[25]にも、この合意は、「これまでドイツが主張してきた諸原則から外れる一連の考え方をドイツ代表団が受け入れた」ことによって実現した、と記されている。それは、裏を返せば、フランスの主張が基本的にとおったことを意味する。同じ覚書は次の言葉で結ばれている。「要するに、討議をつうじて、専門委員会における議論のなかで示された方向性の大半が追認された。討議をつうじて欧州委員会の提案の本質的部分が受け入れられた。またそれによって、経済通貨同盟に関する一九七一年三月二二日の決議にしたがい、国際通貨機関〔ＩＭＦ〕にたいする共同体としての姿勢が明確にされた。その姿勢は本質的にわが国の考えに沿ったものである……[26]」。（傍点は引用者）

では、なぜドイツは譲歩したのか。一般的に言えば、孤立する場面が多かったからである。なかでも象徴的なのは合意事項(1)に関する討議である。[27]ここでは「工業諸国の平価関係の再調整」の対象にドルを含めるか否かが焦点になったが、ドルを含めることに抵抗したのはドイツのシラーだけであった。また、ドルを含めることの意味が「ドルの金価格の変更」であることも会議の場で確認された。「平価関係の再調整」の取扱いでも同様の場面がみられた。この問題については、ジスカールデスタンが「平価の再調整については、関係諸国の基礎収支の動向を考慮に入れて格差を設けることが考えられます」と述べた。彼によると、アメリカにたいして最大の貿易黒字を記録しているのはカナダ、日本、ドイツの三カ国であり、反対にベネルクスとフランスはアメリカにたいして赤字を記録しているからである。つまり、平価の再調整は基本的に三大黒字国とアメリカのあいだで行われるべき問題であると暗に主張したのである。このジスカールデスタン発言にはオランダも同調した。このためシラーも、結局、「すべての国がこの再調整に参加すべきであり、諸国通貨間には現実的な平価が設定されねばなりません」（傍点は引用者）と応じることになった。欧州閣僚理事会声明に「平価関係の国ごとに異なる再調整」（傍点は引用者）という表現が挿入されたのはこのためである。

ドイツが譲歩した理由としては他に三つのことが考えられる。第一はベネルクスの姿勢である。欧州閣僚理事会の席上、シラーが変動相場制を称賛したのにたいして、オランダとルクセンブルグの代表は現状に憂慮を表明した。変動相場のもとで進んだベネルクス諸国通貨の増価は、「ベネルクス経済の国際貿易依存度がきわめて高い」だけに「深刻な景気後退の危険[28]」をはらんでいる、というのがその理由であった。ベネルクスは、先にフランスとの個別協議の場で示したベネルクス・プランに確信をもっていたわけではなかったのである。

第二は欧州委員会の果たした役割である。同じ閣僚理事会では、欧州委員会副委員長バールが共同市場を防衛するために固定相場制を維持すべきであると強く主張した。さらに、オランダ出身の欧州委員会の委員で、一九七二年三月に同委員会委員長に就任することになるシック・マンスホルトも、バール以上に強い調子で、「固定された平価を欠いた解決法は共同市場の将来にとってあまりに危険が多く、短期的には農業共同市場を破壊しかねません[29]」と発言している。

第三はドイツの政権内部に生じた亀裂である。首相ブラントの本意はあくまでも固定相場制への復帰にあったし、連邦財務省も連邦経済省とは違い、固定相場制復帰論をとっていた[30]。また、ブンデスバンクも前述したように域内協調に傾いていた。これにたいして経済大臣シラーだけはマルクのフロートと自由な資本移動の維持に固執していた。

このように政権内部に亀裂が生じていたために、ブラントは八月以降もフランス大統領府と直接接触し、ポンピドゥーとの意思疎通を図っていた[31]。ドイツの通貨外交は首相と経済大臣のあいだで二元化する様相を呈していたのである。

第３節　スミソニアン協定とバーゼル協定（一九七一年一二月〜一九七二年四月）

１　仏米アゾレス首脳会議とスミソニアン協定

アメリカのニクソン政権は、ジョン・コナリーが一九七一年二月に財務長官に就任して以降、「ビナイン・ネグレクト」（われ関せず）への傾斜をいちだんと強めているかにみえた。このアメリカに、一九七一年九月一三日の欧州閣僚理事会でまとめられた六カ国の合意事項をいかにして受け入れさせるか。また、アメリカとのあいだでそれをどう具体化するか。この任務を最終的なかたちで引き受けたのはフランスである。それは、九月二七日〜一〇月一日のＩＭＦ総会と一一月三〇日〜一二月一日のＥＥＣ六カ国およびＯＥＣＤ一〇カ国財務大臣会議（ローマ）を経て、一二月一三〜一四日にポルトガル領アゾレス諸島で行われた仏米首脳会議で果たされる。

「ニクソン・ショック」の効果を見とどけたアメリカは、一一月に入ると、ドルの金価格引上げおよび輸入課徴金の廃止と引換えに、西側諸国に通貨と貿易の両面で譲歩をもとめる政策に転じた。そして、この新たな政策課題を実現するために西側諸国首脳会議を開催しようとした。しかし、「通貨領域でカギを握る[32]」フランスがアメリカによる欧州の分断を警戒し、これに否定的な反応を示したことから、交渉の場は二国間首脳会議に変更された。こうして一二月、一連の首脳会議の冒頭に仏米首脳会議が設定されたのである。仏米首脳会議の数日後にワシントンのスミソニアン博物館で一〇カ国財務大臣会議が開催され、いわゆる「スミソニアン協定」が結ばれるが、この協定の内容を実質的に決定したのは、他ならぬこの仏米首脳会議であった。会議に臨むにあたり、ポンピドゥーはとくにドイツとのあいだで入念な調整を済ませていた。一二月三～四日にはブラントがパリを訪問し、フランスとのあいだで最終調整を行っている。ちなみに、シラーはこの訪問に同行しなかった。仏米首脳会議、したがってまたスミソニアン合意に向けた仏独調整は、シラー抜きでなされたのである。

仏米首脳会議は異例なかたちで進められた。通貨をめぐる交渉がポンピドゥーとニクソン大統領の補佐官ヘンリー・キッシンジャーのあいだで行われたのである。固定相場制にもとづく国際通貨秩序の再建に意欲を示すポンピドゥーが自ら交渉にあたることを望んだために、経済が不得手なキッシンジャーが、彼以上に経済が不得手なニクソンの代役を務めることになったのである。[33] ニクソンは首脳会談の場で二人の交渉結果を確認するとともに個別の案件に政治的判断を下すことに甘んじた。一方、二人の財務担当閣僚ジスカールデスタンとコナリーも、それぞれ舞台の袖から交渉の経過を見守り、交渉当事者に助言を行うにとどまった。

通貨交渉の中心議題は、①ドルの金価格引上げと多国間平価調整、②為替変動幅の変更、③通貨の交換性、の三項目であった。

第一の金価格の引上げと平価調整については、最初にキッシンジャーがドルの対フラン九～一〇パーセント切下げを受け入れるようフランスにもとめた。これにたいしてポンピドゥーは、問題はドゴール政権時代にフランスが主張していたような意味での「金平価の引上げ」ではなく「金にたいするドルの切下げ」であるとしたうえで、[34] フランス経済への影響を考慮してドルの切下げ幅を「控えめな」水準に抑えるようもとめた。また彼は、平価の再調整は基本的にマルク、円、カナダ・ドルのあいだでなされるべき性格のものであるとも主張している。

二日にわたる交渉では、欧州諸国の国内事情や各国首脳たちの意向についても意見交換したのちに、[35] 次の二点で合意が成立した。第一に、純金一オンスが三五ドルだった金価格を三八ドルに引き上げる。これによってドルは七・九パーセント切り下げられる。第二に、マルクはフランにたいして六パーセント切り上げられるが、フラン、リラ、ポンドの平価については現行水準を維持する。ポンピドゥーはパリを出発する直前に、首脳会談では「欧州の名においてではなく、欧州語で話すことになる[36]」と予告していたが、彼はまさにこの言葉のとおり行動したのである。

第二の為替変動幅の変更については、仏米の首脳はそれぞれ自国の議会や選挙という内政上の理由から新たな変動幅をめぐって意見が分かれた。まずアメリカが、対ドル中心相場の上下それぞれ一パーセントだった変動幅を三パーセントに拡大することを提案した。これにたいしてポンピドゥーは、従来のフランスの立場を変更して変動幅の拡大に同意したものの、「可能なかぎり狭い変動幅」に、すなわち最大でも二パーセントにとどめるようもとめた。彼はその根拠として次のような事情をあげた。共同体の域内における変動幅を狭く設定することにしているので、世界の変動幅が広がり過ぎると域内諸国の通貨は最強の通貨（マルク）に引き寄せられて増価し、それらの諸国の輸出と経済に深刻な影響が出る。ポンピドゥーは自らの説明をこう総括している――「〔アメリカの提案にしたがうなら〕われわれはドル本位制をマルク本位制に取り替えることになってしまいます。それは受け入れられません[37]」と。

この為替変動幅の変更問題も、二日間の交渉ののち、両首脳の政治判断で対ドル中心相場の上下それぞれ二・二五パーセントとすることで合意が成立した。

第三の通貨の交換性をめぐる交渉は不調に終わった。この問題については、フランスは一九六五年二月のシャルル・ドゴールの記者会見以来、金／ドル交換性を現実に保障するようアメリカにもとめるとともに、金と交換可能な追加的準備を創出する方向での国際通貨制度改革を提唱してきた。しかし、ポンピドゥーは会談でこの要求を大きく後退させた。彼は金／ドル交換性の回復が当面問題になり得ないことを認め、代わりに「通貨間の交換性」（la convertibilité de monnaie à monnaie）、すなわち固定相場を維持するための実際上の保障をもとめた。彼がそうした保障としてあげたのは、①資本移動の管理、②ドル・バランスのコンソル化、③ドルの防衛（為替市場介入）、の三つである。ポンピドゥーはニクソンにこう語っている――「為替相場全般について取決めをしても、交換性〔回復〕に向かうことを明言し、交換性〔回復〕が最終的目標であることを示すための約束や決定がなされぬかぎり、そうした取決めは信用されません」[38]と。しかし、ポンピドゥーによる説得はキッシンジャーにたいしては効果があったものの、財務長官コナリーによって固められたアメリカ政府の姿勢を変えることはできなかった。ニクソンは、交換性については「後日の交渉に委ねる」[39]と述べ、この問題に立ち入ることを拒んだ。アメリカは合意の範囲を当面の課題、すなわちキッシンジャーの言葉を借りれば「中間段階に関する諸原則」[40]にとどめ、将来の制度についてはフリーハンドを保持しようとしたのである。

仏米首脳は最終日の一二月一四日に、ドルの金平価切下げ、各国平価の再調整、為替変動幅の拡大を内容とする協定[41]に調印したが、この協定はスミソニアン協定を先取りするものだったために、極秘扱いとされた。

仏米首脳会議では、アメリカがドルの金平価切下げという長年にわたるフランスの要求に応じ、また固定相場制への復帰も受け入れた。このため、フランスやアメリカの新聞には首脳会議の結果を「フランスの勝利」と評するものもあった。しかし問題はそう単純ではなかった。フランスは、その見返りにアメリカによる金／ドル交換性の停止に理解をあたえたし、為替変動幅の拡大にも応じた。そのうえ、アメリカとの通商交渉の再開にも応じざるを得なくなった。しかし何よりも問題だったのは、アメリカから固定相場制維持の確約が得られなかったことである。ドルは相変わらず減価をつづける恐れがあり、アメリカ以外の諸国は減価したドルを溜め込むか、あるいは自国通貨を切り上げるか、のいずれかを選択せざるを得ない状況におかれたままであった。ポンピドゥー自身もそのことを承知していた。首脳会議の直後に、彼は大統領府官房長のミシェル・ジョベールにこう語っている――「新聞があまり勝利と書き立てないようにさせて下さい。見た目はそうでも、実態はほとんど何も変わらなかったのです」[42]と。

一二月一八日にスミソニアン協定が結ばれたが、それは一二月一四日の仏米合意をほぼそっくりなぞるものであった[43]。実際、協定によってフランとポンドの金平価は現状のままとされ、ドルの金平価は七・八九パーセント、リラとクローネの金平価は一パーセント、それぞれ切り下げられた。また、新たな対ドル中心相場は、マルクが一三・五八パーセント、ベネルクス諸国通貨が一一・五七パーセント、フランは七・八四パーセント、リラは七・八四パーセント、それぞれ切り上げられた。一方、為替変動幅は対ドル中心相場の上下二・二五パーセントに拡大された。

しかし年が明けると、ポンピドゥーの不安は早くも現実のものとなった。一月二七日のニクソン大統領の年頭教書に付された報告のなかで、補佐官たちは為替制度の柔軟性をさらに高める可能性に言及していた。一方、アメリカ財務省は、アメリカ系多国籍銀行の海外子会社にたいして課した利益の本国送金の期限を、一九七一年一二月三一日から翌一九七二年二月二九日に延期する決定をした。これは国際収支の改善にたいするアメリカ政府の取組みの甘さを印象づけるものであった。ポンピドゥーは二月初めにニクソンに書簡を送り、この二つの事実がアゾレス首脳会談での合意内容に抵触するとし、善処をもとめた[44]。これにたいしてニクソンは、国際通貨制度の安定と新たに設定された為替相場の防衛という「基本目標は依然としてわが国の国内政策の基礎であります[45]」と、一般的な回答をしただけだった。

2　バーゼル協定（一九七二年四月一〇日）――「トンネルの中のスネイク」の発足

スミソニアン協定によって固定相場制が復活し、新たな対ドル変動幅が設定されたことから、欧州諸国は一九七一年五月以来中断していたスネイクの実現に向けた取組みを再開する。国際通貨制度に生じた二つの変更点、すなわち金／ドル交換性の停止と新たな対ドル変動幅の設定を、スネイクの仕組みにいかに反映させるか。これが取組みの内容であり、その任にあたったのは中央銀行総裁委員会であった。

中央銀行総裁委員会は一九七二年の一月から三月にかけて、フランス銀行次席副総裁マルセル・テロンを委員長とする小委員会の検討結果にもとづいて、スネイクを構成する次の三つの要素の内容を詰めていった。(1)欧州諸国通貨間に適用される最大変動幅（欧州変動幅）。(2)この変動幅を維持するために実施される為替介入の方式。(3)この介入を金融面から支えるための信用制度。なお、中央銀行総裁委員会の会合には、同年四月から共同体への加盟が予定されていたイギリスからイングランド銀行総裁レズリー・オブライエンが招かれていた。

中央銀行総裁委員会がもっとも多くの時間を割いたのは第一の欧州変動幅の選択である。スミソニアン協定によってＩＭＦ加盟諸国に対ドル中心相場の上下それぞれ二・二五パーセントの変動幅が適用されたことから、欧州の通貨間の最大変動幅は四・五パーセントに広がっていた。この四・五パーセントの変動幅をどの程度狭めるべきか。問題はここにあった。総裁たちはさまざまな変動幅水準の利点と難点を考量したうえで、二・二五パーセントを選択した。この水準であれば次の一連の条件を同時に満たせると判断したからである。共同市場なかでも共通農業政策をぎりぎり防衛できる。最大乖離幅の実勢（三パーセント）に比較的近いために、この変動幅を採用しても各国は自律的な通貨政策を実施できるし、通貨支援が必要になる事態も考えなくてすむ。欧州諸国通貨の対ドル変動幅と欧州諸国通貨間の変動幅が同一（二・二五パーセント）になることから、欧州通貨の保有者はドルの保有者と同等に位置づけられる。ドルとの差別化が鮮明になり、共同体の「個体性」を明確にできる。欧州通貨を介入通貨として用いることによって、金との交換性を停止したドルへの依存を減らせる(46)。

ところで、欧州の通貨相互間に最大変動幅を設定するには、あらかじめそれら通貨のあいだに平価（中心相場）が設定されていなければならない。この平価については、共同体内で用いられている金で定義された「欧州通貨計算単位」（unité de compte monétaire européenne）を使って二つの通貨間ごとに設定されることになった。この平価設定方式は「パリティー・グリッド」とよばれるが、それはこの方式で設定された平価を一覧表にすると格子状の表になるからである。

スネイクの第二の構成要素である介入方式については、次の方式を採用することで容易に合意が成立した。欧州変動幅を維持するために行われる為替介入は二つのタイプからなる。一つは、二つの通貨が乖離限度に達した際に、二つの通貨国の一方（強い通貨国）の中央銀行が上方から、また他方（弱い通貨国）の中央銀行が下方から同時に行う介入である。この双務的介入は即時かつ義務的に実施され、介入には欧州諸国の通貨を用いる。もう一つのタイプは変動幅内で実施される介入である。この場合には欧州の通貨もしくはドルを介入通貨として用いる。ただし、変動幅内介入は相手国の国内政策に影響を及ぼすので、関係する通貨国の中央銀行間で専用回線を使った電話による事前協議を行うものとする。

二つのタイプの介入のうち最初の段階で実施されたのはもっぱら双務的介入である。それは「パリティー・グリッド方式」と呼ばれ、弱い通貨国フランスと強い通貨国ドイツを例にとれば、次のようなかたちで行われる。フランクフルト市場でマルクの対フラン相場が二・二五パーセントの乖離限度に達すると同時に、ブンデスバンクがマルクでフランを買い支える。パリ市場でも同様のことが行われる。すなわち、フランの対マルク相場が乖離限度に達すると、フランス銀行がブンデスバンクから後述する超短期信用を利用してマルクを借り、フランを買い支える。こうして二つの通貨の乖離幅は限度内に戻される。マルクを借りたフランスは、返済期限までに外貨を取り崩してマルクを買い、ドイツに返済する。図３－１はフランとマルクを例に、介入の仕組みを概念図に示したものである。図の上段はフランを縦軸にとってマルクの対フラン相場の変動を、下段はポンドをニュメレール[47]（参照通貨）にとってフランとマルクの対ポンド相場の変動を示している。二つの通貨はt_1、t_2、t_4の三つの時点で限度にたっしており、t_1、t_2ではブンデスバンクとフランス銀行がそれぞれ上方と下方から、またt_4では逆にブンデスバンクとフランス銀行がそれぞれ下方と上方から、介入して変動幅を限度内に戻したことを示している。

図3-1　スネイクの概念図 (1) ――パリティー・グリッド方式――

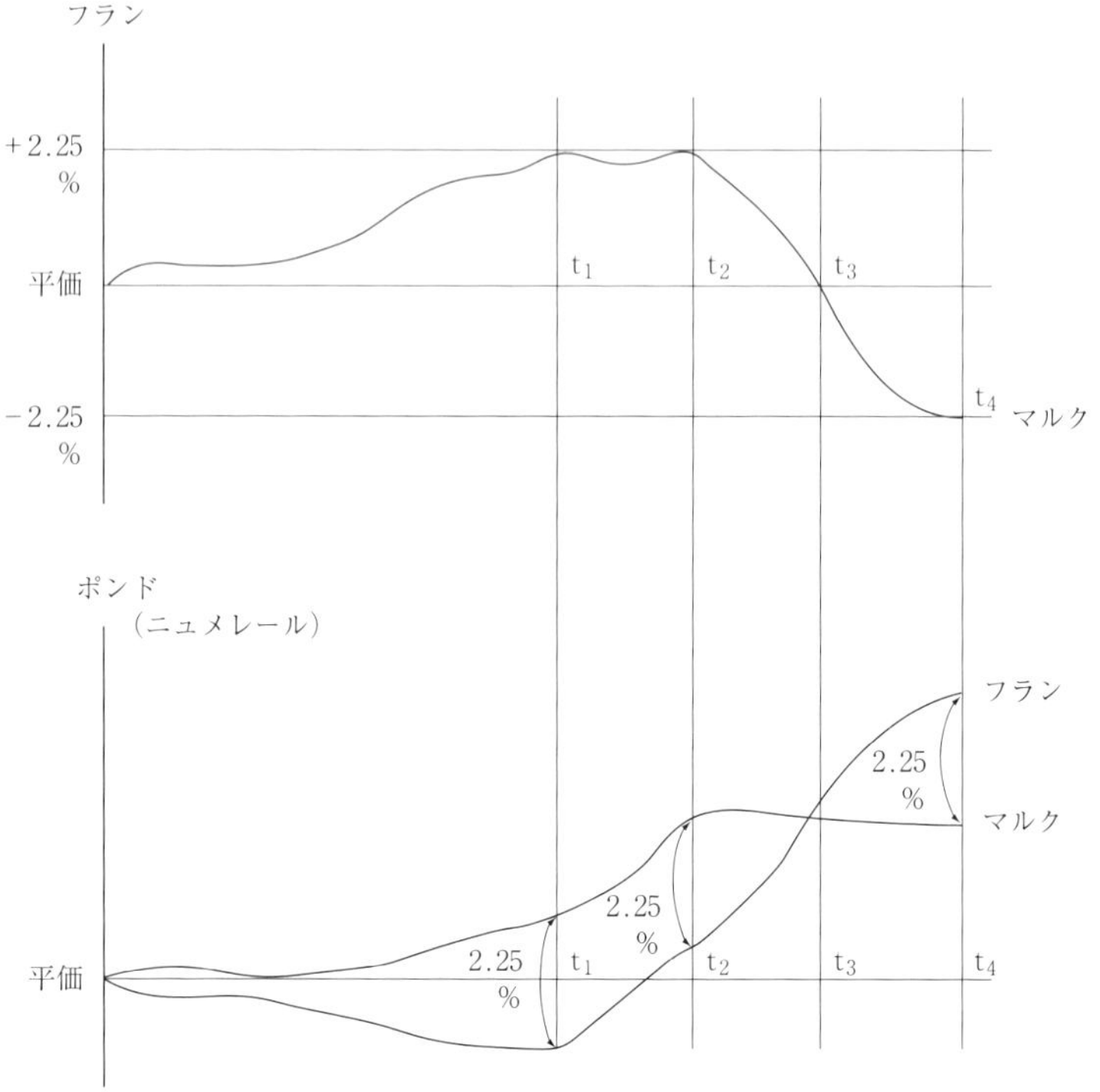

(出所)　AN, 5AG3/921-922. Pascal Salin (Université de Paris IX-Dauphin), «Le «nouveau» système monétaire européen 1978» (article manuscrit). ただし、図には筆者の手で若干の修正が加えられている。

ところでアンショー報告では、スネイクの最初の段階ではドルを使って介入するとされていた。では、なぜ介入通貨が欧州の通貨に変更されたのか。それは二つの理由によるものであった。一つは技術的な理由で、ドルで介入した場合には金との交換性が保障されなくなったドルを欧州諸国が溜め込む恐れがあることである。もう一つは政治的理由で、欧州の通貨制度のドルにたいする独立性を示すためである(48)。

スネイクの第三の構成要素は、以上のような双務的介入を支援するための信用制度である。それは超短期信用と短期信用から構成される。超短期信用は相手国の中央銀行によって即時、かつ無制限に

図3-2　スネイクの概念図（2）――トンネルの中のスネイクと空中のスネイク――

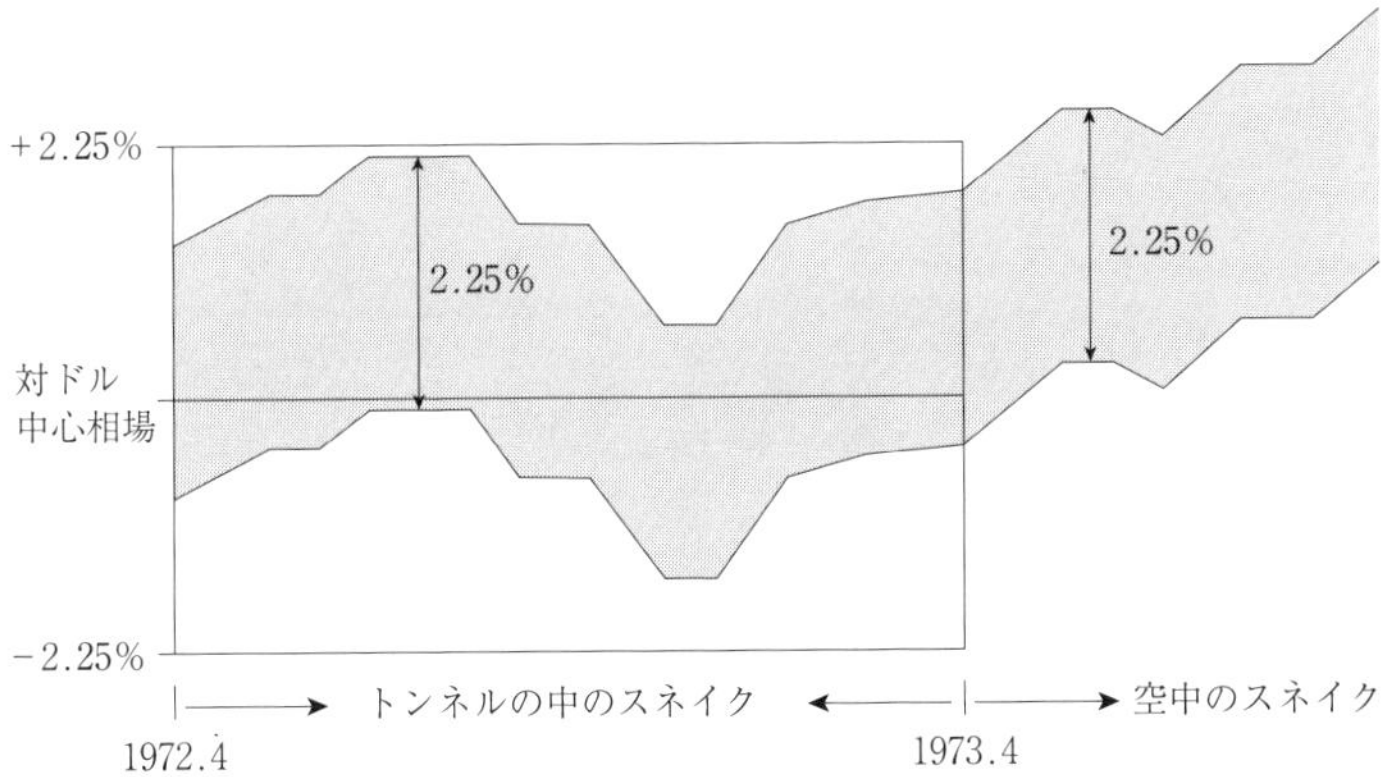

供与され、その返済は介入が行われた月の月末から起算して三〇日以内に行われる。一方、介入から生じた各国の通貨残高は金、SDR、IMF準備残高（出資金）、ドルもしくはその他の通貨で清算され、それぞれによる清算額の比率は、清算が行われる前月の月末に債務国が保有していた為替準備の構成比率に対応させるものとする。超短期信用の返済にこのような原則が導入されたのは、欧州諸国の為替準備構成の調和を維持するためであった[49]。なお、超短期信用は当事国間の合意によって三カ月延長できる。また、信用の期限内返済が国際収支上の事情から困難な場合には、この信用を短期信用に転換することができる。短期信用についてはすでに前章で触れているので、ここでは立ち入らない。

以上のような中央銀行総裁委員会によってまとめられた成案は三月六～七日の欧州閣僚理事会に報告され、同理事会の了承を得たあと、四月一〇日の同委員会において最終的に確定する。これがいわゆる「バーゼル協定[50]」、別名「スネイク協定」である。

こうして四月二四日に、六カ国が参加したスネイクすなわち「トンネルの中のスネイク」（un serpent dans le tunnel）が発足し、経済通貨同盟の第一段階が実質的に始動する（図3-2を参照）。次いで五月一日に、共同体への加盟を果たしたイギリス、アイルランド、デンマークの三国がスネイクに参加し、スネイク参加国は共同体加盟九カ国のすべてに拡大する。さらにその後、二つの準加盟国スウェーデンとノルウェーもこの制度に加わる。

3　難航したＦＥＣＯＭの創設

アンショー報告によると、スネイクはＦＥＣＯＭ（欧州通貨協力基金）によって安定した機能が保障されることになっていた。一九七二年三月二一日、欧州閣僚理事会は通貨委員会と中央銀行総裁委員会にたいして、ＦＥＣＯＭの創設に向けた具体的な検討に入るよう指示した[51]。

この指示にしたがい、通貨委員会と中央銀行総裁委員会はメルタンス＝ドゥ＝ヴィルマルスを委員長とする合同の作業委員会を発足させ、本格的な検討を開始した。しかし六カ国は、ＦＥＣＯＭの権限を漸進的に拡大していくことでは意見が一致したものの、その具体的な道筋については意見が分かれた。

なかでも積極論を展開したのはイタリアである。ＦＥＣＯＭは最初からアメリカの連邦準備制度に似た「金融面で固有の責任を有する機関[52]」とし、各国の為替準備の一部をこの機関に移す。そしてこの機関を介して、市場介入から生じる中央銀行間の双務的な資金の貸借および清算の「多角化」（multilatéralisation）を実現する。これがイタリアの主張であった。なお、ここで言う「多角化」とは、中央銀行間の双務的貸借をＦＥＣＯＭにたいする貸借に振り替えることによって個々の中央銀行の債権と債務を自動的に相殺することと、決済期限のきた中央銀行の債務を当該中央銀行からＦＥＣＯＭに移譲された為替準備によって清算することを意味している[53]。

イタリアは一方で、域内通貨支援制度の拡充（信用の増額、返済期限の延長）も主張していた。このためイタリアの提案にはドイツとオランダが強い異論を唱えた。両国によると、ＦＥＣＯＭをめぐる問題の本質はＦＥＣＯＭを「参加諸国に追加的資金を散布するための機関」とするか否かにあるが、「経済政策の協調が進まないかぎり」そのような機関とすべきではない。とくにオランダの姿勢は固く、同国の代表は基金の創設それ自体を疑問視する発言されしている[54]。これにたいしてフランスをはじめとする他の諸国は、為替準備の共同管理は時期尚早としつつも域内信用制度の改革には前向きであり、イタリアとドイツ、オランダのいわば中間の立場に立っていた。

九月一一～一二日にローマで欧州閣僚理事会が開かれた。この理事会で、中央銀行総裁委員会委員長ヴォルムセルと通貨委員会委員長エミンガーがそれぞれの委員会を代表してＦＥＣＯＭについての検討状況を報告している。二人によると、六カ国で合意が成立したのはＦＥＣＯＭに付与すべき任務だけで、制度および域内信用問題については各国の意見は分かれたままであった。任務とは、①介入および信用利用に関する情報の集中管理と情報提供をつうじて中央銀行間協調を確かなものにすること、②中央銀行総裁委員会の指揮・監督のもとでの超短期および短期の信用制度の運営、③欧州通貨による介入から生じる資金貸借残高の多角的清算、④この多角的清算における欧州計算単位の利用、の四つである[55]。

ローマ会議で明確な意思表明をしたのは、イタリアが議長国だったこともあり、ドイツの財務大臣シュミットだけであった。彼は「基金の本質的目的は追加的信用供与を創出することではない」、「為替準備の共同化は後の段階で考えるべきことである[56]」と述べ、イタリアを強く牽制した。シュミットとは対照的に、他の大臣たちはいずれも積極的な発言を控えた。

このようにＦＥＣＯＭと域内信用のあり方をめぐる合意形成は難航した。しかし一九七二年一〇月一九～二〇日の欧州首脳会議で、各国の首脳はＦＥＣＯＭを翌七三年四月一日までに設立することを決議した。ＦＥＣＯＭはこの決議にしたがい、一九七三年四月三日に設立規則が制定され、同年六月一日から機能を開始した。合意が部分的にしか形成されていなかったために、ＦＥＣＯＭの機能は狭く限定されることになった。ＦＥＣＯＭは、中央銀行総裁委員会の構成員からなる理事会の指揮・監督のもとで、中央銀行の双務的介入とそれに随伴する資金の貸借を記録するだけの機関にとどめられた[57]。しかも発足したＦＥＣＯＭの理事会は、一九七三年五月一四日の第一回会合で、自らの「代理機関」に国際決済銀行（ＢＩＳ）を指定し、実務をこの機関に全面的に委ねることを決めた(58)。したがってＦＥＣＯＭは、固有の組織機構をもたず、国際決済銀行を介して伝えられる会計情報を管理する「金融技術機関(59)」として出発することになったのである。

第4節　スミソニアン体制の動揺・崩壊と「空中のスネイク」——追い詰められたフランス

1　一九七二年六月の通貨危機と仏独経済・財務担当大臣会談

リラの危機と債務返済手段からの金の排除

一九七二年六月にポンド、リラ、デンマーク・クローネが相次いで国際通貨投機の標的となった。こうしてスネイクは早くも危機に直面した。

六月二三日にはポンドがスネイクを離脱する。これに追随して、ポンドとリンクしていたアイルランド・ポンドもスネイクを離脱する。これら二つの通貨のスネイク離脱については中央銀行総裁委員会でとくに大きな議論にならなかった。というのは、委員たちのあいだで、「ポンド危機の本質的な原因はスネイクの存在よりもこの通貨の根本的な脆弱性にあった(60)」という評価が共有されていたからである。

ところがリラの方はポンドと異なる経過をたどった。六月二四日、イタリア銀行総裁グイド・カルリは中央銀行総裁委員会でスネイク離脱の意向を表明した。ところがその二日後の二六日には、他のスネイク参加諸国から強力な政治的圧力をうけ、一転してスネイク残留の意思を表明した。ただしカルリは、スネイク残留の条件として、バーゼル協定で禁じられているドルによる市場介入を認めるようもとめた。それは次のような事情によるものであった。スネイクにとどまるかぎり、イタリアはリラの防衛をつうじて、域内の強い通貨国にたいして巨額の債務を負うことになる。バーゼル協定では、債務の返済は為替準備の構成比に応じて外貨（金、ＳＤＲ、ドル等）で行うことになっていたから、イタリアは債務を返済する際に公定レートで所定の金を引き渡すことになる。ところが、金／ドル交換性停止以後、自由市場における金相場は不安定さを増しており、公定レートから大幅に乖離していた。このためイタリアのような債務国には、ひとたび金を失った場合には、それを買い戻すことが大きな負担になる。イタリアはこの負担を回避しようとしたのである。(61)

仏独蘭白の中央銀行総裁はイタリアの要求に強い難色を示した。しかし、リラの大幅な減価を恐れるフランス銀行総裁ヴォルムセルがイタリアの残留を強く望んだことから、結局イタリアに特例を認めることになった。こうしてリラはスネイクにとどまることになったものの、バーゼル協定には綻びが生じることになった。(62)

その後、金相場の不安定化はさらに進み、金の公定レートはますます非現実的なものになった。かくて他の諸国も債務の返済にあたって金は使わなかった。ＦＥＣＯＭ理事会は一九七三年一二月三一日の報告書にこう記している。「金は実際には使われなかった……。それゆえ金と結合した資産、すなわちＩＭＦ準備残高およびＳＤＲが、共同体内の清算において用いられる〔欧州の諸通貨以外の〕唯一の資産であった」。(63)こうした金をめぐる事情の変化を背景にして、バーゼル協定は一九七五年七月八日に改定され、債務の返済に充当すべき為替準備から金が除外されることになる。(64)

ドル危機への対応――ジスカールデスタン／シラー会談

ところで、ポンドはフロートに移ると同時に大幅に減価した。その結果ドルにたいする圧力が強まり、ドル不安が広がった。七月三～四日にはボンで仏独首脳会議が行われるが、ドイツ政府はそれに先立つ六月二八～二九日に、閣議を開いてドル危機への対応を協議している。政府はこの閣議で、シラーの主張する対ドル共同フロートを退け、スネイクへの残留と資本移動の部分的管理を決めた。ドイツは域内諸国なかでもフランスとの協調を優先したのである。なお、この決定に不満なシラーは閣議の直後に辞表を提出した(65)。

七月三〜四日の仏独首脳会議では、ジスカールデスタンと、すでに辞表を提出していたシラーのあいだでドル危機を想定した対応策が話し合われている。この会談でジスカールデスタンはシラーに三つの案を示した。第一は「行政的諸手段による単一市場の保護」、すなわち資本移動規制と中央銀行によるドル買い介入、第二はフランスが実施している二重為替市場の他の域内諸国への拡大、第三は域内諸国通貨の対ドル共同フロートである。

シラーは最初の二つの案には否定的であった。第一案については、彼は二つの難点を挙げる。すなわち、域内における資本移動を妨げることになり、共同体の理念に反する。また、それが大がかりに行われた場合にはドイツが重視する「自由主義経済の諸原則」が侵される。第二案については、制度の運用と法律の両面で問題があると言う。まず運用面では、国際取引が活発なドイツで二重為替市場を導入した場合には、二つの市場間に相場の大幅な乖離が生じるために偽装取引が横行して制度が形骸化する(66)。次に、法律面では、ドイツの現行法のもとで二重為替市場を創設することは難しく、新たな立法が必要になる。

シラーが現実的とみるのは第三の共同フロートである。ただし彼は、この制度を成功させるにはスイス、オーストリア、スウェーデンなどの欧州諸国はもとより日本にも参加を呼びかけ、貿易の六〇〜七〇パーセントが固定相場で決済できるようにする必要があると言う。さらに彼は、共同フロートのあり方としては管理と介入によって対域外変動幅を一定の範囲に制限する「管理フロート」(flottaison contrôlée, flexibilité limitée)が考えられるが、リラのような弱い通貨にたいしてはクローリング・ペッグ制の導入を認める必要があるとした。

このようにシラーは持論をもってフランスの財務大臣に対応した。しかしドイツ政府がシラーの発言に縛られることはなかった。シラーの辞表はその数日後にブラントによって受理され、後任の経済大臣には固定相場制維持を志向するヘルムート・シュミットが就任したからである。

2　手詰まり状態に陥ったフランス

七月一三日には、ジスカールデスタン／シラー会談をうけて、国庫局長ピエールブロソレットがジスカールデスタンのために覚書[67]を作成している。ピエールブロソレットはこの覚書で、ドル問題にたいする三つの対応策を検討している。スミソニアン協定締結後のフランスのポジションが的確に分析されているので、以下に紹介しよう。

考えられる対応策の第一は「現行の法的枠組みのもとでの固定相場制の防衛」である。ピエールブロソレットは、スミソニアン協定とバーゼル協定にもとづく固定相場制の維持はきわめて難しくなっていると見る。なぜなら、アメリカの「放漫な通貨政策」は少なくとも今後一〜二年は変わりそうもないのにたいして、欧州諸国は国内事情から金利を高めに維持せざるを得ないからである。かくてピエールブロソレットの展望はきわめて悲観的である。「現行の固定相場制のもとで新たに投機が発生すれば、共同体諸国の中央銀行は交換性を欠いた莫大なドルを買い入れざるを得なくなる」というのが、彼の結論である。

第二の対応策は共同フロートである。ピエールブロソレットによると、この方式には共同体諸国によるドル買いを不要にするという利点がある。しかしその代わり、これらの諸国の通貨がドルにたいして大幅に増価するという危険がある。増価は一〇〜一五パーセントに達すると予想され、「共同体にとって耐えがたいものとなる」。その影響を大きくうけるのはフランスとイタリアである。

まずフランスについて見ると、この国のドル圏との貿易は貿易総額の四分の一にすぎない。とはいえ、ポンドとドルの減価がつづけば、フラン圏諸国が通貨を切り下げるであろう。かりにフラン圏諸国が通貨を切り下げるなら、フラン増価の影響はフランスの貿易全体の五〇パーセントにまで拡大する。フランスの経常収支は貿易収支の黒字によってかろうじて均衡が保たれているだけに、フランの増価はフランス経済に深刻な結果をもたらす。

次にイタリアであるが、欧州市場におけるリラの信認の低さからみて、リラの増価は重大な結果を招く。為替市場に大きな緊張が生じれば、リラは間違いなく国際投機の標的となり、切下げを余儀なくされる。リラが切り下げられれば二つの問題が生じる。一つは農業共同市場の運営が難しくなることであり、もう一つはイタリア工業が共同体内で競争上優位に立つことである。かくてピエールブロソレットは、共同フロートに否定的な評価を下す――「結局、共同フロートはわが国の対世界貿易の衰退要因となり、欧州共同体が分裂する誘因になるであろう」。

残る第三の対応策は「行政的諸手段による為替市場の保護」、つまり短期資本移動の管理である。この方式には固定相場制の維持を可能にし、かつ大量のドル買いを回避できるという利点がある。しかしこれにも、「資本市場の分節化をもたらし欧州建設の進展を阻む恐れがある」という問題がある。

このように三つの方式のいずれにも重大な難点があることを確認したあとで、ピエールブロソレットは対ドル政策の課題を次のように整理する。それは「大量のドル買いを回避することと固定相場制の尊重という、部分的に矛盾する二つの目標のはざまで何を選択するか」にある、と。そして彼は、通貨危機という当面の問題への対応に課題を限定するなら、「固定相場の維持」と「大量のドル買いの回避」という二つの要請を同時に満たしてくれる点で、為替管理が有効であると結論づける。つまりフランス財務省の最高の実務責任者は、行政的措置による資本移動の管理・規制によって国際通貨投機に対処しつつ、アメリカの政策転換をまつのがフランスと共同体の双方にとって最善の方策だというのである。この結論は明らかに、フランスが手詰まり状態に陥っていたことを物語っている。アメリカに圧力をかける手段を欠き、ひたすらこの超大国に変化が生じるのをまたざるを得ないという状況は、奇しくも一九三三年のロンドン世界経済会議以後のフランスに酷似している(68)。

3　スミソニアン体制崩壊の危機と狭まるフランスの選択肢

一九七三年に入ると大規模な国際通貨投機が再燃する。その中心にはドル危機があった。これ以後、スミソニアン体制は急速に崩壊へと向かう。二月一二日にはドルが一〇パーセント切り下げられたが、投機は沈静しなかった。アメリカの国際収支が大幅な赤字を記録しつづけているうえに、大量のドル・ストックが主要諸国の通貨に転換可能な状態におかれていたからである。ドルが切り下げられた翌日の一三日には、二重為替市場を採用していたイタリアが商業リラをフロートさせた。さらに一四日には日本が円をフロートさせる。

この間、スネイク諸国は軒並みドル売りを浴びせられたが、その大半を引き受けたのはドイツである。二月一日〜三月一日の二九日間に、スネイク諸国が買い入れたドルの総額は約一〇〇億ドルに達したが、その四分の三がドイツ、八分の一がオランダによる買入れ分であった。ドイツが実施した投機的資本の移動規制はすべて突破され、三月一日だけでフランクフルト市場で二七億ドルが売られた。この三月一日から欧州諸国の為替市場は閉鎖された。このときドイツ政府は対ドル介入が限界に達したと判断する。そして、他の欧州諸国に共同フロートへの移行を呼びかけると同時に、それがかなわなければ「ドイツは自国の利害を考慮して、ＥＥＣに重大な結果が生じる危険を冒して、単独で行動せざるを得なくなる(69)」と通告した。

ピエールブロソレットの分析

では、フランス政府は当時の緊迫した状況をどう分析し、それにどう対応しようとしていたのか。

三月三日にピエールブロソレットが二篇の覚書を作成している。いずれも、三月四日の欧州閣僚理事会と翌五日の一〇カ国財務大臣会議に出席するジスカールデスタンのために作成されたものである。一方は正本（以下、覚書Ａと呼ぶ)、他方はその附属文書(覚書B)という位置関係にあり[70]、覚書Bでは、財務省経済予測局の数値予測データにもとづいて、通貨制度の変更がフランスの国際収支に及ぼす影響が分析されている。

ピエールブロソレットは考えられるフランスの選択肢を四つに整理している[71]。第一は「秩序ある平価制度」(un système de parités ordonné)、すなわち固定的で調整可能な平価を世界レヴェルで維持することである。この選択肢はフランスの「古典的な主張」に合致している。しかしピエールブロソレットによると、もはやそれは、主要諸国が投機的資本移動にたいする「最低限の規制と管理」を行わないかぎり維持できない。ドイツを除く欧州諸国と日本はすでにそうした規制と管理を行っており、残るはドイツとアメリカだけである。とくにアメリカにおいては、資本流出の制限、為替市場への介入、抑制的通貨政策の強化などの諸措置が実施される必要がある。一方、ユーロ市場の管理に向けた各国の協調も必要である。とはいえピエールブロソレットは、この第一の選択肢を維持できる可能性は「アメリカ合衆国にその気がないように見えるので実際にはほとんどない」と言う。

固定相場制が維持できないのであれば、変動相場制を採るしかない。問題はどのようなタイプの変動相場制とするかである。表3-1に明らかなように、フランスの国際収支は貿易に大きく依存しているから、その判断は貿易に及ぶ影響いかんにかかっている。こうした理由から、ピエールブロソレットは貿易への影響を基準に据え、考えられる変動相場制のあり方を三つのタイプに分け、それぞれについて検討を加える。

変動相場制のタイプIは、イギリス、イタリアを含む域内九カ国[72]による対ドル共同フロートである。ピエールブロソレットによると、これがフランスにとって第二の選択肢となる。この制度を採用した場合には、フランスの貿易の六〇パーセントが固定相場で決済できることになり、フランはドルにたいして六パーセント増価すると予測される。一方、域内九カ国全体では、貿易の五〇パーセントが固定相場で決済できることになり、域外との貿易は域内総生産の八パーセント程度にとどまるとみられる。よってこのタイプであれば、フランスも共同体も変動相場制の弊害に耐えることができる。
しかしタイプⅠには重大な問題が二つある。一つは政治レヴェルの問題で、固定相場制の維持というフランスの伝統的主張を国際通貨交渉の場で行えなくなる。もう一つは、世界が複数の通貨圏に分裂することから生じる問題である。すなわち、この制度のもとでは、通貨圏間の為替関係が動揺すれば域内諸国の為替関係も動揺する。それゆえピエールブロソレットは、この第二の選択肢を選ぶ場合にはそれが機能するための条件をあらかじめ確定しておく必要があると言う。

表3-1　フランスの国際収支（フラン圏を含む）

（単位：100万欧州計算単位）

	1971	1972	1973
Ⅰ．経常収支			
A　商品			
a　輸出	20,374	23,678	27,650
b　輸入	19,519	22,716	26,400
収支（a－b）	＋855	＋962	＋1,250
c　国際仲介手数料	＋251	＋265	＋270
d　収支	＋1,106	＋1,227	＋1,520
B　サーヴィス	＋665	＋615	＋555
C　移転取引	－852	－770	－775
経常収支残	＋528	＋667	＋835
Ⅱ．長期資本移動	＋3	－775	－850
Ⅲ．基礎収支（Ⅰ＋Ⅱ）	＋531	－88	均　衡

（注）経常収支の残高はA、B、Cの合計額と一致しないが原典のとおりである。
（出所）CAEF, B54757. Note pour le Ministre, mars 1973. Effets des changements de parité sur la balance des paiements de la France.

彼がそうした条件として重視するのは、九カ国の中央銀行が「域内における為替の不均衡をファイナンスするための適切な手段」を利用できるようにすることである。既存の通貨支援制度は固定相場制を前提としており、もはや十分ではない。創設の途上にあるＦＥＣＯＭの介入手段の拡大――すなわち、財源の大幅な増額、信用期限の延長、準備の共同管理など――を図る必要がある。またピエールブロソレットは、各国が資本移動にたいして最小限の規制を行うことも必要であると言う。しかし彼は、これらの点はいずれも仏独間の最大の争点をなしており、ドイツが応じる可能性は少ないと見る。そのうえ、この第二の選択肢については、すでに自国の通貨をフロートさせているイギリスとイタリアが応じるとは考えにくいという問題もある。

表3-2　フランの増価――1973年度の予測値――

（単位：%）

仮　定	輸　入	輸　出	
		(a)	(b)
Ⅰ．9カ国による共同変動相場制	+5.24	+4.85	+5.55
Ⅱ．4カ国による共同変動相場制	+6.20	+5.93	+6.50
Ⅲ．3カ国による共同変動相場制	+0.54	+0.41	+1.89

（注）（a）1972年度のフランスの貿易構造を加重した平均率、（b）は域外市場における主要8カ国の相対的比重を加重した平均率。
（出所）表3-1に同じ。

かくてこの選択肢についても、ピエールブロソレットの見通しは悲観的である。

変動相場制のタイプⅡは、フランス、ドイツ、ベルギー、オランダの四カ国による共同フロートである。これがフランスの第三の選択肢となる。このタイプの共同フロートの難点はタイプⅠと同じであるが、イギリスとイタリアが抜けているためにフランスにとっていちだんと厳しいものになる。共同体加盟九カ国による共同フロートの場合にはフランスの貿易の六〇パーセントが固定相場で決済できたが、四カ国による共同フロートでは四〇パーセント程度しか決済できない。しかも輸出市場では、通貨を減価させたイギリス、イタリアとの競争を強いられる。そのうえ、このタイプは事実上の「マルク圏」[73]を意味しており、フランはタイプⅠよりも二〇パーセント増価するとみられる（表3-2参照）。したがってタイプⅡのもとではフランスの輸出は大幅に落ち込み、貿易収支の黒字分は予想される長期資本輸出をカヴァーできなくなる恐れがある（前掲表3-1、表3-3参照）。すなわち、このタイプは「わが国の貿易と国際収支に深刻な危険をもたらす」。

タイプⅢの変動相場制はドイツ、ベルギー、オランダの三カ国による共同フロートであり、フランスは対ドル平価を維持する。この最後の選択肢はフランスの貿易に大きな利益をもたらすものの、長期にわたってつづけることはできない。なぜなら、フランは域内の主要な通貨にたいして減価することになり、その結果、数カ月もすればそれらの諸国からフランにたいする攻撃が強まり、フランスは為替管理のさらなる強化を迫られることになるからである。

ピエールブロソレットは四つの選択肢について以上のような検討を行ったのち、ブリュッセルで開かれる欧州閣僚

表3-3　フランスの国際収支への影響——1973年度の予測値——

仮　定	輸入（増加率%）	輸出（増加率%）	貿易収支（100万欧州計算単位）
ドル切下げ以前（1973年1月）の状態が継続した場合	+16.5	+16.7	+1,250
現状（1973年3月初頭）が継続した場合	+15.8（−0.7）	+15.0（−1.7）	+925
Ⅰ．9カ国による共同変動相場制	+14.3（−1.5）	+12.4（−2.6）	+650
Ⅱ．4カ国による共同変動相場制	+14.5（−1.3）	+11.1（−3.9）	+300
Ⅲ．3カ国による共同変動相場制	+17.0（+1.2）	+17.9（+2.9）	+1,350

（注）カッコ内の数字は、「現状が継続した場合」については「ドル切下げ以前の状態が継続した場合」の増加率との差を、また。Ⅰ～Ⅲについては「現状が継続した場合」の増加率との差を、それぞれ示している。
（出所）表3-1に同じ。

理事会では、第一の選択肢から順番に選んでいくのが適切であると結論する。
覚書Bは次の言葉で結ばれている。

　第一の選択肢——秩序ある平価制度——こそが、わが国の利益をもっともよく守ってくれます。かりに交渉の過程でこの目標から離れざるを得ないことがはっきりした場合には、EEC加盟諸国の結束を最大限保障してくれる解決策を追求すべきです。かりにイギリスとイタリアの姿勢がこの〔次善の〕目標に到達することを許さないようであれば、ドイツ・マルクとの共同フロートには大きな危険がともなうことから、待ちの解決法をとる必要があるように思われます。（傍点は引用者）

なお、覚書Aでは、ここに記されている「待ちの解決法」とは為替市場の閉鎖を長引かせることであると説明されている。

マランボーの分析——マネタリズム批判と「欧州モデル」

三月九日にパリで、一〇カ国財務大臣会議と欧州閣僚理事会の緊急合同会議が開かれることになっていた。その二日前の三月七日、財務省経済予測局長で官庁エコノミストとしても知られるエドモン・マランボー[74]が覚書を作成している。それは九日に開かれる緊急合同会議に出席するジスカールデスタンのためのものであった。先のピエールブロソレットの分析が政策実務面からのものであるとするなら、マランボーの分析は理論面からのものである点に特徴がある。

マランボーは、アメリカの政策当局者がドル危機に有効な措置を講じようとしないのは彼らのあいだにマネタリズムが浸透しているからだと見る。それゆえ彼によると、この学説が称揚する「全般的変動相場制」に行き着くのは時間の問題である。マネタリストたちは、変動相場制を採用すれば、「為替市場では需要と供給の均衡が日々実現されるだけでなく、中期において、各国の成長にとって最良の、漸進的で、かつ秩序のとれた調整が実現する」と説く。しかしマランボーは、そうしたシステムが機能するのは抽象の世界のことであり、現実の世界では考えられないと言う。というのは、フランスのように重要産業が国有化され、経済全体が五カ年計画――いわゆる「フランス型計画化」――によって誘導されている国では、生産、流通および金融の仕組みが「非常に硬直的」であるために、小幅な調整が連続的に行われることはあり得ないからである。現状のまま変動相場制に移行すれば市場は混乱状態に陥り、安定した成長は望めなくなる。

かくてマランボーによると、フランスは変動相場制に向かおうとしているアメリカに同調すべきではない。フランスは、「為替相場の安定が保障される地域圏の創設を優先しなければならない」。マランボーは固定相場制をとるこの地域圏を「欧州モデル」（modèle européen）と呼ぶ。そして、アメリカがドルを変動させようとしている今こそフランスは欧州モデルを追求すべきだと言う。すなわち、「経済政策の第一の目標が規則的な成長の条件を保障することであるなら、そしてまた閉鎖経済に戻るといった心得違いをしないなら、以前にもまして、この保障は欧州諸経済の統合強化にあると言わざるを得ません」と。

ところで欧州の建設というと、フランスではきまって競争力の確保が問題になり、マルクのフランにたいする切上げが議論になる。しかしマランボーは、二つの理由から、実現すべきはまず「欧州モデル」であり、平価調整の問題はあとに回すべきだと言う。第一に、「重要なことは欧州圏全体の成長」であり、短期的な貿易の利益は第二次的な問題だからである。共同体にイギリス、アイルランド、デンマークが加わったことにより、いまやフランスの貿易の約五五パーセントが域内諸国とのあいだで行われるようになっている。この域内貿易全体の拡大こそがフランスにとって重要である。第二に、マルクの切上げはフランスの貿易に短期的にはプラスに作用するものの、フランス経済のインフレ・リスクを高めるからである。この第二の理由との関連で、マランボーは、戦後のフランス経済がインフレから脱却できなかった原因の一つは「外国との競争という制約が欠けていたこと」にあると分析している。つまりマランボーは、この機会にフランスは「弱い通貨政策」と決別すべきだと、暗にジスカールデスタンに助言していたのである。

以上のようなマランボーの覚書は歴史研究に三点で重要な示唆をあたえてくれる。第一はマネタリズムの評価に関係している。マネタリズムは一九六〇年代末からフランスでも知られるようになり、この学説に関する研究は主に財務省経済予測局、フランス銀行、計画庁の三つの機関で行われていた。ここでマランボーが行っているマネタリズム批判は、フランスの公文書のなかで確認できるもっとも早い例であり、財務省内における研究がかなり進んでいたことをうかがわせる。第二は覚書が立脚する経済政策論である。マネタリストの説く変動相場制万能論を退けつつも、「弱い通貨政策」との決別の必要を説くマランボーの政策論は、一九七六年秋から「バール・プラン」[75]を介してフランスに公式に導入される新自由主義的政策論を先取りするものである。第三は欧州通貨統合とのかかわりである。マランボーの議論は、世界レヴェルで変動相場が避けられなくなった状況のもとで、固定相場圏としての欧州共同市場がフランス経済にとって「救命ブイ」の意味をもつようになったことを示唆している。

4　欧州諸国の選択——「共同フロート」と「空中のスネイク」

一九七三年三月三日に開かれた通貨委員会では、ドイツの提案する共同フロートが討議の対象となった。この会合では欧州委員会、ドイツ、フランスの各代表が積極的に発言したものの、その他の諸国、なかでも自国通貨をフロートさせていたイギリスとイタリアの代表は控えめな発言に終始した。(76)

欧州委員会経済金融総局総局長モスカは、共同体としてはあくまでも固定相場制を維持するのが原則であることを確認する。そのうえで彼は、当面の危機には九カ国の共同フロートで対処するしかないのであれば、同時に、①資本移動規制の強化、②非居住者の口座の封鎖、③域内における相互通貨支援の規模拡大、の三つの措置をとる必要があると言う。ドイツ連邦財務省次官ペールは、共同フロートへの移行を前提に二つの点を強調する。まず、ポンドとリラを共同フロートから外すのは共同体にとって「危険である」から、イギリスとイタリアにもこの制度への参加をもとめる必要がある。次に、通貨危機のもとでの資本移動の管理や規制の必要性は否定しないが、「この分野でドイツにできることはかぎられている」。

フランスの国庫局長ピエールブロソレットは、ドイツの努力が十分とは言えないとして、まずドイツに苦言を呈する。「ドルが切り下げられて三週間しか経っていないのにフロートを口にするのは危険ではなかったか」、ドイツがとった規制措置は「おざなり」で「腰の引けた」印象をあたえる、ドイツは「他国に協力を呼びかけながら、自らは為替管理の分野で必要な努力を怠っている」と。次にピエールブロソレットは、かりに共同フロートを採用した場合にはマルクを切り上げる必要があると言う。

この日の議論は、委員長のフランス銀行副総裁クラピエが検討すべき三つの課題が残っていることを確認して終了した。①短期資本移動の管理、②域内通貨支援の拡大、③共同フロート採用時における域内諸国通貨間の為替関係、および域内通貨／域外通貨間の為替関係のそれぞれの定義づけ、の三つである。

つづく三月六〜七日の通貨委員会は、九日に開かれる一〇カ国財務大臣会議と欧州閣僚理事会の合同会議に向けた意見調整にあてられた[77]。ここでは、アメリカにたいして現行の「平価の格子」を安定させるよう働きかけることの是非をめぐって、各国の意見が分かれた。ドイツ、イタリア、イギリスの三国はそうした働きかけに懐疑的であった。とくに、すでに共同フロートを決断しているブンデスバンク副総裁エミンガーの発言はにべもないものであった――「われわれの行動原則は共同体としてのフロートです。この目標はアメリカ合衆国からドルの平衡介入をとりつけることと両立しません」。これとは反対に、フランス、ベルギー、デンマークの三国は、最後までアメリカへの説得をつづけるべきだと主張した。

かくて双方の主張は平行線のままであった。このため委員長のクラピエは、「ドルの安定にたいするアメリカ合衆国の無関心が投機的危機の本質的な要因であり、少なくともアメリカ当局がこの態度を改める必要がある」と、主要な責任がアメリカにあることを確認して、この日の議論を締め括った。

三月九日、一〇カ国財務大臣会議と欧州閣僚理事会の合同会議が開かれた。議長はジスカールデスタンが務め、議事は主催国フランスの主導で運営された。その結果、フランスの思惑どおり固定相場制の維持が確認された。会議後に発表されたコミュニケでは、「危機の原因は投機的活動にある」、「現行の平価の格子と中心相場は経済的必要に応えており、通貨の面では国際収支のよりよい均衡に有効に寄与するであろう」との認識が示され、「為替関係の秩序あるシステムを防衛する意思を明確にした[78]」ことが確認されていた。

しかし、共同フロートへの移行を阻止しようとするフランスの努力もここまでであった。この間、状況に変化が見られなかったことから、一一〜一二日の欧州閣僚理事会ではドルの買支えを停止することが決議された。その結果、三月一六日の一〇カ国財務大臣会議と欧州閣僚理事会の合同会議では、欧州の六カ国（スネイク諸国）は二・二五パーセントの欧州変動幅を維持し、他の諸国は「当面フロートをつづける」ことで各国が合意した。[79]

こうして三月一九日、為替市場の再開とともに、対ドル上下二・二五パーセントのトンネルが消滅し、二・二五パーセントの域内変動幅が空中を蛇行するだけの第二次スネイク、いわゆる「空中のスネイク」(un serpent dans l'espace) が発足する(前掲図3－2を参照)。再発足したスネイクにはスウェーデンとノルウェーの準加盟国も参加することになる。

ところで「空中のスネイク」は先のピエールブロソレット覚書にある第三の選択肢にあたり、フランスが本来避けるべき「マルク圏」を意味していた。しかも、この時点ではFECOMは未だ設立されていなかった。FECOMは六月一日に機能を開始するが、この機関は単純な「会計機関」でしかなく、またスネイク諸国に利用可能な信用額はフランスの望む水準からほど遠かった。唯一実施されたのは平価調整で、これは六月二九日に実施され、マルクが他のスネイク諸国通貨にたいして五・五パーセント切り上げられた。一方、マランボーの説いていたような強い通貨政策がフランスで実施されるようになるのは一九七六年九月以降である。かくて、フランスの「空中のスネイク」への参加は危険に過ぎ、そこにこの国が長期にわたって残留できる可能性は少なかったと言えよう。

小括

一九七一年五月のマルクおよびギルダーの固定相場制離脱、次いで同年八月の金／ドル交換性の停止を経て、ブレトンウッズ固定相場制は崩壊局面に入った。にわかに現実味を帯びた対ドル変動幅の拡大、さらには変動相場制への移行は、共同体の域内の為替関係を不安定なものにし、共同市場なかでも共通農業政策の運営を困難にする恐れがあった。

たしかに、共同体では当時、スネイクの創設が日程にのぼっていた。しかしこの縮小変動幅制度が機能するようになっても、問題が解決するわけではなかった。まず、対ドル変動幅が広がった場合には、マルクの対ドル相場の天井が引き上げられることから、トンネル内のスネイクは上方に引き寄せられる。それゆえマルクと他の欧州通貨のあいだに緊張が生じることは避けられない。次に、変動相場制に移行した場合には、欧州諸国は対ドル共同フロート制を採用することになるから、スネイクは「空中のスネイク」となる。マルク相場の上昇には天井がなくなり、共同市場は文字どおり「マルク圏」となる。弱い通貨は常にマルクに引き寄せられ、大幅な増価を強いられる。その結果、域内の為替関係には緊張が、しかも「トンネルの中のスネイク」における以上の緊張が生じるはずである。そうした緊張を解くには、弱い通貨国が自国の経済政策なかでも物価政策と賃金政策をドイツに合わせる必要がある。つまり、自国経済がデフレに陥ることを承知のうえで、強い通貨政策を採用しなければならなくなる。

固定相場制崩壊の危機は、欧州諸国のなかでもとりわけフランスにとって深刻な意味をもっていた。なぜなら、第一に、共通農業政策の最大の受益国はフランスだったからである。この既得権益の喪失は、農業人口の多いこの国にとって深刻な政治問題になる。また第二に、この国が戦後に国家主導のもとに進めてきたインフレ基調の成長優先政策がつづけられなくなるからである(80)。

したがってフランスにとっては、マルクの相場上昇を抑制してくれる世界固定相場制を存続させることが最良の策であった。フランスは世界のどの国にもまして固定相場制の維持に執着し、そのためにスミソニアン協定に向けて精力的に動いた。その背景には、ドルから基軸通貨特権を剥奪するというドゴール政権以来の政治的目標もさることながら、上記のようなこの国に特殊な事情があったのである。つまり、ポンピドゥーがニクソンに語っていたように、「ドル本位」も困るし「マルク本位」も困る、というのがフランスの立場だったのである。マルク本位で困るのは多かれ少なかれ他の欧州諸国も同じであった。一九七一年九月一三日の欧州閣僚理事会で、欧州諸国が固定相場制維持で結束できたのはこのためである。

これにたいしてドイツは、戦後の早い段階から、新自由主義が「社会的市場経済」の名称で経済・社会政策ならびに経済社会の理念として定着していた[81]。そうした土壌のうえに、ドイツは「経済的奇跡」を実現し、国民通貨マルクは世界最強の通貨に成長した。強いマルクをもつがゆえにドイツは投機的資本の流入に悩まされ、マルクは常に切上げ圧力にさらされてきた。したがってドイツは、フランスとは反対に、為替変動幅の拡大、さらには変動相場制を志向することになったのである[82]。

以上のような文脈で見るなら、スミソニアン協定による固定相場制の復活と、それにともなう「トンネルの中のスネイク」の発足は、一定程度フランスの戦略の勝利を意味している。しかしこの勝利は限定的であった。超大国アメリカに「ビナイン・ネグレクト」をやめさせ、ドルの安定に責任を負わせるための有効なカードを、フランスはもっていなかったからである。加えて、二つの事情がフランスの立場をさらに弱いものにしていた。一つは、金／ドル交換性停止によっても基軸通貨としてのドルの地位が揺るがなかったことであり、もう一つは、変動相場制の利点を説くマネタリズムがアメリカで「支配的な理論[83]」になりつつあったことである。

一九七三年春に、大規模な国際通貨投機によってスミソニアン体制は崩壊する。それに連動して「トンネルの中のスネイク」もあえなく崩壊した。これを境に固定相場制の再建はリアリティを失う。欧州諸国に残された選択肢は、ドイツの主張する世界レヴェルにおける対ドル共同フロート制と欧州レヴェルにおける「空中のスネイク」だけになる。

スミソニアン体制の崩壊は、マランボーの覚書が示唆していたように、ドイツ以外の欧州諸国に新しい政策課題が生まれたことを意味する。一つは、共同体の内部に固定相場圏を構築することである。つまり、通貨統合を現実の目標とすることである。もう一つは、この固定相場圏がマルク圏になることが避けられないことから、自国の政策の軸足を弱い通貨政策から強い通貨政策に転換することである。しかし、いずれの目標の実現にも長期を要する。したがって、通貨統合に向けた過渡期の制度をどのようなものにするかが大きな問題になる。この問題こそが、一九七三年末の第一次石油危機以降、欧州諸国にとって最大の論点ならびに争点になるのである。

注

（1）ABF, 1489200301/63. Note de la DGSE. Quelques aspects du débat relatif à la flexibilité des taux de change, 18 juin 1970.

（2）ABF, 1489200301/63. Note pour la direction du Trésor, par Bruno de Maulde, 17 mars 1970.

（3）ABF. 1397199801/47. Procès-verbal du Comité des Gouverneurs, 13 avril 1970.

（4）ABF, 1397199801/47. Procès-verbal du Comité des Gouverneurs, 11 mai 1970.

（5）*Idem.* なお、フランスの主張にたいするアメリカ側の回答は、金価格の引上げもドルの切下げも議会の賛成が得られないというものであった。

（6）ABF, 1489200301/63. Note pour le Ministre, par René Larre, 17 juillet 1970.

（7）「カナダのように一時的にフロートに移行しようと、クローリング・ペッグから派生した仕組みを採用しようと、為替市場が柔軟になり、国内の物価や雇用の過度の硬直性が取り払われるようなことはない」（ABF, 1489200301/63. Note de la DGSE. Quelques aspects du débat relatif à la flexibilité des taux de change, 18 juin 1970.）。

（8）*Idem.*

（9）「かりに若干の通貨〔マルクやギルダー〕がドルにたいして増価するなら、共同体諸国の通貨は域内変動幅を維持せねばならないために増価し、国内物価と両立しがたいものになる」（ABF, 1489200301/63. Note pour le Ministre, par René Larre, 17 juillet 1970.）。

（10）CAEF, B12543. Projet de compte rendu de la session du Comité monétaire le 6 mai 1971.

（11）シラーは一九六七年以来、変動相場制を採用すれば経済政策を固定為替相場の攪乱作用から守れるとするドイツの五大研究所の主張に共鳴していたという。CAEF, B50480. Note pour le Ministre, par René Larre, 7 mai 1971. Crise monétaire internationale.

(12) 以上、*Idem.* に拠る。

(13) CAEF, B12535. Premier Ministre. Comité interministériel pour les questions de coopération économique et monétaire. Note, 17 août 1971.

(14) CAEF, B12543. Résolution du Conseil du 9 mai 1971.

(15) CAEF, B12543. Note pour le Ministre, par Claude Pierre-Brossolette, 29 juin 1971.

(16) 以上、引用はすべて *Idem.* に拠る。

(17) Eric Bussière, «Georges Pompidou et la crise du système international: intérêt national, solidarité européenne et enjeux internationaux», in *Georges Pompidou face à la mutation économique de l'Occident, 1969-1975*, Actes du colloque du 15 et 16 novembre 2001, Paris, 2003, pp. 85-86.

(18) *Treizième rapport du Comité monétaire*, 16 février 1972.

(19) CAEF, B12543. Compte rendu de la réunion du Comité monétaire du 17 août 1971; *id.* Compte rendu du Conseil CEE du 19 août 1971.

(20) CAEF, B12535. Note pour le Ministre, par Claude Pierre-Brossolette, 17 août 1971; *id.* Note pour le Ministre, 20 août 1971.

(21) CAEF, B12535. Note pour le Ministre, 20 août 1971.

(22) ドイツとは八月三〇日、イギリスとは九月九日、ベネルクスとは九月一〇日に、それぞれ協議を行っている。

(23) CAEF, B12543. Service des Affaires internationales. Compte rendu sommaire des entretiens du 10 septembre 1971 entre la France et les Pays Benelux au niveau des experts.

(24) CAEF, B12543. Déclaration adoptée par le Conseil des ministres, le 13 septembre 1971, au sujet de la situation monétaire internationale; *id.* Direction du Trésor. Note pour le Ministre. Conseil des ministres de la CEE du 13 septembre 1971.

(25) CAEF, B12543. Premier ministère. Comité international pour les questions de coopération économique européenne. Secrétariat général. Note pour le Premier Ministre, 14 septembre 1971.

（26）*Idem.*

（27）以下、欧州閣僚理事会の討議内容に関する引用は、CAEF, B12543. Note pour le Ministre. Conseil des ministres de la CEE des 13 et 15 septembre 1971. に拠る。

（28）CAEF, B12543. Premier Ministre. Secrétariat général. Note pour le Ministre, 14 septembre 1971.

（29）*Idem.*

（30）シェルホルンは、一九七一年八月三〇日に行われた仏独財務省間の実務者会議の場で、そうした連邦財務省の立場を説明していた。CAEF, B12535. Note pour le Ministre, 31 août 1971. Compte rendu de la réunion d'experts franco-allemands tenue à Paris le 30 août 1971.

（31）A. Wilkens, *op. cit.*, pp. 60-62. 本書、一二九頁、注（81）もあわせて参照。

（32）一二月一三日の首脳会談でニクソンが口にした言葉。AN, 5 AG2/1022. Entretien du Président Pompidou et du Président Nixon aux Açores, 13 décembre 1971. Cf. E. Roussel, *op. cit.*, p. 469.

（33）Henry Kissinger, *White House Years*, 1979, Boston, pp. 959-960.（キッシンジャー著／斎藤彌三郎ほか訳『キッシンジャー秘録4　モスクワへの道』小学館、一九八〇年、五八頁）。

（34）ポンピドゥーは次のように述べている。「われわれにとっては金価格そのものが問題なのではありません。この問題については、とくにドゴール将軍やリュエフ氏によって多くのことが語られました。リュエフ氏は〔金価格を〕二倍に引き上げることを望んでいました。今日われわれは、固定相場制が自由主義諸国、つまり西側諸国および日本のあいだで再建されることが一般利益にかなっていると考えます。それにはアメリカ合衆国の寄与が、つまり合衆国が金にたいするドルの一定の切下げを受け入れることが必要です」（AN, 5 AG2/1022. Entretien du Président Pompidou et du Président Nixon aux Açores, 13 décembre 1971. Cf. E. Roussel, *op. cit.*, p. 473.）。

（35）*Idem.* Cf. E. Roussel, *op. cit.*, pp. 466, 474, 478 et 483. たとえば、ドイツについては、ポンピドゥーとキッシンジャーのあいだで次のようなやりとりが行われた。

ポンピドゥー：経済大臣シラーはマルクの切上げ幅は最大で対フラン三～四パーセントであると言っています。しかし一二月三～四日の仏独首脳会談で、首相ブラントは五パーセントでもよいと言いました。フランスは七パーセントにするようもとめ、ブラントは検討してみたいと言いました。したがって、六パーセントとするのが適当です。

キッシンジャー：コナリーの情報でもシラーは三〜四パーセントと言っています。コナリーは四〜五パーセントにしてはどうかと言っています。ニクソンが最低で五パーセントという案を受け入れることは確実です。

ポンピドゥー：それはぎりぎりの線です。それ以下では受け入れられません（*Idem*. Cf. E. Roussel, *op. cit.*, p. 483.）。

なお、以上の引用からは、ドイツの通貨外交が首相と経済大臣のあいだで分裂していたことが再確認できる。

（36）*L'Année politique*, *op. cit.*, 1971, Paris, 1972, p. 348.

（37）AN, 5 AG2/1022. Entretien du Président Pompidou et du Président Nixon aux Açores, 13 décembre 1971.

（38）*Idem*.

（39）*Idem*.

（40）AN, 5 AG2/1022. Entretien du Président Pompidou et du Président Nixon aux Açores, 14 décembre 1971.

（41）AN, 543AP/32. Framework for monetary and trade settlement.

（42）Michel Jobert, *L'autre regard*, Paris, 1976. Cit. par E. Roussel, *op. cit.*, p. 488.

（43）キッシンジャーも回想録に次のように記している。「この〔仏米〕会談で異例ともいうべきことだが、フランスとアメリカ合衆国が、世界の主要通貨一つ一つについて、その為替相場を策定する責任を負ったのである。事実、比較的すらすらと合意に達した。……この合意にもとづいて一週間後にワシントンで一〇カ国財務大臣会議が開かれることになった。他のすべての国も同調し、スミソニアン協定によって新しい通貨をめぐる取決めが了承されたのである」（H. Kissinger, *op. cit.*, p. 962. 前掲邦訳、六〇〜六一頁）。

（44）AN, 543AP/32. Lettre de Pompidou à Nixon, s. d. début février 1972.

（45）AN, 543AP/32. Lettre de Nixon à Pompidou, February 16, 1972.

（46）ABF, 1489200205/273. Exposé du Président du Comité des Gouverneurs au Conseil des Communautés européennes, sessions des 6 et 7 mars 1972.

（47）各国で仏語のまま金融専門用語として用いられている「ニュメレール」（numéraire）は「計算に役立つもの」を意味しており、一般的な価値物、参照通貨、計算単位などの意味で用いられる。それに該当するものとしては、金、通貨バスケット、強制通用力を付与された法定通貨など、さまざまなものがある。

（48）ABF, 1489200205/239. Comité des Gouverneurs. Complément au pré-rapport du Groupe d'experts présidé par Marcel Théron, 8 février 1972; *id.* Groupe d'experts présidé par Marcel Théron. Note sur un système d'interventions en monnaies multiples, 30 mars 1973.

（49）ABF, 1489200205/239. Comité des Gouverneurs. Groupe d'experts présidé par Marcel Théron. Note sur un système d'interventions en monnaies multiples, 30 mars 1973.

（50）ABF, 1489200205/54. Accord. Les banques centrales des Etats membres de la Communauté économique européenne, 10 avril 1972.

（51）CAEF, B50482. Résolution du Conseil, 22 mars 1971.

（52）ABF, 1489200205/245. DGSE. Les propositions du gouverneur Carli relatives au Fonds européen de coopération monétaire, 30 août 1972.

（53）ABF, 1489200205/245. Fonds européen de coopération monétaire. Rapport du groupe d'experts, 1er juin 1972.

（54）ABF, 1489200205/202. Compte rendu du Comité monétaire, 11 juillet 1972.

（55）ABF, 1489200205/245. Projet de procès-verbal de la quarante-deuxième conférence des ministres de l'Economie et des Finances, tenue à Rome les 11 et 12 septembre 1972.

（56）*Idem*.

（57）*Quatorzième rapport d'activité du Comité monétaire*, 12 avril 1973; *Quinzième rapport d'activité du Comité monétaire*, 31 décembre 1973.

（58）ABF, 1489200205/246. Procès-verbal de la première séance du Conseil d'administration, tenu à Bâle, le 14 mai 1975.

（59）ABF, 1489200205/245. Fonds européen de coopération monétaire. Rapport du groupe d'experts, 1er juin 1972.

（60）ABF, 1489200205/239. Groupe d'experts présidé par Marcel Théron, 2 janvier 1974.

（61）ABF, 1489200205/107. Procès-verbal du Comité des Gouverneurs, 8 janvier 1974.

（62）ABF, 1489200205/273. Exposés du Président du Comité des Gouverneurs à la session du Conseil des ministres des Finances, Luxembourg, 26 juin 1972.

(63) ABF, 1489200205/247. FECOM. Conseil d'administration. Rapport d'activité au 31 décembre 1973.

(64) ABF, 1489200205/54. Accord portant modification des dispositions de l'accord du 10 avril 1972, 8 juillet 1975.

(65) A. Wilkens, *op. cit.*, p. 64.

(66) シラーによると、フランスにおける商業フランと金融フランの相場の開きは五パーセントであったが、ドイツ（およびイギリス）で同じ制度を採用した場合には、二つの市場間の相場の開きは五パーセントを大きく超えるはずだという。*Ibid.*

(67) CAEF, B12543. Note pour le Ministre, 13 juillet 1972. Eléments de réflexion sur les attitudes communautaires possibles à l'égard du dollar. 以下、ピエールブロソレット覚書に関係する引用はすべてこの史料に拠る。

(68) 失敗に終わったロンドン世界経済会議後のフランスの国際通貨問題にたいする姿勢については、権上『フランス資本主義と中央銀行（前掲書）』五四〜七〇頁、を参照。

(69) ABF, 1489200205/202. Compte rendu du Comité monétaire, 3 mars 1973.

(70) CAEF, B12563. Note pour le Ministre, 3 mars 1973. La crise monétaire internationale. Eléments d'une position française; *id.*, B54757. Note pour le Ministre, mars 1973. Effets des changements de parité sur la balance des paiements de la France.

(71) 以下、本項における引用はすべてこれら二篇の覚書から行う。

(72) ルクセンブルグはベルギーと通貨制度を共有しているために九カ国のなかには含まれていない。

(73) 「マルク圏」は、ここでは、ドイツの国民通貨の影響をうける地域経済圏という意味で用いられている。

(74) CAEF, B12539. Note pour le Ministre, par Malinbaud, 7 mars 1973. Eléments de réflexion et d'information sur diverses hypothèses de changement de parité. 以下、マランボー覚書に関係する引用はすべてこの史料に拠る。

(75) バール・プランについては本書、第5章を参照。

(76) 以下、三月三日の通貨委員会にかかわる引用はすべて下記の史料から行う。ABF, 1489200205/202. Compte rendu du Comité monétaire, 3 mars 1973.

(77) 以下、三月六日の通貨委員会にかかわる引用はすべて下記の史料から行う。CAEF, B12536. Compte rendu du Comité monétaire du 6 mars 1973; ABF, 1489200205/202. Compte rendu du Comité monétaire, 6 et 7 mars 1973.

（78） CAEF, B12536. Communiqué de presse de la réunion ministérielle du Groupe des Dix et de la Communauté économique européenne, Paris, 9 mars 1973.

（79） CAEF, B12536. Communiqué de presse de la réunion ministérielle du Groupe des Dix et de la Communauté économique européenne, Paris, 16 mars 1973.

（80） 戦後フランスの経済政策の大まかな見取り図については、権上康男「一九七〇年代フランスの大転換――コーポラティズム型社会から市場社会へ」『日仏歴史学会会報』第二七号、二〇一二年六月、を参照。

（81） ドイツの新自由主義については、権上編著『新自由主義と戦後資本主義（前掲書）』所収の雨宮昭彦、福澤直樹、石坂綾子の三氏の論考（第3章、第6章、第7章）を参照されたい。

（82） Paul Tutot, La sortie du franc du «Serpent» monétaire et les perspectives de la construction monétaire européenne, in *Problèmes économiques*, N°. 1473, 19 mai 1976.

（83） 元フランス財務省国庫局長ジャック・ラロジエールが、筆者とのインタヴューのなかで使用した表現。筆者によるラロジエールからの聞取り（二〇一一年九月九日、BNP-Paribas 本店内のラロジエールの執務室）。

第2部　資本主義世界の大転換と欧州通貨統合問題（一九七四〜七八年）

——ユーロ・ペシミズムの光と影

一九七三年春から世界中に広がった変動相場制と同年末に発生した石油危機のもとで、欧州諸国は深刻なスタグフレーションに見舞われた。例外はドイツとオランダだけであった。各国間ではマクロ経済指標の乖離が広がり、経済通貨同盟の創設も第一段階が終了した一九七三年末で中断を余儀なくされた。「空中のスネイク」として再発足したスネイクからは一九七四年一月にフランスまでもが離脱し、スネイクはドイツと、ドイツへの経済依存度の大きい六つの小国からなる「ミニ・スネイク」へと縮小する。このため、一九七四年初頭からEMS（欧州通貨制度）の発足する一九七九年までは、欧州全体を悲観論が支配した「ユーロ・ペシミズム」の時期として、欧州経済統合史のなかでは不毛な時代と見なされてきた。

しかし、次の時代を準備する新しい要素は危機の時代に育まれるものである。実際、この時期には共同体の諸機関、各国政府、民間と、さまざまな場で経済通貨同盟の再発進に向けた新たな構想が登場し、それらをめぐって活発な論争や協議、それに精力的な検討作業が行われた。その結果、解決すべき問題の所在が明確になり、問題解決のための選択肢も絞られつつあった。一方、それまでドイツ一国内にとどまっていた経済政策理念ならびに経済社会モデルとしての新自由主義が、国ごとに時間的なずれや程度の違いはあるものの各国に浸透しはじめた。なかでもフランスでは、一九七六年秋から、首相兼財務大臣に就任した前欧州委員会副委員長レイモン・バールの手で、新自由主義的経済政策ならびに構造政策が実施されるようになる。

一九七九年三月にEMSが誕生し通貨統合に向けた欧州の歴史は新しい段階に入るが、その背景には上記のような目立ちにくいものの確実な変化があったのである。したがってこの時期は、欧州経済統合史のなかでも決定的と言えるほど重要な位置を占めている。第二部における課題は、ユーロ・ペシミズムのいわば光と影の両面に光をあて、欧州通貨統合をめぐる問題が戦後資本主義世界の「大転換」と不可分な関係にあったことを明らかにすることにある。「大転換」の用語はカール・ポランニーの一九四四年の著作(1)から借用している。ただし本書冒頭のはしがきにも記したように、筆者はポランニーとは違い、この用語を「市場社会」（market society）の終焉ではなく、反対に誕生という意味で用いる。すなわち、本書で「大転換」とは、石油危機と変動相場制の出現という一九七〇年代の資本主義世界に生じた二つの歴史的事件に媒介されて、欧州諸国がケインズ主義から新自由主義に改宗し、市場経済が歴史上もっとも広くかつ深く人間社会をとらえるようになる歴史過程のことである。(2)

注

（1）Karl Polanyi, *The Great Transformation. The Political and Economic Origins of Our Time*, New York, 1944.（カール・ポランニー著／野口建彦・栖原学訳『〔新訳〕大転換――市場社会の形成と崩壊』東洋経済新報社、二〇〇九年）。

（2）「大転換」の用語法については、権上「一九七〇年代フランスの大転換（前掲論文）」を参照。

第4章　スミソニアン体制崩壊後のスネイクとフランスの国際通貨戦略（一九七三〜七六年）

「空中のスネイク」にはイギリスとイタリアが参加を見送っていたが、このスネイクから、フランスが一九七四年一月、七六年三月と二度離脱した。一九七三年から七九年までの「空中のスネイク」の存続期間中に、フランスがスネイクにとどまったのは二〇カ月に満たなかった。縮小為替変動幅を経済通貨同盟の第一段階の初発から導入することを強く主張したのは、ほかならぬフランスであった。それなのになぜフランスはスネイクに安定的にとどまれなかったのか。スネイクを離れたフランスはこの制度のどこに問題があると考え、それをどう改革しようとしたか。フランスによるスネイク改革構想はどのような国際通貨戦略に裏打ちされていたか。この国際通貨戦略はどのような変遷をたどったか。本章の課題はこれら四点を明らかにすることにある。

第1節　スネイクの非対称性とフランスのスネイク離脱

1　非対称的なスネイク

スネイクという為替制度は技術的に複雑であり、実際の機能とそれが参加国の経済に及ぼす効果も単純ではない。

表4－1　欧州経済共同体加盟諸国およびスネイク参加諸国のGDP、貿易、インフレ率（1972年の実績）

	1972年のGDP（10億ドル）	貿易総額の対GDP比（%）	貿易総額に占める対スネイク諸国貿易の割合（%）	1972-75年の平均インフレ率（%）
スネイク参加国				
ベルギー	35.6	89.0	65.0	9.5
デンマーク	22.0	42.9	46.1	1.2
ドイツ	257.2	32.3	40.0	6.4
オランダ	47.8	71.1	59.0	9.2
ノルウェー	14.7	51.6	46.2	9.0
スウェーデン	42.9	39.2	42.9	8.1
フランス	191.4	27.7	41.3	9.7
スネイク外諸国				
アイルランド	5.2	70.7	17.1	14.5
イタリア	128.9	29.3	46.9	13.2
イギリス	149.8	34.9	29.4	13.0

（出所）　OECD, *National Accounts*, 1972-1984; IMF, Direction of Trade. *Annual*, 1968-72; ABF, 1489200205/254. Comité des Suppléants du Comité des Gouverneurs, Rapport sur les arrangements possibles visant à contribuer à une plus grande stabilité entre les toutes les monnaies communautaires, 8 novembre 1976.

このため、同時代の出版物はもとより公的文書類にもその実像をまとまったかたちで記したものは存在しない。歴史研究にとって可能なのは、一九七〇年代から八〇年代初頭に作成された公的文書に登場する部分的、断片的な情報を手がかりにその実像に接近することだけである。

スネイクが円滑に機能するための本質的な条件は、この制度に参加した諸国のあいだで経済政策の収斂が進み、経済のファンダメンタルズの乖離が縮小することにある。ところが変動相場制の世界化と石油危機による経済の混乱ならびに危機から、スネイク諸国の政策もファンダメンタルズも相互に乖離する傾向にあった。これを総括的に示すのが各国間におけるインフレ率の乖離である。表4－1は、とくにドイツと他の諸国のあいだで顕著なインフレ率の乖離が生じていたことを示している。スネイクを支える基盤はいちじるしく脆弱なものになったのである。

スネイクの基盤の脆弱さはドル相場の変動によって増幅される。同じ表4－1にうかがえるように、個々のスネイク参加国の貿易総額に占める他のスネイク諸国の貿易の割合は四〇～六五パーセントのあいだに分布していた。したがって残る六〇〜三五パーセントのかなりの部分がドルで決済されていたと見られる。このようにドル決済分の割合が依然として大きかったことから、ドルの変動がスネイク諸国の為替関係に影響――しかも、不均等なかたちでの影響――をあたえ、スネイクに緊張をもたらすことになったのである。ただし、ドル相場もその上昇と下落とでは影響に違いがある。一般的に言うと、下落の方がスネイクにたいする影響は大きい。なぜなら、ドルの下落はマルク相場の上昇をもたらし、共同体内の弱い通貨国からドイツに向けて投機的資本の流出が生じるからである。とはいえ、ドルの上昇がスネイクにもたらす緊張も無視できない。ドルの上昇はドル建て石油価格の上昇をもたらし、欧州諸国の国際収支を不均衡へと導くからである。次項で明らかになるように、フランスがスネイクを離脱したのはいずれもドル相場の上昇期で、その直接の原因は国際収支の赤字増大によって誘発されたドイツへの投機的資本の流出であった。

ところで、スネイクをめぐる問題はパリティー・グリッド方式と呼ばれるこの制度に特有の介入方式にもあった。この介入方式のもとでは、一方の強い通貨国と他方の弱い通貨国のあいだで、両国の通貨が二・二五パーセントの乖離限度に達した時点で、両国の中央銀行によって変動幅維持のための介入が行われる。一見したところ、この方式は対称的であるかに見える。しかし実際にはそうではなかった。その理由は以下の四点に整理できる。

第一に、この介入から二つの通貨国の経済に正反対の効果が生じる。一方の強い通貨国には、自国通貨の発行増が生じることからインフレ・バイアスがかかる。他方の弱い通貨国には、介入する際に借り入れた強い通貨国の通貨を返済する際に外貨を失うことから、デフレ・バイアスがかかる。いずれの国にとっても具合が悪いが、弱い通貨国に生じる困難は強い通貨国の比ではない。デフレ・バイアスは当該国内に政治的、社会的リスクを生じるからである。しかもこのリスクは、次に記す第二、第三の事情によって増幅される。このため、弱い通貨国はパリティー・グリッド方式のもとで生じる一連の困難を「介入の負担」と呼んでいた。

第二に、介入はもっぱら最強の通貨国と最弱の通貨国だけで行われ、中間に位置する他の通貨諸国は介入する必要がなかった。それゆえ、介入の負担は常に最弱の通貨国に集中することになる。スネイクはすべての参加諸国が協力して支える「共同体的な《コミュノテール》」制度ではなかったのである。「空中のスネイク」になると、マルクの相場上昇に歯止めがかからなくなったことから、最弱の通貨国にかかる負担は過酷なものとなった。弱い通貨国の側からみれば、スネイクは自国にのみ厳しい非対称的制度ということになる。一九七四年八月、フランスの財務大臣ジャン＝ピエール・フルカードは、欧州閣僚理事会に宛てた覚書のなかで、スネイクの問題点について次のように記している。

> 一九七三年三月までは、対ドル変動幅（「トンネル」）が存在したおかげで、バーゼル協定で定義された欧州変動幅の防衛は容易であった。なぜなら、トンネルの限界点で行われる対ドル介入が一定程度、欧州通貨による介入を不用にしたからである。
>
> ところで、欧州通貨による介入には二重の不都合があった。それは介入の際に必要な金融を強い通貨国に負わせることと、決済の負担のすべてを弱い通貨国に負わせることである。〔相場の〕乖離が強い通貨の自律的運動から生じる場合には、決済の負担を弱い通貨国に負わせるのは公正ではない。一九七三年三月以降、いくつかの中央銀行は「トンネル」のあったころには必要なかったような状況のもとで、頻繁かつ大規模に介入せざるを得なくなった。……欧州協定〔バーゼル協定〕は、通貨の評価がもっとも低い国が、自国の為替準備のなかから欧州変動幅防衛のために無制限に資金を差し出すことによって機能するようになったのである。[1]（傍点は引用者）

第三に、ドイツの経済規模が他の諸国を圧倒しており、それが最弱の通貨国の介入の負担をいっそう重いものにした。一九七二年で比較すると、ドイツのＧＤＰはフランスの一・三倍、イギリスの一・七倍、イタリアの二倍である（表４‐１より算出）。かりにドイツとイタリアのあいだで介入が行われたとすると、ドイツ経済にかかるインフレ・

バイアスが一であれば、イタリアにかかるデフレ・バイアスは二になる。

第四に、パリティー・グリッド方式のもとでは、強い通貨国が常に資金の貸し手、弱い通貨国が常に資金の借り手として位置づけられる。このため債権国となる強い通貨国は弱い通貨国に経済政策における規律の強化をもとめ、これにたいして債務国となる弱い通貨国は強い通貨国に信用条件の緩和（短期・中期信用枠の拡大、返済期限の延長）をもとめる。このため、スネイク諸国間の関係は常に緊張をはらむことになる。

以上のようなスネイクの非対称的な性格と、それから生じる問題は容易に解決できるものではなかった。「トンネルの中のスネイク」の時代にイギリス、イタリア、「空中のスネイク」の時代にフランスと、スネイクから、順を追って最弱の通貨国に位置づけられた国が一つずつ離脱したことが、そのことをよく物語っている。

2　フランスのスネイク離脱と為替政策、共通農業政策

フランスのスネイク離脱（一九七四年一月）

前項から明らかなようにスネイクには制度そのものに由来する脆弱性があった。また、第3章で紹介した国庫局長ピエールブロソレットのシミュレーションでは、スネイクからイギリスとイタリアが抜けた場合にはフランスの貿易と国際収支が深刻な危機に陥ると予測されていた。こうしたスネイクに潜在するリスクは一九七三年末の石油危機によって現実のものとなる。

スネイクが「トンネルの中のスネイク」として再発足した一九七三年の三月から七月までは、ドル相場は下降をつづけており、市場ではドルの再切下げすら取りざたされていた。しかし石油危機が状況を一変させた。四倍にも達する石油価格の高騰によって大半の非石油産出国はインフレに見舞われ、経常収支は赤字を記録する（表4-2）。しかしアメリカ合衆国の経常収支は第3四半期から回復をみせ、この年度は大幅な黒字を記録する。このため、石油危

表4－2　欧州共同体諸国の経常収支残高

（単位：100万 ECU、カッコ内は対 GDP 比率％）

	1966/73（年平均）	1974	1975	1976	1977	1978	1979	1980	1981（暫定値）
ドイツ	+1,634 (+1.0)	+8,226 (+2.6)	+3,213 (+0.9)	+3,442 (+0.9)	+3,241 (+0.7)	+6,880 (+1.4)	−4,040 (−0.7)	−11,125 (−1.9)	−10,000 (−1.6)
フランス	−306 (−0.2)	−5,014 (−2.2)	−54 (0)	−5,453 (−1.7)	−2,917 (−0.9)	+2,936 (+0.8)	+1,139 (+0.3)	−5,250 (−1.1)	−9,000 (−1.8)
イタリア	+1,289 (+1.6)	−6,719 (−4.7)	−466 (−0.3)	−2,519 (−1.5)	+2,161 (+1.1)	+4,871 (+2.3)	+3,732 (+1.6)	−7,250 (−2.6)	−6,000 (−1.5)
オランダ	+277 (+0.5)	+1,731 (+2.9)	+1,343 (+2.0)	+2,387 (+2.9)	+258 (+0.3)	−945 (−0.9)	−1,960 (−1.8)	−1,750 (−1.5)	−1,100 (−0.9)
ベルギー／ルクセンブルグ	+460 (+1.5)	+772 (+1.7)	+546 (+1.1)	−37 (0)	−634 (−0.9)	−709 (−0.9)	−2,480 (−3.0)	−4,680 (−5.3)	−5,500 (−5.9)
イギリス	+275 (+0.2)	−6,869 (−4.3)	−3,093 (−1.7)	−1,934 (−1.0)	−343 (−0.2)	+1,404 (+0.6)	−2,585 (−0.9)	+3,814 (+1.0)	+5,000 (+1.1)
アイルランド	−119 (−3.0)	−584 (−10.1)	−27 (−0.4)	−272 (−3.7)	−258 (−3.1)	−239 (−2.5)	−1,090 (−10.1)	−1,025 (−8.3)	−1,600 (−11.3)
デンマーク	−306 (−2.1)	−766 (−2.9)	−414 (−1.4)	−1,711 (−4.6)	−1,507 (−3.7)	−1,092 (−2.5)	−2,205 (−4.3)	−1,940 (−4.1)	−1,500 (−2.9)
ギリシャ	−370 (−3.9)	−1,038 (−6.6)	−795 (−4.7)	−831 (−4.1)	−943 (−4.1)	−749 (−3.0)	−1,373 (−4.9)	−1,400 (−4.7)	−2,000 (−5.6)
欧州共同体全体	+2,837 (+0.5)	−1,0263 (−1.0)	−254 (0)	−6,928 (−0.5)	−942 (0)	+1,2358 (+0.8)	−10,862 (−0.6)	−30,606 (+1.5)	−31,700 (+1.4)

（出所）ABF, 1489200205/128. Commission des Communautés européennes. DGAEF. Les taux de change dans le Système monétaire européen (Note à l'attention du Comité monétaire), 27 avril 1981; ABF, 1489200205/137. Commission des Communautés européennes. DGAEF. Note à l'attention du Comité monétaire, février 1984.

機がアメリカに及ぼす影響は少ないとの観測が市場に広がり、スネイク諸国通貨にたいするドルのポジションは改善する。一九七四年一月の後半までに、ドルはスネイク諸国通貨の名目平価にたいして八パーセント増価した。フランスでは原料品および石油の大部分がドルで決済されていたことから、ドル相場の上昇によってこの国の交易条件は悪化し、経常収支の赤字が増大した。こうした一連の因果連関を介して一九七三年末からフラン売りが始まり、翌一九七四年一月一九日、フランス政府はスネイクからの離脱を決定する。

その二日後の一月二一日に通貨委員会が開かれたが、会議はフランスのスネイク離脱をめぐって紛糾した(2)。フランス銀行は一九七三年末から七四年初頭にかけて七〇億フランの金・外貨準備を失ったものの、なお二八〇億フランの準備を保有しており、切迫した事態にはないと見られたからである。フランスの決定は他の諸国の委員に、フランスの意図が自国通貨を割安に導くための「競争的切下げ」にあるのではないかとの疑念をいだかせたのである。

各国委員から向けられた厳しい批判に対応したのはフランス財務省国庫局国際部長のジャン＝イヴ・アブレルである。彼はフランスのスネイク離脱の意味を四つの「性格」によって説明した。第一は「予防的性格」である。国際通貨制度の将来が定まらない現状では、為替市場に不測の事態が生じる恐れがある。それゆえ通貨当局が市場を有効にコントロールできるよう、必要な準備は残しておかねばならない。第二は「社会的性格」である。成長と雇用を保障するための準備を確保しておく必要がある。第三は「経験的性格」である。フランスの通貨当局は「経験にもとづいて為替市場が秩序よく機能するよう監視する」つもりであり、「競争的切下げ」の意図はない。第四は「一時的性格」である。フランをフロート状態におく期間は六カ月を想定している。あらかじめ期限を設けるのは、その間に次のような一連の事情の変化が生じると予想されるからである。石油危機の最終的な結末が判明する、欧州委員会が提案している短期通貨支援の拡充が実現する、ドルにたいする共同体諸国の協調体制が整う、欧州レヴェルでオイル・マネー還流のための仕組みが整う、など。

以上のアブレルの説明からは、フランスが石油危機後の経済混乱を過小に評価していたこと、また、フランスが依然として経済政策の収斂を現実の課題と見ていなかったことがうかがえる。かくて、アブレルの説明を聞き終えたドイツ代表のミュラー＝アンデルスとオランダ代表のオオルトは、欧州通貨協力制度の安定には経済政策の収斂が必要であるとの原則的主張をくり返すことになった。オオルトはさらに踏み込み、フランスが重視する「社会的関心」は「競争的切下げへの道」につうじるとして、アブレルの説明に強い調子で懸念を表明した。通貨委員会でただ一人、フランスの決定に理解を示したのは、スネイクを離脱していたイタリアの代表オッソラだけであった(3)。

スネイクを離脱するや、フランはスネイク諸国通貨にたいして五パーセント減価し、さらに五月半ばまでに一四パーセント減価した。その後はしだいに相場を戻したものの、年末になってもなお五～六パーセント減価したままであった。一方、後段で明らかになるように、国際通貨制度問題への対応をめぐる域内諸国の結束はしだいに崩れ、固定相場制が復活する可能性は遠のいて行った。かくて、六カ月が経過してもフランスはスネイクに戻れなかった。では、単独フロートに移行したあと、フランスの通貨当局はどう自国の通貨を誘導していたのであろうか。

フランスの為替政策に関する情報は乏しい。ほとんど唯一といえる確実な情報は、一九七七年の七月と一〇月に、フランス銀行総裁クラピエ、同主席副総裁ジュニエール、同次席副総裁テロンが一般評議会（理事会）で行った一連の説明である。それによると、フランス銀行は一九七四年から、他の諸国および国際機関・銀行と同様、「市場を実態に即して誘導する」ために実効為替相場を利用していた。それは、フランスの貿易総額に占める相手国別貿易額の加重平均にもとづいて合成された通貨バスケットの変動率である。この合成通貨は三つの通貨グループを対象につくられていた。第一はスネイク諸国通貨、第二は共同体諸国通貨、第三はフランスの外国貿易の八〇パーセントを占める主要一九カ国の通貨である。そして、最後の第三グループをもって通貨バスケットの総体としていた。ちなみに、通貨バスケット全体（第三グループ）に占める各グループの割合は、一九七七年時点で、スネイク・グループが四五パーセント、共同体グループが六四パーセントであった。また、個別の国ではドイツが二三パーセント、ベルギーが一二パーセント、オランダが七パーセント、アメリカ合衆国が一六パーセントを占めていた(4)。フランス銀行は固定相場制が崩壊する直前の一九七三年末を基準にとり、この基準にたいする各合成通貨の変動率を毎日計算していたが、総裁クラピエによると、それは「経済的な目的」のためではなく、「もっぱら実用上の必要(5)」に応じるためであったという。

問題は、三種類の通貨バスケットの変動とのかかわりで、フランス銀行がどうフランを誘導していたかである。総裁および二人の副総裁によれば、マルクに追随するスネイク諸国通貨と、ドルに追随するポンドおよびリラとの「中間的ポジション」(6)にフランを位置づけるように努めていたという。そうした政策がとられた理由は明らかでないが、フランスの貿易構造および国内経済政策からみて、それが合理的であると判断したためであることは、容易に想像できる。図4-1に掲げた共同体諸国の通貨の変動からは、このようなフランスの通貨当局の意図がうかがえる。マルクは一九七三年末以後常に高い水準を維持しており、ベルギー・フランはこのマルクにおおむね追随している。この二つのスネイク諸国通貨とは反対に、ポンドとリラはほぼ一貫して大幅に下降をつづけている。対照的な動きを示すこれら二つの通貨グループにたいして、フランは一九七三年末の水準を軸に、その上下に大きく曲線を描いており、両グループの中間的な位置を保持している。

フランスの為替政策が上記のようなものであったということは、この国がスネイク復帰のために為替政策の面で特段の努力をしていなかったことを意味する。それはまた、この国が欧州通貨協力問題を常にイギリス、イタリアを含む広い枠組みのなかでとらえていたことをも意味している。フランスは、ドイツへの経済的依存度の高いベネルクスのような小国とは違う立場に立っていたのである。

機能不全に陥った共通農業政策

前の諸章からも明らかなように、フランスは世界レヴェルでは固定相場制に執着し、欧州レヴェルでは経済通貨同盟の第一段階から縮小変動幅を導入することを主張した。こうしたフランスの主張や行動には、農業共同市場とそれを支える共通農業政策にたいするこの国の利害が主要な動機として働いていた。では、為替関係が混乱の度を増すな

図 4－1　実効為替相場の変動（1973～76年）

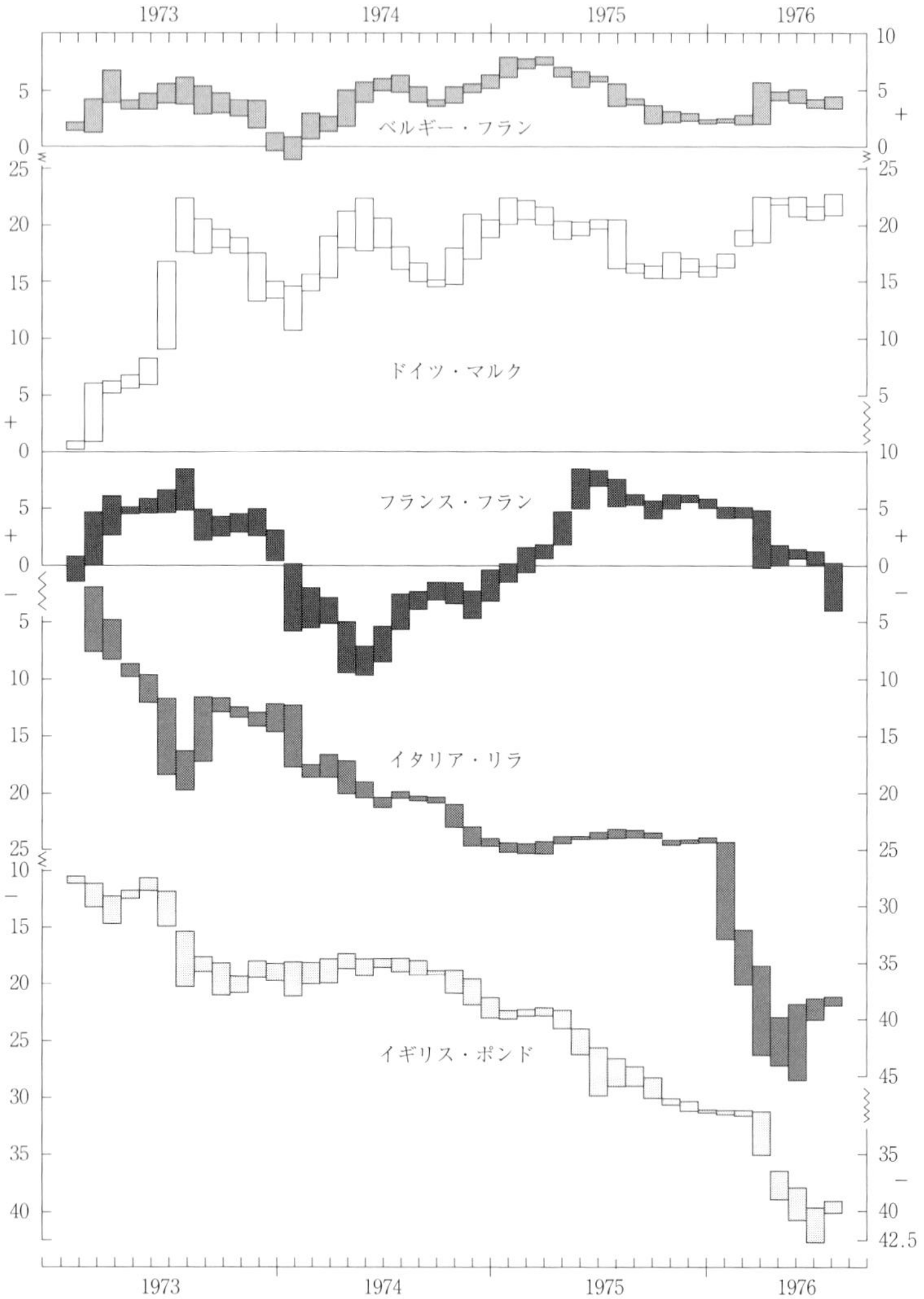

（注）　スミソニアン協定にもとづいて定義された実効為替相場。マス目は 1 カ月間に記録された変動幅を示す。

（出所）　CAEF, 1489200205/254. Comité des Gouveneurs. Comité des Suppléants. Rapport sur les arrangements possibles visant à contribuer à une plus grande stabilité entre toutes les monnaies communautaires, 8 novembre 1976.

かで農業共同市場はどのような状況のもとにおかれていたのか。

一九六九年八月にフランが切り下げられて以降、共同体の域内における為替関係の調整が行われ、さらにスネイクからの有力な諸国の離脱が相次いだ。これによって共同市場の機能は大きく損なわれた。なかでも損傷が大きかったのは農業共同市場である。というのも、農業共同市場には農産物価格を欧州計算単位（UC）で表示する統一価格制度が導入されており、この市場はほぼ完成の域に達していたからである。

一九六九年八月にフランが切り下げられた際、農業共同市場に「通貨調整金制度」（Montants compensatoires monétaires）が導入された。フランスはこのとき、欧州閣僚理事会の了承を得て、一九七一〜七二農業年度の開始時に自国の農産物価格を統一価格に戻すまでのあいだ、課税と補助金によって自国の農産物価格と共同体の域内・域外貿易において適用される統一価格との差額を埋めることにした。すなわち、一方でフランスからの輸出農産物に課税してその価格を引き上げ、他方で輸入業者に補助金を交付することによって輸入農産物の価格を引き下げることにしたのである。これが通貨調整金制度のはじまりである。ドイツが一九六九年一〇月にマルクを切り上げた際には、フランスとは反対に農産物の輸出業者に補助金を交付し、輸入農産物に課税を行った。次いで一九七一年八月に金／ドルの交換性が停止されてからは、通貨調整金制度は共同体の全域に拡大適用されるようになった(7)。

通貨調整金制度の目的は、為替の変動を中立化することによって共通農業政策を防衛することにあった。ところが実際にはそうはならなかった。この制度には調整金の算定・調整・課税方法などに改善困難な技術的問題が数多くあったからである。なかでも致命的とも言えるのは、この制度によって域内諸国の農業生産者間の競争にいちじるしい歪みが生じたことである。フランスのような弱い通貨国では、調整金（課税）額と農業生産費は国内物価の上昇につれて上昇するものの、通貨の下落に連動して農業生産物価格を引き上げることは許されない。一方、ドイツのような強い通貨国では同じ仕組みが反対方向に働くために、弱い通貨国の生産者たちの利幅は強い通貨国の生産者たちに比

図4－2　通貨変動、通貨調整金、硬質小麦の指標価格（1967～74年）

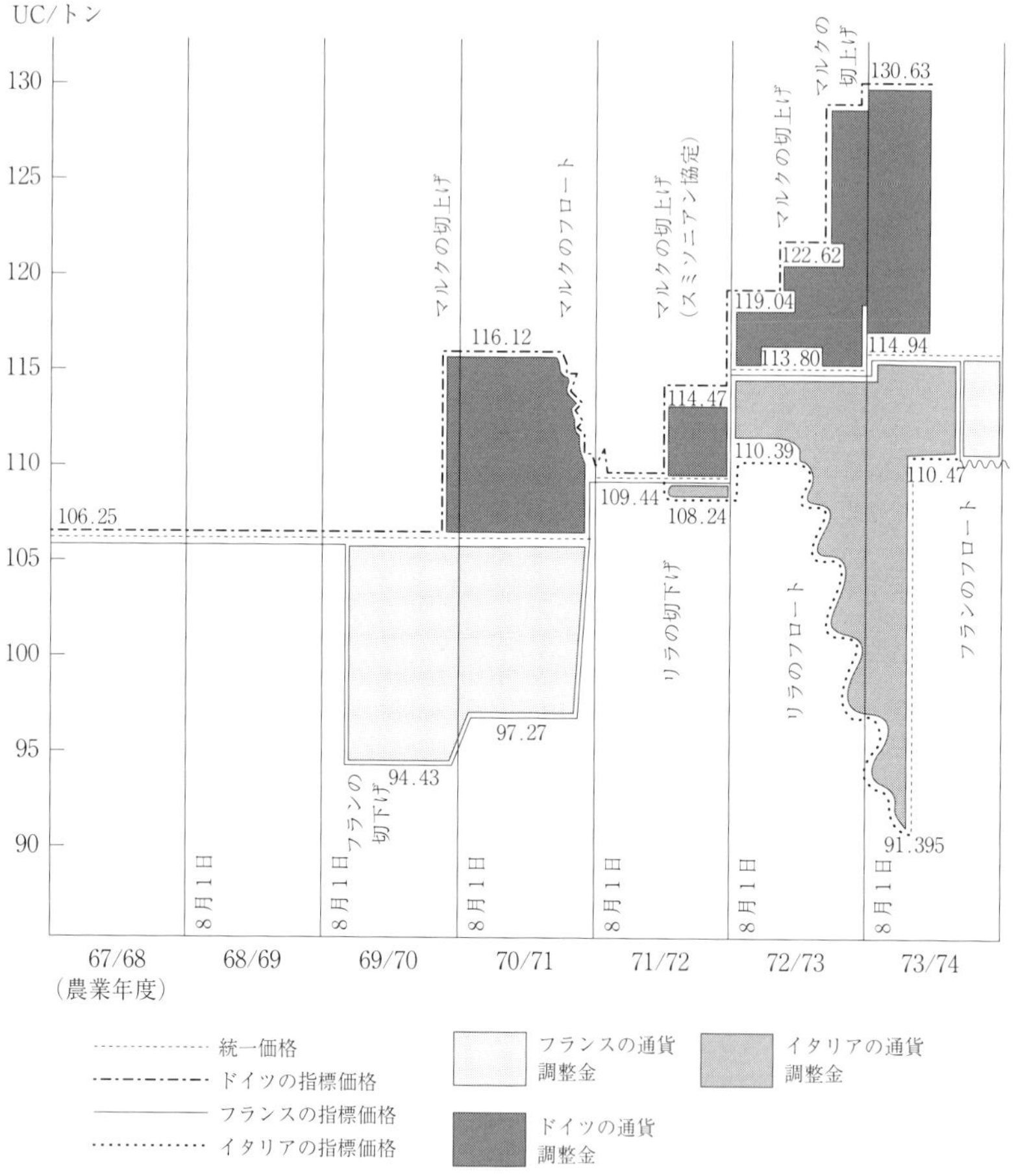

（出所）ABF, 1489200205/218. Ministère de l'Agriculture. Commission des Communautés européenes. Les dossiers de la politique agricole commune. Les montants compensatoires monétaires, nº 25-26, avril-mai 1974.

べて縮小する。それゆえ、フランスの第七次プラン（一九七六〜八〇年）の改訂に際して設置された政府委員会が問題にしたように、「かりに現状がつづけばフランス農業が長期的にきわめて不利な立場におかれるのは確実である」(8)ということになる。

図４‐２は通貨の変動、通貨調整金、硬質小麦（パン小麦）の指標価格の変動を示している。なお、指標価格とは農業大臣からなる欧州閣僚理事会によって決められた市場における期待価格のことである。通貨の変動によって生じたフランス、ドイツ、イタリアにおける通貨調整額の変動の大きさからは、農業共同市場がうけた損傷の深刻さがうかがえる。フランスは農業共同市場の最大の受益国であるものの、通貨調整金制度のもとでは不利益をうける立場におかれていたから、こうした市場の機能不全状態はこの国にとって放置することのできない問題であった。フランスが一九七四年一月にスネイクを離脱した際、六カ月という期限を設けた背景には農業共通政策をめぐる問題もあったのである。

第２節　第一次フルカード案（一九七四年九月）――フランスの修正された対米・対欧通貨戦略

フランスがスネイクを離脱してまもない一九七四年四月二日、大統領ポンピドゥーが死去した。後任の大統領を決める選挙では前財務大臣のジスカールデスタンが勝利し、五月一九日に大統領に就任した。彼は財務官僚出身だっただけに、銀行家出身の前任の大統領とは違い、経済政策については安定志向であった(9)。とはいえ、前任者の任期途中で大統領職に就いたこともあり、一九七四年度についてはポンピドゥーの成長政策を引き継ぐことになる。

新大統領が財務大臣に任命したのは同じ財務官僚出身のフルカードである。この大臣のもとでスネイク改革案が覚書にまとめられ、九月一六日の欧州閣僚理事会に提出された。これが「フルカード案」の通称で知られる「新しい欧州通貨変動体制に関する覚書」[10]である。

1 第一次フルカード案――共通ドル政策と通貨バスケット

前史

フルカード案――ただし、一九七五年に欧州閣僚理事会に提出されたもう一つフルカード案と区別するために「第一次フルカード案」と呼ぶ――は一九七四年の夏に国庫局内で準備された。それを指揮したのはピエールブロソレットの後任の国庫局長ジャック・ドゥ・ラロジエールである。

ラロジエールがフルカードに報告しているところによると、その背景には三つの事情があった。一つは、予告した六カ月が経過してもフランスがスネイクに復帰できなかったことであり、もう一つは、七月から欧州閣僚理事会の議長国がフランスに回ってきたために、積極的な行動に出る必要があったことである[11]。最後は、問題の本質にかかわる次のような一連の事情である。フランスまでもがスネイクを離脱したことから、共同体内には経済通貨同盟にたいする懐疑が広がっている。経済通貨同盟の第二段階への移行も中断したままであり、ドイツが「慎重条項」を発動することも考えられる。そうなると、共通農業政策をはじめとする共同体の他の活動に支障が生じる。遅れて共同体に加盟したイギリスも、経済通貨同盟について「再交渉」の必要を口にしている。それゆえラロジエールによると、「域内協力の強化と国際環境にたいする欧州の結束」が急務である。事態を打開するには、域内諸国の「多様性」と域内諸国が抱える「制約事項」に配慮した、「最大限の現実主義」にもとづく「通貨同盟再浮揚」のための目標をフランスが示す必要がある[12]。

かくてフランスには、一九七四年秋の時点で、スネイク問題をめぐって積極的な行動に出ねばならない政治的理由があったのである。

とはいえ、スネイク改革にたいするフランスの基本的な考え方は、すでに財務大臣時代のジスカールデスタンによって公にされていた。一九七四年三月五日、ジスカールデスタンは欧州の有力新聞四紙への共同インタビュー[13]に応じ、スネイク改革について語っている。その内容は次のようなものであった。現行のスネイクは固定相場制への早期復帰が可能と思われた時期に制度設計されたものであり、現状に合わなくなっている。現時点で考えられる制度としては三つのタイプがある。第一は、最大変動幅は現行の二・二五パーセントに固定するものの、状況によっては一時的にこの欧州変動幅の外に出ることを容認するというタイプである。第二は現行の制度である。第三は、最大変動幅の限界点に達した通貨国だけが為替市場に介入するのではなく、各国通貨のあいだに「中間点」を設け、その中間点からの距離に応じてすべての通貨に介入義務を負わせるというタイプである[14]。

第一次フルカード案

フルカード案[15]はジスカールデスタン談話に登場する第一と第三の二つのタイプの制度にもとづいて組み立てられており、その狙いは「すべての共同体加盟国が域内為替体制に自国の通貨を復帰させられるような『受入れの仕組み』(structure d'accueil) を示すこと」にあった。実際、フルカード案は次の三つの提案から構成されている。

第一に、各国の中央銀行が個別に行っているドル介入を、共同体として「組織化し、調整する」。そのために対ドル「介入点」(seuils d'interventions) ないしは対ドル「共同体水準」(niveau communautaire) を設ける。ただし介入点は一定期間据え置かれるものの、ドル相場に大きな傾向的変化が生じるごとに変更されるものとする。これは旧スネイクの時代に似た「トンネル」の再構築を意味するが、固定的なトンネルではなく「変更可能なトンネル」(Tunnel déformable) である点に特徴がある。固定的なトンネルとしないのは、「アメリカ合衆国自身が支えていないドル相場を防衛することまではできない」からである。

図4-3　超過変動幅圏の概念図――第一次フルカード案――

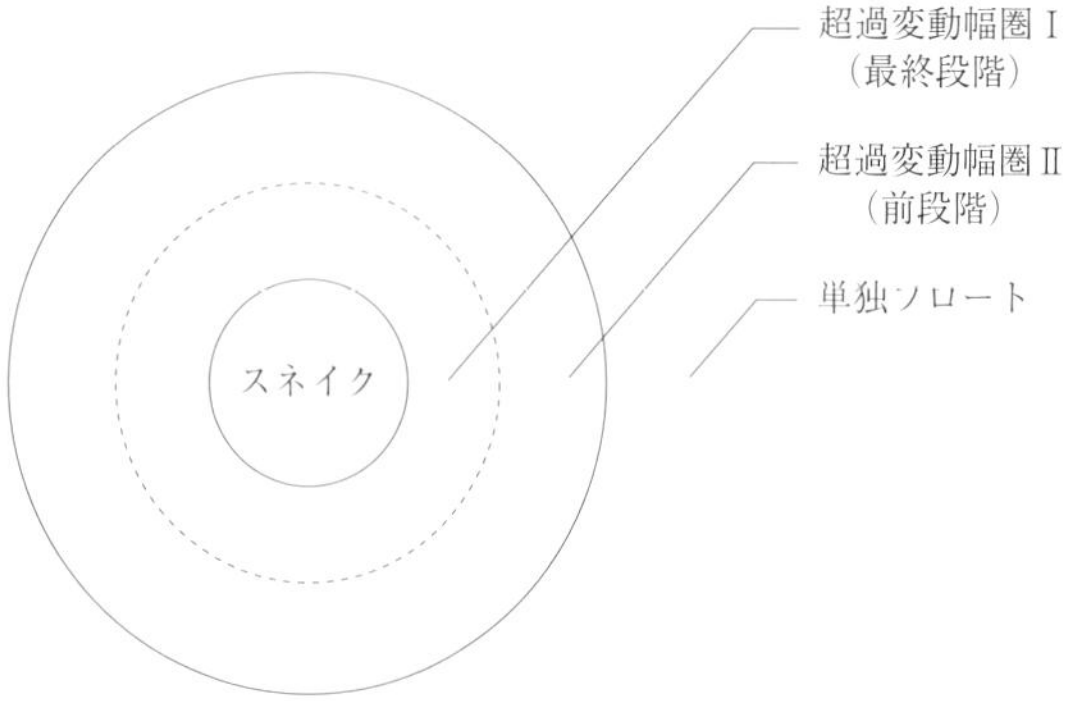

この提案項目は共同体内で「共通ドル政策」（politique commune à l'égard du dollar）と呼ばれることになるが、それは域内諸国通貨の対ドル相場の安定を目的としており、主な狙いは、「トンネル」を再構築することによってマルクが際限なく相場を上げて行くのを防ぎ、最弱の通貨国にかかる介入の負担を軽減することにあった。ただし、当時のフランスは依然として固定相場制の再建という原則的立場を崩していなかったから、「可変的トンネル」には固定相場制再建までの過渡的措置という意味が込められていたと見ることもできる。

第二に、域内諸国通貨の加重平均によって合成される通貨バスケット、「欧州通貨計算単位」（Unité de compte monétaire européenne. UCME）を制定し、この計算単位で表示される各通貨の平価（中心相場）からの距離によって、各通貨に許される最大変動幅を定義する。この最大変動幅は中心相場の上下それぞれ二・二五パーセントもしくは三パーセントとする。したがってこの変動幅を維持するために行われる介入は、一般に個々の中央銀行によって単独で行われる。一方、この制度を採用することにより、パリティー・グリッド方式は廃止する。

すでに共同体には域内の各種経済取引や計算の必要に応じるための欧州計算単位があり、それは金の重量で定義されていた。フルカード提案の新しさは、この欧州計算単位を通貨バスケットに変更し、各通貨の中心相場をこの合成通貨で定義し、欧州変動幅を守る責任を個々の中央銀行に負わせている点にある。この方式を採用した場合には、パリティー・グリッド方式とは違い、弱い通貨が強い通貨に一方的に引き寄せられることはなく、域内の通貨は全体の平均値に引き寄せられることになる。

第三に、単独フロート中の域内諸国通貨のために、スネイクの周りに、最大変動幅がスネイク基準を超える複数の「超過変動幅圏」（zones de dépassement）を設ける（図4－3参照）。フロートをやめて「超過変動幅圏」に移ることを決めた通貨については、共同体の諸機関が為替相場の監視にあたるとともに金融支援を行うことによって、スネイクへの復帰を促す。つまり、フロート中の諸通貨にたいする文字通りの「受入れの仕組み」を用意しようというのである。

以上三つの提案項目からは、フランスがスネイクの改革をつうじて三つの懸念を解決しようとしていたことが読みとれる。まず、制度をより対称的なものに変え、弱い通貨国の介入の負担を軽減する。次に、スネイクを核とする重層的でかつ柔軟な欧州通貨圏を構築することにより、フロート中の通貨をスネイクに再統合するための仕組みを用意する。また、そうすることによって、弛緩した域内諸国間の結束を図る。つまり、先のラロジエール覚書の表現を借用すれば、「最大限の現実主義」にもとづく「通貨同盟の再浮揚」である。最後に、スネイク改革を国際通貨制度の再建・改革の問題と連結する。欧州通貨協力と国際通貨制度改革を一体のものとして扱うことは一九六〇年代末以降のフランスの国際通貨戦略の要であったが、この戦略はフルカード案にも基本的に受け継がれていた。ドルのまわりに「トンネル」を構築するという提案のなかにそれがうかがえる。ただし、トンネルが「可変的な」ものに改められていることが物語るように、フルカード案は、変動相場が一般化し固定相場制への復帰が不透明になった、新たな状況に対応するフランスの改訂通貨戦略と見ることができる。

九月一六日に開かれた欧州閣僚理事会は、議長を務めるフルカード自身の提案にもとづいて、以上のようなスネイク改革案の検討を通貨委員会と中央銀行総裁委員会の二つの専門委員会に付託することを決めた。

2　専門委員会における検討

テロン小委員会とエイヴァルト小委員会における検討

通貨委員会と中央銀行総裁委員会の二つの専門委員会は、一九七四年の九月から一二月にかけてフルカード案をとりあげている。しかし実質的な検討を引き受けたのは、委員会のもとにおかれた作業委員会、すなわちテロンを長とする小委員会とエイヴァルトを長とする小委員会である。対ドル介入については項を改めて扱うとして、ここでは超過変動幅圏と欧州計算単位について見ることにしよう。

超過変動幅圏に関する検討を主に担当したのはテロン小委員会である。この小委員会には、フランスを代表する委員から、「前段階」と「最終段階」という大きく二つの段階からなる、域内諸国通貨の段階的再統合のためのスキームが提案された。

まず「前段階」では、スネイク諸国通貨とフロート中の諸通貨との「協調変動」（évolution de concert）の実現をめざす。ここでは、通貨をフロートさせている国の中央銀行総裁が中央銀行総裁委員会とFECOM理事会の双方にたいして「協調変動」に入る意思を表明し、「自国の通貨が可能なかぎりスネイク諸国通貨と『協調して』変動するように監視する」ことを約束する。ただしこの段階では、目標実現のための方法および手段の選択は当該中央銀行に委ねられる。こうして当該通貨について暫定的に最大変動幅が設定されることになるが、この変動幅を維持するために用いられる介入通貨はドルであっても欧州の通貨であってもよい。

次の「最終段階」では、スネイク諸国通貨とフロート中の諸通貨との「共同変動」（flottement concerté）の実現が課題になる。この段階は「スネイクへの完全統合に向けた重要な一歩」と位置づけられる。スネイクへの復帰をめざす通貨とスネイク諸国通貨とのあいだの中心相場は固定されるが、必要に応じて中心相場を月単位で変更することも認める。介入は主として欧州の通貨によって行う。また、介入自体は関係する双方の通貨国によって同時に行われるものとする。介入の際に必要となる相手国の通貨はＦＥＣＯＭをつうじて調達できるようにする。ただし、通貨の返済条件については、バーゼル協定に定められた条件を緩和して適用する。(16)

以上のようなフランス案にたいして、スネイク諸国の代表たちはいずれも強い拒否反応を示した。スネイクの本来の機能を損なうというのがその理由であった。このため、テロン小委員会は提案内容の具体的検討に入ることすらできなかった。かくて、中央銀行総裁委員会にたいする小委員会の一九七四年一一月六日付中間報告では、多数派の意見が次のように整理されている。「現状では、フロート中の諸通貨をスネイクに再統合するための各段階をどの時点で決めるかということはもとより、各段階の内容を詰めることすらも問題にはなり得ない。共同体の各通貨間に固定為替相場を再建できるかどうかは、景気の動向と各国経済の収斂いかんにかかっている」(17)。

欧州通貨単位に関するフルカード提案については、エイヴァルト小委員会に検討が委ねられた。この小委員会では、欧州委員会の代表が提案への全面支持を表明した。通貨バスケットの創設は経済通貨同盟の最終段階で必要となる「欧州通貨の萌芽」（un embryon de monnaie européenne）への道を開く、というのが理由であった。フロート中の通貨国の代表たちも、新しい欧州通貨に域内諸国間の為替関係を柔軟にする働きがあることから、「受入れ機構の設置に向けた一つの道」であるとして、フルカード提案に好意的な反応を示した。

しかし、スネイク諸国の代表たちはフルカード提案に強く反発した。理由は二つあった。一つは、通貨バスケットの創設はバーゼル協定の原則から外れるという制度上の理由である。もう一つは実質にかかわる理由である。通貨バスケットが用いられるなら、「欧州通貨表示の債権および債務がフロート中の諸通貨の変動から生じるリスクにさらされる」(18)ようになり、スネイクに不安定要因がもちこまれる。というのは、通貨バスケットに占めるフロート中の諸通貨の比重が大きすぎるからである。たとえば、短期通貨支援基金を創設する際に用いられた各国の醵出率を利用して計算すると、フロート中の諸通貨の割合は欧州通貨単位の六〇パーセントを占める。かくて、スネイク諸国とその他の諸国のあいだに妥協点を見出すことは難しかった。このような場面で妥協に向けて動くことの多いベルギーも、ここでは動こうとしなかった。

通貨委員会における検討

ところで親委員会の通貨委員会と中央銀行総裁委員会であるが、両委員会は相互間で調整をすませたあと、通貨委員会が一二月四日の会合で欧州閣僚理事会への報告書をとりまとめた。この通貨委員会における最終調整の場でも、対ドル協調介入問題を別にして、フランスと他の諸国のあいだの溝は埋まらなかった。

なかでも超過変動幅圏をめぐる対立は厳しかった。フランス銀行主席副総裁ジュニエールは、自国の主張を報告書に反映させるべく、フルカード案の趣旨をくり返し確認した。問題になっているのはフロート中の通貨のスネイク復帰を容易にすることであって、「スネイクを他の制度に代えることではない」。スネイクの周りに複数の段階を設定し、フロート中の通貨にバーゼル協定とは異なる権利と義務を適用するのは、あくまでも「経過的措置」である。規約改定が問題になるのは「すべての通貨が再統合されたあとのことである」。これにたいしてドイツ、オランダ、デンマークの三国の代表は、「フランスの提案は域内信用制度の拡大につながり、……バーゼル協定の規定と両立しない」(19)と主張し、譲らなかった。わずかにベルギーだけが信用制度の拡大に理解を示したものの、フランス案に同調するまでにはいたらなかった。

結局、ジュニエールは多数派の固い姿勢を崩すことができず、報告書には次のように記されることになった。フランスが提案している二つの段階のうち「実質的に意味があるのは最終段階〔共同変動〕だけである」。しかし「この最終段階について結論を下すのは時期尚早である」。「すべてのスネイク参加国は、スネイクの能力を弱めることや、その機能を変質させるような行為を避けることが、肝要であると判断した。……フランスの提案する『共同変動』には利用可能な信用額の増大が含まれている。……追加信用を供与する可能性のある若干の国は、現行の貸出し枠が適切であり、それを増やす理由があるとは考えない」[20]（傍点は引用者）。なお、フランス側で作成された会議記録によると、「追加信用を提供する可能性のある若干の国」とはドイツとオランダの二国をさしている[21]。

通貨バスケットとしての欧州通貨計算単位の創設については、欧州委員会経済金融総局の局長ボワイエ＝ドゥ＝ラ＝ジロデーが検討する必要性を説いたことから、報告書には両論が併記された。とはいえ、通貨委員会としての結論は否定的なものとなった。

当委員会は、共同体通貨バスケット概念を定義しようとすることは、事実上、欧州通貨の萌芽を定義するに等しいと考えた。当委員会は、欧州通貨は最終的には必要となるものの、現時点でそれを創設するのは時期尚早であり、危険であると判断した。一部の委員は、欧州通貨バスケットにすると、フロート中の諸通貨が全体の半分以上の加重平均を占め、計算単位の価値に不確実な要因が入り込むので受け入れられない、と強く主張した。反対に他の委員は、〔域内諸国の〕半数以上の通貨の価値が算入されていないパリティー・グリッド方式にもとづく単位では〔全体を〕代表するとは言えないと考えた[22]。

フルカード案のなかで唯一、委員会で部分的にではあるが合意が成立したのは対ドル協調介入である。これについては、次に項を分けて論じることにする。

3　共通ドル政策問題の展開

一九七五年一月一五日の中央銀行間合意

共通ドル政策の検討はもっぱら中央銀行総裁委員会で行われた。

可変的であるとはいえスミソニアン体制下と同様の「トンネル」の構築を狙ったフルカード提案は、域内諸国通貨の対ドル相場を一定期間固定しようとするところに主眼があった。しかし中央銀行総裁委員会では、フランス銀行総裁クラピエはこうしたフルカード提案の本来の趣旨に固執しなかった。一方、同委員会では、すでに一九七三年から、デンマーク国立銀行総裁エリック・ホフマイヤーの提案にもとづいて為替市場介入に関する一般的な議論が行われていた。その結果、一九七四年三月二六日には、域内諸国通貨による為替市場介入に関する協定が結ばれていた。また総裁たちのあいだでは、対ドル協調介入には間接的に域内諸国通貨間の為替変動を弱める働きがある、という認識も共有されるようになっていた(23)。

こうした経緯があったことから、中央銀行総裁委員会における共通ドル政策の検討は比較的速いテンポで進んだ。同委員会は一九七四年九月にエイヴァルト小委員会にこの問題の技術的検討を委ねたが、この小委員会では早い段階で、次の二点で合意が形成された。(1)前日の終値の上下それぞれ一パーセントを目安に、それを超える相場の変動が生じた場合に対ドル介入を実施する。(2)ただし変動が「基本的性格」を有する場合はそのかぎりでない。小委員会が一二月の中央銀行総裁委員会に報告したのも、また後者が同じ一二月の欧州閣僚理事会に報告し了承を得たのも、このように目的を「秩序ある取引(24)」に限定した共通ドル政策であった。

こうして為替市場を一日単位で、しかも部分的に管理するという、きわめて控えめなものであったが、フルカード案の一部は実現することになった。

しかし問題はその具体化である。そこで議論になったのはアメリカ合衆国に協調を働きかけるべきか否かである。アメリカとの協調は政策効果を高めるうえで有益であるものの、この国の態度が明確でなかったからである。クラピエは、一二月一〇日の中央銀行総裁委員会でこう発言している。「連邦準備銀行との協力は望ましいことであります」が、「アメリカ合衆国ではこの問題をめぐって意見が分かれています」。よって「アメリカ当局の同意を得ることは考えなくてよいでしょう」と。[25]結局、中央銀行総裁委員会はこのクラピエ発言の線でまとまった。一九七五年一月一五日には、アメリカとの調整を経ることなく、対ドル協調介入に関する合意が覚書にまとめられている。[26]その概要は以下のとおりである。

（1）介入は、「為替市場を、試験的に、基本的な傾向を妨げることなく、部分的に管理する」ことを目的とする。

（2）各中央銀行は市場における一日あたりのドル相場の変動を、原則として前日の終値の上下それぞれ〇・七五〜一パーセントの範囲に維持する。より厳密には以下のとおりとする。①変動が〇・七五パーセント以下であっても中央銀行は自らの判断で介入することができる。②変動が〇・七五パーセントに接近した場合には、介入が推奨される。③変動が一パーセントを超えた場合には介入義務が生じる。④変動に「強い基本的傾向」がみとめられた場合、あるいは特別な事情が生じた場合には、当該国の中央銀行は域内の他の中央銀行と事前協議を行ったうえで介入する。

（3）最大変動幅については経験を積むなかで調整する。

（4）この政策を実施にあたっては中央銀行間における「活発で恒常的な協議」が不可欠となる。

（5）ニューヨーク市場でも同様の介入が行われることが望ましい。少なくとも「欧州の中央銀行がすでに行った介入と抵触しない」ことが重要である。[27]

アメリカ合衆国との協調

一月一五日付覚書にもとづいて最初に為替市場に介入したのはブンデスバンクである。この介入は独米両通貨当局間に軋轢を生じた。二月一一日の中央銀行総裁委員会で、同行副総裁エミンガーがその経緯を説明している[28]。それによると、ブンデスバンクが一月下旬にドル介入を行ったところ、アメリカの通貨当局から「強い批判」を浴びた。「ドルに大きな動きがあった場合には、たとえば三、四パーセントまでの相場の変動は放置し、そのあとでこの動きと反対方向に強力に介入する」というがアメリカの考え方だったからである。したがって、市場介入についてのアメリカの見解は欧州諸国の見解と「根本的に異なっている」。この問題をめぐってブンデスバンク総裁とアメリカ連邦準備制度の議長がロンドンで協議したものの合意にいたらなかった。かくてエミンガーは、中央銀行総裁委員会にこう問題を提起する――「ドル相場が今後アメリカの政策によって大きく上昇するような場合にどう対応したらよいか」と。というのは、欧州の中央銀行が市場に介入すれば、「心理的な理由を根拠にドルの力強い急上昇を望んでいるアメリカ当局から激しい批判を浴びることになる」からである。

中央銀行総裁委員会は以上のようなエミンガーからの情報にもとづいて協議した。その結果、ワシントンに代表を送って連邦準備制度およびニューヨーク連邦準備銀行の当局者と協議するとともに、連邦準備制度理事ヘンリー・ウォーリッチを三月の会合に招待することを決めた。こうして、まず小委員会の委員長エイヴァルトがワシントンに赴き、三月三～四日にアメリカの通貨当局者と会談した。次いで三月一一日には、ウォーリッチが「極秘の資格[29]」で中央銀行総裁委員会に出席してアメリカの立場を説明した。

ウォーリッチの説明は次のようなものであった。一日あたりの変動幅を〇・七五～一パーセントのあいだに維持しようとするのは、「より秩序ある市場」(marchés plus ordonnés)という連邦準備制度の考え方と一致する。よって協力は可能であるが、双方のやりとりは「秘密にしておくことを強く望みたい」。為替関係をあまりに硬直的に維持するのは「困難であるだけでなく、危険ですらある」。アメリカに可能な協力は「情報交換の拡大」という程度になる。[30]要するにウォーリッチは、アメリカの為替政策と抵触しない範囲で協力する用意があるというのである。

こうしてアメリカとの協調がいわば条件付で可能になったことから、対ドル協調介入は先の一九七五年一月一五日の合意にもとづいて、三月一二日から正式に実施に移されることになった。[31]またこの協調介入にはスネイク準参加国のノルウェーとスウェーデンも参加を決めた。「秩序ある取引」ないしは「秩序ある市場」の維持、つまり為替市場の管理を目的とした介入という考え方は、ドル相場を一定期間固定しようとするフルカード提案と明らかに異なっている。しかし、対ドル協調介入はこの異なる原則のうえに実現することになったのである。

三月一二日から実施されたドル介入からは意外な効果が生まれた。二・二五パーセントの欧州変動幅の維持を目的とする欧州通貨による介入が激減したのである。一九七五年一二月三一日のＦＥＣＯＭ理事会の報告書にはこう記されている。「欧州の諸通貨による介入がほぼ完全に消滅した。それは欧州の諸通貨がかぎりなく一体化したことの現れであった。実際、スネイクには深刻な緊張が生じなかった。しかし一体化が進んだ原因は、一定程度、ＥＥＣ諸国およびスネイク準加盟諸国の中央銀行のドル介入政策が、三月一二日以来、為替市場の管理を目的とした取決めにもとづいて実施されていることにある……[32]」。

第3節　フランスの通貨戦略の破綻（一九七四〜七六年）

1　国際通貨制度問題の推移と孤立するフランス――政治＝国家主導の為替安定化か、自由な市場経済による為替調整か

本章第1節から明らかなように、スネイクが早々と機能不全に陥ったのは、スミソニアン固定相場制が崩壊し、欧州変動幅から「トンネル」が外されたことに一因があった。それゆえスネイクの運命とその改革をめぐる議論には国際通貨制度改革の行方も重要なかかわりをもっていた。そこで、国際通貨制度改革をめぐる問題がどのような展開をとげたかを、フランスの側から見ておくことにしよう。

IMF「二〇カ国委員会」における仏米対立

一九七一年八月の金／ドル交換性停止によって混乱状態に陥った国際通貨制度をどう再生させるか。一九七二年九月、IMF理事会は「二〇カ国委員会」（Club 20, C20）を設置し、この委員会に、一年をめどに国際通貨制度改革案のとりまとめを委ねた。C20を舞台とする協議では、最初の段階で、アメリカが「調整」（adjustment）と「交換性」（convertibility）に関する独自の考え方を示した。それは、①為替準備額の変動を指標とし、もっぱら為替相場の変動をつうじて自動的に調整が行われるようにする、②債務国にたいしては通貨のフロートを認め、交換性の保障義務を免除する、というものである。こうした原則にもとづいて、アメリカは為替相場の無制限変動、資本移動制限の廃止、公的準備に含まれる巨額のドル資産の維持、金から切り離されたSDR、国際流動性の潤沢な創造を強く主張し

た。かりに国際通貨制度がアメリカの提案どおりになるなら、ドル・バランス問題は一挙に解決し、準備通貨・決済通貨としてのドルの地位保全ならびに強化が可能になり、この国が国際収支赤字の縮小や財政赤字の圧縮に取り組む必要もなくなる。(33)アメリカの提案は見事なまでに自国の利益に合致していたのである。

アメリカの主張は、固定相場制の維持、金によるＳＤＲの定義、準備通貨・決済通貨からの国民通貨（ドル）の排除という、フランスが一九六〇年代から国際会議の場でくり返し行ってきた主張とは正反対である。かくてＣ20の会議では、フランスとアメリカは常に真っ向から対立することになった。フランスほどでなかったとはいえ、他の欧州諸国もまた、交換性の維持、調整および「客観的指標」（ニュメレール）(34)の必要性、短期資本移動の管理、を支持してアメリカの主張に異を唱えていた。(35)

Ｃ20は一年が経過しても成案を得ることができなかった。一九七二年九月にナイロビで開かれたＣ20の会議には、代理人（実務担当者）会議によって用意されたＩＭＦ協定改定「素案」が提出された。そこには、「安定的であるが調整可能な平価」（un système stable mais ajustable）と「特別な状況下における変動相場」(36)に依拠した制度を将来の為替制度とする、という折衷的ではあるが固定相場に軸足をおいた提案が盛り込まれていた。しかしこの文書は「代理人会議議長資料」という扱いにとどめられ、本会議における採択の対象にはならなかった。

為替制度の将来については、ナイロビ会議のあともＣ20において討議がつづけられた。しかし石油危機後に、各国が国際収支の均衡回復を目的として為替相場の変動を積極的に利用するようになったこともあり、一九七四年に入ると、固定相場制の再建に固執するフランスは次第に孤立へと追いやられるようになる。すでに同年六月、フランス財務省国庫局の高官は、ワシントンで同月一〇日と一三日にそれぞれ開かれたＯＥＣＤ先進一〇カ国（Ｇ10）の代理人会議と理事会の様子について、「予想どおり、フランスの代表団は孤立した(37)」と報告している。

欧州経済共同体内で孤立するフランス

状況はフランスが最大の拠りどころと頼む共同体内でも同様であった。共同体における最終的な意見調整の機会は一九七五年の夏に訪れる。その場となったのは六月二七日の通貨委員会である。

通貨委員会はこの日、固定相場制を守るか否かをめぐって三つの考え方があることを確認したうえで、国際通貨制度をめぐる討議に入った(38)。考え方の第一は、完全な自由選択である。つまり、固定相場と変動相場の両方を正規の制度とみなすというものである。第二は、選択は自由とするものの、変動相場を選ぶ場合にはＩＭＦへの事情説明を義務づける、ただし「ＩＭＦはそれに異議を唱えることはできない」というものである。ここでは、手続き上は変動相場が正規の制度でないかのように扱われているものの、実質は第一の選択肢と変わらない。第三は、変動相場を選ぶ場合には「ＩＭＦからの明文による事前許可」の取得を義務づける。つまり、変動相場の存在も認めるものの、それが例外であることを制度面で明確にしようとする考え方である。

討議の過程で、フランス以外の国はすべて第二の選択肢を支持していることが明らかとなった。とはいえ支持の理由は国ごとに分かれていた。ドイツは第一の選択肢を最善としながらも、「妥協への配慮」から第二の選択肢を支持した。イタリア、ベルギー、アイルランド、デンマーク、オランダの五カ国は、反対に、本来はフランスと同じ第三の方式を望みながらも、同じく「妥協への配慮」から第二の選択肢を支持した。何の留保もなく第二の選択肢を支持したのはイギリスとルクセンブルグだけであった。これにたいして、フランスだけが第三の方式の採用を主張した。「第三のヴァリアントだけが変動相場の例外的な性格と矛盾しないように見える」というのが理由であった。

このように通貨委員会内の意見が分かれたままでは欧州閣僚理事会に判断をもとめるわけにいかない。このためフランスを代表する国庫局国際部長アブレルは、第二と第三の選択肢のあいだに、道徳的縛りの程度が段階的に変化する六段階の選択肢を用意し、各国がそれらのいずれかを選択できるようにするという妥協案を提示した。しかし、これにはドイツの委員が異議を唱えた。六つの段階を設けるのであれば第二と第三の選択肢のあいだではなく第一と第二の選択肢のあいだにこそ設けるべきだというのである。かくて通貨委員会は結論を出すことができず、七月の欧州閣僚理事会には両論を報告することになった。

このようにフランスの孤立が鮮明になったことから、フランス政府は七月に最後の行動に出る。固定相場制復帰に向けた具体的道筋を覚書にまとめ、それをフランス案として仏独首脳会議と欧州閣僚理事会に示したのである。この案は欧州閣僚理事会から通貨委員会に検討が付託されたことから、八月一一日の同委員会でとりあげられた。

フランス案(39)は、ナイロビ会議「素案」に示された「安定的であるが調整可能な平価制度」を実現すべき最終目標と定め、それにいたるスキームを示したものである。その特徴は、G10諸国が中心となり、「不断の協議」をつうじて「道徳面での縛りを段階的に強める」ことによって、固定相場制への復帰を実現しようとする点にある。

最終目標にいたるまでの「過渡期」は二つの段階からなる。第一段階では、各国は、単独フロートにとどまるか、それともＩＭＦに中心相場を申告して安定通貨圏の維持ないしは創出を行うか、のいずれかを選択する。第二段階はG10を中心とする諸国が第二段階への移行を決定することによって始まる。この決定とともに、これらの諸国はＩＭＦに自国通貨の中心相場を申告し、自国通貨と単独フロートをつづける通貨のあいだに合理的な最大変動幅を設定する。過渡期のこの一連の決定は、スミソニアン協定の場合と同様、関係諸国間の非公式交渉をつうじて進める。

最後に、第二段階に移行して一～二年以内に、「安定的であるが調整可能な平価制度」を最終的に実現する。このようにして誕生する新しい為替制度は三つの通貨国グループから構成される。第一はＩＭＦの審査を経て平価を確定し、最大変動幅（たとえば二・二五パーセント）を維持する諸国、第二はＩＭＦによる審査をとおらず、平価を公式に確定できなかった諸国、第三はＩＭＦの許可を得て暫定的にフロートをつづける諸国である。

要するにフランス案は、スミソニアン協定にいたったと同様の非公式協議をつうじて、スミソニアン協定に似た固定相場制を段階的に世界レヴェルで実現しようとするものであった。

以上のフランス案にたいする各国の反応は一様に厳しかった。超大国アメリカに固定相場制復帰の意思がない以上、スミソニアン型の合意が成立する可能性はない、またかりに合意が成立したとしても実効性が見込めない、という見方が各国に広がっていたからである[40]。

イタリアのオッソラは、「アメリカ合衆国は、財務省も連邦議会も、フランス提案を受け入れることは絶対ないと思われます」と断言する。ドイツのエミンガーの発言はにべもないものであった。彼は言う――「アメリカに介入機構への参加を求め、〔介入にともなう〕金融や残高の清算に関する制約事項を守らせるとでも言うのでしょうか。アメリカがそれに応じると考えるのは非現実的です。それとも欧州諸国が、かつてのようにこの機構全体の負担を引き受けるというのでしょうか。そのようなことはドイツには受け入れられません」。イギリス、オランダの各委員も、フランス案にアメリカが応じるとは考えられないと発言した。デンマークの委員はフランス案に「一定の共感」を、またアイルランドの委員は「個人的共感」をそれぞれ表明したものの、すでに広がってしまった変動相場制をもとに戻すことは難しいのではないかと言う。唯一、ベルギーの代表だけは「漸進的復帰には希望がもてます」、「議論に値します」と述べたものの、それ以上踏み込むことはしなかった。

こうした否定的ないしは消極的な発言にたいして、フランスのアブレルは、「フランスの覚書は〔経済〕技術的な含意よりもその政治的内容によって評価されるべきです」（傍点は引用者）、「アメリカ合衆国の積極的な参加を完全に排除してしまえば、安定的で調整可能な平価にもとづく秩序ある為替関係に戻ることはできません」として、アメリカに積極的に働きかけることの必要性を力説した。また同時に、「新しい通貨秩序なくして新しい世界経済秩序はありません。それゆえ為替相場の問題は、エネルギー、開発、原料、それにインフレなどの諸問題と結合しています」とも述べた。しかしこれには、ドイツ連邦財務省の局長ヴェーバーが即座にこう応じた――「現在のところ国際通貨制度には危機も混乱もありません。フランス案はブレトンウッズの旧い習慣への復帰でしかありません。各国の経済政策の調整のみが平価システムの再建を保障できるのです」（傍点は引用者）。ヴェーバーの言う「各国の経済政策の調整」とは、通貨と物価の安定を優先するドイツの新自由主義的政策への各国の同調にほかならなかったから、ここには、一九七〇年代の初頭から何度となくくり返されたフランスとドイツの哲学レヴェルの対立の構図が透けて見える。すなわち、政治主導――したがってまた、国家主導――による為替関係の安定が秩序ある欧州経済ならびに世界経済をもたらすと見るフランスと、欧州ならびに世界の経済秩序は自由な市場経済の展開によってのみ維持され得るものであり、為替関係の安定もそうした現実の結果として実現すると見るドイツとの対立である。

このように、八月の会合でもフランスの主張に明示的に同調する国が現れなかったことから、議長のオオルトは、欧州閣僚理事会への報告を次のようなものとすることで委員の同意をとりつけた。「通貨委員会は全体としてフランスの最終提案を拒否する。したがって、通貨委員会の〔七月の〕報告書に記されている、八カ国が支持する第二の選択肢が、共同体の立場を基礎づけることのできる唯一の方式である(41)」。

2　フランスのスネイク復帰と第二次フルカード案（一九七五年五月）

以上のような国際通貨制度をめぐる論議と併行して、フランスは欧州通貨の領域でも新たな動きをみせる。その背景にあったのはフラン相場の回復である。

一九七五年に入るとフランスの各種経済指標はいちじるしく改善する。物価は落着きをとり戻し、春にはその上昇率がスネイク諸国の水準に戻る。一九七四年の貿易収支は一七〇億フランの赤字、また経常収支は二八〇億フランの赤字をそれぞれ記録したが、一九七五年の最初の五カ月間に貿易は五〇億フランの黒字に転じ、第1四半期の経常収支はほぼ均衡した。公的外貨準備とＩＭＦ準備残高の合計は、一九七四年末の一七九億八〇〇〇万フランから一九七五年六月末に二四六億一三〇〇万フランに増加する。こうした好調な経済を反映して、フラン相場も回復する。欧州変動幅からのフランの乖離は一九七四年末にすでに五～六パーセントにまで縮まっていたが、一九七五年に入るとさらに縮まり、ついに五月一六日にフランはスネイクの変動幅内に戻った。フランス政府の公式説明によれば、以上のような経済状況のめざましい改善は、とりわけ一九七五年の初頭から採られた一連の経済・財政再建政策が功を奏したことによるものだという(42)。

第二次フルカード案と中央銀行総裁委員会（一九七五年五～六月）

一九七五年五月二〇日、フランが欧州変動幅内に戻ったことから、財務大臣フルカードが「欧州変動幅縮小機構の機能に関する補足意見(43)」を欧州閣僚理事会に提出した。そのなかでフルカードは、第一次フルカード案を再整理したスネイク改革案を示した。この新たなフルカード案――すなわち「第二次フルカード案」――は、五月二六日にフランクフルトで開かれた中央銀行総裁委員会において、スネイク諸国の中央銀行総裁とフランス銀行総裁のあいだで取扱いが協議されたあと、中央銀行総裁委員会の代理人会議に検討が付託された。代理人会議は六月初めに検討作業を行い、結果を六月八日の中央銀行総裁委員会に報告することになる。

フランクフルト会議では、総裁たちはフルカード案に含まれる提案項目のなかから優先度の高い三項目を抽出して検討することで合意した。①介入規則の見直し、②対ドル「共同体水準」の設定、③超短期信用制度の見直し、の三つである。以下、それぞれの提案項目と、中央銀行総裁委員会における検討内容を見ることにしよう。

最初に、第一の介入規則の見直しについて。フルカードが提案したのは、欧州変動幅の上限と下限にそれぞれ接近しつつある強い通貨国の中央銀行と弱い通貨国の中央銀行がドルを使って双方向から同時に介入するように、規則を改めるというものである。つまり、変動幅の限界点に到達する前に、弱い通貨を支えるためにドルを売り、また強い通貨の上昇を抑えるためにドルを買うことによって、「市場のトレンドをより効果的に抑制し、最弱の通貨だけに介入の負担がかからないようにする」[44]というのが提案の趣旨であった。ただしフルカードによると、この「限度内介入」はバーゼル協定にもとづく介入に取って代わるものではない。限界点に達した段階では、従来と同様、欧州通貨による介入が行われるからである。

ところで厳密に言うと、ドルによる介入はすでにスネイク諸国で実施されており、それ自体は何ら目新しいことではなかった。バーゼル協定では変動幅内における介入にはドルを用いるとされており、またスミソニアン協定が崩壊局面に入った一九七三年一月には、中央銀行総裁委員会が変動幅内におけるドル介入をあらためて容認する決議をしていたからである[45]。しかし、ドル介入には中央銀行間における事前協議を経るという枠がはめられていたために、この種の介入には機動的に実施できないという難点があった。フルカード提案の新しさは、変動幅内で実施される対称的なドル介入に「一定の自動性」をもたせることによって、「介入条件をより効果的でより公平なもの」[46]にしようとする点にあった。

フルカード提案をめぐる検討作業を終始方向づけることになったのは、ドイツがフランクフルト会議用に準備した覚書である[47]。この覚書でドイツは、フランスの提案する変動幅内介入が有効なことを認める。しかし、そのために明文化された統一的規則を設けることはできないから、市場のトレンドを観察しながら「現実的に対応する」[48]以外にないと言う。すなわち、弱い通貨がドルにたいしても他の第三の通貨にたいしても弱いことが、また強い通貨についてはその反対であることが、それぞれ明確に確認できた場合にかぎって実施するしかないと言うのである。

このようにドイツがフルカード提案の原則にかかわる部分を受け入れたことから、問題は何らかの規則を設けるか否かに絞られた。フランスは最後まで規則の制定にこだわった。六月八日の中央銀行総裁委員会で、フランス銀行総裁クラピエは「柔軟な、しかし実質のともなう最小限の規則の制定」を主張し、次のように述べている。フランスの提案には、「共同体諸国通貨による介入を遅らせるとともに軽減するという技術レヴェルの重要性があるだけでなく、できるだけ厳密な規則を設けることにより、スネイクを防衛するための負担は〔各国間で〕分担すべきであり、最弱の通貨国だけの負担にしてはならないことを明確にしているという意味で、心理面と政治面における重要性があります」[49]（傍点は引用者）。しかし、このように対立するフランスとドイツとは対照的に、他の諸国の総裁たちは態度を明らかにしなかった。例外はフランスの主張を支持した欧州委員会の代表だけであった。このため、ベルギー国立銀行総裁ストリッケルが、六カ月後に再検討するという条件付きでドイツの「プラグラマティックなアプローチ」[50]を採用するという妥協案を提出し、ようやくこのベルギー案で合意が成立した。

次に、フルカード提案の第二項目、対ドル「共同体水準」の設定に移ろう。ここでも全体の議論を方向づけたのは同じドイツの覚書である。ドイツはこのなかで、フルカード提案が固定相場制への復帰を想定しているとして、厳しく批判する。

現時点で市場の相場にもとづいて共同体水準を設定するということは、共同体が現在のドル相場を防衛することを意味する。それは事実上、以前のドル本位制に戻ることを意味しており、スネイク諸国は所与のドル相場を単独で防衛しなければならなくなる。アメリカ合衆国の各種公式声明によれば、この国が〔ドル防衛に〕積極的に加わることはまったく期待できない。それにアメリカ合衆国は、いずれにせよ、ドルを防衛するための十分な外貨準備をもとうとしないであろう。国際通貨制度の今日の不確実性を考慮すると、そしてとくにドルの膨大な流出と不安定なユーロ市場資金を考慮すると、どのような種類のものであれ、強制力をともなうドル〔相場〕支持に後戻りすることはできないであろう[51]。

さらにドイツは、基本的なトレンドが変わるたびに「共同体水準」を変更することについても、通貨投機を誘発する危険があるために実施は不可能であるという。

かくて、一日単位での介入という従来の枠組みのなかで「必要な協議をより実質のあるものすればよい」[52]というのがドイツの立場であった。フルカードの第一提案についてと同様、第二提案についても、ドイツは「プラグマティズム」を主張し、自らの「行動の自由」[53]を確保しようとしたのである。これにたいしてベルギー、欧州委員会、それにイギリスは、「より積極的な対ドル協調政策」[54]に前向きの発言をした。しかしここでも、結局、問題を六カ月後に先送りするというかたちで妥協が図られることになった。

フルカード提案の最後は超短期信用制度の見直しである。パリティー・グリッド方式では、弱い通貨国が超短期信用制度を介して強い通貨国から借り入れた当該国の通貨は、介入が行われた月の月末から数えて三〇日以内に返済されることになっていた。フルカード提案は、この期限を債務国の要請があれば自動的に三カ月延長できるように、また債権国の同意があればそれをさらに三カ月再延長できるように改めるというものである。その根拠とされたのは、介入資金をめぐる債務国と債権国のポジションの入れ替えは四〜五カ月後に生じることが多いという経験則である。したがって、返済期限を延長することによって中央銀行間での相殺が可能になり、準備の移転額を減らすことができるというのである。

超短期信用を自動延長することについてはどの国も異論はなかった。問題は、自動延長を認めた場合に懸念される債務の累積にどう対処するか、そのために制度をどう設計するかにあった。ドイツは、三カ月の自動延長期間中の信用総額に上限を設け、この上限を短期通貨支援協定に定められた債務国のクオータ（資金醵出額）と同額とすることを主張した。これにたいしてベルギーは、自動延長分の総額には上限を設けず、それぞれの自動延長分に債務国のクオータと同額の上限を設けるという妥協案を、第三案として提出した。しかし債権国になる国（ドイツ、オランダ）

と債務国にまわる国（フランス）の区別がはっきりしていたために、相互調整は困難であった。親委員会の中央銀行総裁委員会でも意見の調整を図ることができなかった。かくて三つの案は、スネイク諸国とフランスの双方の経済・財務担当大臣から構成される欧州閣僚理事会にそのままのかたちで提出されることになる。

第二次フルカード案の取扱いとフランスのスネイク復帰

一九七五年六月一六日に開かれた欧州閣僚理事会では、中央銀行総裁委員会から提出された報告書にもとづいて、フルカード提案のそれぞれの項目について協議が行われた。

第一の「介入規制の見直し」については、ドイツの主張に沿った中央銀行総裁委員会の報告書の結論にフルカード提案の基本部分が含まれていたことから、とくに問題は生じなかった。フルカードは「私は自動性と言った覚えはありません。私はプラグマティズム寄りです」と発言し、これを受け入れた。第二の対ドル「共同体水準」の設定をめぐっては、ドイツ案ではフルカード提案が全面否定されていたことから、フルカードと、ドイツの財務大臣ハンス・アーペル、オランダの財務大臣ヴィム・ドイゼンベルグのあいだで微妙かつ複雑なやりとりがあった。しかし六カ月後に見直すことを条件に、フルカードは最終的にドイツの主張を受け入れた(55)。残る第三の「超短期信用制度の見直し」については、フランスとベルギーがベルギー案を、ドイツとオランダがドイツ案をそれぞれ支持し、その他の国が中立を表明した。このように意見は分かれたものの、ドイツ案でも超短期信用の自動延長という原則が受け入れられていることから、ここでも六カ月後に見直すことを条件に、フルカードはこの案に賛成した。このようにフルカード案の扱いをめぐってスネイク諸国とフランスのあいだで合意が成立したことから、欧州閣僚理事会は七月二日の会議でフランスのスネイクへの復帰を了承した。

ところで、六カ月後に行われることになっていたフルカード案の再検討はどうなったであろうか。最後にこの点に簡単に触れておこう。一九七五年一〇月一四日、中央銀行総裁委員会はエイヴァルト小委員会にたいして「介入規則の見直し」に関するフルカード提案の再検討を指示した。この指示をうけて、小委員会は個々の中央銀行によるドル介入の実績を調査し、その結果を一二月二日付で報告書にまとめた。同年三月一二日から欧州諸国による対ドル協調介入が実施されるようになり、それにともなって欧州変動幅の限界点における介入が激減したことは、すでに本章第2節で確認している。エイヴァルト小委員会も同じ事実に触れ、こう記している。「五月まで規則的に行われていたスネイクの限界点における介入は、それ以後いちじるしく減少した。ドルによる調整的介入が、欧州諸通貨による介入が必要なかったときにも、また必要だったときにも、こころみられた。八月九日以来、スネイクが最大幅に到達することはまったくなかったし、限界点における欧州諸通貨による介入が必要になることもまったくなかった」(56)。要するに、フランスのめざした目的は実質的に達成されつつあったのである。

残る二つの提案の見直しについては明らかでない。しかし、そのうちの対ドル「共同体水準」の設定については、次節で見るようにフランスが変動相場制を容認する方向に態度を変えたために、見直しの必要はなくなっていたと考えられる。

3　仏米通貨協定（一九七五年一一月）――「新世界経済秩序」への道

すでに見たように、固定相場制の復活に固執するフランスは、一九七三年末の石油危機以後しだいに共同体内で少数派へと追いやられ、一九七五年八月には完全に孤立するにいたった。しかしその間、フランスは局面を打開すべくアメリカと極秘裏に交渉を進めていた。交渉にあたったのはフランス側が国庫局長ラロジエール、アメリカ側が財務省のエドウィン・ヨーである。ラロジエールの回想によると(57)、二人は一九七四年秋から、毎月、パリとワシントンを交互に訪問し、交渉をつづけた。交渉の過程でフランスは、変動相場制の完全自由化を阻止すべく、為替制度に関する権限をＩＭＦに一定程度残そうとした。一方、マネタリズムで理論武装したアメリカは変動相場の制度化を主張した。交渉は難航し、仏米両国がようやく合意に達したのは一九七五年一一月のランブイエ・サミットの直前であった。そして、財務大臣フルカードと財務長官ウイリアム・サイモンが協定書に署名したのは、サミット当日の一一月一七日である。(58)

このようにして生まれた仏米通貨協定は、ラロジエールが「法的部分」と「プラグマティックな部分(59)」と呼ぶ二つの部分から構成されている。第一の「法的部分」とは「通貨の平価」を定めたＩＭＦ協定第４条の改定である。その核心は、為替制度を自由選択制に変えることによって変動相場制の公認に道を開いている点にある。仏米が合意した改定協定案第４条第２項には、各国は次の三つの制度のいずれかを自由に選択してＩＭＦに申告する、と規定されている。(1)ＳＤＲないしはその他の単位――ただし、金を除く――で表示される固定相場制。(2)欧州経済共同体が採用しているような、他国の通貨にたいして自国通貨の価値を維持する制度。(3)それ以外の任意の制度(60)。

同じ改定協定案第４条第３項には、将来、「安定的であるが調整可能な平価」――すなわち、スミソニアン型の固定相場制――に復帰するための手続きが規定されている。それによると、この制度に復帰するには二つの条件が満たされねばならない。一つは、各国の物価や経済成長率、国際収支調整など、「世界経済の安定」と「国際通貨制度の歴史的進化」に関係する諸条件を考慮したうえで復帰の決定を行うことである。もう一つは、ＩＭＦの議決権総数の八五パーセントの多数によって復帰の決定を行うことである(61)。ちなみに、八五パーセント以上の議決権が必要だということは、この問題でアメリカが拒否権をもつことを意味する。

以上のように、仏米通貨協定の「法的部分」には、①フランスが変動相場制拒否の主張を取り下げることと、②固定相場制復帰にたいするアメリカの拒否権を認めること、の二つが内容として含まれていた。それはアメリカにとっては現状の追認を意味し、フランスにとってはアメリカへの譲歩を意味していると言える。

第二の「プラグマティックな部分」は、G5諸国間に「協議」(consultation) の仕組みを設けることによって為替の「不安定な変動」(fluctuations erratiques) を抑制することを内容としていた。この協議の仕組みは三層構成になっている。まず、中央銀行相互間で毎日実施される協議。この協議をつうじて為替市場に関する情報交換が行われ、中央銀行はこの情報にもとづいて個別に市場に介入する。次に、財務大臣の代理人たちによる週一回の電話による協議。ここでは中央銀行間における協議内容が確認されるとともに、金融状況の過去・現在・将来が検討される。最後が財務大臣たちによる定期協議で、その目的は大臣の代理人たちが進めている作業を点検するとともに、不安定性の原因を検討することにある(62)。

先に記したように、欧州諸国とアメリカの中央銀行は一九七五年三月に、「秩序ある市場」を維持するために相互に市場情報を交換し、また介入することで合意していた。ただし、この合意はアメリカ側の強い希望で秘密にされていた。仏米通貨協定の「プラグマティックな部分」とは、このような中央銀行間の合意を政府間の合意に格上げし、かつ公にしようとするものであった。したがってそれは、フランスの外交専門家が当時、「サイモン長官の完全自由主義がささやかな介入を受け入れた(63)」と評したように、アメリカによる一定の譲歩を意味している。サイモン自身も協定書調印の翌日に発表した声明のなかで、「〔仏米〕協定のポイントは頻繁な協議を制度化するための新たな取決め、ないしは仕組みにある(64)」と述べている。

しかし問題の「協議」については二つの点が曖昧なままにされていた。まず「不安定な変動」の内容が厳密に定義づけられていなかった。ラロジエールが通貨委員会で行った説明によると、為替変動の「不安定な性格を数量化するよう」アメリカ側にもとめたものの「きっぱりと拒否された」。それゆえ、「それをどのようなものと考えるかは各国中央銀行の裁量に委ねられている(65)」という。次に、G5諸国による介入は、ドルと他の通貨のあいだに一定の関係（変動幅や中心相場）を維持するためのものではなかった。同じくラロジエールによると、フランスは「ドル／欧州諸通貨間に何らかの数値化された関係を維持すること」[66]について、アメリカから約束をとりつけようとしたもののかなわなかった。このようなアメリカの姿勢を再確認するかのように、サイモンは先の声明のなかでこう述べている――「〔仏米協定は〕固定相場制への復帰を意味するものではなく、また、他のいかなる通貨にたいしてもドルの変動幅を含むものではない」[67]と。

仏米通貨協定の核心が変動相場の公認にあったことからすれば、協定交渉の主導権はアメリカが握っていたと言える。もとよりそれは、かつてスミソニアン会議に先立って行われたアゾレス首脳会談における仏米合意とは違い、当時のフランスには欧州諸国の後ろ盾がなかっただけに予想されたことであった。こうした仏米通貨協定の性格は、アメリカの希望で協定書の冒頭に、過去五年間の「経済と金融の不安定性」の分析にあてられた長大な前文が挿入されたことによっても確認できる。この前文によると、「経済と金融の不安定性」は世界レヴェルで流動性が増大していることに主な原因がある。それゆえ流動性の管理が必要となるが、それには、「不安定性の根本原因と〔各国の〕現実の経済および金融政策が、真っ先に問われねばならない」。よって「個々の国が実施している政策に関する継続的な国際協議が大いに望まれる」[68]。為替の安定化はフランスが主張してきたような旧来の固定相場制の復活ではなく、各国経済政策の相互調整いかんにかかっているというのである。

仏米通貨協定はランブイエ・サミットの場で公表された。各国首脳はこれを歓迎し、一一月一九日に発表されたサミット声明のなかに、「このようなアメリカ合衆国とフランスとの意見の接近は国際通貨改革問題に関する合意の成立を容易にするであろう」[69]という文言が挿入された。一方、一一月二八日に開かれた通貨委員会では、すでに述べたように交渉の当事者であるラロジエールが交渉内容を説明している。これにたいして各国の委員から仏米の和解を歓迎する旨の発言が相次いだものの、それ以上の反応はなかった[70]。日本がG5の一員として「協議」に参加することになっていた点を別にすれば、現状を大きく変更するものではなかったからである。一二月初頭にパリで開かれたＩＭ

F暫定委員会（C20の後身）では、仏米協定が「バランスのとれた政治的妥協」として評価されるとともに、「次回のジャマイカでの会合で合意に到達するための適切な基礎になる」(71)との見通しが示された。

翌一九七六年一月八日にジャマイカのキングストンで開かれたIMF暫定委員会では、前年一二月の同暫定委員会の言葉のとおり、IMF協定の改定で各国の合意が成立した。改定協定の第4条は、為替制度の自由選択、議決権総数の八五パーセントの多数による協定の再改定、国際通貨制度からの金の排除、それに付録Kをも含めて、仏米通貨協定書をほぼなぞるものであった(72)。

ともあれ以上のようにして、一九七一年には固定相場制復帰の流れを主導し、アメリカと共同でスミソニアン協定を準備したフランスは、その四年後に、固定相場制の復活を事実上断念し、G5諸国間の「協議」に媒介された「新世界経済秩序」への扉を開く役回りを演じた。このフランスの行動は、サイモンのいうように、「大西洋の両側の、伝統的に同盟関係にある二つの国のあいだの〔ドゴール政権以来の〕長期にわたる通貨論争に終止符を打つこと」(73)を意味するものであったとも言える。

小　括

スネイクは世界固定相場制が存続することを前提にして制度設計されていた。それだけに、スミソニアン協定が崩壊し、スネイクが「トンネルの中のスネイク」から「空中のスネイク」へと姿を変えても、欧州通貨協力制度をめぐる問題は国際通貨制度をめぐる問題と密接にかかわっていた。したがって、この二つの問題をめぐる仏独両国の対立の構図は、固定相場制が消滅したあとも基本的に変わらなかった。

フランスの財務大臣フルカードがそれぞれ一九七四年、一九七五年に欧州閣僚理事会に提出した第一次、第二次の二つのスネイク改革案は、すでに変動相場制が世界に広がってしまっている現実にスネイクを適応させようとしたものである。二つの案では改革の要に通貨バスケットの採用が据えられていたが、その狙いは制度を対称的なものに改め、弱い通貨国がスネイクに復帰できるようにすることにあった。この案に沿って改革が行われるなら、ドイツによる対ドル・対欧州通貨介入の機会が増え、同じくこの国による弱い通貨国にたいする金融支援も増える。つまり、ドイツにとっては介入と金融支援の二重の負担増となる。そのためにフルカード案はドイツの強い反対に遭い、結局その提案項目の大半が葬り去られた。ただし第7章で明らかになるように、一九七九年に発足するＥＭＳ――ただし、その第一段階――の技術面における骨格をなすのはほかならぬフルカード案であったから、この案は欧州通貨統合史上きわめて重要な意味をもっていたことになる。

ところでドイツがフルカード案を葬ったまさに同じ時期に、国際通貨制度をめぐる問題に大きな変化が生じていた。固定相場制が崩壊しても世界経済が深刻な危機に陥らなかったことから、超大国アメリカが変動相場制に自信を深めることになった。そして一九七五年に入ると、単独フロートにとどまり、「ビナイン・ネグレクト」をつづけるというアメリカの強い意思は、さまざまな場をつうじて欧州諸国に伝えられた。その結果、積極的であれ消極的であれ変動相場制を容認する流れが欧州諸国のあいだに広がり、固定相場制に固執するフランスは完全に孤立する。ついに一九七五年秋、フランスは固定相場制の再建を事実上断念し、仏米協定を結んで変動相場制を容認した。国際通貨制度の将来をめぐる問題はキングストン会議をまつまでもなく事実上の決着をみたのである。

フランスが変動相場制を容認したことにより、欧州通貨協力制度の将来に関する最大の不確定要因が消滅した。以後、問題になるのは、「トンネル」の不在を前提にした欧州通貨協力制度をどう再構築するかである。スネイクに一定の手直しを施したうえで存続させるのか、それともスネイクに代替する新たな通貨制度を創設するのか。しかし、いずれの解決法を追求するにせよ、問題を共同体の枠組みのなかで、つまり域内諸国間の政治的妥協という「共同体的《コミュノテール》な」

手法で解決しようとするかぎり、欧州諸国は共同体の域内における自国通貨のポジションに応じて次のいずれかの対応を迫られるはずである。弱い通貨国は経済政策の収斂——すなわち、物価と通貨の安定——というドイツとオランダが主張する課題に正面から向き合わねばならない。これにたいして強い通貨国は、弱い通貨国に配慮した、より対称的な欧州通貨協力制度への制度改革という、フランスの主張する課題に正面から取り組まねばならない。

かくて一九七五年末を境に、欧州通貨協力制度をめぐる問題の枠組みに大きな変化が生じた。こうした変化を反映して、翌一九七六年からスネイク諸国のあいだに新しい動きが相次いで生れる。その代表が第5章でとりあげるフランスにおけるケインズ主義から新自由主義への経済政策路線の転換であり、第6章でとりあげる仏独連携の動きとドイツの盟友オランダによるスネイク改革案の提出である。

注

（1） ABF, 1489200205/254. Note sur un nouveau régime de fluctuation des monnaies européennes（mémorandum Fourcade）, s. d.

（2） 以下、一九七四年一月二一日の通貨委員会に関する引用はすべて以下の史料に拠る。ABF, 1489200205/244. Compte rendu du Comité monétaire, 21 janvier 1974.

（3） *Idem*.

（4） ABF. Banque de France. Procès-verbal du Conseil Général, 13 juillet et 6 octobre 1977.

（5） *Idem*., 6 octobre 1977.

（6） *Idem*., 13 juillet 1977.

（7） ABF, 1489200205/218. Ministère de l'Agriculture. Commission des Communautés européennes. Les dossiers de la politique agricole commune. Les montants compensatoires monétaires, n° 25-26, avril-mai 1974.

（8） Cit. dans le dossier: L'économie française et le SME, 31 janvier 1979. Annexe III. Montants compensatoires monétaires et le SME（AN, 5AG3/9699）.

（9）Valéry Giscard d'Estaing, *Valéry Giscard d'Estaing. Entretien avec Agathe Fourgnaud*, Paris, 2001, p. 125.

（10）Note sur un nouveau régime de fluctuation des monnaies européennes（mémorandum Fourcade）, s. d.

（11）CAEF, B12547. Note pour le Ministre, par Jacques de Larosière, 29 août 1974.

（12）*Idem*.

（13）四紙とは «*La Stampa*», «*The Times*», «*Die Welt*», «*Le Monde*» である。ABF, CEE, boîte 276. Déclarations récentes de M. Giscard d'Estaing sur l'or et les relations de change au sein de la CEE, 5 mars 1974.

（14）同様の考え方は欧州委員会経済金融総局によっても共有されていた。同総局では一九七四年五月一〇日付で「域内諸通貨の共同変動」という表題の覚書が作成されており、そこには、ジスカールデスタン談話よりもさらに踏み込んだ内容のスネイク改革案が提案されている。ABF, 1489200205/272. Commission des Communautés européenes. DGAEF. Flottement concerté des monnaies communautaires, Bruxelles, 10 mai 1974.

（15）Note sur un nouveau régime de fluctuation des monnaies européennes（mémorandum Fourcade）, s. d. 以下、フルカード案にかかわる引用はすべてこの史料に拠る。

（16）以上は、テロン小委員会の中間報告に拠る。CAEE, B50484. Comité des Gouverneurs. Groupe d'experts «Théron» présidé par Barre. Rapport préliminaire sur les propositions françaises d'adaptation du dispositif de change intracommunautaire, 6 novembre 1974.

（17）*Idem*.

（18）ABF, 1489200205/239. Comité des Gouverneurs. Groupe d'experts présidé par Heyvaert. Propositions françaises relatives à l'unité de compte monétaire européenne, 3 décembre 1974.

（19）ABF, 1489200205/202. Compte rendu du Comité monétaire, 3 et 4 décembre 1974.

（20）ABF, 1489200205/202. Rapport du Comité monétaire sur le flottement conjoint, Bruxelles, 4 décembre 1974.

（21）ABF, 1489200205/202. Compte rendu du Comité monétaire, 3 et 4 décembre 1974.

（22）ABF, 1489200205/202. Rapport du Comité monétaire sur le problème de l'unité de compte européenne, Bruxelles, 4 décembre 1974.

(23) ABF, 1489200205/245. Texte annexe au rapport du Groupe d'experts présidé par Heyvaert, n° 34, 2 décembre 1975. Examen des politiques d'intervention appliquées par les banques centrales européennes depuis l'arrangement du 12 mars 1975.

(24) CAEF, B50484. Comité des Gouverneurs. Groupe d'experts «Théron» presidé par Barre. Rapport préliminaire sur les propositions françaises d'adaptation du dispositif de change interacommunautaire, 6 novemvre 1974.

(25) ABF, 1489200205/254. Extraits du Procès-verbal de la Comité des Gouverneurs, 10 décembre 1974.

(26) ABF, 1489200205/254. Comité des Gouverneurs. Note sur une politique commune à l'égard du dollar, 15 janvier 1975.

(24) 以上、*Idem.*

(28) 以下、エミンガーの発言はすべて以下の史料に拠る。ABF, 14892002005/254. Procès-verbal du Comité des Gouverneurs, 11 février 1975.

(29) 中央銀行総裁委員会の席上、ウォーリッチ自身が用いた表現。*Idem.*

(30) ABF, 14892002005/254. Procès-verbal du Comité des Gouverneurs, 11 mars 1975.

(31) ABF, 1489200205/245. Comité des Gouverneurs. Groupe d'experts présidé par M. Heyvaert, n° 34, 2 décembre 1975. Annexe: Principaux textes de référence concernant la politique d'intervention des banques centrales, s. d.

(32) ABF, 1489200205/247. FECOM. Conseil d'administration. Rapport d'activité au 31 décembre 1975.

(33) CAEF, B62105. Les travaux du Comité des Vingt depuis 1973; Robert Solomon, *The International Monetary System 1945–1981*, New York, 1982, pp. 235 and after.（ロバート・ソロモン著／山中豊国監訳『国際通貨制度研究　一九四五〜一九八一』千倉書房、一九九〇年、三三一頁以下）。

(34) ニュメレールについては、本書、一七四頁、注（47）を参照。

(35) CAEF, B62105. Note pour le Ministre. 7ème réunion des Suppléants du Comité des Vingt, par Claude Pierre-Brossolette, Paris, 5–7 septembre 1973.

(36) CAEF, B62105. Les travaux du Comité des Vingt depuis 1973; R. Solomon, *op. cit.*, pp. 249–258.（前掲訳書、三四六〜三五七頁）。

（37） CAEF, B62105. Diplomatie Paris, Washington, 13 juin 1974.

（38） 以下、六月二七日の通貨委員会にかかわる引用はすべてフランス国庫局の作成した会議記録による。ABF, 1489200205/203. Compte rendu du Comité monétaire, 27 juin 1975.

（39） 以下、フランス案についての記述はすべて以下の史料に拠る。ABF, 1489200205/203. Direction du Trésor. Schèma d'un retour progressif à un système de parités stables mais ajustables, juillet 1975.

（40） 以下、八月一一日の通貨委員会にかかわる引用はすべて次の史料に拠る。ABF, 1489200205/203. Compte rendu du Comité monétaire, 11 août 1975.

（41） *Idem.*

（42） Ministère de l'Economie et des Finances. Direction du Trésor. Mesures nouvelles. Diffusion 7/75/8. *Le retour du franc dans le «Serpent monétaire européen».*

（43） ABF, 1489200205/273. Aide-mémoire sur le fonctionnement du mécanisme européen de rétrécissement des marges, 20 mai 1975.

（44） *Idem.*

（45） 決議の一節を引用しよう。「今後は、変動幅の限度内における介入は、域内の諸通貨によってのみならず、一般的に言って中央銀行間協議後であればドルによっても行うことができる。相手国通貨に有害な影響を及ぼすか、及ぼす恐れのある中央銀行の介入については、原則として、事前協議による合意が必要であることは言うまでもない」（ABF, 1489200205/272. Comité des Gouverneurs. Rapport au Conseil et à la Commission des Communautés européennes concernant l'accrod conclu entre les banques centrales des Etats membres de la Communauté économique européenne en matière de rétrécissement des marges de fluctuation entre les monnaies de la CEE, 8 janvier 1973.）。

（46） ABF, 1489200205/254. Comité des Gouverneurs. Comité des Suppléants. Rapport sur les suggestions de la France visant à adapter le système de change communautaire, 8 juin 1975.

（47） ABF, 1489200205/272. Texte remis par la Deutsche Bundesbank lors de la réunion des Gouverneurs le 26 mai à Francfort.

(48) *Idem.*

(49) ABF, 1489200205/272. Procès-verbal du Comité des Gouverneurs, 8 juin 1975.

(50) *Idem.*

(51) ABF, 1489200205/272. Texte remis par la Deutsche Bundesbank lors de la réunion des Gouverneurs le 26 mai à Francfort.

(52) *Idem.*

(53) ABF, 1489200205/272. DGSE. Note rapide sur les résultats des travaux des Suppléants du Comité des Gouverneurs, 10 juin 1975.

(54) *Idem.*

(55) *Idem.*; ABF, 1489200205/272. Compte rendu sommaire de la réunion des pays du «Serpent» le 16 juin 1975 à Luxembourg.

(56) ABF, 1489200205/254. Groupe d'experts presidé par M. Heyvaert. Examen des politiques d'intervention appliquées par les banques centrales européennes depuis l'arrangement du 12 mars 1975, 2 décembre 1975.

(57) 権上によるラロジエールからの聞取り調査。二〇一〇年九月九日、パリ、BNP-Paribas本店、ラロジエールの執務室。

(58) ABF, 1489200304/103. Memorandum of understanding, Rambouillet, 17 November 1975.

(59) ABF, 1489200205/203. Compte rendu du Comité monétaire, 28 novembre 1975.

(60) ABF, 1489200304/103. Memorandum of understanding, Rambouillet, 17 November 1975.

(61) *Idem.*

(62) *Idem.*

(63) Frédéric Pottier, «La rencontre de Rembouillet», in *Politique étrangère*, n° 1, 1976.

(64) ABF, 1489200304/103. Déclarations de M. Simon sur l'accord franco-américan（traduit en français）, *International Herald Tribune*, 19 novembre 1975.

(65) ABF, 1489200304/72. Réunion du Comité monétaire du 28 novembre 1975, par G. Lefort, 1er décembre 1975.

(66) *Idem.*

(67) ABF, 1489200304/103. Déclarations de M. Simon sur l'accord franco-américain (traduit en français). *International Herald Tribune*, 19 novembre 1975. なお、補足しておくと、ドルと他の通貨のあいだに変動幅や中心相場を設けることは、アメリカには技術面でも問題があった。一九七五年一二月のG10代理人会議（パリ）の場で、連邦準備制度理事ウォーリッチは、欧州諸国の中央銀行の場合には介入は主にドルで行えばよいが、連邦準備銀行にはドルに相当するような有力な介入通貨を利用できないという問題がある、と述べている。ABF, 1489200304/72. Informal record of the deputies of the Groupe of Ten at the meetings in Paris on 11th–12th December, 1975, 20 September 1976.

(68) ABF, 1489200304/103. Memorandum of understanding, Rambouillet, 17 November 1975.

(69) *Europe*, 20 novembre 1975.

(70) ABF, 1489200304/72. Réunion du Comité monétaire du 28 novembre 1975, 1er décembre 1975.

(71) ABF, 1489200304/72. Informal record of the deputies of the Groupe of Ten at the meetings in Paris on 11th–12th December 1975, 20 September 1976.

(72) ABF, 1489200304/103. L'accord de Kingston (8 janvier 1976), 13 janvier 1976; *id.*, L'ordre monétaire international, instauré lors des Conférences de Rambouillet et de Kingston, 19 janvier 1976.

(73) ABF, 1489200304/103. Déclarations de M. Simon sur l'accord franco-américain (traduit en français). *International Herald Tribune*, 19 novembre 1975.

第5章　ケインズ主義から新自由主義へ——一九七四〜七五年の経済危機とフランスの転進

フランスは一九七五年末に、固定相場制の維持という対外通貨政策の原則的立場を変更し、変動相場制を容認した。さらに翌一九七六年秋には、その年の夏に誕生したレイモン・バールの新政権によって新たな経済政策体系、いわゆる「バール・プラン」(Plan Barre) が策定され、国内経済政策の全面転換が図られる。このプランの実施を分岐点にフランスの戦後史は新しい長期の局面に入る。一時的な揺り戻しはあったものの、この局面のなかで、フランスの経済社会は新自由主義の理念にもとづく経済社会へと改造される。ただし、この場合の新自由主義とは、市場経済と社会との折合いを重視し、自由主義国家には果たすべき積極的な役割があることを説く新自由主義、すなわち一九三八年のリップマン・シンポジウムに連なる大陸欧州の伝統を汲む新自由主義(1)であった。

ところで、経済通貨同盟にたいするフランスとドイツのアプローチの違いは両国の対外ならびに対内政策の違いに根ざすものであったから、フランスにおける政策転換は仏独を隔てる壁が一挙に低くなったことを意味する。実際、一九七八年四月に仏独両国の首脳がＥＭＳの創設に向けて共同行動を起こすが、その主要な動機の一つはほかならぬフランスにおける政策転換、なかでもバール・プランの実施であった。しがって、バール・プランは欧州通貨統合の将来にとって決定的ともいえる重要な意味をもっていた。

本章では、バール・プランが登場した歴史的背景とこのプランの性格を吟味することによって、プランの現代史上の意味を明らかにすることにしたい。

第1節 (前史) 戦後フランスの経済政策と高成長——「栄光の三〇年」の実相

フランスでは大戦終結から一九七四年まで、ほぼ一貫して雇用と成長を優先する政策がとられ、「栄光の三〇年」(les Trentes glorieuses) と呼ばれるような長期の経済的繁栄がつづいていた。この繁栄を支えた公式・非公式の制度と経済政策については、歴史研究は緒についたばかりで、まとまった成果は存在しない。そこで本論に先立って、一九七〇年代にフランスの経済・財務当局とその周辺でなされた分析(2)にもとづいて、その主要な特徴を示しておくことにしよう。それは大きく三つに整理できる。

第一は、労働者、使用者、国家の三者間に存在した特殊な了解の仕組みである。それは次のような連鎖のことである。国有企業部門を中心に労働組合が攻勢をかける。すると使用者側は比較的容易に賃上げに応じ、賃上げ分を生産性の引上げによって吸収することなく製品価格に転嫁する。その結果、インフレが進み、国際収支の赤字が増え、外貨が流出する。最後に、この窮境を打開するために、政府がフラン平価の切下げに踏み切る。すると国際収支が改善して外貨が還流し、経済は均衡を回復する。以上の連鎖は労、使、官のあいだに暗黙の了解があったかのように、見事なまでにパターン化していた。ヴィシー政権期に公法団体として組織されていた職業組合は戦後に私的な組合や団体に姿を変えていた。しかし戦後フランスの労、使、官のあいだには、「非公式のコーポラティズム」と呼べるような協調関係が確認できるのである。

以上のような連鎖をつうじて国民通貨フランはほぼ一貫して為替相場を下げていた。つまり、「弱い通貨政策」が戦後フランスの伝統であった。一九六〇年一月には、度重なるフランの切下げとインフレの累積から、フランの額面価格を一〇〇分の一に切り下げるデノミネーションが実施されている。

第二は企業の財務政策である。企業は投資用の資金を主に銀行からの借入れで賄っていた。一方、銀行が必要とする投資用資金はフランス銀行が中期手形の再割引によって補給していた。こうした産業金融システムのおかげで、企業は利潤を内部に留保せずに、賃上げに応じることができたのである。このシステムも通貨の増発とインフレを助長することになる。

第三は、「経済社会発展計画」(plan de développement économique et social) ——通称「プラン」——にもとづく国家の財政投資である。戦後のフランスでは、一九四七年のモネ・プラン以来、この中期計画によって経済が誘導されていた。初期のプランでは、経済復興を目的とした基幹産業の設備近代化と、それに必要な資源、なかでも信用の傾斜配分に重点がおかれていた。しかし一九六〇年代に入ると、プランの性格に大きな変化が生じる。第四次プラン(一九六二〜六五年)からは、経済成長がプランの目標とされ、拘束力をともなう数値目標がプランに挿入されるようになる。それと同時に、プランはフランス経済のすべての領域を包摂する巨大な「グローバル・プラン」に姿を変え、そこに盛り込まれた個々の事業計画は国家予算で保障されるようになる。このようにプランが「予算化」された結果、政治がプランの策定に深く関与し、事業計画は地域や団体の利害を色濃く反映するようになる。かくてプランに盛り込まれた投資計画は地域や団体の権益と化し、財政の硬直化とインフレの重要な要因になっていた(3)。

一見して明らかなように、以上の三つの要素に支えられた「栄光の三〇年」は同時に企業と国家への債務累積の歴史でもあった。実際、一九七〇年代半ばまでフランスではインフレが常態化し、インフレを「徳業(4)」と見る風潮すらあった。なお、戦後フランスの成長は、賃上げと財政投資という需要サイドに起点があるので、ケインズ・モデルの成長であったとも言える(5)。こうした戦後フランスの成長モデルがバール政権のもとで全面的に否定されることになるのである。

第2節　第七次プランと経済政策理念の転換（一九七二〜七六年）
——ケインズ主義から新自由主義へ

経済政策を支える理念の転換は、バール・プランの登場をまつことなく、すでに一九七〇年代の初頭から現れていた。第七次プラン（一九七六〜八〇年）の準備過程とこのプランそのものに、それがはっきりとうかがえる。

1　マネタリズムと通貨目標値

第七次プラン法案は一九七六年四月二一日に閣議決定されたあと、上下両院に上程され、七月一日に上院（元老院）、七月八日に下院（国民議会）をそれぞれ通過し成立する。この法案の準備段階で焦点になったのは通貨目標値の導入である。

ミルトン・フリードマンの提唱する経済学説「マネタリズム」は、一九六〇年代後半から、インフレに悩む欧米諸国の経済諸官庁の強い関心を集めるようになった。フランスも例外ではなく、計画庁、財務省経済予測局、同省国立統計経済研究所（ＩＮＳＥＥ）、応用経済学研究所（ＩＳＥＡ）、フランス銀行研究総局などの国家機関で、この学説の理論と実証の両面からの研究が進められた。なかでも計量モデルを使った実証研究で重要な役割を担ったのはフランス銀行である。

フランス銀行では一九六九年に研究総局のなかに「計量経済室」（bureau économétrique）が開設され、この部署が研究の中核を担った。マネタリズムに着想を得た国民経済の計量モデルとしてはセントルイス連邦準備銀行の手になる「セントルイス・モデル」がすでに知られていたが、計量経済室は早くも一九七二年に、このモデルに倣って「フランス・モデル」を構築する。またこれと並行して、フランスでも中期についてはGDP成長率とM_2成長率のあいだに顕著な相関関係が認められることを、過去にさかのぼって検証した。[6] こうした成果をふまえて、一九七三年からは、フランス銀行の管理部門が年度ごとに通貨目標値（M_2）を設定し、それを通貨政策の運営に利用するようになる。

このようにフランス銀行は通貨目標値にたいして積極的な姿勢をとったが、それにはフランスに特殊な事情がかかわっていた。フランスの中央銀行は一八〇〇年の創設から一貫して政策（介入）の軸足を手形の割引と、それを介した信用の選別・配分においてきた。しかし一九六〇年代の半ば以降、この伝統が根底から問い直されることになる。それは二つの事情の変化によるものであった。

一つは、インターバンク市場としての「貨幣市場」（marché monétaire）に生じた変化である。アングロサクソン諸国とは違い、フランスの貨幣市場はいちじるしく狭隘で、しかも中央銀行の割引歩合（固定金利）によって間接的に統制される事実上の「中央銀行市場」であった。つまり、「割引の付属物」[7]とも呼べるような、きわめて限定された役割しか果たしていなかった。しかし為替と資本取引の自由化が進むにつれて、貨幣市場は海外の諸市場やユーロ・カレンシー市場の影響を強くうけるようになり、この市場には割引歩合による統制が及びにくくなる。このため、フランス銀行は一九六六年以降、「好ましからざる」[8]外資の流出入を抑える必要から、貨幣市場に頻繁に介入するようになる。その結果、貨幣市場はフランスの歴史上初めて、自立した市場として機能するようになる。[9] 一方、貨幣市場への介入が増えるにつれて、フランス銀行は一八〇〇年の創業以来「信用政策」（politique du crédit）と呼んできた自らの政策を「通貨政策」（politique monétaire）と呼ぶようになる。[10]

もう一つの事情の変化は、戦中から戦後にかけて「信用組織化」（organisation du crédit）の名のもとに構築された独自な信用供与および通貨発行の仕組みに関係している。国家信用理事会―フランス銀行を軸とするこの仕組みはすでに第2章第4節で紹介している。問題はそれが現実にどのような効果を生じたかである。

この組織化された信用制度のもとで、中央銀行の信用政策は政府の策定する経済政策の目標に沿うかたちで実施された。その結果、戦後のフランスでは通貨の増発が常態化していた。この制度はたしかにフランスの戦後復興に大きく貢献した。しかし、世界経済が復活をとげた一九六〇年代に入ると負の要因に転化する。というのは、国際市場関係が緊密の度合いを増し、かつ海外市場の変動の規模と速さが増すなかで、それが国内経済の調整を遅らせ、インフレを温存し、経済からダイナミズムを失わせる方向に作用したからである。(11)

以上二つの事情の変化に対応するために考えられたのが伝統的な中央銀行政策の全面転換である。それは、フランス銀行が割引業務から手を引いて介入の場を貨幣市場に移し、信用配分を市場に委ねるというものである。この改革案を政府に勧告したのは、首相モーリス・クーヴドゥミュルヴィルが一九六八年一一月に設置した「賢人委員会」である。(12)一九六九年四月になされたこの勧告はほどなくして実施に移された。フランス銀行は一九七一年一月一九日を期して、それまで常に貨幣市場金利の水準以下に設定してきた割引率(公定歩合)を、貨幣市場金利を上回る水準に設定することにしたのである。この政策転換によって同行は、原則として再金融を割引から貨幣市場に移し、自らの役割を流動性の管理に限定することになる。(13)

かくて一九七〇年代初頭のフランスでは、中央銀行の政策理念のレヴェルにおいて、(14)「信用配分」から「流動性の管理」へという流れが加速していたのである。当然のことながら、マネー・サプライの成長率を管理することによってインフレを抑制しようとするマネタリズムの政策手法は、フランスの中央銀行にとってきわめて魅力的であった。第七次プランでは、こうしたフランス銀行とその周辺で形成されていた流れをプランにどう反映させるかが、真っ先に議論されたのである。

2　第七次プラン「通貨・物価・成長小委員会」における論争――「失業」と「インフレ」のいずれの問題を優先すべきか

第七次プランの策定に向けた最初の準備作業は、第六次プラン（一九七一～七五年）が議会を通過して実施段階に入った一九七二年一月から始まる。その任務を託されたのは計画庁内に組織された「通貨・物価・成長小委員会」(Groupe Monnaie-Prix-Croissance) である。委員長はフランス銀行次席副総裁アンドレ・ドゥ・ラットル、委員は計画庁、財務省国庫局、同経済予測局、ＩＮＳＥＥ、フランス銀行の各代表から構成されていた。

小委員会が最初に取り組んだのはマネタリズムの理論的検討である。委員会は各機関を代表するエコノミストたちの報告にもとづいて、約一年をかけてこの検討を行った。そして最終的に、マネー・サプライの変動が物価に影響を及ぼす経路やメカニズム――いわゆる「伝達」(transmission) の問題――など未解明の部分はあるものの、一般に通貨、物価、成長の三者のそれぞれ変動のあいだに相関関係のあることを確認した。

次いで小委員会は、各委員の出身機関が用意した覚書にもとづいて、通貨目標値導入の是非をめぐる討議に入った。そこで鮮明になったのは国庫局と他の機関のあいだの意見の違いである。国庫局は経済政策の実務一切を管掌する財務省最強の部局であり、国家信用理事会を介して信用政策全般にも責任を負っていた。そのうえ、同局は投資金融にも直接関与しており、そのために大量の国庫証券を準公的金融諸機関に引き受けさせ、いわゆる「国庫の回路」(circuit du Trésor) を形成していた。かくて国庫局は、国家介入の中央機関としての役割を果たしていただけでなく、フランス銀行とともに通貨政策の一翼を担っていた。この重要な機関が他の機関と意見を異にしたのである。(15)

国庫局の主張は二つの部分からなっていた。一つは技術的なものである。すなわち、フランスでは経済への信用供与が流動性創出の主要な源泉になっているために、通貨の厳格な統制は困難である。また、通貨と物価の関係には未解明の部分が多く、「完全雇用と物価安定を同時に保障するような通貨ストックの適正成長率をあらかじめ決めることはできない」[16]。もう一つは、フランスに特殊な事情である。フランスでは非賃金所得者が多く、「所得政策」（politique des revenus）の実施が難しい。また中小企業が多いことから物価の管理も難しい。このため、「フランスでは通貨政策が短期経済政策のなかで決定的な役割を果たすようになっている」[17]。一方、通貨政策には、国会事項である財政政策とは違い、「操作がきわめて柔軟で、かつ手軽である」、また「自由な裁量によって、経済全体に長期にわたって徐々に効果を及ぼすことができる」という利点がある。かりに通貨目標値が設定されるようになると、通貨政策から柔軟性が奪われ、短期経済政策の運営に支障をきたす。かくて国庫局の結論は明快であった――「現在わかっているかぎりでは、基準値《ノルム》〔通貨目標値〕の設定は望ましくもなければ現実的でもない。通貨政策は公権力が自由に使える短期の調節手段にとどめるべきである」[18]。

これにたいして計画庁、経済予測局、ＩＮＳＥＥ、フランス銀行の各代表たちは、程度の差はあるものの、いずれも通貨目標値の導入に肯定的であった。国庫局が問題にする技術的困難については、自身が計量経済学の専門家であった彼らは、解決不能な問題は基本的にないと反論する。フランス銀行の代表はさらに進んで、中期のみならず年単位で通貨目標値を設定することの意義すら説いた。一方、国庫局が短期経済政策しか問題にしようとしないことにたいしては[19]、同じ財務省の経済予測局が厳しい批判を浴びせた。なかでも注目すべきは次の二方向からの批判である。第一に、経済・社会問題への短期的な対応を優先すると、「常にインフレ方向に強いバイアスがかかってしまう」。「実際、当局はインフレよりも失業問題を重視しており、通貨制度もインフレの抑止よりも失業の回避に目標をおいて組み立てられている」[20]。短期の通貨政策といえども中期の通貨目標値を念頭において実施するようになるなら、こうした弊害は改められるはずである。第二に、国庫局の主張は、つまるところイギリスにおける「ストップ・アンド・ゴー」政策と変わるところがない。当局が当面の課題を優先する政策運営をつづければ、企業家たちはやがて政策変更のくり返しに慣れ、変更をあらかじめ織り込んで行動するようになるから、政策の実効性が失われる。

以上の経済予測局による国庫局批判にうかがえるように、論争の背景にあったのは、政策課題の優先順位をめぐる考え方の違いである。従来どおり「失業」問題を優先するのか、それとも「インフレ」問題に課題を切り替えるべきなのか、である。そして、計画庁を筆頭に他の諸機関がいずれもインフレ管理を優先すべきだとしたのにたいして、国庫局だけがそれに反対したのである。この結果、一九七四年春に作成された小委員会の報告書には両論が併記され、少数意見が国庫局だけであることが明記された[21]。強大な権勢を誇る国庫局が「少数派」として公文書に明記されたのは異例である。

小委員会における論争と、論争における国庫局の事実上の敗北は、フランスの中央経済行政の内奥で生じていた政策課題の転換と、それに対応する政策思想の転換を伝えるものとして興味深い。しかもこの転換が、一九七二～七三年という一九六八年の「五月危機」から遠くない時期に生じていることには、いっそう興味深いものがある。

3　第七次プラン――新自由主義的構造改革と経済通貨同盟

第七次プランの準備はそのあと、一九七三年末から七五年にかけて、フランス経済が石油危機、インフレ、景気後退、そしてまたインフレと、相次いで大きな変動に見舞われるなかで進められた。この過程で、財務大臣フルカードがインフレの猛威に対処する必要から通貨目標値の導入を決断する。こうして一九七五年からは、国庫局もフランス銀行と協力して経済政策の運営に通貨目標値を利用するようになる。ラットル小委員会で展開された国庫局の主張は石油危機以後の現実によって乗り越えられてしまったのである。

一方、この間に、一九七四～七五年の経済危機が二つの点でまったく新しい性格を有しているという認識も、経済・財務官僚たちのあいだで共有されるようになる。一つは、次節で詳しく見るように、通貨の切下げがかつてのような均衡回復効果を生まず、インフレの継続、さらには加速すらもたらしている点である。もう一つは、従来のケインズ主義的総需要管理政策では解決できない新しいタイプの失業が発生している点である。つまり、経済危機は「循環的」であると同時に「構造的」であるという認識が政策当局者のあいだに広がったのである。

一九七四年一〇月になると、閣僚から構成される「中央計画理事会」[22]（Conseil central de Planification）が発足し、第七次プランは準備段階から実施計画の策定段階に移る。そしてプランは、さまざまな審級の議を経て一九七六年七月二一日法として実施に移されることになる。

第七次プランは二つの課題を軸に組み立てられていた。第一の課題はインフレの克服である。プランの総括報告書の冒頭部分を引用しよう。

二つの対立する政策がある。第一は、成長を擁護しようとしてインフレを認める。それは〔成長と雇用の〕双方を失い、破局にまでいたる。第二は、通貨のために成長を犠牲にするように見えるが、実際には一方〔通貨〕を優遇して他方〔成長〕を強化している。……政府は堅実な道を選択した。……インフレが成長を促進し雇用状態を改善するという古い幻想は打ち破る必要がある。[23]

ここに謳われた「成長」優先から「通貨」優先へという政策路線の転換は、いうまでもなく、フランスが戦後にほぼ一貫してつづけてきたケインズ主義的成長政策との決別にほかならない。問題はこの政策路線の転換をどう具体化するかである。プランには二つの方法が示されている。一つは、構造政策ないしは構造改革の採用である。その主要な内容は、①「競争政策」（politique de concurrence）と独占禁止政策の、制度と運用の両面における強化、②財政均衡の実現、とくにそのための社会保険制度の改革、③企業なかでも公的企業における自己金融比率の引上げ、の三系列の施策である。もう一つの方法は、通貨目標値の導入である。プランにはこう記されている――「通貨・信用政策は、マネー・サプライの成長をＧＤＰの目標成長率に近い水準に維持するというものになるであろう。それは主として、年々の基準値《ノルム》を設定する仕組みを維持することによって実現されるであろう」[24]。通貨目標値は、先のラットル小委員会における議論の域を大きく超えて、年度ごとに設定されることになったのである。

プランが掲げる第二の課題は、「ミスマッチの失業」（chômage de incohérence）と命名された新しいタイプの失業への対応である。

プランによると、現在ある失業には循環性の不況がもたらした失業以外にこのタイプの失業が含まれている。このため、景気が回復しても完全雇用が実現するとは考えにくい。新しいタイプの失業の背景には、「若年労働者たちの一般的文化水準および知的水準の向上にともなって仕事の質の向上がもとめられている」[25]という現実がある。図５－１に明らかなように、一九七〇年から七三年にかけて「未充足の求人数」が急増している。このカテゴリーの求人数は一九七四年から急減するが、それは景気後退によるものであり、一時的に隠蔽されているにすぎない。景気が回復し求人数が増えても、それが単純労働であれば移民労働者によって充足されるだけで、質の高い仕事をもとめる人々の失業が再び現れるはずである。つまり、問題は労働市場の「構造的不均衡」にある。プランによると、この不均衡を解消するには、従来のように「労働者を仕事に適応させる目的で」人材を育成するのではなく、「仕事を労働者たちに、彼らの文化水準に、そしてまた彼らの願望に合わせるために、労働条件の改善に向けて国民経済を根底から変える」[26]必要がある。かくてここで問題になっているのも構造政策である。

以上のような第七次プランにおける課題設定と対応策から二つのことが読みとれる。第一に、フランスの立法者は、フランスが迫られているのは構造政策ないしは構造改革であって旧来の構造を再生産するケインズ主義的総需要管理政策ではないと認識していた。第二に、この場合の構造政策・構造改革とは、市場経済の枠組みや発展の方向を変え

図5-1　フランスの労働市場（1970〜80年）

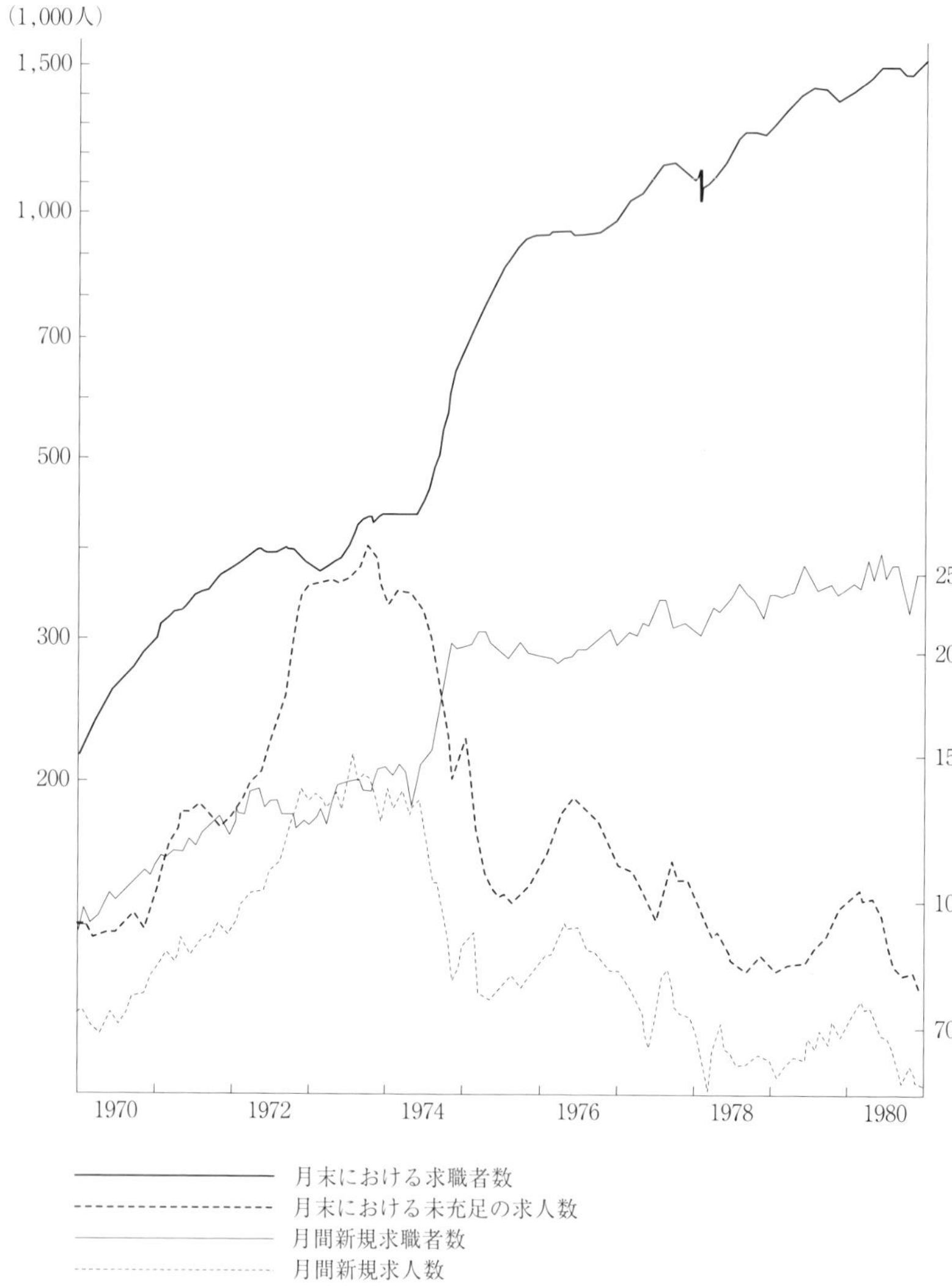

（出所）　*L'Année politique, économique, sociale et diplomatique en France*, 1980, p. 534.

ることを目的とした国家の介入——すなわち、仏独の新自由主義者たちのいう「自由主義的介入」[27]（intervention libérale）——である。

ところで第七次プランは、インフレと失業のほかに、もう一つの関心事によっても支配されていた。それは、フランス経済が国際経済にますます深く組み込まれ、対外的要因の影響をうけやすくなっているという問題である。当時から一般に用いられるようになった用語で言う「対外的拘束」（contrainte extérieure）の増大である。ただし、その場合の国際経済とは自律的な国民経済の相互依存関係の総体としての国際経済ではない。そうした古典的な国際経済概念は、アメリカ系多国籍企業の登場とそれらの企業を介して行われる国際資本移動によってすでに過去のものになっている。プランが問題にするのは、新しい国際経済関係——今日の用語で言う「グローバル経済」——のなかで、フランスをはじめとする「中規模の国」[28]では経済政策の「自由度」と経済の「自律性」がいちじるしく狭められているという現実である[29]。では、「対外的拘束」の増大という国際環境のなかで、フランス経済の安定と発展を保障するにはどうすればよいのか。プランが期待を寄せるのは欧州経済通貨同盟である。

> フランスの経済的・社会的発展は欧州建設の前進と結びついている。……第七次プランの成功は、正真正銘の経済通貨同盟を欧州に創設するという一九六九年の〔ハーグ欧州首脳会議における〕合意に定められた目標が達成されるなら、いちじるしく容易になるであろう。……この枠組みのなかでは、最初に、ドルにたいする欧州諸通貨の共同管理を可能にする仕組みを構築すべきであろう。次に経済同盟を準備することになるが、そこでは、世界における共同体の重みを利用すること、またその重みにもとづく自律性を利用して成長の再発進を促すことになるであろう。かくて、欧州諸国は同盟を結成することによってのみ、一部の多国籍企業が競争を免れながら行っている力の行使を抑えることができるようになる……[30]。（傍点は引用者）

かくて第七次プランは、経済通貨同盟についてもそれまでの慎重姿勢を全面的に改め、その創設に積極的に関与すべきだとしているのである。しかもこの対欧政策の転換は、ドルをフロートさせ、多国籍企業の活動を制限しなかったアメリカの政策に淵源があった。というのは、フランスがこのアメリカの政策のために失った経済政策の「自由度」と経済の「自律性」を回復することに、対欧政策転換の狙いがあったからである。

第3節　バール・プランへの道（一九七四〜七六年）

一九七六年八月二五日、ジスカールデスタンは首相兼財務大臣にレイモン・バールを任命した。バールは同年九月から、「バール・プラン」の名で知られる安定政策の実施に着手する。これによってフランスの経済政策路線は一八〇度転換する。本節ではバール・プラン登場の前史を扱うことにする。

1　第一次石油危機後のフランスの経済政策――総需要管理政策とその失効

フルカード・プラン

一九七四年一月、フランスはスネイクを離脱して単独フロートに移行した。すでに述べたように、この決定は石油危機がもたらした国際収支危機への対応と、一九六〇年代以来の成長政策の継続という二重の政策課題に応えるためのものであった。しかし、単独フロートへの移行によって生じたフラン相場の下落にもかかわらず、フランスの貿易赤字は減らず、インフレも終息に向かう兆しを見せなかった。

こうした石油危機後の経済危機にどう対処するか。新大統領ジスカールデスタンのもとで、ジャック・シラクを首班とする内閣の財務大臣として、この問題に取り組んだのはフルカードである。フルカードは財務大臣に就任してまもない一九七四年六月、「経済財政均衡再建」のための施策をまとめた。これも先のスネイク改革案と同じく「フルカード・プラン」(Plan Fourcade) と呼ばれる[31]。国民議会におけるフルカードの説明によると、フランスが直面している危機は「総需要の過多」に原因があり、新たな施策の狙いはインフレを抑制し「フランスと他の欧州諸国とくにドイツとのあいだの価格差を縮め、次いで消滅させる[32]」ことにあった。

フルカード・プランについては、前首相のクーヴドゥミュルヴィルのように、ドイツが当時実施していたようなジスインフレ政策、すなわちインフレの抑制と成長の維持を同時に実現する「総合プラン[33]」になることを期待する向きもあった。しかし実施されたのは、緊縮財政と通貨・信用供給の圧縮という従来型の総需要管理政策であった。その結果、フランスの景気はその年の九月から後退局面に入り、失業が急増する。そして年末が近づくと、世論の関心は政府の次の出方に集まるようになる。

そうした世論の動向をにらみつつ、一二月には政権の内部で景気対策が検討されている。そこでは経済危機が循環性のものではなく構造的なものであることが確認されていたものの、選択されたのは従来と同じ総需要創出政策であった。大統領の経済顧問リオネル・ストレリュがジスカールデスタンのために作成した覚書からは、政権中枢の政策的対応がなお過渡的段階にあったことがうかがえる。

ストレリュによると、現下の失業はこれまでのものと性格を異にしている。以前は、「失業はインフレ対策ないしは国際収支赤字対策によって引き起こされた一時的な不正常にすぎなかった」。したがって「ひとたびこれらの経済政策目標が達成されれば、ブレーキを外すだけで経済は再発進し完全雇用も正常に戻った」。ところが一九七五～七六年には、世界の市場環境が変化したことから、「経済安定政策とは無関係に完全失業が生じる可能性がある」。それゆえ「一九七五～七六年については、低成長下での完全雇用を可能にするための構造改革を最優先すべきである」。

とはいえ構造改革には時間を要する。よって当面は「財政出動による古典的な短期景気浮揚を行わねばならない」。つまり、「これまで効果をあげてきたケインズ以来の伝統的な手段によって行われる必要がある」。ストレリュの言う伝統的な手段とは賃上げである。かくて彼は大統領にこう進言する――「私個人としては社会政策による景気浮揚を選択したいと思います。一九六八年五月のグルネル協定のあとの景気の回復ぶりを見れば、購買力の付与がどれほど成長に有効かが分かります。消費をもっとも必要としているのが最貧の人々であることを考えれば、それは驚くにあたりません」(34)。

フルカードは一九七五年秋に「経済支援プラン」を実施するが、それはまさしくこの覚書に記されている古典型の景気浮揚政策であった。

フルカード・プランから生じた憂慮すべき問題

フルカード・プランは二つの意味で大きな問題を残すことになった。一つは、巨額の財政赤字と引換えに実施されたにもかかわらず、その効果が限定的だったことである。工業生産は回復軌道に入ったものの失業者数は九〇万人台という高い水準のままだったし、インフレ率も前年ほどではなかったものの一〇パーセントを記録した。

この第一の問題にも増して深刻だったのは第二の問題である。プランの実施によって大量の過剰流動性が創出されたのである。一九七五年のGDP成長率は九・五パーセントと前年の一五・二パーセントに比べて大幅に減少したものの、マネー・サプライ成長率（M_2）の方は一五・五パーセントと、前年の一八・一パーセントに比べてその減少は小幅にとどまった。GDP成長率とマネー・サプライ成長率の乖離は二・九ポイントから六・〇ポイントに拡大しており、過剰流動性が生まれたことを物語っている。

過剰流動性の大部分を吸収したのは家計であった。個人の保有する流動性は一九七四年末の六八五〇億フラン

（M_3の八二パーセント）から一九七五年末の八一一〇億フラン（M_3の八五パーセント）へと一八・三パーセント上昇したが、この上昇率はM_3の上昇率一五パーセントを大きく上回っている。一方、個人保有の流動性の増加は、賃金をはじめとする各種所得の増加によるものである。一九七五年の物価上昇率が一〇パーセントであったのにたいして賃金上昇率は一五パーセントにも達していた(35)。

一九七五年の賃金上昇率がきわめて大幅なものであったことはミクロの情報からも確認できる。一九七六年一〇月に民間機関が六〇の企業を対象に実施したアンケート調査(36)によると、賃金の改定は「ＩＮＳＥＥ物価指数＋Ｘパーセント」という計算式で行われており、一九七五年については、調査対象となった企業の五五パーセントがＩＮＳＥＥ指数に二パーセントを、また四五パーセントの企業が一〜二パーセントをそれぞれ上乗せしていた。つまり、インフレを「既定の事実(37)」として賃上げが行われていたのである。

このような物価上昇率を上回る名目賃金・非賃金所得の上昇率には、一九六九年に生まれた「契約政策」（politique contractuelle）と呼ばれる新しい賃金政策が深くかかわっていた。この賃金政策は、「新しい社会」（société nouvelle）を旗印に一九六九年六月に登場したシャバンデルマス内閣のもとで実施されるようになり、とくに国有部門において、労使の直接交渉による賃金決定に道を開いたことで知られる。賃金の抑制を事実上意味する「所得政策」ではなく「契約政策」という名称が用いられていることが示すように、新しい賃金政策は、一九六八年の「五月危機」後の社会状況のなかで、物価上昇率を上回る名目賃金の引上げを保障する賃金協定を生むことになる(38)。こうして契約政策は、賃金・非賃金所得の事実上の物価スライド制として機能し、石油危機後のインフレを加速させる重要な要因の一つになったのである。

ところで過剰流動性の存在には国庫局が危機感をつのらせた。この問題については、国庫局長ラロジエールが一九七六年七月二七日付の覚書(39)で詳細な分析を行っている。それによると、過剰流動性には二つの重大な問題が潜んでいる。一つは、家計に入った所得の大半が消費に向けられずに、貯蓄に回されていることにある。一九七五年には、家計消費の伸び率が三・三パーセントだったのにたいして貯蓄の伸び率は一七・七パーセントにも達した。貯蓄総額は一三〇〇億フランを記録したが、そのうち証券購入に充当されたのが四七億、貯蓄金庫への貯蓄が四七〇億（前年比二四パーセント増）、銀行の普通預金・定期預金などの「準通貨資産」（disponibilités quasi-monétaires）が四六〇億（前年比二〇パーセント増）であった。かくてラロジエールは、「これらの固定化されていない巨額の金融資産はいつでも消費に回る可能性があり、間違いなくインフレをもたらすだけに危険である」(40)と言う。

一方、個人金融資産が急増したことの反面として、M_3に占める企業の金融資産分が大幅に減少した。これがもう一つの問題である。銀行制度を介して供与される信用――フランスの金融用語でいう「経済への銀行信用」――がM_3に占める割合は、一九七三年が一六・三パーセント、一九七四年が一五・五パーセント、そして一九七五年が一四パーセントと減りつづけている。これは、賃上げによって企業の財務内容が悪化し銀行信用への依存が進んだことを物語っている。それゆえラロジエールは、「こうした銀行への大きな依存は、経営者たちが企業経営にたいして、そしてとりわけ賃金上昇にたいして、警戒を緩めていると見なければならない」(41)と言う。国庫局長は企業経営者のあいだに広がっている責任倫理の低下を危惧していたのである。

以上のような分析からラロジエールは、経済政策の軸足を（通貨を犠牲にした）高成長による完全雇用の保障から、安定した通貨のもとでの成長（とその結果としての完全雇用）へ移す必要があると結論づける。彼は言う――「今後は、完全雇用の追求は、インフレを生む高水準のGDPよりも、産業部門別の職業教育政策の整備によってなされるべきであろう。民間投資について言えば、その回復は産業企業家たちが、通貨の堅固さと安定のなかでの成長の可能性についてどのような展望をもつかに、基本的に依存することになるであろう」(42)（傍点は引用者）。

ともあれ、以上から明らかなように、一九七四～七五年に財務大臣フルカードの手で実施されたフランスの経済政策は典型的な「ストップ・アンド・ゴー」に終わり、「過剰流動性」というインフレの芽を残すことになったのである。

2　バール不在のバール・プラン

アルベールの覚書――新自由主義的「ショック療法」の提言

フルカード・プランから生じた深刻な事態を前に、政府部内で最初に動いたのは計画庁次長ミシェル・アルベールである。彼は一九七六年五月二五日付で「極秘扱い」の覚書[43]を作成し、大統領の経済金融顧問ジャン＝ピエール・リユオーに届けている。

アルベールは覚書の冒頭で事態の深刻さに警鐘を鳴らす。インフレ心理がフランス全土に蔓延しており、夏のヴァカンス明けとともに「第五共和政発足以来最悪のインフレ」が発生する恐れがある。失業は増えつづけ、景気回復も息切れするであろう。国政選挙が一九七八年に控えているだけに早急に手を打つ必要がある。しかし選択肢は二つしかない。一つは選挙を今秋に繰り上げて実施することであるが、これは不可能である。もう一つは、インフレを押さえ込むためにヴァカンス前に「ドゴール流のショック治療」を実施することである。このショック治療とは、ドゴール大統領が一九五八年末に実施を決めた新自由主義的安定政策のことである。それはジャック・リュエフの主宰する政府委員会によって策定され、フランス経済を「奇跡的」[44]復活に導いたことで知られる。ちなみに、リュエフは当代フランスを代表する経済理論家で、かつ新自由主義の理論家でもあった。リュエフは一九五九年一一月〜一九六一年七月にも政府委員会を主宰し、経済全般にわたる構造改革を答申している。この委員会――通称「リュエフ／アルマン委員会」(Comité Rueff-Armand)――の事務責任者を務めたのは、ほかならぬ財務官僚時代のアルベールであった[45]。アルベールは新自由主義を理念とする経済政策に通暁していたのである。

では、なぜ新自由主義的「ショック治療」でなければならないのか。アルベールによると、「インフレを容認しても失業を減らせなかったどころか間接的に深刻化させさえしている」[46]、もはや失業問題を最優先の課題と見る伝統的な政策論は成り立たない。このようにケインズ政策を否定したうえで、アルベールは次の四項目を骨子とする政策を提案する。(1)向こう六カ月から一年のあいだ、物価、各種料金、賃金を凍結する。(2)労働者に賃金凍結を受け入れやすくするために、富裕層にも労働者と同等の犠牲をもとめる。(3)一九七五年から急増した財政赤字を国債発行によってコンソル化する。(4)生産的投資を促す。こうした提案を行ったあと、アルベールは「第七次プランを厳格に実施すればよいのである」[47]という言葉で覚書を結んでいる。

「社会合意」にもとづく反インフレ的構造政策

アルベールから覚書を受けとったリュオーは、一カ月後の一九七六年六月三〇日付で、大統領のために覚書を作成している。このなかでリュオーもまた、ケインズ主義的政策を明確に否定する。

ケインズ主義的発想の政策は、予算とマネー・サプライを強力に「引き締める」ことによって需要を圧縮すること、したがってまた成長を緩慢にすること、を目的としています。一〇〇万人の失業者がいても、多くの人が持続的成長への西側経済の復帰を疑問視していてもそうした政策が実施可能である――こう仮定したとしても、私にはそのような治療法が現状に合っているとは思えません。おそらくそれは、スタグフレーションを引き起こすことになるでしょう。[48]

リュオーはまた、単純な物価や各種所得の凍結は自由主義的経済原則に反するだけでなく、効率的な経済がもとめられる開放経済のもとでは実施できない、とも言う。このようにケインズ主義的政策と管理経済《ディリジスム》の双方を否定したうえで、リュオーが大統領に進言するのは「第三の道」である。すなわち、ドイツとイギリスの例にならってジスインフレ政策と報酬引上げの抑制を行うこと、しかもそれを数値目標にもとづいて行うことで「社会合意」(accord social)を形成するという方法である。

七月の初頭には前述したように第七次プラン法案が議会を通過し、一九七六〜八〇年の中期計画が確定する。これをうけて財務大臣フルカードは、財務省の五人の局長たちに秋以降に採用すべき経済政策についての考えを覚書にまとめさせ、七月二三日から二七日にかけて大統領府に届けている。それらの覚書からは、[49] 実務当局者たちのあいだに三つの認識が共有されていたことがうかがえる。第一に、フランスの最大の政策課題はインフレの克服にある。第二に、ケインズ主義的政策はフランスの現状に合わない。第三に、フランスが選択すべきはインフレの悪循環に陥った「イタリアの道」ではなく、安定した物価と通貨の基礎上に成長をつづける「ドイツの道」である。

そこで問題になるのはフランスが「ドイツの道」に入るための方法である。局長たちの意見は、先のリュオーの覚書と同様、賃上げの抑制で「社会合意」を形成することであった。[50] ただし、有名な「共同決定制」(Mitbestimmung)のもとで労使協議が定着していたドイツとは違い、フランスで「社会合意」が成立する可能性は少ない。よって国家が主導的役割を果たさないかぎり道は開けない。たとえば、物価局長クロード・ヴィランは大統領に宛てた一九七六年七月二六日付の覚書に次のように記している。

国家、雇主、労働組合という行為者《アクトゥール》のうちのいずれに、〔賃金の〕下方調整の口火が切れるでしょうか。労働組合については、とりわけ政治的理由から、たとえわずかであっても本来の意味における契約的な政策に向かうことは期待できません。フランス雇主総同盟(CNPF)はといえば、率先して賃金抑制を行うことはまったくないでしょう。私がつい最近会った会長のフランソワ・セイラックと副会長のイヴォン・ショタールの二人は、私にこう打ち明けました——ヴァカンス明けに共和国大統領自身が陣頭に立って心理的な動員をかけ、物価と賃金の目標値を告知しないかぎり、雇主が公式に〔賃金〕抑制に取り組むことはありません、と。結論的に言って、新たな均衡には国家の主導で到達するしかありません[51]。

このように、秋から実施すべき経済政策をめぐる論議が沸騰していたさなかの八月二五日、シラク内閣が総辞職し、同じ日に、レイモン・バールを首班とする新内閣が発足する。この政変直前の八月一九日、リュオーが大統領のために覚書を作成している。また政変直後の八月二七日には、計画庁長官ジャン・リペールと同次長アルベールの二人が新首相と面会し、極秘扱いの覚書「反インフレ闘争のプラン[52]」を手渡している。また二人は同じ覚書を大統領府のリュオーにも送付し、大統領の閲覧に供するようもとめている。次いで八月三〇日にはリュオーが再度、大統領のために覚書を作成している。いずれも五～六月に作成された覚書と基本的に同内容のものであるが、政変後の覚書では提案内容がより厳密かつ具体的になっている。計画庁のプランは、次節で見るバール・プランとほぼ重なっているのでここでは立ち入らない。リュオーの八月三〇日付覚書は、構造改革に踏み込むよう大統領に進言している点が注目を引く。

実施すべき措置の規模と範囲について政治的な選択がなされねばなりません。反インフレ闘争という短期の目標のみを課題とする、限定的な手段しか用いない、もっぱら一時的な措置とするのか。それとも、数日前の政変によって生まれた活力を利用し、また世論の期待感を利用して、政府が、より野心的で構造的な広がりをもつ、インフレの根本原因に立ち向かうようなプラン——すなわち、社会保険制度の秩序回復、競争の拡大、省エネルギーに関する新たな取組み（料金、誘導的諸措置）、不平等の是正に向けた新たな前進——を構想するのか。

私はと言いますと、第二の選択肢の方に傾いています。この選択肢は、経済秩序の回復およびインフレの構造的諸要因にたいする闘いのプログラムとして提案できるでしょう……。[53]（傍点は引用者）

さらに同じ覚書で、リュオーは企業経営者の姿勢を厳しく批判している。彼は政府の進める反インフレ的構造政策が「企業の信頼回復」にとっても重要であるとし、次のように記している。「上述したような〔政府の〕行動は現在の状況に照らして重要な意味をもつと思われます。実際、信頼の低下傾向は、企業の、日和見主義的で、将来に責任を負おうとしない態度から生まれています。根本的な目標は、企業の状態と財務構造の改善を促すことでなければならないでしょう」[54]（傍点は引用者）。

次節で明らかになるように、バール・プランは以上のような計画庁と大統領府のあいだで固められつつあった政策構想と基本的に重なっている。つまり、バール・プランはバールの登場以前にすでに実務者たちによって準備されていたのである。[55]

3　新自由主義者レイモン・バール

バールの首相兼財務大臣への就任は一見したところ唐突に見える。バールは「ドゴール主義者《ゴーリスト》」を自任していたものの、いずれの政治組織にも属しておらず、国会にも議席がなかった。そのようなバールが首相と財務大臣という重要閣僚を兼任したからである。

バールは戦後フランスを代表する経済学者フランソワ・ペルーのもとで研鑽を積んだ学究で、一九六三年からはパリ大学法経学部の経済学講座担当教授の職にあった。彼は新自由主義者の国際組織として知られるモンペルラン協会の会員で、自他ともに認める新自由主義者であった。ただし彼の新自由主義は、本章の冒頭で紹介したような市場経済と社会との調和を重視し、国家の積極的な役割を説く新自由主義であった。したがってバールは、彼の政敵となる社会党第一書記フランソワ・ミッテランの評を借用すれば「国家管理型自由主義経済」[56]（l'économie libérale dirigiste）を説く自由主義者であった。実際、バールは自らの（新）自由主義を次のように定義づけている。

自由主義者は反国家ではない。自由主義者は、国家が公権力を独占すること、国家が経済における重要な行為者であること、そしてまた国家がとりわけ長期のあらゆる責任を引き受けること、を常に認めてきた。

国家は〔経済の進化に〕社会が適応できるように、経済が地域住民のためだけでなく世界のなかで十全にその役割を果たせるように、気を配らねばならない。国家には、所得格差が拡大しすぎないように気を配る使命がある。国家は不平等の是正者であるが、それはすべての人に諸手当を配るという意味ではなく、一国の内部で許しがたい不平等が生まれないようにせねばならないという意味である[57]。

バールと政治の関係は、彼が工業大臣ジャン＝マルセル・ジャンネーの官房長に就任した一九五八年に始まる。一九六七年には大統領ドゴールのもとめに応じて、ロベール・マルジョランの後任として欧州委員会の経済・金融担当副委員長に就任する。欧州委員会副委員長時代のバールは、本書第1章および第2章で見たように一九六九年二月と一九七〇年三月の二度、「バール・プラン」として知られる経済通貨同盟の工程表をまとめ、ヴェルネル報告の下地をつくった。後年バールが回想しているところによると、彼が経済通貨同盟を着想したのは、ドイツとの通貨協力をつうじてフランを「強い通貨」[58]にする狙いからだったという。バールは首相就任以前から、当時のフランス政府とは反対に、強いフランを志向していたことになる。

一九七二年にパリに戻ったバールはパリ大学に復職するとともに、財務大臣ジスカールデスタンの推薦でフランス銀行の評定員《コンセイエ》（理事）に就任する。次いで、一九七四年にジスカールデスタンが大統領に就任すると、今度は新大統領の個人代表の資格で米英独の代表とオイル・ダラー還流問題を検討する極秘の任務を託される。バールの回想によると、ジスカールデスタンはバールを政府の要職に就くべき人物と見ており、バールもあたえられた任務をそのための「テスト」[59]と受けとっていたという。バールは一九七六年一月に商務大臣としてシラク内閣に初入閣し、その七カ月後に首相に就任する。バールは閣僚経験が浅く、政治家としての知名度も低かったものの、要職に就く準備はできていたのである。

新内閣発足時のテレヴィ番組で、ジスカールデスタンがバールを「もっとも優れたフランスの経済学者の一人」[60]と評したことはよく知られている。バールが新自由主義者であったことを考えると、この評は、彼がバールに期待していたのが新自由主義的政策による経済危機の克服であったことを示唆している。実際、ジスカールデスタンも自身の回想録のなかで、彼とバールのあいだには、経済思想、経済分析、経済政策のすべての面で違いがなかったと記している[61]。一方、新内閣の発足が第七次プラン法案の国会通過後まもなくであり、また未曾有のインフレの危機が目前に迫っていたことを考えると、バールの首相兼財務大臣への起用は絶妙のタイミングで行われたと言える[62]。

第4節　バール・プラン（一九七六〜七九年）

バールは組閣後ただちに「反インフレ闘争の行動計画」（le programme de lutte contre l'inflation）の策定作業に入った。作業は、バールの官房ドゥロシュとフランシス・ガヴォワ、財務省国庫局長ラロジエール、同物価局長ヴィラン、首相府付財務大臣代理ミシェル・デュラフールの官房長ジャン＝イヴ・アブレル、計画庁次長アルベール、フランス銀行総裁クラピエ、同首席副総裁ジュニエール、それに大統領顧問リュオーの九人からなる小委員会[63]によって進められた。こうしてまとめられた行動計画は九月二二日の閣議で了承され、テレヴィをつうじてバール自身によって公表された。これが「バール・プラン」である。

1　バール・プラン――フランス版「社会的市場経済」

バール・プランについては、リュオーが九月二一日付で大統領のために要約版[64]を作成している。この要約版を参考にしてプランを再整理すると次のようになる。

Ⅰ　反インフレ闘争のための諸措置

1　物価と賃金

a　物価

(1)　物価を一九七六年一二月三一日まで凍結する。

(2)　一九七七年一月一日以降、付加価値税（ＴＶＡ）を二〇パーセントから一七・六パーセントに引き下げる。

(3)　一九七七年度の物価上昇率は六・五パーセントとする。

b　所得

(1)　一九七六年一二月三一日までは現行賃金協定の実施を認める。

(2)　一九七七年度については賃金の購買力を維持する。医師や弁護士の報酬、配当などの非賃金所得についても同様とする。

(3)　高額所得者には別途の措置を講じる。

2　金融財政政策

a　通貨政策

(1)　一九七六年一二月三一日までは、フランス銀行が設定している現行の信用枠基準を維持し、一九七六年下半期のマネー・サプライ成長率を年率換算で一二パーセントとする。一九七七年度のマネー・サプライ成長率についてはGDPの予想成長率（一三・二パーセント）以下の一二・五パーセントとする。

(2)　金利（基準金利、割引率）の引上げを行う。

b　予算政策（反インフレ闘争の「古典的」手段）

(1)　一九七六年度補正予算による新規支出は、税収もしくは借入れ（すなわち、「非貨幣的資金」）で賄う。

(2)　一九七七年度予算は均衡予算とする。また、予算の伸び率はGDPの成長率（一三・二パーセント）に近い成長率一三・七パーセントとする。

c　社会保険

(1)　九億三〇〇〇万フランの節約を実施する。

(2)　掛金の軽微な引上げを行う。

3　経済活動支援

(1)　景気対策基金（Fonds d'action conjoncturelle）として一九七七年度予算に二五〇億フランを計上する。

(2)　低減償却係数の引上げ。

(3)　企業とりわけ中小企業の自己資金（内部留保）引上げのための各種助成措置。

4　対外均衡の再建

(1)　省エネルギーに関する諸措置の更新ならびに拡大。

(2) 一九七七年度の石油輸入額に五五〇億フランの上限枠を設ける。

(3) 為替管理の強化。

Ⅱ 構造政策

(1) 経済集積（体）の管理と、不正カルテルおよび支配的地位乱用の禁止。ただし、これらに関する法案はすでに国会に上程されている。

(2) 健全な競争を阻み、インフレの温床となっている構造的障害を除去することとし、そのための施策の研究を計画庁に委ねる。

(3) 歳出や所得移転等、国家の経済介入のあり方に関する立ち入った検討を実施する。

(4) 所得・経費研究センター（Centre d'étude des revenus et des coûts）の任務の拡大。

Ⅲ 公平性

(1) 全産業一律最低保障賃金（ＳＭＩＣ）法の厳格な適用。

(2) 月額一万八〇〇〇フラン以上の高額所得者にたいする税制上の特別措置。

以上のようなバール・プランについては以下の四点に留意しておこう。

第一に、インフレを短期間に押さえ込むための施策がプランの基本をなしている。大統領顧問リュオーによると、プランの狙いはインフレの大幅な減速を六カ月以内に実現することにあり、それゆえ所得政策と物価政策がプランの「核心」で、かつ「もっとも微妙な要素」(65)をなしている。一方、具体的な施策について見ると、通貨目標値を含む数値目標が示されていること、物価凍結のような権力的な手段が含まれていること、賃金政策に大きな変更が加えられていること、などが目を引く。

なお、賃金政策の変更については若干の説明が必要である。前節で述べたように、一九六九年以降のフランスの賃金政策は「契約政策」と呼ばれるものに変化し、実質賃金の上昇を保障する賃金協定が結ばれるようになっていた。契約政策は、バールの言葉を借りれば賃金の「せり上げの仕組み」[66]（mécanique de surenchère）として機能するようになっていたのである。プランには賃金・非賃金所得の「購買力維持」が謳われているが、それは名目賃金の上昇率を物価上昇率の水準に抑え、契約政策がインフレ要因にならないようにすることを意味している[67]。

第二に、プランには「競争政策」の名のもとに、自由な市場を拡大し強化するための構造政策ないしは構造改革が盛り込まれている。また「国家の経済介入の再定義」という、新自由主義者たちが好んでとりあげてきた主題が検討項目に加えられていることも注目される。

第三に、均衡財政のもとでの成長が目標とされ、そのために公共投資や企業財務改善のための施策が盛り込まれている。バールのために作成された想定問答集では、プランが総需要抑制政策でないことを示す根拠として、これらの施策の重要性が強調されていた[68]。プランはドイツで実施されたのと同様のジスインフレ政策として設計されている、というのである。

第四に、社会的「公平性」の名のもとに弱者への支援措置が盛り込まれている。ジスカールデスタンは後年、バール・プランをドイツと同様の「社会的市場経済」（l'économie sociale du marché）と性格づけているが[69]、その根拠はここにあったのである。

以上四項目の留意点から浮かび上がってくるのは、国家主導による市場機能の強化と、そのもとでの成長をめざした総合政策というプランの性格である。したがってプランは、ドイツの新自由主義たちの言う「かのように」（Als-op）の経済政策[70]と呼ぶこともできよう。

ところでバール・プランは、前節で触れた計画庁の覚書「反インフレ闘争のプラン」とほぼ同内容であった。違いは、計画庁プランには数値目標が入っていなかったことと、構造改革の具体的内容が示されていなかったことくらいである。したがってバール・プランは、その策定過程にアルベールが参加していたこととあいまって、計画庁プランをベースにしていたと見て間違いない。この計画庁プランには、興味深いことに、「全体の哲学」(phylosophie générale) が記されていた。バール・プランの哲学も同様であったと考えられるので紹介しておこう。

計画庁プランによると、「全体の哲学」は「厳格さ」、「競争」、「社会的公正」の三項目に要約できる。そして、このことからプランは三つの主要な特徴を備えることになる。すなわち、「厳格で容赦のない」手法、「全般的な」対象範囲、「公平な」調整である。その根拠は次のように説明されている。

厳格で容赦がないというのは、世論を転換するには世論にショックをあたえる必要があるからである。全般的であるというのは、主に二つの理由による。〔第一に〕マキャヴェルリの古い教えによれば、苦痛をともなう諸決定は一度にきっぱりとなされねばならない。〔第二に〕適切な短期の行動だけでは十分でない。インフレの構造的、そして社会的でさえある側面を考慮することが欠かせなくなっている。公正さは、社会パートナー〔社会諸集団〕を一括りにして交渉するわけにいかないだけに、とりわけ必要となる。それゆえ、社会パートナーを挑発しないようにすべきであり、それぞれのパートナーからは一定の譲歩すら引き出すべきである。そのための主な条件は二つある。〔一つは〕賃金抑制を常に真っ先に口にする今の政府のやり方を見直すことである。今後は、同じように物価、非賃金所得の抑制についても語り、不平等にたいする闘いを強調すべきである。〔もう一つは〕これまでいっしょに扱ってきた各種職業〔農業者、企業幹部、医師など〕を、〔規模や地位の〕の大小・高低を区別しつつ自由に操るようにすることである。(71)

以上の「全体の哲学」からは、計画庁プラン、したがってまたバール・プランが、予想される社会パートナーの反応や反発を考慮に入れて、周到に制度設計された「総合プラン」であったことがうかがえる。

では、バール自身は自らのプランをどう見ていたのであろうか。彼は一九九一年に公刊された論説[72]のなかで、自身の経験にもとづくと断ったうえで、あるべき経済政策を次のように定式化している。

一国の経済政策には三つの基本目標がある。第一は「非インフレ的成長」を実現することである。その理由は、「物価の相対的安定は間違いなく成長持続の重要な要因である」からである。ところで、この第一の目標はとくに対外経済開放度の高い経済にとって重要な意味をもつ。というのは、「もっとも満足度の高い成長率を、〔貿易〕相手国と競争しつづけられるような物価の相対的安定と両立させる必要がある」からであり、「雇用が依存するのはこの〔成長と物価のあいだの〕均衡である」からである。このような論理を展開したあとで、バールはこう結論する――「雇用には他の諸目標以上の優位性があるわけではない。なぜなら、雇用は経済成長と物価制御の結果であるからである。……雇用面で満足のいく結果を得るために一定の成長率を維持せねばならないとすれば、消費支出よりも資本形成に力点をおくことが絶対に必要である[73]」（傍点は引用者）。いうまでもなく、これらの命題はいずれもケインズ主義の対極に位置している。

経済政策の第二の目標は、中期における「対外均衡の維持」である。このような目標が必要なのは、自国通貨が世界中で準備通貨として使われているアメリカ合衆国を別にして、どの国にも対外債務を長期間放置することは許されないからである。

最後に、第三の目標は「独立の確保」である。これは、一国の経済政策に裁量の「余地」をもたせるために必要とされる。フランスを含む欧州諸国が地域経済統合を進める意義はここにある[74]。

以上のような経済政策についてのバールの考え方は、まさしく、一九八〇年代に欧州諸国――すなわち、対外経済開放度の高い中規模経済の国ないしは中規模の工業国――で一般的に受け入れられるようになる新自由主義的政策論にほかならない。またそれが、本章第2節で見た第七次プランを支える諸原則と一致していることにも注意しておこう。

2　バール・プランの展開――「社会合意」と構造改革

前項で概要を紹介したバール・プランの論理構造は次のようにシェーマ化できる。フランスにおいてインフレなき成長を実現する。この目標達成のために、まず賃金を抑制し物価の安定を図る。次いで企業が、賃金の抑制から生まれる内部留保の増分を投資に向ける。こうして、銀行信用を介することなく、つまり通貨の増発をともなわない非インフレ的方法によって、投資の拡大が可能となる。一方で企業は、政府による市場機能の強化を目的とする構造改革に後押しされて、新しい経済環境に適応し国際競争力を回復する。以上のような二つの段階を踏んだ、そしてまた二つの領域における、政府、使用者、労働者の三者の協力と努力の結果として生産性の上昇と成長が実現し、雇用が拡大する。

このシェーマから、バール・プランの成功が二つのことを実現できるか否かにかかっていたことがわかる。一つは、労働組合を賃金面で譲歩をさせること――すなわち「社会合意」の実現――であり、もう一つは新しい経済環境への企業の適応である。

国家主導の「社会合意」

賃金の抑制で労働組合の合意をとりつけるにはどうすればよいか。この点について、大統領顧問リュオーは八月一六日付の覚書でジスカールデスタンにこう進言していた。

労働組合諸組織は異なる経済社会制度の実現をめざしており、それらの組織と合意できると考えるのが幻想にすぎないことは、私も十分承知しています。とはいえ私は、この道に一歩踏み出すことに十分な理があると思います。労働組合諸組織には、その頭越しに、直接フランス国民の良識に訴えかけることを許さないほどの影響力はありません。……世論は思慮深いので、一五パーセントの報酬の上昇が行き過ぎであり不正常であることをよくわかってくれる、と私は確信します。この問題について、改良主義的労働組合に中立の立場をとらせることは不可能ではありません。(75)

リュオーは、「世論」を味方につけることによって労働組合の動きを封じられると見ていたのである。より具体的に言うと、それぞれ共産党と社会党の影響下にある二つの大手労働組合組織、ＣＧＴ（労働総同盟）とＣＦＤＴ（フランス民主労働同盟）は論外としても、ＣＧＴ－ＦＯ（労働総同盟・労働者の力）などの穏健派の組合が反対行動に出ることはないと読んでいたのである。また先に見たように、計画庁次長アルベールが「ショック治療」や「厳格で容赦のない」手法を提案していたのも同じ理由からであった。

政府が一九七六年九月以降にとった行動は、まさにリュオーとアルベールの提案を忠実になぞるものであった。バールは、自らのプランが確定する前の九月六日から一六日にかけて、労働組合、使用者団体をはじめとする職業諸団体の代表を個別に首相官邸に呼び、対話――いわゆる「社会対話」（dialogue social）――を行っている。また、バールはもちろんのこと、大統領ジスカールデスタンも財務省物価局長ヴィランも、九月以降、頻繁にテレヴィをはじめとするメディアに登場し、国民の理解と協力をもとめている。一方で彼らは、労働組合がプランに反対して直接行動に出ても、確固とした態度をとった。一〇月七日にＣＧＴ、ＣＦＤＴ、ＦＥＮ（国民教育連盟）の三団体が一九六八年以来最大規模のデモを組織しても、バールは動じなかった。同日、国民議会で共産党のロベール・バランジェルがデモについて意見を質したのにたいして、バールは、「政府は〔デモの〕隊列の長さとは関係なく自らの政策を決めている」[76]と、きっぱり言い放った。翌一九七七年五月二四日には、上記三団体が今度はゼネストをこころみるが、これにたいしてもバールは特段の反応を示さなかった。

このように政府の揺るぎない姿勢のもとで進められた物価・賃金政策は徐々に効果をあらわした。最初の明確な兆候は一九七六年の年末に現れる。一〇月からフランの対ドル相場は安定するようになり、一二月には貿易赤字が小幅ながら縮小した。物価の凍結は混乱もなく実施され、政府は一九七七年一月一日に予定どおり凍結を解除できた。その後も改善傾向は変わらなかった。一年が経過した一九七七年八月三一日、バールは閣議でプランの実施経過を報告している。彼はそのなかで、「懸念材料は残っているものの、政府の追求する諸目標は達成されたように見えます」と明言し、主要な成果を列挙している。「フランは安定しました。マネー・サプライの変動は制御可能になりました。上半期中には、物価政策のおかげで、以前に生じた経費上昇〔分〕の基本的な調整が行われました。報酬の動向は購買力の厳格な維持という基準に合うようになりました。四月以降は輸入原料品相場の緊張が解けているので、企業の経費は軽減するでしょう」[77]。かくて、プランの当面の課題は達成されたのである。

構造改革

新しい経済環境への企業の適応でとくに問題になったのは、厳しさを加える国際競争に対処するための構造改革である。構造改革を促すために政府が用意したのは、経済社会開発基金（ＦＤＥＳ）を用いた産業の構造再編、企業負担の軽減（社会保険の企業負担分の軽減、投資減税など）、起業支援、それに競争政策であった。なかでもマクロ経済レヴェルで重要な意味をもつのは競争政策であるが、その内容は独占の規制・監督機関の整備、国有企業における経営裁量幅の拡大、工業製品価格の自由化である。以上の諸施策のうち投資減税と工業製品価格の自由化は、一九七八年一月七日の「ブロワ綱領」（Programme de Blois）に盛り込まれ、バール政権の公約となった。

構造改革を実施しようとすれば多かれ少なかれ既存の諸利害との調整が必要になる。またその過程で、成長の停滞と失業の増加が生じることも避けがたい。ところが一九七八年三月に国政選挙が予定されており、しかも当初は左翼の優位が伝えられていた。このため一九七八年の春までは構造改革に具体的な前進は見られなかった。

一九七八年三月の選挙では、議会で多数派を形成する独立共和派（ＲＩ）と共和国連合（ＲＰＲ）が勝利した。この勝利は左翼の分裂に負うところが大きかった。社会党と共産党のあいだでは一九七二年六月に共同政府綱領が策定されており、それには国有化と拡張主義的経済政策が盛り込まれていた。選挙を前に、両党間で共同綱領の改定交渉が進められたが、交渉は失敗に終わった。確かな分析力で定評のある『政治年報』[78]によると、左翼の分裂は共産党がこう判断したからだという。かりに左翼が政権をとり、共同綱領に沿った政策を実施すればインフレが再燃し、政権運営で行き詰まる。つまり、社会党が執着する左翼の伝統的な政策では危機に対処できない、と共産党が判断したというのである。

バールは選挙後に内閣を改造し、財務大臣にルネ・モノリィをあてた。そして一九七八年四月から構造改革に本格的に着手する。構造改革の中心に据えられたのは工業製品価格の自由化である。フランスの物価は当時もなお、一九四五年のオルドナンス（行政府の命令）により財務大臣の管理下におかれていた。バールはこのオルドナンスの廃止を予告するとともに、一九七八年六月七日から工業製品価格を段階的に自由化した。彼はこの改革を「根本的な構造改革[79]」と見ていた。というのは、彼によると、「政府の目標は、物価の自由化を足がかりにして責任およびリスク精神を復活させことと、国家統制を廃止することによって生産諸力を開放することにあった[80]」からである。『政治年報』もまた、工業製品価格の自由化を、「戦争以来つづけられてきた経済政策の正真正銘の革命[81]」と評している。この改革により、フランスでは戦後三〇年あまりを経て、経済活動が自由な価格機構の基礎上に展開し、構造再編も市場合理的な経済計算にもとづいて行える条件が整ったというのである。

しかし構造改革の前途は多難であった。一九七七年初頭からのドル相場の下落を背景に国際競争がいちだんと激化したからである。そのことを象徴的に示すのが鉄鋼業（大手五社）の構造再編である。一九七六年末時点で従業員一五万四七〇〇人を擁するこのフランスの基幹産業は、すでに一九六〇年代後半から日本の輸出攻勢をうけて苦境にあったが、一九七四年にいたって危機的状況に陥る。以後、経済社会開発基金による巨額の金融支援を何度もうけ、また何度となく再建計画が策定された。一九七七年には単年度で一万一五〇〇人の人員が削減された。しかし、いずれの対策も効果がなかった。一九七八年九月、鉄鋼五社はついに自主再建を断念した。そして、政府の示した各種債務の長期債務への転換と大量の人員整理を柱とする抜本的な再編計画を受け入れ、国家の管理下に入った(82)。

深刻化する不況と構造再編の難しさを反映して、一九七六年以降、工業生産は停滞し、失業は増加の一途をたどった。しかし一九七八年の下半期に回復の兆しが現れたこともあり、ジスカールデスタンもバールもこの年の年末までは強気であった。一九七八年度予算については選挙を控えていたことから赤字予算を組んだものの、一九七九年度については再び均衡予算を編成し、一二月に議会で成立させた。同じ一九七八年には、第7章で詳しく論じるように、政府はドイツとともに新たな欧州通貨協力制度ＥＭＳの創設を主導し、翌一九七九年三月に発足させた。ＥＭＳのもとでは、フランをはじめとする欧州六カ国の通貨はマルクに固定される。当時の経済ジャーナリストの巧みな表現を借用すれば、それは「〔バールの〕安定通貨政策を欧州レヴェルで制度化すること」、すなわち「バールの反インフレ闘争プランを欧州『スーパー・バール・プラン』という強制的な枠組みのなかに組み込むこと(83)」を意味するものであった。つまり、ＥＭＳはフランス経済が一九七六年以前の経済に戻れなくするための「コルセット(84)」の役割を果たすはずであった。

かくて一九七八年は「フランス経済史の転換点」となり、「戦争終結以来の、国家が決定的な役割を演じた時代の終りを画す」[85]はずであった。

第5節　第八次プラン――新自由主義宣言

計画庁は一九七七年の初頭から第八次プラン（一九八一～八五年）の準備に入った。同年一〇月には分野別に一四の委員会が設置され、具体的なプラン策定作業が始まる。これらの委員会は一九八〇年七月までに作業を終え、それぞれ報告書を作成する。最後に総括報告書が、計画庁長官に就任してまもないミシェル・アルベールの責任のもとにまとめられ、一九八〇年一一月五日の閣議で了承される。

当然のことながら、プランの策定作業には時代に固有の問題が投影することになった。実際この作業では、石油危機と変動相場制の一般化という新しい経済環境、それにバールの敷いた新しい経済政策路線をふまえ、フランス経済の近未来図を示すことに重点がおかれた。それだけにプランの策定過程は、一九八〇年代に向けたフランスの国家戦略に関する情報源として貴重である。ここでは、二つの委員会の報告と総括報告に対象を限定し、プランに映し出された国家戦略の概要を跡づけることにしよう。二つの委員会とは、「応用通貨研究小委員会」（Groupe d'étude monétaire appliquée）と「金融委員会」（Comité du financement）である。

1　応用通貨研究小委員会の報告

応用通貨研究小委員会は、第七次プランにおける通貨・物価・成長小委員会に相当する委員会である。この小委員会は一九七七年の初頭に、他の委員会に先行して設置され、第八次プランをめぐる理論的諸問題の研究に取り組むことになる。委員長はフランス銀行首席副総裁ジュニエール、委員は経済諸官庁、中央銀行、準公的金融諸機関のエコノミストと大学教授たち二八人である。

小委員会は一九七八年七月三一日に報告書をまとめた。(86) それは変動相場制の理論と実証の両面からの検証、および一九七四年以降の不況の分析にあてられている。ちなみに、フランスの公的機関で一九七四年以降の経済環境の変化について総括的な分析を行ったのはこの小委員会が最初である。

変動相場制と「不均衡の累積」

まず変動相場制の検証結果から見よう。マネタリズムによれば、為替関係が自動的に調整される変動相場制のもとでは、通貨当局は政策面で大きな「自由」と「自律性」を手にするはずであった。しかし実際には、こうした理論的主張が当てはまるのは短期についてだけである。というのは、通貨当局は「固定点」（後述）の消滅による市場の混乱を抑えるために、事実上の「管理フロート」を実施していたからである。したがって中長期については、欧州諸国のインフレ率、為替相場、成長率を決めるのは購買力平価と実質金利平価である。つまり、中長期で問題になるのは依然として「経済的社会的諸力」であり、通貨制度が変わっても事情に変化は生じていない、というのが小委員会の結論であった。

このようにマネタリズムの楽観論を批判したうえで、小委員会が問題にするのは変動相場制のもとで生じた二つの変化である。いずれもマネタリストたちの議論から抜け落ちていたものである。一つは、経済諸要素の「名目」レヴェルの変動と「量」レヴェルの変動を結びつける「固定点」（point fixe）が消滅したことである。もう一つは、市場のプレーヤーたちの個別の経済「予測」が市場に大きな影響を及ぼすようになっていることである。こうした変化が生じたために、小委員会によれば、金利、賃金・利潤率、物価、マネー・サプライ、信用、国際収支などの各要素が他の要素と無関係に、しかも名目のレヴェルで調整されるようになっている。また、各要素の変動幅もいちじるしく拡大している。言い換えれば、欧州諸国の経済はその内部に大きな撹乱要因を抱え込むようになり、「不均衡の累積」(déséquilibres cumultatifs) が生じやすくなっている。数年前から欧州諸国は通貨目標値を設定し公表するようになったが、この目標値には「固定点」を回復させ、「不均衡の累積」を抑制する働きがある。

かくて小委員会は、マネタリストたちが称揚する変動相場制による調整作用を中長期については否定するものの、彼らが提案する通貨目標値という政策手段についてはその効用を認めている。

不況克服の処方箋――強い通貨政策と欧州固定相場圏

次にフランスの不況に関する分析について。不況は「循環的」であると同時に「構造的」である、というのが小委員会の分析結果である。問題はいかなる意味で構造的なのかである。

小委員会によると、戦後のフランスでは高成長が優先され、成長に必要な投資は主として中央銀行の再金融システムによって支えられてきた。その結果、企業による投資金融の大半が銀行信用によって賄われ、自己金融も長期金融市場も第二次的な役割しか果たしてこなかった。フランス経済はいわば「過度債務経済」(une économie de surendettement) と呼べるような状態にあったのである。一方、企業は賃上げに安易に応じ、賃上げ分を製品価格に転嫁するのを常としてきた。このような政府、中央銀行、企業の「けじめのなさ《ラクシスム》」の結果として、経済は慢性的インフレ状態に、また国際収支は赤字基調にあった。そして、均衡の回復は判で押したようにフランの切下げによってなされてきた。

しかし小委員会は、このような政策はもはや実施できなくなっていると言う。その原因は、二つの事情から通貨の切下げが古典的な効果を生まなくなっていることにある。第一は貿易構造の変化である。フランスの輸入はＧＤＰの二五パーセントにまで増大している。しかも、その大半がエネルギー・原料品などの非代替的品目で占められているから、通貨を切り下げても以前のように輸入が減少することはない。これにたいして輸出は代替可能品目で占められている。しかも、輸出市場における国際競争は厳しさを増しており、一九七六年以降は輸出が輸入を下回っている。このため、通貨の切下げは交易条件の悪化をもたらし、切下げによる競争力の回復分はエネルギー・原料品価格の上昇によって相殺されている。要するに、フランスの貿易は「強力な対外的拘束」のもとにあり、通貨の切下げが均衡回復をもたらすことはないというのである。第二は、前述したように、市場が市場のプレーヤーたちによる「予測」の影響を強くうけるようになっていることである。その結果、イギリスとイタリアの例が典型的に示すように、通貨の切下げはさらなる切下げの「予測」を生み、インフレと通貨下落のスパイラルを発生させるようになっている。それは、スネイクを離脱し単独フロートに移行した一九七四年一月以降に、フランス自身が部分的に経験していることでもある。

以上のような検証と分析にもとづいて、小委員会はフランスの経済危機にたいする処方箋を示す。それは、①まず通貨発行量を抑え、為替を安定させること、②次に為替関係を安定させるために、主要な貿易相手国である欧州諸国とのあいだで、経済政策および通貨政策の協調を図ることである。小委員会は当時交渉中だったＥＭＳには直接言及していない。しかし処方箋の②がＥＭＳへのフランスの参加を意味していることは明らかである。小委員会は最後に、イタリア、イギリス、フランスが単独フロートに移行して「失敗した」のは、「高度に開放的な中規模の工業国」が自国経済の「自律性にたいして過度の幻想をいだいた」ことに原因があると記し、報告書を締め括っている。要するに、強い通貨をもち、かつ欧州に新たな地域固定相場圏を構築するのがフランス経済の再生の道である、というのが報告書の結論であった。

2　金融委員会の報告――「ユニバーサル・バンキング」への漸進的移行

金融委員会は四七人の委員からなる規模の大きな委員会で、委員長はフランス総合保険会社総裁ジョルジュ・プレスコフ、委員の内訳は経済諸官庁、中央銀行、準公的金融機関、国有・民間銀行、使用者・労働団体（CNPF、CGT、CFTC、CGT－FO、CFDT、CGC）のそれぞれの代表、それに大学教授、経済金融ジャーナリスト(87)たちであった。

一九八〇年七月にまとめられた金融委員会の報告は、前項で紹介した応用通貨研究小委員会の研究成果を確認することから始まる。委員長のプレスコフは冒頭に次のように記している。

一九七四年の石油危機を契機に新しい諸問題が発生した。なかでももっとも深刻な問題は、かつてはあり得ないと考えられた物価の高騰と膨大な求職〔者〕の併存という現象である。これら二つの病に同時に効く治療法を見出すのは超人業のように見える。……国際収支の均衡〔維持〕という至上命令のために、危機脱出を目的とするどんな古典的な「景気浮揚」政策にも頼ることができない。かくて危機からの脱出はわが国の工業および農業の競争力の決定的な改善なしにはあり得ない(88)。

このように金融委員会は、対外均衡の維持が至上命令になっており、経済危機脱出の手立ては産業の国際競争力を引き上げる以外にないという認識を受け入れる。次いで金融委員会は、そのことからフランスの金融システムには三つの課題が突きつけられていると言う。フランを安定させること、インフレ率を引き下げること、投資の拡大を支援すること、の三つである。しかし金融委員会によると、フランスの金融システムは硬直的に過ぎ、現状ではこれらの課題に応えることができない。とくに問題なのは「専門金融機関制度《スペシャリザシオン》」である。

フランスにおける中長期金融は、「準公的金融機関」(établissements financiers semi-publics) と呼ばれる、特別法で設置された一群の金融機関[89]によって担われてきた。これらの金融機関は建設、農業、貿易、ホテル業などの経済部門ごとに設置されており、中央銀行から特別の再割引（再金融）枠、優遇金利などの特権を付与されていた。その一方で、預貯金の取入れとその運用については厳格な規制を課せられていた[90]。フランスの経済社会発展計画は、モネ・プラン以来、一貫してこのような専門金融機関制度に依存してきたのである。すなわち、まず経済部門ごとに優先順位をつけ、次いで準公的金融機関を介して各部門に資金を傾斜配分する、という方法で経済目標を達成してきたのである。しかし、このような手法は経済の実態から乖離するようになった。報告の一説を引用しよう。

これまでのプランに見られる金融問題への伝統的なアプローチは、部門ごとの〔資金〕需要を規範的な予測（une projection normative）によって数量化し、資金を需要の種類ごとに誘導することにあった。……このような量的アプローチは現状に合わなくなった。対外経済環境の動向が不確実になり、規範的予測ができなくなっている。そのために各部門の必要を正確に知ることができない。今後、計画化の論理は、国際環境のますます急速でますます予測しにくい変化にたいしてフランス経済が最良のかたちで適応できるように組織する、というものになる。……今日では、金融機構による金融需要の適切な充足にとって質的情報が重要性を増している。生産機構の柔軟な適応に金融システムが柔軟に応えなければならないのである[91]。（傍点は引用者）

こうして金融委員会は次のような結論を導く。準公的金融諸機関から除々に各種の特権および規制をとり払い、金融機関相互間の競争条件をそろえる。また、そうすることによって金融部門内の競争を拡大し、金融システムを「効率的」かつ「柔軟な」ものに変える。一言でいえば、フランスの金融システムをドイツと同様の「ユニバーサル・バンキング」（banque à tout faire：「何でも屋の銀行」）に漸進的に近づけるべきだというのである。いうまでもなく、専門性が外されれば金融機関が公的機関である必要はなくなる。したがって「ユニバーサル・バンキング」を最終目標に据えるということは、とりもなおさず金融機関の「民営化」を最終目標に据えることにほかならない。金融委員会の視野にはすでに「民営化」が入っていたことになる。

3　第八次プランの戦略

それまでのプランの伝統に反して、第八次プランの総括報告にはGDP成長率の数値目標が示されていなかった。先に引用した金融委員会の報告の一節にもうかがえるように、産業諸部門への傾斜的資金配分を軸にした古典的なプランが有効性を喪失し、有害にすらなっていると見なされたからである。このため、第八次プランの主眼は「戦略」を示すことにおかれた。そこで、以下においてはこの戦略の概要を示すことにする。

第八次プランの総括報告は応用通貨研究小委員会の研究成果を基礎にしていた。プランは次の前提から出発する。国内均衡に経済政策の重点をおき、その結果生じる対外不均衡には為替相場の調整（フランの切下げ）で対処するという、フランスの伝統的なマクロ経済運営方式はすでに破綻している。為替相場の調整で対外均衡を回復できないとすれば、「対外均衡への、したがってまた、まさに成長への、唯一の道は競争力ということになる」[92]。とはいえ、経済政策が不要になるわけではない。総括報告にはこう記されている。「経済政策の新しい論理は次のようになる。すなわち、中期の、可能なかぎり持続的な成長に到達するために、生産機構全体と消費構造を根底から〔新たな諸条件に〕適応させることによって、対外的拘束を緩めなければならない。明らかに投資がこの適応の主要な動力になる」[93]。かくて、第八次プランでは投資が全体の核心に位置づけられることになる。

ところで、対外均衡を維持しつつ投資の拡大を図るには、非インフレ的な投資金融の基本である自己金融を促進しなければならない。自己金融を増やすには企業の内部留保分を増やす必要があり、それには企業の負担を減らす必要がある。よって賃金の抑制、企業減税、社会保険費の企業負担分の引下げが必要となる。

生産の発展なくして雇用の拡大はあり得ない。わが国が生産を増やすこと、それゆえ輸入にはそれ以下に圧縮できない水準のあることを考慮して販路を拡大すること、が必要となる。フランスの生産物の競争力を維持し強化するには、企業経費の抑制と強力な投資努力がなされねばならない。

こうした努力は、企業の内部留保の復活、したがって賃金経費および租税や社会保険費の抑制、強力な生産性引上げがなければ不可能である。……投資と雇用のあいだに矛盾はない。まったく逆であって、投資努力は雇用回復の条件そのものである。……

第八次プランの期間中は、企業の賃金経費、すなわち賃金および社会負担分がGDPの「上昇」率を超えることがなく、また企業が負担する各種分担金がどんな場合にも安定しているように、すべてをとりはからう必要があるだろう(94)。

かくて、プランの戦略は次のようにシェーマ化できる。賃金の抑制↓自己金融による投資拡大↓生産性上昇・国際競争力の増大↓経済成長↓雇用拡大。いうまでもなく、このような戦略は一九七六年の初夏に政権の中枢部で着想され、同年九月にバール・プランとして具体化されていたものである。戦略を支える理論的発想それ自体も決して新しいものではない。その原型はすでに一九六一年のリュエフ／アルマン報告に見られるからである。計画庁長官アルベールがこの委員会の事務責任者を務めていたことはすでに指摘している。さらにまた、こうした発想の歴史をさかのぼれば、一九三〇年代のリュエフを中心とするフランス新自由主義の創始者たちの議論にまで行き着く[95]。第八次プランがフランス新自由主義の流れを汲んでいることをさらにはっきりと物語るのは、国家の果たすべき役割に関する次の記述である。

こうした〔困難な〕状況に直面し、なかには、企業の成功は国家の庇護から生まれる、あるいは公的補助金の動員から生まれる、と考える人がいるかもしれない。それは逆である。国家の役割は産業および経済全体にとって有利な環境を創り出すことにある。……一般的に言って、国家の活動は調整・競争経済に向かうべきであり、規制・介入経済に向かうべきではない[96]。（傍点は引用者）

ここに示された主張は新自由主義の根幹をなすものであり、第八次プランは、全体として、フランスにおける「新自由主義宣言」とも言うべきものであったことがわかる。

最後に第八次プランについては、その取扱いについても触れておかねばならない。総括報告が作成された一九八〇年の夏には、第二次石油危機の影響をうけて失業がいちだんと深刻化しており、それとともに経済政策の重点を雇用におくべきだとする論調が勢いを増しつつあった。プランの論理は徹底して「需要」の側ではなく「供給」の側に、また「労働」の側ではなく「使用者」もしくは「企業」の側に立つものだっただけに、プランにたいする反発や抵抗を無力化することは容易でなかった。プランの審議を付託された経済社会審議会では慎重論が多数を占め、同審議会は結局、プランにたいする最終判断を「保留」するにいたった[97]。一方、独立共和派とともに議会多数派を形成する共和国連合の議員のなかにも公然とプランに異を唱える者が現れた。このためバールは、政権基盤に亀裂が入ることを恐れ、プランを法案として議会に上程することを断念した。こうしてプランは、一九八〇年一一月五日の閣議決定のままにとどめられた。

小　括——バール・プランの歴史的意義

フランスは一九七六年秋に、完全雇用と経済の高成長を最優先の課題としケインズ主義的総需要政策によってこれを達成するという、戦後の伝統的政策と決別した。

しかし厳密に言うと、経済政策の転換の兆候はすでにそれ以前から現れていた。国際市場関係の緊密化にともなう「対外的拘束」の増大と常態化したインフレが戦後政策の継続を困難にしているという認識は、一九六〇年代末には国家機構の中枢に広がっていた。こうした認識を現実の政策転換に結びつける決定的な契機になったのが（第一次）石油危機の発生と変動相場制への移行である。この二つの歴史的事件以後、フランの切下げは国際収支の均衡回復をもたらすことなく、インフレと為替相場下落のスパイラルを発生させるようになる。もはや弱い通貨政策の継続は不可能になったのである。

一九七〇年代の経済環境の激変に適応するためにフランスが選択したのは、対外均衡優先の新自由主義的経済政策である。一九七四～七五年の経済危機の教訓をふまえて一九七六年秋から実施されたバール・プランは、まさにこの選択を具現するものであった。以後、フランスは「安定成長」という名の低成長の時代に入る。図5-2のGDP曲線はこの局面の転換を鮮やかに映し出している。時の計画庁長官ジャン・リペールはこの転換を「構造的断絶」[98]（une rupture structurelle）と性格づけた。

フランスによる新自由主義的経済政策の採用は、一九五〇年代から「社会的市場経済」の名のもとに同種の政策を実施してきたドイツを例外とすれば、西側諸国におけるもっとも早い事例であった。

図5-2　フランスのGDPと物価指数（1965～85年）

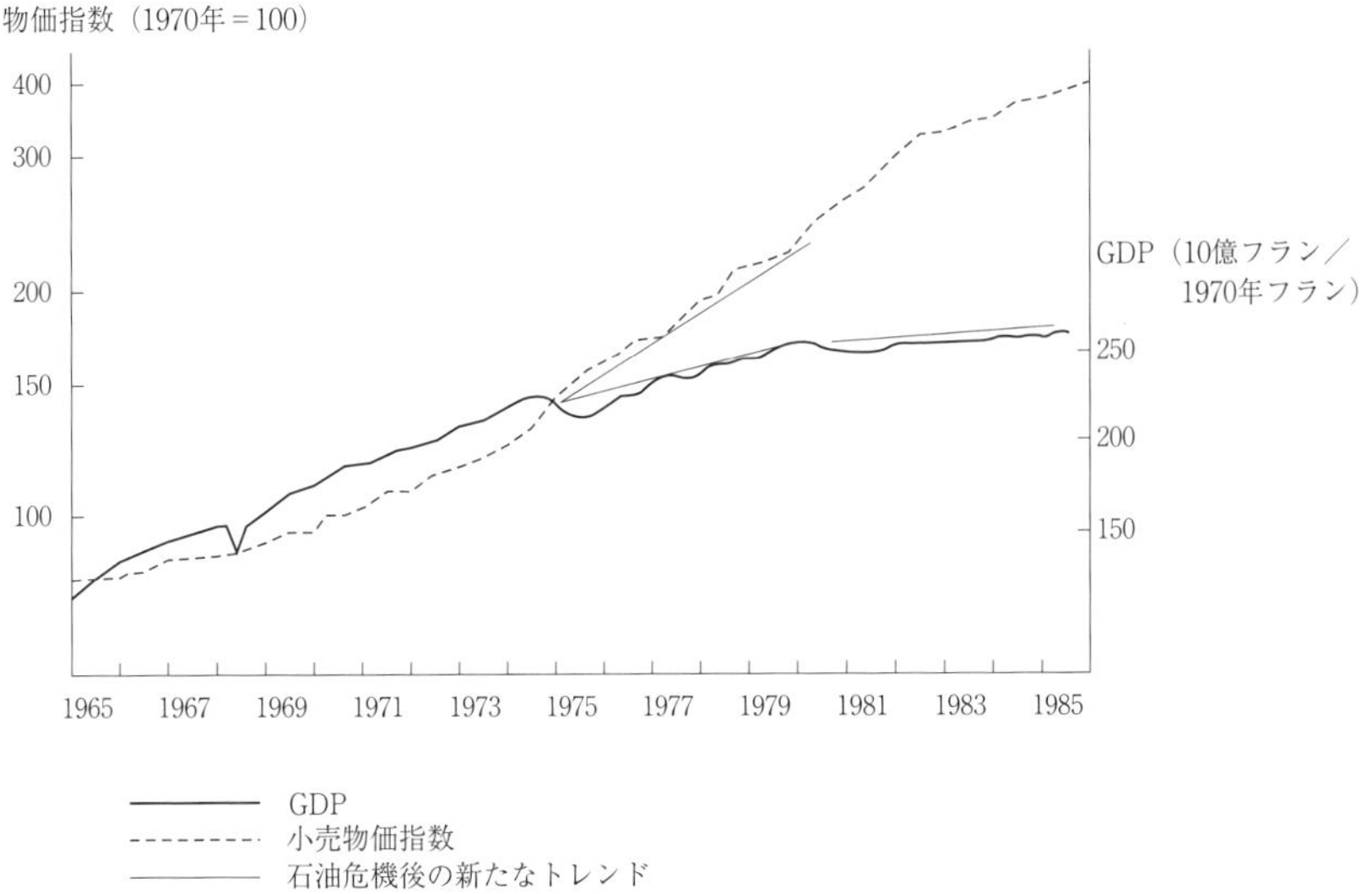

（出所）*L'Année politique, op. cit.*, 1985 p. 500. Cf. Paul Dubois, «La rupture de 1974», *in Economie et statistique* (INSEE), n° 124, août 1980.

たしかに一九七〇年代後半には、アメリカで台頭しつつあったサプライサイド・エコノミックスがフランスに紹介され始めた。一九七六年六月には、アメリカ留学の経験をもつフロラン・アフタリオン、アンドレ・フルサンなど一〇名の若手大学教授が連名で声明を発表し、サプライサイド・エコノミックスにもとづく減税政策の実施をもとめている。彼らは「ヌーボー・エコノミスト」（nouveaux économistes）と呼ばれた。また一九七八年五月には、ドイツ、フランス、イタリア、スペインの大学教授たちによって、「ヌーボー・エコノミスト」の国際組織も結成されている[99]。しかし、少なくとも一九八一年にロナルド・レーガンが大統領選挙に勝利するまでは、彼らのキャンペーンにたいするメディアの扱いは限定されており、彼らがフランスの政策に影響をあたえた形跡はうかがえない[100]。一九七六年秋の政策転換の立役者アルベールとバールの証言もそれを裏づけている。期せずして二人とも、「バール・プラン」の着想はブリュッセル赴任中に得たドイツ経済に関する情報に負うところが大きいと語っている[101]。

フランスの政策転換は欧州通貨統合問題の行方にも大きな影響をあたえた。まず、フランスが欧州経済共同体を、「対外的拘束」を緩め、経済政策の自律性を回復させてくれる固定為替相場圏として、再評価するようになった。フランスのパートナーであるドイツの姿勢にも変化が現れる。一九七八年四月に、ジスカールデスタンとドイツの首相ヘルムート・シュミットが新しい欧州通貨協力の枠組み（ＥＭＳ）の創設に向けて行動を起こすが、シュミットにこの決断をさせたのはほかならぬバール・プランであった。バールの回想談によると、シュミットは彼と会見したフランスのジャーナリストたちにこう打ち明けたという――「もしも『バール主義』がフランスに定着したかに見えなかったとするなら、自分はこの事業〔ＥＭＳの創設〕に乗り出さなかったであろう[102]」と。

バール・プランは、フランスだけでなく世界全体をおおうことになる「大転換」のさきがけとなるものである。しかし国際的にはもちろんのこと、フランス国内でもほとんど忘れられている。新自由主義というと、人はマーガレット・サッチャーとレーガンを連想し、バールは思いつかないようである。その理由として二つのことが考えられる。一つは、一九七九年に発生した第二次石油危機でバール・プランが行き詰まり、一九八一年五月の大統領選挙でジスカールデスタンが社会党候補フランソワ・ミッテランに敗北したことである。このため、長期政権を維持できたサッチャーとレーガンのこころみは成功例として歴史に残り、バール・プランの方は失敗例として忘れ去られたと考えられる。もう一つは、国有企業の民営化というわかりやすい目標がプランに盛り込まれていなかったことである。

注

（1）このタイプの新自由主義については、権上康男「新自由主義の誕生（一九三八～四七年）――リップマン・シンポジウムからモンペルラン協会の設立まで」権上編著『新自由主義と戦後資本主義（前掲書）』第一章、を参照。

（2）この分析は、第六次計画、第七次計画に関する財務省および計画庁の歴史文書（CAEF. B シリーズおよび AN. 5AG3 シリーズ）のなかでなされている。

（3）以上については、権上「一九七〇年代フランスの大転換（前掲論文）」を参照。

（4）Raymond Barre, *Raymond Barre. Entretien avec Jean-Michel Djian*, Paris, 2001, p. 179.

（5）AN, 5AG3/2697. Note pour le Ministre. Réflexion sur l'avenir de l'union économique et monétaire, par Jacques de Larosière, 2 juillet 1975. 以下、この覚書に関連する引用は、とくに断りのないかぎりすべてこの文書から行う。

（6）ABF. dossier non classé de la Direction générale des Etudes. Un modèle monétariste de l'économie française, par Jacques-H. Davis, communication faite devant le Congrès européen de la Société d'économétrie, Budapest, 6-8 septembre 1972; *id.*, Lettre de Berger, conseiller auprès du Gouverneur de la Banque de France, à Henri Guitton, membre de l'Institut, Centre d'économétrie, Association Cournot, 1er décembre 1972.

（7）*Rapport sur le marché monétaire et les conditions du crédit*, 8 avril 1969, La Documentation française.

（8）これらの表現は一九六〇年代後半のフランス銀行の一般評議会（理事会）の議事録および国家信用理事会の年次報告書に頻繁に登場する。

（9）権上康男「フランスにおける新自由主義と信用改革（一九六一～七三年）――『大貨幣市場』創出への道」『エコノミア』第54巻第2号、二〇〇三年一一月、を参照。

（10）ABF, Banque de France, Compte rendu des opérations, exercices 1967 et 1968.

（11）権上「フランスにおける新自由主義（前掲論文）」を参照。

（12）賢人委員会の構成はロベール・マルジョラン、ジャン・サドラン、オリヴィエ・ヴォルムセルの三人で、その報告書は*Rapport sur le marché monétaire, op. cit.* である。ただし、この報告書に示された改革案はジャック・リュエフによって一九六〇年代初頭に提案されていた。権上編『新自由主義と戦後資本主義（前掲書）』三一八～三三二頁、を参照。

（13）以上については、権上「フランスにおける新自由主義（前掲論文）」一七～二四頁；「フランスにおける最近の金融政策運営について」日本銀行調査局編『日本銀行調査月報』25巻9号、一九七四年八月；「フランスにおける金融市場の改革に関する報告（ウオルムセル報告）（Ⅰ）（Ⅱ）（Ⅲ）」大蔵省大臣官房調査企画課『調査月報』第64巻第1号、一九七五年一月、第64巻第2号、一九七五年二月、第64巻第4号、一九七五年四月、を参照。

(14) ただし、この転換によっても、再金融の主体が中央銀行であることに変わりはなく、フランス経済の中央銀行依存体質にただちに変化が生じることはなかった。権上「フランスにおける新自由主義(前掲論文)」三五~三七頁、を参照。

(15) この用語は、中央銀行の統制外にある、国庫を中心とする自立的な資金の流れという意味で、フランスの政策当局者たちのあいだで広く使われていた。

(16) CAEF, B50525. Commissariat général du Plan. Groupe «Monnaie-Prix-Croissance», 1974.

(17) CAEF, B64916. Service des activités financières. Note pour le Groupe «Monnaie-Prix-Croissance», 13 septembre 1973.

(18) *Idem*.

(19) 財務省が短期の課題を中心にして政策運営をしてきたことは、当時の国庫局長ラロジエールも認めている。彼によると、フランスの財務官僚たちが中長期の問題を考慮に入れるようになるのは、バールが首相兼財務大臣に就任する一九七六年八月以降であった。ラロジエールからの聞取り調査(二〇一〇年九月九日、パリ、BNP-Paribas本店、ラロジエールの執務室)。

(20) CAEF, B50525. Ministère des Finances. Division des opérations financières. Remarques sur la note de la Direction du Trésor pour le Groupe «Monnaie-Prix-Croissance», 15 octobre 1973.

(21) CAEF, B50525. Commissariat général du Plan. Groupe «Monnaie-Prix-Croissance», 1974.

(22) この機関は大統領ジスカールデスタンの意向で、プランの権威を高める目的で創設された。

(23) *VIIe Plan de développement économique et social, 1976–1980*, Paris, s. d., La Documentation française, p. 2.

(24) *Ibid*., p. 69.

(25) *Ibid*., p. 2.

(26) *Ibid*., pp. 2-3.

(27) 「自由主義的介入」とは、一般に価格メカニズムを損なわないタイプの国家介入を意味する。権上編『新自由主義と戦後資本主義(前掲書)』四〇七頁、ほか各所、を参照。

(28) 「中規模の国」という表現は、「対外的拘束」とともに、一九七〇年代のキーワードと言ってもよいほど、フランスの政策当局者たちによって頻繁に用いられた。

(29) このような新しい国際経済関係の出現については、すでに一九七三年の初頭から計画庁が問題にしていた。CAEF,

Z14292. Commissariat général du Plan. Vers le VIIe Plan, janvier 1973.

（30）*VIIe Plan de développement économique et social, op. cit.*, p. 12.

（31）フルカード・プランに始まる石油危機後のフランスの経済政策を扱った研究に、葉山滉『現代フランス経済論』日本評論社、一九九一年、がある。著者の葉山は一九六〇年代末から一九七〇年代にかけて、フリーの経済ジャーナリストとしてパリに滞在しており、この研究は新聞、民間・官庁出版物にもとづいた現状分析として特別な価値をもつ。フルカード・プランそのものについては、「フランスの経済・財政の均衡回復について」大蔵省大臣官房調査企画課『調査月報』第63巻第7号、一九七四年七月、を参照。

（32）AN, 5AG3/2641. Le rétablissement des équilibres «économiques et financiers». Exposé de Jean-Pierre Fourcade devant la Commission des Finances de l'Assemblée nationale le 12 juin 1974.

（33）AN, 5AG3/2641. *L'Opinion*, 20 juin 1974.

（34）AN, 5AG3/2641. Note au Président de la République, par Lionel Stoléru, 20 décembre 1974.

（35）AN, 5AG3/2649. Note pour le Ministre, par Jacques de Larosière, 27 juillet 1976

（36）AN, 5AG3/2651. GEOS-ECONOMIE. La situation des entreprises françaises en octobre 1976 et les chances de succès du Plan Barre. Résultats d'une enquête réalisée en octobre 1976 auprès d'une soixantième d'entreprises.

（37）*Idem*.

（38）「契約政策」については、J.-D. Reynaud, *Les syndicats en France*, t. 1, Paris, 1975, pp. 216-223; du même, *La négociation collective en France*, Paris, 1972, pp. 38-44；葉山、前掲書、三九〜四三頁、を参照。

（39）AN, 5AG3/2649. Note pour le Ministre, par Jacques de Larosière, 27 juillet 1976.

（40）*Idem*.

（41）*Idem*.

（42）*Idem*.

（43）AN, 5AG3/2649. Projet de note confidentielle, par Michel Albert, 25 mai 1976.

（44）ドゴールが使った表現。Charles de Gaulle, *Mémoires d'espoir. Le Renouveau*, Paris, 1970, p. 146.（ドゴール著／朝日新聞

外報部訳『希望の回想』朝日新聞社、一九七一年、一九五頁）。

(45) 権上康男「戦後フランスにおける新自由主義の実験（一九五八～七二年）——三つのリュエフ・プラン」権上編著『新自由主義と戦後資本主義（前掲書）』第8章、を参照。

(46) AN, 5AG3/2649. Projet de note confidentielle, par Michel Albert, 25 mai 1976.

(47) *Idem.*

(48) AN, 5AG3/2649. Note pour le Président de la République, par J.-P. Ruault, 30 juin 1976.

(49) 国庫局長、物価局長、予算局長、INSEE所長、経済予測局長の五人の財務省の局長・研究所長、および計画庁次長のそれぞれ覚書。AN, 5AG3/2649.

(50) ただしＩＮＳＥＥのマランボーだけは、フランスのインフレがイギリスほどひどくないことを理由に、「社会対話」に向けて動くのは時期尚早であるとしていた。AN, 5AG3/2649. Note pour le Ministre, par E. Malinvaud, 28 juillet 1976.

(51) AN, 5AG3/2649. Note pour le Président de la République, par Claude Villain, 26 juillet 1976.

(52) AN, 5AG3/2649. Note sur le plan de lutte contre l'inflation, par Jean Ripert et Michel Albert, 27 août 1976.

(53) AN, 5AG3/2649. Note pour le Président de la République, par J.-P. Ruault, 30 août 1976.

(54) *Idem.*

(55) バール・プランについては、九月二二日の公表後に、シラク前首相の周辺の人物たちがその独創性に疑問を投げかけた。このプランは、シラク政府のもとで作成され、シラクの官房長からバールの官房長に引き継がれた八月一〇日付覚書の「剽窃」ではないか、というのである。また、一九七七年一月二三日には、シラク自身がこの指摘を肯定するような発言をしている。筆者は問題の覚書を確認していないが、前述した計画庁の八月二七日付覚書「反インフレ闘争のプラン」の送状に、これと同様の文書が七月二〇日に計画庁からシラクに送付されたと記されていることから見て、問題の八月一〇日付覚書はこの計画庁文書にもとづいて作成された可能性が高い。Henri Amoureux, *Monsieur Barre*, Paris, 1986, pp. 263-264.

(56) Cit. par *ibid.*, p. 275.

(57) R. Barre, *Raymond Barre. Entretien avec Jean-Michel Djian*, *op. cit.*, pp. 237-239.

(58) R. Barre, *L'expérience du pouvoir*, *op. cit.*, pp. 61-62.

（59） *Ibid.*, pp. 71-72.

（60） Valéry Giscard d'Estaing, *Le pouvoir et la vie. Choisir*, t. 2, Paris, 2007, pp. 125-126.

（61） *Ibid.*, pp. 125-126 et 137-142.

（62） ただし、シラクは七月二六日にすでにジスカールデスタンに辞任を申し出ていた。

（63） H. Amoureux, *op. cit.*, p. 267; AN, 5AG3/2649. Note pour le Président de la République, par J.-P. Ruault, 10 septembre 1976.

（64） AN, 5AG3/2651. Note pour le Président de la République, par J.-P. Ruault, 21 septembre 1976.

（65） AN, 5AG3/2649. Note pour le Président de la République, par J.-P. Ruault, 30 acût 1976.

（66） バールがテレヴィ演説のなかで用いた表現。Cit. par *L'Année politique, op. cit.*, 1976, p. 439.

（67） 大統領府経済担当顧問から労働省次官に転じていた前出のストレリュは、大統領に宛てた覚書にこう記している。「私が提案する解決法は、九月の前半に政府が労使にたいして、一九七六年の第４四半期に関する勧告を行うことです。この勧告は、賃金との関係ではなく物価および購買力との関係でなされるもので、労働者たちに、物価上昇が低くなればそれだけ彼らの購買力が高くなることを理解させるというものです」（AN, 5AG3/2649. Note au Président de la République, par Lionel Stoléru, 26 juillet 1976.）。

（68） AN, 5AG3/2651. Premier Ministre. Le chargé de mission, 29 septembre 1976.

（69） Valéry Giscard d'Estaing, *Les Français. Réflexions sur le destin d'un peuple*, Paris, 2000, p. 132.

（70） 雨宮昭彦『競争経済のポリティクス――ドイツ経済政策思想の源流』東京大学出版会、二〇〇五年、二三九～二四七頁、を参照。

（71） AN, 5AG3/2649. Note pour le Premier Ministre, par Jean Ripert, 27 août 1976.

（72） Raymond Barre, «Le lien entre théorie et action économiques. L'expérience gouvernementale de Raymond Barre» in Raymond Barre et Jacques Fontanel, *Principe de politique économique*, Grenoble, 1991, pp. 123-144.

（73） *Ibid.*, p. 128.

（74） *Ibid.*, pp. 127-129.

(75) AN, 5AG3/2649. Note pour le Président de la République, par J.-P. Ruault, 16 août 1976.

(76) Cit. par *L'Année politique, op. cit.*, 1976, p. 448.

(77) AN, 5AG3/2652. Communication du Premier Ministre du 31 août 1977 sur la politique de redressement économique et financier.

(78) *L'Année politique, op. cit.*, 1978, pp. 338-340.

(79) R. Barre, *L'expérience du pouvoir, op. cit.*, p. 143.

(80) *Ibid.*

(81) *L'Année politique, op. cit.*, 1978, p. 328.

(82) *L'Année politique, op. cit.*, 1977, pp. 266-267, 1978, pp. 404-409.

(83) Article de Pierre Pascaillon, in chronique *SEDEIS*, t. XXI-n° 13, 1er juillet 1979.

(84) P. Drouen, «Le corset européen», in *Le monde*, 1er décembre 1978.

(85) *L'Année politique, op. cit.*, 1978, pp. 442-443.

(86) AN, 5AG3/2691. Groupe d'étude monétaire appliquée, Rapport de synthèse, 31 juillet 1978. 以下、小委員会の活動に関する引用はすべてこの報告から行う。

(87) «Banque» 誌と «L'Expansion» 誌の主幹。

(88) *Rapport du Comité du financement. Préparation du huitième Plan*, Paris, La Documentation française, 1980, p. 6.

(89) クレディ・ナショナル（Crédit national）、外国貿易銀行（Banque nationale française du commerce extérieur）、ホテル信用金庫（Caisse centrale du Crédit hôtelier, commercial et industriel）、国家契約金庫（Caisse nationale des Marchés de l'Etat）など。

(90) 準公的金融機関と中央銀行の関係については、権上『フランス資本主義と中央銀行（前掲書）』四一七〜四三二頁、を参照。

(91) *Rapport du Comité du financement, op. cit.*, pp. 27-28.

(92) *8ème Plan de développement économique et sociale, 1981-1985*, Paris, 1980, Direction des Journaux officiels, p. 61.

(93) *Ibid.*

(94) *Ibid.*, p. 174.

(95) 権上『新自由主義と戦後資本主義（前掲書）』第一章、第八章、を参照。

(96) *8ème Plan de développement économique et social*, *op. cit.*, p. 40.

(97) *L'Année politique*, *op. cit.*, 1980, p. 468.

(98) AN, 5AG3/2623. Propositions du Commissaire au Plan au Premier Ministre pour le 7e Plan, 31 mars 1976.

(99) ジスカールデスタンの経済金融顧問リュオーの残した文書のなかに「アメリカ経済学」の表題が付された一箱分の文書（AN, 5AG3/2640）がある。それは「ヌーボー・エコノミスト」から贈られた論文の抜刷り、新聞・雑誌上での彼らのインタヴュー記事の切抜きなどからなっている。

(100) 本章、注（99）の「アメリカ経済学」のなかの文書には、書込みはもちろん、折皺さえもなく、リュオーが目を通した痕跡はまったくうかがえない。

(101) アルベールについては、筆者によるインタヴューのなかでアルベールが証言している（二〇一〇年九月一三日、フランス・アカデミー内のアルベールの執務室）。バールについては、R. Barre, *Raymond Barre. Entretien avec Jean-Michel Djian*, *op. cit.*, pp. 157-158. を参照。

(102) R. Barre, *L'expérience du pouvoir*, *op. cit.*, p. 204.

第6章　ユーロ・ペシミズム下の仏独連携（一九七四～七八年）

誕生してまもないスネイクがくり返し危機に見舞われるなかで、経済通貨同盟にたいする共同体諸国の姿勢に重要な変化が現れる。この変化は欧州委員会の姿勢に集約的に映し出される。というのも、欧州委員会は共同体諸国の利害や主張を調整しつつ、ローマ条約の精神に沿って経済統合を推進することを基本任務としていたからである。この委員会は一九七五年に入ると、経済通貨同盟の創設について、しばしば「漸進的」ないしは「プラグマティック」という表現を用いるようになる。同委員会の経済金融担当副委員長オルトリは後年（一九八二年）、一九七五年当時の委員会の姿勢について次のように記している。

> 欧州委員会は当時、経済通貨同盟の終着点である単一通貨へ早急に移行することは可能でもなければ、あり得ることでもないと考えていた。……経済通貨同盟の最初のこころみは成功しなかった。そのうえ経済のさらなる緊密な収斂も、現実に即した政策の調整もないままに、また〔各国の〕行動に違いを残したままに、再び失敗を犯すなら、共同体がこれまでにあげた成果に疑いが向けられ、共同体にたいする信頼が失われる恐れがあった。それだけに現実主義が必要であった。当時は、長期の目標についての基本理念との関連よりも、基本的な利害や差し迫った必要との関連で、考えをめぐらせることの方が重要になっていた。[1]（傍点は引用者）

しかし、共同体にたいして決定的な影響力をもつのは欧州委員会ではなく、フランスとドイツである。では、両国の「現実主義」への転換はどのようなかたちで、どの程度進んでいたのであろうか。本章はこの点に光をあてることにする。

第1節　フランスの転進と残された問題

1　フランスの直面した諸問題と通貨統合

前の諸章から明らかなように、フランスは第一次石油危機と固定相場制崩壊のあとに三重の危機に直面した。国内では高成長を支えてきた弱い通貨政策が実施不能になった。欧州においてはスネイクからの離脱を余儀なくされ、その結果、自らが最大の受益国だった共通農業政策が機能不全状態に陥った。最後に、世界においては固定相場制への復帰が絶望的となり、変動相場制を容認せざるを得なくなった。

フランスは危機克服の道を二つの方向にもとめた。第一に、経済政策の路線を弱い通貨政策から強い通貨政策に切り替える。これは一九七六年秋からバール・プランによって実施に移された。第二に、通貨統合にたいして新たなアプローチを採用する。これは二つのかたちをとって現われた。一つはスネイクの改革であり、それは一九七四年九月にフルカード案として欧州閣僚理事会に提案された。もう一つは、ポンピドゥー政権以来の通貨統合にたいする腰の引けた姿勢を改め、問題に前向きに取り組むことである。この最後の点については、これまでまとまったかたちでは触れていない。そこで要点を簡潔に整理しておくことにしよう。

表6－1　貿易総額の対 GDP 比率（1970〜80年）——欧州経済共同体諸国と日本およびアメリカ合衆国——

（単位：%）

	1970	1971	1972	1973	1974	1975	1976	1977	1978	1979	1980
ベルギー	98.9	96.5	96.1	106.1	118.7	103.2	109.1	107.9	104.1	114.5	116.2
デンマーク	59.7	58.3	55.8	60.2	67.3	62.0	63.3	62.4	58.9	63.0	68.0
フランス	31.1	31.7	32.1	34.2	42.4	36.6	39.5	40.4	39.8	41.3	44.0
ドイツ	34.3	33.4	33.2	34.3	40.0	38.8	41.5	41.2	40.2	42.4	45.3
アイルランド	76.9	74.6	69.9	77.5	93.6	85.8	94.2	101.2	103.0	108.8	105.7
イタリア	31.3	31.6	33.1	35.4	42.5	38.9	42.9	43.5	42.9	45.5	44.7
ルクセンブルグ	162.5	169.9	157.3	163.8	182.0	177.9	167.9	167.0	163.5	175.1	174.8
オランダ	90.7	89.5	86.7	89.8	102.8	94.4	96.7	93.1	90.0	99.1	104.7
ノルウェー	74.0	72.6	69.7	75.8	83.2	78.7	81.1	78.5	72.3	77.0	80.3
スウェーデン	48.0	46.8	46.2	51.3	64.3	55.7	56.1	55.6	54.6	60.9	60.6
イギリス	43.6	43.3	42.2	48.3	59.3	52.2	56.9	58.5	55.0	55.0	51.8
日　本	20.3	20.7	18.9	20.1	28.0	25.6	26.3	24.6	20.5	24.1	28.3
アメリカ合衆国	11.2	11.2	11.8	13.6	17.1	16.1	16.6	16.9	17.5	18.9	20.7

（出所） OECD Statistics.

通貨統合にたいするフランスの姿勢を前向きにさせたのは、石油危機と変動相場制の衝撃である。石油危機によってフランスの輸入額は急増し、それとともに経済の対外依存度（貿易総額の対GDP比）は急速に高まった（表6－1を参照）。これはフランスの国内経済が対外的要因の影響を強くうけるようになったことを意味する。当時フランスの政策当局者たちのあいだで使われ、のちに欧州委員会でも使われるようになった用語で言う「対外的拘束」の増大である。対外的拘束についてはすでに何度も触れているが、その増大は経済政策の自由度と国民経済の自律性の喪失を意味する[2]。変動相場制はこの対外的拘束を増幅し、固定化する方向に作用する。

この新しい事態を前に、フランスの政策当局者たちは共同市場に新しい特別な意義を付与するようになる。共同市場を、対外的拘束を緩め、失われた自由度と自律性を回復してくれる「救命ブイ」と見なすようになったのである[3]。実際、一九七〇年代におけるフランスの貿易の地域別構成比を見ると、共同体の域内（新加盟国を含む九カ国）と域外がほぼ半々を占めていたから、経済通貨同盟が完成すればこの国の経済の対外依存度、すなわち変動相場で決済される域外貿易への依存度は二〇パーセント程度に減少

表6－2　欧州共同体の予算構成[1]（1976年度）

歳　　出

	100万欧州計算単位	%
欧州委員会		
介入予算		
農業部門	5,790.9	64.9
社会部門	530.6	5.9
地域部門	500.0	5.6
研究部門	337.0	3.7
開発協力部門	336.2	3.7
加盟国等への払戻し金	437.0	4.9
小　計	**7,931.8**	**89.0**
運営費		
人件費	242.8	2.7
運営経費ほか	83.9	0.9
援助・補助金	20.4	0.2
小　計	**347.1**	**3.9**
予備費	3.0	0.0
自己財源収入から加盟国への10%の払戻し	502.8	5.6
欧州委員会合計	8,784.9	98.5
その他の諸機関	127.7	1.4
総　計	8,912.6	100

歳　　入

	100万欧州計算単位	%
自己財源		
関　税	4,117.2	48.3
輸入農産物課徴金	803.0	9.4
砂糖醸出金		
小　計	**5,028.3**	**59.0**
加盟国醸出金	3,210.4	37.3
その他	270.9	3.1
総　計	8,509.7	100.0

（注）　1）当初予算の構成。
（出所）　ABF, 1489200205/310. *Dixième rapport général sur l'activité des Communautés européennes,* 1979, Bruxelles-Luxembourg, février 1977, pp. 55 et 59.

する。したがって日本はもとより、経済の対外依存度が例外的に低いアメリカ合衆国の水準にまで近づく。

さらに付言しておくと、通貨統合にたいするフランスの姿勢の変化にはイギリスの共同体加盟も関係していた。イギリスは一九七二年四月に加盟を果たすや、さまざまな機会をとらえて、共同体の諸制度、なかでも財政負担制度の見直し——いわゆる「再交渉」——をもとめた。イギリスはもともとFTAを志向していただけに、この国の要求に沿って制度が見直されるなら共同体の組織も運営も緩やかなものとなり、共同体の求心力は低下する。ジスカールデスタンの外交顧問ガブリエル・ロバンの言葉を借りれば、「フランス流の共同体」から「イギリス流の共同体」[4]に改造されることになる。

なかでもフランスが懸念したのは共通農業政策への影響である。共通農業政策に充当される共同体の財政資金は、一九七六年時点で五七億（欧州計算単位）と巨額であった。しかも、それが共同体の歳出予算総額に占める割合は六四パーセント、介入経費（政策経費）に占める割合は七三パーセントにも達していた。この巨額の経費はその財源である共通関税収入では賄いきれず、かなりの部分が各国からの醵出金で補填されていた（表6－2を参照）。イギリスは自国の醵出分が、共通農業政策を介してフランスに代表される特定の諸国に流れていることを問題にしていた(5)。それだけに、イギリスの要求が容れられればフランスの既得権益が損なわれることは必至である。フランスは経済通貨同盟を前進させ、共同体の求心力を強めることによってイギリスの動きを封じようとしたのである。

2　残された懸案——国家主権問題

フランスが経済通貨同盟の創設に本格的に関与しようとするなら、その前提として、スネイクの改革以外に、経済政策の協調ないしは収斂と国家主権問題という二つの懸案を解決しておく必要があった。いずれの問題もフランスとドイツおよびベネルクスとの対立の根本に位置していた。経済政策の協調の方は、バール・プランの実施によってその条件が整う方向に向かっていた。残る問題は国家主権である。

欧州建設と国家主権の関係は、一九六〇年代のドゴール政権の時代からフランスがもっとも神経をとがらせてきた問題である。この領域では一九七四年から七五年にかけて、原則を維持しつつ柔軟に対応するという新たな方向性が打ち出されることになる。以下に示す三つの事例がそれを示している。

ＦＥＣＯＭ理事会の構成問題

一九七四年一一月二九日、欧州委員会が同年一二月の欧州首脳会議に向けてＦＥＣＯＭの改革案を作成した。ＦＥ

COMは一九七三年四月の創設以来、各国の中央銀行総裁からなる理事会によって運営されていた。欧州委員会の案は、FECOMの自律性を高めるために現行の理事会が新たに常任理事会を選出し、この常任理事会にFECOMの運営を委ねるというものである。ドイツをはじめとするスネイク諸国はこの案に賛成したが、フランスはこれを拒否した。「国家の独立」[6]を侵すというのが理由であった。しかしフランスは、原案を拒否する一方で、FECOM理事会に政府代表（財務省国庫局長）を加えるという代案を提示した[7]。共同体の運営にはあくまでも主権国家が責任を負い、超国家機関の介在は排除する、という原則的立場を維持しつつも現実的な道をさぐろうとしたのである。

ラロジエールの覚書──「プラグマティックで漸進的なアプローチ」

一九七五年七月二日、国庫局長ラロジエールが「経済通貨同盟の将来についての考察」と題する覚書[8]を作成し、大統領府に提出した。この覚書は、財務大臣フルカードがジスカールデスタンのもとめに応じてラロジエールに作成させたものである。

ラロジエール覚書は、経済通貨同盟について悲観的な見方が広がっている背景を分析することから始まる。ラロジエールによると、そうした見方が生まれる背景には経済通貨同盟にたいする偏った理解がある。経済通貨同盟は「急激な制度変更」をつうじて実現されるものであるから、各国は同盟の最終段階を受け入れる「政治的決断」を事前にしておかねばならないという理解である。ドイツやベネルクスが「事前に政治を組織化し制度を変更すること」を主張するのは、まさにそうした理解に立つからである。欧州委員会の前副委員長マルジョランの主宰する委員会が一九七五年三月に欧州委員会に提出した報告書[9]も、同じ考え方に立っている。この報告書は経済通貨同盟を、「各国政府が通貨政策および経済政策の運用を共同の諸機関に移譲し、それらの政策が共同体全体で実施されるようになること[10]」と定義づけている。明らかにここでは、経済通貨同盟が「国家主権の移譲」と同一視されている。もとよりこのような理解に合理的根拠があることはラロジエールも認める。しかし彼は、政府が「完璧に超国家的な同盟への移行」を決断しなくても「共同体の通貨組織を本格的に前進させることは可能である」とし、この「急進的な」アプローチを除ける。

次にラロジエールは、経済通貨同盟の完成（単一通貨の導入）は三つの理由からフランスの国家目標にもかなうと言う。第一に、同盟が完成すればフランスの外国貿易の主要な部分が固定相場で決済できるようになる。第二に、同じく同盟が完成すれば、域外にたいして共同体は「統一的な国際収支をもつ均質の単体」になる。そうなれば財貨・役務および資本の域内取引が増え、欧州諸国は単独でとどまるよりも安定した環境のもとにおかれる。その結果、欧州通貨がドルに部分的に代替し、「欧州はアメリカの通貨政策の好ましくない影響から守られるようになる」。

残る第三の理由は制度に関係している。「制度問題」はフランスにとって悩ましい問題だっただけに、ラロジエールはこの第三の理由に紙幅の多くを割いている。その概要は以下のとおりである。

欧州諸国の経済構造は国ごとにあまりにも違うから、経済通貨同盟が前進しても国ごとの政策の違いは残らざるを得ない。したがって、「単一通貨と経済政策決定センターが現行の国家に取って代わり、共同体全体にたいして古典的なマクロ経済手段を〔一律に〕用いることは不可能である」。とくにマネー・サプライと財政収支は国ごとに大きく異なっているから、「欧州政策の決定は、欧州を対象とする単一の政策の抽象的決定というよりも、各国の必要の突き合せというかたちをとらざるを得ない」（傍点は引用者）。それゆえラロジエールによると、経済通貨同盟の前進によって生じる制度面の変化は「必ずしも言われているほど厳しいものにはならない」。

とはいえ、共同体に政治的・経済的権力機関が不要なわけではない。しかし共同体の内部に生まれるこの権力機関も、ラロジエールによると、「各国の政治的・経済的権力機関のレヴェルで存在しつづけるとみられる目標や制約条件と無関係なものではあり得ない」。それゆえ現実には、「共同体の諸機関が各国の現行の諸機関と同じものになることはない」ということになる。

では、将来の共同体の諸機関はどのようなものになるか。また、それらの機関と各国の国家機関の関係はどうなるのか。ラロジエールは、予測は不可能としつつも通貨権力についてだけはこう明言する。それは「現行の発券機関の消滅後に創設される単一の中央銀行というよりも諸中央銀行の同盟（une fédération des banques centrales）に近いものになるであろう」、また、そのような機関であれば「フランスの一般的な国家目標にも合致する」と。

以上のような考察を補強するために、ラロジエールは国庫局内で作成された長大な覚書を、参考資料として自身の覚書に添付している。この添付資料では、経済通貨同盟の前進にともなってどのような権限が共同体に移されるか、また共同体の機関と各国の国家機関のあいだにどのような権限の補完関係が成立するか、という問題が詳細に分析されている。ちなみに、この分析を貫く考え方は一九九二年のマーストリヒト条約に盛り込まれたことで知られる「補完性原則」（principle of subsidiarity）そのものである。[11]

ところで、経済通貨同盟をめぐる微妙かつ困難な問題は為替相場の変更ができなくなることにある。経済政策や経済構造の収斂が進んでいない段階で為替平価を固定すれば、共同体の域外にたいする為替相場の決定をめぐって強い通貨国と弱い通貨国のあいだに争いが生まれる。また、経済通貨同盟が完成した段階においても域内諸国間における国際収支が消滅することはないから、この国際収支に不均衡が生じることは避けられない。これらの問題を解決するには域内信用制度の整備が不可欠であり、さらに域内諸国の経済社会構造を相互に近づけるための投資支援や地域政策も必要になる。それゆえラロジエールは、同盟の完成には相当の年月がかかり、それまでは為替平価の変更を認めざるを得ないと言う。

以上の分析と考察からラロジエールはこう結論づける。いずれにせよ、経済通貨同盟については「プラグマティックで漸進的なアプローチ」が望ましい。また、このようなアプローチであれば、ドイツやベネルクスのように「真の前進を望んでいる加盟諸国」も興味を示すであろうし、イギリスのような「将来における自由の放棄を意味するいっさいの動きに反対している加盟国」も安心して協議に応じるであろう。

ロバンの覚書――「主権の共同行使」

さらに一九七六年三月になると、大統領の外交顧問ロバンがジスカールデスタンのために覚書[12]を作成し、欧州統合と国家主権のかかわりについてフランスの基本姿勢を整理している。次節で詳述するように、同年一月にベルギーの首相レオ・テンデマンスが欧州首脳理事会に「欧州連合についての報告」と題する報告書を提出したが、ロバンの覚書はこのテンデマンス報告への対応を目的としていた。

ロバンによると、テンデマンス報告を貫いているのは「いっさいの政府間協力を信用せず、欧州の建設はすべて共同体の制度的枠組みのなかでなされるべきであるとする」小国の「哲学[13]」である。それゆえこの機会にフランスの「哲学」を固めておかねばならない。ロバンは欧州の建設の制度面に関するフランスの哲学の要点を次のように整理している。

> 第一〔の要点〕は、われわれは欧州の建設を、共同体加盟諸国の主権移譲につうじるものとしてではなく、共同体加盟諸国による主権の共同行使と考えている、というものになりましょう。したがって、この共同行使の優れた手段である欧州首脳理事会は欧州同盟の最高機関であり動力中枢でなければなりません。したがってまた、欧州委員会は現在のように欧州議会にではなく、欧州首脳理事会に従属すべきでしょう。欧州議会についていえば、たしかにそれは固有の権限をもつべきです。とはいえ欧州議会によって欧州首脳理事会が倒壊させられるようなことがあってはなりませんので、アメリカ型の分権体制に向かうべきであり、古典的な議会制度に向かうべ

きではないでしょう。欧州の建設においては、全体の整合性は欧州首脳理事会によって保障されますので、この建設のすべてが共同体の枠組みのなかに吸収されることはありません。管轄すべき領域に応じて制度の種類や手続きを分けることには、むしろ大きな利点があります。かくて欧州同盟は、経済共同体、政治協力、〔そして〕いつの日か欧州防衛組織、等々、が加わることによって誕生することになりましょう。(14)（傍点は引用者）

ただしロバンは、こうした「哲学」を主張するのはあけすけすぎるということであればもう一つのアプローチがある、と補足している。それは、この哲学に拠りつつ、公の場では「プラグマティズム」を称揚し現実的な主張をするというものである。

ロバンの覚書が作成されてまもない三月一八日、ジスカールデスタンは閣議を招集し、テンデマンス報告への対応を協議している。閣議では「哲学」の領域に踏み込むような議論は行われず、当面、連邦主義的性格が色濃く出ているテンデマンスの具体的な提案項目についてだけ否定的な対応をする、という趣旨の決議がなされた。(15)大統領はロバンの用意した第二のアプローチを選択したのである。

ロバンのいう「加盟諸国による主権の共同行使」、それを保障する最高機関としての「欧州首脳理事会」という欧州建設に関するフランスの哲学は、国家主権の維持というフランスの伝統的主張に貫かれているとはいえ、一九六〇年代のドゴールの時代はもとより、ポンピドゥーの時代からも進化していることがうかがえる。

第2節　ドイツの転進と限界

1　テンデマンス・キャンペーンと現実主義者シュミット

現実主義へのドイツの転進は首相シュミットの言動に明確なかたちで表現されている。その機会となったのは、ベルギーの首相テンデマンスがくり広げた将来の「欧州同盟」(Union européenne)、すなわち多様な領域における欧州諸国の協力関係の総体に関するキャンペーンである。

一九七四年一二月九〜一〇日に欧州首脳会議がパリで開催された。欧州の首脳たちはこの会議で、欧州同盟の将来に関する「共同体内の諸機関の報告書類と政府および世論を代表する各界からの意見聴取にもとづいた総括報告」の作成をテンデマンスに委ねることを決議した。この決議を画策したのはジスカールデスタンとイギリスの首相ハロルド・ウィルソンである。その発端はジスカールデスタンがパリ首脳会議に先立ってテンデマンス、ウィルソンと行った個別会談にある。前出の大統領外交顧問ロバンによると、パリ首脳会議において、欧州の首脳から構成される「欧州首脳理事会」(Conseil européen) の創設が決まった。しかしこの政治機関の創設には、「連邦主義」の立場に立つベネルクス諸国が「いちじるしく懐疑的な」[16]反応を示していた。このためジスカールデスタンは、ベネルクスの「ためらいを封じる」[17]べく、テンデマンスに欧州同盟の将来について報告書を作成する機会をあたえようとしたのである。一方のウィルソンも前述したような「再交渉」を計画しており、彼も「ベネルクスの歓心を買う」[18]必要からこの企てに与することになった。

一九七五年には、テンデマンスが報告書の作成に向けて欧州の各界の指導者からの意見聴取活動を展開する。その一環として、テンデマンスは同年一〇月一八日、モネの引退によって前年に解散した「欧州合衆国に向けた行動委員会」の旧会員たちの集会をブリュッセルで組織した。テンデマンスはこの旧行動委員会の有力会員の一人であった。ブリュッセルで開かれた集会にはシュミット、イギリスの元首相エドワード・ヒース、オランダの首相デ・ウイル、イタリアの教育大臣で元欧州委員会委員長マルファッティなど旧行動委員会の有力会員が招かれていた。

旧行動委員会の会員たちはブリュッセルの集会で、委員会の年来の主張である連邦主義にもとづく共同体の制度改革を訴えた。すなわち、普通選挙による欧州議会議員の選出、欧州議会の権限強化、欧州閣僚理事会への多数決原理の導入、欧州委員会の権限の強化と自律性の拡大など。ところがシュミットだけは、「制度を変えることで経済通貨同盟を創ることはできない」、「問題は制度ではない」[19]として、制度改革に慎重な態度をとった。また、欧州統合を進めるうえで政治の果たす役割を重視し、新設された欧州首脳理事会については、「欧州事業の方向づけと運営の本質的要素」[20]になると最大級の評価をしている。高いレヴェルの政治が共同体の運営に責任を負えるようになる、というのが理由であった。

シュミットはブリュッセル集会直後の一〇月二三日にドイツ人記者たちを相手にオフレコの会見を行っている。彼はそこでも、欧州建設を進めるうえでの「プラグマティズム」[21]の重要性を力説していた。彼はまず、「野心的過ぎる計画」や「欧州にかこつけたいかさま」[22]に加担すべきではないといましめる。彼によると、経済通貨同盟が前進しないのは各国の経済・財政政策のあいだに調和が欠けていることに原因がある。共同体の中核をなすドイツ、フランス、ベネルクスと、他方のイタリア、イギリスとのあいだに溝が生まれている原因はそこにある。つまり「経済政策の調和は閣僚理事会の決定や欧州委員会の行動によってではなく、各国の政策と各国政府の権威によって保障されるものなのである」[23]（傍点は引用者）。このシュミットの政治重視の発言は、彼がジスカールデスタンとともにＥＭＳを立ち上げるにいたる伏線として注意しておく必要がある。

ところでテンデマンスであるが、彼は一九七五年一二月二九日に報告書「欧州連合についての報告」[24]を欧州首脳理事会に提出した。たしかに報告書には、かつてドイツの首相ブラントが提唱した「ツー・スピード方式」、すなわち先行して統合を進める諸国と、遅れて統合を進める諸国の二つの国家グループの並存を認めるなど、現実主義への傾斜が見られる。しかし報告書が連邦主義の理念にもとづいていることに変わりはなかった。実際、報告書の力点は明らかに共同体の諸機関の権限および機能の強化と自律性の拡大に向けられていた。たとえば欧州首脳理事会に関する記述には、先のロバンの言葉を借りれば、「その制度を公式のものにするという口実のもとに、厳格すぎる枠組みのなかに押し込める」[25]という意図が透けて見えた。

テンデマンス報告についての検討作業は、フランスとイギリスがベネルクスの主張に世論の関心が集まるのを嫌ったことから、外務大臣からなる欧州閣僚理事会で、しかも公式の会議時間帯の外で行われた。ドイツ政府は報告書の総論部分を欧州首脳理事会で採択することに積極的な姿勢を示すなど、報告書に好意的であった。しかし、ツー・スピード方式や普通選挙による欧州議会議員の選出など具体的な提案項目については、いずれも否定的ないしは慎重な態度をとった。この結果、一一月にまとめられた欧州閣僚理事会の報告書[26]は、「多様な発言や意見の対立を隠すためのあたりさわりのない文章の寄せ集め」[27]となった。したがってまた、報告書は公表されることもなければ、欧州首脳理事会がとくに評価を加えることもなかった。

テンデマンス報告にたいする評価とその取扱いをめぐる経過からは、経済通貨同盟をめぐる制度問題でベネルクスと共同歩調をとる場面の多かったブラント／シラー時代とは違い、ドイツがこの問題でベネルクスとのあいだに距離をおくようになっていたことがうかがえる。

2　ドイゼンベルグ案と孤立するドイツ

前項から明らかなように、ドイツ政府がブラント／シラー時代の急進的な姿勢を転換し、現実主義に傾いたことはたしかである。しかしそれにはなお大きな限界があった。ドイツがオランダの欧州為替制度改革案にたいして示した姿勢にそのことがうかがえる。

ドイゼンベルグ案

一九七六年六月四日、オランダ財務省国庫局長オオルトが通貨委員会にたいして、書簡で欧州為替制度の改革を提案した。次いで七月六日、今度は財務大臣ヴィム・ドイゼンベルグが欧州閣僚理事会に同内容の書簡を送った。このような経緯から、オランダの改革案は一般に「ドイゼンベルグ案」もしくは「ドイゼンベルグ／オオルト案」と呼ばれる。本書ではこの改革案を「ドイゼンベルグ案」と呼ぶことにする。

オランダはなぜこの時期に欧州為替制度の改革を提案したのであろうか。オオルトは書簡においても通貨委員会で行った口頭報告においても、スネイクを離脱した諸国の通貨の下げ幅があまりに大きく、現状を放置すれば他の諸国の「報復」や「競争的切下げ」(28)を招く恐れがあるとして、域内の為替関係に強い懸念をくり返し表明している。イタリア、イギリス、フランスの三つの大国が自国通貨をフロートさせているのにたいして、小国オランダはスネイクの厳格な枠組みのなかで強大な経済大国ドイツと「差向かい」(29)の状態にあり、厳しい経済政策運営を強いられている。こうした小国の窮状がオランダを動かしたのである。

ドイゼンベルグ案の主要な特徴は次の三点にある。(1)通貨をフロートさせている諸国は、スネイク諸国と協議して新たに為替平価＝中心相場を決める。そして、この中心相場の周りに設定される乖離幅、すなわち「目標相場圏」

（target zones）の内部にとどまるように努める。目標相場圏を変更する際、あるいはそれから離脱する際にも同じ手続きを踏む。(2)当該諸国の中央銀行には目標相場圏維持のための介入義務はない。よってこの制度のもとで外貨準備を失うことはない。(3)中心相場の定義は、当該諸国の地域別貿易額の加重平均にもとづいて算出された実効為替相場で行う。

以上の特徴からうかがえるように、ドイゼンベルグ案は制度自体を変えようとするものではなかった。この案はスネイクの外で自由放任状態にある他の域内諸国の通貨を「一定の規律」[30]のもとにおくことをめざしており、規律は他の域内諸国とのあいだで行われる政策協議によって保障されることになっている。

一九七六年に入ってから、共同体内では経済政策の協調、しかも一定の拘束力をともなうかたちでの協調を実現しようとする流れが浮上しつつあった。一月に欧州首脳理事会に提出されたテンデマンス報告がそうであったし、欧州委員会が四月一〜二日の欧州首脳理事会で行った報告「経済通貨行動」[31]（Action économique et monétaire）も同様の方向をめざしていた。ドイゼンベルグ案もこの流れを汲むものであったが、前二者に比べて提案内容は緩やかであった。とはいえドイゼンベルグ案は明らかに強い通貨国の立場に立つものであった。というのは、目標相場圏を設定した国は自国通貨の相場を目標相場圏以下の水準に引き下げる恐れのある政策を実施してはならず、政策協議もそうした前提のもとに実施するとされていたからである。オオルト自身も、政策協議の趣旨は「反インフレ政策にたいする外部からの支援」[32]にあると明言している。つまりドイゼンベルグ案は、「強い通貨国」対「弱い通貨国」、あるいはフランス銀行外事局の表現を借りれば「A級市民」対「B級市民」[33]という共同体の二極構造の解消をめざすものではなかったのである。

ドイゼンベルグ案にたいする各国の反応はかんばしくなかった。国庫局長ラロジエールの名で作成されたフランス側の会議記録によれば[34]、ドイツは否定的であり、イギリスは国内政策の運営でフリーハンドを維持したいがために冷やかであった。それ以外の諸国はオランダの提案を時期尚早と見ていた。フランスはというと、スネイクから二度目の離脱を余儀なくされたばかりで、外貨準備に余裕がなかった。かくて、ドイゼンベルグ案にはフルカード案と共通する部分があったとはいえ、それに乗れるような状況になかった。

ドイゼンベルグ案はオランダ政府による公式の提案であったことから、欧州閣僚理事会は一一月八日の会合で、通貨委員会と中央銀行総裁委員会にこの案の検討を付託した。こうして二つの専門委員会と、そのもとに設置された代理人会議と小委員会において技術的検討が加えられることになった。

代理人会議と小委員会における検討作業では主に二つの技術的難点が問題になった。一つは、目標相場圏を設定しても中央銀行に介入義務がないのであれば投機を誘発することになり、制度は安定しないというものである。もう一つは、スネイク外諸国にだけ目標相場圏の設定を義務づけるのでは全体のバランスを欠くというものである。オランダの代表たちはこれらの難点を克服すべく積極的に追加の提案をこころみている。なかでも注目すべきは次の三つの提案である。(1)介入は欧州諸国の通貨で行い、ＦＥＣＯＭを介した信用便宜も考慮する。(2)実効為替相場の計算にはドルによる貿易決済分が含まれるので、共通のドル政策も実施する。(3)スネイク諸国にも目標相場圏の設定を義務づける。

孤立するドイツ

オランダから追加提案が提出されたことから、通貨委員会と中央銀行総裁委員会には改訂ドイゼンベルグ案を軸に多数派が形成された。しかしドイツだけは一貫して反対の立場を変えなかった。現状のままで何の問題もない、域内信用は必要とする諸国に供与されている、新しい制度を導入すればスネイクの機能が弱まる、というのがドイツのあげた反対理由である。

欧州閣僚理事会にたいする通貨委員会の報告書案は、代理人会議から一九七七年二月二二日の同委員会に提出された。この文書には多数派の意見が次の四項目にまとめられていた。(1)目標相場圏の定義はスネイク諸国通貨を含むすべての域内通貨について行うこととし、定義は実効為替相場で行う。(2)為替相場が目標相場圏の上方と下方の限度に達した時点で為替政策と経済政策に関する協議を実施する。(3)制度は段階を追って制約の多いものに変え、最終的には中央銀行による介入を義務づける。(4)早急に為替市場を安定させ、域内諸国間の経済および通貨をめぐる諸条件の差異を縮小する。[35]

この報告書案を代理人会議の議長が説明したあとに意外なドラマが待ち受けていた。突然、オオルトがオランダは多数派に加わらない旨を宣言し、自国の提案そのものを事実上撤回したのである。オオルトによると、多数派の見解はオランダの当初案と違うというのである。オオルト発言のあとに、ブンデスバンク副総裁エミンガーがドイツの主張を展開し、目標相場圏の創設を欧州閣僚理事会に提案するのは困難であると決めつけた。こうしてドイゼンベルグ案をめぐる協議は頓挫した。この日の通貨委員会の模様を、フランスの国庫局国際部長アブレルはこう記録している――「この論議によって次のことが判明した。ドイツの『拒否権』の強固さ。自国の代理人たちの主張の撤回と自らの提案の事実上の撤回という代償を払ってさえ、ドイツを孤立させることを望まないオランダ[36]」。

ドイゼンベルグ案はほかならぬ盟友オランダからの提案であり、フランスのフルカード案よりもはるかに拘束力の少ない内容のものであった。それにもかかわらず、なぜドイツはこの提案を葬り去ったのか。この疑問にあらかじめ答えるかのように、ドイツ連邦財務省次官ペールは、すでに九月一〇日の通貨委員会で次のように発言していた。

三年前であれば〔ドイツには〕スネイクを維持するために努力する人たちがいました。当時はドイツ政府に譲歩する用意がありましたが、残念ながらいくつかの国が譲歩を拒んだのです。当時ドイツ政府の頭にあったのは政治的理由でした。現在、政府を動かしているのも同じ政治的理由です。

そうした機会を逃してしまい、〔今になって〕残すべきだとされているのは「スネイクの残滓」でしかありません。したがって、オオルト氏の覚書と欧州委員会の覚書に示されている「敗北主義的な」考え方には強く反対します。……

結論として、オオルト提案のすべてに反対するわけではありませんが、それは時期尚早だと考えます。まずインフレ率の違いを狭める必要があります。なぜなら、この違いが存在するかぎり目標相場圏について議論する必要はないと思われるからです。(37)（傍点は引用者）

ペールの言う三年前とはＩＭＦの「二〇カ国委員会」（Ｃ20）ナイロビ会議のころと思われる。たしかに次節で明らかになるように、当時のドイツ政府は、フランスがスネイクにとどまるかぎり、この欧州通貨協力制度は世界を固定相場制に戻すための有用な手段になり得ると見ていた。政治的理由から、自らの主張を曲げてまでもスネイクを防衛する姿勢を示していたのである。

では、一九七六年時点でドイゼンベルグ案に強硬に反対しなければならなかった「政治的理由」とは何か。通貨委員会の会合から五日後の九月一五日に開かれた欧州閣僚理事会で、ドイツの財務大臣ハンス・アーペルは国政選挙が近いためにドイツの譲歩が難しいことをほのめかしている。(38) 一九二〇年代のハイパー・インフレの経験から戦後のドイツ国民はインフレにたいして極度に敏感になっていた。ドイゼンベルグ案に加担すれば国内世論を刺激し、政権与党が選挙で不利になるというのである。つまり、ドイゼンベルグ案はドイツの「通貨主権」の核心をなす物価と通貨の安定を脅かすと見なされたのである。前出のペールは同じ会議で、「為替の安定は、スネイク諸通貨間よりもスネイクに参加していない諸通貨にたいする方が維持が容易です。……機構〔スネイク〕の働きは、現状では投機の要因になっています[39]」と述べ、スネイクの仕組みに重大な欠陥のあることを率直に認めている。それでも、彼はスネイクの改革に反対するのであるから、ドイツの内政に占める通貨問題の重みが想像できよう。

ブンデスバンク総裁クラーゼンも、一二月一四日の中央銀行総裁委員会で、ドイツ中央銀行の立場から同内容の発言をしている。この日の会合では、小委員会の委員長エイヴァルトから、ドイゼンベルグ案の検討状況について、次のような途中経過が報告された。目標相場圏を安定させるには、スネイク諸国通貨による介入とＦＥＣＯＭを介した信用供与が有効であり、それには中央銀行間における事前協議の「手続き」をあらかじめ決めておくことが望ましい。クラーゼンはこの中間報告を次のように厳しく批判した。

> 個別のケースについては、インフレを助長する印象をあたえかねない「手続き」や信用増を予定するよりも、〔中央銀行間の〕協力によって解決する方がよい、というのが経験の示すところです……。
>
> ドイツ・ブンデスバンクはこれまでと同様、具体的な場合ごとに、現実的な解決策を追求しようとするすべての議論に対応する用意があります。しかし、当行を拘束することになる一般的性格の取決めに、あらかじめ応じる用意はありませんし、当行の機構からしてもできません。……柔軟性や追加的な便宜を導入しようとする多数派の動きにしたがうのは危険です。重要なことは、〔為替の〕安定に向けて仕事をすることであり、また、困難に際しては中央銀行間の信頼関係にもとづく協力を当てにすることです。ドイツ当局は、とくに通貨および通貨の価値にたいして国民があまりに敏感なために、スネイク外の諸国がマルクを使って介入することを認めるわけにはいきません。[40]（傍点は引用者）

ブンデスバンクは、インフレにたいする特別な国民意識と連邦銀行法の制約のゆえに、自らの行動の制約要因となる取決めには加われないし、スネイク外諸国が目標相場圏維持のためにマルクを使用することも認められないというのである。

以上から明らかなように、ドイツの当局者たちは一九七七年の初頭においても、依然として国内世論と中央銀行の制度および政策によって行動の自由を奪われていた。スネイクをとりまく環境の激変とスネイクにとどまる小国の苦境にたいして、彼らは何らの積極的な対応も柔軟な対応もできなかったのである。一九七五年までは変動相場制を否認しつづけるフランスが共同体内で孤立していた。しかしフランスが変動相場制を容認し、次いで登場したドイゼンベルグ案をドイツが全面的に拒否して以降は、共同体内で孤立を深めたのはドイツであった。

第3節　仏独連携の前進（一九七七年一月～一九七八年六月）

1　ユーロ・ペシミズム下の仏独関係

第1章で検証したように、フランスは経済通貨同盟と国際通貨制度のいずれの問題についてもドイツと正反対の立場に立っていた。またフランスは、一九七四年一月から七五年五月までの期間と一九七六年三月以降の二度、イギリスおよびイタリアと同じくスネイクを離脱していた。しかしそれにもかかわらず、ドイツとフランスの関係はドイツとイギリスおよびイタリアの関係と大きく異なっていた。

すでに一九七三年九月のC20ナイロビ会議の折に、ドイツ連邦財務省の高官は当時のフランスの国庫局長ピエール＝ブロソレットにこう語っていた。スネイクを安定した制度として維持するには、インフレに有効な手立てを講じられないイギリスとイタリアを参加させない方がよい。また、「安定したスネイク」は世界を固定相場制に引きとめる錨の役割を果たせる、と。[41] 言い換えれば、フランスがスネイクにとどまり、スネイクが安定した制度として機能しているかぎり、ドイツはフランスによる世界固定相場制維持論を受け入れるというのである。

フランスがスネイクを離脱したあとの一九七四年一二月六日には国庫局長ラロジエールとドイツの連邦財務省次官ペールが会談している。ここでもドイツはフランスと他のスネイク外諸国とを明確に区別していた。会談の席上、ラロジエールがフランスのスネイクからの離脱はあくまでも「一時的」なものであることを力説したのにたいして、ペールは次のように応じている。「協力の強化を難しくしているのは仏独関係ではありません。両国間の調整はそれほど難しくありません。問題の本質はイギリスとイタリアにあります。……とくにイギリスとイタリアについては、ドイツは『石油によらざる赤字』（déficits non pétroliers）という観点から〔両国の〕国際収支問題の変化を見守ることにしたいと思います」[42]。ドイツは、イギリスとイタリアの経済危機の本質は石油価格の高騰もさることながら両国の内政にあり、両国をフランスと同列には見ていなかったのである。

仏独関係は一九七六年の秋から経済政策の運営をめぐって急速に緊密化する。その背景にあったのはフランスにおけるバール・プランの実施である。ジスカールデスタンがこのプランを「社会的市場経済」と呼んでいるように、新しいフランスの政策は理念のレヴェルではドイツの政策と同一である。しかもバール・プランには、一九七七年度の通貨目標値、すなわちマネー・サプライの目標成長率が盛り込まれていた。通貨目標値それ自体は、フランス銀行によってすでに一九七三年から導入されていた。それはGDPの予想成長率を大きく上回らない水準に流動性の伸び率を抑え込むことを目的としていた。バール・プランはこのインフレ管理のための政策手段を公式のものに変え、しかも公表したのである[43]。これらの点はすでに第5章で確認済みである。

このフランスにおける通貨目標値の公表は、前年にそれを公表していたドイツに次いで欧州で二番目であった。そのうえ、新自由主義的政策は一九七六年六月に議会を通過した第七次プラン法案に明文で盛り込まれ、一九七六年から八〇年までの中期の経済政策として定置された。しかも第七次プランには中期の通貨目標値も盛り込まれていた。フランスにおける安定政策はもはや一時的でも短期の政策でもなくなったのである。

2　仏独定期経済協議と通貨目標値

仏独定期経済協議

一九七六年の年末が近づくにつれ、バール・プランはしだいにはっきりとした効果を現わすようになる。プランの順調なすべりだしに自信を深めたジスカールデスタンは、この安定政策をフランス国内に定着させるべく、ドイツとの経済政策面での連携に意欲を示した。こうして一九七七年一月から仏独間で定期経済協議が始まる。原則として半年ごとに行われるこの協議の狙いは、互いに相手国の経済政策について立ち入った意見交換を行うことにより、経済政策をめぐる相互理解を深め、政策協調の枠組みを模索することにあった。

もとより欧州経済共同体においても経済政策の協調は重要な課題として認識されており、すでに一九六〇年代から通貨委員会、中央銀行総裁委員会、短期経済政策委員会の各専門委員会において、経済・通貨動向の定期的検証が行われていた。たとえば通貨委員会では、この作業は「経済・通貨状況概観」(Tour d'horizon sur la situation économique et monétaire) と呼ばれ、各国について年一回の頻度で実施されていた。しかし、それは経済政策と経済動向に関する情報交換の域を大きく出るものではなかった。仏独経済協議の意義は、共同体レヴェルで実施されていたような情報交換ではなく政策協調を目的としていたところにあった。

新しいタイプの協議は仏独両国にとって満足のいくものだったようである。一九七八年一月一三日の仏独首脳会議で、ジスカールデスタンとシュミットは「〔経済協議の〕成果を共同体の他の諸国に説明し、場合によっては九カ国に移転すること」(44) で合意した。仏独の合意事項を共同体全体で共有しようとする両首脳の意思は、この首脳会議の直後に、通貨政策の領域で通貨目標値を軸に具体化されることになる。

インフレの管理と通貨目標値――(1)前史

通貨目標値を利用した政策協調への動きそれ自体はとくに目新しいものではなかった。一九七二年に欧州諸国が顕著な物価上昇に見舞われた際に、すでにこの政策手段の導入に向けた動きがあったからである。そこでまず前史を確認しておくことから始めよう。

一九七二年八月三一日付の書簡(45)で、当時の財務大臣ジスカールデスタンが各国の経済・財務担当閣僚と欧州委員会委員長にたいして、「反インフレ闘争」(lutte contre l'inflation)を呼びかけた。物価上昇は域内諸国に共通している、域内諸国の経済は相互依存関係にある、物価や賃金の上昇は伝播しやすい――これらの理由をあげてジスカールデスタンは「共同体全体による協調行動」を呼びかけたのである。ただし彼の行動には、国民に不人気な政策を実施するために共同体を利用する、つまり外圧を利用する、という隠れた動機も働いていたと見なければならない(46)。

ジスカールデスタンの呼びかけにはドイツの経済大臣シュミットが即座に応じた。その結果、九月一一日に開かれた欧州閣僚理事会では、欧州委員会に反インフレ政策の検討を付託することが決議された。その後、この問題の検討には通貨委員会、中央銀行総裁委員会、短期経済政策委員会の三つの専門委員会も加わることになる。

欧州委員会と三つの専門委員会が検討対象に選んだ政策領域は広範囲に及んでいた。各国の国内政策としては物価政策、賃金政策、財政政策、通貨政策、また共同体の政策としては共通農業政策、貿易政策、競争政策、等々。これらの政策のなかで唯一、最後まで残ったのは通貨政策面からの対応、なかでも当時、理論と実証の両面から研究が進みつつあった通貨目標値を用いた流動性の管理＝抑制である。なぜそうなったのかについては、一九七二年一〇月一八日、中央銀行総裁委員会に招致された欧州委員会副委員長バールが、総裁たちを前にきわめて率直に経緯を説明している。バールによると、通貨政策以外の政策はいずれも労働組合や経済諸団体の反発を招き、政治や選挙絡みの問題に発展する可能性がある。しかし、通貨政策だけはいずれの国でも基本的に中央銀行の専権事項に属し、国会の議を経る必要がない。こうして通貨政策だけが残ったというのである(47)。

とはいえ通貨目標値を利用することには、ドイツ以外のいずれの国の代表も積極的ではなかった。フランスの代表もそうであった。フランス政府の内部では当時、国庫局が通貨政策から柔軟性を奪うとして通貨目標値の導入に反対していた(48)。国庫局の姿勢は専門委員会の会議の場でも変わらなかった。フランス代表として一〇月四日の通貨委員会代理人会議に出席した国庫局次長ミシェル・ブロックレネは、会議の席上、通貨目標値の導入に否定的な材料を列挙している。物価とマネー・サプライのあいだの相関関係は厳密に確認されているわけではない、国ごとに景気動向は異なっている、同じく国ごとに通貨概念が異なるためにマネー・サプライは一律に定義できない、など。彼はまた、通貨委員会の様子を財務大臣にこう報告している――「反インフレ闘争において通貨関連の手段を精力的に使用しようとする国が、結局のところわずかにすぎないことを強く感じます(49)」と。

通貨目標値がインフレ管理の主要な手段と見なされるなら、中央銀行が反インフレ闘争の責任を一身に負わねばならなくなる。このため一〇月一八日に開かれた中央銀行総裁委員会では、反インフレ闘争を事実上通貨政策だけで進めることに異論が続出した。しかしほかに有力な選択肢がないことから、同委員会も最終的には通貨政策の面から協力することを了承した(50)。こうして一九七二年一二月五日、欧州閣僚理事会は加盟諸国にたいして、マネー・サプライの増加が一九七四年末において、固定価格で表示されたGDPの予想成長率および物価の名目上昇率との関係で設定された、その年率を超えないようにすることを勧告した。

この勧告のあと、通貨目標値、金利、為替管理など、通貨政策関連の各種指標を共同体レヴェルで検証することになったのは、通貨委員会と中央銀行総裁委員会の両委員会のもとに設置された共同の作業委員会「通貨政策手段の調和小委員会」[51]（Groupe sur l'harmonisation des instruments de la politique monétaire. 委員長はバスチアーンス）である。しかしこの委員会も、通貨目標値を軸にした通貨政策の協調に向けて動くようになるのは一九七六年以降である。というのは、すでに通貨目標値が存在する諸国においても、この目標値は中央銀行の内部的な政策手段にとどめられていたからである。

通貨目標値が脚光を浴びる契機となったのはドイツが一九七五年に行ったこの目標値の公表である。翌一九七六年五月二五日には、通貨委員会で、ブンデスバンク副総裁エミンガーがこの新しいこころみについて詳細に報告している。通貨目標値に関する本格的な議論が行われたのは、通貨委員会の歴史上これが最初である。同年七月にはフランスで、通貨目標値を中期の目標に盛り込んだ第七次プランが議会を通過する。次いで同年九月には、同じくフランスで一九七七年度の通貨目標値が公表される。ちなみに、ドイツとフランスのいずれにおいても、通貨目標値を公表した狙いは世論にたいする効果、なかでも賃上げの抑制という労使双方にたいする「心理的効果[52]」にあった。

このように二つの大国が通貨目標値の公表で足並みをそろえたのをうけて、一九七六年一〇月一九日の通貨委員会で再度、通貨目標値の取扱いについて検討が加えられた。その結果、①ベルギーを除くすべての国でこの指標が何らかのかたちで利用されている、②この指標を強制力をともなわないかたちで利用することが肝要である、という二項目が確認された[53]。次いで一一月八日、欧州閣僚理事会が通貨委員会の報告にもとづいて次のような決議を採択した。

閣僚の理事会は、通貨委員会が、共同体加盟諸国の国内で採用されている通貨目標値を定期的に検証することで意見が一致した。その際、通貨委員会は〔マネー・サプライの〕実際の推移と事前に設定された目標値とを比較し、両者の乖離を検証し、説明し、また場合によっては対応策について議論を行う。さらに、〔加盟諸国の〕中間目標を漸進的に接近させることについて、検討作業を継続する[54]。

インフレの管理と通貨目標値――⑵一九七八年一月二六日の欧州閣僚理事会合意

前史の紹介が長くなったが、背景に以上のような経緯があったことから、経済協議をめぐる一九七八年一月一三日の仏独首脳の合意は、ただちに同月二六日の通貨委員会における討議に反映されることになる。この日の通貨委員会では、欧州委員会経済金融総局総局長モスカが、通貨目標値について、「単純な相互情報交換を超えて進む努力をする」ことを提案した。モスカは、先の一九七六年一一月八日の欧州閣僚理事会決議をふまえ、その内容をさらに具体化しようとしたのである。

モスカ提案にはフランスとドイツが全面的に賛意を表明した。イタリアとイギリスは、自国の経済および社会の現状と成長に軸足をおいた現行の経済政策を理由に、通貨目標値の利用に慎重な姿勢を示した。オランダ、デンマークの二つの小国は慎重というよりはむしろ消極的であった。通貨目標値をもたないベルギーは、それを設ける意思すら示さなかった。フランス首相府内で作成された覚書は、三つの小国がとった消極的な姿勢をこう分析している。「この問題に関する三国の政策は、自国の通貨がスネイクに緊縛されていることにともなう制約に支配されている。これらの国では、マネー・サプライは、為替相場の目標達成のための手段であるよりもその結果であるように見える」[55]。要するに、これらの小国にとって最優先の政策課題はスネイクに残留することであり、マネー・サプライは自国の通貨がマルクに追随した結果として、事後的に決まるものであった。より直截に言えば、これらの諸国は通貨政策の自立性を失っており、そもそも目標値を設定すること自体に意味がなかったというのである。

このように各国の反応は多様であったが、討議はフランスとドイツの主導で進められ、九カ国はこの日の会合で以下の四項目を確認することで合意した。

(1) 経済政策の運営における通貨的観点が、なかでもそれが実施可能な国では通貨目標値を設定することが、重要である。
(2) 量的な目標値が存在しない国では、金利や為替管理のような参照指標を利用することが考えられる。
(3) 上記の方法で方向づけられた通貨政策を収斂させることは有用である。
(4) 共同体の各機関は、この収斂に関する決定を下さないにしても、少なくとも各国による約束を確認する。[56]

以上の合意は、拘束力こそなかったとはいえ、通貨目標値という具体的な数値を介して通貨政策の協調を前進させようとしている点で特筆に値する。また、それを主導したのがフランスとドイツであった点でも特別の重みをもっている。この合意は共同体を舞台とする仏独政策協調の最初の大きな成果であった。ただし、この合意を具体化するのは容易でなかった。たとえば、当時のフランスはM_2、ドイツはM_3によってそれぞれ目標値を設定していたという具合に、通貨の定義は国ごとに一定していなかった。目標値の設定時期もフランスが九月なのにたいして、ドイツは一二月と、まちまちであった。

第4節　EMS成立前夜のフランスとドイツ

1　ジェンキンズ案への対応

フランスとドイツが経済政策をめぐって急接近した一九七七〜七八年初頭は、欧州委員会が経済通貨同盟の再発進に向けて積極的な行動を展開した時期でもある。一九七七年一〇月から翌七八年二月までの四カ月間に、欧州委員会はこの問題に関する報告を、欧州閣僚理事会と欧州首脳理事会であわせて三回も行っている。次いで一九七八年四月からは、同委員会は大規模な景気浮揚計画の実施に向けて動く。本節では、EMSをめぐる仏独秘密協議前夜における欧州委員会の一連の積極的行動と、それにたいするフランスとドイツの対応を検証する。

ジェンキンズ案

欧州委員会が行った三回の報告とは、一九七七年一〇月五日の「経済政策の協調の改善」(Amélioration de la coordination des politiques économiques nationales)、同年一一月一六日の「経済通貨同盟の展望」(Perspectives d'Union économique et monétaire)、一九七八年二月一日の「一九七八年の行動計画」(Programme d'action 1978)である。以下においては、これらを順に第一報告、第二報告、第三報告と呼ぶことにする。三つの報告は、その内容がフランス出身の欧州委員会の経済金融担当副委員長オルトリの持論であったことから見て、彼が中心になってまとめたと考えられる(57)。しかし、報告を行ったのが委員長のロイ・ジェンキンズであることから、これらは一括して、一般に「ジェンキンズ案」と呼ばれる。

欧州委員会はなぜこの時期に積極的な行動に出たのか。三つの報告とそれらの前後に作成された欧州委員会の文書類からは、この行動には三つの要因が関係していたことがうかがえる。第一に、石油危機後の経済の混乱によって欧州諸国経済間の乖離が拡大し、スネイクの将来に展望が開けない状況が長期化していた。第二に、こうした状況が共同市場に、なかでも農業共同市場にいちじるしい歪みを生じていた。第三に、一九七六年からドル相場が大幅に下落し、それと軌を一にして欧州諸国の成長率が鈍化していた。欧州経済の停滞はアメリカ経済と日本経済が好調だっただけにいっそうきわだっていた(表6-3を参照)。欧州経済共同体は明らかに閉塞状態に陥っており、欧州委員会はこうした状況を経済通貨同盟の再発進によって打開しようとしたのである。たとえば、第二報告には次のように記されている。「経済通貨同盟とそれにいたる過程が、近未来および中期において、雇用、物価、国際収支など一般的な経済状況を改善する本質的な要素になるであろう。……最終的には、経済通貨同盟は、共同体が国際通貨制度の秩序回復において重要で、決定的とさえ言えるような役割を果たせるようにしてくれるであろう」[58]。経済通貨同盟の再発進は、欧州にとどまらず、世界の経済通貨問題を解決する切札と見なされていたのである。

ところで、三つの報告のなかでも中心に位置するのは第二報告「経済通貨同盟の展望」である。というのは、第一報告は第二報告のなかに事実上吸収されており、また第三報告は第二報告を一九七八年度について具体化したものだったからである。実際、第二報告の特別な位置づけを物語るように、この報告だけが共同体の最高の政治機関である欧州首脳理事会にたいしてなされていた。そこで第二報告を中心に欧州委員会の経済通貨同盟再発進案を吟味することにしよう。

表6-3　主要工業国のGDP成長率

（単位：％）

	1972〜77年平均	1975	1976	1977
フランス	3.4	0.7	5.4	3.0
イタリア	2.8	−3.5	5.6	2.0
ドイツ	2.2	−2.6	5.6	2.7
イギリス	0.3	−1.6	2.6	0.2
アメリカ	2.7	−1.0	5.8	4.7
日　本	4.7	2.4	6.0	6.0

（出所）OECD（AN, 5AG3/2649. Direction de Prévision）.

第二報告によると[59]、経済通貨同盟の創設にはプラグマティックで漸進的な方法をとる。すなわち、全期間を五年とする全体の「行動計画」を立て、その枠組みのなかで毎年、前年の成果を検証したのちに当該年度の行動計画を策定するという方法をとる。全体の行動計画には、「収斂」、「単一市場」、「産業構造問題および社会問題」の三つの目標が設けられているが、そのなかで最重要目標とされているのは「収斂」である。

「収斂」は次のように定義されている。「加盟諸国が経済政策の諸目標の優先順位について共通の理解をもつこと、そして、とくに反インフレ闘争を、社会正義、競争力および雇用確保のために最優先すること」。ここでは物価の安定が最優先の課題とされており、雇用は物価安定の結果として実現するという論理構成になっている。つまり、ドイツを除く欧州諸国の多くが戦後に重視してきた雇用は、独立変数ではなく物価の従属変数として扱われている。こうした政策目標の優先順位は一九七六年の秋からフランスで実施されていたバール・プランと同じであり、明らかに新自由主義の影響が認められる。(60)欧州委員会がこのような内容の報告を欧州首脳理事会で行い、各国の首脳から異論が出なかったということは、新自由主義が共同体内の共通の政策理念として事実上受け入れられていたことを意味する。(61)

そこで問題になるのは域内諸国の物価をいかにして安定させるかである。それは三つの方法で実現されることになっている。

第一は「経済政策の協調」(coordination des politiques monétaires) に実質をもたせることであり、そのために各国における政策の質的・量的目標の設定とその達成度を、年間をつうじて「より体系的に、より規則的に検証する」ことである。それが具体的に何を意味するかについては、オルトリが一九七八年一月一〇日の中央銀行総裁委員会で立ち入った説明を行っている。通貨政策に限定されてはいるが、従来の方法との違いが明確に語られている。

通貨政策における協調の現状を、閣僚理事会においても(そこでは、年次報告を採択する際に議論がなされるものの議論は政策の質的な側面に限定されている)、同じく中央銀行総裁委員会においても(ここでは、各国の通貨目標についても、また各国の目標相互間の整合性および各国の目標と〔共同体の〕共同の最終目標との整合性についても、議論がなされるのは稀であった)、打開する必要があります。欧州委員会は〔第二報告において〕通貨成長の目標値を幅のある予測値のかたちで設定し公表する、という考え方を提示しました。とはいえ、欧州委員会はこれを厳格に推し進めようとしているわけではありません。どちらかというと、通貨政策の協調のための適切な方法について議論することを問題にしています。しかし、通貨政策を策定する際に、各国間で政策の突き合せが行われること、またインフレ〔率〕の違いを縮小するという〔共同体の〕一般的目標と突き合せが行われることに、大いにこだわっています。……

各国の政策協調は共同体が必要としている水準には達していません。協調は二つの困難に直面しています。第一に、協調をめぐる問題は何であれ九カ国の守備範囲を超えている、と見る傾向があります……。第二に、共同体における協調の仕組みがひどく旧態依然としており、また世論の視線を浴びながら行われるために、作業がかなり貧弱です。かくて、たとえば（九カ国で議論する前に欧州委員会と加盟諸国という）二者間で、あるいはかぎられた国家グループの内部で、率直な対話を行うようにする必要があります。[62]（傍点は引用者）

以上のオルトリの説明からは、仏独経済協議にならい、少数の国家間で衆目を気にしなくてすむ率直な経済政策協議を重ねることによって、協調を実質あるものにする、というのが欧州委員会の考え方であったことがわかる。

物価を安定させる第二の方法は欧州為替制度の再編成である。第二報告によると、「スネイクは広大な欧州為替圏内における安定の本質的要素としてとどまる」ことになっている。つまり、現行のスネイクが制度の基軸に据えられている。一方、スネイク外諸国の通貨については、新たに一定の規律――報告で用いられている用語では「行動基準」（normes d'action）――が課せられることになっている。したがって、規律の厳格なスネイクのまわりに規律の緩いスネイク外諸国の通貨が配置されるという、先のドイゼンベルグ案と同じ二重の構造をもつ制度が想定されていたことになる。

最後の第三の方法は、共同体の域内および各国内における不均衡の是正である。不均衡の是正は、共同体が独自に地域政策、社会政策、産業政策、エネルギー政策を推進することによって実現される。これらの政策を効果的に実施しようとすれば共同体の財政支出が増える。このため第二報告は五年間に共同体の財源の拡大を図るとしている。

　ちなみに、第三報告でも重点は経済の収斂におかれている[63]。とくに注目されるのは通貨政策と財政政策に関する部分である。通貨政策については次の二つの提案がなされている。(1)一方の欧州委員会と他方の通貨委員会および中央銀行総裁委員会との関係を強化することによって、欧州委員会が各国の通貨当局と直接接触できるようにする。(2)「共同体の諸制度の共同変動相場機構〔スネイク〕へのより直接的な参加」を可能にする。表現が婉曲でわかりにくいが、中央銀行総裁委員会とスネイク諸国の会合に欧州委員会の代表が正規の構成員として参加するという意味である。つまり、欧州委員会が直接的なかたちで通貨政策の協調の実現に責任を負えるように制度を改変するというのである。一方、予算政策に関する提案は、通貨政策にたいする以上に踏み込んだ内容のものになっていた。すなわち、財政収支の黒字の使途と赤字の補填方法について数値目標を設定し、マネー・サプライの管理＝抑制を財政面から行えるようにするという。

不調に終わったジェンキンズ案

　共同体の専門委員会とその作業委員会が一致して指摘していたように、ジェンキンズ案は先のドイゼンベルグ案と基本的に重なっている。なぜなら、この欧州委員会案は結局のところ次の二項目に集約できるからである。第一に、現状のままのスネイクを制度の中心に据える。第二に、スネイク外諸国の通貨にも一定の規律の網を被せる。ただしそれは、域内諸国間の政策協議をつうじてスネイク外諸国に反インフレ政策の実施を促すという方法で行う。ドイゼンベルグ案との違いは、経済政策の協調に実質をもたせるために欧州委員会の主導で政策目標や基準を設定し、その達成状況を定期的に検証する制度を設けるとしている点にある。

　かくてジェンキンズ案には、ドイゼンベルグ案にたいするのと同様の批判が向けられることになった。

　なかでも有力な批判の一つは、域内諸国相互間および欧州委員会と域内諸国のあいだで協議を行うだけでは経済政策の協調は実現できないというものである。この批判はとくにドイツによってなされた。一九七七年一一月二一日の欧州閣僚理事会で、ドイツの財務大臣アーペルは、共同体に政策決定のための機構がない現状では政策協調は困難であるとし、「新たな介入装置」[64]の創設を提案している。ジェンキンズ案はドイゼンベルグ案と同じく、制度として不完全だというのである。

もう一つの批判は、イタリア、イギリス、フランスの三国がスネイクから離脱したのは自国の経済政策をドイツの政策に合わせられなかったからであり、目標や基準を設定することそれ自体に現実的意味がないというものである。これは主にフランスから発せられた批判である。一九七七年一一月二八日、国庫局長ラロジエールは、フランス政府内に設けられた省間委員会でとくに基準の設定を問題にしている。彼によると、経済状況が各国間で大きく異なっているうえに、経済の現状にたいする診断が一致していない状況のもとでは、共通の基準を設定するのは「時期尚早」であり「危険」[65]ですらある。一九七八年二月八日にも、欧州委員会の第三報告への対応をめぐって省間委員会が開かれている。この日の会合の結論は前回にもまして慎重であった。会議記録にはこう記されている――「共同体加盟諸国の政策協調の強化に向けた道を進むのはよいが、わが国の通貨政策の主権が侵されることがあってはならないし、またこの協調が為替市場の本来の機能を妨げるものであってもならない」[66]。欧州委員会が各国の通貨政策および為替政策に積極的に関与しようとしているのにたいして、フランス政府の実務当局者たちが警戒心を強めていたことがうかがえる。

ドイツ、フランス以外の諸国の姿勢も、オランダを別にすれば、一様に慎重であった。とくに第三報告にたいする各国の反応は、通貨委員会においても中央銀行総裁委員会においても冷ややかであった。欧州委員会の代表が中央銀行総裁委員会やスネイク諸国の会合に常時出席することに賛成した国は皆無であった[67]。かくて、ドイゼンベルグ案を継承したジェンキンズ案も不調に終わったのである。このことは、従来のスネイクを温存し、新たにスネイク外諸国の通貨に規律を課すという方法では経済通貨同盟を再発進できないことを意味する。このためジェンキンズ案をめぐる議論は各国の関心を再び欧州為替制度そのものに引き戻すことになる。

スネイク改革問題

こうして一九七八年五月一一～一二日の通貨委員会では議論の大半が欧州為替制度問題に割かれることになった。その結果、問題の解決には三つのシナリオのあることが鮮明になった。第一はドイツの描くシナリオで、フロート中の通貨が無条件でスネイクに復帰することである。ドイツはこの時点でも「いっさいの現実主義に反対する」姿勢を崩しておらず、唯一示した譲歩も、スネイクに復帰する意志を表明した国にたいして「試験期間だけ拡大変動幅を適用する」[68]というものにとどまっていた。第二は欧州委員会の描くシナリオで、すでに紹介したドイゼンベルグ／ジェンキンズ案の実施である。欧州委員会はすべての国が折り合えるのはこのシナリオ以外にないとして、その有効性を主張した。第三はフランスが拠ろうとするシナリオで、通貨バスケット（ＵＣＭＥ）の創設を含む先のフルカード案にもとづく制度の抜本的改革である。

この通貨委員会の直後に、国庫局長ラロジエールが首相兼財務大臣バールのために覚書[69]を作成している。フランスが五月二二日の欧州閣僚理事会でとるべき立場について大臣に助言するためであった。ラロジエールは三つのシナリオを分析し、最初の二つは受け入れられないとしている。まず第一のシナリオは、フランスがスネイクにとどまるのに二度失敗しているうえに、「依然としてフランス国内では、賃金経費、物価、通貨発行および対外均衡が〔好ましくない方向に〕変化するなかで、緊張がつづいている」からである。第二のシナリオも、第一のシナリオほどではないものの「危険である」。なぜなら、為替関係の安定に向けた実効性ある措置が何も用意されていないために、投機に「武器をあたえる」[70]ことになり、遅かれ早かれ第一のシナリオと同じ結果になると見られるからである。

ラロジエールはバールにたいして、欧州閣僚理事会では、自らが「第三の道」と呼ぶ第三のシナリオを強く主張するよう進言している。「大臣たちが専門委員の作業を第三の方式の方に向けなければ、この方式が五月二二日の欧州閣僚理事会ならびに七月六日の欧州首脳理事会で勝利する可能性はなくなるでしょう。そうなれば欧州首脳理事会は行き詰まり、第一のシナリオに落ち着く恐れがあります」[71]。フランスの主張する第三のシナリオ以外に経済通貨同盟を再発進させる道はなく、それに失敗すれば現状が継続し、経済通貨同盟への道は閉ざされたままになるというのである。

しかしこの第三の道にたいしては、ドイツ、なかでもブンデスバンクの強い抵抗が予想された。当時のブンデスバンクの国際通貨および欧州通貨問題にたいする姿勢については、連邦財務次官からブンデスバンクの副総裁に転じ、次いで総裁に就任したペールが後年（一九八四年一二月）明快に説明している。

ブンデスバンクはＥＭＳの創設をきわめて冷ややかに迎えました。この態度は、一部は新しい機構〔ＥＭＳ〕が誕生する前の状況によるものです。それに、ブレトンウッズ制度の最後の時期の経験が固定為替相場制を再度経験することへの情熱を冷ましていました。実際、所与の為替相場を防衛するとなれば、法律がブンデスバンクに委ねた任務、すなわちドイツ連邦における通貨の安定維持という任務〔の遂行〕は容易でなくなります。自律的な安定政策を実施するための前提条件が整い、ドイツ連邦が世界のインフレ傾向から大きく離れることができたのは、一九七三年の変動相場制移行以後のことです。それに、変動相場制はアメリカの金利からのドイツの金利の「減結合」（découplage）の前提条件でしたし、現在もそうです。ともあれ、この制度に固有の、為替相場の「過剰反応」傾向から生じる多くの問題があったにもかかわらず、変動相場制の大いなる柔軟性のおかげで、われわれを見舞ったさまざまな嵐や危機を乗り越えることができました。変動相場制のおかげで、財貨やサーヴィスの自由流通が維持できましたし、高度に統合された国際金融制度も発展しました。別の結果としては、ブンデスバンクは成功裏に安定政策を遂行することができました……。[72]（傍点は引用者）

当時のブンデスバンクは、安定政策という連邦銀行法に規定された任務の遂行には変動相場制が最適であり、固定相場制への復帰は、ＥＭＳのような欧州に限定された制度であっても任務遂行の妨げになると考えていたのである。ブンデスバンクにとっては、スネイクがミニ・スネイクに縮小してしまっていても現状維持が最良の選択であった。いわば国内政策を優先するために、ドイツの中央銀行はマルクと欧州の弱い諸通貨との関係を強化することに否定的だったのである。

ところで、このようなブンデスバンクの姿勢は欧州諸国にとって周知のことであった。それゆえ、第三の道を実現可能にするには政治を動かすしかなかった。ラロジエールがバールに欧州閣僚理事会で第三の道を強く主張するよう進言したのはこのためであった。しかし国庫局長の進言は実際には必要なかった。独仏首脳間の秘密協議は、この時すでに、ドイツ側が用意したフルカード案に着想を得た「よくできた草案」[73]にもとづいて始まっていたからである。

2　欧州委員会「一九七八年夏に向けた共同体の経済戦略」への批判的対応

一九七八年四月から六月にかけて、すなわちＥＭＳの創設に向けた仏独秘密協議とまさに併行して、仏独の連携は欧州委員会が推進しようとした景気浮揚政策への対応をめぐっていちだんと緊密の度を増す。

先に指摘したように、一九七六年からのドル安を背景に、欧州諸国は景気後退に見舞われていた。前出表６‐３に明らかなように、共同体全体のＧＤＰ成長率はアメリカと日本を大きく下回っていた。欧州委員会は一九七七年一〇月の時点で次年度のＧＤＰ成長率の目標を四〜四・五パーセントとしていたが、早くもその年の年末には二・五〜三

表6-4　欧州委員会「1978年夏に向けた共同体の経済戦略」における GDP 成長率予測

（単位：%）

	1977年の実績	1978年の予測	1979年の予測	1979年半ばの目標	1979年半ばの予測（協調景気浮揚を実施しない場合）
ドイツ	2.6	2.7	2.5	4.5～5.0	2.2
フランス	3.0	2.9	3.8	4.5～5.0	3.8
ベルギー	2.0	2.6	3.1	4.5～5.0	2.9
ルクセンブルグ	1.1	1.8	2.6		
オランダ	2.7	2.3	2.3	4.5～5.0	2.3
デンマーク	1.2	1.1	2.2	3.5～4.0	2.5
イタリア	1.7	2.0	3.4	4.0～4.5	3.2
イギリス	0.6	2.7	3.0	3.5～4.0	2.3
アイルランド	5.6	6.0	4.0	5.0～6.0	4.0
共同体全体	2.2	2.6	3.0	4.5	2.7

（出所）AN, 5AG3/2698. Note pour le Président de la République, par J.-P. Ruault, 3 juillet 1978. Relance européenne concertée.

パーセントへと目標の大幅な下方修正を迫られる。そして、雇用情勢の悪化と社会的緊張の高まりを危惧するようになる。危機意識をつのらせた欧州委員会は、一九七八年四月七～八日に開催された欧州首脳理事会コペンハーゲン会議で、同理事会から景気浮揚政策に取り組むことについて了承をとりつけた。

欧州委員会による取組みの結果は「一九七八年夏に向けた共同体の経済戦略」と題する資料にまとめられた。この覚書は一九七八年五月一六日の調整委員会に諮られたあと、同年五月二二日の欧州閣僚理事会に提出された。欧州委員会が立案した経済戦略は、一九七八年七月から一九七九年六月までの一年間に、欧州諸国が協調して財政出動を行い、共同体の成長率を四・五パーセントに引き上げるというものである（表6-4を参照）。それはOECD諸国がアメリカの圧力をうけて進めようとしていた同種の計画と連携していた[74]。実際、欧州委員会案では、OECDにおける議論をふまえ、財政に比較的余裕のあるドイツに牽引力になることがもとめられていた。五月に内示された計画では、他の欧州諸国には特段の財政努力をもとめなかったのにたいして、ドイツにだけはGDPの一パーセントに相当する財政出動をもとめていた[75]。

この欧州委員会案にはドイツが強く抵抗した。五月と六月に開かれた実務者会議はもとより、欧州閣僚理事会においても、ドイツの対応は否定的であった。連邦財務大臣ハンス・マットヘッファーは、現政府にはそうした政策が政治的に見て実施不能なだけでなく、数値目標は「幻想を抱かせることになり、危険である」[76]とまで言いきっている。

このようなドイツの否定的対応をどう理解すべきか。フランスでは首相兼財務大臣バールの顧問ルルーが、ドイツ政府とその周辺から漏れてくる情報にもとづいてドイツの対応を分析している[77]。ルルーによると、ドイツの公式の説明には説得力がない。ドイツの対応には二つの「深い動機」が考えられる。第一に、ドイツの政策当局者たちは景気後退を「構造現象」と見ている[78]。彼らは、景気後退の原因はかなり以前からドイツの工業に生じていた「収益性の低下」にあり、この構造問題を解決できるのは「国家の介入ではなく市場だけである」と見ている。また「本質的に輸出志向のこの国の経済を純粋に国内的措置によって浮揚することはできない」と見ている。第二に、ドイツではその水準がどうであれインフレは「絶対的な悪」と見なされている。ドイツの当局者たちによると、内需を拡大したところで、それは「つかのまの輝き」(feu de paille)に終わってしまい、景気浮揚が持続的成長の呼び水になる可能性は少ない。ドイツが西側経済の回復のためになすべきは、財政出動ではなく「物価安定への寄与」である。

では、欧州委員会の提案する協調行動は欧州諸国にどのような結果をもたらすであろうか。ルルーによると、この点に関するドイツの見方は次のようになる。

> 協調的成長支持戦略は、工業諸国に重くのしかかっている各種の制約を取り除くことはできるものの、危機からの脱出は保障してくれない。
>
> ケインズ主義的タイプの行動だけでは、一九六〇年代中葉以降に生まれたものの、インフレと借金によって長らく隠蔽されてきた構造的諸問題——生産施設の効率性の消滅と所得分配をめぐる緊張の増大——を解決するこ

とはできない。……それは現在の生産装置を補修して固定化し、必要とされる集積、〔進化への〕適応および構造再編を遅らせる危険がある。[79]（傍点は引用者）

ルルーの覚書は同じ七月一日付で大統領顧問リュオーに送られた。その二日後の七月三日に、リュオーが今度は大統領ジスカールデスタンのために覚書を作成している。そのなかでリュオーは、ルルーの分析をそっくりフランスにあてはめ、フランスがこの問題でとるべき立場について論じている。それは欧州首脳理事会ブレーメン会議直前におけるフランスの政権中枢による不況の診断と見ることができる。そこで長文ではあるが以下に引用しよう。

調整が完了していない諸国では、成長の促進は物価および賃金の緊張を拡大します。これは明らかにイタリアとイギリスにあてはまりますが、フランスにもあてはまります。……〔欧州委員会の〕協調戦略を危機への適切な対応と考えるような幻想にとらわれてはなりません。「危機」からの脱出は、わが国の生産施設、わが国の行動様式《コンポルトマン》、わが国の慣行の〔進化への〕根本的適応によってはじめて可能になるでしょう。

成長の促進が変化を促進してくれるなどということを、私は信じません。それはむしろ、われわれが持続的な急成長という「祝福された時代《タン・ベニ》」に戻ったかのような錯覚に陥らせる恐れがあるように思われます。それはようやく始まった構造転換を停止させ、われわれが立ち向かわねばならない真の諸問題、すなわちより効率的な労働編成の導入、既存施設の収益率の向上、産業のより健全な金融、等々を隠蔽してしまうでしょう。

それに、われわれはすぐに幻想から覚めることになるでしょう。一九七五～七六年の経験によれば、経済の根本的健全化がなされぬかぎり、ケインズ主義的景気浮揚が持続的成長に行き着くことはありません。同じく、景気浮揚戦略は結局、危機への本当の意味での対応を遅らせることにしかならない「成長の突発」（bouffée de croissance）に行き着くだけであるように、私には思われます。

それに、政治面から言いますと、この戦略を実行すれば必ずあとになって（すなわち〔大統領選挙前夜の〕一九八〇年の初頭ころに）失敗であったことが判明するでしょう。(80)（傍点は引用者）

リュオーは覚書の最後で、①共同体としての目標成長率の水準を下げることと、②協調行動を行った場合に生じる成長の増分は経済構造の転換促進に利用すること、の二つの方針のもとに大統領が対応するよう進言している。フランスの大統領顧問と首相兼財務大臣顧問の覚書からは、仏独両首脳間で秘密協議が行われていたまさにその時に、景気後退の診断と採用すべき政策の方向性をめぐって、フランスの政権中枢が新自由主義の国ドイツと認識を完全に共有するにいたっていたことがうかがえる。

小　括

第一次石油危機と固定相場制崩壊後の厳しい現実を前に、欧州諸国は理念や原則を前面に掲げた論争を控え、現実主義に転じた。ドイツは経済通貨同盟の制度問題に執着することをやめた。フランスは、固定相場制への早期復帰を断念して変動相場制の容認に踏み切り、さらに欧州統合と国家主権の関係については、「共同体加盟諸国による主権の共同行使」という一歩引いた考え方に拠ろうとした。

こうして新たな現実の基礎上に、経済通貨同盟を軸に欧州統合を前進させるための枠組みづくりが始まる。フランスのフルカード案、ベルギーのテンデマンス報告、オランダのドイゼンベルグ案と、一九七四年以降に各国から相次いで提出された改革案は、いずれも、自国の原則的立場の延長上に新たな枠組みを構築しようとするこころみであった。しかしすべての国が一致して認めていたように、いかなる妥協の枠組みも経済政策の協調が進まないかぎり本来の役割は果たせない。経済通貨同盟の行く手に立ちはだかるこの最大の難題にも、一九七六年秋から解決の可能性が開けてくる。フランスがケインズ主義と訣別し、新自由主義へと大きく舵を切ったからである。かくて年来の仏独対立の構図に大きな変化が生じる。本章第3節の最後に引用したフランスの大統領顧問と首相兼財務大臣顧問の手になる二編の覚書は、そのことを見事なまでに示している。

とはいえ、一九七六年以降に進んだ仏独の経済政策における協調はあくまでも理念レヴェルのものであり、経済の実態にはなお大きな隔たりがあった。それを総括的に示すのがインフレ率の違いである。表6－5が示すように、フランスのインフレ率は一九七三〜七七年が一〇・三五パーセント、一九七八〜八二年が一一・七一パーセントだったのにたいして、ドイツはそれぞれ五・五八パーセント、四・七五パーセントであった(81)。それゆえ、制度の要にパリティー・グリッド方式が据えられ、参加諸国に厳しい経済政策上の規律がもとめられるスネイクへの復帰は、フランスにとって依然として困難であった。フランス以上にインフレ率の高いイタリア、イギリスにいたっては絶望的でさえあった。欧州委員会が一九七七年の年末に、スネイク外諸国に一定の規律の網を被せるものの介入義務は課さないという折衷的な改革案（ジェンキンズ案）を提案したのは、まさにこうした現実を反映するものであった。この改革案も制度としての不完全さと、各国が経済政策への欧州委員会の関与を嫌ったことから不調に終わり、あとには、非現実的であるとして除けられていたフルカード案しか残らなかった。

表6－5　年平均インフレ率（1968〜82年）

（単位：％）

	1968〜72	1973〜77	1978〜82
ドイツ	3.47	5.58	4.75
フランス	5.52	10.35	11.71
ベルギー	4.00	9.75	6.25
オランダ	6.02	8.61	5.48
デンマーク	6.24	10.81	10.75
イタリア	3.89	16.17	16.40
イギリス	6.59	16.30	11.96
アイルランド	7.57	16.09	15.21

（出所）　Deutsche Bundesbank, *Fifty Years of the Deutsche Mark. Central Bank and the Currency in Germany since 1948,* Oxford/New York, 1999, p. 761.

フルカード案では、共同体の全加盟諸国の通貨から合成される通貨バスケットを導入し、パリティー・グリッド方式は廃止されることになっていた。したがってそれは、一方ですべての加盟国が対等な資格で参加することを可能にし、他方で、スネイクほど厳しいものではなかったとはいえ参加国に規律ある経済政策をもとめる、完成度の高い制度であった。しかし最後に残ったフルカード案にも、マルクの信認低下を恐れるあまり、欧州諸通貨との結合関係の強化に否定的なドイツの世論とブンデスバンクが大きな壁として立ちはだかっていた。物価と通貨の安定にたいする両者の執着は「原理主義的」と呼べるほど強固であり、ドイツ政府もこの壁を崩すことは困難とみられていた。

ところで経済通貨同盟の再発進は急ぐ必要があった。まず、スネイクにとどまっていた小国の苦境が限界に近づきつつあった。これらの国の貿易は四〇～四五パーセントが対ドイツ貿易で占められていたものの、それを上回る五五～六〇パーセントの大半がドル、ポンド、フラン、リラという相場を下げつづける諸通貨で決済されていたからである。このため一九七六年以降、ミニ・スネイクの内部では小国の困難を緩和するための平価調整が頻繁に行われるようになっていた。次に、共同市場なかでも農業共同市場に生じた問題も放置するわけにいかなかった。通貨調整金制度（ＭＣＭ）は共通農業政策に大きな歪みをもたらしただけでなく、共同体の財政負担を増加させていたからである。さらにまた、遅れて共同体に参加したイギリスは「再交渉」を要求しており、自らの利害や考え方に沿った共同体の改変を目論んでいた。かくて経済通貨同盟の再発進が遅れれば遅れるほど、欧州大陸の六カ国によって基礎を据えられた共同体は求心力を失い分解に向かう可能性があった。

一方、欧州全体に目を転じると、欧州経済は一九七六年以降不況を呈していた。しかもこの不況については、市場機能の強化を内容とする「構造調整」ないしは「構造改革」によってしか克服できないとする分析も、仏独の政策当局者たちによって共有されていた。

かくて一九七八年春の時点に立って見るなら、共同体は次の三つの課題に直面していたことになる。⑴通貨協力制度の改革へのブンデスバンクの抵抗を封じること。⑵共同体の求心力を回復すること。⑶経済の「構造調整」に欧州全体として取り組むこと。一九七八年七月、仏独首脳の秘密協議を経てＥＭＳの創設が欧州首脳理事会に提案されるが、この新たな通貨協力制度こそこれら三つの課題に同時に応えるものであった。

注

（1）François-Xavier Ortoli, «Intérêts nationaux et nécessité communautaire», in *Traité de Rome. 25e Anniversaire, 1957–1982*, Direction des Journaux officiels, mars 1982, p. 4.

（2）CAEF, Z14292. Commissariat général du Plan. Vers le VIIe Plan, janvier 1973.

（3）この事実は、先に見たマランボーの覚書、後段で紹介するラロジエールの覚書、さらに国会を通過した第七次プランの総括報告（*7e Plan de développement économique et social 1976-1980*, p. 12.）によって確認できる。

（4）ロバンの分析によると、イギリスの要求の行き着くところは「欧州防衛共同体」の二の舞である。彼は大統領に宛てた覚書にこう記している――「イギリス流の完璧な欧州像というのは、欧州防衛共同体の失敗のあとにイギリスによって計画された西欧同盟（Union de l'Europe occidentale）です。……『再交渉』をするなら、フランス流の共同体をイギリス流の共同体に代えることになるに違いありません」（AN, 5AG3/921. Note, par Gabriel Robin, 21 janvier 1975. Réflexions sur la «re-négociation».）。

（5）こうしたイギリスの不満については、第７章第３節４で立ち戻る。

（6）CAEF, B50483. Préparation de la réunion des Chefs de gouvernement des Etats membres de la Communauté. Note pour le Ministre, 29 novembre 1974.

（7）*Idem.*

（8）AN, 5AG3/2697. Note pour le Ministre. Réflexion sur l'avenir de l'Union économique et monétaire, par Jacques de Larosière, 2 juillet 1975. 以下、この覚書に関連する引用は、とくに断りのないかぎり、すべてこの史料から行う。

（9）AN, 5AG3/2697. Rapport du groupe de réflexion «Union économique et monétaire 1980», Bruxelles, mars 1975.

(10) *Idem.*

(11) AN, 5AG3 /2697. L'avenir monétaire de l'Europe (note de Mathounet), s. d.

(12) AN, 5AG3/923. Note pour le Président de la République, par Gabriel Robin, 5 mars 1976.

(13) *Idem.*

(14) *Idem.*

(15) AN, 5AG3/921. Extait du relevé de décisions du Conseil des Ministres du 18 mars 1976. Partie «C».

(16) AN, 5AG3/923. Note pour le Président de la République, par Gabriel Robin, 19 mars 1976. Origines du Rapport Tindemans.

(17) *Idem.*

(18) *Idem.*

(19) AN, 5AG3/921. Ministère de la Coopération. Compte rendu de la réunion de l'ancien Comité d'Action pour les Etats-Unis d'Europe, tenue à Bruxelles le 18 octobre 1975.

(20) AN, 5AG3/921. Le secrétaire d'Etat auprès de l'Agriculture. Note, par J. F. D., 20 octobre 1975.

(21) AN, 5AG3/923. Ministère des Affaires étrangères. Note, 3 mars 1976. Propos du Chancelier Schmidt sur l'Europe: Entretien accordé le 23 octobre 1975 aux journalistes allemands accrédités auprès des Communautés.–Non publié.

(22) *Idem.*

(23) *Idem.*

(24) "European Union. Report by Mr. Leo Tindemans, Prime Minister of Belgium, to the European Council", in *Bulletin of the European Communities*, Supplement 1/76, 36 p.

(25) AN, 5AG3/923. Note pour le Président de la République, par Gabriel Robin, 5 mars 1976.

(26) Rapport des Ministres des Affaires étrangères au Conseil européen et relatif au rapport de M. Tindemans concernant l'Union européenne. Cf. AN, 5AG3/923. Ministère des Affaires étrangères. Conseiller technique. Note, 24 novembre 1976.

(27) AN, 5AG3/923. Note pour le Président de la République, par Gabriel Robin, 26 novembre 1976.

（28）　ABF, 1489200205/276. Compte rendu détaillé des discussions intervenues au Comité monétaire le 10 septembre 1976. オルトの書簡を分析したフランス銀行外事局も、書簡には「競争的通貨切下げにたいする懸念がライトモチーフのようにくり返し現れる」と記している。ABF, 1489200205/276. DGSE. Quelques considérations sur les propositions Oort-Duisenberg, 6 septembre 1976.

（29）　*Idem.*

（30）　ABF, 1489200205/276. Compte rendu détaillé des discussions intervenues au Comité monétaire le 10 septembre 1976.

（31）　ABF, 1489200205/276. Commission des Communautés européennes. Action économique et monétaire, 25 mars 1976.（Communication au Conseil européen des 1er et 2 avril 1976 à Luxembourg）.

（32）　ABF, 1489200205/276. Compte rendu détaillé des discussions intervenues au sein du Comité monétaire du 10 septembre 1976; *id.*, 1489200205/203. Compte rendu du Comité monétaire, 10 septembre 1976.

（33）　ABF, 1489200205/276. DGSE. Quelques considérations sur les propositions Oort-Duisenberg, 6 septembre 1976.

（34）　ABF, 1489200205/203. Compte rendu du Comité monétaire, 10 septembre 1976; *id.*, 1489200205/347. Note pour le Ministre, par Jacques de Larosière, 1er février 1977. ラロジエールの前任のピエール＝ブロソレットが国庫局長の地位にあった一九七三年一〇月までは、通貨委員会におけるフランス代表は国庫局長であった。しかしラロジエールが国庫局長に就任して以降は、国庫局国際部長が通貨委員会におけるフランス代表を務めることになる。ただし、財務大臣のために作成される通貨委員会の会議記録は、その後も一般に国庫局長名で作成されていた。

（35）　ABF, 1489200205/203. Compte rendu du Comité monétaire, le 22 février 1977.

（36）　*Idem.*

（37）　ABF, 1489200205/203. Compte rendu du Comité monétaire du 10 septembre 1976.

（38）　CAEF, B54757. Note pour le Président de la République. Compte rendu de la réunion des ministres des Finances du 15 septembre 1976.

（39）　*Idem.*

（40）　ABF, 1489200205/276. Procès-verbal du Comité des Gouverneurs, 14 décembre 1976.

(41) CAEF, B62105. Note d'information, 4 octobre 1973. Quelques vues allemandes sur les problèmes monétaires internationaux.

(42) CAEF, B50483. Note pour le Ministre, par Jacques de Larosière, 6 décembre 1974.

(43) ただしこれは、フランスの政府と中央銀行がマネタリズムを受け入れたことを意味するものでは必ずしもなかった。バールに協力したフランス銀行総裁クラピエは、一九七六年に、通貨目標値について次のように述べている。「通貨の創造は大半がインフレの反映であり、インフレの原因であるよりもむしろ結果である。とはいえ、通貨がインフレにともなって際限なく創造されるなら、それはインフレの拡大を助長することになる」(Cit. par Didier Bruneel, *La Monnaie*, Paris, 1992, p. 277.)。したがってそれは、クラピエ自身が言うように「控えめなマネタリズム」とも呼ぶべきものであった(ABF, 1489200205/276. Procès-verbal du Comité des Gouverneurs, 10 mai 1977.)。

(44) AN, 5AG3/937. Coordination économique franco-allemande. Compte rendu de la réunion du 13 janvier 1978.

(45) ABF, 1489200205/273. De Giscard d'Estaing aux ministres des Finances des pays membres de la CEE et au Président de la Commission de la CEE, 31 août 1972.

(46) 一九七〇年四月七日、ヴェルネル委員会の初会合の折に、中央銀行総裁委員会委員長アンショーは共同体で行われる経済政策の調整は共同体諸国の国内で大きな重みをもつと述べ、次のようなエピソードを紹介している。「過日、わが国の財務大臣が私に、共同体で予算政策を決められるようになれば、自分にとって国会および世論対策がとても楽になるのだけれどもと語った」(CAEF, B62129. Verbatim d'intervention d'Ansiaux et de Clappier. Réunion du Groupe *ad hoc* «Plan par étapes» du 7 avril 1970, Bruxelles, 10 avril 1970.)。

(47) ABF, 1397199801/47. Procès-verbal du Comité des Gouverneurs, 18 octobre 1972.

(48) 本書、二三七～二三九頁、を参照。

(49) ABF, 1489200205/273. Compte rendu de la réunion des Suppléants du Comité monétaire, tenue le 4 octobre 1972. Note pour le Ministre, 6 octobre 1972.

(50) ABF, 1397199801/47. Procès-verbal du Comité des Gouverneurs, 18 octobre 1972.

(51) この小委員会は一九七一年三月に設置が決定されていたが、発足したのは一九七三年三月であった。ABF, 1489200205/

244. Comité de Gouverneurs. Rapport sur les conditions d'évolution de la masse monétaire dans les Etats membres de la CEE, 9 mai 1973.

（52）　一九七六年五月二五日の通貨委員会で、ドイツ連邦財務省次官ペールはドイツにおける通貨目標値の公表についてこう説明している。「これらの基準値《ノルム》の設定はとくに社会パートナーたちにたいする抑制効果を狙ったものです。決定的なことは基準値が公表されたことにあります。それは『政策への支援』です。しかし、その枠組みは心理的効果しかもたないはずです」（ABF, 1489200205/276. Compte rendu du Comité monétaire, 25 mai 1976.）。

（53）　ABF, 1489200205/203. Compte rendu du Comité monétaire, 19 octobre 1976.

（54）　CAEE, B50484. Résolution adoptée le 8 novembre 1976 par le Conseil des Ministres.

（55）　ABF, 1489200205/256. Premier Ministre. Comité interministériel. Secrétariat général. Réunion tenue à ce Secrétariat général le 8 février 1978.

（56）　ABF, 1489200205/203. Réunion du Comité monétaire le 26 janvier 1978; *idem*., 1489200205/256. Premier Ministre. Comité interministériel. Secrétariat général. Réunion tenue à ce Secrétariat général le 8 févirier 1978.

（57）　ABF, 1489200205/256. DGSE. Réflexions préliminaires sur la communication de la Commission relatives aux «Perspectives d'union économique et monétaire», 9 mars 1978.

（58）　ABF, 1489200205/256. Commission des Communautés européennes. Communication sur les perspectives d'union économique et monétaire（Conseil européen, les 5 et 6 décembre 1977, à Bruxelles）, 17 novembre 1977.

（59）　以下、第二報告に関する引用は、とくに断りのないかぎり *idem*. より行う。

（60）　バール・プランと新自由主義の関係については、本書第5章、を参照。

（61）　厳密に言えば、そうした状況は欧州石炭鉄鋼共同体の発足の当初から認められる。石山幸彦「ヨーロッパ石炭鉄鋼共同体における新自由主義（一九五三～六二年）――リュエフの経済思想と石炭鉄鋼共同体」権上編『新自由主義と戦後資本主義（前掲書）』所収、および同書、四一二～四一三頁、を参照。

（62）　ABF, 1489200205/256. Procès-verbal du Comité des Gouverneurs, 10 février 1978.

（63）　以下、第三報告に関する記述と引用は以下の史料から行う。ABF, 1489200205/256. Commission des Communautés européennes. Programme d'action 1978 (Communication de la Commission au Conseil), 10 février 1978.

(64) ABF, 1489200205/256. Premier Ministre. Comité interministériel. Note, 29 novembre 1977. Les perspectives d'UEM. Communication de la Commission au Conseil.

(65) *Idem*.

(66) ABF, 1489200205/256. Premier Ministre. Comité interministériel. Compte rendu, 13 février 1978. Réunion tenue au Secrétariat général le 8 février 1978.

(67) ABF, 1489200205/256. Premier Ministre. Comité interministériel. Note, 29 novembre 1977. Les perspectives d'UEM. Communication de la Commission au Conseil.

(68) ABF, 1489200205/348. Compte rendu du Comité monétaire des 11 et 12 mai 1978.

(69) ABF, 1489200205/256. Note pour le Ministre, par Jacques de Larosière, s. d. Perspectives de l'union économique et monétaire européenne.

(70) *Idem*.

(71) *Idem*.

(72) ABF, 1489200205/288. Perspectives de développement du système monétaire européen. Discours de Karl Otto Pöhl devant les représentants de l'Association des Caisses d'Epargne de la Communauté le 7 décembre 1984 à Bonn. Extraits de la Revue de Presse de la Bundesbank, 7 décembre 1984.

(73) ジスカールデスタンの個人代表クラピエの音声による証言。Comité pour l'histoire économique et financière. Archives orales de Bernard Clappier, 19 mars 1990. Cassette n° 11.

(74) ＯＥＣＤ諸国の予想成長率は一九七八年下期の四・三パーセントから一九七九年上期には三・四パーセントに下がる可能性があった。ＯＥＣＤはこの成長率を一九七九年半ばの時点で四・五パーセントの水準に引き上げようとしており、欧州と日本に牽引力になることを期待していた。AN, 5AG3/2698. Note pour le Ministre, par P. Cortesse, directeur de la Prévision, 13 juin 1978. Conseil des Ministres des pays de l'OCDE des 14 et 15 juin 1978.

(75) AN, 5AG3/2698. Commission des Communautés européennes. La stratégie économique concertée de la Communauté

pour l'été de 1978.

（76）AN, 5AG3/2698. Documents communautaires, juin 1976.

（77）AN, 5AG3/2698. Le Conseil technique du ministre de l'Economie et des Finances, Le Roux, à J.-P. Ruault, 1er juillet 1978. 以下、ルルー覚書にかかわる引用はすべてこの史料から行う。

（78）このようなドイツ当局者たちの認識が正しかったことは近年の歴史研究によっても確認されている。古内博行『現代ドイツ経済の歴史』東京大学出版会、二〇〇七年、一五三頁以下、を参照。

（79）AN, 5AG3/2698. Le Conseil technique du ministre de l'Economie et des Finances, Le Roux, à J.-P. Ruault, 1er juillet 1978.

（80）AN, 5AG3/2698. Note pour le Président de la République, par J.-P. Ruault, 3 juillet 1978.

（81）Deutsche Bundesbank（ed.）, *Fifty Years of the Deutche Mark. Central Bank and the Currency in Germany since 1948*, Oxford/New York, 1999, p. 761.

第3部　未完に終わった単一通貨への道

一九七九年三月一三日、ＥＭＳ（欧州通貨制度）という通貨協力密度の濃い制度が発足した。この新たな制度のもとで、欧州諸国は「通貨安定圏」（une zone de stabilité monétaire）を旗印に、経済政策および経済構造の収斂と財政・金融面での相互支援の拡充をめざすことになる。欧州には一九九九年に単一通貨ユーロが導入されるが、この歴史上類例のない実験に道を開くことになったのはＥＭＳである。ＥＭＳの創設は、経済統合の深化の歴史を画する数ある事件のなかでひときわ重要な位置を占めている。

ＥＭＳの起源はフランスの大統領ジスカールデスタンとドイツの首相シュミットの秘密協議にある。欧州経済共同体の歴史を見ると、節目ごとに政治が決定的な役割を果たしているが、ＥＭＳの創設も例外ではなかった。もとよりそれは、これまでのところ、欧州統合が主権国家を否定することなく共同の意思決定領域を拡大する過程であったことを考えれば、当然のこととも言える。

こうしたＥＭＳの誕生の秘密は、一九七〇年代末以降における欧州諸国経済の進化が市場経済の予定調和的な展開に一元的に還元できるものではなく、歴史や伝統、精神文化を背景にもつ政治指導者たちの意思と行動の所産でもあったことを物語っている。石油危機と変動相場制がもたらした新しい現実を前に、彼らは自国の経済社会の将来を、またそれと不可分な関係にある世界の経済・通貨秩序の将来を、どのように設計しようとしたのか。彼らがＥＭＳを介して実現しようとした諸課題――一部は相互に重なりあい、一部は相互に対立しあう諸課題――のどの部分が実現しどの部分が実現しなかったのか、何が実現を阻んだのか。彼らのあいだでどのような調整や妥協が図られたのか。これらの論点は、いうまでもなく戦後資本主義世界の大転換と今日の経済社会の誕生をめぐる歴史研究への導きの糸となる。

第三部では、以上のようなＥＭＳをとりまく歴史の大状況と政治指導者たちの主体的行動、そしてそれらから導かれる一連の問題を念頭におきながら、歴史の所産としてのこの制度の創設過程と機能の実態に迫ることにしたい。

第7章　欧州通貨協力制度「EMS」の成立（一九七八年）——政治と経済のはざまで

第1節　ブレーメン・コミュニケ——建設的曖昧さ

1　ブレーメン・コミュニケ

一九七八年七月六〜七日にブレーメンで欧州首脳理事会が開催された。この会議で、シュミットとジスカールデスタンが欧州に「通貨安定圏」を構築するための新たな通貨協力案を提出した。通貨協力案には「通貨安定圏」の定義が示されていなかった。しかし後段で明らかになるように、この用語については、各国のインフレ率をもっとも低い国の水準に近づけることによって共同体の域内に固定相場制を再建し維持するという意味であるとの、暗黙の了解が各国のあいだにあった。九カ国の首脳はこの通貨協力案について意見交換を行い、「このような通貨安定圏の構築はきわめて望ましい目標になると考える(1)」ことで合意した。通貨協力案は、会議の終了後に議長のシュミットが発表したコミュニケに付属文書として添付されている。以下においては、コミュニケの本体と付属文書を合わせて「ブレーメン・コミュニケ」と呼ぶことにする。

ブレーメン・コミュニケの内容をEMSに関係する事項に限定して確認しておこう。それは三つに大別できる。第一は為替機構としてのEMS、いわば狭義のEMSの創設である。この新しい制度は次の四つの条件を満たすことになっている。⑴「スネイクと同等の厳格さ」を有する。⑵通貨バスケット「欧州計算単位」(European Currency Unit：ECU) を「制度の支柱」(le pilier du système) に据える。ECU (エキュ) の定義は、共同体の財政、欧州石炭鉄鋼共同体、欧州投資銀行、欧州開発基金などで用いられている「欧州計算単位」(European Unit of Account：EUA) と同じものとする。⑶EMS参加諸国は「第三国にたいして為替相場政策で協調する」。⑷域内諸国間における経済政策の収斂を進める。以上のうち⑵と⑶は、すでに一九七四年九月に、フランスの財務大臣フルカードが自らのスネイク改革案のなかで提案していたものである。

ブレーメン・コミュニケを構成する第二の要素は「欧州通貨基金」(European Monetary Fund) の創設である。この基金は狭義のEMSの発足後二年以内に創設される。それと同時にEMSは第二段階に移行し、既存のFECOM (欧州通貨協力基金) は欧州通貨基金に吸収される。ただし、各国の中央銀行はEMSの発足時に為替準備 (金およびドル) の二〇パーセントをFECOMに引き渡し、その見返りにECUを受けとる。コミュニケには欧州通貨基金の性格や機能に関する規定がないが、次節で明らかになるようにジスカールデスタンとシュミットの構想では、この基金は欧州版IMFの役割を果たし、さらには将来の欧州中央銀行の萌芽になるはずであった。

最後の第三は、「空中のスネイク」への参加を見送り、高いインフレ率と失業率、それに国際収支赤字を記録しつづけていたイタリア、イギリス、アイルランドへの対応策を用意することである。ただしブレーメン・コミュニケの本文では、この項目についてては、「EMSの枠組みのなかで繁栄度の劣る加盟諸国の経済を強化するために必要な行動手段の研究」(以下、「繁栄度の劣る加盟諸国の経済」条項と略記) という婉曲な表現が使われていた。

変動相場制が一般化するなかで共同体の域内に固定相場制が導入されるなら、相場維持のために行われる市場介入によって、一般にインフレ率の高い、弱い通貨国にデフレ・バイアスがかかる。スネイクが制度として安定しなかった原因の一つはここにあった。ＥＭＳのもとでは共同体諸国の通貨から合成される通貨バスケットＥＣＵが用いられるので、たしかに弱い通貨国の負担は一定程度軽減される。とはいえ、域内諸国間に経済政策や経済構造の乖離があるかぎり「介入の負担」問題が消滅することはない。それゆえ、すべての域内諸国がＥＭＳに参加し、そこに継続してとどまれるには、少なくとも一定期間、弱い通貨国を何らかの方法で支援する必要がある。ブレーメン・コミュニケに「繁栄度の劣る加盟諸国の経済」条項が挿入されたのはこのためである。

2　ジスカールデスタンとシュミットの大構想

ジスカールデスタンとシュミットはブレーメン・コミュニケによって何をめざしたのか。二人のうちでもシュミットは、一九八二年に首相を辞任して以後、講演や論説[2]、あるいは回想録[3]のなかで自らの考えをまとまったかたちで公にしている。それによると、ブレーメン・コミュニケには三つの目標があった。

第一に、欧州を「通貨安定圏」にする。ＥＭＳの創設が通貨安定圏を創出することになるのは、両者のあいだに次のような論理的連関があるからである。ＥＭＳの創設によって域内諸国通貨間の平価（中心相場）が決まり、各通貨の中心相場からの乖離幅が狭く抑えられる。このような制度は、各国が物価を安定させる方向で経済政策の協調を進め、自国通貨を安定させないかぎり維持できない。つまり、ＥＭＳという制度は各国通貨の安定を前提に成立するものであるから、それを創設し運営することは即「通貨安定圏」の創出と維持を意味することになるのである。

第二に、「経済政策の収斂」を推進する。経済通貨同盟の成否が域内諸国の経済政策を収斂させられるか否かにかかっているという認識は、すでに一九六〇年代から関係諸国の当局者たちによって共有されていた。スネイクがミニ・スネイクに後退してからは、こうした認識はいっそう深いものになっていた。したがって新たな通貨協力制度の将来も、経済政策を収斂させられるか否かにかかっていると見なされたのである。

第三に、段階的にＥＣＵの機能を拡大強化し、最終的に「欧州通貨」すなわち欧州諸国の共通通貨とする。また、そうすることによって、ＥＣＵの地位をドル、および急速にその地位を高めつつある円と並び立つ国際通貨に引き上げる。ＥＣＵは通貨安定圏としての欧州共同体の通貨であり、また欧州諸国は域外の第三国と為替相場政策で協調することになっているから、ＥＣＵの成長は国際通貨秩序の安定をもたらすことになる。つまり、ＥＭＳはＥＣＵを介することによって相対的に安定した「多極的通貨体制[4]」構築への足掛かりとなる。

この第三の目標を達成するには、ＥＣＵの発行とその管理にあたる自律的な中央機関（欧州中央銀行制度）が必要になる。シュミットによると、新設される欧州通貨基金がこの中央機関の役割を果たす。一九七〇年一〇月のヴェルネル報告では、経済政策の収斂と欧州変動幅の縮小が同時併行的に進められ、最終段階で単一通貨が導入されることになっていた。これにたいしてＥＭＳでは、通貨バスケットＥＣＵがその発展のきわみに共通通貨、さらには単一通貨になるとされていたのである。

以上の三つの目標のうち最初の二つは狭く欧州共同体に限定された目標である。またこの二つは、一九六九年一二月のハーグ欧州首脳会議以来、少なくとも建前のうえでは共同体諸国によって共有されており、目新しいものではない。注目されるのは最後の第三の目標である。シュミット自身もこの目標を「革命的[5]」と性格づけている。シュミットには、ＥＣＵを国際通貨に育て上げることによってブレトンウッズ体制崩壊後の混乱した世界の経済・通貨秩序を安定方向に導くという、野心的な目論みがあったのである。

シュミットとは対照的に、ジスカールデスタンはブレーメン・コミュニケについてそれほど多くを語っていない。とはいえその彼も、すでに一九八〇年三月一二日に、自らが主宰する閣議で、「ＥＭＳ創設の提案者たちがこの制度に付与した役割によると、この制度は国際通貨制度の内部において安定〔維持〕機能を果たすことになっている[6]」と述べており、ＥＭＳ創設の最重要課題が先の第三の目標にあることを確認していた。ジスカールデスタンが比較的多くを語ったのは、二〇〇四年一月二六日にフランスの歴史家たちが組織した研究集会[7]の場である。彼はシュミットとともにこの集会に歴史の証人として出席し、より立ち入った説明をしている。なかでも注目されるのは次のような発言である。単一欧州通貨というと人は一九八九年四月のドロール報告を連想するが、それは正しくない。実現しなかったために忘れられているが、ＥＭＳには欧州通貨基金の創設という第二段階が用意されていた。この第二段階において、「われわれの考えでは、単一欧州通貨に行き着く通貨制度を創設することになっていた[8]」。ジスカールデスタンとシュミットは、ともに単一欧州通貨の早期実現をめざしていたというのである。

仏独両国の当局者たちの証言も両首脳とほぼ同じである。ＥＭＳ立上げの時期にブンデスバンク副総裁だったペールは、「その創設者たちの考えに立てば、ＥＭＳの最終目標はドル、ＥＣＵおよび円の三つの支柱のうえに国際通貨制度を構築することにある[9]」と述べている。フランスの側では、一九七三年一〇月から七八年六月まで財務省国庫局長を務めたラロジエールが、前出の歴史家たちの研究集会に出席し、ジスカールデスタンとシュミットの面前で、元大統領の国際通貨制度にたいする姿勢を紹介している。それによると、欧州も世界も「安定的であるが調整可能な為替」(changes stables mais ajustables) を採用すべきである、というのが一九七〇年代初頭の財務大臣時代からのジスカールデスタンの考えであり主張であった。ＥＭＳの創設はまさにそうした彼の持論にもとづいている[10]。ジスカールデスタンがめざした「安定的であるが調整可能な為替」とは一種の固定相場制で、ブレトンウッズ体制下の変動幅よりも広めの変動幅を想定していた点に特徴がある。それは金／ドル交換性の停止という新たな現実をふまえた、固定相場制と言える。

かくてＥＭＳの創設は、スネイクに代わる新たな欧州為替制度を創設するという狭い金融技術的な企てではなかった。それは、一方で通貨主権の放棄ないしは共同行使を意味する欧州単一通貨の創設に道を開き、他方で安定した多極的国際通貨体制を実現するという、欧州と世界の双方をにらんだ野心的な政治的企てだったのである。

とはいえ、仏独首脳がEMSに託した目標ないし課題をブレーメン・コミュニケの文面から読みとることは難しい。「安定通貨圏」、「ECUが制度の支柱となる」、「欧州通貨基金」、「繁栄度の劣る加盟諸国の経済」など、キーワードと目される述語のいずれにも定義が付されていないからである。これらは本章の後段で明らかになるように、①各国の国内世論の反発を抑える、②アメリカ合衆国の介入を防ぐ、③政治問題化するのを避けるために、国会事項とはせず政府間合意によって事を進める、という三つの思惑が働いていたためと考えられる。ブレーメン・コミュニケは、いわば「建設的曖昧さ」に貫かれた高度に政治的文書だったのである。

第2節　仏独秘密協議（一九七八年四〜六月）

1　EMS構想の登場とその背景

ジスカールデスタンとシュミットがEMSの構想を公にしたのは一九七八年四月七〜八日の欧州首脳理事会コペンハーゲン会議である。この構想は八日に、まずフランス大使館で開かれた仏独英三国首脳の朝食会でイギリス首相ジェームズ・キャラハンに示され[11]、次いでそのあとに開かれた欧州首脳理事会の全体会議の場ですべての首脳たちに示された。ただしその内容は、①通貨バスケットECUを共同体の域内に導入し、この合成通貨を将来の共通通貨にすることと、②ECUの発行および管理にあたる中央機関として欧州通貨基金を創設すること、の二点に絞られており、為替市場への介入方式には触れていなかったようである[12]。

EMSの構想は、コペンハーゲン会議で主に発言したのがシュミットであり、しかも次の欧州首脳理事会の開催国がドイツであったことから、ドイツの首相の発案であったかのように伝えられてきた。しかしシュミットとジスカールデスタンのいずれもが回想録に記しているように、[13] この構想はシュミットとジスカールデスタンの二人の首脳のあいだで密かに練られたものであった。実際、ＥＣＵの使用と国際通貨秩序の安定は、一九七四年以来フランスが共同体の諸機関の会議で主張してきたことであった。一方、このフランスの主張に正面から反対していたのはブンデスバンクであったから、ＥＭＳを実現するにあたって最大の障害はドイツ国内にあった。こうした事情を確認するかのように、ジスカールデスタンは回想録に、シュミットにはドイツの金融界を説得することと、欧州首脳理事会という公式の場で構想を各国に説明する役割を果たすことをもとめ、自分は構想の内容を詰める作業を受けもつことにした、と記している。二人はいわば「役割分担」[14]をしつつ共通の目標に取り組んだ、というのが真相であった。

　コペンハーゲンでは各国首脳の大半がＥＭＳ構想におおむね好意的な反応を示した。しかしキャラハンだけは終始「懐疑的な」[15]態度をとった。キャラハン自身は「欧州統合支持者《ユーロッピアン》」であったものの、自らの態度を明確にできない国内事情があったからである。欧州共同体への参加をめぐってイギリスの国論は分裂したままであったし、与党労働党の左派は共同体へのイギリスの残留に反対していた。一方、経済・財務官僚たちの関心は欧州通貨よりも共同体の財政資金の移転問題の方に向いていた。共同体財政へのイギリスの醵出額に比べて共同体の各種制度を介してイギリスに還流してくる資金の額が少なく、しかも、この資金移転バランスのマイナス分がドイツに次いで大きかったからである。イギリス政府は労働党のウィルソン政権が誕生した一九七四年から、こうした状況を是正するために他の欧州諸国にたいして「再交渉」を要求していた。首相がキャラハンに交代してもイギリスの官僚たちはこの問題の解決を最優先の課題と見ていたのである。[16] さらにまた、北海油田の開発が進むにつれてポンドが「オイル・マネー」の性格を具え、ＯＰＥＣの政策の影響下にある他の欧州諸国通貨とは異なる動きをする可能性が出てきたことも、問題を複雑にしていた。[17]

とはいえ、キャラハンはＥＭＳ創設問題を継続して協議することには反対しなかった。かくて仏独首脳は、他の首脳たちから七月のブレーメン会議まで秘密を厳守するという約束をとりつけ、構想の実現に向けた具体的取組みに着手することになる。

ところでジスカールデスタンとシュミットは、なぜこの時期に欧州通貨協力の再発進に向けて行動を起こしたのか。また他の首脳たちはなぜ二人の提案を受け入れたのか。そうした事情についてては、フランス銀行研究総局の三人のエコノミストがＥＭＳの創設が決定してまもない一九七九年一月三一日付で覚書(18)を作成し、分析をこころみている。覚書が「極秘扱い」とされていること、三人が共同体内に設置された作業委員会の専門委員に名を連ねていたこと、その内容が本書におけるこれまでの考察と重なる部分が多いことなどから、この分析は注目に値する。三人は「いずれがもっとも決定的な理由かを判断することは難しい」と断ったうえで、この時期にＥＭＳの創設に向けた動きが生まれた理由を四つあげている。

第一に、一九六〇年代に整備された共同市場の機能が深刻なまでに脅かされていた。一九七三年以降、農業部門に見られるように、通貨や税制面における障壁や非関税障壁が生まれ、「市場の細分化」が進んでいた。これが欧州諸国の成長率を鈍化させている可能性があった。現状を放置することは欧州の将来にとって大きなリスクとなる。

第二に、一九七七年以降、欧州諸国の経常収支は黒字を記録し、イタリア、イギリス、フランスのインフレも沈静化していた。かくて欧州諸国の経済状況は相互に接近してきていた。「未だささやかではあるが、こうした収斂が［ＥＭＳの創設という］実験を可能にしていた」。

第三に、欧州諸国なかでもドイツは、アメリカによるドルの管理にますます不安をつのらせていた。ＳＤＲには制度上の問題や政治的理由から利用上の制約があり、この人工通貨がドルに代わることはできない。

第四に、一九七九年に欧州議会選挙、一九八〇年にドイツで国政選挙、一九八一年にフランスで大統領選挙と、重要な選挙が予定されており、政治の季節が迫っていた。ＥＭＳは各国政府にとって短期の目標を達成するための有力な手段になり得る。短期の目標とは、ドイツにとってはマルク相場の上昇による競争力の低下から輸出を守ることであり、フランスにとっては反インフレ闘争を進めるにあたって必要な対外的規律を維持することである。ＥＭＳが誕生すれば、ドイツの輸出の五〇パーセントを占める欧州向け輸出が固定相場で決済できるようになる。一方、フランスの国民通貨はマルクにつながれ、この国にとって安定政策を継続することが至上命題になる。[19]

かくて三人のエコノミストによると、一九七八年初頭には、ジスカールデスタンとシュミットが大胆な政治行動に出るための条件がそろっていたことになる。

2　秘密協議と仏、独、英、それぞれのＥＭＳ案

秘密協議

コペンハーゲン会議のあと、ジスカールデスタン、シュミット、キャラハンの三人はそれぞれの個人代表とともに協議を始めることになった。個人代表には、ジスカールデスタンがフランス銀行総裁ベルナール・クラピエ、シュミットが連邦首相官房の局長ホルスト・シュールマン、そしてキャラハンが財務省対外通貨担当次官補ケネス・カズンズをそれぞれ指名した。シュミットが個人代表をブンデスバンクもしくは連邦財務省の高官のなかから選ばなかったのは、いうまでもなくこれら二つの機関、なかでも前者がＥＭＳに強く反対することがわかっていたからである。

協議は三人の個人代表が相互に相手国を訪問し、首脳を交えて意見交換をすることから始まった。この最初の段階でイギリスが協議から離脱した。クラピエの残した音声史料によると、クラピエはボンでシュールマンとともにシュミットと会見した直後にロンドンを訪問したが、このクラピエに向かって、カズンズはキャラハンと会見するか否かを尋ねた。このときカズンズは、ただし首相は「この種の問題に関心がない[20]」という趣旨の説明をしたという。イギ

リスは協議への参加を婉曲に拒否したのである。このため、協議は以後、仏独間で進められることになるが、その経過は節目ごとにイギリス側に伝達された。そのときのイギリスの反応についてクラピエはこう語っている――「何か新たな情報を伝えたときのイギリス人たちの反応は、警戒し、様子を見守るというものであった(21)」。

仏独協議は極秘に進められた。このため、その内容はもとより日程についてすら十分な情報は存在しない。しかし、シュールマンが「非常によくできた、周到に準備された草案(22)」を用意していたとクラピエが述べていることと、先に紹介したシュミットおよびジスカールデスタンの証言から見て、すでに協議の出発点において、ブレーメン・コミュニケを構成する基本的な要素、なかでもＥＣＵの使用と欧州通貨基金の創設は折込みずみだったようである。

クラピエとシュールマンによる協議の進展をうけて、六月二三日にハンブルクで仏独首脳会談が行われた。両首脳はこの会談で新しい欧州通貨協力制度の内容について合意に達した。このあと、個人代表たちがそれぞれ技術的に詰めた文案を用意してボンに持ち寄り、仏独共同案の作成に入った。

フランス案

クラピエがボンに持参したフランス案は、ハンブルク首脳会談前の六月一九日付で作成されたものと同内容であった。それはジスカールデスタンの具体的指示にもとづいて作成され、細部にいたるまで詰められていた。このフランス案はハンブルクでドイツ側に示されていたから、ハンブルク合意はこれを基礎にしていたと考えられる。先に紹介したように、ジスカールデスタンがシュミットと役割分担をして自分が構想の内容を詰める役割を果たしたと記しているのは、まさにこうした経過をさしていると思われる。そこでまずフランス案について、やや立ち入って見ておくことにしよう。それは四項目からなっていた(23)。

第一は為替機構である。各国の通貨は通貨バスケットＥＣＵで定義し、中心相場（平価）の上下一パーセントまでの乖離を認める。それゆえスネイクとは違い、パリティー・グリッド方式を用いることはしない。また、「一時的」であることを条件にこの乖離限度を超えることも認める。

第二は欧州通貨基金の創設とＥＣＵの発行である。ＥＣＵの発行は欧州通貨基金が各国の中央銀行にたいして次の三とおりの方法で行う。⑴中央銀行が、たとえば為替準備の二〇パーセントに相当する金およびドルを欧州通貨基金に引き渡し、代わりにＥＣＵを受けとる。⑵中央銀行が自国通貨と引換えにＥＣＵを受けとる。この方法によるＥＣＵの発行額は総額二五〇億ＥＣＵとし、各国への割当額はＥＣＵを合成する際に用いるクオータにもとづいて算出する。各国にたいする割当額のうちの四分の一は自由に引出し可能な信用のかたちで、残る四分の三はコンディショナリティー付きで、それぞれ発行する。⑶中央銀行は為替介入によって得た域外諸国の通貨を欧州通貨基金に引き渡し、代わりにＥＣＵを受けとる。以上三とおりの方法によるＥＣＵの発行は、欧州通貨基金がＩＭＦに似た機能を果たすことを意味する。

第三は中央銀行によるドルを用いた介入である。この項目は性格の異なる次の三つの規定からなっている。

⑴　欧州の中央銀行相互間、および欧州の中央銀行／アメリカ連邦準備制度間の二重の協力関係を制度化する。そして、「適切なあらゆる手段（とくに為替市場への介入、金利の変更、資本移動の監視）を講じることによってＥＣＵ／ドル間の変動を縮小する」。要するに、アメリカを含む各国通貨当局間の協調行動を制度化することによって、欧州通貨とドルとの為替関係を安定させるというのである。

⑵　介入の効果を相殺しかねない、それぞれ逆方向の介入をしないように、中央銀行間で調整を行う。先に見たように[24]、欧州諸国の中央銀行は一九七五年一月一五日に、限定的な対ドル協調介入を実施することで合意していた。しかしこの合意にもとづく介入は、中央銀行間で調整が十分に行われなかったことから、期待された成果をあげ

ていなかった。こうした現状を改めるというのである。

(3) 買ったドルの一部（全体の二〇パーセント）はＥＣＵと引換えに欧州通貨基金に自動的に引き渡す。また、売却するドルの一部（二〇パーセント）はＥＣＵと引換えに欧州通貨基金が供給する。なお、こうしたオペレーションの結果として、「共同体に統合されるドル介入分が増え、欧州の各中央銀行の準備のなかでＥＣＵが徐々にドルと入れ替わる」[25]。

ドル介入に関する右の三つの規定からは、フランスに二つの狙いのあったことが読みとれる。一つは、この介入をつうじて為替関係の安定を欧州のみならず世界に押し広げることである。もう一つは、欧州諸国のドル準備を欧州通貨基金に集中し、欧州諸国の通貨をＥＣＵによって保障すること、つまりＥＣＵの「欧州通貨化」である。

ところで、フランスが欧州通貨の発行を現実の課題に据えたのはこれが最初である。それだけに、その意味を明確にしておかねばならない。フランスの国際通貨戦略は一九六〇年代のドゴール政権以来、厳しいブレトンウッズ体制批判のうえに築かれていた。フランスはなかでも、一介の国民通貨にすぎないドルが世界の決済通貨・準備通貨という特権的機能を享受している現実を問題視していた。そして、ドルからこうした機能を剥奪して本来の一国民通貨に引き戻すこと――いわゆるドルの「バナル化」――を、またそうすることによって国際通貨制度を対称的な制度に改造することを、自身の通貨戦略の要に据えていた。これらはすでに前の諸章で確認ずみであるが、こうしたフランスの通貨戦略と重ね合わせるなら、ジスカールデスタンがクラピエにＥＣＵの「欧州通貨化」を盛り込むよう指示したうらには、欧州という枠を超えた狙いがあったと見なければならない。それは国際通貨制度のなかに多元主義をもちこみ、ドルの役割を最小化することである。一方、ジスカールデスタンにそうした決断を促した要因として考えられるのは、ＩＭＦにおける変動相場制の公認とフランスによる安定政策の採用という一九七六年に生まれた新たな現実である。

最後に、フランス案を構成する第四項目であるが、それは欧州諸国の経済政策の収斂である。フランスは長年にわたって経済政策の収斂に消極的な態度をとってきただけに、この項目が挿入されたことの意義は大きい。その背景にフランスにおける経済政策の転換があったことはいうまでもない。

以上に紹介した四項目から、ＥＭＳには四つの壮大な課題が託されていたことがわかる。すなわち、①欧州通貨基金を欧州版ＩＭＦにすること、②欧州通貨基金を将来の欧州中央銀行の萌芽として位置づけること、③ＥＣＵを最終的に欧州通貨にすること、④ドルの地位を相対的に押し下げるとともに世界レヴェルで為替の安定を実現することである。フランス案は先に紹介したジスカールデスタンとシュミットの大構想を具現するものだったのである。

ドイツ案とイギリス案

フランス案とは対照的に、六月末に作成されたドイツ案[26]は制度の細部には立ち入っていない。とはいえこの案には、①「ＥＣＵがニュメレール[27]になる」、「ＥＣＵが制度の基軸《ピヴォ》になる」、②「第三国にたいする為替政策で協調する」、③「欧州通貨基金」の創設、という三つの核心的な項目が入っており、大枠でフランス案と重なっている。ただしドイツ案には、次の三つの点でフランス案との微妙ではあるが決定的な違いがある。⑴通貨の定義と介入方式にいっさい触れていない。⑵ＥＭＳは「少なくともスネイクと同程度に厳格なものとする」というフランス案にはない文言が挿入されている。⑶欧州通貨基金の性格には触れず、それを将来における検討課題としている。

このドイツ案は六月二九日にクラピエから大統領府に届けられた。官房長ジャン・フランソワポンセは、この案をジスカールデスタンに回付するにあたって自らも覚書を作成し、ドイツ案に添付している。この覚書には、ドイツ案は「財務省とブンデスバンクの考え方を大幅に反映している[28]」との、クラピエからもたらされた情報が記されていた。

ドイツ連邦財務省とブンデスバンクが介入したことによって、ハンブルク合意から後退したものになっているというのである。

ところで興味深いことに、協議に加わらなかったイギリスも自国の案をクラピエとシュールマンに届けていた。クラピエによれば、ボンで「わがイギリスの同僚」から「個人の資格で」[29]という断りつきで手渡されたという。このイギリスの匿名の人物はカズンズ以外に考えられない。彼の名が伏せられたのはイギリスが協議から離脱していたことによると考えられる。イギリス案は九項目からなっていた。全体に一般的で抽象的な表現が多いが、そのなかに次のようなイギリスの姿勢をうかがわせる文言が確認できる。(1)「継続可能な制度」であること。(2)「適切な変動幅をもつ欧州計算単位」に似た通貨バスケットの使用。(3)「適切な短期・中期信用機構」。(4)「欧州通貨基金に中心的な役割を付与する」[30]。ただし、フランソワポンセによると、イギリスは「たとえ部分的であれ原則にかかわる約束はいっさい拒否した」[31]という。したがってイギリスは、非公式の自国案を用意することによって、積極的な役回りは演じないもののブレーメン会議後に向けて発言権だけは確保しようとしたようである。

3　ニュメレール問題と仏独の妥協

クラピエとシュールマンはボンで仏独共同案を作成することになったが、その際、ドイツ側で技術的問題をめぐって異論が噴出していることが判明した。

問題の一つは、ＥＣＵで通貨の平価（中心相場）を定義した場合には各国に許される乖離幅が均等にならないというものである。なぜなら、ＥＣＵは各国の通貨の加重平均によって合成されるために、ＥＣＵに含まれる各通貨の成分に違いが生じるからである。

もう一つの問題は介入方式に関係している。パリティー・グリッド方式をとるスネイクにおいては、二つの通貨間に平価が設定されており、関係する二つの中央銀行が、一方は乖離限度の上限から、他方は下限からそれぞれ同時に介入していた。ところがフランス案のように乖離幅がＥＣＵ平価にたいして設定されるようになると、複数の通貨が同時に乖離限度に到達することは一般に考えられず、介入は中央銀行によって個別に行われるようになる。そうなると、マルクは他の欧州通貨にたいして常に相場を上げる傾向があるために、ブンデスバンクの介入の機会が増え、同行の負担が増える。したがって、スネイクが弱い通貨国に負担を強いる非対称的な制度であるとすれば、ＥＭＳは強い国に負担を強いる非対称的な制度ということになる。よってフランス案は受け入れられないというのである。前項で紹介したように、ドイツ案は「ＥＣＵがニュメレールになる」としているものの通貨の平価をどう定義するかには触れていなかった。それはこのような事情によるものだったのである。

ドイツ側で生じた混乱の詳細はクラピエから副官房長ヴァールに電話で報告された。ヴァールは、その内容をジスカールデスタンに伝えるべく六月二九日付で覚書を作成している。そこには次のように記されている。

> 予想どおり、政治レヴェルの作業が技術レヴェルに移ると、フランス案にあったいくつかの障害が浮上しました。……ジスカールデスタン〔ママ〕との会談の際には、これらの問題はシュミット首相によって完全には分析されていなかったようです。ドイツの専門家たちは、現在、将来の欧州制度における通貨の平価をＥＣＵで定義することに断固として反対しており、ハンブルクでの仏独合意を強引に押しつけようとするに違いない首相を説得しようとしています。(32)（傍点は引用者）

専門家たちとは財務省とブンデスバンクの当局者たちである。彼らが異議を唱えている技術上の問題――ただし、それは制度の根幹にかかわっている――はブレーメン会議のあとで大きな争点になるものである。

そこで問題になるのは、協議の秘密がそれぞれの国でどの程度守られていたかである。この点でドイツ側の史料とフランス側の史料のあいだに齟齬が見られる。ブンデスバンクの歴史文書によれば、ブンデスバンク側にはブレーメン会議前夜まで情報が伝わらなかったという[33]。しかしこれまで見てきたことからも明らかなように、こうした説明を額面どおり受けとることはできない。仏独首脳の最終の秘密会談を前に、フランソワポンセはジスカールデスタンに次のようなクラピエから得た情報を伝えている。

秘密はフランスでは非常によく守られましたが、ドイツとイギリスではその程度はずっと劣っています。アメリカ人たちにも情報が漏れています。クラピエの話では、アメリカ財務省はしきりに質問をし、また攻撃をしかけてきました。財務省は、新たな欧州通貨案とＩＭＦ協定の第４条は両立しないと、異議を唱えようとさえしています[34]。

かくてクラピエ情報によるかぎり、ドイツ側では少なくとも六月二三日のハンブルク会談のあとには、ＥＣＵの導入とＥＣＵによる為替平価の定義という、制度の核心にかかわる情報が連邦財務省およびブンデスバンクの当局者たちに伝わっていたと考えざるを得ない。また、アメリカへの情報漏れもイギリスかドイツを介して生じたと考えるのが自然であろう。

ところで、クラピエとシュールマンによる共同案の作成であるが、それは六月二九日に完了した。最終の共同案では、ドイツで問題になった平価の定義や乖離幅や介入方式には触れず、ＥＣＵを「制度の支柱」にするという一般的な表現にとどめることで妥協が図られている。「制度の支柱」という表現について、クラピエは、仏独間の「不一致を隠蔽する婉曲な表現である[35]」と記している。なお、文書に残されているかぎりでのクラピエからの報告には含まれていないが、ブレーメン会議に提出された文書から見て、欧州通貨基金に関しても、その機能や性格には立ち入らないことで両国は妥協したものと考えられる[36]。

最後の首脳会談はパリ・エリゼー宮（大統領公邸）で、晩餐会のかたちをとって行われた。この席でブレーメン会議向けの最終稿が作成された。両首脳は二人の個人代表が用意した文書の字句を一部修正しただけだったという[37]。極秘の会談だったことから公文書には記録がなく、正確な日付は不明である。しかし、クラピエが六月三〇日（金曜）にイタリアに、また七月二日（月曜）にベルギーとルクセンブルグに説明に出かけていることから見て、二九日以降に、きわめて慌しい日程のなかで行われたと考えられる。

各国への説明はクラピエとシュールマンによって手分けをして行われた。クラピエは上述のようにイタリア、ベルギー、ルクセンブルグへの説明を、またシュールマンはイギリス、アイルランド、オランダ、デンマークへの説明を担当した。

第3節　ＥＭＳの制度構築（一九七八年七〜九月）
——(1)ブレーメン・コミュニケからアーヘン仏独秘密合意まで

1　欧州首脳理事会ブレーメン会議

仏独首脳が準備したＥＭＳ案は一九七八年七月六〜七日の欧州首脳理事会ブレーメン会議に提出された。この案の運命はひとえに、スネイクを離脱していたイタリア、イギリス、アイルランドの三つの弱い通貨国がどう反応するかにかかっていた。ＥＭＳ案には通貨バスケットＥＣＵを「制度の支柱」にすることが謳われていたものの、同時に「スネイクと同等の厳格さ」という文言も挿入されていた。したがって新しい制度のもとでも、参加国には狭い欧州変動幅の受入れとその維持に必要な厳しい規律がもとめられるはずであった。

イタリアの首相ジュリオ・アンドレオッティは真っ先に為替変動幅を問題にし、自国にたいして中心相場の上下六パーセントの拡大変動幅を適用するようもとめた。イギリスの首相はコペンハーゲンにおけると同様、この会議でもきわめて慎重であった。シュミットがイタリアと同じ拡大変動幅を利用する方法もあると水を向けても、キャラハンはEMSに参加する場合には制度全体に参加すると述べ、特別扱いを拒否した。ただしキャラハンは、ジスカールデスタンの示した妥協案には興味を示した。それは、ECUと地域信用制度からなる「一般協定」を為替変動幅および介入方式から切り離し、前者へはEMSの発足時に参加する必要があるが後者への参加は後日でもよいとする、いわゆる「ツー・スピード方式」である。キャラハンとは対照的に、アイルランドの首相ジャック・リンチはEMSへの参加について意欲的な発言をし、注目された。アイルランド・ポンドはイギリス・ポンドと連動していたから、イギリスの去就はアイルランドの決断に影響を及ぼすと見られていた。しかしリンチは、アイルランド・ポンドがイギリス・ポンドと切り離されることになってもEMSに参加するつもりだと述べたのである。(38)

このように弱い通貨国の首脳たちの反応は一様でなかったものの、仏独首脳の目論見どおり、会議では本章第1節で紹介したようなブレーメン・コミュニケが採択された。

ところで、ブレーメン・コミュニケはあくまでもEMSの骨格に関する政治的合意である。この合意をふまえ、EMSを実現可能な制度としてどう設計するか。欧州首脳理事会はこの課題を、欧州閣僚理事会とそのもとにおかれた通貨委員会、中央銀行総裁委員会および経済政策委員会(39)の三つの専門委員会に付託することを決めた。次いで、欧州閣僚理事会が具体的な作業内容を、①ニュメレールおよび介入方式、②欧州通貨基金、③「繁栄度の劣る諸国の経済」問題の三つに区分し、各専門委員会に委ねた。専門委員会による作業は一九七八年七月のブレーメン会議の直後に始まり、同年一二月の欧州首脳理事会ブリュッセル会議の直前までつづいた。半年弱を要したこの作業は、フランスとドイツがＥＭＳの為替介入機構をめぐって秘密の合意文書を交わした九月一四～一五日のアーヘン仏独首脳会談を境に、大きく前期と後期の二つの時期に区分できる。本節ではこのうちの前期を扱うことにする。

2　ニュメレールおよび介入方式

ブレーメン会議が終了してまもない七月一八～一九日に通貨委員会が開かれ、九カ国の実務代表による最初の意見交換が行われた。次いで七月二五日の欧州閣僚理事会で、先の三項目のうちのニュメレールおよび介入方式と欧州通貨基金に関する検討作業が、正式に通貨委員会と中央銀行総裁委員会に付託された。これをうけて、通貨委員会ではバキアストが議長を務める代理人会議に、また中央銀行総裁委員会ではエイヴァルトが委員長を務める小委員会に、それぞれ問題の技術的検討が委ねられた。バキアスト代理人会議は七月二七～二八日に会合を開いて検討を行い、結果を八月一〇～一一日の通貨委員会に報告した。一方、エイヴァルト小委員会は七月三一日から八月一九日にかけて七回の会合を開き、八月二一日付で報告書をまとめた。この報告書は中央銀行総裁委員会の代理人会議における討議を経て、同代理人会議の九月七日付報告書とともに、九月一二日の中央銀行総裁委員会に提出された。

こうした共同体の各審級における検討の過程では、ＥＣＵの性格と定義、それに介入方式が焦点になった。ブレーメン・コミュニケの精神に忠実にしたがい、ＥＣＵをＥＭＳの「正真正銘のニュメレール」[40]とすべきなのか、それともすべきでないのか。より具体的に言うと、各国の通貨をＥＣＵで定義し、これによって決まる各通貨の中心相場のまわりに変動幅を設定するという方式、いわゆる「ＥＣＵバスケット方式」（formule de panier ECU）を採用するべきなのか、それともすべきでないのか。問題の核心はここにあった。もともとこの点をめぐって仏独秘密協議が最終段階でもつれていただけに、それは予想されていたことである。

そこで、七月一八〜一九日の通貨委員会における討議内容を吟味し、ブレーメン会議直後におけるニュメレールおよび介入方式に関する共同体諸国の意見分布を確認することから始めよう。通貨委員会は政府と中央銀行の双方の代表から構成される専門委員会であるから、この委員会の議論には各国の考え方が比較的正確に反映されていたと見てよい。

通貨委員会における討議（七月一八〜一九日）——多様な意見分布

議論の口火を切ったのはドイツである。ブンデスバンク副総裁ペールと連邦財務省次官マンフレート・ラーンシュタインは、EMSの基礎にスネイクにおけると同様のパリティー・グリッド方式をおくことを主張した。彼らは根拠に二つの理由をあげた。一つは、スネイク諸国は現行のパリティー・グリッド方式で満足しており、この方式に不都合はないという理由である。これは一九七四年以来、ドイツがスネイク改革をめぐる討議のなかでくり返し主張してきたことである。もう一つは、ECUをニュメレールとして用いるECUバスケット方式は複雑な数学的計算処理をともなうために、「技術的に見て実施不能であるか、少なくとも極端に複雑である」(41)という理由である。なお、この方式を採用するとブンデスバンクの負担がいちじるしく重くなるという、先の仏独秘密協議の過程で明かされたドイツの本音の部分は、通貨委員会では触れられなかった。

ECUバスケット方式の技術的難点のなかでもドイツの代表たちがとくに重視したのは介入通貨の選択である。パリティー・グリッド方式とは違ってECUバスケット方式のもとでは、複数の通貨が同時に変動幅の乖離限度に到達することは考えにくい。限度に到達するのは単一の通貨であり、中央銀行は単独で介入することになる。しかも、ブレーメン・コミュニケでは介入は原則として欧州の諸通貨で行うとなっているから、介入に際してどの国の通貨を使うかという問題が生じる。この問題は単純ではない。かりにA国の通貨が乖離限度に達し、A国の中央銀行がB国の通貨を介入通貨に選んだとすると、B国の中央銀行の通貨政策と為替準備はA国の中央銀行による介入の影響をうける。それゆえ介入に際してA、B両国の中央銀行間で事前協議が必要になる。この協議が円滑かつ迅速に行われるには、あらかじめ共同体レヴェルで介入通貨の選択基準と協議の手続きを決めておく必要がある。しかしそうした取決めを行うことは、それぞれの中央銀行の行動を制約するだけに容易でない。とくにブンデスバンクは、もともとこの種の協議には慎重で、なかでも協議の制度化には否定的であった。同行は、他の中央銀行とは違い、連邦銀行法で物価の安定維持を義務づけられていただけでなく、アメリカの通貨当局が欧州通貨に介入する際にマルクを使っていたことから、行動の自由を必要としていたのである。ペールもラーンシュタインも、パリティー・グリッド方式なら協議という厄介な問題はおこらないと言う。

ベネルクスおよびデンマークの小国の代表たちもパリティー・グリッド方式に傾いていた。ただし、その理由はドイツと違っていた。表7－1は当時共同体で用いられていた通貨バスケットEUA（欧州計算単位）に占める各国通貨の比重を示している。ブレーメン・コミュニケによると、ECUはこのEUAと同じタイプのものになるはずである。表に明らかなように、一九七四年と一九七八年のいずれの時点をとってもバスケットに占める小国の通貨の比重はきわめて低い。こうした条件のもとで大国が小国の通貨に介入すると、小国の中央銀行は自国通貨の相場変動を事実上制御できなくなる。反対に小国が大国（ただし、イギリスおよびイタリアのような弱い通貨国）の通貨に介入する場合には、介入は小国にとって重い負担になる。要するに小国は、ECUバスケット方式が採用されれば強い通貨マルクによる緊縛から解放されるものの、別の新たな困難に直面すると見たのである。

スネイク諸国とは反対に、ECUバスケット方式の利点を真っ先に説いたのは欧州委員会の代表である。それによると、この方式を採用すれば域内諸国の通貨はすべてECUという共通のニュメレールで表示されるから、域内の他の諸通貨から離れて相場を上げる（あるいは下げる）通貨が特定できるようになり、介入責任を果たすべき中央銀行

表７－１　EUA（欧州計算単位）の構成

A）1974年６月28日時点

通貨名	重み（%）	単位数量（固定）
ドイツ・マルク	27.3	0.828
フランス・フラン	19.5	1.15
イタリア・リラ	14.0	109.0
オランダ・ギルダー	9.0	0.286
ベルギー・フラン	7.9	3.66
ルクセンブルグ・フラン	0.3	0.14
イギリス・ポンド	17.5	0.0885
アイルランド・ポンド	1.5	0.0075
デンマーク・クローネ	3.0	0.217
合　計	100.0	

B）1978年７月12日時点

通貨名	重み（%）	単位数量（固定）
ドイツ・マルク	32.12	0.828
オランダ・ギルダー	10.29	0.286
ベルギー・フラン ルクセンブルグ・フラン	9.36	3.66 0.14
デンマーク・クローネ	3.08	0.219
（スネイク諸国合計）	（54.85）	
フランス・フラン	20.51	1.15
イタリア・リラ	10.24	1.09
イギリス・ポンド		0.0855
アイルランド・ポンド	14.40	0.0075
（スネイク外諸国合計）	（45.15）	
合　計	100.0	

（出所）　AN, 5AG3/2698. Direction des changes et de la balance des paiements. Note, 12 juillet 1978.

が明確になる。よって、パリティー・グリッド方式の難点である介入義務の非対称性、すなわち弱い通貨国に一方的に介入の負担が集中するという問題はなくなるから、ECUバスケット方式こそが「共同体的な《コミュノテール》」制度である。この発言には、スネイクを離脱していたイギリス、イタリア、フランスの各国が同調した。なかでもイギリスとイタリアの代表は「EMSに参加できるとすればこのような解釈にもとづく場合である(42)」とすら発言している。

このようにイギリスとイタリアはECUバスケット方式を強く支持した。しかし他方で、彼らは欧州委員会とは違い、ECUを現行のEUAとは異なるタイプの通貨バスケットにすべきだと主張する。EUAは当時、「固定された単位数量」――いわゆる「標準バスケット」（panier standard）――で定義されていた。この標準バスケットのもとでは、為替相場の変動に連動して各国通貨の加重が変化するから、強い通貨（具体的にはマルク）の相場上昇につれてバスケットに占める強い通貨の比重が増し、反対に弱い通貨（ポンドとリラ）の比重が減る。これは強い通貨の相場上昇にともなってＥＵＡの価値が上昇することを、したがってまた強い通貨に引き寄せられて弱い通貨の価値が上昇することを意味する。つまり、域外の諸通貨にたいして域内の弱い通貨（ポンドとリラ）が過大に評価されることを意味する。こうした不都合を回避するために、イギリスとイタリアはＥＣＵを「固定された加重」――いわゆる「調整可能なバスケット」（panier ajustable）――で定義し、為替の変動と無関係に当初の各通貨の比重を維持できるようにすることを主張したのである。

以上のような通貨技術レヴェルの議論から透けて見えるように、イギリスとイタリアは新たな欧州通貨制度への参加をつうじて自国にデフレ・バイアスがかかるのを恐れていた。両国はスネイクのもとで味わった苦い経験から、「強い通貨の上昇軌道に乗るための為替手段を確保する必要から、弱い通貨国が成長の後退という代償を払って、国際収支の黒字を生むように仕向けられる」[43]のを避けようとしたのである。

九カ国のなかでフランスだけは、対立する二つのグループのいずれとも異なる立場をとっていた。フランスはイギリス、イタリアとともにＥＣＵバスケット方式に賛成した。しかしＥＣＵの定義については、イギリスとイタリアの主張に理があるとしながらも「調整可能なバスケット」の採用には反対した。時間の経過のなかで、共同体の他の領域で用いられているＥＵＡ（標準バスケット）とＥＣＵとの乖離が広がり、共同体の制度全体に歪みが生じるというのが理由であった。フランスはブレーメン・コミュニケの原則に忠実であるべきだとする大義を前面に掲げつつ、強い発言は控え、対立する二つのグループの中間に身をおこうとしていたようである。

ともあれ通貨委員会における議論をつうじて、ＥＣＵをめぐる、したがってまたＥＭＳの性格をめぐる対立の構図が鮮明になった。一方の、強い通貨国の代表で、かつ域内最大の経済大国ドイツと、他方の弱い通貨国の代表イギリス、イタリアとの対立という構図である。しかしいずれの側の主張にも無理があった。ドイツの主張するようにパリティー・グリッド方式を採用するなら、弱い通貨国はＥＭＳへの参加を見送るか、参加しても途中で離脱に追い込まれる可能性が高い。ところがブレーメン・コミュニケではＥＣＵが「制度の支柱」に位置づけられている。それゆえＥＣＵはすべての共同体諸国の通貨から合成されるものであり、ＥＭＳにはすべての国の参加が想定されている、というのがドイツ以外の諸国に共通する理解であった。ドイツの主張がそのままのかたちではとおらないことは明白であった。一方、イギリスとイタリアについていうと、両国が相変わらず高いインフレ率を記録しつづけていただけにその主張には説得力が欠けていた。ＥＭＳが両国の主張に沿った制度になれば、少なくとも一定期間は、通貨バスケットに占める両国の通貨の重みからして、ＥＭＳはドイツが警戒する「インフレの共同体」(44)に堕する恐れがある。ところがブレーメン・コミュニケでは、ＥＭＳには「スネイクと同程度の厳格さ」がもとめられていた。

かくて妥協が必要であった。ドイツにはすでにその用意があったようである。フランス代表の財務省国庫局長アブレルによると、ドイツ連邦財務省次官ラーンシュタインはアブレルとの私的会話のなかで、「自分たちの姿勢は中央銀行〔ブンデスバンク〕よりも柔軟であり、仏独二国間で協議をすればうまくいくであろう(45)」という趣旨のことを語っていた。イタリアにも同様の姿勢がうかがえる。イタリアの代表たちはイギリスと共同歩調をとってはいたものの、自国の最大の関心は可能なかぎり広めの変動幅を確保することにあると、イギリスとは異なる発言をしていた。この発言は、変動幅問題と引換えにニュメレール問題で譲歩する可能性のあることをほのめかしたとも受けとれる。実際、後段で明らかになるように、ドイツとイタリアはそのような方向に動くことになる。

エイヴァルト小委員会報告（八月二一日）——ベルギー案の登場と共通ドル政策

以上のようにニュメレールおよび介入方式をめぐる意見は国ごとにさまざまであった。エイヴァルト小委員会とバキアスト代理人会議における検討作業は、こうした多様な意見を背景に三つの方式を軸にして進められた。パリテイー・グリッド方式、ＥＣＵバスケット方式、それに新たにベルギーから提案された方式の三つである。二つの機関による検討結果はほぼ同内容のものとなった。ここでは、技術的問題の細部にまで踏み込んでいるエイヴァルト小委員会の報告書[46]にもとづいて、その結果を紹介しよう。

パリティー・グリッドとＥＣＵバスケットの二つの方式に関する評価は、先の通貨委員会における討議で示されたものと基本的に変わっていない。

問題はベルギー案である。これはパリティー・グリッド方式とＥＣＵバスケット方式のいわば折衷型である。その特徴と利点は報告書に次のようにまとめられている。まず介入相場と介入方式はパリティー・グリッド方式と同じである。したがってベルギー案には、①介入義務が対称的である、②介入通貨が自動的に決まる、③平価の変更、制度への不参加や制度からの離脱にたいしても簡単に対応できる、というパリティー・グリッド方式に由来する利点がある。次に、ＥＣＵ平価からの個々の通貨の乖離を他の諸通貨全体からの乖離を示す「客観的指標」（これは後日、「乖離指標」、「警報指標」と呼ばれることになる）として利用する点はＥＣＵバスケット方式と同じである。したがってベルギー案には、相場を上げる（もしくは下げる）通貨を特定できるというＥＣＵバスケット方式に固有の利点も備わっている。

とはいえベルギー案にも難点がある。他の諸通貨全体から乖離して行く通貨を特定できるにしても、乖離して行く通貨と他の諸通貨との関係を自動的に調整する仕組みが用意されていない。ＥＣＵバスケット方式を支持するフランス、イギリス、イタリアの専門委員たちの言葉を借用すれば、ベルギー案はブレーメン・コミュニケが想定している制度の「偽装」（une mutation déguisée）であり、「実質的な現行制度〔スネイク〕の維持」にすぎない。あるいはまた、ＥＣＵの利用は「外見」だけである。というのは、「ＥＣＵは為替制度の支柱ではなくなり、ＥＣＵをニュメレールとして利用することで得られる〔制度の〕柔軟性がほぼ消し飛んでしまう」からである。しかし報告書によると、専門委員たちの多くは、「『ＥＣＵ指標』から得られる情報にもとづいて必要な修正諸措置が講じられるようにする」なら、「過渡的な」(47)制度としてベルギー案を利用することは可能であると判断した。

ところでエイヴァルト小委員会では共通ドル政策も検討されていたが、この領域では実質的な前進は見られなかった。第４章第２節で述べたように、共同体諸国の中央銀行は一九七五年一月一五日に、一日あたりの自国通貨の対ドル為替変動幅を前日の終値の一パーセント以内に抑えることで合意していた。しかしこの一パーセント・ルールは、実際には厳格に守られていなかった。報告書によると、「ＥＥＣの中央銀行によるドル介入は一九七五年の取決めの精神および規定に沿って行われたというよりも、はるかに各国の為替政策および為替政策の枠組みのなかで実施された」(48)というのが実態であった。小委員会はこうした実態をふまえて共通ドル政策の再検討をこころみたものの、有効な解決法がないことを確認するだけに終った。

共通ドル政策の検討がこのような結果に終った理由は、報告書によると二つあった。第一に、そもそもＩＭＦで用いられているＳＤＲとは違ってＥＣＵにはドルが含まれていないから、自動的に欧州諸国がドル政策で協調する仕組みが存在しない。第二に、中央銀行間協議を実質あるものにするために新しい制度を設けることも考えられるが、「ある中央銀行」（ブンデスバンク）が反対しているので実現は難しい(49)。しかし二つの理由はあくまでも表向きのものであった。というのは、後段で明らかになるように、アメリカを刺激したくないという政治的配慮が各国に働いていたからである。実際、共通ドル政策の提唱国フランスも例外ではなかったようである。エイヴァルト小委員会の報告内容を分析したフランス銀行外事局は、「国家レヴェルの個人主義」を排除することは「専門委員たちの権限を超えている」、つまり問題を解決できるのは政治であって専門技術ではないとの判断を示している。かくてエイヴァルト小委員会は、先の一九七五年の中央銀行間合意に「実質をもたせること」(50)を提案するにとどまった。

中央銀行総裁委員会における討議（九月一二日）――「すべての国の参加」と「スネイクと同等の厳格さ」

九月一二日の中央銀行総裁委員会では、九カ国の総裁たちのあいだで、エイヴァルト小委員会の報告書にもとづいてまとめられた同委員会代理人会議の報告書をめぐって意見交換が行われた。

最初に発言したオランダ銀行総裁ザイルストラは、EMSとスネイクとの接続という観点からパリティー・グリッド方式の利点を説いた。スネイク諸国は現行のスネイク（参加国は共同体加盟国五カ国と准加盟国二カ国）を存続させることを決めている。ところで、新設されるEMSにはすべての共同体加盟国（九カ国）が参加することになっているから、参加国の異なる二つの制度をどう接続するかという難しい問題がある。EMSにおいてもパリティー・グリッド方式が採用されるなら、スネイクをEMSに統合でき、そうした問題は考えなくてすむ、と(51)。

つづいて発言したブンデスバンク総裁エミンガーは、ポンドやリラの不参加あるいは途中離脱を想定し、それを根拠にECUバスケット方式の弱点を衝こうとした。

新しい制度にはすべての通貨を統合すべきですが、一つないしは二つの通貨が継続して、あるいは一時的に参加しない場合がないとはかぎりません。そのような場合には、そしてとくにそれが重要な通貨である場合には、〔EMSに〕参加していない通貨も通貨バスケットの価値の決定に加わることになります。こうした通貨バスケットにもとづいて〔中央銀行が〕介入するとなると、奇妙で、かつ容認しがたい状態が生まれます。これはバスケットにもとづく制度に反対する論拠の一つになりますが、そうした問題はドイツ・ブンデスバンクが強く推奨する「パリティー・グリッド」タイプの介入システムでは生まれません(52)。

このエミンガー発言には、スネイク外諸国の総裁たちがいっせいに反発した。イングランド銀行総裁リチャードソンは、「どんな困難があろうと最初から離脱した場合を想定すべきではなく、すべての国が参加できる制度にする」というのがブレーメン・コミュニケの精神であり、「新しい制度が失敗すれば事態は今より悪くなるでしょう」と述べ、EMSのもつ政治的意義を強調した[53]。イタリア銀行総裁パオロ・バッフィも、「最初から為替関係の領域で共同体諸国を分断すべきではありません」とエミンガーを批判する[54]。二人の発言をうけて、ブレーメン・コミュニケの政治的性格をさらに力説したのは、自身がこのコミュニケの起草にかかわったフランス銀行総裁クラピエである。

リチャードソン氏とバッフィ氏の言うとおり、ブレーメン・コミュニケの精神および文言は共同体のすべての通貨を包摂できる制度をめざしています。それにブレーメン計画は、根本的な革新、すなわち二年の移行期の終わりに欧州通貨機関を立ち上げることを想定しています。このような計画は、いくつかの国が新たな為替制度に参加しないとなると、実施できなくなります。

また、国家および政府の首脳たちはECUに、通貨安定圏を目標に掲げた機構〔EMS〕の支柱の役割を託しました。それが「スネイク」機構の単純な一般化をめざすものでないことは明白です。彼らは明らかに、まったく新しい制度の誕生に期待を表明したのです。言い換えれば、彼らは政治的計画（un dessin politique）を構想したのです。ところで、〔中央銀行総裁委員会の〕専門家たちと〔国際決済銀行事務局長〕アレクサンドル・ランファァリュシー氏によって作成された優れた資料[55]によりますと、ECUにもとづく制度は、多分パリティー・グリッドよりいくぶん複雑であるにしても実現は可能です[56]。（傍点は引用者）

かくて、一方のスネイク外諸国の総裁たちはブレーメン・コミュニケにある「すべての国の参加」という政治的命題を根拠にECUバスケット方式を支持し、他方のスネイク諸国の総裁たちは、「スネイクと同等の厳格さ」という同じくブレーメン・コミュニケにあるもう一つの政治的命題に拠りながらパリティー・グリッド方式を支持したのである。では、これら二つの命題をいかにして両立させるか。また、それぞれの命題に対応する二つの介入方式のあいだの溝をいかにして埋めるか。いうまでもなくこの問題は、強い通貨国と弱い通貨国の関係を技術的に調整する仕組みをつくることによってしか解けない。

この調整の仕組みをめぐっても総裁たちの意見は分かれた。バッフィは、七月の通貨委員会でイタリアの代表が主張したように、ＥＣＵを「調整可能なバスケット」とすることで調整できるとした。しかし、これにはクラピエが、同じく通貨委員会でフランスの代表があげた理由を根拠にして反対した。クラピエは代案として、調整が自動的に行われる「調整可能なバスケット」ではなく「見直し可能なバスケット」（panier révisable）、つまり九カ国間の協議によって定期的に調整が行われるバスケットを提案した。つづいて発言したエミンガーは、パリティー・グリッドを介入方式に用い、ＥＣＵを「乖離指標」として利用するベルギー案による調整を提案した。

単純であるという理由からパリティー・グリッドを介入制度の基礎として推奨します。しかし、新しい通貨制度を単純な「スネイク」の延長とは考えていません。それとは反対に、バスケット・タイプのＥＣＵは中心的な位置を占め、〔介入制度の基礎という機能以外の〕他のすべての機能をもつべきです。とりわけそれは、二国間の介入相場を設定する出発点として、取引の表示単位として、また必要となる調整に関係する結論を導いてくれる乖離指標として、用いることができるでしょう。(57)（傍点は引用者）

このエミンガー発言は、ブンデスバンクがそれまで主張してきた（単独）パリティー・グリッド方式から、この方式を基本としつつベルギー案を部分的に利用する方式へと、やや姿勢を変えたことを物語っている。なお、有力な中央銀行の総裁でただ一人、調整方式について意見表明をしなかったのはイングランド銀行総裁である。リチャードソンは、通貨委員会でイギリス代表がイタリア代表とともに支持した「調整可能なバスケット」にたいしてすら意見を保留した(58)。

ニュメレールと介入方式をめぐる討議は、最後に議長によって次の四項目にまとめられた。⑴ニュメレールとして用いられるＥＣＵにはすべての国の通貨が含まれる。⑵（イングランド銀行総裁を除く）大多数の総裁たちはＥＣＵを「見直し可能なバスケット」とすることで意見が一致している。⑶このタイプのＥＣＵを介入方式にも用いるか、それとも介入方式はパリティー・グリッドとするかで、総裁たちの意見は分かれている。⑷スネイクにとどまる諸国も新しい制度に参加するものとする。

3　欧州通貨基金――「会計機関」にとどめるのか、「自律的機関」とするのか

欧州通貨基金について本格的な検討を加えたのはエイヴァルト小委員会である。同小委員会の八月二一日付の報告書には、ブレーメン・コミュニケから読みとれる基金の機能および目的が次のように整理されている。

⑴　欧州通貨同盟に向けた一歩を画する。
⑵　ＥＣＵをＥＭＳの支柱として確固たるものにし、その発行を保障する。
⑶　域内の金融と決済を保障する。
⑷　共通ドル政策の実施を一定程度支援し、黒字国と赤字国のあいだでドルを融通し合う。
⑸　ＥＣＵ資金を構築することによって新しい為替制度の信頼性を高め、参加諸国への金融支援を強化する。
⑹　既存の取決めと諸制度を揺ぎないものにする。

(7) 中央銀行の金準備の一部を流動化する[59]。

しかし小委員会は、以上の任務のどこまでを欧州通貨基金の実際の任務に含めるかという問題には立ち入れないと言う。基金への準備資産の移転やECU資産の性格をめぐる問題は中央銀行の「自律性の制限」という問題と不可分の関係にあり、これには各国の国内政治はもとより国内法も関係してくる。ところがこの領域における各国の国内手続きは進んでいない。したがって基金の機能や性格について各国の政治的意思は固まっていない、と考えざるを得ないからである[60]。

とはいえ小委員会は、欧州通貨基金については二つの考え方が成り立つとして、それぞれに対応する基金像を提示している。一つは、為替準備の移転等が行われるにしても、基金を現行のFECOMと同様の「会計機関」(organe comptable) にとどめるという考え方である。このタイプの基金は自律的な活動ができないだけでなく、参加諸国間の政策調整を行うこともできない。もう一つは「一定の活動能力をもつ管理運営機関」にするというもので、このタイプの基金は次のような権能をもつ。固有の資産を所有し、それを自らの責任において運用する。必要とあれば、介入から生じる負担も引き受ける。各国で中央銀行が行っている各種の業務に指針を示す。加盟諸国間の協調を保障する自律的な中央機関としての役割を果たす[61]。

欧州通貨基金問題へのエイヴァルト小委員会の取組みが慎重だったのは、フランスとドイツ（ただし、厳密に言えばブンデスバンク）のあいだに大きな意見の隔たりがあったからである。フランス銀行では、外事局が八月一日付でEMSにたいする両国の考え方を詳細な対照表にまとめている。それからは、ドイツが基金の権限と活動領域を最小化すること――言い換えれば、ブンデスバンクの自律性を最大限に維持すること――に意を用いていたのにたいし、フランスが基金を広範な権限をもつ自律的な機関にしようとしていたことがうかがえる。実際、外事局はフランスの立場について、「欧州通貨基金が自律的な法人格と適切な権限を付与された、欧州共同体の新たな機関でなければならないのは自明であるように思われる」[62]と言いきっている。かくて、小委員会の報告書に示された対照的な欧州通貨基金像は、それぞれドイツとフランスが描いていた像だったのである。

ドイツとフランスの中央銀行総裁が九月一二日の中央銀行総裁委員会で行った発言も、こうした両国の対照的な考え方ないしは姿勢を反映している。この日の会合では、最初に委員長のベルギー国立銀行総裁ストリッケルから次のような論点が提示された。欧州通貨基金を創設し、為替準備の引渡しと引換えにＥＣＵが発行されるようになれば、「リスクの共同体化」（communautarisation des risques）という新しい状況が生まれる。つまり、それまで各国の中央銀行が引き受けていた為替リスクを共同体が一括して引き受けることになり、政治面でも中央銀行の資産面でも重要な変化が生じる。この変化とは、一言でいうと中央銀行の自律性の決定的な後退である。

委員長によるこの論点提示にたいしてクラピエはこう応じている。「過渡期が終わって基金が設立される時点で、準備の預託は譲渡《セッション》というかたちをとり、リスクの共同体化が生まれます。一方、過渡期のあいだは預金もしくはスワップの技術が使われ、為替リスクはそれぞれの中央銀行が従来どおり負担することになります。……最終段階への移行は、まったく新しい制度化された機構への質的な飛躍になるでしょう」[63]。二年の過渡期を経て欧州通貨基金が発足することを想定したこのクラピエ発言には、エミンガーが即座に、「第二段階において準備の一部が基金に最終的に移転するというのはたしかにあり得ることですが、確実というわけではありません」と応じた。そしてさらに、不確実な将来の問題を議論する必要はないと釘を刺した[64]。このようなブンデスバンクの強い慎重論に押されて、このとき以後、完成時の基金に関する立ち入った議論は行われなくなる。

4　「繁栄度の劣る加盟諸国の経済」問題――「併行研究」の政治的性格

「繁栄度の劣る加盟諸国の経済」を強化するための研究は、ブレーメン・コミュニケを構成する三つの要素の一つであった。この研究は、コミュニケにＥＭＳの制度に関する研究と「併行して」実施すると記されていたことから、一般に「併行研究」（études parallèles）と呼ばれた。併行研究は七月二四日の欧州閣僚理事会ではじめてとりあげられたが、協議は初発から難航した。共同体による追加的金融支援など政治問題が関係すると見られたために、欧州委員会でも専門委員会でも事前の検討が行われていなかったからである。

まず併行研究の枠内でとりあげるべき事項については、経済支援一般や共同体財政のあり方をも範囲に含めるべきだとするイギリス、イタリア、アイルランドと、ＥＭＳの発足時の問題に限定すべきだとする他の諸国のあいだで完全に意見が分かれた。このため欧州閣僚理事会は結論を出すことができず、欧州委員会に論点の整理を委ねることになった。

次にどこで検討を行うかについては、イギリスが特別委員会の設置をもとめたのにたいして、他の諸国は経済政策委員会に作業を委ねるべきだとした。経済政策委員会は各国の経済担当省の局長級代表によって構成される常設の専門委員会である。イギリスはこれを嫌い、政治的性格の問題を扱うことのできる特別委員会を組織し、そこに問題を委ねることを主張したのである。フランスとドイツはこれに強い難色を示した。対象となる問題領域が広がり、イギリスの要求する「再交渉」問題にまで波及することを恐れたからである。その結果、経済政策委員会の構成員に各国政府選出の特別代表を加えるという条件付きで、検討作業を同委員会に委ねることで妥協が成立した。(65)

併行研究への取組みはようやく九月に入って始まる。九月六日の経済政策委員会では、欧州委員会経済金融総局が用意した討議用資料にもとづいて厳しいやりとりが行われた。この資料には、ＥＭＳが順調に機能するには国際収支の均衡、インフレの抑制、為替相場の安定、の三つの条件が各国で実現される必要があるとの原則が示されていた。この原則の取扱いをめぐって各国の立場が分かれたのである。イタリア、イギリス、アイルランドの代表は、そうした原則を適用するには共同体内の条件整備が前提になると主張し、態度を保留した。ただし整備すべき条件が何であるかについては国ごとに重点のおきどころが違っていた。

イタリアは国際収支を均衡させようとするなら共同体が新たな金融支援措置を講じる必要があると主張した。アイルランドは自国経済の後進性を問題にし、共同体ならびに共同体の域内諸国からの経済支援の拡大をもとめた。残るイギリスは、共同体の財政資金の移転がバランスを欠いていることを問題にした。その主張はこうであった。イギリスと共同体のあいだの各種財政資金の移転はイギリスの支払い超過で、支払い超過額はGDPの〇・三三パーセントにも達している。ところがイギリスは「繁栄度の劣る加盟諸国」に該当しており、現状は明らかに不正常である。現状を改めるために財政資金移転の仕組み全体を変えるべきである。言い換えれば、併行研究はイギリスが最優先の課題と見る「再交渉」問題と不可分の関係にあるというのである(66)。

以上のような三国とは反対に、他の諸国はいずれも追加的金融支援にたいして慎重であった。オランダは金融支援を行う場合には支援受入国に厳しい条件を課すべきであると言う。ベルギーは、優先されるべきは経済政策の収斂であり、そのために各国間の政策調整に拘束力をもたせるべきであると主張する。ドイツはEMSの全体像が固まっていない現状からして結論を急ぐべきでないと言う。フランスは、三国の国際収支の赤字補填は共同体にとって短期の課題になり得るが、三国への財政資金の移転を増やすのは中長期の課題であり、さしあたり短期の課題を中心に議論を進めればよいとする。

ところで、経済政策委員会でとりあげられた問題のなかでひときわ重要な意味をもつのは「繁栄度の劣る加盟諸国の経済」の定義である。一人当たりGDPを主な指標とすることではいずれの国も異論はなかった。しかし、どの計算方法で国際比較をするかで意見が分かれた。イギリスは実勢為替相場にもとづいて比較するよう主張し、他の諸国は購買力平価で比較すべきであるとした。定義をめぐる意見の対立は技術レヴェルのものであったが、そこには本質的な問題が潜んでいた。というのは、いずれの方法をとるかでイギリスの位置づけが大きく変わるからである。欧州委員会が一九七六年度について行った試算によると、共同体全体の一人あたりＧＤＰを一〇〇とした場合に、三つの国の数値は次のようになる。まず実勢為替相場で計算すると、アイルランドが四六・七、イタリアが五七・二、イギリスが七二・八。次に購買力平価で計算すると、アイルランドが六〇・七、イタリアが七三・三、イギリスが九二・八になる。かくて購買力平価を用いた方が共同体全体との格差は縮まり、イギリスを「繁栄度の劣る加盟諸国」のカテゴリーに括ることが難しくなる。つまり、計算方法をめぐる問題は、イギリスをこのカテゴリーに含めて共同体からの金融支援の対象国とするのか、それともそこから除外するのか、あるいはまた、問題を執拗に「再交渉」問題に絡めようとするイギリスの動きを封じるのか、それとも放置するのか、という選択の問題に直結していたのである。

かくて定義をめぐる問題はいちじるしく政治的性格を帯びることになった。九月七日、経済政策委員会の委員でフランス財務省経済予測局長のコルテスが財務大臣ルネ・モノリーに宛てて覚書を作成している。彼はそのなかで同委員会の討議内容を分析し、次のように結論づけている。

> 結論として、繁栄度の劣る諸国への共同体の支援を増やすことには、経済分析よりもはるかに多く政治的評価が関係しています。〔ＥＭＳへの〕イタリアの参加は、単純な貸付もしくは予算からの移転のかたちをとった支援次第であるように見えます。ＥＭＳへのイタリアの参加が優先度の高い目標である――私はそう考えますが――とするなら、援助額ならびに繁栄度のもっとも劣る諸国のリストからイギリスを排除することで、三国（イタリア、ドイツ連邦共和国、フランス）は合意すべきでしょう。そのあとに、ベルギーとオランダも交渉に加えるべきでしょう。（傍点は引用者）[67]

フランス政府の内部には、ＥＭＳへのイタリアの参加を優先するためにイギリスを「繁栄度の劣る加盟諸国」から除外し、この問題に決着をつけようとする動きが早くも生まれていたのである。

第４節　ＥＭＳの制度構築（一九七八年九〜一二月）
——⑵アーヘン仏独秘密合意からブリュッセル決議まで

１　アーヘン仏独首脳会談と欧州閣僚理事会（一九七八年九月）

アーヘン仏独首脳会談と秘密合意（九月一四〜一五日）

実務者たちによる検討作業の過程で浮上した各国間の対立、なかでも仏独の対立をどう調整するか。問題が専門技術レヴェルで解決できなかったからには政治が解決する以外にない。九月一四〜一五日にアーヘンで仏独首脳会談が開かれるが、この会談の目的はこの問題の政治的解決にあった。

首脳会談に同席したフランスの外務大臣ルイ・ドゥ・ギランゴーは、九月一九日に自身の官房にこう説明している——この会談の「本質的な目的」は「若干の技術的な意見の違いを克服し、仏独を基盤に欧州〔通貨統合〕に向けた努力を再発進させること」にあった、と。(68) この証言を裏づけるように、会談には異例なことに両国の中央銀行の代表たちが参加していた。フランス側からはフランス銀行総裁クラピエ、同首席副総裁ジュニエール、同研究総局長ミシェル・フレッシュの三人、ドイツ側からはブンデスバンク副総裁ペール、同理事レオンハルト・グレスケの二人である。さらにいっそう異例なことに、ドイツの代表団にはドレスデン銀行の経営委員ハンス・フリリデリッヒス、シュレーダー銀行の頭取アルヴィン・ミュンヒマイヤー、コメルツ銀行の経営委員エンゲルベルト・ディッケンの三人の銀行界代表も加わっていた[69]。ただし、公表されたアーヘン会議の議題にはＥＭＳに関係するものが含まれていなかったから、ＥＭＳをめぐる協議は極秘とされていた。

会談では七項目からなる秘密の合意文書[70]が英文で作成されたが、ギランゴーは本質的な合意点は以下の四点であるとしている。

第一は、ニュメレールの選択とその定義および利用法である。この問題が仏独間の最大の争点になっていたことはすでに前節から明らかである。

会談の席上、シュミットは「正真正銘の通貨単位にたいするブンデスバンクを筆頭とする銀行界のきわめて慎重な姿勢を考慮し、ＥＣＵの利用に入念に枠をはめること[71]」（傍点は引用者）を提案した。シュミットが首脳会談に中央銀行代表と銀行界代表を同席させたのは、こうしたドイツ側の特別な事情によるものだったのである。

シュミットはしかし、ＥＣＵを単純な計算単位ではなく、「共同体の経済主体間における決済や取引において用いられることになる正真正銘の通貨」とすることに同意した。ブンデスバンクと銀行界の代表たちもまた、抵抗はしたものの最終的には、「かなり厳格な条件のもとで」という条件付きでＥＣＵを「変更可能なバスケット」とすることに同意した。こうしたドイツ側の譲歩と引換えに、シュミットは介入方式にたいするフランス側の譲歩をもとめた。「バスケットにもとづく為替制度のもとでは、二つずつの通貨間に設定されるパリティー・グリッドに基礎づけられた制度よりも、はるかに頻繁に、またはるかに多大の費用をかけて、ドイツは介入することになる[72]」というのが、彼のあげた理由であった。これはブレーメン会議前夜の仏独秘密協議の最終段階でドイツ連邦財務省とブンデスバンクが持ち出した議論そのものである。シュミットは結局、銀行側の強い抵抗の前に当初の考えを撤回せざるを得なかったのである。

ジスカールデスタンはシュミットの要請に「理解を示した」。こうして介入方式についてはパリティー・グリッドとすることと、ＥＣＵを「協議を経て変動幅内介入を実施する際の指標」[73]（傍点は引用者）として用いることで、つまりベルギー案を採用することで仏独首脳は合意することになった。

第二は、欧州通貨基金の役割と同基金による貸付額に関係している。この問題については、両首脳は次の二点で合意した。⑴基金の役割、権限および手段は将来の検討事項とするが、基金をたんなる「出納金庫」（caisse de tréso-rerie）とはせず、ＩＭＦに似た「正真正銘の基金」[74]とする。⑵基金に各国の中央銀行から預託される為替準備総額は最低でも二五〇億ＥＣＵとする。かくて欧州通貨基金に関する合意はかなり一般的な性格のものにとどまった。この基金を完成させるには各国の国内政治、国内法およびローマ条約の改正など多くの克服すべき課題が残っていたからである。

第三はＥＭＳを発足させる時期である。両首脳は準備期間を長引かせて通貨投機を誘発することのないよう、ＥＭＳを一九七九年一月一日に発足させることで合意した。ただし、発足の時期は当面公表しないこととした。

第四に、ＥＭＳに参加できない諸国には「一時的な不参加」を認める。また、「併行研究は通貨過程の前進を妨げるものであってはならない」[75]と理解する。この二つの合意はＥＭＳへのイタリアとイギリスの不参加を想定したものである。つまり、イタリアとイギリスが参加しなくても、またその結果ＥＭＳの仕組みがきわめて複雑なものになっても、さらに両国の態度が固く「併行研究」が不調に終わっても、仏独首脳はＥＭＳを発足させるというのである。この合意はＥＭＳにかける両首脳の強い意気込みをうかがわせる。

以上のうち第三項目と第四項目の前半部分（「一時的不参加」）は、両首脳の記憶にとどめる事項とされ、合意文書には盛り込まれなかった。なお、合意文書にあるもののギランゴーが言及しなかった項目には次の四つがある。⑴経済政策の収斂、しかも「下方へのインフレ率の収斂」（a downward convergence of inflation rates）。⑵参加諸国の合意にもとづく中心相場の変更。⑶同じく参加諸国の合意にもとづくＥＣＵの構成要素の改定。⑷「制度の信頼性を高め、また有効なものにするための」地域信用制度の整備[76]。

会談の最後に、ジスカールデスタンとシュミットは、両国間の協議を継続するために「ハイレヴェルの仏独合同の作業委員会」の設置を決めた。問題はこの作業委員会に付託された任務である。それは「イタリアと連合王国が当初はフルメンバーになれないにしても、ＥＭＳへの両国の参加を可能にする方策を考案する[77]」、つまりイタリアとイギリスがＥＭＳに部分的に参加できる仕組みを用意する、というものであった。作業委員会は両国首脳の密命を帯びた機関であるために、その構成や活動の実態は明らかでない。しかし、フランス銀行次席副総裁テロンが音声史料に注目すべき証言を残している。それによると、ＥＭＳの立上げに関しては、自分が「エミンガーに次ぐブンデスバンクのナンバー・ツーであるペール」とともに、仏独首脳が作成した「紙の上の文書を現実のものに変えた[78]」という。よって仏独中央銀行の二人の副総裁がハイレヴェルの作業委員会の責任者であったと見て間違いなさそうである。それはともかくとして、アーヘン合意以降のＥＭＳの制度構築をめぐる協議は、仏独連携の基礎上に、表と裏の二つの舞台で同時併行的に進められることになったのである。

欧州閣僚理事会（九月一八日）――孤立するイギリス

アーヘン首脳会談直後の九月一八日に欧州閣僚理事会がブリュッセルで開かれた。基本問題で仏独間に妥協が成立したことから、九カ国の経済・財務担当大臣たちはこの日の会合で自国の立場を公式に表明することになった。

最大の争点だったニュメレールおよび介入方式については、ベネルクスはもとよりイタリアとアイルランドもベルギー案支持を表明した。しかし、イギリスだけはＥＣＵバスケット方式支持の立場を変えなかった。とはいえそのイギリスも、通貨委員会と中央銀行総裁委員会がベルギー案にさらなる検討を加えることには反対しなかった。こうして多数派の意見は、議長を務めたドイツの財務大臣マットヘッファーによって次の三点にまとめられ、専門委員会に検討を委ねることになった。⑴中心相場の設定はＥＣＵで行う。⑵介入方式については現行のスネイクと同じパリティー・グリッドを採用し、介入点は名目上のもの、つまりＥＣＵの変動から独立したものとする。⑶ＥＣＵは「協議に入るための指標」として用いる[79]。ちなみに、議長によるまとめはアーヘン秘密合意にもとづいており、ベルギー案の枠組みを部分的に逸脱していた。というのは、ベルギー案ではＥＣＵを乖離指標に用いるとしているだけで、中央銀行間の「協議」には触れていないからである。

併行研究についても、イギリス以外の諸国はアーヘン秘密合意に沿うかたちで、「併行研究の結果をＥＭＳ立上げの前提条件としない[80]」ことで意見が一致した。アイルランドの財務大臣コーリーは、「併行研究によって決まる諸措置は、ＥＭＳの発足にともなって生じる特殊な負の効果を一時的に抑えることだけに限定すべきです[81]」とすら述べている。この発言は併行研究を「再交渉」問題につなげようとするイギリスに向けられたものであり、イギリスが「繁栄度の劣る加盟諸国」のあいだで孤立したことを物語っている。

2　ブリュッセル決議への道

変動幅内介入をめぐる問題――介入方式と国内経済政策運営

九月一八日の欧州閣僚理事会のあと、ベルギー案の詰めの作業が専門委員会で行われることになった。この作業が始まる前日の九月二〇日、ベルギー国立銀行総裁ストリッケルが各国にテレックスを送り、変動幅内介入の実施方法について提案した。八月のベルギー案につづく第二のベルギー案（以下、本項ではこれを「ベルギー案」と呼ぶ）である。

この新しいベルギー案の骨子は次のようなものであった。ＥＣＵで表示された各国通貨の中心相場の上と下に「乖離警報点」（seuil de divergence）を設ける。通貨の相場がこの乖離警報点を超えた場合には当該通貨国の中央銀行が為替市場に介入して乖離を抑制する。乖離警報点は当面、各通貨について設定される最大乖離幅(82)の七五パーセントとする。

　ベルギー案には大きな特徴が二つある。第一は二種類のグリッド（格子）が並存することである。グリッドの一つは双務的介入相場（限度）から構成される。それはスネイクの場合と同様、二つの通貨国の中央銀行が一方は限度の上方から、他方は下方からそれぞれ同時に介入することが義務づけられる介入相場のグリッドである。もう一つは、中心相場とＥＣＵにたいする乖離警報点から構成されるグリッドである。これら二種類のグリッドのあいだに直接的な関係はない。実際、ある通貨が乖離警報点を超えても双務的介入相場に到達したことにはならない。通貨が乖離警報点を超えるのは一般にこの双務的介入相場に到達する前の段階になるように、制度が設計されているからである。したがって、乖離警報点を超えた通貨国の中央銀行は変動幅の内部で介入することになる。

　第二の特徴は、通貨が乖離警報点を超えた場合に当該通貨国の中央銀行が多様な方法で介入し、通貨を安定させることにある。まず、通貨が乖離警報点を超えているものの、双務的介入相場に到達していない場合には、乖離を抑えるために中央銀行は欧州諸国の通貨および（もしくは）ドルを使って介入する。次に、すでに双務的介入相場に到達している場合には、反対の限度に位置する通貨に介入するだけでなく、この通貨にたいする介入の影響を和らげるために、同じく反対の限度に近い他の欧州諸国通貨およびドルを使った介入も行う。なお、こうした「介入の多様化」を容易にするために、いかなる中央銀行も自国通貨にたいして行われる介入を妨げてはならない。また、通貨が乖離警報点を超えても当該通貨国の中央銀行が介入しない場合には、その中央銀行は関係諸国に理由を説明するだけでなく、実施予定の代替的諸措置を通知しなければならない(83)。

　では、なぜこのように複数の通貨を使った、複雑な介入が行われるようになっているのか。変動幅内介入によって、いわゆる「不本意な債務国」（débiteur malgré lui）問題が発生するからである。すなわち、強い通貨国が変動幅内介入によって弱い通貨国の通貨を買えば、弱い通貨国は自国に責任がないにもかかわらず債務を負うことになるからである。介入を複数の通貨に分散させているのは、介入によって生じるこの「不本意な債務」を特定の国に集中させないためである。

ベルギー案は九月二一～二二日のエイヴァルト小委員会で技術面から検討が加えられたのち、一〇月九日の中央銀行総裁委員会に諮られた。総裁たちの意見はベルギー案をめぐって三つに分かれた。

ドイツ、オランダ、デンマークの総裁たちは、乖離指標にもとづいて介入するというベルギー案の考え方そのものに反対した。ブンデスバンク総裁エミンガーの反対理由はこうである。変動幅内介入の義務化は風評による為替投機を助長する恐れがある、また、為替制度が緊張する原因は強い通貨だけでなく弱い通貨の側にもあるから、「乖離指標によって正確に緊張の原因が特定できるわけではない」[84]。それゆえ、エミンガーと彼に同調する二人の総裁は、乖離指標は中央銀行間「協議」の開始を告げる警報として扱い、実際に介入を行うか否かは協議のあとに判断すればよいと主張する。介入はあくまでも個々の中央銀行の裁量に委ねるべきだというのである。

これにたいして、フランス銀行総裁クラピエと欧州委員会副委員長オルトリはベルギー案を支持する。クラピエはエミンガーをこう批判する。協議だけならフランスがスネイクにとどまっていた時代にも行われていたし、現在でもやろうと思えばできる。変動幅内介入が投機の抑制に効果があることは、フランス銀行の経験に照らして疑う余地がない。それゆえクラピエは、乖離警報点を超えた場合には「原則として」変動幅内介入を実施すべきだと主張する。一方、オルトリがベルギー案を評価するのは、それが共同体の理念に合致しているからである。つまり、パリティー・グリッド方式による介入義務は弱い通貨国にとって負担が重すぎるが、変動幅内介入には制度維持の負担を均等化する働きがあるからである。

残るイギリス、イタリア、アイルランドの総裁たちは、ベルギー案では十分でないと言う。彼らによると、変動幅内介入は乖離警報点を超えた通貨国の義務でなければならず、また介入は即時的で、かつ自動的なものでなければならない。なかでも、こうした主張に強くこだわったのはイングランド銀行総裁リチャードソンである。

このように総裁たちの意見は分かれたが、その背景には欧州閣僚理事会の合意に関する解釈の違いがあった。リチャードソンとオランダ銀行総裁ザイルストラの発言にそのことがよくうかがえる。「自動的介入」を主張するリチャードソンを、ザイルストラはこう批判した。「ECU指標に自動的な効果を付与するとなれば、事実上、パリティー・グリッド制度を通貨バスケット制度に替えることになるでしょう。しかし財務大臣たちの九月一八日の合意によると、ECUは介入制度の基礎をなすパリティー・グリッドを補完する役割しか果たさないことになっています」（傍点は引用者）。これにたいしてリチャードソンは、「欧州閣僚理事会は介入制度を、パリティー・グリッドだけでなくベルギーの妥協的方式にもとづかねばならない、ということで合意したのです」と応酬している。要するに、変動幅内介入の実施方法をめぐって争われたのは、EMSをパリティー・グリッド方式に近づけて運用するのか、それともECUバスケット方式に近づけて運用するのかという問題だったのである。

一〇月一〇〜一一日に行われた通貨委員会における討議でも、対立の構図は中央銀行総裁委員会と変わらなかった。[85] 変動幅内介入をめぐって再燃した強い通貨国と弱い通貨国の対立について、フランス財務省国庫局長アブレルは後日、覚書に次のように記している。

争われている為替技術上の諸問題のうらに本質的な問題がある。問題になっているのは、最終的にどの国が介入するのか、それゆえどの国が外貨を蓄積するのか、あるいは外貨を失うことになるのかである。したがってまた、これらの資産〔外貨〕の変動が当該国の経済政策の流れに及ぼす影響である。……かくて、この論争の争点は本質にかかわっている。[86]

アブレルによるこの分析は、現実に即して言い換えると次のようになる。通貨が常に相場を上げる傾向にある強い通貨国ドイツ、オランダ、それに程度は劣るがデンマークの場合には、介入の機会が増えれば国内の通貨供給が増大し、国内経済にインフレ・バイアスがかかる。それゆえこれらの国は変動幅内介入の自動化と義務化に反対する。一方、弱い通貨国イギリス、イタリア、アイルランドは、パリティー・グリッド方式による介入が発動されれば外貨を失い、国内経済にデフレ・バイアスがかかる。こうした事態を避けるために、これらの国は強い通貨国に早期に変動幅内介入をさせようとしていた。

介入方法をめぐる技術的問題は各国における経済政策の運営に直結していただけに、調整は容易でなかった。一〇月三〇日に開かれた中央銀行総裁委員会でも、一一月六～七日に開かれた通貨委員会でも、各国の代表はベルギー案が合意の基礎になることを認めつつも、同じ議論をくり返すだけであった[87]。

ところで、主要国のなかでフランスだけは対立する二つのグループから距離をおき、ベルギー案が最善であるとする立場に立っていた。アブレルによると、それはフランスがインフレ率と国際収支のトレンドで二つのグループの中間に位置していたからであり、ベルギー案はフランスの欧州政策にとって都合がよかったからである。アブレルは前出の覚書にこう記している――「妥協的解決法〔ベルギー案〕は、ドイツには経済の流動性を増やさざるを得なくさせ、脆弱な諸国にはいっそうの厳しさを強いる。それは欧州レヴェルにおける経済政策の協調を進めようとするフランス政府の努力に実によく合っている[88]」（傍点は引用者）。

国民通貨にもとづくＥＣＵの発行問題

ブレーメン・コミュニケの付属文書には国民通貨と引換えにＥＣＵを発行することが規定されていた[89]。一〇月三〇日の中央銀行総裁委員会では、この条項の取扱いが域内短期信用の拡大とのかかわりで議論されている。ベルギーが事前に文書で、各国の通貨をスワップの形式でＦＥＣＯＭに引き渡し、その見返りにＥＣＵを受けとれるようにすることを提案していたからである。この方法でＥＣＵが発行されるなら、弱い通貨国は短期資金を従来の中央銀行間の双務的信用とは別のルートで得られるようになる。[90]

ベルギー案にはイギリス、フランス、欧州委員会が賛意を表明した。フランス銀行次席副総裁テロンは、この案を「将来性に富んでいる」として高く評価した。反対にドイツとオランダはこれに強い難色を示した。エミンガーもザイルストラも、この方式を採用するにはローマ条約の改定が必要であるとし、法手続き問題を理由にベルギー案を葬り去ろうとした。同条約第235条を適用し、欧州閣僚理事会決議によって処理することはできないというのである。こ[91]れにたいしてテロンは、当面「既存の諸制度の手直し」で対応すればよいと応じた。また、欧州委員会経済金融総局長モスカは、最終的には条約の改定が必要になるが、改定までの期間は「経過的な取決め」によって対処できるとする欧州委員会の法務部の見解を紹介し、テロンの主張を支持した。

法的手続き問題では決着がつかないとみると、エミンガーは議論を実質面に移す。彼は言う――「法的問題は解決できるにしても、立ち入った検討をする必要があります……。かりに最初から最終的な制度に近いものにするのであれば、欧州通貨基金の最終段階で生じるすべての問題を解決しておかねばなりません」。エミンガーによると、解決しておくべき問題のなかには、国民通貨にもとづくＥＣＵの発行に「高度のコンディショナリティー」を付すことが含まれる。つまり、かりにこの方式が採用されても、簡単には利用できないものにすべきだというのである。このよ[92]うな、ＥＣＵの発行増をあくまでも阻止しようとするブンデスバンクの強い姿勢を前に、ベルギー提案をめぐる議論はこれ以上進まなかった。国民通貨にもとづくＥＣＵの発行をめぐる議論はこの日を最後に事実上封印された。

イギリスの決断

前項で見たように、九月には、イギリス以外の八カ国が介入方式にパリティー・グリッドを採用することで合意した。そのうえ一〇月に入ると、ドイツ、オランダ、デンマークが乖離警報点を超えた通貨国にたいする介入の義務化に強く反対した。強い通貨国と弱い通貨国のあいだの介入負担の平等を実現することはもはや絶望的となった。こうしてイギリス政府がＥＭＳへの不参加を決断することになる。

首相キャラハンはブレーメン会議の直後に、閣内に財務、産業、貿易、農業、外務の各大臣からなるＥＭＳ検討小委員会を発足させていた。一〇月一〇日、キャラハン自身が主宰して開かれたこの委員会で、ＥＭＳへの不参加の方針が確定した。政府によるこの最終判断は、経済政策に関する財務省の詳細な報告とキャラハンによる国内政局の分析にもとづいて下された。

財務省の報告は悲観的なものであった。たしかにイギリスのインフレ率は低下し、国際収支も改善している。しかし失業率は依然として高く、インフレ率も他の欧州諸国に比べて高い水準にとどまっている。現行の経済政策をつづけるには今後ともポンドを安めに維持せねばならない。ところが、ＥＭＳに参加すればポンド相場はマルクに追随して大幅に上昇するから、イギリス経済の競争力を維持するには、ポンドを他の欧州通貨にたいして毎年、平均五パーセント程度切り下げる必要がある。頻繁な平価調整はＥＭＳの理念からして困難であるし、共同体の地域信用やスワップの利用を増やしても問題の解決にはならない。よって残された政策はデフレ政策だけである。要するに財務省の分析によると、ＥＭＳの本質は結局のところ「スネイクの拡大」版、したがってまた「マルク圏」であるから、スネイクにおけると同様イギリスがそこにとどまることは難しいというのである。

一方で財務省は、イギリスはフランスやイタリアと事情が違うとも言う。なぜなら、輸出総額に占める共同市場の比重はフランスが五〇パーセント、イタリアが四七パーセントなのにたいしてイギリスは三七パーセントと低く、イギリスが欧州諸国とのあいだに固定相場制を維持する利点は相対的に少ないからである。

キャラハンによる国内政局の分析も悲観的であった。それによると、ＥＭＳに参加した場合には、政府は下院においても労働党の議員たちのあいだでも多数を維持できなくなり、政権運営ができなくなる(93)。

イギリス政府がＥＭＳへの不参加を決断したことはメディアでも報じられた(94)。しかし政府は、「戦術的な理由(95)」から、一二月の欧州首脳理事会までは他の欧州諸国との協議を継続することにしていた。このため一一月に入っても、共同体の諸機関では従来どおり各国の代表たちによって詰めの作業がつづけられた。こうしたなかで一一月一七日、国庫局長アブレルが最終交渉に向けたフランスの「戦術」を覚書にまとめ、ジスカールデスタン大統領府に届けている。経済的に脆弱なイギリスとイタリアがＥＭＳに参加するなら、フランスは参加諸国のなかで中間に位置づけられる。フランは「中間の通貨」になり、強力な通貨マルクと「差向かい」にならなくてすむ。このように記したあとにアブレルはこうつづけている。

> とはいえイギリスの最終的態度は不明である。たしかにイギリスでは国論が分裂しており、イギリスには明かに政治的意思が欠けている。……
>
> かくて、わが国がとるべき戦術はイギリスを孤立させて追い詰める、というものになるであろう。つまり、イタリアとアイルランドの関心事に十分な理解を示してやることである。一方の国〔イタリア〕は暫定的に変動幅の拡大を認めてやることで、そしてまた両国ともに〔共同体からの〕実質的な若干の追加的資金移転を認めてやることで、買収が可能である。イギリスについて言うと、たとえこの国が参加しなくても、〔ＥＭＳの創設という〕実験の共同体的性格を法的に保障するために、そしてまたイタリアとアイルランドにたいして実質的な資金移転を共同体として行うためにも、わが国はこの国と手を結ぶべきであろう。よってイギリスに何らかの対価を払う

必要がある。[96]（傍点は引用者）

このように国庫局長は、イタリアとアイルランドの要求を受け入れて両国にＥＭＳ参加を決断させることと、孤立したイギリスがＥＭＳへの不参加を決めてもこの国をＥＭＳの制度につなぎとめるために何らかの方策を講じることを、大統領府に進言したのである。

最終調整

しかし実際には、アブレルの覚書をまつまでもなく、通貨委員会、中央銀行総裁委員会、経済政策委員会の各専門委員会における域内九カ国の代表たちの検討作業は、すでに多くの部分でアブレルの描くシナリオに沿うように進んでいた。

為替変動幅については、スネイク諸国に適用される最大変動幅を現行と同じ中心相場の上下二・二五パーセントとし、スネイク外諸国には当面最大で中心相場の上下六パーセントまでの拡大変動幅を認めることで合意が成立していた。これらの数字は通貨委員会の一一月一四日付報告書[97]にも明記されており、イタリアのもとめる最重要項目は事実上実現していた。

「併行研究」でも同様の進展が見られた。たしかにイギリス、イタリア、アイルランドの三国と他の諸国のあいだの主張の隔たりは、外見上は縮まっていなかった。三国はＥＭＳを発足させるには「繁栄度の劣る諸国」への財政資金の移転を増やす必要があると主張し、他の諸国は、「現実的な為替相場」を維持すれば追加的な財政資金の移転は必要ないとしてこれを拒否しつづけた。しかしその一方で、当初から三国間にあった姿勢の違いはいっそう鮮明になっていた。イタリアとアイルランドが具体的な数字をあげて資金の自国への移転増を要求したのにたいして、イギリスは「ＥＭＳの立上げは共同体の諸政策全体の見直しの機会にならねばならない[98]」とする原則論をくり返すだけであった。このため、「イギリスは『併行研究』の結果ではなく自国に固有の利害によってＥＭＳへの参加を決めるであろう[99]」との観測が共同体内に広がり、イタリアとアイルランドについてのみ共同体と欧州投資銀行が特別融資を行う方向で調整が行われることになった[100]。この調整は順調に進み、まず一一月二〇日の欧州閣僚理事会において、イタリアとアイルランドが併行研究の枠内で実施される資金移転額に関して一定の譲歩をする意思を表明した[101]。次いで一一月二九日には、両国の譲歩をうけてフランスが、ＥＭＳ発足後三年間の移行期間に限定して、両国への共同体からの金融支援の増額に同意する方針を固めた[102]。

ＥＣＵと欧州通貨基金の創設については、基金の完成までの過渡期に限定されてはいたが、すでに合意が成立していた。それは次の二つの部分からなっていた。⑴各国の中央銀行は為替準備（金、ドル）の二〇パーセントを現行のＦＥＣＯＭに預金もしくはスワップのかたちで預託し、代わりにＥＣＵを受けとる。⑵為替介入によって生じる通貨の貸借は、この基金を介して、関係する二つの中央銀行間でＥＣＵを使って清算する。それゆえ過渡期においては、ＥＣＵは単純に各国の為替準備の一部に代替するだけで、共同体の自律的な管理下におかれるわけではない。為替リスクは「共同体化」されず、それまでと同様、個別の中央銀行が負担することになる。一方、介入に必要な信用の仕組みもスネイクと変わらない。スネイクとの違いはＥＣＵが為替介入の清算の手段として用いられる点だけである[103]。要するに中央銀行の機能には何らの変更も加えられない。

しかし以上とは対照的に、共通ドル政策にはまったく前進が見られなかった。共同体のいずれの機関においても問題の核心に触れるような議論が行われた形跡はない。ほとんど唯一の例外は、ドイツの財務大臣マットヘッファーが欧州閣僚理事会で行った発言である。ただし、それもブレーメン欧州首脳理事会前の六月一九日のことであった。マットヘッファーはこう発言している。アメリカの財務長官ミッチェル・ブルメンソールによると、欧州通貨問題にたいするアメリカ政府の基本姿勢は、①ドルを弱体化させない、②ＩＭＦの役割を低下させない、③ＤＴＳの機能を低下させない、の三つの原則にまとめられる、と。[104] ただし、この発言をめぐって意見交換が行われた様子はうかがえない。アメリカのドル政策が依然として不透明だったことから、欧州諸国はこの超大国を刺激しないよう、対ドル政策にきわめて慎重になっていたようである。アブレルは先の一一月一七日付覚書にこう記している。

アメリカ合衆国から向けられた疑い――これは現在の〔ドル〕危機で強さを増している――が〔欧州諸国間の〕交渉に重くのしかかっており、相互の歩み寄りを妨げている。あたかも、対ドル協調介入をめぐる問題でＥＭＳが早期に行き詰まることがないように、〔フランス以外の〕他の欧州諸国が中央銀行のプラグマティズムとノウハウしかあてにしていないかのように、すべてが運んでいる。かくてここに、依然として深刻な困難がある。[105]（傍点は引用者）

以上から明らかなように、ＥＭＳを構成する諸要素の多くは一二月の欧州首脳理事会を前に固まりつつあった。しかし、変動幅内介入と地域信用制度をめぐる問題だけは最後までもつれた。変動幅内介入についてはすでに前項で触れているので、ここでは地域信用制度についてのみ論点を整理しておくことにしよう。

地域信用制度に関する九カ国の意見は三つの問題をめぐって分かれていた。第一に、強い通貨国の介入によって弱い通貨国が「不本意な債務国」とされた場合に、弱い通貨国を、債務の返済期限や利息の面で優遇する必要があるか否か。この問題では、イギリス、イタリア、アイルランドが優遇することを主張し、ドイツとオランダはこれに反対していた。

第二は超短期信用の返済期限をめぐる問題である。為替介入する際に弱い通貨国が強い通貨国から借り入れる通貨の返済期限は、借入れが行われた月の末日から起算して三〇日後と決められていた。ところが為替相場の傾向的変動は二カ月が経過したころに反転するために、域内諸国の多数は返済期限を六〇日まで延長することを主張していた。しかしドイツとオランダは現状維持の姿勢を変えなかった。

第三の問題は信用額に関係している。ブレーメン・コミュニケには信用総額を二五〇億ＥＣＵに増額すると記されていたが、その具体的利用法をどのようなものにするか。ここでも九カ国の意見はドイツの提案をめぐって割れていた。ブンデスバンク総裁エミンガーは、①総額二五〇億ＥＣＵは短期信用二にたいして中期信用一の割合に分割して運用すること、②この総額は中央銀行ごとに決められている債務割当額と債権割当額[106]のそれぞれの合計額と見なすこと、の二項目を提案した。この案によると、信用を利用するのは弱い通貨国だけであるから、利用可能な信用総額は事実上、全体の半分（一二五億ＥＣＵ）程度に圧縮される。信用額を圧縮する理由について、エミンガーは、「過度の［信用の］増額は公衆によってインフレ的と見なされる」[107]からであると説明している。ドイツの中央銀行は自国の世論の反発を恐れていたのである。ここでもドイツの提案に賛成したのはオランダだけで、他の七カ国は実際に利用可能な信用総額を二五〇億ＥＣＵとすべきだと主張していた。

かくて地域信用制度については、資金の貸手の側にまわることがはっきりしていたドイツとオランダが現状に近いかたちでの制度維持を主張し、一方、常に国際収支に不安をかかえ、資金の借手の側にまわる可能性の高いその他の諸国が制度の大幅な変更をもとめていたのである。

3　欧州閣僚理事会（一一月二〇日）と残された諸問題――妥協を拒むイギリスとドイツ・ブンデスバンク

欧州首脳理事会前の最後の欧州閣僚理事会が一一月二〇日に開かれた。ここでは未だ確定していない変動幅内介入と地域信用制度が議題になった。

最初に議長のマットヘファーから、変動幅内介入について三項目の妥協案が示された。それは「フランスとドイツの代表団」[108]によって事前に準備されたものである。⑴通貨が乖離警報点に到達した場合には、当該通貨国の当局が乖離を抑制するために適切な措置をとる。⑵適切な措置には、多様な市場介入、通貨政策などあらゆる経済的諸措置が含まれる。⑶そうした措置をとらない場合には、当該国は他の諸国にその理由を説明しなければならない[109]。いうまでもなく、この妥協案はベルギー案そのものである。会合にはエミンガーが出席していたが、彼はこの妥協案に異議を唱えなかった。しかし、イギリスの財務大臣デニス・ヒーリーだけは相変わらず介入の「義務化」を主張し、これに反対した[110]。一方、地域信用制度については、前項の最後で触れた三つの問題について各国から意見表明が行われた。ここでもドイツの出方が注目された。しかしドイツとオランダは、信用額についてのみ譲歩し利用可能総額を二五〇億ECUとすることに同意したものの、それ以外の項目については従来の主張を変えなかった[111]。

かくて変動幅内介入と域内信用制度のいずれの問題についても、イギリスとドイツが自らの原則的立場を変えなかったために、欧州閣僚理事会は結論を先送りすることになった。

この一一月二〇日の欧州閣僚理事会はイギリスの財務大臣の厳しい演説で幕を閉じた。ヒーリーはイギリスの主張をくり返し述べたうえで、「閣僚理事会は十分にその役割を果たさなかった[112]」と閣僚理事会を強い調子で批判した。ヒーリーによると、EMSは「欧州版ブレトンウッズという期待[113]」からかけ離れている。彼の言う「欧州版ブレトンウッズ」が正確に何を意味するのかは明らかでない。しかし前項から明らかなように、過渡期のEMSにおいては、各国から預託された為替準備が一括して共同体の中央機関（欧州通貨基金）にプールされてこの中央機関からECU資金が貸し出されるのではなく、介入資金（通貨）の貸借は従来と同様、FECOMを介して二国間で行われることになっていた。したがってこの制度のもとでは弱い通貨国にデフレ・バイアスがかかり、以前と何も変わらないことになる。一方、短期および中期の地域信用額も増額されたとはいえ、弱い通貨国から見れば十分とは言えない。ヒーリーはこれらのことを問題にしていたようである。

しかし、ＥＭＳは世界システムとしてのブレトンウッズとは違い、参加国が欧州諸国にかぎられている。しかもそれは、基軸通貨ドル自体が変動している世界変動相場制のもとでの地域固定相場制である。ＥＭＳがイギリスの期待する「欧州版ブレトンウッズ」に容易になれないことは明らかであった。そのうえイギリスは、自国経済に規律を強いる制度や方式にはすべて反対し、いっさいの妥協を拒んできた。それだけに他の諸国の代表たちはヒーリー発言を冷ややかに受けとめた。フランス側が作成した会議記録にはこう記されている――「財務大臣の最後の発言は他の出席者たちの感情とは正反対であった。イギリスの大臣は、あたかも自国政府の最終的撤退に備えているかのような印象をあたえた」[114]。

一一月末になるとイギリス政府が、信用機構とＥＣＵには参加するものの為替機構には参加しない方針を固めた。その狙いは、欧州の通貨・経済問題に関して発言権を確保することと、将来の為替機構への参加に道を残しておくことにあった[115]。このようなＥＭＳへのイギリスの部分的参加については、アーヘン仏独首脳会談で設置が決まった「ハイレヴェルの仏独合同作業委員会」が技術的検討を加えていたはずであるから、イギリスの選択は仏独首脳にとっては想定内のことであった。実際、一一月二四日に行われたキャラハンとの首脳会談で、ジスカールデスタンはイギリスの部分参加を了承している[116]。

ところで、イギリスの方針を知った国庫局長アブレルは、「義務を拒否しながら権利は手に入れようとするものであり、責任と義務をともなうＥＭＳの共同体的精神に反する」[117]とイギリスを厳しく批判する。しかしそれにもかかわらず、彼はイギリスがＥＣＵに参加することの利点を列挙し、この国の希望に応じるべきであるとしている。

(1)　ポンドがＥＣＵに参加するなら、ＥＣＵはＥＭＳのニュメレールになり、その結果、ＥＣＵが「一つの欧州通貨単位」の端緒、さらには共同体における「単一の計算単位」になる道が開ける。

(2)　ポンドがＥＣＵに参加するなら、ＥＣＵは二つの本質的な性格を具えることになる。一つは、未だ域内の通貨間に力の差が残っている状況のもとでの「均衡のとれた計算単位」という性格であり、もう一つは「イギリスの〔対欧州〕姿勢のぶれから隔離された計算単位」という性格である。

(3)　イギリスが為替準備を預託してＥＣＵの創設に参加するなら、この新しい国際準備資産の信頼度が高まる。

(4)　イギリスの事例は、フランスが将来一時的に介入機構から離脱を余儀なくされた場合に、ＥＣＵの機能を損なわず、かつ信用機構の利用を継続するための先例として役立つ(118)。

以上の四点は、ＥＣＵの基盤を固め、この人工通貨を単一の欧州通貨の萌芽とすることへのフランス政府の期待の大きさを示している。

第5節　フランスとドイツにおける反応と欧州首脳理事会ブリュッセル決議

1　ドイツにおける国内調整

ＥＭＳの立上げに向けた国内調整で大きな困難をかかえていたのはドイツである。そのことは、これまでに引用したブンデスバンクの指導者たちの発言からも十分うかがえる。また実際、欧州首脳理事会ブリュッセル会議直前の一九七八年一一月三〇日には、シュミットとマットヘッファーがブンデスバンクの理事会に赴き、同行の指導者たちと異例の意見調整を行っている。しかし抵抗したのは中央銀行だけではなかった。ドイツのメディアの多くはＥＭＳに批判的な論陣を張り、有力な五つのシンクタンク――いわゆる「五大研究所」――も相次いでＥＭＳに批判的ないしは懐疑的な分析を公表していた。ＥＭＳに関するドイツ国内の論調については、同年一二月にＩＮＳＥＥ（フランス国立経済統計研究所）が各種の出版物を分析し、次のようにまとめている。「全体として、〔ドイツ国内における〕論評はブンデスバンクの影響を大きくうけている。この論評は、イギリスやイタリアという不均衡のはなはだしい諸国の圧力をうけてＥＭＳがあまりに節度のない制度になりはしまいか、と懸念する内容のものである」[119]。

ドイツにおける国内調整の結果は、一一月三〇日のブンデスバンク理事会のあとに総裁エミンガーが発表した政府とブンデスバンクとの合意事項に整理されている。それは次の五項目からなっていた。⑴欧州諸国の多くが安定政策を優先するようになり、各国の国際収支に改善が見られる。よって固定相場制への復帰の条件は数年前に比べて整っている。⑵ブンデスバンク理事会は「若干のリスクをとる必要がある」ことを了承した。一方、シュミット首相は、ブンデスバンクが従来どおり自律性を維持することを確認した。したがって、「安定政策は継続されるであろうし、またそれは可能であろう」。⑶イギリスとイタリアが主張するような変動幅内での「自動的介入」が制度化されることはない。また、通貨バスケットは「協議」の開始を告げる指標の役割を果たすにとどまる。⑷為替相場の変更はＥＭＳ発足後においても認められる。⑸信用総額は当初の予定額一〇〇億ＥＣＵ（約一三〇億ドル）を大きく上回ることはなく、その半分は中期信用に充当される[120]。

しかし、このような公表された情報だけでドイツの対応全体を推し量ることはできない。九月のアーヘン仏独首脳会談にはブンデスバンクから二人、銀行業界から三人の代表がそれぞれ出席してフランスとの秘密協議に加わっていた。また、この首脳会談のあとに設置された「ハイレヴェルの仏独合同作業委員会」のドイツ側責任者を務めたのはブンデスバンク副総裁ペールであったと見られる。これらの事実は、ドイツの銀行指導者たちが公式の発言と実際の行動を使い分け、冷静かつ現実的に対応していたことを物語っている。別の言い方をすると、公式の場における総裁エミンガーの発言だけでブンデスバンクやドイツ銀行業界の判断や行動を理解することはできないということである。ドイツは分断国家であり、ドイツ工業は共同市場の最大の受益者であったから、ドイツ経済は他の欧州諸国との協調なしには成り立たない。こうした現実を考えればドイツの屈折した対応は容易に理解できる。

2　フランスにとってのEMSの意味——専門技術官僚たちの分析

ドイツにもまして歴史研究にとって興味深いのはフランスの対応である。フランス銀行総裁クラピエの証言によると、クラピエは当時、大統領ジスカールデスタンと二週間に一度、また首相兼財務大臣バールとは一週間に一度の頻度で会談の機会をもっており、総裁と政府首脳との親密な関係はフランス中央銀行史上まれに見るものであった(121)。一方、国政レヴェルでも、EMSの創設を進めることに特段の問題はなかった。中期計画を定めた第七次プラン（一九七六～八〇年）は一九七六年七月に議会を通過していたが、そこには「真の経済通貨同盟」の創設に取り組むことが謳われていた。また、折から策定の途上にあった第八次プラン（一九八一～八五年）では、さらに踏み込んで、欧州諸国との為替関係の安定と、そのための経済・通貨政策の協調が謳われていた。一九七八年四月の国政選挙では政権与党が勝利し、ジスカールデスタン／バール政権は国民の信認を得たばかりであった。さらに言えば、ジスカールデスタンは欧州首脳理事会ブレーメン会議の直前にフランス政界の四つの政治組織の代表をエリゼー宮に招き、EMSの骨子とEMSにたいする政府の姿勢を説明している。このときEMSに反対したのは共産党の代表だけで、最大野党社会党の代表フランソワ・ミッテランは是非にかかわる発言をしなかった(122)。

フランスで問題があったとすれば政策技術レヴェルである。というのは、EMSのすべての機構へのイギリスとイタリアの参加は最初から危ぶまれており、新しい制度のもとでもフランスは「中位の国」になれず、フランは再び最弱の通貨に位置づけられる可能性があったからである。

では、専門技術官僚たちはＥＭＳをどう見ていたのであろうか。ＥＭＳの制度構築が最終局面を迎えていた一九七八年一一月に、大統領の経済金融顧問リュオーは財務省国庫局、同経済予測局、計画庁の三つの部局にたいして、フランスにとってのＥＭＳの意味を覚書にまとめるようもとめた。次いで彼は、これらの部局から提出された三篇の覚書にもとづいて、一一月一七日から一二月四日にかけてジスカールデスタンのために三篇の覚書を作成している。大統領文書のなかに残された合計六篇の覚書は、フランスの経済・財務官僚たちによるＥＭＳの理解ならびに評価として貴重である。以下にその内容を紹介してみよう。それは三つの論点に整理できる。

第一は、ＥＭＳの本質は何か、あるいはブレーメン・コミュニケが目標に掲げる「安定通貨圏」が何を意味するかである。ここでは、インフレ率のもっとも低いドイツの国民通貨マルクにフランが固定相場で連結されることが確認されている。一一月一七日付のリュオーの覚書は、「ＥＭＳへのフランスの参加は、本質的に、フランの対マルク固定平価の維持を意味する[123]」という書出しで始まる。その下敷きになったのは経済予測局次長の手になると見られる覚書である[124]。それにはフランがマルクに連結されることの意味がより詳しく記されている。

> 域内の為替相場を固定するとは、加盟諸国のインフレ率が相互に乖離し得なくなるということである……。構築されようとしている諸機構によって、各国のインフレ率が全体の平均にそろえられることはない。目標は、どちらかと言えば、インフレ率を最低のインフレ率、すなわちドイツの水準に急速に導くことにおかれていると考えねばならない。実際、通貨安定圏という述語が暗に意味しているのはそれである。経済計算が、インフレによって歪められることなく、とくに時間と場所によるインフレ〔率〕の変化によって歪められることなく、行える必要がある。……同じく、時間と場所によるインフレ率の変化の拡大が投資リスクを大きくし、欧州〔経済〕の自律的回復の大きな障害になっていることも考慮せねばならない。かくて欧州通貨統合は、経済計算にあたって

地理的な位置づけが問題にならない「共同市場」を、再び創り出すことになるであろう。[125]（傍点は引用者）

このようなＥＭＳの本質規定から導かれるのはいわゆる「赤字国責任論」である。ジスカールデスタンに宛てたリュオーの一一月一七日付覚書にはこう記されている。

通貨安定圏を真の意味において漸進的に創りあげるには、各国のインフレ率を最低のインフレ率、すなわちドイツの水準に段階的にそろえるしかありません。それは、各国のマネー・サプライ政策が「もっとも賢明な国」に、この場合にはドイツ連邦に、漸進的にそろえられねばならないことを意味します。同じくそれは、介入義務と調整政策がインフレ率のもっとも高い諸国の中央銀行に課されねばならないということです。自国の通貨を支えるために介入すべきは、通貨が下げ相場への投機の対象になっているインフレ率のもっとも高い国なのです。[126]

（傍点は引用者）

ちなみに、欧州通貨協力制度については、前の諸章からも明らかなように、フランスの経済・財務官僚たちは一九七〇年のヴェルネル委員会以来、一貫して「黒字国責任論」寄りの主張をしてきた。彼らが「赤字国責任論」寄りの議論を展開したのはこれが最初である。

論点の第二は、ＥＭＳの発足によって仏独間にどのような問題が生じるかである。フランがマルクに固定相場でつながれば年率一五パーセントを記録していたフランスの輸入価格の上昇は抑えられる。輸入総額はフランスの資源の二〇パーセントを占めているから、国内物価は三パーセント程度押し下げられる計算になる。しかしフランスにおける国内物価の調整は、価格機構がいちじるしく硬直的なために円滑には進まない。フランスの工業製品価格は一九四五年以来政府の管理下にあり、ようやく一九七八年六月になって、バール政権のもとで段階的に自由化することが決まったばかりである。一方、賃金については一九五二年以来最低賃金にのみ物価スライド制が採用されていたが、一九七〇年代に入ると、賃金の物価スライド制はさまざまなかたちをとって賃金制度一般に拡大していた。[127] それゆえ輸入価格が下がっても、その影響が輸出価格の低下となって現れるには時間がかかる。このため、一九七八年時点のフランスの輸出価格の上昇率はドイツに比べて五パーセント低いが、この開きは早晩消滅する。やがて仏独間の貿易収支の不均衡が拡大し、経常収支が不均衡を呈すると見なければならない。[128]

論点の第三は、域外の諸通貨、なかでもドルの変動がフランス経済に及ぼす影響である。フランスの輸入の三一パーセント、輸出の一〇・九パーセントがドルで決済されているから（表７－２を参照）、決済面から見るかぎりドル高よりもドル安の方がフランスにとって都合がよい。とはいえドル安からは、ＥＭＳの機構をつうじて別の困難な問題が生じる。ドル安は欧州の強い諸通貨なかでもマルクの相場上昇をもたらすからである。マルクとそれに連動して相場を上げるギルダー、ベルギー・フラン、デンマーク・クローネの四つの通貨がＥＣＵに占める比重は四五パーセントと大きいことから、ドル安の影響はＥＣＵを介して共同体全体に及ぶことになり、最強の通貨マルクと最弱の通貨フランのあいだに緊張が生じる。[129] つまり、スネイクにおけると同じ問題が生じる。

表７－２　フランスの貿易額の決済通貨別分布（1978年）

（単位：％）

	輸入	輸出
フランス・フラン	31.5	65.4
ベルギー・フラン	4.4	3.3
ギルダー	3.2	2.3
マルク	14.4	9.8
リラ	4.4	2.7
ポンド、クローネ（デンマーク、ノルウェー、スウェーデン）[1)]	5.9	2.9
スイス・フラン	2.0	1.6
ドル	31.0	10.9
円	1.0	0.1
その他	2.3	1.2
合　計	100.0	100.0

（注）：(1) 北欧３国の通貨クローネはいずれもポンドと同率で相場を下げていたために、一括して計上されている。

（出所）　AN, 5AG3/2698. Ministère de l'Economie et des Finances. Direction de la Prévision. Note par le sous-directeur, Gabriel Vangrevelinghe, à J.-P. Ruault, 20 novembre 1978.

以上三つの論点のなかで示された分析からは、論理的に三つの対応策を導くことができる。第一に、フランス経済から物価の管理や賃金の物価スライド制などの硬直要因を除去することによって、その「適応」および「調整」の速度を早める。第二に、峻厳な経済政策を採用することによって弱いフランを強いフランに転換する。第三に、第一と第二が実現し、フランスとドイツの経済政策および経済構造の収斂が進むまでの過渡期においては、フラン／マルク間に生じる緊張には中心相場を定期的に変更することによって対処する。

これら三つの対応策のうちの第一と第二はバール・プランのなかに核心的な政策項目として盛り込まれていた。またそれらは第八次プランの「基本戦略」そのものでもあった。かくてバール・プランと第八次プランを忠実に実施することが、フランスがＥＭＳに参加し、そこにとどまるための不可欠の条件になる。これが経済・財務官僚たちの一致した見解であった。要するにフランスの側から見れば、ＥＭＳの創設は着手したばかりの新自由主義的構造政策ないしは構造改革と表裏の関係にあったのである。

3　ブリュッセル決議（一九七八年一二月四〜五日）

一九七八年一二月四〜五日にブリュッセルで欧州首脳理事会が開かれ、九カ国の首脳が「ＥＭＳの創設とそれに関連する事項」について決議した。決議の内容は六カ月に及んだ欧州閣僚理事会と、通貨委員会、中央銀行総裁委員会および経済政策委員会の三つの専門委員会における検討結果を、いわば集約したものである(130)。本章におけるこれまでの検証と重複する部分が多いが、最終結果を確認する意味でその要点を整理しておこう。

ブリュッセル決議の枠組みはブレーメン・コミュニケと同じである。ＥＭＳの制度構築は二つの段階に分かれる。まず第一段階が始まり、その後二年以内に欧州通貨基金が創設されて第二段階に移行する。この第二段階で「準備資産ならびに決済手段としてのＥＣＵの完全な利用(131)」が実現し、制度は完成する。ブリュッセル決議が対象とするのは第一段階だけで、第二段階は二年後の課題として先送りされている。そこで問題になるのは第一段階の内容である。

為替介入方式とECU

ブリュッセル決議の核心に位置するのは、いうまでもなく共同体諸国のあいだで最大の争点になった為替介入方式である。為替介入については二つの方式が併用されることになっている。一つはパリティー・グリッド方式である。それは次の三つの要素から構成される。①各通貨の中心相場をECUで定義する、②それによって決まる二国通貨間の中心相場のまわりに上下それぞれ二・二五パーセントの変動幅を設定する、③二つの通貨の相場がこの変動幅の限度に達した場合に、関係する通貨国の中央銀行が一方は上方から、他方は下方から同時に、かつ義務的に介入する。もう一つはECUバスケット方式である。すなわち、ECUにもとづいてそれぞれの通貨ごとに計算された最大乖離幅の七五パーセントの位置に「介入警報点」を設定し、通貨がこの警報点を超えて相場を上げた（もしくは下げた）場合に、関係する通貨国が「適切な措置」を講じることによって状況を是正する、という方式である。なお、「適切な措置」とは、①原則として域内の諸通貨を使って行われる多様な介入、②国内における通貨政策上の措置、③中心相場の変更、④その他の経済政策上の措置、の四つである。また、これらの措置がとれない場合には、当該当局は中央銀行間協議の場で他の諸国の当局にたいして理由を説明しなければならない。

以上の介入方式についてはいくつかの点を確認しておく必要がある。まず、イギリスとイタリアが変動幅内介入の義務化を最後まで主張していたが、この主張は結局とおらなかった。また、パリティー・グリッド方式も採用されることになっている。この二つの事実は、EMSが、ECUを「制度の支柱」にするというブレーメン・コミュニケの目標から後退した制度になったことを意味する。次に、二つの通貨の最大乖離幅は二・二五パーセントで、スネイクと同じである。それゆえブレーメン決議にある「スネイクと同等の厳格さ」という条件は満たされているかに見える。

しかしその一方で、スネイク外諸国には当面上下それぞれ六パーセントの拡大変動幅が認められており、また発足時にEMSに参加しなかった国には後日の参加が認められている。さらに、必要に応じて中心相場の再調整も行うことになっている。これらの点に着目するなら、EMSはスネイクに比べていちじるしく柔軟な制度として設計されていたと言える。

ところで、介入方式が上記のようなものになったうえに、欧州通貨基金の創設が二年後に先送りされたことから、ECUの利用法はきわめて限定されたものになった。ブリュッセル決議に明文規定された利用法は次の四つにとどまっている。(1)「為替相場機構のニュメレール」。すなわち、中心相場を定義する際の表示単位。(2)乖離指標の基準。(3)介入と信用制度の双方の運営上の表示単位。(4)共同体の通貨当局間における決済手段。なお、決済手段としてECUを使用することとの関連で、各国の中央銀行は金およびドル準備の二〇パーセントをFECOMに預託し、見返りにECUを受けとることになっている。

第三国にたいする為替相場政策の協調と地域信用制度の拡充

第三国にたいする為替相場政策の協調はブリュッセル決議にも盛り込まれている。ただし、共通ドル政策を意味するこの条項には、ブレーメン決議にはなかった「〔第三国の〕通貨当局との可能なかぎりの協力」という文言が追加されており、アメリカの通貨当局との協力関係を追求しようとする意思が明確に示されている。

地域信用制度については、旧来の制度に部分的な変更が加えられている。まず超短期信用では、介入の行われた月の末日から起算して三〇日だった返済期限が四五日へと延長されている。次に短期信用と中期信用では、利用可能総額が二五〇億ECUに増額され、短期信用に一四〇億ECU、中期信用に一一〇億ECUずつ配分されている。地域信用制度をめぐっては、ドイツ（ブンデスバンク）およびオランダと他の諸国が鋭く対立していたが、全体として制度を柔軟化し、信用額を拡大する方向で最終的に妥協が図られたのである。

経済力の脆弱な諸国にたいする金融支援

「併行研究」の名のもとに検討が行われたこの金融支援は、共同体の諸機関と欧州投資銀行が、ＥＭＳの発足後五年間、毎年一〇億ＥＣＵの特別融資を三パーセントの利子補給付で実施することとされている。特別融資の対象国と目されていたのはイタリアとアイルランドで、イギリスは除かれている。

ところでアイルランドは、ブリュッセル決議に盛り込まれた融資額に満足しなかった。首相のリンチはブリュッセル会議の直後に、シュミットに直接電話を入れ、「アイルランドはＥＭＳに『何としても《デスペレマン》』参加したいが、欧州閣僚理事会で決まった移転額では不十分である」[132]として、追加の金融支援を要請している。シュミットはフランスも支援に加わることを条件に、この要請に応じる意向を示した。ドイツ連邦財務省次官ラーンシュタインからジスカールデスタンの外交顧問パナフュに伝えられた情報によると、シュミットは、「ＥＭＳへのアイルランドの参加は、たとえイタリアが抜けたとしても、政治的にも経済的にもきわめて重要である」[133]と判断していたという。アイルランドへの追加支援問題は一二月一四日に最終的に決着し、ドイツとフランスは一九七九〜八〇年の二年間、二国間援助の形式で借款を供与することになる[134]。アイルランドが自国通貨とイギリス・ポンドとの関係を断ち切ることまでしてＥＭＳへの参加を決めた決定的な動機は金融支援の獲得だったのである。

ブリュッセル決議についてはさらに三点を補足しておかねばならない。第一に、ＥＭＳの発足はアーヘン仏独秘密合意のとおり一九七九年一月一日とされたものの、実際には同年三月一三日まで延期された。ＥＭＳが発足すれば農業部門における通貨調整金制度が存在理由を失うが、その廃止をめぐって最大の利害当事国であるフランスとドイツのあいだで事前の調整が必要になったからである。第二に、ＥＭＳが機能を開始するには、あらかじめ介入方式、ＥＣＵの構成、地域信用制度等に関する法手続きをすませておく必要があった。このため、一九七八年一二月一八日から翌一九七九年三月一三日にかけて、欧州閣僚理事会、ＦＥＣＯＭ、共同体諸国の中央銀行によってそれぞれ一連の決議が行われ、また中央銀行間において協定が結ばれた。[135] 第三はＥＭＳとスネイクの関係である。ＥＭＳがパリティー・グリッド方式を継承したことから、スネイクはその歴史的役割を終え、ＥＭＳに吸収され消滅することになった。

小　括――ＥＭＳと欧州の政治、経済、社会

ＥＭＳの成立過程は異例づくめであった。まずこの制度の基本部分のすべてが、ジスカールデスタンとシュミットの秘密協議によって固められた。ブレーメン・コミュニケがそうであったし、ブリュッセル決議もアーヘンでの両首脳の秘密協議によって固められたものであった。ＥＭＳへのイタリアとアイルランドの参加を可能にした金融支援も両首脳の政治決断によって実現した。イタリアに六パーセントの拡大変動幅を認めたのも、またイギリスにＥＣＵと地域信用制度のみへの参加という道を用意したのも両首脳であった。一方、他の欧州諸国はこの二人の政治指導者の提案ならびに働きかけに応じたのであるから、これらの国も政治的に対応したことになる。

仏独の首脳がＥＭＳの創設をつうじてめざしたのは、ブレトンウッズ体制の崩壊によって危機に瀕した欧州共同市場を防衛すると同時に、世界の経済・通貨秩序に安定をもたらすことにあった。ＥＭＳは欧州の問題を欧州の内部で解決するための制度としてではなく、欧州の問題と世界の問題を同時に解決するための制度として構想されていたのである。

ＥＭＳの創設に政治が深くかかわっていたために、発足後のＥＭＳにも政治が深く影を落とすことになる。第8章で詳しく見るように、一九七九年下期以降、第二次石油危機による経済危機から欧州諸国で政局が不安定化した。とくにフランスではジスカールデスタンとバールにたいする世論の支持率が急落し、一九八一年五月の大統領選挙でのジスカールデスタンの再選が危ぶまれるようになる。このため一九八〇年春に、仏独両国政府は欧州通貨基金の創設を先送りする意思を固めた。そして翌一九八一年三月、欧州閣僚理事会で正式に基金創設の無期限延期が決議され、第一段階のＥＭＳだけが存続することになった。

ＥＭＳがきわめて政治色の強い制度であることについては、元フランス銀行総裁ジュニエールが制度面から興味深い分析をこころみている。ジュニエールは、一九八一年五月の大統領選挙に勝利したミッテランの社会党政権の初期にフランス銀行総裁を務めていた。

ジュニエールによると、為替変動幅や域内信用制度といった技術的レヴェルではＥＭＳとスネイクのあいだにほとんど違いがない。しかしＥＭＳにおいては、スネイクと違って二つの政治的任務が制度そのもののなかに埋め込まれていた。一つは、共同体加盟諸国の通貨から合成されるＥＣＵが「ＥＭＳの中心的要素」(l'élément central du SME. ブリュッセル決議）に据えられていたことである。もう一つは、ＥＭＳには第二段階があり、この第二段階で欧州諸国は経済通貨同盟の完成に向けて最終的な一歩を踏み出すことになっていたことである。それゆえ、ＥＭＳは「双頭のスネイク」(un Serpent à deux têtes）とも呼べるものであった。ＥＭＳに埋め込まれたこの政治的任務のゆえに、一九八〇年代前半に各国で政権交代が相次いだにもかかわらず、どの国もＥＭＳから離脱しなかった。ジュニエールは言う――「一九八三年のフランスのように、ＥＭＳを離脱して通貨面での自由を取り戻すという幻想に強くとらわれた時ですら、各国政府にＥＭＳを見放すことを思いとどまらせたのはこの政治的任務である。かくてＥＭＳは、一九七〇年代の純粋に技術的な『スネイク』(le «Serpent» purement technique）とは反対に、政治的意思をもって『双頭のスネイク』が生きつづけられることを証明した[136]」。スネイクからの離脱は技術的な問題として処理できるが、EMSからの離脱は大きな政治的リスクをともなうために実行できなかったというのである。

しかし政治の果たした役割がいかに重要であったにしても、それを過大視することは慎まねばならない。政治指導者たちがEMSの創設に向けて動くことができたのは、それを可能にする経済的・社会的条件が一定程度整っていたからにほかならない。一九七四～七五年の経済危機を経て、欧州諸国がインフレ抑止に本腰を入れて取り組むようになっていたこと、しかも、この新しい政策にたいして一定の国民的合意が形成されつつあったことは注目しておく必要がある。そこで、問題になるのは労働組合や使用者団体などの職業団体のEMSへの対応である。

職業団体がEMSの創設をめぐって影響力を行使した形跡は、本稿における考察の範囲内ではうかがえない。しかし職業団体がこの問題に無関心だったとは考えられない。EMSの成立過程で問われていたのは、雇用の確保を最優先の課題におくケインズ主義的成長政策と、雇用をインフレなき成長の結果と見なす新自由主義的安定政策のいずれを選択するか、という問題だったからである。EMSに参加するということは、それまでスネイクの外にとどまっていたフランス、イタリア、イギリス、アイルランドの弱い通貨国にとっては自国の通貨が強いマルクと固定相場でつながることを意味する。したがってまた、これらの国が自国の政策を物価と通貨の安定を最優先するドイツの新自由主義的安定政策に近づけねばならないことを意味する。EMSの為替機構への参加をめぐってイタリアとイギリスに特例が認められたのは、まさに両国にそうした義務を一時的に免除もしくは緩和しようとする政治的配慮によるものであった。しかし変則的なかたちであるとはいえ、イギリスとイタリアが「安定通貨圏」を標榜するEMSの機構に参加したことは、両国が少なくとも原則のレヴェルでは新自由主義を一定程度受け入れたことを意味する。EMSとはいわば「欧州新自由主義同盟」とも評し得るものだったのである。

かくてEMSへの参加はドイツ以外の諸国、とくにフランス、イギリス、イタリアの国内政策に重要な影響をあたえるはずであった。しかしそれにもかかわらず、為替機構に参加しなかったイギリスは措くとして、ＥＭＳ参加問題はフランスでもイタリアでも大衆を巻き込むような大きな社会的・政治的問題にはならなかった。一九七〇年代末にフランスの政策当局者たちが行った各種の分析や考察によると、それは以下のように説明できる。

第二次大戦以後に多くの欧州諸国で実施されてきた経済政策の基本は、通貨を安めに維持しつつ、ケインズ主義的成長政策を実施することによって利潤と雇用を確保し、経済社会の安定を図る、また、この政策によって生じた国際収支の不均衡は最終的に通貨の切下げによって解消する、というものであった。しかしブレトンウッズ固定相場制の崩壊と石油危機のあとになると、この常套的政策手法はかつてのような効果を生まなくなった。欧州諸国のように対外経済開放度の高い中規模の工業国では、それはインフレ・スパイラルと通貨の際限のない低落をもたらすようになった。しかも、このような根本的変化が経済社会をとらえているという認識は、政策当局者はもとより国民意識のなかにも徐々に浸透しつつあった。つまり、経済政策思想と国民意識に「静かな革命」がおこりつつあったのである。一九七九年三月二三日付で大統領府に送付されたフランス財務省経済予測局次長ガブリエル・ヴァングレヴリングの覚書には、この変化の内容が見事に整理されている。

現下の危機は一般均衡に関する経済思想の改訂を迫っている。その改訂は、一九二九年恐慌のあとになされ、四〇年にもわたって理論と行動の新しい基礎になってきた改訂と同じくらいに根本的なものである。……このタイプの思想〔ケインズ主義〕は一九五五年から七五年までのあいだ、ほとんどすべての国の政府に影響をあたえてきた……。ところが数年前から、欧州諸国のような対外開放度の高い経済にはいくつかの基本的な関係に変化が生じている。それらの経済においては、もはや通貨の操作では対外均衡を回復することができない。〔経済活動の上限を決めるのは、最終的には対外均衡なのである。……

結論を言えば、四分の一世紀にわたってフランスで組織的に行われ、成功を収めてきた相対的に弱い通貨に基礎をおく発展モデルは、いまや過去のものとなった。ブレトンウッズの時代から変動相場の時代に移った。そしていまや、対外開放度の高い工業国は可能なかぎり通貨を強くすることによってはじめて、成長能力を最大限に発揮できる。こうしたものの見方が、フランスの経済政策とＥＭＳへの参加意思の大半を説明してくれる。こうした見解によって伝統的な考え方が脅かされている。旧い見解と新しい見解のあいだに新たな闘いが始まり、その結果、多数派と〔少数の〕反対派のあいだにではなく、わが国の政治、経済および社会の大多数の諸組織のまさしく内部に、亀裂が生じている。欧州通貨協定〔欧州首脳理事会ブリュッセル決議〕にたいする反応が多様なのはこのためである。[137]（傍点は引用者）

ヴァングレヴリングの分析によると、労働団体や使用者団体がＥＭＳにたいして明確な統一的判断を示さず、逡巡しているかの印象をあたえるのは、一九七五年以後に出現した新しい現実と、それに対応する経済政策思想の根本的な転換が背景にあるからだということになる。経済政策思想の転換とはいうまでもなくケインズ主義から新自由主義への転換である。

なお、付言しておくと、ヴァングレヴリングの覚書には大統領の経済金融顧問リュオーによる「きわめて興味深い」という書き込みがある。また、第八次プラン策定の責任者であった計画庁長官アルベールも、筆者の行った聞取り調査の過程で、この覚書の写しに目を通したあと、当時の自分もヴァングレヴリングとまったく同じ認識であったと証言している。[138]

政策理念としての新自由主義がドイツ、フランスにとどまらず他の欧州諸国にも広がりつつあったことは、一九七九年に作成された欧州委員会の二篇の文書からもうかがえる。文書の一つは、経済金融総局が一九七九年六月二二日付で作成した覚書[139]である。同総局はこの覚書で、ＥＭＳ発足当時の域内諸国において、「経済思想の長期の収斂が短期のインフレ率の収斂以上にはっきりとみとめられる」と記している。その根拠とされたのは、フランスにつづいてイギリスでも物価統制の解除が進められていたこと、イタリアで家賃の自由化が実施されたこと、オランダで公営部門の民営化への取組みが始まったこと、などである。経済金融総局は、こうしたこころみは短期的には物価の安定を損なうものの、長期的には経済システムの効率性と生産性の引上げに寄与し、共同体レヴェルにおける経済政策の収斂を可能にすると評している。

もう一つの文書は、欧州委員会が欧州首脳理事会に向けて用意した一九七九年六月一四日付の覚書「今後一九九〇年までの構造的進化の展望[140]」である。この覚書には一九九〇年までの一〇年間に欧州諸国が直面する問題とそれへの対応策がまとめられている。それによると、一九七四年以降、欧州諸国は石油に過度に依存するようになっており、その依存度は一九八〇年代にさらに増大すると見込まれる。強まる「対外的拘束」のもとで欧州諸国は輸出の拡大と国際競争力の強化に取り組まねばならない。しかも、アメリカと日本という強力なライヴァルと競争しつつこの課題を遂行せねばならない。それゆえ、欧州諸国には「物価の制御」、「消費の抑制」、「実質所得上昇の抑制」、「通貨の安定すなわち国際収支の均衡」が必要不可欠になる。しかし同時に、失業を減らすために雇用の創出も図らねばならない。一方の輸出の拡大および競争力の強化と、他方の雇用の創出を同時に実現するには投資――ただし、企業の自己金融にもとづく投資――の拡大による「インフレなき高成長」が必要となる[141]。

欧州委員会覚書に記されたこれら一連の政策は当時「ジスインフレ」政策と呼ばれたが、それはフランスで一九七六年秋に実施されたバール・プランおよび一九八〇年に策定された第八次プランの内容と完全に一致している。さらにまた、一九八一年からアメリカのロナルド・レーガン政権が依拠することになる「サプライサイド・エコノミックス」とも通じる部分が多い。

欧州委員会覚書は、ブリュッセルに常駐する各国代表から構成される調整委員会による検討を経て、六月一八日の欧州経済・財務担当閣僚理事会に諮られた。興味深いのは大臣たちの反応である。彼らが問題にしたのは覚書の内容ではなく、その取扱いであった。すなわち、欧州首脳理事会に提出した場合には覚書の存在が一般に知れわたり、「世論が騒ぎたてる」[142]恐れがある。よって慎重な取扱いが必要だというのである。このため閣僚理事会が下した結論は、覚書は欧州首脳理事会に提出しないこととし、代わりに各大臣が自国の首脳に個別に伝達するというものになった。こうして覚書は極秘扱いとされたが、その内容はすべての共同体諸国の経済・財務担当閣僚によって了承され、各国の首脳に個別に伝達されたのである。

ともあれ欧州委員会の覚書とそれにたいする各国政府の反応からは、ＥＭＳが、新自由主義的政策理念についての一定の合意形成の基礎上に誕生したものであったことがうかがえよう。

注

（1） AN, 5AG3/2698. Conclusions de la Présidence du Conseil européen des 6 et 7 juillet 1978, Bruxelles, 18 juillet 1978. ブレーメン・コミュニケの日本語訳には、ジャック・イペルゼル、ジョーン－クロード・クリーヌ共著／東京銀行ブラッセル支店訳『ＥＭＳ（欧州通貨制度）——その歴史と展望』東銀リサーチインターナショナル、一九八六年、二一三〜二一五頁（原著、Jacques van Ypersele et Jean-Claude Koeune, *Le système monétaire européen. Origines, fonctionnement et perspectives*, 2nde éd., 1985, Bruxelles, pp. 131-132.）がある。なお、原著者イペルゼルは一九七八年当時の通貨委員会委員長で、本書は欧州委員会の出版物である。

（2） ABF, 1489200205/288. Conférence Hermut Schmidt. The European Monetary System: Proposals for further progress. Texte (date du 30 novembre 1984) reproduit avec l'autorisation de Helmut Schmidt, empêché de participer au colloque de la LECC.; *id.* Résumé de l'article de Hermut Schmidt, Vorschläge für eine Weiterentwicklung des Europäischen Währungs-systems, *Europa-Archiv*, Folge 8/1985.

（3）Helmut Schmidt, *Die Deutschen und ihre Nachbarn. Menschen und Mächte* II, Berlin, 1990, S. 230-232.（ヘルムート・シュミット著／永井清彦他訳『ドイツ人と隣人たち――続シュミット外交回想録　下』岩波書店、一九九一年、一六～一八頁）。

（4）一九八〇年二月六日、大統領外交顧問パナフュがジスカールデスタンのために作成した覚書には、ＥＭＳと国際通貨制度の関係がこう記されている。「主要通貨の為替相場を一定の『目標相場圏』（target zones）のまわりに安定させることは可能です。ＥＭＳはそのための基準になることができます。また、ＥＭＳは近隣諸国の通貨に拡大することもできますし、ドルおよび円と協定を結ぶこともできます。二つの行為は相互補完的であって、多極的通貨体制（un ensemble monétaire multipolaire）を創ろうとするものです」（傍点は引用者）。AN, 5AG3/922. Note pour le Président, par Guy de Panafieu, 6 février 1980. Audience de la Genière, le 7 février 1980.

（5）H. Schmidt, *Die Deutschen und ihre Nachbarn, op. cit.*, II, S. 231.（前掲邦訳　下、一七頁）。

（6）AN, 5AG3/922. Compte rendu du Conseil des Ministres, 12 mars 1980.

（7）La journée d'études organisée par le Centre d'histoire de Sciences politiques et l'Institut pour la démocratie en Europe le 26 janvier 2004. この研究集会の報告書は Serges Berstein et Jean-François Sirinelli（dir.）, *Les années Giscard. Valéry Giscard d'Estaing et l'Europe*, Paris, 2004. として公刊されている。

（8）S. Berstein et J.-F. Sirinelli（dir.）, *Les années Giscard, op. cit.*, p. 37.

（9）ABF, 1489200205/288. Perspectives de développement du système monétaire européen. Discours de Karl Otto Pöhl devant les représentants de l'Association des Caisses d'Epargne de la Communauté le 7 décembre 1984 à Bonn. Extraits de la Revue de Presse de la Bundesbank, 7 décembre 1984.

（10）Jacques de Larosière, «Valéry Giscard d'Estaing et la politique monétaire internationale», in S. Berstein et J.-F. Sirinelli（dir.）, *Les années Giscard, op. cit.*, p. 31.

（11）James Callaghan, *Time and Chance*, London, 1987, p. 492.

（12）H. Schmidt, *Die Deutschen und ihre Nachbarn, op. cit.*, II, S. 230-232.（前掲邦訳、下、一六～一八頁）。比較的早い時期に公刊されＥＭＳに関する下記のラドロフの研究は、イギリスの当局者たちから得たと思われる情報にもとづいているだけに貴重である。この研究も同様の認識を示している。Peter Ludlow, *The Making of the European Monetary System. A Case*

Study of the Politics of the European Community, London, 1982, p. 92.

（13）H. Schmidt, *Die Deutschen und ihre Nachbarn, op. cit.*, II, S. 221.（前掲邦訳　下、四、一〇～一一頁）; Valéry Giscard d'Estaing. *Le pouvoir et la vie. Choisir*, Paris, 2006, p. 135.（ヴァレリー・ジスカールデスタン著／尾崎浩訳『権力と人生――フランス大統領回想録』読売新聞社、一九九〇年、一五六頁）。

（14）V. Giscard d'Estaing, *Le pouvoir, op. cit.*, p. 135.（前掲邦訳、一五六頁）。

（15）H. Schmidt, *Die Deutschen und ihre Nachbarn, op. cit.*, II, S. 227.（前掲邦訳、下、一一頁）。

（16）Edmund Dell, «Britain and the Origins of the European Monetary System», in *Contemporary European History*, 3/1, 1994, pp. 15-21. なお、この論文の著者デルはキャラハン政権の貿易大臣であった。

（17）*Ibid.*, p. 35.

（18）ABF, 1495200501/659. L'économie française et le système monétaire européen, par A. Farhi, J. P. Patat, G. Tardy, 31 janvier 1971（Confidentiel）.

（19）以上、*idem*.

（20）CHEF. Archives orales: Bernard Clappier, cassette n° 11, 19 mars 1990.

（21）*Idem*.

（22）*Idem*.

（23）以下、フランス案に関する引用はすべて、Note française, 19 juin 1978（AN, 5AG3/937）に拠る。

（24）この点については本書、二〇四～二〇七頁、を参照。

（25）AN, 5AG3/937. Note francaise, 19 juin 1978.

（26）AN, 5AG3/2698, Note allemande, fin juin 1978. 以下、ドイツ案に関する引用はこの史料に拠る。

（27）ニュメレールについては、本書、一七四頁、注（47）、を参照。

（28）AN, 5AG3/937. Note pour le Président. De la part de Jean François-Poncet. Dîner avec le Chancelier Schmidt, s. d.

（29）AN, 5AG3/937. Lettre de Bernard Clappier à J. H. Wahl, 29 juin 1978.

（30）AN, 5AG3/937. Projet britannique, s. d. 以下、イギリス案からの引用はすべてこの史料から行う。

（31）AN, 5AG3/937. Note pour le Président. De la part de Jean François-Poncet. Dîner avec le Chancelier Schmidt, s. d.

（32）AN, 5AG3/937. Note pour le Président, par J. H. Wahl, 29 juin 1978. Entretien téléphonique avec Bernard Clappier.

（33）Peter Bernholz, «The Bundesbank and the Process of European Monetary Integration», in Deutsche Bundesbank (ed.), *Fifty Years of the Deutsche Mark: Central Bank and the Currency in Germany since 1948*, Oxford/New York, 1999, p. 754.

（34）AN, 5AG3/937. De la part de Jean François-Poncet. Note pour le Président. Dîner avec le Chancelier Schmidt, s. d.

（35）AN, 5AG3/937. Lettre de Bernard Clappier à J. H. Wahl, 29 juin 1978.

（36）欧州通貨基金の創設は高度に政治的性格の問題だったと見られ、秘密交渉に関するフランス側の文書にはいっさい登場しない。

（37）V. Giscard d'Estaing, *Le pouvoire, op. cit.*, p. 292.

（38）欧州首脳理事会ブレーメン会議については、V. Giscard d'Estaing, *Le pouvoir*, *op. cit.*, pp. 139–143.（前掲邦訳、一六二〜一六六頁）を参照。

（39）一九七四年に創設された経済政策委員会については本書、四二頁、注（52）を参照。

（40）AN, 5AG3/2698. Note pour le Ministre, par Jean-Yves Haberer, 20 juillet 1978.

（41）*Idem.*

（42）*Idem.*

（43）*Idem.*

（44）P. Bernholtz, *op. cit.*, p. 756.

（45）AN, 5AG3/2698. Note pour le Ministre, par Jean-Yves Haberer, 20 juillet 1978.

（46）ABF, 1489200205/348. Comité des Gouverneurs. Groupe d'experts présidé par Heyvaert, n° 39. Rapport intérimaire sur le système monétaire européen, 21 août 1978.

（47）*Idem.*

（48）ABF, 1489200205/239. Comité des Gouverneurs. Groupe d'experts présidé par Heyvaert. Coordination des politiques de change des banques centrales de la CEE à l'égard du dollar, 18 décembre 1979.

(49) ABF, 1489200205/348. Comité des Gouverneurs. Groupe d'experts présidé par Heyvaert, n° 39. Rapport intérimaire sur le système monétaire européen, 21 août 1978.

(50) *Idem.*

(51) ABF, 1489200205/348. Procès-verbal du Comité des Gouverneurs, 12 septembre 1978.

(52) *Idem.*

(53) *Idem.*

(54) *Idem.*

(55) «L'utilisation de l'ECU comme numéraire du système monétaire européen», par Alexandre Lamfalussy, 24 août 1978 (ABF, 1489200205/348).

(56) ABF, 1489200205/348. Procès-verbal du Comité des Gouverneurs, 12 septembre 1978.

(57) *Idem.*

(58) *Idem.*

(59) ABF, 1489200205/348. Comité des Gouverneurs. Groupe d'experts présidé par Heyvaert, n° 39. Rapport intérimaire sur le système monétaire européen, 21 août 1978.

(60) *Idem.*

(61) *Idem.*

(62) ABF, 1489200205/347. Banque de France. DGSE. Réflexions sur le nouveau système monétaire européen, 23 août 1978.

(63) ABF, 1489200205/348. Procès-verbal du Comité des Gouverneurs, 12 septembre 1978.

(64) *Idem.*

(65) ABF, 1489200205/313. Comité interministériel pour les questions de coopération économique européenne. Compte rendu de la session du Conseil des Communautés européennes du 24 juillet 1978.

(66) ABF, 1489200205/313. Premier Ministre. Comité interministériel pour les questions de coopération économique européenne. Compte rendu de la réunion du Comité de politique économique du 6 septembre 1978.

（67） AN, 5AG3/2698. Note pour le Ministre, par P. Cortesse, 7 septembre 1978.

（68） AN, 5AG3/937. Ministère des Affaires étrangères. Le cabinet du Ministre. Communication du Ministre, 19 septembre 1978. Sommet franco-allemand d'Aix-la-Chapelle.

（69） AN, 5AG3/3226. Consultations franco-allemandes, Aix-la-Chapelle, 14–15 septembre 1978.

（70） AN, 5AG3/2698. Memorandum of understanding, Aix-la-Chapelle, 14–15 September 1978.

（71） AN, 5AG3/937. Ministère des Affaires étrangères. Le cabinet du Ministre. Communication du Ministre, 19 septembre 1978. Sommet franco-allemand d'Aix-la-Chapelle.

（72） *Idem.*

（73） *Idem.*

（74） *Idem.*

（75） *Idem.*

（76） AN, 5AG3/2698. Memorandum of understanding, Aix-la-Chapelle, 14–15 September 1978.

（77） AN, 5AG3/937. Memorandum of understanding, Aix-la-Chapelle, 15 September 1978.

（78） CHEF. Archives orales: Marcel Théron, cassette n° 14.

（79） ABF, 1489200205/313. Premier Ministre. Comité interministériel pour les questions de coopération économique européenne. Compte rendu du Conseil des ministres de l'Economie et des Finances du 18 septembre 1978, 19 septembre 1978.

（80） *Idem.*

（81） *Idem.*

（82） 最大乖離幅、乖離指標、介入警報点の設定方法は技術的にきわめて複雑である。詳細については、J. van Ypersele et J.-Cl. Koeune, *op. cit.*, pp. 57–61.（前掲邦訳、九一～九八頁）、田中素香編著『ＥＭＳ：欧州通貨制度——欧州通貨統合の焦点』有斐閣、一九九六年、一〇七～一一〇頁、を参照。

（83） 以上、ベルギー案については以下の史料に拠っている。ABF, 1489200205/348. Banque de France. DGSE. Projet de système monétaire européen. Travaux du groupe Heyvaert, Bâle, 1978; AN, 5AG3/2698. Note pour le Ministre, par Jean-

Yves Haberer, 12 octobre 1978; ABF, 1489200205/348. La grille de parités combinée avec l'indicateur de divergence. Signification du «copromis belge»（document présenté par le Président du Comité des Gouverneurs, 23 octobre 1978）.

（84） ABF, 1489200205/348. Procès-verbal du Comité des Gouverneurs du 9 octobre 1978. 以下、一〇月九日の中央銀行総裁委員会における総裁たちの発言はすべてこの議事録から引用する。

（85） AN, 5AG3/2698. Note pour le Ministre, par Jean-Yves Haberer, 12 novembre 1978.

（86） AN, 5AG3/2698. Note pour le Ministre, par Jean-Yves Haberer, 17 novembre 1978. Réflexions sur l'état d'avancement des travaux relatifs au SME.

（87） ABF, 1489200205/108. Procès-verbal du Comité des Gouverneurs, 30 octobre 1978; *id*. 1489200203/203. Compte rendu du Comité monétaire, 6 et 7 novembre 1978.

（88） AN, 5AG3/2698. Note pour le Ministre, par Jean-Yves Haberer, 17 novembre 1978. Réflexions sur l'état d'avancement des travaux relatifs au SME.

（89） ブレーメン・コミュニケの付則第2条にはこう規定されていた。「中央銀行向けの当初のＥＣＵ資金は、金および米ドルの一定額（たとえば、加盟諸国の中央銀行が現在保有している為替準備の二〇パーセント）、および加盟諸国通貨での同程度の額の預託と引換えに発行される」J. van Ypersele et J.-Cl. Koeune, *op. cit.*, p. 131.（前掲邦訳、二一四頁）。

（90） スワップについては、本書四二三～四二四頁を参照。

（91） 第235条にはこう規定されている。「共同市場の運営過程において、共同体のある目標を達成するために共同体の行動が必要とされ、かつ本条約が必要な権限を〔共同体に〕付与していない場合には、欧州閣僚理事会は欧州委員会の提案にもとづき、また欧州議会に諮問したのちに、満場一致の議決によって適切な措置を講じなければならない」（*Treaty setting up the European Economic Community, Rome,* 25th *March, 1957*, London, 1967, p. 73.）。

（92） ABF, 1489200205/108. Procès-verbal du Comité des Gouverneurs, 30 octobre 1978.

（93） 以上、一〇月一〇日の会合については、E. Dell, *op. cit.*, pp. 38-50. が詳しい。なお、著者の貿易大臣デルはこのＥＭＳ検討小委員会の構成員であった。

（94） AN, 5AG3/2698. Extraits de deux articles du *Guardian*, 23 October 1978. ガーディアン紙によると、ＥＭＳ参加問題をめ

ぐって与党労働党内の意見は分かれており、またインフレ問題をめぐって労働組合の反発が強まっている。それゆえ政府には「二正面」で戦うことはできない。

(95) E. Dell, *op. cit.*, p. 50.

(96) AN, 5AG3/2698. Note pour le Ministre, par Jean-Yves Haberer, 17 novembre 1978. Réflexions sur l'état d'avancement des travaux relatifs au SME.

(97) ABF, 1489200205/348. Rapport du Comité des Gouverneurs au Conseil sur le système monétaire européen, 14 novembre 1978.

(98) 5AG3/921. Le conseiller auprès du Premier Ministre, Jean-Claude Paye. Compte rendu de la réunion tenue par Lahnstein, secrétaire d'Etat, à l'aéroport de Francfort le 1er décembre 1978.

(99) ABF, 1489200205/313. Premier Ministre. Comité interministériel pour les questions de coopération économique européenne. Note, 30 novembre 1978. Mesures additionnelles communautaires susceptibles d'être envisagées par le Conseil européen au titre des «études parallèles».

(100) *Idem.*

(101) 5AG3/2698. Ministère de l'Economie et des Finances. Note, 21 novembre 1978. Communication sur la réunion des Ministres Eco-Fin de la CEE le 20 novembre 1978.

(102) 5AG3/2698. Note, par Jean-Yves Haberer, 29 novembre 1978. Demandes présentées par Italie au titre des «études parallèles» et éléments pour une réponse française.

(103) ABF, 1489200205/348. Procès-verbal du Comité des Gouverneurs, 12 septembre 1978.

(104) ABF, 1489200205/313. Compte rendu du Conseil des Ministres de l'Economie et des Finances, 19 juin 1978.

(105) AN, 5AG3/2698. Note pour le Ministre, par Jean-Yves Haberer, 17 novembre 1978. Réflexions sur l'état d'avancement des travaux relatifs au SME.

(106) 本書、八六〜八七頁、を参照。

(107) ABF, 1489200205/348. Rapport du Comité des Gouverneurs au Conseil sur le système monétaire européen, 14 novembre

1978.

(108) AN, 5AG3/2698. Ministère de l'Economie et des Finances. Note par le conseil technique, 21 novembre 1978. Communication sur la réunion des Ministres Eco-Fin de la CEE, 20 novembre 1978. 妥協案を作成した代表団の代表が誰かは明らかでない。しかし、先に紹介したアーヘン首脳会談とフランス銀行副総裁テロンの証言から推して、テロンとペールであった可能性が高い。

(109) AN, 5AG3/2698. Compte rendu du Conseil des Ministres Eco-Fin, 20 novembre 1978.

(110) *Idem.*

(111) *Idem.*

(112) *Idem*

(113) *Idem.*

(114) *Idem.*

(115) E. Dell, *op. cit.*, p. 52.

(116) *Idem.*, p. 54.

(117) AN, 5AG3/2698. Note, par Jean-Yves Haberer, 30 novembre 1978.

(118) *Idem.*

(119) AN, 5AG3/2698. INSEE. Service de la conjoncture. L'opinion économique allemande du projet du SME, décembre 1978.

(120) *Idem.*

(121) CHEF. Archives orales: Bernard Clappier, cassette n° 12, 19 mars 1990.

(122) *L'Année politique, op. cit.*, 1978, p. 228.

(123) AN, 5AG3/2698. Note pour le Président de la République, par J.-P. Ruault, 17 novembre 1978. Réflexion sur le SME.

(124) AN, 5AG3/2698. Note anonyme, sans date. この覚書は最初の頁が欠落しているために作成者は不明である。しかし内容から見て、経済予測局次長ガブリエル・ヴァングレヴリングであったと考えられる。

(125) *Idem.*

（126）AN, 5AG3/2698. Note pour le Président de la République, par J.-P. Ruault, 17 novembre 1978. Réflexion sur le SME.

（127）Jean-Marcel Jeanneney (dir.), *L'économie française depuis 1967. La traversée des turbulences mondiales*, Paris, 1989, pp. 144-147 et 152-153；葉山滉、前掲書、七九〜八四頁、を参照。

（128）AN, 5AG3/2698. Note pour le Président de la République, par J.-P. Ruault, 17 novembre 1978.

（129）AN, 5AG3/2698. Commissariat général du Plan. L'économie française et le système monétaire européen, 30 novembre 1978.

（130）ブリュッセル決議の原文については、J. van Ypersele et J.-Cl. Koeune, *op. cit.*, pp. 132-135.（前掲邦訳、二一五〜二二三頁）を参照。本節における引用はとくに断りのないかぎりこのブリュッセル決議から行う。

（131）ブリュッセル決議の前文。

（132）AN, 5AG3/921. Note pour le Président de la République, par Guy de Panafieu, 8 décembre 1978. Situation de l'Irelande à l'égard du SME.

（133）*Idem.*

（134）ちなみに、フランスの負担分は総額四〇〇〇万ECUとされた。AN, 5AG3/921. Note pour le Président de la République, par Guy de Panafieu. Aide à l'Irlande.

（135）これらの決議や協定については、J. van Ypersele et J.-Cl. Koeune, *op. cit.*, pp. 135-148.（前掲邦訳、二二三〜二五三頁）を参照。

（136）ABF, 1489200205/308. Renaud de la Genière, «Pour l'Union monétaire européenne», in *Revue du Marché commun*, n° 307, mai-juin 1987.

（137）AN, 5AG3/9699. Note adressée à J.-P. Ruault, par Gabriel Vangrevelinghe, sous-directeur de la Prévision, 23 mars 1979.

（138）アルベールからの聞取り調査、二〇一〇年九月一三日、フランス・アカデミー内のアルベールの執務室。

（139）ABF, 1489200205/123. Commission des Communautés européennes. DGAEF. Analyse de la politique économique: deuxième trimestre de 1979, 22 juin 1979.

（140）AN, 5AG3/922. Commission des Communautés européennes. Les perspectives d'évolution structurelle d'ici à 1990（Communication au Conseil européen, Strasbourg, les 21 et 22 juin 1979), Bruxelles, 14 juin 1979.

(141) 覚書の考え方が凝縮されていると思われる部分を引用しよう。

一九七四年以来、欧州の成長は他の工業諸国よりも低い。おそらくそれは、一方における対外的拘束、とくに石油による拘束と、他方における通貨の混乱によるものである。しかし外国の事例に照らして見ると、欧州には未だ利用されたことのない成長の可能性が残っている……。この成長とは、競争力の本質的な条件であるインフレなき成長でなければならないであろう。それは、物価の制御、実質所得上昇の抑制、通貨の安定すなわち対外均衡、を保障する厳しい経済政策の遂行を意味している。それゆえＥＭＳの創設はきわめて重要であり、それは合理的な諸政策に道を開くであろう。共同体はＥＭＳを防衛し、またＥＭＳが及ぼす影響の範囲を広げるために、関係諸国と協力して、経済の規律面を含めて、今日の多くの困難の原因になっている国際通貨秩序の基盤を再構築しなければならない（*Idem.*）。

(142) ABF, 1489200205/313. Compte rendu du Conseil Economie-Finances du 18 juin 1979.

第8章　ＥＭＳの第二段階と欧州通貨基金（一九七九〜八一年）
――未完に終わった単一通貨への道

ＥＭＳは発足して二年以内に第二段階に移行することになっていた。ＥＭＳの第二段階とは欧州通貨基金が創設され、この基金の権限および機能の拡充をつうじて経済通貨同盟が完成に向かう段階のことである。このため第二段階は「制度的段階」（phase institutionnelle）とも呼ばれる。実際、ブレーメン・コミュニケとブリュッセル決議には欧州通貨基金の権能に関する二つの重要な規定が含まれていた。一つは、共同体諸国間の通貨協力に関する各種の取決めと、取決めの実施にあたる諸機関（ＦＥＣＯＭを含む）がすべてこの基金に統合されるという規定である。もう一つは、基金をつうじて、準備資産および決済手段としてのＥＣＵの「完全かつ全面的な利用」が実現されるという規定である。ＥＣＵの「完全かつ全面的な利用」とは、本章で明らかになるように、共同体諸国の中央銀行の準備資産（金、ドル、ＳＤＲ等）が全面的かつ最終的に基金に移転し、この準備資産にもとづいて発行されるＥＣＵが欧州の単一通貨の萌芽になることを意味する。

要するに欧州通貨基金の創設とは、のちの欧州委員会委員長ジャック・ドロール風に言えば、「単一通貨の発射台」[1]を構築することにほかならなかった。別の言い方をすると、欧州諸国の経済主権の基本的要素と見なされてきた通貨発行権は、欧州通貨基金の創設とともに遅かれ早かれこの共同体の中央機関に全面的かつ最終的に移される。基金の創設が一九五七年のローマ条約の枠組みを超える政治的大事業であったことは明らかである。それがＥＭＳ発足の二年後に先送りされていた理由もここにあった。ただし、第二段階への足がかりはすでに第一段階のなかに埋め込まれていた。各国が行ったＦＥＣＯＭへの準備資産の二〇パーセントの預託がそれである。この準備資産はスワップ（取引）の形式のもとにおかれたが、それは国会に諮ることなく行政府の権限だけで第二段階への橋頭堡を築くための工夫でもあった。

しかし欧州通貨基金は、予定された一九八一年三月一三日までに日の目を見るにいたらなかった。それはなぜなのか。本章では、共同体加盟九カ国の基金創設への取組みの経過をたどることによってこの謎を解くことにしたい。

第1節 （前史）準備資産のＦＥＣＯＭへの預託とＥＣＵの利用限度

一九七九年三月一三日にＥＭＳが発足し、その第一段階、すなわち為替機構とそれを支える金融支援機構が機能を開始した。為替機構としてのＥＭＳは二・二五パーセントの縮小変動幅（欧州変動幅）を中核にもつ通貨協力制度であり、この点ではＥＭＳとスネイクとのあいだにほとんど違いがない。しかし発足したＥＭＳは、通貨バスケットＥＣＵが創設され、このＥＣＵが、①為替の乖離指標を計算するための基礎、②ＦＥＣＯＭにおける計算単位、③中央銀行間の決済手段、の三つの役割を果たしていた点でスネイクとはまったく性格の異なる制度であった。

ＥＣＵの発行および利用に関する細目を決める作業は、中央銀行総裁委員会によって一九七八年の夏に開始された。作業は同年一二月に事実上完了したが、ＥＭＳの発足が翌一九七九年三月に延期されたことから、細目が中央銀行間協定として公式の合意事項になるには三月一三日をまたねばならなかった。

ＥＣＵに関する合意事項は多分に専門技術的領域に属する。しかし、それはＥＭＳの第一段階の性格を知るうえで重要なだけでなく、第二段階への移行問題の本質的部分にも関係している。そこで本論に先立って、中央銀行間協定に定められた準備資産のＦＥＣＯＭへの預託の実態と、ＥＣＵの具体的な利用のあり方を見ておくことにしよう。

1　準備資産のＦＥＣＯＭへの預託——スワップ

スネイクのもとでは、中央銀行による縮小変動幅維持のための市場介入と、それにともなって生じる超短期信用および短期信用の利用は、関係する二つの中央銀行の双務的関係のなかで行われた。その結果は個々の中央銀行からＦＥＣＯＭに報告され、そこで会計記録として集中管理されていた。ただし、この記録管理の実務を担当したのはＦＥＣＯＭではなく、ＦＥＣＯＭが自らの代理機関に指定した国際決済銀行であった。個々の中央銀行が自身の介入と利用した信用に関する情報を国際決済銀行に通知し、それが国際決済銀行内に開設されたＦＥＣＯＭの台帳に記録されていたのである。(2)というのもＦＥＣＯＭは独立した機関ではなく、共同体諸国の中央銀行総裁から構成されるＦＥＣＯＭ理事会がその実体だったからである。

ＥＭＳのもとでも同様の方式が踏襲されたが、各中央銀行の準備資産の二〇パーセントがＦＥＣＯＭに預託され、その見返りに発行されたＥＣＵによって中央銀行間決済が行われるようになった点で、スネイクの時代とは大きく異なっていた。一九七九年三月一三日の中央銀行間協定およびＦＥＣＯＭ理事会の決議、さらに同理事会が国際決済銀行に発した指示文書によると、中央銀行による準備資産預託のスキームは次のようなものであった。各中央銀行は保有する金およびドルのそれぞれ二〇パーセントを、三カ月期限の、更新可能な対ＥＣＵスワップ——公式のフランス語訳は「相互信用」（crédit croisé）——の形式でＦＥＣＯＭに引き渡す。次に、ＦＥＣＯＭはこの準備資産をそっくり国際決済銀行に引き渡す。ここに登場する「スワップ（取引）」（opération de Swap）とは、金およびドルを直物でＦＥＣＯＭに売却してＥＣＵを受けとり、先物でＥＣＵと引換えに金およびドルを買い戻す(3)という操作で、フランスの法律用語では「預託」（dépôt）がそれにもっとも近いとされる。(4)

ところで準備資産の引渡しをうけた国際決済銀行であるが、この銀行はそれぞれの中央銀行のために自行内に「ECU準備勘定」を開設し、準備資産の受け入れと同時に、中央銀行が見返りに受けとるECUをこの勘定の貸方に記帳する。中央銀行間の決済は以後このECU準備勘定をつうじて行われることになる。(5) 三カ月が経過すると、それぞれの中央銀行はECU準備残高を当初の額に戻し、ECUと交換に自らが引き渡した金およびドルを受けとり、スワップは完了する。このスワップの完了と同時に、中央銀行はFECOMとスワップ（契約）を更新し、再びFECOM、国際決済銀行、中央銀行の三者のあいだで上記のような関係が生まれる。それゆえ二〇パーセントの準備資産そのものはFECOM―国際決済銀行に継続してとどまるものの、中央銀行は三カ月ごとに一時的にその所有権を回復することになる。

次に、国際決済銀行に移された準備資産はどのような扱いをうけるのか。国際決済銀行は準備資産の旧所有者である中央銀行と契約を交わし、この中央銀行に準備資産の管理を委ねる。準備資産の管理状況は当該中央銀行から国際決済銀行に報告され、そこに記録される。管理の過程で生じたリスクは当該中央銀行の負担となり、利息はこの中央銀行が受けとる。(6) 表8－1は一九八一年一月三〇日時点で九カ国の中央銀行が管理していたドルの運用先および金の預託地を示している。

以上のような中央銀行による（FECOM名義での）準備資産の管理、それに中央銀行の介入および中央銀行間決済、さらに利用された超短期信用および短期信用に関する記録は、国際決済銀行から定期的にFECOM理事会に報告され、同理事会の承認を得る。

かくて準備資産の移転の仕組みはきわめて複雑であるが、それはEMSの第一段階の過渡的な性格によるものである。この仕組みを準備したエイヴァルト小委員会と代理人会議によると、その最大の狙いは「リスクの共同体化を避ける」(7) こと、つまり共同体が準備資産の管理責任を負わなくてすむようにすることにあった。準備資産の移転を三カ

表8－1　ドル資産の運用先と金資産の預託地（1981年1月30日）

A）ドル資産

（単位：1,000ドル。未満切捨て）

	アメリカ財務省 «bills»	アメリカ財務省 «notes»	アメリカ財務省 «bonds»	連邦準備制度の代理機関	国際決済銀行勘定	他の中央銀行勘定
ベルギー国立銀行	172,000	—	—	—	480,000	—
デンマーク国立銀行	—	—	—	—	442,200	—
ドイツ・ブンデスバンク	—	4,359,000	—	—	2,000,000	—
ギリシャ銀行	—	—	—	—	—	—
フランス銀行	—	—	—	—	2,061,000	—
アイルランド中央銀行	—	—	—	—	249,000	—
イタリア銀行	—	—	—	—	1,825,000	—
オランダ銀行	—	672,000	—	—	—	—
イングランド銀行	—	440,000	—	—	1,840,000	—
合　計	172,000	5,471,000	—	—	8,897,200	—

B）金資産

（単位：1,000ドル）

	ロンドン	パリ	ダブリン	ローマ	アムステルダム	ベルン	ニューヨーク	国際決済銀行	他の中央銀行
ベルギー国立銀行	8,546,219		—	—	—	—	—	—	—
デンマーク国立銀行	345,875		—	—	—	61,375	—	—	—
ドイツ・ブンデスバンク	23,795,661		—	—	—	—	—	—	—
ギリシャ銀行	—		—	—	—	—	—	—	—
フランス銀行	—	20,463,333	—	—	—	—	—	—	—
アイルランド中央銀行	—	—	89,693	—	—	—	—	—	—
イタリア銀行	—	—	—	16,667,645	—	—	—	—	—
オランダ銀行	8,932,275	—	—	—	1,835,565	—	217,558	—	—
イングランド銀行	3,203,971	—		—	—	—	—	—	1,500,500
合　計	44,824,004	20,463,333	89,693	16,667,645	1,835,565	61,375	217,558	—	1,500,500

（出所）ABF, 1489200205/249. Agent du FECOM. Banque des Règlements internationaux. Rapport sur les opérations de janvier 1981, 3 février 1981.

月ごとに更新される「スワップ」（預託）とするなら所有権の変更は生じない。また、金・ドルの管理を従来どおり個々の中央銀行に担わせるようにするなら共同体が責任の主体にならなくてすむ。それゆえ第一段階の制度は暫定的なものにとどまり、法律問題にも政治問題にもならないというのである。

2　ＥＣＵの利用――五〇パーセント・ルール

欧州首脳理事会のブレーメン・コミュニケにはＥＣＵが「制度の支柱」であることが、またブリュッセル決議には「ＥＭＳの中心的要素」であることが謳われていた。二つの文書に忠実であろうとすれば、共同体内における中央銀行間の決済はすべてＥＣＵで行われねばならない。また、弱い通貨国の中央銀行がＥＣＵ不足に陥った場合には、この銀行が必要とする追加的ＥＣＵは追加的準備資産の預託と引換えにＦＥＣＯＭによって供与されるべきである。これがＥＣＵの利用に関する共同体諸国の多数派の考え方であった。

しかしドイツとオランダはこれに真っ向から反対した。その理由は、「一部の中央銀行にＥＣＵが過剰に集中しないようにする」[8]必要があるというものである。ＥＣＵの成分の半分は弱い通貨国の通貨で占められるから、ＥＣＵの性格はインフレ的なものにならざるを得ない。ドイツとオランダは、そうした性格のＥＣＵの発行量が増え、それが潜在的債権国である両国に集中することを恐れたのである。エイヴァルト小委員会でも代理人会議でも二つのグループ間の溝は埋まらなかった。このため、代理人会議は双方の中間をとり、ＥＣＵでの支払いは債権の「五〇パーセントまで」とする妥協案を選択することになった。つまり、ＥＣＵの強制通用力を五〇パーセントに制限することにしたのである。

この妥協案は一九七八年一二月一二日の中央銀行総裁委員会に提出された。同委員会では、ブンデスバンク副総裁ペールが改めて、「ＥＣＵの不均等な分布[9]」を避けねばならないとするドイツの立場を強く主張した。ペールはＥＣ

U不足に陥った中央銀行が追加的準備と引換えにECUを受けとることにも反対する。なぜなら、債務国に「行き過ぎた一方的な選択権をあたえる」ことになるからである。彼は代わりに次のような案を提示した。例えばECU資産が準備資産全体の一五パーセントにまで減少した場合には、まず他の中央銀行からECUを買い戻すことによってECU資産の回復を図る。それが何らかの事情でできない場合にかぎり、FECOMをつうじてECUを取得することを認める。しかしペール案では、フランス銀行次席副総裁テロンが批判したように、「実際の決済は他の準備資産で行われることになり、ECUによる決済は架空のものになってしまう」[10]。このような総裁たちのあいだのやりとりを経て、結局、債権国の中央銀行によるECUでの受けとり義務を債権の五〇パーセントまでとし、追加的なECUの獲得方法については特別の条件を設けないことで妥協が成立した。かくて、一九七九年三月一三日に結ばれた中央銀行間協定の第一六条には、「決済される債権の五〇パーセントを超える金額についてはECUによる決済を受け入れなくてよい」という文言が挿入された[11]。

以上より、ECUの利用については当初から域内諸国間に大きな意見の違いがあり、中央銀行間協定にはECUの利用に厳格な制限を設けるべきだとする潜在的債権国の主張がとりいれられていたことがわかる。

第2節　ブレーメン・コミュニケとブリュッセル決議を「バイブル」と見るべきか
——通貨委員会における討議

欧州通貨基金をめぐる最初の意見交換は一九七九年六月一一日の通貨委員会で行われた。この会議では、最初に欧州委員会から事前に配布されていた討議用覚書[12]（五月三一日付）の説明があり、次いで委員長代理のデンマーク国立銀行総裁アンデルセンの提案により、四つの「本質的項目」に絞って各国代表が意見表明を行うことになった。問題の四項目を引用し、それぞれに簡単な注釈を加えておこう。

(1)「欧州通貨基金を単純な会計機関(un simple organisme comptable)とするか、それともそれ以上のものとするか」。スネイクのもとでは、FECOMの役割は為替介入と中央銀行間における資金貸借の記録を管理することに限定されていた。欧州通貨基金もこうしたFECOMと同様の会計機関にとどめるのか、それともそれを超える機能と権限をもつ機関とするのか。

(2)「国民通貨による預金にどのような役割を付与したらよいか。純粋に象徴的な性格のものとするのか、それとも欧州通貨基金が自由に利用できる操作手段とするのか」。ブレーメン・コミュニケでは、為替準備の二〇パーセントの金およびドルとは別に、各国がこれと同額の自国通貨を基金に預託し、ECUを受けとれるようになっていた。しかし第7章で見たように、ドイツとオランダが国民通貨にもとづくECUの発行に強く反対したことから、この規定はブリュッセル決議には採録されなかった。ブレーメン・コミュニケの規定を欧州通貨基金に適用すべきなのか、それとも適用すべきでないのか。

(3)「欧州通貨基金の意思決定過程における権限のあり方をどう基金の管理機構に反映させればよいか」。FECOMの理事会は各国の中央銀行総裁から構成されていたが、欧州通貨基金の管理機構もこれに倣うべきなのか、それとも倣うべきでないのか。

(4)「ECUの役割に制限を設けるべきか」。一九七九年三月一三日の中央銀行間協定では、債権国の中央銀行は債権額の五〇パーセントを超える分についてはECUによる決済を拒否できることになっている。こうした制限を維持すべきなのか。(13)

九カ国の代表たちのなかで具体的かつ明確な意見表明を行ったのは、フランス財務省国際局長ミシェル・カムデシュとブンデスバンク副総裁ペールの二人である。(14)

まずカムデシュであるが、彼は右の四項目に含まれている消極的な選択肢をすべて否定し、欧州通貨基金の創設には積極的な姿勢で臨む必要のあることを力説した。

(1)の基金の性格については、カムデシュは幅広い権能をもつ自律的な機関にすべきだと言う。その際、彼がとくに問題にしたのは、基金と共同体の域内信用制度との関係である。

共同体の域内信用には超短期、短期、中期の三種類の信用が設けられていた。返済期限が借入れの行われた月の翌月の一日から数えて四五日までの超短期信用は、弱い通貨国の中央銀行が為替介入を行う際に利用するもので、相手国（強い通貨国）の中央銀行から即時、かつ無制限に供与されていた。このタイプの信用に関する記録を管理していたのは、すでに述べたようにＦＥＣＯＭである。返済期限が三〜六カ月の短期信用は、国際収支の一時的不均衡に対処するための制度である。このタイプの信用は中央銀行ごとに借入限度額と貸付限度額が決まっており、この限度額までは自動的に貸借が行えるものの、それを超える貸借は中央銀行総裁委員会の決定事項とされていた。また信用額は、ブリュッセル決議により共同体全体で一四〇億ＥＣＵと決められていた。最後の中期信用も国際収支の一時的不均衡に対処するための制度である。ただし、返済期限は二〜五年、信用総額は共同体全体で一一〇億ＥＣＵである。このタイプの信用の供与と供与条件を決めるのは経済・財務担当閣僚理事会である。(15)

欧州委員会の覚書（五月三一日付）には、右の三種類の信用のうち中期信用を他の二つから切り離し、従来どおり欧州閣僚理事会の決定事項とする考え方が示されていた。カムデシュはこの欧州委員会の姿勢を「臆病に見える」と批判し、三種類の信用を一括して欧州通貨基金に委ねても問題はないと言う。そしてさらに、中期信用の財源が財政資金であることに問題があるのなら、別の財源に変更すればよいと言う。カムデシュの念頭にはフランスの制度があったと考えられる。第二次大戦後のフランス銀行は中期信用に深く関与していた。一九七〇年代に入ってからは中期信用を控える方向に政策を転換していたものの、依然としてこのタイプの信用は同行の業務のなかで大きな比重を占めていた(16)。カムデシュは欧州通貨基金を、自国の中央銀行に似た、地域IMFと中央銀行の混合型――のちに「特殊型」と呼ばれることになるタイプ――に仕立てようとしていたのである。

(3)の欧州通貨基金の管理機構についても、カムデシュはフランス・モデルに執着し、基金を政治から切り離そうとする動きを牽制する。彼によると、「将来の欧州通貨基金が政治的性格の決定機関になり得ないと考えるのは幻想であり、欧州通貨基金がもっぱら中央銀行の延長上に位置することはあり得ない」。したがって基金の管理機構は、「経常的な業務を担当する通貨執行機関（directoire monétaire）」と、「大きな方向性を定め、通貨執行機関の構成員と国庫部門の代表からなる管理理事会（conseil de surveillance）」の二層構成とすべきである。この管理機構も当時のフランスの制度そのものであった。先に述べたように、戦後フランスの中央銀行制度は国家信用理事会という中央国家機関が一般的な通貨・信用政策を決め、その枠のなかで、発券機関（中央銀行）(17)であるフランス銀行が個別の政策を実施するという仕組みになっていた。国家信用理事会の議長は経済・財務大臣、副議長がフランス銀行総裁であったから、この制度のもとでは政府＝政治が中央銀行の政策の基本的方向づけにたいして影響力を行使できるようになっていたのである(18)。

(2)の国民通貨の預託と(4)のECUの利用に関しても、カムデシュは積極的である。(2)については、彼はその可能性を残しておくべきだと言う。(4)についても、「この支払い手段の通用力の拡大に向けて大きな一歩を踏み出す」必要があると言う。さらに、四つの「本質的項目」には含まれていない第三国の通貨にたいする為替政策の調整――いわゆる「共通ドル政策」――についても、彼はその責任を欧州通貨基金に委ねるべきであると言う。

EMSの基本設計をしたのはジスカールデスタンとシュミットであるが、原案を用意したのはジスカールデスタンの方であった[19]。それだけにフランスの当局者たちは、ブレーメン・コミュニケとブリュッセル決議を「われわれのバイブル」と呼んでいた[20]。一言でいうと、カムデシュはこのバイブルに忠実なかたちで欧州通貨基金の制度を構築すべきだと主張していたのである。

次にペールの発言に移ろう。ペールはまず、欧州委員会の覚書を「現実的」であると肯定的に評価する。そして、「ブレーメン・コミュニケとその附則は急ごしらえのもので、バイブルではなく、現時点ではそれを確定したものと受けとるべきでない」と述べ、フランスとの立場の違いを明確にする。

このようにブレーメン・コミュニケには拘束力がないとの解釈を示したうえで、ペールが問題にするのは欧州通貨基金の性格である。彼はＩＭＦに似た基金を考えることもできるが、基金の機能は決済、為替準備の管理、短期信用の供与などの中央銀行機能に対応させるべきだと言う。こうしてペールは、欧州通貨基金は「将来の欧州中央銀行の概念に近づけた方がよい」とし、中期信用には関与しない「純粋型」の中央銀行にすべきだと結論づける。

しかし、ペールが「本質的」と見るのは制度問題である。ペールによると、「カムデシュが提案したシェーマはドイツには受け入れられない」。なぜなら、「ドイツにとっては、将来の欧州中央銀行とその先行物は各国政府から独立していなければならない」からである。それゆえペールは、ＥＭＳ参加諸国の中央銀行総裁から構成される現行のＦＥＣＯＭの理事会が欧州通貨基金の管理機構のモデルになると言う。つまり、管理機構は二層構成とせず、中央銀行総裁から構成される「理事会」のみにすべきだと言う。さらに理事会における決議方式についても、ペールは全会一致とせず多数決にすべきだと主張する。「全会一致は為替市場のもとめるところと相容れない」というのがその理由である。

かくて、一方のフランスが、欧州通貨基金を中期信用にも関与させる、またそれに対応して基金の管理機構に政府の代表を参加させるとしたのにたいして、他方のドイツは、基金を純粋の中央銀行とし、政府から独立した機関にしようとしていた。つまり、いずれの国も基金を自国の制度に似せたものにしようとしていたのである。

以上の仏独の代表とは違って、他の諸国の代表の発言は断片的な印象をあたえるものであった。そこで、仏独以外の代表の発言については、ポイントとなる部分だけを紹介するにとどめる。ベルギー代表は「ECUの受けとりに限度を設けるのはまずい」と言う。オランダ代表は、中期信用は従来どおり「政治レヴェルの決定に委ねるべきだ」とし、基金を「純粋型」の中央銀行として考えるよう主張する。一方、基金によるECUの創造については、それは「質的飛躍」(saut qualitatif) を意味しており現行の法的枠組みのなかでは許されないから、こうした機能面の制約をECUの制度に反映させる必要があると言う。いうまでもなく、このオランダの姿勢は基金の機能と権限を狭めに設定しようとするドイツに近い。イタリアは、ECUが特定の国に過度に集中しないようにすることには異存がないと言うものの、ECUの受けとりに制限を設けることには反対する。デンマークは国民通貨の預託にもとづくECUの発行には反対するが、中期信用を他のタイプの信用と統合することには反対しない。最後に、イギリス代表のバルフォアは個人の見解であると断ったうえで、次の四点を指摘する。ECUの受けとり制限は望ましくない。中期信用を基金の業務に統合しても問題はない。国民通貨の預託はブリュッセル決議に謳われていないので考慮する必要はない。将来の基金の管理機関はFECOMと同様、中央銀行総裁だけで構成するようにすべきである。

かくて仏独以外の国の代表たちの発言からは二つのことが読みとれる。一つは、弱い通貨国が一致して、ECUの受けとりに制限を設けることに反対していたこと。もう一つは、イギリスと強い通貨国のオランダが、基金を中央銀行タイプのものにするよう主張していたことである。

第3節　欧州通貨基金の創設をめぐる問題点と解決法――仏独対立の構図

1　一九七九年七月三日付の欧州委員会覚書

前節で紹介した通貨委員会における討議をふまえて、欧州委員会の経済金融総局が七月三日付で覚書を作成した[21]。共同体内における欧州通貨基金をめぐる議論の枠組みと方向性を決定づけることになるのはこの覚書である。本章全体をつうじて明らかになるように、基金の創設をめぐる中心的な問題は、基金の管理機構をどのようなものにするかという点と、ブリュッセル決議に謳われた「ＥＣＵの完全かつ全面的な利用」を制度としてどう具体化するかという点にあった。フランスとドイツが真っ向から対立したのもこれら二点をめぐっている。そこで、問題をこの二つに限定して覚書の内容を紹介しよう。

決済ならびに準備手段としてのＥＣＵ——利用制限、一時的性格および交換性をめぐる問題

覚書ではＥＣＵをめぐる現状が次のように整理されている。各国の中央銀行は為替準備の二〇パーセントをＦＥＣＯＭに預託し、それに見合う額のＥＣＵを受けとっている。ＥＣＵは中央銀行間の決済に用いられるが、債権国の中央銀行は債権額の五〇パーセントを超える分についてはＥＣＵによる決済を拒否できることになっている。ＥＣＵにこのような使用制限が設けられた経緯についてはすでに本章第1節2で触れているが、先の五月三一日付の欧州委員会覚書にはより技術的に立ち入った事情が記されている。

現行の制度では、ＥＣＵの強制通用力は量的に制限されている。実際、債権国は債権の五〇パーセントまでしかＥＣＵを受けとる義務はない。これは〔債権国になる可能性の高い〕潜在的債権諸国の、ＥＣＵ資産にたいする慎重な姿勢を反映している。債権諸国が慎重なのは、一部は次の事実によって説明できる。それは、現行の制度では、ＥＣＵの「超過保有」国は金およびドルによる保障のないＥＣＵを所有していることになるという事実である。なぜそうなるのかと言うと、当該ＥＣＵ保有国のＦＥＣＯＭとのスワップは、定義上、この国のＥＣＵ資産総額よりも少ないＥＣＵ額に対応しているからである。……理想を言えば、ＥＣＵにはいかなる受けとり制限もあってはならない。しかし最近の通貨の歴史が教えるところでは、ある種の支払い手段を過度に保有する国は、この〔支払い手段の〕蓄積のなかに「支払い〔手段〕」よりも「信用」を見る傾向がある。[22]

この引用については若干の補足説明が必要と思われる。ＥＭＳのもとで行われる為替介入では、弱い通貨国が強い通貨国から借用した通貨はＥＣＵで返済されることになっている。このため弱い通貨国はＥＣＵを手放し、強い通貨国にはＥＣＵが集まる。一方、ＥＣＵはＦＥＣＯＭに預託された各国の為替準備の二〇パーセントの金およびドルによって保障されているが、それらの金およびドルは三カ月ごとに更新されるスワップのもとにおかれている。こうした事情から、ＥＣＵの利用をつうじて、ＥＣＵを手放した中央銀行とそれを受けとった中央銀行の双方に為替リスクが発生する。まずＥＣＵの純利用国（債務国）の場合には、中央銀行はスワップの契約期間の終了までに、ＦＥＣＯＭとのスワップ（ＥＣＵ／準備）の解約に備えて、債権国の中央銀行から以前に譲渡したＥＣＵを買い戻し、当初のＥＣＵの持ち高を回復しなければならない。次にＥＣＵが集積している債権国の場合には、中央銀行の保有するＥＣＵは当該中央銀行のＦＥＣＯＭとのスワップ分についてしか他の準備資産（金、ドル）との交換が保障されない。かくて債権国と債務国の双方に為替リスクが生じるが、とくに重い意味をもつのはいうまでもなく債権国に生じる為替リスクである。[23]

要するにＥＭＳの第一段階では、発行されたＥＣＵの為替リスクを共同体が一括して引き受ける仕組み――いわゆる「リスクの共同体化」――にはなっておらず、各国の中央銀行が個別にリスクを引き受けることになっていた。このため、特定の国にＥＣＵが過度に集中しないよう、ＥＣＵの強制通用力に五〇パーセントの制限が設けられていたというのである。

以上のように現状を整理したあとで、覚書はＥＣＵに五〇パーセントという利用制限があるのは問題だと言う。また、それと関連して、ＥＣＵの性格が「一時的」（précaire）でしかないのも問題だと言う。「一時的」であるのは、ＦＥＣＯＭに預託された準備資産がスワップのかたちをとっていたからである。スワップの契約期間はＥＭＳの第一段階が終了するまでの二年と決まっているから、ＥＣＵの通用期間は最長でも二年である。よって「ＥＣＵは最終的な決済手段でもなければ恒久的な準備手段でもない」という状態にあった。これが問題だと言うのである。

そこで問題になるのはブリュッセル決議に謳われた「ＥＣＵの完全かつ全面的な利用」という規定である。この規定に忠実であろうとするなら、ＥＣＵの利用制限を取り除くとともに、ＥＣＵから「一時的」性格を外して半永久的に通用するように制度を改めねばならない。では、この二つの課題を達成するにはどうすればよいか。覚書によれば、この問題はＥＣＵを半永久的に発行する方法を追求するなかで解決できる。

覚書は、ＥＣＵを半永久的に発行する方法は二つあると言う。一つはスワップという形式をやめ、新設される欧州通貨基金に為替準備を「売却する」こと、もう一つは、欧州通貨基金の資本金への「出資」というかたちで為替準備を基金に移すことである。為替準備の所有権が基金に移ることでは二つの方法のあいだに違いはない。しかし第二の方法には、移転した為替準備が将来返還される可能性が残っていることから、国内の抵抗を和らげられるという政治的に見た利点がある。

これら二つの方法のいずれかが採用されてＥＣＵが半永久的に発行できるようになると、基金にはＥＣＵにたいする管理責任が生じる。管理責任をめぐっては解決すべき課題が二つある。

第一はＥＣＵにたいする利息の支払いである。ＥＭＳの第一段階においてはＥＣＵの純利用国（債務国）がＥＣＵ

の純保有国（債権国）に利息を支払っている。その主要な原資はＦＥＣＯＭに預託された各国の準備資産の運用益である。しかしＥＣＵが半永久的に発行できるようになると、基金が自らの責任でＥＣＵ全体にたいして利息を支払うようになる。それゆえ、基金に引き渡された為替準備全体について、為替差益と為替差損を計上する仕組みを設けなければならない[24]。

第二はＥＣＵの「交換性」（convertibilité）の保障、つまり共同体の域外の諸通貨とくにドルとの交換性の保障である。ＥＣＵの利用が進む過程で債権国の準備に占めるＥＣＵの割合は増える。ＥＣＵは共同体諸国の中央銀行間でしか使用できないから、ＥＣＵの割合が増えるにつれて債権国の準備資産の質は劣化する。この問題を解決する方法として考えられるのは、加盟国のＥＣＵ総持ち高がその国の準備額の一定割合（たとえば二〇パーセント）を超えた場合に、欧州通貨基金をつうじて超過分を外貨に交換できるようにすることである[25]。すなわち、一定の手続きを踏んで債権国がＥＣＵを外貨に交換できるようにし、代わりにＥＣＵにたいする五〇パーセントの利用制限を外すというのである。これは「交換性の制度化」（institutionnalisation de la convertibilité）と呼ばれ、仏独間の中心的な争点を形成することになる。

以上のようなＥＣＵをめぐるさまざまな問題は、共同体諸国の為替準備が全面的、最終的に基金に移転し、共同体が為替リスクを一元的に引き受けるようになれば消滅するはずである。それにもかかわらず欧州委員会がこれらの問題を重視するのは、ＥＭＳの第二段階の完成までの期間が不透明なことから、慎重にならざるを得なかったためと考えられる。この点については後段で立ち戻る。

制度問題

欧州委員会覚書によると、欧州通貨基金の性格は現行のＦＥＣＯＭとは本質的に異なる。ＦＥＣＯＭは中央銀行間の資金の貸借を記録する「会計機関」にすぎない。ところが、新設される欧州通貨基金は「通貨的性格の機関」（un organe de caractère monétaire）である。なぜなら、この基金にはＥＣＵ建ての貸出しを行う機能があり、「通貨創造能力」（pouvoir de création monétaire）が具わっているからである。それだけに管理機構をどのようなものにするかが重要な問題になる。

管理機構については検討すべき事項が二つある。まず、通貨発行制度には国ごとに違いがあるが、この違いを管理機構にどう反映させたらよいか。覚書が想定するのは、各国政府の代表から構成される政治機関としての「理事会」（Conseil）と実務執行機関である「執行役員会」（Directoire）の二層構成である。これは通貨委員会でカムデシュが主張したものと同じで、いわばフランス・モデルである。

次に、基金には「広範な独立性」をもたせることが考えられるが、その場合に、共同体諸国のどの国家機関（たとえば国会なのか、経済・財務省なのか）にたいして基金は最終的責任を負うことになるのか。この問題には、「欧州中央銀行の萌芽」としての基金が準拠すべき経済政策のあり方が関係してくる。それだけにきわめて重要であるが、覚書は問題の所在を示すだけにとどまっている。しかし、当然考えられるのは次のような政策選択の問題である。基金が準拠する経済政策を、成長と雇用を重視し、物価の安定を一定程度犠牲にすることをいとわないタイプと考えるのか。それとも戦後のドイツが一貫して追求してきたような、物価の安定を最優先し、雇用はそのもとで達成された成長の結果と見なすようなタイプと考えるのか。第一のタイプの経済政策に準拠するのであれば管理機構は経済・財務省の意思が反映しやすいものにする必要がある。一方、第二のタイプの経済政策に準拠するのであれば経済・財務省の影響が及びにくいものにする必要がある。

以上に紹介した欧州委員会による欧州通貨基金をめぐる問題点の整理は、ドイツの主張だけでなくフランスの主張にも一定程度配慮した構成になっている。ＥＣＵに「制度的交換性」を保障しようとする点は、明らかに潜在的債権国ドイツの主張および利害に合致している。ところが、管理機構については政治の一定の関与を可能にする二層構成を想定しており、論理に齟齬が見られる。これは管理機構についてのみフランスに配慮したことによると考えられる。

2　フランス銀行外事局による欧州委員会覚書批判

七月三日付の欧州委員会覚書についてはフランス銀行の外事局が批判的分析を行い、結果を七月九日付で覚書にまとめている[26]。この分析は、欧州通貨基金をめぐる問題の本質がどこにあるのか、とくにフランスとドイツの対立が何に由来するのかを教えてくれる点で貴重である。

外事局によると、欧州委員会覚書は「一定のプラグマティズム」に貫かれているものの、それには「重大な問題がある」。というのは、共同体内で常に債権国に位置する強い通貨国の主張が基本的に採用されているために、ブレーメン・コミュニケならびにブリュッセル決議の精神と相容れないからである。なかでも外事局が問題にするのは、ＥＣＵの交換性と基金への国民通貨の預託に関する部分である。

外事局はＥＣＵの交換性に関する部分が「もっとも批判に値する」と言う。そもそも交換性という考え方はコミュニケと決議のいずれにも見当たらない。そのうえ、交換性の意味は変動相場制が登場したことによって根本的に変化しているからである。固定相場制のもとでは、交換性とは決められた為替相場すなわち平価での通貨の交換を保障することであった。しかし変動相場制のもとでは、ＩＭＦの規約第5条第3項にも規定されているように交換性とは「通貨の自由な利用」のことであるから、交換性を問題にする必要はない。

ところが欧州委員会覚書ではＥＣＵとドルとの交換性が保障されることになっている。しかし、外事局は次の三つの理論上の理由をあげて、こうした交換性は認められないと言う。第一に、交換性を認めるなら欧州諸国間で調整が行われる誘因がなくなる。ＥＣＵが特定の国に集中するのは、当該国と相手国のあいだに不均衡があるからである。ＥＭＳにおいてはこの不均衡は平価調整などの方法で是正されることになっている。ところが、かりに他の準備資産へのＥＣＵの転換を認めるなら、こうした域内調整が行われなくなる。その結果、不均衡はそのまま残り、共同体の凝集力が損なわれる。第二に、「欧州通貨の萌芽」としてのＥＣＵの地位が侵される。というのは、ＥＣＵと外貨との交換が欧州通貨基金を介して制度として保障されるようになると、「ＥＣＵは〔国民通貨と外貨のあいだの〕たんなる中間的な決済手段になってしまい、本来の共同体の通貨の萌芽ではなくなる」からである。第三に、「債務国の金およびドル準備を債権国に移転させる」ことになる。これは第一と第二から生じる効果であるが、「政治的にまずいことであり、絶対に避けねばならない」。というのも、「欧州通貨基金にもち込まれた金およびドルは基金の帳簿に搭載され、発行されたＥＣＵ全体を保障しつづけねばならないもの」だからである。

さらに外事局は、実際上も交換性の保障はできないと言う。基金には短期信用の供与を介して発行されたＥＣＵを外貨に換える手段がないだけでなく、ＥＣＵを一定の相場で外貨に交換する権能もないからである。

かくて外事局の結論は次のようになる。ことさら「交換性」を問題にし、特別の措置を講じることは、現実に難しいだけでなく経済通貨同盟の実現を遅らせることにもなる。ＥＣＵには「交換性」という概念を適用せず、代わりに「自由利用」（libre utilisation）という概念を用いるべきである。すなわち、「個々の中央銀行は他の中央銀行にたいして、自らの保有するＥＣＵを他の通貨ないしは他の為替資産に自由に交換できる」とすればよい。ただし外事局は、この七月九日付覚書では、ＥＣＵを他の為替資産と交換する具体的な方法や手続きについては触れていない。

次に外事局が批判するのは、基金が共同体諸国の通貨を預かり、この預かった国民通貨を使って中央銀行間の資金貸借を清算するというスキームである。この問題については、六月一一日の通貨委員会でフランス代表のカムデシュが是非の判断を保留していたが、外事局は国民通貨の預託は「必要でもなければ望ましくもない」と言う。なぜなら、

ＦＥＣＯＭには二三三億ＥＣＵの資金があり、当面の必要にはこれで対応できるからである。しかし本質的な理由は次の点にある。「将来の欧州中央銀行の萌芽」としての基金がなすべきは、ＥＣＵの発行という「無から
の通貨創造能力」（pouvoir de création monétaire *ex-nihilo*）を使って現実の必要に応じることであり、国民通貨を利用することではない。かりに各国の通貨を利用するとなれば、ＥＣＵへの依存度はそれだけ減り、ＥＣＵを制度の中心に据えるとしているブレーメン・コミュニケならびにブリュッセル決議とのあいだに齟齬が生じる。基金が拠るべき原則は、スネイクの時代とは異なる「新しい共同体の信用制度」を構築することなのである。

短期の通貨支援についても外事局は同様の議論を展開する。それによると、欧州通貨基金は国民通貨を用いるのではなく、「無から流動性を創造する」ことによって短期通貨支援を行わねばならない。具体的にはこうである。基金からの「ＥＣＵの引出し権」を各国に付与する。引出し権は二つの部分に分け、一部を無条件の引出し権とし、残りについては条件付きの引出し権とする。

以上のようなフランス銀行外事局による欧州委員会覚書批判から、欧州通貨基金をめぐるフランスとドイツ――ただし、本章全体をつうじて明らかになるように、ドイツを事実上代表していたのはブンデスバンクである――の対立が何に根ざすものであったかがわかる。フランスは基金が「欧州中央銀行の萌芽」としての能力を最初から発揮できるような制度にすべきだとし、ドイツは完成までの移行期の問題に配慮した控えめの制度にすべきだとしていた。対立の基礎にあったのは、単一通貨の導入を現実の目標と考えるか否かであり、現実の目標と考えるフランスと、それに懐疑的なドイツが対立していたのである。それは基金創設の政治的側面を重視するフランスと、現実的側面を重視するドイツと言い換えることもできよう。

第4節　政治的意思の不透明化と攻勢を強めるドイツ・ブンデスバンク

1　第二次石油危機と欧州委員会覚書（一九七九年一二月一〇日）――「質的飛躍」の断念

第二次石油危機と欧州通貨基金問題

第二次石油危機は一九七八年末のイラン王政の危機に起源があるが、それが欧州で顕在化するのは一九七九年春である。一九七九年三月のEMSの発足と相前後して石油価格の上昇が始まり、夏にはスポット価格が高騰した。それにともない、欧州諸国では交易条件が急速に悪化し、経常収支が赤字に転じるとともにインフレが再燃した。例外は北海油田の開発により産油国になったイギリスだけである。第一次石油危機とは違い、今回の危機ではドイツも巨額の経常収支赤字を記録した（前掲表5‐2を参照）。いずれの国の経済も危機に陥ったが、EMSの第二段階への移行とのかかわりで注目を集めたのはフランス経済の危機である。

フランスでは一九七六年の秋からバール・プランが実施されていた。フランスはこのプランのおかげでドイツと経済政策理念を共有し、通貨統合に向けてこの国と連携できるようになった。EMSの誕生を可能にした基礎的条件はこの仏独連携であった。

ところが石油危機の発生によって仏独連携の基盤が揺らぐことになる。バール・プランには緊急度の高い政策として賃金および各種所得の凍結ないしは抑制が含まれていた。このため、インフレが再燃し、雇用情勢が悪化するにつれてプランにたいする国民の不満が高まり、それが政権にたいする信認の低下となって現れた。一九七九年九月に実施された世論調査では、ジスカールデスタンにたいする支持率が四〇パーセントに急落し、不支持は四四パーセントに達した。ジスカールデスタンが大統領に就任して以来、不支持が支持を上回ったのはこれが最初である。次の大統領選挙は一九八一年五月に予定されており、この選挙でのジスカールデスタンの再選が危ぶまれるようになった。バールの方はいっそう深刻で、支持はわずか二六パーセントにとどまり、不支持が五七パーセントにも達した(27)。ドイツのメディアは当時、「バール氏の政策がすでに失敗している」との評価がフランスで広がっていると記し、こうつづけている。

ワシントンやパリで奇跡でもおこらないかぎり、ＥＭＳ内の為替の格子〔共同体諸国通貨間の為替平価〕は一九七九年の第４四半期に変更されることになろう。かりにバール氏の政策が完全な失敗に終わるなら、ＥＭＳはその基盤、すなわちパリ―ボン枢軸を奪われる。その場合には、欧州にはスネイクについての麗しい記憶しか残らなくなるだろう(28)。

経済危機とそれにともなう政局の不安定化は、多かれ少なかれ他の欧州諸国にも共通していた。そのうえ、それらの諸国でも一九八一年の上半期に国政選挙が予定されていた。欧州通貨基金の創設には法的手続きが必要と見られていただけに、いずれの国の政府にとっても基金創設問題が重荷になり始めた。ドイツではこうした事情を反映して、もともとＥＭＳの創設それ自体に懐疑的ないしは否定的だったブンデスバンクの発言力が強まる。

たしかに一九七九年一一月にダブリンで開かれた欧州首脳理事会では、首脳たちは欧州通貨基金を予定どおり一九八一年三月一三日に創設することを確認した。しかし、この確認を額面どおり受けとる者は少なかった。たとえば一九八〇年一月八日の中央銀行総裁委員会で、ブンデスバンク総裁ペールはこう言い放っている――「国家首脳たちが発表した文書の文言からすると壮大な構想があるように見えますが、若干の国の政治状況を一瞥したかぎりでは、本当にそうした意図があるのか疑わしいものです」[29]。ちなみにペールは、エミンガーのあとを襲ってブンデスバンク総裁に就任したばかりであった。

ところで、欧州通貨基金の創設をとりまく環境が大きく変化したとはいえ、その実現に向けた検討作業は通貨委員会と欧州委員会によってつづけられていた。ただし、各国代表たちによる議論の大枠に変化はなかった。一九七九年一二月六日の通貨委員会では、フランスは、欧州通貨基金に「正真正銘の通貨発行」すなわち「無からのＥＣＵの創造」を認めることと、「発行されたＥＣＵの単一性」――すなわち、ＥＣＵを欧州の「単一通貨」とすること――に固執していた。これにたいしてドイツは、依然としてＥＣＵにたいする交換性の保障にこだわっていた[30]。

とはいえ、わずかながら両国間には妥協を模索する動きも生まれていた。フランスは為替準備の欧州通貨基金への移転について、「売却」という方式ではなく、基金の資本金への「出資」という政治的に見て摩擦の少ない方式を受け入れる考えのあることを表明した。一方、ドイツからも基金の管理機構に関して新提案がなされた。それはＩＭＦに倣って管理機構を次の三層構成にするというものである。まず、最上位に財務大臣と中央銀行総裁からなる「理事会」（Conseil des gouverneurs）をおき、この機関に欧州閣僚理事会の権限の一部を移す[31]。次に、中間に政府と中央銀行の代表からなる「管理理事会」（managing board）を配し、狭義の中央銀行の決定事項を委ねる[32]。最後に、第三の機関として「専務理事」（managing director）をおく。専務理事は各国の専門家集団によって補佐され、狭義の管理業務を遂行するだけでなく基金の活動を発展させる役割も担う。この提案はドイツ連邦財務省国際金融局長ハンス＝ヘルベルト・ヴェーバーの名でなされたが、管理理事会を政府と中央銀行の双方の代表から構成するとしている点は、七月の会合における当時のブンデスバンク副総裁ペールの発言と異なる。また、次節で紹介する中央銀行総裁委員会におけるブンデスバンク総裁ペールの主張とも異なる。ドイツでは政府と中央銀行のあいだに亀裂が生じていたのである。

欧州委員会覚書（一九七九年一二月一〇日）――「質的飛躍」の断念と選択肢の拡大

欧州首脳理事会ダブリン会議からまもない一九七九年一二月一〇日、欧州委員会経済金融総局が通貨委員会のために覚書を作成している[33]。この覚書はそれまでに欧州委員会内で作成された覚書類を総括するものであった。また、この覚書には、この年の秋以降に不透明さを増した欧州諸国の政治状況が深い影を落としていた。この二つの点で覚書は特別な意味をもっている。

欧州諸国の政治状況から見て、ＥＭＳに「質的飛躍」をもたらすような制度として欧州通貨基金を立ち上げることは難しい。基金を創設できたとしても、その完成には長期を要すると見なければならない。覚書はこのような現実認識にもとづいて作成されていた。実際、その冒頭には「ＥＭＳの建設の漸進的側面（aspect évolutif）に力点をおいた」との断りが記されている。一方、ＥＭＳの移行期（第一段階）の終了時に基金を完全なかたちで創設できないなら、ＥＭＳの最終段階（第二段階）が長期間つづくことは避けられない。そうなると、潜在的債権国が長期にわたってリスクを負うことになる。こうした事情が背景にあったことから、覚書の内容は、フランス銀行外事局が債権国寄りだと批判した七月七日の覚書と大差のないものになった。違いは、技術的細部に立ち入り、そのために選択肢のヴァリアントが増えている点にある。

そこで以下においては、覚書の特徴をよく伝えていると思われる第一章と第三章だけを抽出して検証するにとどめる。

(a)　第一章「ＥＣＵの性格と利用」

この章は技術的にかなり込み入っている。とはいえ欧州通貨基金の創設問題の難しさを集約的に映し出しているのはこの部分であり、避けて通るわけにいかない。

覚書によると、「ＥＣＵの完全かつ全面的利用」の具体化については二つのアプローチがある。一つは「法規論的アプローチ」(approche réglementaire) である。それは、ＩＭＦにおけるＳＤＲに倣って共同体諸国がＥＣＵの利用と保有に関する取決めを行うことにより、目標を達成するというものである。この方式の最大の特徴は為替準備を欧州通貨基金に引き渡すことなく、ＥＣＵを「無から創造すること」にある。こうして発行されたＥＣＵと他の準備資産（金およびドル）との交換性は、個々の中央銀行によって相手中央銀行のもとめに応じて保障される。たとえば、第三国通貨での支払いを必要とする明確な理由がある場合、もしくはＥＣＵの受けとりが当該中央銀行の為替準備の一定割合を超えた場合に保障されるものとし、その手続きは基金が定める。

もう一つのアプローチは「通貨論的アプローチ」(approche monétaire) である。このアプローチは、ＥＣＵに半永久的使用ならびに交換性を保障し、かつＥＣＵ保有国に利息を支払うことによって、ＥＣＵの流通を確実にしようとするものである。交換性と利息の支払いについては七月七日付の覚書と変わっていないので、ここでは新たに加わった半永久的使用に関する部分だけを紹介しよう。

覚書はＥＣＵに半永久的使用を保障する方法として四つの選択肢を提示する。選択肢が多くなった理由は次のように説明されている。現在の移行期（ＥＭＳの第一段階）においては、ＥＣＵは為替準備の預託と引換えに発行され、しかもこの預託がスワップの形式をとっているために、発行されたＥＣＵは一時的な性格のものにとどまっている。しかし欧州通貨基金が創設され、ＥＭＳが最終段階（第二段階）に入る際には、為替準備の預託を最終的な性格のものに変え、同時にＥＣＵも半永久的なものにしなければならない。それゆえ理論的には、基金の創設と同時に金およびドルは基金に売却される必要がある。四つの選択肢のうち第一の選択肢はそうした考え方にもとづいている。しかし、その一方で、「金の売却については政治的に難しい」という事情も考慮する必要がある。残る三つの選択肢はこうした現実を考慮したものである。しかしいずれにせよ、欧州通貨基金の完成には長期を要すると見られるから、当面は、「準備資産の預託と引換えにECUを発行するという、移行期の方式の延長上で」問題を考えざるを得ない。つまり、四つの選択肢はいずれも大きな「質的飛躍」をともなわないものに限定されているというのである。

そこで四つの選択肢であるが、その第一は、ECUと引換えに金およびドルを基金に売却し、現行のスワップに代替するという方法である。ただし、売却する金およびドルの割合は現行のまま、つまり各国の金準備の二〇パーセント、ドル準備の二〇パーセントとする。この方法を採用した場合には、為替リスクの共同体化とECU保有国への利息の支払いという問題が生じる。第二の選択肢は、金、ドル、SDRという三種類の準備資産を、「出資」の形式で基金に引き渡すという方法である。これは第一の方法と実態は変わらないものの、売却という形式をとらないことから国内の抵抗を少なくできる利点がある。そのうえ為替リスクの共同体化も、出資分にたいする利息の支払いも生じない。ただし、引き渡す金の割合を低くしないと実施は難しい。たとえば金二五パーセント、ドル六五パーセント、SDR一〇パーセントとすることが考えられる。第三は、ドルおよびSDRは基金に売却し、金だけをスワップとする方法である。この方法であれば、金が売却の対象にならないので政治問題にはならない。さらに、金の追加的預託をもとめずに、ドルとSDRの移転分だけを増額することによって為替準備の移転額を増やすことができるという利点もある。最後の第四は、基金の資本金に金で出資し、ドルとSDRの方は基金に売却するという方法である。この場合には、ECUはSDRおよびドルと引換えに発行されることになり、金は基金にとって最後の支払い保障としての役割を果たす。

通貨論的アプローチにおける四つの選択肢とそれぞれに付された説明からは、欧州通貨基金への準備資産の移転、なかでも金の移転が政治問題になる可能性が高く、その実施が難しいと見られていたことがわかる。なぜそうなのかについては、通貨委員会委員長アブレルが、一九八〇年三月一七日の欧州閣僚理事会で行った報告（後出）[34]のなかで説明をこころみている。それによると、第二次石油危機後の為替市場の混乱、国際収支危機、為替準備を多様化しようとする産油国の動きなどを背景に、各国の関心が確実な準備資産の確保に集まっていたという。

(b)　第三章「欧州通貨基金の機能と制度的構造」

この章で扱われているのは基金をどのような性格の機関にするかという問題である。この問題に関する覚書の記述は、七月三日の覚書に比べて格段に厳密さを増している。考えられる基金のタイプは四つに分類されている。

第一は「管理専門型」（gestionnaire）で、ＦＥＣＯＭと同様の「会計機能」しかもたない基金である。このタイプの基金とＦＥＣＯＭとの違いは、ＥＣＵの発行以外では、短期信用に責任を負うことだけである。ただし、この権能は一九七三年四月のＦＥＣＯＭの創設規約に規定されていたから、このタイプの基金であれば新たな法的手続きなしに創設できる。

第二は「特殊型」（suis generis）である。このタイプの基金は性格がＦＥＣＯＭとまったく異なる。まず、ＥＣＵ建ての貸出しを行うことから、基金は流動性創造能力をもつ「通貨的性格の機関」となる。しかし一方で、基金には通貨政策と為替政策にとどまらず経済政策の領域においても幅広い権限が付与される。すなわち、基金は各国の中央銀行と政府に帰属していた権限を一身に集中することになる。このタイプの基金はすぐあとに登場する「中央銀行型」と「地域ＩＭＦ型」の混合形態であることから、その管理機構は二層構成となる。第一層は中央銀行総裁から構成される「常任管理理事会」（Conseil de gestion permanent）で、ＥＭＳの経常的管理に必要な為替介入、裁量的信用、為替政策の調整、基金の資産管理などに関する決定権限をもつ。第二層は財務大臣と中央銀行総裁から構成される「理事会」（Conseil d'administration）で、ＥＣＵ内における各国通貨の比重の変更、短期信用の更新、中期信用の付与などに関する決定を行う。ちなみにこの「特殊型」は、ブレーメン・コミュニケとブリュッセル決議に規定された「ＥＣＵの完全かつ全面的利用」、「信用機構全体の統合」、「国民通貨の預託」という三つの課題に「完璧に応えられる唯一の解決法」である。

第三は「中央銀行型」である。このタイプの基金は中期信用に関する決定権をもたず、その役割は「本質的に通貨レヴェル」にとどまる。したがって、管理機関はＦＥＣＯＭと同様、中央銀行総裁から構成される。このタイプの基金には「広範な独立性」が保障されるが、基金が最終的に責任を負うべき権力機関をどこにするか、また欧州通貨基金が準拠すべき「一般的経済政策の方向性」をどのようなものにするか、という問題がある。

最後の第四は「地域ＩＭＦ型」（FMI régional）である。このタイプの基金が責任を負うのは短期信用と中期信用についてだけで、超短期信用に関する権限は各国の中央銀行に残される。したがって基金の権限は主に域内諸国の経済政策に関するものにかぎられる。その管理は政府と中央銀行の双方の代表から構成される理事会によって保障される。

以上に紹介した欧州委員会覚書の二つの章からは、欧州通貨基金にたいする専門技術官僚たちの議論が収斂に向かうよりも拡散する方向にあったことがうかがえる。欧州諸国の政治的意思が不透明になり、ＥＭＳの「質的飛躍」が望めなくなったことから、彼らは現状の延長上に新たな可能性を見出そうとしていたのである。

2　中央銀行総裁委員会（一九八〇年一月）

一九八〇年に入ると、中央銀行総裁委員会でも三月の欧州閣僚理事会に向けて検討作業が始まる。一月八日の会合では、最初に代理人会議の議長でデンマーク国立銀行のミッケルセンから代理人会議における検討状況が報告された。ミッケルセンがとくに強調したのは、欧州通貨基金の創設にたいして「漸進的なアプローチ」(approche évolutive) をとることで代理人たちの意見が一致したという点である。すなわち、共同体内における経済政策の収斂と、通貨および財政における統合の進展に歩調を合わせつつ、「基金の権限を漸進的に拡大する」というのである。(35) 前項で紹介したように、このアプローチは欧州委員会が通貨委員会に示したアプローチと同じである。

ただし、このミッケルセン代理人会議にたいしては、ブンデスバンクから欧州通貨基金が拠るべき原則について以下の五項目の提案がなされており、中央銀行総裁委員会を包む空気は通貨委員会と大きく異なっていた。

(1) 基金は独立した共同体の中央銀行制度とするが、加盟諸国の中央銀行から基金への若干の機能の移転は基金に独立が保障されたあとに行う。

(2) 為替準備を基金に最終的なかたちで移し基金にＥＣＵの発行権を付与することは、基金が地域中央銀行の性格をもつことを意味する。

(3) 基金の権限を支障なく拡大したいのであれば、あらかじめ基金に法律と組織の両面で明確な枠組みを付与しておかねばならない。

(4) 通貨政策ならびに信用政策の領域における各国中央銀行の責任を否定することのないように、基金は設計されねばならない。

(5) 基金へ権限を段階的に移すにあたっては、経済政策ならびに通貨政策の調整および収斂という関連諸領域における前進がなければならない。すなわち「併行的前進」(progrès parallèle) である。(36)

この五項目はやや込み入っていてわかりにくい。本章の主題にかかわらせて再整理するなら、次の三項目にまとめられる。(1)欧州通貨基金は、政府からの独立が保障され物価の安定が義務づけられているブンデスバンクを模した中央銀行とする。為替準備が最終的なかたちで基金に移転し、基金にＥＣＵの発行権が付与されることからして、それは当然のことである。(2)基金の創設に先立って、(1)を法制面で明確にしておく必要がある。(3)基金が欧州中央銀行としての基盤を固め、機能を充実させて行く過程は、経済・通貨政策の収斂と同時併行的でなければならない。

ミッケルセンの報告につづいて総裁たちが意見表明を行ったが、彼らも「漸進的アプローチ」をとることで意見が一致した。最初に発言したベルギー国立銀行総裁ストリッケルは、一〇年前のヴェルネル報告を引合いに出してこう主張する。ヴェルネル報告では、第一段階は細部まで詰められており、最終段階についても基本的諸要素が明示されていた。ところが中間の移行段階については、具体的なことは何も書かれていなかった。このアプローチが不調に終わったことをふまえ、代理人会議の提案するアプローチに拠るべきである。フランス銀行総裁ジュニエールも同意見であった[37]。ブンデスバンク総裁ペールもまた、「プラグマティックで漸進的なアプローチ」がよいと言う。

しかし何から検討を始めるか、何を優先的な課題にするか、となると意見は分かれる。ジュニエールの意見はこうである。ＦＥＣＯＭを欧州通貨基金に組織替えするのは、「欧州通貨統合の道にいくぶん野心的な一歩を踏み出す」（傍点は引用者）ためである。そうした目標のもとに最初に検討すべきは既存の域内信用制度の再編であるが、この再編については二つ問題がある。一つは超短期、短期、中期の三種類の信用を一括して基金に統合するか否かであり、もう一つはブレーメン・コミュニケにもとづいて国民通貨と引換えにＥＣＵを発行するか否かである。次に検討すべき事項としては、①現行のスワップをやめて準備資産を最終的に基金に移す、②基金に移された資金を使って基金自らが為替市場に介入する、③中央銀行以外の法人ないしは自然人にもＥＣＵ――いわゆる「民間ＥＣＵ」（Ecu privé）――の使用を認める、等々の問題である。ただし、これらの検討課題のいくつかで合意が成立すれば、フランスでも国会による批准手続きが必要になる。

これにたいしてペールは、欧州通貨基金の制度的側面を明確にすることがもっとも重要であると言う。制度問題になればすぐに「質的飛躍」という壁に突き当たる。とはいえ事前に基金の性格をはっきりさせておかないかぎり、「わずかな一歩」でさえ踏み出せない。まず問題にすべきは基金のタイプである。現行のＦＥＣＯＭタイプ、ＥＭＳの創始者たちが意図したようなＩＭＦタイプ、発券機関に固有の機能をもつ中央銀行タイプ、の三つのうちのいずれにするかである。欧州の首脳たちには、とくに中央銀行タイプについて詳しく説明する必要がある。ペールは制度問題にこだわる理由を、「ブンデスバンクは定款とのかかわりでそれらの問題に重大な関心をもっている」からだと説明している。

オランダ銀行総裁ザイルストラも制度問題に決着をつけることが先だと言う。問題は基金を「欧州中央銀行」として考えるのか、それとも「ＩＭＦに着想を得た地域通貨基金」として考えるのかである。これはたしかに「政治的問題」である。とはいえ中央銀行総裁としては、「中央銀行間の信用機構」（超短期信用、短期信用）と「加盟諸国間の相互協力体制」（中期信用）を一緒にするのは「非常に困る」ということを、首脳たちによく説明する責任がある。次に検討すべきは、最終的に基金に移された為替準備の使用をめぐる問題である。残るもう一つの検討課題は基金による流動性（ＥＣＵ）の創造である。つまり、預託された国民通貨にもとづいて創造できるとするのか、「無から《エクスニヒロ》」創造できるとするのかである。

以上の仏独蘭三国の中央銀行総裁の発言には、彼らのあいだに微妙ではあるものの重要な姿勢の違いのあることがうかがえる。ドイツとオランダは、制度問題に優先的に取り組み、欧州通貨基金を中央銀行型の機関とする方向で決着させるべきだとする。これにたいしてフランスは、基金に委ねるべき機能や権限をめぐる問題を優先することによって、基金を地域ＩＭＦ型と中央銀行型の混合体（「特殊型」）とすることに可能性を残そうとしていた。

仏独蘭の総裁たちとは違い、イングランド銀行総裁リチャードソンとイタリア銀行総裁カルロ・アジェグリオ・チャンピは慎重な発言に終始した。とくにリチャードソンは、中央銀行の権限を基金に移すことにたいしては慎重で、「今から三月までの短期間で結論が出せるか疑わしい」と述べ、判断を先送りしようとした。アイルランド銀行総裁マレーも三月までの合意形成には悲観的で、判断を留保した。

出席者たちのなかでもっとも積極的な発言をしたのは欧州委員会副委員長オルトリである。彼は総裁たちの議論をブレーメン・コミュニケならびにブリュッセル決議の線に引き戻そうとし、国民通貨と引換えにECUを発行することと、中期信用を含む三つのタイプの信用を基金に統合すること――したがってまた、基金を「特殊型」とすること――を主張した。欧州委員会は経済統合の推進を本来的な任務としていただけに、基金の機能と権限を最大にしようとしたのである。

以上のように総裁たちの意見は多様であった。かくて議長でデンマーク国立銀行総裁ホフマイヤーも、議論を締め括るにあたり、各国間で合意が成立しているのは二点だけであることを確認するにとどまった。一つは、通貨統合は「漸進的なアプローチ」に拠って進めること、もう一つは、大きな法的問題を生じることなく、どこまで議論を広げられるのかを明確にする必要があることである。

3　「現実主義」と「主体主義」の対立――中央銀行の覚書

一九八〇年の一月中旬から下旬にかけて、独仏英の中央銀行から代理人会議事務局に覚書が提出された。それは欧州通貨基金創設後の初期段階について意見表明をするためであった。覚書で扱われていた問題は技術レヴェルないしは実務レヴェルのものであるが、基金の性格はこれらの問題の扱いいかんにかかっていた。ここでも、主要な考え方の違いはフランス銀行とブンデスバンクのあいだにあった。

ドイツ・ブンデスバンクの覚書――FECOMタイプの欧州通貨基金

一九八〇年一月二一日付で作成されたブンデスバンクの覚書(38)は、代理人会議に提案済みの先の五項目の原則をふまえ、同行の考え方を厳格な「理論モデル」として示すことに力点がおかれていた。

ブンデスバンクはこの覚書で、まず欧州通貨基金の初期段階の問題を検討する前提条件として、先の五項目よりもさらに狭く限定された次の四項目を提示する。⑴「中期金融協力」（中期信用）は「短期通貨支援」（短期信用）と性格が異なるので、基金の管掌領域から外す。⑵基金が中央銀行タイプの制度にならないかぎり、基金への為替準備の移転は暫定的なままとする。⑶ＥＣＵの位置づけの変更はＥＭＳの性格を適正化する目的（とくにＥＣＵにたいする交換性の保障）のものに限定する。⑷既存の中央銀行間協定の枠組みを変更する場合には法的手続きを踏まねばならない。ローマ条約第235条を適用し、欧州閣僚理事会決議によって変更することはできない。

次にブンデスバンクは、右の条件が受け入れられたあとに検討すべき問題とその解決法を、以下の五項目にまとめている。[39]

第一は、短期信用をＥＣＵの創造によって金融するという問題である。こうした金融を認めるなら、ＥＣＵの発行量は増え、中央銀行の為替準備に占めるＥＣＵの割合も増える。そうなると、ＥＣＵが外貨と交換できないかぎりさまざまな問題が生じる。なかでも重要なのは、ＥＣＵは欧州地域でしか使用できないために、それを保有することが中央銀行にとって「潜在的制約」（une contrainte potentielle）になるという問題である。現在、ＥＣＵの受入れ義務は債権額の五〇パーセントまでとされているが、かりにこの制限が廃止されると、債権国へのＥＣＵの集積が加速し、債権国は大きなリスクを負うことになる。この問題を解決するには、ＥＣＵにたいする交換性の保障、しかも欧州通貨基金を介した「制度的保障」が必要である。

第二は、決済手段としてのＥＣＵの利用拡大をめぐる問題である。ＥＣＵの利用拡大を進めるのであれば、二つの措置を講じなければならない。一つは、発行されたＥＣＵの総額と共同体諸国の中央銀行の為替準備総額との調整を定期的に行い、両者のあいだに適切な均衡を維持することである。もう一つは、ＥＣＵと金およびドルとの交換性を保障するために、欧州通貨基金に十分な量の金およびドルを保有させることである。こうした措置が必要なのは、「欧州通貨基金がそれに見合った手段〔準備資産〕を常に保有しないかぎり、ＥＣＵは厳密な意味で交換可能とならない」

からである。

第三に、基金には当面、「流動性の操作によって金および外貨市場に影響を及ぼすこと」を認めない。つまり、基金が自らの裁量で市場に介入することを禁止する。これは、右の第一と第二に示された原則的考え方から導かれるものである。

第四に、共同体の信用機構の運営方式は現行のままとする。とくに信用額の引上げは行わない。

第五に、共同体の域外におけるＥＣＵの使用および民間（すなわち中央銀行間以外）におけるＥＣＵの使用は、当面認めない。

以上の五項目は、ブンデスバンクの関心のありようをよく示している。ブンデスバンクは、ＥＣＵの増発によって準備資産の劣化が生じ、ドイツの国民通貨マルクの信認が低下することを極度に恐れていたのである。そして、こうした事態を避けるために、ブンデスバンクはＥＣＵと外貨との交換性を保障することと、それが確実に可能になるようにＥＣＵの発行に制約条件を課すことを主張していたのである。

ところで、ブンデスバンクが課そうとする制約条件から浮かび上がってくる欧州通貨基金像は、既存のＦＥＣＯＭと事実上変わるところがない。実際、ブンデスバンクは覚書にこう記している――「ＥＭＳの最終段階への移行にともなって創設される欧州通貨基金は、ＦＥＣＯＭのもとで行われているものとほとんど変わらない」と。しかしブンデスバンクは、このように控えめな欧州通貨基金であっても、創設にあたっては「十分な法的基盤」を整えておく必要があると言う。なぜなら、そうしないと「基金は進化するものとならない」からである。基金が欧州中央銀行としての権能を段階的に獲得していくのであれば、すでに創設の時点で、ローマ条約の枠組みを超える存在として、その法的根拠を明確にしておかねばならないというのである。

かくてブンデスバンクは、欧州通貨基金の創設にたいして何重もの「慎重条項」（clauses prudentes）を挿入しようとしていた。このような同行の慎重姿勢は、一九七〇年にヴェルネル委員会が経済通貨同盟の創設に向けた工程表を策定した際にドイツの代表たちがとった姿勢に酷似している[40]。

最後に一つの問題が残る。それは、ＥＭＳの移行期が終わる一九八一年三月一三日までに、基金の立ち上げに必要な法的条件を整えることができるかという問題である。ブンデスバンクは、それは「絶対にあり得ない」と言う。ブンデスバンクは、第二次石油危機後の各国の政治状況から見て、欧州通貨基金を期限内に創設することは、基金がどんなタイプのものになっても不可能だと断定しているのである。

フランス銀行とイングランド銀行の覚書

フランス銀行の覚書[41]は一九八〇年一月一六日付で同行の外事局の手で作成されている。それは前年の七月三日付の覚書と同様、ブレーメン・コミュニケとブリュッセル決議に忠実である点に特徴がある。

「ＥＣＵの交換性」ではなく「ＥＣＵの自由利用」という概念に拠るべきだとする点では、外事局の主張は七月三日付覚書と変わっていない。しかし、今回の覚書には「ＥＣＵの自由利用」の内容が具体的に示されている。外事局によると、「ＥＣＵの自由利用」とは共同体諸国の中央銀行がＥＣＵを無制限に受け入れること、つまりＥＣＵが強制通用力をもつことであり、それは基金の性格を決めるうえで決定的な意味をもつ。なぜなら、「この解決法はＥＣＵを欧州経済共同体の共通通貨にしようとする意思を具体的に示すもの」だからである。

中央銀行によるＥＣＵの無制限受入れの仕組みは次のようになる。まずＥＣＵの利用に関する五〇パーセント・ルールを廃止し、中央銀行間の決済はすべてＥＣＵで行うようにする。一方、債権国にたいしては、為替準備に占めるＥＣＵの比重を下げる目的でＥＣＵを他の準備資産（金およびドル）に転換することを禁止する。そこで問われるのは、どのような場合にＥＣＵと他の準備資産との交換が認められるかである。それは二つの場合に分かれる。この部分に関する記述はやや複雑であるが、フランスの主張の本質的部分はここに現れている。

第一は、中央銀行間で外貨とＥＣＵの交換が行われる場合である。これはさらに二つの場合に分かれる。一つは、この交換が中央銀行相互の合意にもとづいて行われる場合である。こうした交換はすでに一般に行われているのでとくに問題はない。もう一つは、短期通貨支援をうけた国（債務国）がこの支援によって得たＥＣＵで外貨を買い、それを域外諸国とのあいだの為替や国際収支上の問題の解決に用いる場合である。

第二は、中央銀行と欧州通貨基金のあいだでＥＣＵと外貨の交換が行われる場合である。こうした交換が認められるのは次の場合にかぎられる。ＥＣＵの超過保有国（債権国）で、しかもその国が域外諸国とのあいだに為替や国際収支上の問題をかかえており、その解決のために外貨を必要としている場合である。

かくて、フランスの主張する「ＥＣＵの自由利用」においてもＥＣＵと外貨の交換には厳格な条件が設けられており、単純に自由というわけではない。しかし、同じく制約条件があるとはいえ、「ＥＣＵの交換性」と「ＥＣＵの自由利用」とでは考え方に大きな違いがある。「ＥＣＵの交換性」においては個別の債権国の関心（利害）が重視されているのにたいして、「ＥＣＵの自由利用」においては債務国を含む共同体全体の関心（利害）が重視されている。したがって、前者を主張するブンデスバンクがいわば「現実主義」ないしは「実務中心主義」に立脚していたとすれば、後者を主張するフランス銀行は共同体に結集した欧州諸国の政治的意思に、つまり「主体主義」（volantarisme）ないしは「理念主義」に足場をおいていたと言えよう。

次にＥＣＵ関連以外の問題に目を転じるなら、外事局が中期信用を欧州通貨基金に統合しないとしている点が注目を引く。これは基金を「中央銀行型」とすることを意味しており、「特殊型」とすべきだとした先の通貨委員会における財務省国際局長カムデシュの発言と異なる。基金のタイプにたいするフランスの姿勢はこの時点までに転換していたことになる。

最後にイングランド銀行の覚書[42]に簡単に触れておこう。一九八〇年一月一七日付でバルフォア名で作成されたこの覚書には、仏独の覚書のようなきわだった特徴はない。イングランド銀行の姿勢が明確に示されていたのは、中期信用を従来どおり欧州閣僚理事会の管掌事項としている点と、「民間ＥＣＵ」について論じるのは時期尚早だとしている点だけである。なお、基金を予定された期限内に創設できるかという点については、ブンデスバンクと同様きわめて悲観的である。実際、イングランド銀行の覚書は次の言葉で結ばれている。「為替準備の最終的移転、および欧州通貨基金の新たな組織構造については、いずれの国においても国会における審議ならびに立法が必要なことは明白である。それらが簡単ではなく、短期間のうちに行えないことも明白である[43]」。

4　中央銀行総裁委員会（一九八〇年二月）

代理人会議報告案（一九八〇年二月七日）——ドイツ・ブンデスバンクに傾斜した論点整理

前項で紹介した主要な中央銀行の意見をふまえ、中央銀行総裁委員会代理人会議事務局が二月七日付で覚書「ＥＭＳの最終段階の初期段階についての報告案[44]」を作成した。フランス銀行の外事局はこの覚書を、「論点提示のあり方において紛れもなくドイツ・ブンデスバンクの観点が優越している[45]」と評している。この評にあるように、覚書では基本的にブンデスバンクによる論点整理が踏襲されていた。

実際、覚書は一連の係争中の問題について次のような明確な判断を下している。欧州通貨基金は中央銀行タイプとする。中期信用は基金の管掌領域から外す。基金の執行機関の構成員は現行のＦＥＣＯＭに倣って中央銀行総裁とする。基金には「固有の責任と自律的な制度上の位置づけ」すなわち「独立性」を保障する。基金を立ち上げる際には法的手続きをふむ。

覚書が慎重だったのは、為替準備および決済手段としての「ＥＣＵの利用拡大」と、各国の為替準備を段階的に基金に移す「為替準備の共同体化」の二つの問題についてだけであった。慎重である理由は、「EMSが最終段階へ移行するにあたってもっとも重要な問題」ではあるものの「総裁たちのあいだに選択肢についての合意がない」からである。とはいえ、これらの問題についても、覚書には一定の方向性を示そうとする姿勢が見られる。

まず「為替準備の共同体化」について。ここでは、覚書は基金への為替準備の移転の進め方を問題にする。ECUをより「自律的」で「実質のある」ものにするには、スワップの形式をとっている為替準備を最終的に基金に移す必要がある。その方式には「売却」と基金の資本金への「出資」という二つの選択肢がある。ここまでは、すでに紹介ずみの欧州委員会の覚書類と同じである。違うのは、二つの選択肢のいずれかが実施されるまでの過渡期について、スワップの更新という第三の選択肢を提案している点である。すなわち、為替準備の移転を形式面では「暫定的」なものにとどめつつも、現行のスワップに三重の変更を加えることにより、その性格を実質的に「半永久的」なものに変えることを提案している。変更点の第一は、為替準備の最終的移転が実現するまでのあいだ、中央銀行が当初に設定されたスワップを無期限に更新しつづけること、第二はスワップを当初の相場のまま更新することである。最後の第三は、基金に預託された二〇パーセントの為替準備の取扱いに関係している。この為替準備は中央銀行の為替準備（額）の変動に応じて自動的に調整されることになっていたが、それを当初の預託額をそのまま固定するように変更することである。

次に「ECUの利用拡大」について。覚書はECUの利用に関する五〇パーセント・ルールを廃止し、「完全な制度的交換性」を実現するとしている。ただし、二つの点に留意する必要があると言う。一つは為替準備の基金への「売却」が必要になるということ、もう一つは、一月一六日付覚書でフランス銀行外事局があげていた四項目の困難な問題が生じるということである。

このように、代理人会議事務局による論点整理は全体としてブンデスバンクの側に傾斜したものになっていた。検討の余地があるとされていたのは為替準備の移転とＥＣＵの交換性をめぐる問題だけであるが、この二つについても第二段階への早期移行に懐疑的なブンデスバンク寄りの姿勢がうかがえる。では、なぜブンデスバンクの考え方が事務局案に大幅に反映されることになったのか。フランス銀行の外事局によると、それは「比較的短期間に真の『質的飛躍』を実現することへの深い懐疑(46)」によるものである。そうした懐疑のゆえに、全体として現行制度の細部を修正するだけで満足しているというのである。

中央銀行総裁委員会（一九八〇年二月一二日）

二月一二日に開かれた中央銀行総裁委員会は一月の会合とは対照的に緊張感に乏しいものとなった。欧州通貨基金にたいする仏独両政府の姿勢が大きく後退したとの情報が流れたからである。

「下半期までは欧州通貨基金に関する作業をこれ以上前進させないことで仏独が合意した、と新聞が報道しています(47)」。二月一二日の会合はイングランド銀行総裁リチャードソンによるこの発言から始まった。仏独両政府が作業の進展を望んでいないのであれば基金を期限内に創設することはできない。しかし総裁たちは、リチャードソン発言に特段の反応を示さなかった。不安定性を増す欧州経済ならびに世界経済、それに各国の政治日程から見て基金の期限内創設が難しいことは、すでに彼らのあいだで共通の認識になっていたためと考えられる。

この日の総裁たちの発言にはいずれも積極性が欠けていた。それまでブレーメン・コミュニケとブリュッセル決議に忠実で、ＥＭＳの第二段階への早期移行に積極的な立場をとってきたフランス銀行総裁ジュニエールですらそうであった。

総裁たちは前回の会議で、ＥＭＳの最終段階への移行に関するアプローチがどうであれ、境界線をはっきりさせる必要があるとの考えを示しました。すなわち、その手前であれば、経験にもとづいてEMSに若干の調整を施すだけで済みますが、それを超えると、制度の性格が変わり、一定の質的飛躍が生じる境界線です。質的飛躍は重大な政治問題を生じ、また重い、危険ですらある問題を引き起こします。……検討中のさまざまな技術的選択肢について、是非の判断を下すわけにはいかないと思います。それに、代理人たちは「中央銀行」アプローチしか研究しておらず、予定された三つのアプローチの法律上および技術上の意味は研究していません。総裁たちの大多数――全員と言ってもよいかもしれません――は「中央銀行型」に賛成しているとはいえ、この段階で委員会が、組上に載っているアプローチのうちの一つを選択するのは適当とは思えません。

こうした理由から、仏独合意に関する新聞報道は脇に措いても、三月の経済・財務担当閣僚理事会においては、中央銀行総裁委員会の委員長は口頭で報告するのがよいと思われます(48)。(傍点は引用者)

なお、右の引用にあるように、ジュニエールは「総裁たちの大多数――全員と言ってもよいかもしれません――は『中央銀行型』に賛成している」と述べている。これによると、この時点ではジュニエール自身も「中央銀行型」に賛成していたことになり、先のフランス銀行外事局の覚書にある記述と符合する。ただし、ジュニエール発言にはベルギー国立銀行総裁ストリッケルが異議を唱えたから、ベルギーだけは依然として「中央銀行型」以外――つまり「特殊型」――を支持していたことになる。

フランス以外の諸国の総裁たちの認識もジュニエールと基本的に変わらなかった。彼らの意見の最大公約数は、中央銀行総裁委員会における検討作業は十分進んでいるとはいえないし、各国の政治状況から見て基金の創設を急ぐのは非現実的であるというものであった。かくて総裁たちは、三月の欧州閣僚理事会における委員長の報告は口頭によること、しかも簡潔なものにとどめることで意見が一致した。

第5節　政治的意思の不在と欧州通貨基金問題の先送り

1　欧州閣僚理事会、欧州首脳理事会への報告（一九八〇年三〜四月）

一九八〇年三月一七日の欧州閣僚理事会では、通貨委員会と中央銀行総裁委員会のそれぞれ委員長から口頭で、欧州通貨基金の創設に向けた作業計画（表8-2）と作業の進捗状況が報告された。

両委員長の報告のうちとくに興味を引くのは通貨委員会委員長アブレルの報告である。それはアブレルがフランス財務省の国庫局長であったからであり、しかもそのアブレルがEMSをとりまく環境の変化に言及していたからである。アブレルによると、石油危機後の不安定な国際経済が基金をめぐる議論に大きな影を落としている。いずれの国にとっても「安定した信用ある国際的資産をもつことがますます緊急の必要事になっている」ために、欧州通貨基金にたいする関心は「域内信用機構の問題」よりも「準備資産の問題」の方に移っている。その結果、「ECU問題が、なかでもECUに付与すべき対外的役割が見直しの対象になっている」。わかりやすく言えば、潜在的債権国の関心がECUの外貨との交換性、ECUの発行量の制限、およびそれらと不可分な関係にある基金の管理機構のあり方に集まっているというのである。アブレルは報告を次のように総括している。[49]

通貨委員会における考察の中心はもっぱらECUです。われわれはECUが準備資産として、また決済手段として無制限に利用されねばならないことを、そしてそのために、ECUの受けとりに課せられている〔債権の五〇パーセントという〕制限を取り払わねばならないことを承知しています。それは重要な問題であり、当委員会

表8-2　EMSの第二段階への移行に関する作業計画――1980年2月の通貨委員会決議――

1．ECUの受けとり制限。
2．ECUの交換性。
3．ECUの発行。
4．欧州通貨基金への〔為替準備の〕売却と出資の、それぞれ経済的・金融的意味。
5．短期信用の実施における〔基金による〕自由裁量。
6．欧州通貨基金の流動性とECUへの利息〔の支払い〕。
7．共同体の金融市場におけるニュメレールとしてのECUの利用（ECU建て債券の発行、銀行勘定、等々）。
8．欧州通貨基金の制度的段階における金融と調整、それぞれの役割。
　金融
　　―民間信用。
　　―欧州通貨基金信用。
　調整
　　―為替相場と欧州通貨基金の役割。
　　―通貨政策の協調と欧州通貨基金。
9．EMSのさらなる発展（とくに世界レヴェルにおける）。
10．制度をめぐる選択肢。
11．法規に関する問題（ローマ条約235条の問題）。
12．制度的段階におけるEMSと第三国の通貨の関係。

（出所）　ABF, 1489200205/287. Direction du Trésor. Note pour le Ministre. L'avenir du système monétaire européen, par Jean-Yves Haberer, 21 octobre 1980. Annexe-I.

はそれにともなって生じるいっさいのことを明確にしようとしています。

ＥＣＵの受けとりにはＥＣＵの交換性が、したがってまた将来の欧州通貨基金の流動性をめぐる問題が関係しています。この点に関しては、もう一つ重要な問題のあることも強調しておきます。それは欧州通貨基金に通貨発行権を付与することから生じる問題です。中央銀行のこの権限は、国ごとに事情が違うとはいえ、いずれの国でも、他の国家機関のもつ調整権限によって均衡が保たれています。欧州のレヴェルで、このような企てがいかなる結果をもたらすかについて、注意深い研究がさらに継続されねばなりません(50)。

四月二七～二八日に開かれた欧州首脳理事会においても通貨委員会と中央銀行総裁委員会から同様の報告がなされた。そして同理事会は、そうした報告をふまえて、「共同体を通貨統合に向けて前進させるという決意を確認するとともに、共同体の諸機関にたいして、〔ＥＭＳの〕制度的段階への移行、すなわちＥＣＵの役割の明確化と欧州通貨基金の創設」に向けた作業を継続するよう指示した」[51]。

2　欧州通貨基金の将来――ＥＣＵの利用拡大と制度問題

欧州通貨基金をとりまく環境は一九八〇年五月以降も改善が見られず、秋口には創設期限の延期が必至の情勢となった。九月二〇～二一日にルクセンブルグで非公式の欧州閣僚理事会が開かれたが、そこでは、一二月の欧州首脳理事会ではＥＭＳの第二段階への移行を決議すべきでないとする意見が多数を占めた[52]。

このように九月末の時点で欧州通貨基金の創設を先送りする方針がほぼ固まっていたが、それが正式決定になるのは翌一九八一年二月一日のことである。ただし中央銀行総裁委員会では、すでに六月から、一九八一年三月一三日に期限切れを迎えるスワップの更新に向けた準備作業が始まっていた。そして一九八一年一月、欧州閣僚理事会による基金創設先送りの決定をまたずにスワップを二年間延長することを決めた。

通貨委員会における討議（一九八〇年一一月一四日）――政治的意思の不在

一九八〇年の五月から一〇月にかけて、通貨委員会には欧州委員会から数点の覚書が提出されている。しかしそれらは細かな技術的問題しか扱っておらず、既存の議論の枠組みを変えるものではなかった。通貨委員会が基本的な問題に立ち戻るのは一一月に入ってからである。

一一月一四日の通貨委員会では、一二月一日の欧州首脳理事会に向けた各国の対応について意見交換が行われた[53]。ここで表明された政府当局者たちの意見は、基金の創設が先送りされるにいたる政治的背景を伝える情報源として重要である。

ドイツ連邦財務省次官ラーンシュタインは基金の創設が問題になり得ないことを力説した。彼によると、欧州首脳理事会は二つの段階を経てEMSを立ち上げようとしているが、これには無理がある。「関税同盟をつくりあげるに四段階を要していることから見ても、性急過ぎる」からである。第二段階に移行するには、各国の議会の対応、為替機構への参加で例外的な扱いをうけているリラとポンドの問題も関係してくるので、「ツー・スピード方式、さらにはスリー・スピード方式すら」も考える必要がある。それにギリシャ、スペインなどの諸国が共同体に加盟する可能性もある。ラーンシュタインは自らの発言を次のように締め括っている。

通貨委員会においてECUの役割ならびに発行という重要な問題について掘り下げた議論がなされたあとに、欧州首脳理事会は改めて〔第二段階への移行の〕日程を決めるべきでしょう。第二段階への移行は、為替市場が落ち着きを見せ、経済的基礎条件が加盟諸国において改善したときにしか実現できないでしょう。……EECにかかわるいっさいの事柄が共通農業政策、予算やイギリスの負担問題に支配されているときに、EMSの第二段階について話すのはセンスに欠けるというものです(54)。

イギリス財務省のハンコックも欧州通貨基金の立上げには否定的であった。彼があげた理由はいつもどおり、もっぱらイギリスの国内事情であった。

イギリスは近い将来特別なことをするつもりはありません。為替市場が不安定にすぎます。欧州為替制度に参加しようとすれば、イギリス当局は通貨を切り下げねばならず、通貨政策が大混乱に陥ります。そうなると、イギリス国内でくすぶっている反共同市場感情がかきたてられる恐れがあります。根本にあるのは、欧州通貨基金制度の内部における中央銀行と政府の権限分有問題と、為替準備の所有権を〔欧州通貨基金に〕移転する問題であり、それらには「イギリス国民の誇り」がかかっています。[55]

フランス財務省国際部長フィリップ・ジュルジャンサンの発言も歯切れが悪かった。半年後に迫った大統領選挙でのジスカールデスタンの劣勢と、成長政策を選挙スローガンに掲げる社会党候補ミッテランの優勢が予想されていたからである。ジュルジャンサンは、「大統領選挙の見通し次第で欧州通貨基金にたいするフランス当局の姿勢の『一貫性』が変わることはありません」と、まず基金創設問題にたいする政府の積極的姿勢の一貫性を強調する。しかしその一方で、「フランスの代表団は、数多くの技術的困難、そしてとりわけ制度問題、さらにポンドとリラの特殊な位置づけについては、通貨委員会のメンバーとおおむね考え方は同じです」として、慎重姿勢をとる他の諸国への配慮を示す。そして最後に、「最優先の問題はＥＣＵの性格に関する問題であるように思われます」と述べ、ペールと同様、基金創設問題の焦点がＥＣＵの性格をめぐる問題にあることを確認した。

その他の国の代表のなかでは、イタリアとアイルランドの代表が三月一三日に基金を立ち上げることが難しいことを力説した。しかしベルギーの代表だけは「首脳たちの決めた通貨同盟という目標から遠ざかるのは残念です」と述べ、依然として基金の創設に執着していた。

以上のような各国代表の発言を反映して、委員長のアブレルが行った総括も積極性を欠くものとなった。彼は、「オペレーショナルな結論」は出ていないものの、通貨委員会の検討作業によって「問題別の一群の覚書」が作成されていることに満足の意を表明し、次いで「政治的意思の不在」が作業を複雑にし、分かりにくくしていると、問題が政治の側にあることを確認するにとどまった。[56]

中央銀行総裁委員会事務局の覚書（一九八〇年一二月一日）――ブレーメン・コミュニケとブリュッセル決議の否定か

中央銀行総裁委員会における検討作業は一九八〇年の秋以降も代理人会議によって継続して進められた。政治の側から指針が示されなくなったために、以前にもまして専門技術的な関心が作業を支配するようになった。その結果、ブンデスバンクとオランダ銀行の主張が作業に強く反映し、フランスの孤立が目立つようになる。同委員会の事務局が一二月一日付で作成した覚書にそのことがはっきりとうかがえる。「EMSの制度的段階に関する基本的諸問題」(57)と題するこの覚書は、基金の創設期限前夜における作業の到達点を整理している。そこで、その主要な内容を四点に絞って紹介しよう。

(a)　EMSの制度的段階（第二段階）におけるECUの役割

ECUは現在の過渡期（第一段階）において、加盟国の金準備の一部を流動化することと、決済機構の機能を円滑にすることの二つの機能を果たしている。覚書はこのような認識を示したうえで、制度的段階におけるECUについては二つのアプローチが考えられると言う。

一つは、ECUを「一種の『地域SDR』（DTS régional）」、すなわち「通貨当局間だけに使用が限定される決済ならびに準備手段」と見なすアプローチである。これによると、制度的段階への移行は次の三つのことを意味する。(1)右に記した過渡期におけるECUの二つの機能を揺るぎないものにする。(2)共同体の信用機構を整備し、それをいっそう利用しやすいものにする。(3)共同体内で流動性を創造する。この第一のアプローチにおいては、「加盟諸国が保有する伝統的な準備資産を節約し、この資産を通貨の対域外為替相場の安定に役立てる」ことが目標になる。

もう一つは「経済通貨統合の推進という一般目標」にもとづいたアプローチである。このアプローチにおいては、ECUは最終段階で、「共通通貨であれ、単一通貨であれ、共同体の通貨」としての役割を果たすことになる。それゆえ中央銀行の準備ならびに決済手段としてECUが発展することは、それ自体が目的なのではない。その意味は

「共同体の通貨」という最終目標に向けた「最初のステップ」であることにある。

ここで注目されるのは、覚書がＥＣＵの発展に関するアプローチを二つに絞り込み、しかも第一のアプローチを第二のアプローチと同列においていることである。第一のアプローチとは、端的に言うと、通貨統合を現実の目標から外し、ＥＣＵを「地域ＳＤＲ」のままにとどめるというものである。したがって、各国からＦＥＣＯＭに預託されている為替準備の二〇パーセント、すなわち単一通貨を実現するために築かれた橋頭堡も不要になる。このアプローチは、少なくとも当面は、制度的段階をブレーメン・コミュニケとブリュッセル決議から完全に切り離して考えようとするもので、ブンデスバンクとオランダ銀行の主張に沿っている。

(b)　欧州共同体の域外におけるＥＣＵの使用

覚書は域外におけるＥＣＵの使用についても、メリットとデメリットの両面があるとして、ＥＣＵが国際通貨の役割を果たすことにたいして慎重である。まずメリットとしては、すでに域外で準備資産として使われている欧州の国民通貨（マルク、ポンド）にＥＣＵが代替することになり、「欧州諸通貨相互の競合や、欧州諸通貨と他の準備資産との競合から生じるＥＭＳへの攪乱効果が緩和できる」。しかし一方で、「ＥＣＵがＳＤＲおよび米ドルと競合関係に入るというリスク」も考えねばならない。それゆえ域外でのＥＣＵの使用は、現在の加盟諸国の国際収支の状態から見て「短期的には好ましい」ものの、長期的には「世界の通貨均衡にとって微妙な問題を引き起こす恐れがある」。このように覚書は、域外でのＥＣＵの使用にたいして慎重であり、明らかにブレーメン・コミュニケとブリュッセル決議の線から後退している。

(c)　ＥＣＵの過剰発行にたいする備え

覚書によると、ＥＣＵの適切な流通量についての客観的な指標は存在しない。ＥＣＵの過剰発行を防げるか否かは発行に関する意思決定の仕組み次第である。したがって、欧州通貨基金の制度をどのような性格のものにするか、基金の管理機構をどう設計するかが重要な問題になる。ＥＣＵが「共同体の通貨の萌芽」になるのであれば、ＥＣＵの管理は各国の通貨当局に似せてつくられた「一種の中央銀行」（欧州中央銀行）に委ねる必要がある。とはいえ中央銀行と言っても事は単純ではない。中央銀行が国家装置のなかに占める位置関係と、中央銀行が引き受ける責任は国ごとに違いがあるからである。一部の国では通貨政策は中央銀行だけの責任とされている。しかし他の諸国ではこの種の責任は中央銀行と政府によって分有されており、通貨政策の決定は中央銀行と政府が参加する「混合的な枠組み」のなかで行われている。要するに覚書は、欧州中央銀行の管理機構については政府の関与をいっさい排除する方式と一定程度認める方式の二つがあるとしているのである。

以上のような覚書による欧州通貨基金の制度面に関する論点整理は、基金のタイプがすでに「中央銀行型」に絞られており、問題が管理機構への政府の参加の是非に移っていたことを示している。

(d)　ＥＣＵ保有額の不均衡にたいする保護措置

共同体諸国間で経済政策の収斂が進んでいないことから、国ごとのＥＣＵ保有額に不均衡が生じ、債権国に為替リスクが集中する恐れがある。覚書によると、この問題への対応策としては、①ＳＤＲで採用されているのと同様のＥＣＵの受けとり制限、②現行のＥＣＵによる決済比率（五〇パーセント）、③ＥＣＵと外貨との制度的交換性の保障、の三つがある。さらに、これら以外に、ＥＣＵだけを決済手段とする方式も考えられる。この第四の方式では、ＥＣＵ資産を使い切ってしまった中央銀行は他の中央銀行から借り入れるか、域内信用制度を利用して必要なＥＣＵを調達することになる。

かくてこの問題領域においても、覚書はＥＣＵの使用制限によって問題に対処するという考え方に立っており、ブレーメン・コミュニケとブリュッセル決議に掲げられた「制度の支柱」、「ＥＭＳの中心的要素」としてのＥＣＵ、あるいは「ＥＣＵの完全かつ全面的利用」という目標から大きくそれている。

フランス銀行を支える変わらぬ諸原則

以上のような中央銀行総裁委員会事務局の覚書を、フランス銀行外事局が批判的に分析し、一二月四日付で覚書にまとめている。次いで外事局は一二月五日付で総裁ジュニエールのためにその要約版も作成している。通貨委員会と中央銀行総裁委員会の責任で作成された覚書については、外事局はそのつど、ドイツ（およびオランダ）寄りであると批判してきたが、今回の覚書批判は以前にもまして厳しかった。

一二月四日付の覚書(58)では、外事局は冒頭で、中央銀行総裁委員会事務局覚書を次のように総括的に評価している。「代理人たちに渡された研究（事務局覚書）からはＥＣＵにたいする一定の不信が透けて見える。そうした精神状態になった原因は、事柄の政治的重要性が十分に考慮されていないことにある。……覚書の執筆者たちはドイツとオランダの分析にかなり強い影響をうけており、そのために他の諸国の提案が部分的に無視されている」。

次いで、外事局は個別の論点に立ち入って批判をつづけるが、その主要なポイントは以下のとおりである。

ＥＣＵが存在するのは、事務局の覚書があげる金の流動化や域内決済を容易にするためだけではない。それはとりわけ「欧州の通貨面での人格（personnalité monétaire）を明確にする」ためである。したがって、「地域ＤＴＳではなく将来の共同体の共通通貨としてのＥＣＵの研究」を行うべきである。

共同体の域外におけるＥＣＵの使用を排除しようとする姿勢も承服できない。域外におけるＥＣＵの流通はたしかに微妙な問題を引き起こす。とはいえ、それがもたらすさまざまな利益、なかでもその「政治的利益」を無視するわけにはいかない。

さらに、域内の中央銀行が果たしている役割は事務局が考えているほど単純ではない。たとえば、「いかなる中央銀行も、政府が決めた〔経済政策の〕一般方針を考慮せずに通貨政策を運営することはできない」。それゆえ、「基金が将来中央銀行機能を果たすとしても、基金は『特殊型』になり、基金と共同体の政治機関との関係は新たな基盤のうえに構築されることになるであろう」。つまり外事局は、基金の管理機構は政治の関与を可能にするものでなければならないと言う。

最後に、ＥＣＵ保有額の不均衡にたいして保護措置を用意することにも問題がある。特定の中央銀行に過度にＥＣＵが集まるのは、ＥＭＳ内部に不均衡が生じているからであり、それには中心相場の変更で対処すればよい。中心相場の変更はブレーメン・コミュニケが掲げる目標に抵触しない。なぜなら、ＥＭＳは固定相場の設定ではなく「安定為替」の設定を目標に掲げており、制度は柔軟に運用できることになっているからである。「ＥＣＵはすでにＥＥＣの通貨単位であり、その役割は、将来、むしろ拡大しなければならない。それゆえ、共同体の内部でＥＣＵの保有に制限を設けるのは不適切である」。

一二月五日付で総裁のために作成された覚書の要約版(59)には、外事局の基本的な考え方がいっそう簡潔に整理されている。フランス銀行の基本姿勢を鮮明に伝えているので、以下に引用しよう。

(1)　〔中央銀行総裁委員会事務局の〕覚書は、ＥＭＳの第二段階への移行にともなって生じる有害な問題を中心に扱っており、この段階のもつ政治的意味を無視している。「消極姿勢」（un profil bas）と呼べるような態度がうかがえる。

(2)　覚書からはしばしばＥＣＵにたいする一定の不信が透けて見える。

(3)　ブレーメン・コミュニケとブリュッセル決議――それはわれわれのバイブルでなければならない――によれば、ＥＣＵは制度の中心的要素であり、その機能はＥＭＳの最終段階において縮小するのではなく、拡大しなければならない。

(4)　一般的に言って、ＥＭＳに関するわれわれの作業は制度の深化と拡大（たとえば、ＥＣＵの国際化をつうじた拡大）を図ることでなければならず、すでに確定している事柄を問い直すことであってはならない。

(5)　ブレーメン・コミュニケとブリュッセル決議に規定された基本的な選択を見直すことは論外である。……たとえば、為替準備の〔二〇パーセントの〕共同化は欧州通貨創設の礎石（pierres angulaires）である。その廃止を考えることは大いなる時間の無駄である。[60]

以上の五項目からは、中央銀行総裁委員会事務局がドイツとオランダの影響を強くうけており、現状を放置するとブレーメン・コミュニケとブリュッセル決議の見直しにまで行きかねないことに、フランス銀行の実務中枢が強い危機感をいだいていたことがうかがえる。

小　括

一九七九年三月から一九八一年三月までの二年をかけて、通貨委員会と中央銀行総裁委員会によって欧州通貨基金の創設に向けた検討作業が行われた。そこでは、主としてフランスとドイツ――より厳密に言うとフランス銀行とブンデスバンク――が次の三つの問題をめぐって対立した。(1)欧州通貨基金をどのような性格の機関にするか（制度問題）。(2)超短期、短期、中期の三種類の域内信用のどこまでを基金に委ねるか（信用問題）。(3)ブリュッセル決議に規定された「ＥＣＵの完全かつ全面的利用」をどのようなかたちで実現するか（ＥＣＵ問題）。最初の二つの問題では、フランスが三種類の信用を一括して基金に委ね、基金を「地域ＩＭＦ型」と「中央銀行型」との混合体（「特殊型」）にすべきだとしたのにたいして、ドイツが基金の管掌領域から中期信用を外し「中央銀行型」とすることを主張した。

しかしこの問題では、結局フランスが譲歩し、基金のタイプは「中央銀行型」とする方向で域内諸国のあいだで合意が形成されつつあった。ただし、「中央銀行型」とした場合に、基金の管理機構をどのようなものにするか、すなわち一定の政治の関与が可能な制度とするのか、それとも政治の関与を排除した制度とするのか、という点をめぐって仏独間で対立がつづいていた。

仏独が厳しく対立し、そのために専門委員会の作業が難航したのは、第三のECUの利用をめぐる問題である。フランス銀行は第二段階の初発からECUを「欧州通貨の萌芽」として扱い、決済手段・準備資産としての利用拡大を積極的に進めることを主張した。これにたいしてブンデスバンクは、ECUの使用に一定の枠をはめることと、基金によるECUの「無からの発行」に制度面から歯止めをかけられるようにすることを強く主張した。さらにブンデスバンクは、共同体の域外におけるECUの使用にも、したがってまたECUの国際通貨化にも否定的であった。かくて、フランス銀行が欧州首脳理事会のブレーメン・コミュニケとブリュッセル決議を「バイブル」と位置づけたのにたいして、ブンデスバンクは二つの決議を事実上無視し、EMSを第一段階のままにとどめようとしたとも言える。いずれにせよ、ドイツの中央銀行が第二段階への移行の最大の抵抗勢力として立ちはだかったのである。

形式論理的に見るかぎり、理があったのはフランス銀行の主張である。しかし実際には、専門委員会の検討作業には時の経過とともにブンデスバンクの主張が強く反映するようになる。その背景には二つの事情があった。一つは、第二次石油危機による経済混乱＝危機から政治がEMS問題に積極的に関与できなくなったことである。EMSは仏独首脳の主導で創設されただけに、これは第二段階への移行にとって致命的であった。もう一つは、同じく石油危機の影響をうけ、共同体諸国のあいだで経済のファンダメンタルズの乖離が拡大したことである。その結果、第二段階に移行できたとしても、それが完成し単一通貨が導入できるまでには長期を要することが確実になった。第二段階自体が事実上の過渡期になるなら、その間、ECUに生じる為替リスクは個別の中央銀行が負うことになる。これは潜在的債権国ドイツの中央銀行にとって大きな負担になる。ブンデスバンクがブレーメン・コミュニケとブリュッセル決議に背を向けたのは、一定程度はこうしたドイツに特有の事情によるものであった。これにたいしてフランス銀行は、ＥＭＳの「政治的意味」を重視し、コミュニケと決議に忠実なかたちで第二段階への移行に取り組むことにこだわった。したがって仏独の対立は、「主体主義」・「理念主義」対「現実主義」・「実務中心主義」の対立と整理することもできよう。

しかしＥＭＳの「政治的意味」を説くフランスには決定的な弱みがあった。フランスの経済政策は一九七六年の秋以降、理念のレヴェルではドイツと同一になっていたものの、経済は依然として脆弱なままであった。そのうえ、一九八一年五月に予定された大統領選挙では、ＥＭＳ創設の立役者であるジスカールデスタンの劣勢と、雇用と成長を優先する拡張主義的政策――したがって「弱い通貨政策」――への回帰を選挙スローガンに掲げる社会党のミッテランの優勢が伝えられていた。ミッテランが当選すれば、新政権は「欧州新自由主義連合」の性格をもつＥＭＳから距離をおく可能性が高い。フランスの主張は現実的な基盤を欠いていたのである。

一九八一年三月一三日に予定されていた欧州通貨基金の創設は、結局先送りされた。その結果、第一段階のＥＭＳすなわち為替機構としてのＥＭＳだけが残った。現実はブンデスバンクの望むとおりになったのである。一方、フランスでは同年五月の大統領選挙でミッテランがジスカールデスタンを破り、後任の大統領に就任した。

ところが問題はこれで終わらなかった。ミッテランの社会党政権は選挙公約どおり経済政策路線を拡張主義に転換し、弱い通貨政策に回帰した。弱い通貨政策をつづけようとするかぎり、フランスがＥＭＳにとどまることは難しい。このため、新政権の内部ではＥＭＳからの離脱さえ真剣に検討された。しかし結局、インフレ管理に失敗したミッテラン政権は一九八四年に緊縮政策に転じ、政策路線をジルカールデスタン／バール時代のものに戻した。次いでＥＭＳにたいする姿勢も転換し、一九八五年一月には自らの政権の前財務大臣ドロールを欧州委員会に委員長として送り込み、通貨統合の再発進に向けて精力的に行動させる。

では、なぜミッテランはＥＭＳにたいする姿勢を変えたのか。経済面に限定するなら二つの説明が可能である。第一に、拡張主義的政策の失敗によって、ミッテラン自身が、フランスのような中規模の工業国にはもはやこのタイプの政策が実施できないという現実を確認し、それを受け入れた。つまり、元計画庁長官ミシェル・アルベールの言葉を借用すれば、「ミッテランも対外的拘束を受け入れた[61]」ということである。もう一つは、第7章で紹介したフランス銀行総裁ジュニエールによる次のような説明である。ＥＭＳには、制度そのもののなかに通貨バスケットＥＣＵの発行と欧州通貨基金の創設という二つの政治的任務が埋め込まれていた。このようにＥＭＳは高度に政治的性格をもつ制度だったために、この制度からの離脱には大きな政治的リスクがともなう。それゆえ政権が交代してもフランスはＥＭＳから離脱しなかった。

注

（1） Jacques Delors, *Mémoires*, Paris, 2004, p. 193.

（2） ABF, 1489200205/248. Banque des Règlements internationaux. Agent du Fonds européen de coopération monétaire, Bâle, 6 juillet 1973.

（3） ABF, 1489200205/108. Procès-verbal du Comité des Gouverneurs, 12 décembre 1978.

（4） ABF, 1489200205/347. Approche juridique de la notion de «Swap», par Salinas, 30 novembre 1978.

（5） ABF, 1495200501/658. FECOM. Cinquième directive du Conseil d'administration du 9 janvier 1979 destinée à l'Agent, 9 janvier 1979; *id*., 1489200205/54. Accord fixant entre les banques centrales des Etats membres de la Communauté économique européenne les modalités de fonctionnement du système monétaire européen, 13 mars 1979; *id*., 1495200501/656. FECOM. Décision du Conseil d'administration du 13 mars 1979.

（6） ABF, 1495200501/658. FECOM. Cinquième directive du Conseil d'administration du 9 janvier 1979 destinée à l'Agent, 9 janvier 1979.

（７）ABF, 1489200205/108. Procès-verbal du Comité des Gouverneurs, 12 décembre 1978.

（８）*Idem.*

（９）*Idem.*

（10）*Idem.*

（11）J. van Ypersele et J.-Cl. Koeune, *op. cit.*, p. 142.（前掲邦訳、一三九頁）、を参照。

（12）ABF, 1489200205/123. Commission des Communautés européennes. DGAEF. Note pour le Comité monétaire, Bruxelles, 31 mai 1979.

（13）ABF, 1489200205/203. Comité monétaire, 11 juin 1979.

（14）以下、通貨委員会における各国代表の発言は、とくに断りのないかぎり *idem.* に拠る。

（15）本書、八五～八八、三九〇～三九一、四〇二頁、を参照。

（16）権上『フランス資本主義と中央銀行（前掲書）』四一七～四五七頁；Yasuo Gonjo, «Qui a gouverné la Banque de France? (1870-1980)» in Olivier Feiertag et Isabelle Lespinet-Moret, *L'économie faite homme. Hommage à Alain Plessis*, Genève, 2010, pp. 101 et 106.

（17）フランスでは「中央銀行」という用語は一九七〇年代までは一般に用いられず、代りに「発券機関」という用語が用いられていた。フランス銀行の主要な機能が信用配分にあったためである。Y. Gonjo, *idem.*

（18）本書、一一〇～一一一頁、権上『フランス資本主義と中央銀行（前掲書）』三一二～三一一頁、を参照。

（19）本書三五〇頁、を参照。

（20）ABF, 1489200205/60. Projet d'intervention, 5 décembre 1980.

（21）ABF, 1489200205/124. Commission des Communautés européennes. DGAEF. Fonds monétaire européen, Bruxelles, 3 juillet 1979. 以下、この覚書に関する引用はとくに断りのないかぎりすべてこの史料に拠る。

（22）ABF, 1489200205/123. Commission des Communautés européennes. DGAEF. Note pour le Comité monétaire, 31 mai 1979.

（23）こうした仕組みは次の文書に記されている。ABF, 1489200205/58. Commission des Communautés européennes. DGAEF. Note à l'attention du Comité monétaire, Bruxelles, 10 décembre 1979.

（24）利息の支払いが生じるのは準備資産を「預託」という形でＦＥＣＯＭに移しているからである。また、利息の原資は準備資産の為替差益およびドルの運用益である。

（25）この具体的な方法は五月三一日付覚書に記されている。ABF, 1489200205/123. Commission des Communautés européennes. DGAEF. Note pour le Comité monétaire, 31 mai 1979.

（26）ABF, 1489200205/124. Banque de France. DGSE. Le Fonds monétaire européen, 9 juillet 1979. 以下、フランス銀行外事局の覚書に関する引用はすべてこの史料に拠る。

（27）V. Giscard d'Estaing, *Le pouvoir, op. cit.*, p. 158.

（28）AN, 5AG3/9699. *Die Zeit*, Nr. 39–21. September 1979. Der Franc ist sein Schicksal. Von Rudolf Herlt.

（29）ABF, 1489200205/58. Procès-verbal du Comité des Gouverneurs, 8 janvier 1980.

（30）ABF, 1489200205/203. Banque de France. DGSE. Comité monétaire, 18 décembre 1979.

（31）権限の内容としてあげられていたのは次の四つである。①為替平価の変更、②中期信用の供与と供与条件の決定、③第三国の通貨にたいする為替政策の調整、④通貨バスケットＥＣＵの構成比の変更。ABF, 1489200205/203. Note de structure pour un Fonds monétaire européen（Note de M. Weber）, Bruxelles, 6 décembre 1979.

（32）決定事項としてあげられていたのは次の四項目である。①短期通貨支援の供与とそれに付随する債務国の経済政策の調整、②対内・対外通貨政策に関する定期協議と政策調整の監視、③基金に預託された為替準備の管理、④理事会が行うすべての決定事項に関する事前調整。*Idem.*

（33）ABF, 1489200205/58. Commission des Communautés européennes. DGAEF. Note à l'attention du Comité monétaire, Bruxelles, 10 décembre 1979. 以下、この覚書に関する引用はすべてこの史料に拠る。

（34）本書、四六一頁、を参照。

（35）ABF, 1489200205/58. Procès-verbal du Comité des Gouverneurs, 8 janvier 1980.

（36）*Idem.*

（37）　ジュニエールはこう発言している――「事はこれから始まるのですから、ヴェルネル委員会が経済通貨同盟について行った作業の結末から見て、現実感覚を欠いたまま、理想的な制度に飛躍しようとするのは適切ではありません」（*Idem.*）。

（38）　ABF, 1489200205/58. Deutsche Bundesbank. Position de la Bundesbank sur l'évolution du FME（traduction）, 21 janvier 1980. 以下、この覚書に関する引用はすべてこの史料に拠る。

（39）　第235条にはこう規定されていた。共同体が掲げる目標を達成するために必要な行動で、条約に定めのないものについては、閣僚理事会の総意により適切な措置を講じることができる。*Treaty setting up the European Economic Community, op. cit.*, p. 73.

（40）　本書第２章を参照。

（41）　ABF, 1489200205/58. Banque de France. DGSE. Le Fonds monétaire européen, 16 janvier 1980. 以下、この覚書に関する引用はすべてこの史料に拠る。

（42）　ABF, 1489200205/58. Bank of England. Comments on the outline of a work programe for studies on the establishment of the European Monetary Fund, January 17, 1980.

（43）　*Idem.*

（44）　ABF, 1489200205/58. Comité des Gouverneurs. Comité des Suppléants. Projet de rapport préliminaire sur les problèmes relatifs à l'établissement du Fonds monétaire européen, 7 février 1980.

（45）　ABF, 1489200205/58. Banque de France. DGSE. Projet de rapport préliminaire du Comité des Gouverneurs, 25 janvier 1980. この評は二月七日の報告書案の最初の版にたいするものであったが、報告書案そのものは最初の版と二月七日付の版のあいだに大きな違いがなかった。

（46）　*Idem.*

（47）　ABF, 1498200205/58. Procès-verbal du Comité des Gouverneurs, 12 février 1980. この報道の真偽を史料で確認することはさしあたりできない。

（48）　*Idem.*

（49）　ABF, 1489200205/125. Déclaration de M. Haberer, président du Comité monétaire, au Conseil européen du 17 mars 1980.

以下、この報告に関係する引用はこの史料に拠る。

(50) *Idem.*

(51) ABF, 1489200205/59. Conclusions de la Présidence. Conseil européen des 27 et 28 avril 1980.

(52) ABF, 1489200205/126. Président du Comité des Gouverneurs, Erik Hoffmeyer, au Président du Conseil des ministres des Finances, Jacques Santer, Bâle, 11 novembre 1980.

(53) ABF, 1489200205/167. Compte rendu du Comité monétaire du 14 novembre 1980. 以下、この日の通貨委員会に関する引用はこの史料に拠る。

(54) *Idem.*

(55) *Idem.*

(56) アブレルの発言を引用しよう。「問題はますます複雑になり、またそのために政治当局に伝達しにくくなっています。とはいえ、技術的な考察に呑み込まれる危険は避けねばなりません。政治当局が、言葉の化学的意味におけると同時に通常の意味における《précipitation》〔沈殿物の形成、繁忙〕の時期を決めることになるでしょう」(*Idem.*)。

(57) ABF, 1489200205/60. Comité des Gouverneurs. Questions fondamentales relatives à la phase institutionnelle du SME, 1er décembre 1980. 以下、この覚書にかかわる引用はこの史料に拠る。

(58) ABF, 1489200205/60. Banque de France. DGSE. Comité des Suppléants des Gouverneurs, séance du 8 décembre 1980, 4 décembre 1980. 以下、一二月四日付覚書に関する引用はすべてこの史料に拠る。

(59) ABF, 1489200205/60. Banque de France. DGSE. Projet d'intervention. 5 décembre 1980.

(60) *Idem.*

(61) ミシェル・アルベールからの聞取り調査、二〇一〇年九月一三日、パリ、フランス・アカデミー。

第9章　ＥＭＳの発足と共通ドル政策（一九七九〜八一年）
――変動相場制下の大国と小国、それぞれの利害と論理

欧州首脳理事会ブリュッセル決議に規定されていたもののＥＭＳ発足の時点で取組みが先送りされていた課題は、欧州通貨基金の創設以外にもう一つあった。共通の対ドル為替相場政策、いわゆる「共通ドル政策」(politique commune à l'égard du dollar）の実施である。この課題は一九七四年九月にフランスから欧州閣僚理事会に提出されたスネイク改革案（フルカード案）に含まれていたが、事実上手つかずのままになっていたものである。共通ドル政策がブリュッセル決議に盛り込まれ、共同体諸国の公式の目標となった理由は二つあった。

一つは技術的な理由である。ドルはスミソニアン協定の崩壊以後は自由に変動するようになったが、このアメリカ合衆国の国民通貨は相変わらず世界の準備通貨・決済通貨の役割を果たしていた。一方、ＥＭＳの内部では各国のファンダメンタルズ、なかでもドイツとその他の諸国のファンダメンタルズのあいだに大きな乖離があった。このためドル相場の変動はＥＭＳ諸国の通貨ごとに異なる影響を及ぼし、その結果としてＥＭＳ内部の為替関係は複雑な動き方をする。ＥＭＳには緊張が生じ、各国の通貨当局は自国通貨をＥＭＳ変動幅内にとどめるために為替市場に介入せざるを得なくなる。したがってＥＭＳを安定的に機能させるには、ＥＭＳ諸国通貨の対ドル為替相場の安定を図る必要があったのである。

もう一つの理由は政治的なものである。すでに第7章で確認しているように、ＥＭＳの創設で決定的な役割を果た

したジスカールデスタンとシュミットの構想のなかには、通貨バスケットECUを最終的に欧州の単一通貨にするだけでなく、ECU、ドル、円のあいだの為替関係を相対的に安定させ、「多極的通貨体制」ないしは「目標相場圏」を創出することが含まれていた。つまり、共通ドル政策は国際通貨秩序の再建という仏独首脳の遠大な構想と不可分な関係にあったのである。

かくて、共通ドル政策はEMSの性格ならびに機能を左右するほどの重みをもっていた。この政策をめぐってはフルカード案以来、共同体の内部でも、共同体諸国とアメリカとのあいだでも一定のやりとりがあった[1]。では、共通ドル政策をめぐる問題状況はEMSの発足によってどう変化したか。この政策は、EMSのもとでどの程度、またどのようなかたちで実施されたか。その結果、EMSは運営と機能の両面でどのような制約をうけることになったか。本章ではこれらの問いを導きの糸として、発足当初のEMSの機能の実態に接近することにしたい。

第1節　共通ドル政策の歴史

1　一九七五年の欧州中央銀行間合意と中央銀行間ネットワーク

共通ドル政策についてはすでに前の諸章で触れているが、ここでその歴史を簡単に再整理し、いくつかの論点を確認しておくことにしよう。

変動相場制が一般化し、固定相場制への復帰が非現実的になるにつれて、共同体諸国は自国通貨の対ドル為替相場を無秩序な変動から守る必要に迫られた。このため一九七五年に、共同体諸国の中央銀行間で二つの合意が交わされた。

三月一二日に交わされた最初の合意[2]は、各国通貨の対ドル相場の一日あたりの変動を前日の終値の一パーセント以内に抑えることを内容としている。この合意の根拠とされたのは「秩序ある取引」の維持という考え方である。それによると、ファンダメンタルズの変化から生じる為替相場の「基本的変動」ないしは「基本的傾向」を妨げることなく、「不安定な変動《エラティク》」を正すために介入するのであれば、介入は変動相場制の原則に抵触しない。これはもともとアメリカの通貨当局者たちのあいだにあった考え方である。実際、三月一二日の合意も、変動相場制の原則に忠実で、為替市場への介入に否定的なアメリカの財務省および連邦準備制度との調整を経て実現したものであった。ただし、一パーセントという数字が何を根拠に選択されたのかは明らかでない。この点については、「一パーセント・ルール」はそれほど「野心的なものではなかった[3]」という欧州委員会経済金融総局による評価があるだけである。

ドル介入をすれば、欧州諸国のあいだにファンダメンタルズの乖離があるために、中央銀行間で十分な「調整[4]」(concertation）がなされぬかぎりＥＭＳ内に緊張が生じる。実際、三月一二日以降には調整不足による緊張が生じている。同じ年の一二月九日に第二の合意が交わされるが、それはまさにそうした事態に対処するためであった。この第二の合意により、ドル介入によってＥＭＳ内に緊張が生じる恐れのある場合には三月一二日の合意は適用されないこととされた[5]。

ところで、二つの合意にもとづく介入に実効性をもたせるには関係諸国間における事前調整が必要である。それがないと、ある中央銀行がドルを買い、他の中央銀行がドルを売るといったように、複数の銀行によって同時に逆方向の介入が行われ、介入の効果が相殺される恐れがあるからである。

このため一九七五年末に、為替政策を調整するためのネットワークが中央銀行間に設けられた。三層構成のこのネットワークは時期によって細部が異なるが、一九七九年末時点では次のようになっていた。第一は中央銀行の為替局長たちによる電話での日々の情報交換、第二は、中央銀行総裁委員会のもとにおかれた常設の小委員会（エイヴァルト小委員会）の月例会議の場で行われる調整、第三は毎週木曜日の夕刻に行われる「特別調整」（concertation spéciale）である。(6) 最後の「特別調整」の詳細は明らかでない。しかし一九八一年末に作成された文書によると、それは為替局長たちのあいだで行われる「多国間電話協議」で、過去一週間の為替市場を相互に点検し、「為替政策に関する関係当局間の協力を円滑にする」(7) ことを目的としていた。以上のネットワークには一九七六年からニューヨーク連邦準備銀行も加わった。ただし、アメリカが参加したのは第一と第二だけで、その目的も市場情報の交換と介入政策の評価に限定されていた。さらにつけ加えておくと、アメリカはこのネットワークとは別に、ドイツとスイスという二つの強い通貨国とのあいだに電話による情報交換の場をもっていた。(8)

一九七五年の合意については、さらに二つの点に留意しておこう。第一に、共通ドル政策をめぐってはフランスとドイツのあいだに意見の対立があり、この合意は両国の妥協の産物であった。フルカード案でフランスが提案した共通ドル政策とは、市場で形成される為替相場の「基本的変動」を妨げない範囲で、欧州諸国が共通の対ドル為替相場を設定し、それを一定期間維持するというものであった。いわばスミソニアン固定相場制の改訂版である。しかしドイツは、アメリカがビナイン・ネグレクトを決め込み、為替介入を忌避している現状では、そしてまたアメリカを含む各国間にファンダメンタルズの乖離がある現状では、どんなタイプの固定相場制であっても失敗するとして、フランス案に強く反対した。つまり、共通ドル政策をめぐっては、短期にとどまらず中期についてもドル相場の安定をめざそうとするフランスと、ファンダメンタルズの収斂を重視し、ドル相場の変動に政策面から対応することに否定的なドイツとが対立していたのである。こうした対立の構図と重ね合わせて見るなら、ドルの短期変動の抑制だけを目的とした一九七五年の合意は仏独両国の主張の中間に位置していたことになる。

留意すべき点の第二は、一九七五年の合意は実効性に乏しかったという事実である。合意には義務規定がなかったし、イギリスとイタリアは一九七三年にスネイクから離脱しており、フランスも一九七四年、一九七六年と離脱をくり返していた。それに、ブンデスバンクは欧州諸国の中央銀行と政策面で協調することそれ自体に否定的であった。合意が守られないのは当然のことだったとも言える。欧州委員会経済金融総局によって作成された一九七九年一一月一六日付の覚書には、一九七五年の合意の実施状況がこう記されている。

実際には、一パーセント・ルールはそれほど厳格には守られなかった。何度となく、共同体諸国の通貨の一日あたりの対ドル相場の変動は一パーセントを超えた。それに、このルールが常に適用されていると言えるのかということさえ、はっきりしない(9)。

2　EMSの発足と共通ドル政策問題の新展開

共通ドル政策は一九七九年三月以後、新しい局面を迎える。それにはアメリカによる為替政策の転換と欧州におけるEMSの発足という二つの事情が関係していた。

アメリカによる為替政策の転換

一九七六年に成立したジミー・カーター政権は、ニクソン政権のビナイン・ネグレクトを継承し、為替介入には否定的であった。一九七五年の欧州中央銀行間合意が形骸化したことには、こうしたアメリカの政策も関係していたのである。アメリカが為替政策でビナイン・ネグレクトという単独行動主義をとれたのは、この国の国内市場が並外れて巨大なために、それほど対外関係を考慮せずに国内政策を実施できたからである。このようなアメリカに特殊な事情は、一九七〇年代後半から八〇年代にかけて共同体やフランス銀行の内部で作成された文書類のなかでくり返し確認されていた。欧州諸国の対米政策の背景にある基本認識の一つとして注意しておく必要がある。

カーター政権はしかし、国内のインフレがいっこうに沈静化せず、また国際収支の改善も進まなかったことから、一九七八年一一月一日に為替政策の転換に踏み切った。この日を境にビナイン・ネグレクトを停止し、ドルの安定に積極的に取り組むことになったのである。ニューヨーク連邦準備銀行はマルク、円、スイス・フランにたいして組織的に介入を開始し、アメリカ政府はマルクを調達するために一六億ドルのマルク建て債券をドイツで発行した(10)。かくてEMSの発足とほぼ時を同じくして、欧州とアメリカの双方の通貨当局のあいだに為替政策をめぐって協力関係が生まれる可能性が出てきた(11)。

欧州首脳理事会ブリュッセル決議と為替介入――ドイツ・ブンデスバンクによる為替介入の独占

共通ドル政策問題に変化をもたらした第二の事情は欧州首脳理事会ブリュッセル決議である。

ブリュッセル決議には「原則として介入は参加諸国の通貨で行われる(12)」と規定されていた。本章の冒頭にも記したように、EMSの発足にともなって誕生した通貨バスケットECUは、最終的には、欧州の単一通貨になるとともにドル、円と並ぶ国際通貨に成長し、国際通貨制度を安定させる要素になるはずであった。それゆえ「原則として介入は参加諸国の通貨で行われる」という規定には、EMSの基礎上に欧州諸国通貨の「一体性《コエジィオン》(13)」を維持・強化するという政治的課題を制度面から保障する意味があった(14)。

しかし、実際にはブリュッセル決議の精神は生かされていなかった。表9-1はEMSの発足後最初の五カ月間に実施された為替介入の実績を通貨ごとに示している。表の数字にもとづいて計算すると、ニューヨーク連邦準備銀行による介入を含む介入総額の七八・六パーセントはドルで行われ、残る二一・三パーセントだけが欧州通貨で行われたことになる。EMSの為替機構に参加している六カ国（以下、「狭義のEMS諸国」と呼ぶ）のなかでドル介入を

表9-1　通貨別の介入額（1979年3月12日～8月31日）[1]

（単位：100万ドル、各通貨のドル換算額）

	対欧州通貨		対ドル	合　計	
	変動幅内介入	限界点介入			差引き残
ドイツ・マルク	売　2,240 買　394	売　1,067 買　―	売　7,626[2] 買　7,661[4]	売 10,933 買　8,055	売　2,878[3] 買　―
ベルギー・フラン	売　― 買　1,015	売　― 買　812	売　― 買　299	売　― 買　2,126	売　― 買　2,126
デンマーク・クローネ	売　37 買　62	売　218 買　476	売　341 買　726	売　596 買　1,264	売　― 買　668
ギルダー	売　16 買　173	売　― 買　―	売　10 買　337	売　26 買　510	売　― 買　484
フランス・フラン	売　352 買　1,029	売　― 買　―	売　192 買　326	売　544 買　1,355	売　― 買　811
リラ	売　28 買　―	売　― 買　―	売　4,071 買　1,693	売　4,099 買　1,693	売　2,406 買　―
アイルランド・ポンド	売　― 買　442	売　3 買　―	売　47 買　116	売　50 買　558	売　― 買　508
イギリス・ポンド	売　442 買　―	売　― 買　―	売　6,527 買　2,540	売　6,969 買　2,540	売　4,429 買　―
合　計	売　3,115 買　3,115	売　1,288 買　1,288	売 18,814 買 13,698	売 23,217 買 18,101	売　5,116 買　―

（注）：(1) 8月については暫定的数字。
(2) ニューヨーク連邦準備銀行による介入5,731（100万ドル）を含む。
(3) ニューヨーク連邦準備銀行による介入4,124を含む。
(4) ニューヨーク連邦準備銀行によるネットの買1,607を含む。
（出所） ABF, 1489200205/124. Interventions des banques centrales dans le marché des changes. Période du 12 mars au 31 août 1979.

ほとんど一手に引き受けていたのはドイツである（六カ国のドル介入総額の七二・九パーセント）。一方、為替機構に参加しなかったイギリスと、例外的に六パーセントの拡大変動幅を認められたイタリアも、介入はもっぱらドルで行っていた。したがってEMS諸国の為替政策は、全体として対ドル為替の安定を軸に実施されていたのである。しかも、狭義のEMS諸国のうちドイツ以外の五カ国（フランス、ベルギー、オランダ、デンマーク、アイルランド）はドル介入の責任を事実上ブンデスバンクに委ねていた。言い換えると、マルクがEMSの基軸通貨の役割を果たしていたのである。一九七九年一一月一六日付で作成された欧州委員会経済金融総局の覚書には、前項の末尾に引用した対ドル一パーセント・ルールに関する記述のあとに、こう記されている。

したがって共同体諸国は、自国の通貨が二国間の乖離限度ないしはECU乖離限度を突破しないかぎり、ドルにたいする自国の政策を自由に選べるのである。それは具体的に言うと、〔EMS〕縮小幅のなかを変動する〔欧州の〕諸通貨の対ドル・ポジションは、EMSの基軸通貨であるドイツ・マルクのポジションに、したがってブンデスバンクが連邦準備制度と協議しながら行っている介入に依存している、ということなのである。[15]（傍点は引用者）

では、ドル介入を行っていたドイツ、イギリス、イタリアの中央銀行はどのような目標のもとに為替政策を実施していたのか。同じ経済金融総局がこの点について素描をこころみている。それによると、ブンデスバンクは「主要通貨の加重平均にたいするドイツ・マルクの実効為替相場を維持しようとしているものの、その主要な関心は過度のドル買いを避けることに向けられている（理由は、国内のマネー・サプライがインフレの脅威にさらされるからである）[16]」。イングランド銀行は、かつては政策目標を対ドル相場の安定と主要通貨にたいする実効為替相場の安定においていたが、今では「マネー・サプライの管理に関心を移しており、おおむねブンデスバンクの政策に似た政策を採用するようになった[17]」。イタリア銀行の場合には、実効為替相場の維持が政策目標になっており、ドル政策は「明示的というよりは暗黙のもの」にとどまっている。しかも、以前は、「実効為替相場は比較的安定した国際競争力水準を維持するために用いられていた」が、最近では、「競争力を失うのを覚悟のうえで、インフレを抑制すべく、厳密な意味での実効為替相場の維持に目標を絞っている[18]」。かくて三国は、いずれも国内の政策目標に照準を合わせて独自の為替政策を遂行していたのである。

これにたいしてEMS変動幅内にとどまるドイツ以外の五カ国は、「実効為替相場について独自の政策を行うことはもとより、自前でドル政策を行う余地もほとんどなかった」[19]。このような五カ国にとっての懸念材料はドル相場の下落であった。なぜなら、くり返し確認しているように、ドル相場の下落は次のようなメカニズムをつうじてEMS内に緊張を生じるからである。ドル相場が下がると、ドル資産をマルクに転換する動きが広がり、マルクはドルだけでなく欧州の諸通貨にたいしても相場を上げる。ドルの下げ幅が大きい場合には欧州内に投機的なマルク買いが起こり、周辺諸国から大量の短期資本がドイツに向けて流出する。その結果、マルクと他の欧州通貨との相場の乖離は拡大する。狭義のEMS諸国は変動幅内介入やパリティー・グリッド方式による双務的介入を行うことになるが、これらの介入を行っても緊張が解けなければ平価調整が必要になる。

以上のメカニズムは、欧州委員会が通貨委員会のために作成した図9－1によっても裏づけられる。欧州委員会はこの図を使ってこう説明している。一九七九年下期のようにマルクの対ドル相場が堅調な時期はマルクが他のEMS諸通貨に圧力をかけている時期に対応しており、反対に一九八〇年下期のようにマルクの対ドル相場が弱い時期はEMS諸通貨にたいしてもマルクが弱い時期に対応している、と[20]。

ところで欧州諸国の中央銀行のなかで事実上ブンデスバンクだけがドル介入を行っていた、あるいはブンデスバンクとニューヨーク連邦準備銀行のあいだだけで介入が行われていたのは、ドイツ経済の規模が大きく、またマルクがきわだって強かったために、ドル不安が起こると決まって短期資金がマルクを逃避通貨に選んだからである。もとより独米の中央銀行による介入はEMSの安定にとって有用である。とはいえ、介入自体が両国の為替関係の安定とそれぞれの国の国内政策を優先するものだっただけに、それには大きな限界があった。かくてEMS内における緊張の発生を防ぎ、EMS諸国の通貨面での一体性を維持しようとするなら、他の欧州諸国の中央銀行もブンデスバンクと

図 9－1　ドル相場の変動と EMS 変動幅（1979年 3 月～1981年 3 月）

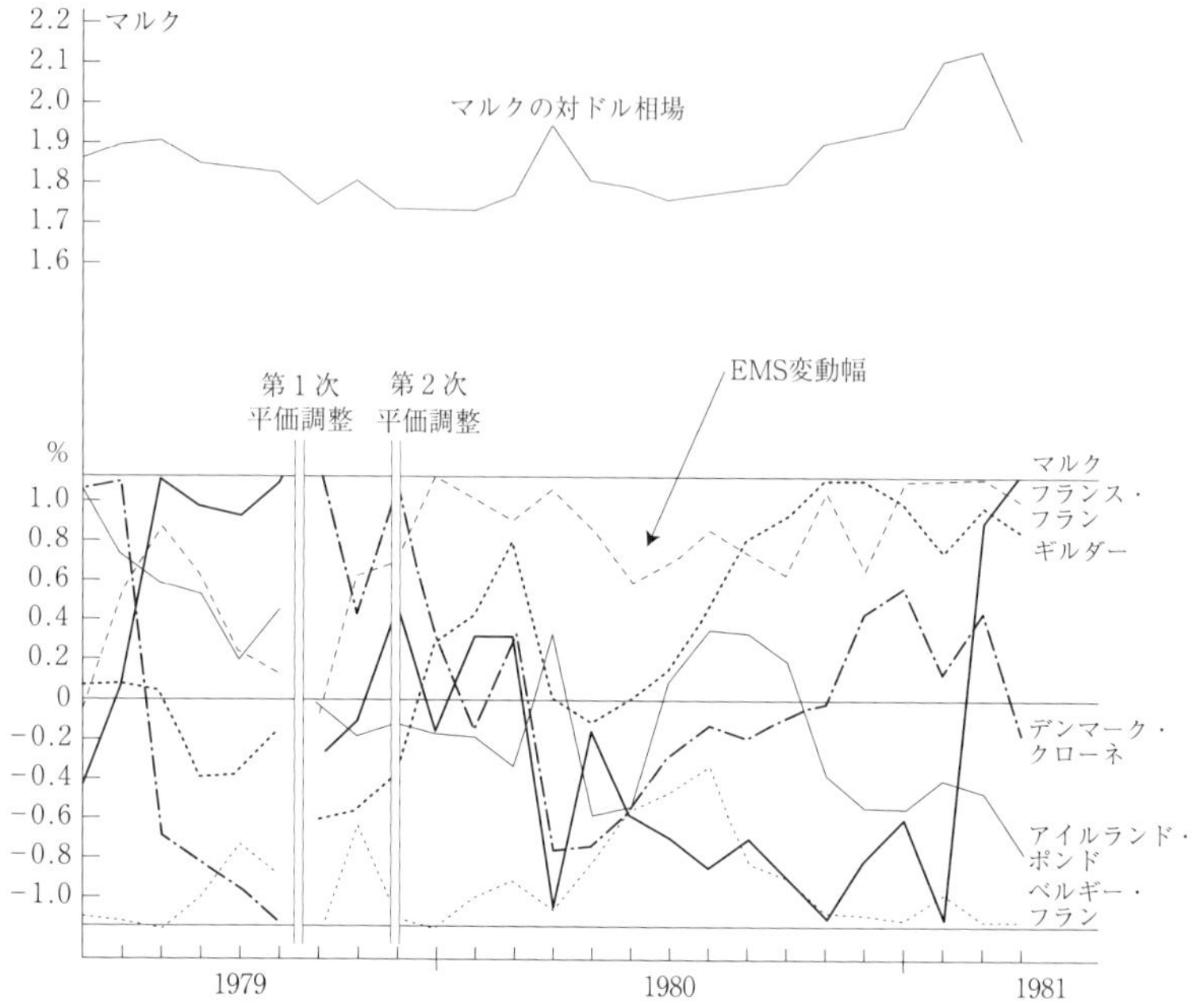

（出所）　ABF, 1489200205/62. Comité des Gouverneurs. Projet de note à soumettre au Conseil des ministres de l'Economie et des Finances qui se tiendra en juin sur le coordination des politiques de taux d'intérêt et de change à l'égard des pays tiers, 14 juin 1981.

調整しつつドル介入を行うことが必要になる。

以上のようなドル介入の実態とその問題点および解決法は、フランス銀行次席副総裁テロンが中央銀行総裁委員会で行った発言のなかに明快に整理されている。

中央銀行総裁委員会では何度となく、ＥＭＳの成功は〔域外の〕第三国の諸通貨がもたらす良好な環境に大きく依存していることが議論になりました。ＥＭＳが発足して以来、この環境は本質的にドイツ・ブンデスバンクとニューヨーク連邦準備銀行が実施するドル介入ならびにドイツ・マルク介入によって保障されています。ドイツ・マルクは強く、かつ重要な通貨であり、この通貨には大きな市場がありますので、主にこの通貨で介入が行われるのは無理もないことです。とはいえ介入は分散させるべきでしょう。つまり、ＥＥＣの他の諸国の中央銀行も連邦準備銀行と調整しつつ、同じ方向に、かつＥＭＳの一体性が損なわれない程度に介入すべきでしょう。(21)

第2節　共同体諸国間における調整の不在とＥＭＳの危機（一九七九年五～一一月）

1　ベルギー・フランの危機――域内調整の不在

ＥＭＳが発足してまもなくその内部に緊張が生じた。これを契機に共通ドル政策への取組みが現実味を帯びる。緊張の中心に位置していたのは第一次石油危機以降、国際収支の不均衡、財政赤字、インフレの三重の困難に直面していたベルギーである。

一九七九年五月初頭、ベルギー・フランのＥＣＵ乖離指標が七五パーセントの限度を超えた。ベルギー・フランの危機は、ベルギー国立銀行が変動幅内介入をくり返し行い、かつ公定歩合を引き上げたことによって六月半ばにひとまず危険水域を脱した。しかしその後も、ベルギー・フランの乖離指標は七五パーセントの限度に近い水準にとどまった。同様のことは、同年六月初頭からデンマーク・クローネにも生じた。これらの通貨を変動幅内にとどめるために、パリティー・グリッド方式にもとづく双務的かつ義務的な介入も実施された。四～五月にベルギー・フランとデンマーク・クローネとの乖離幅が、また五月末～六月初頭にはベルギー・フランとマルクとの乖離幅がいずれも二・二五パーセントの限度に達し、関係する諸国の中央銀行がこのタイプの介入を実施している（以上、前掲図9－1を参照）。

一連の為替危機の背景にはドル相場の上昇と第二次石油危機によるインフレの再燃があった。ブンデスバンクが大規模なドル介入を何度も行うとともに、国内のインフレを抑えるために公定歩合を引き上げた。これがEMS内の不均衡を助長することになったのである。というのは、ドイツにおける利上げにともなって周辺の弱い通貨諸国からドイツに向けて資本が流出し、これら諸国の経済がデフレ圧力にさらされたからである。

通貨委員会における討議（六月七～八日）

六月七～八日に開かれた通貨委員会と同月一〇日に開かれた中央銀行総裁委員会では、議論の大半がベルギー・フランの危機の原因と危機への対応策に割かれた。いずれの委員会においても、各国の代表たちは自国の主張や関心事を驚くほど率直に語っており、彼らの発言には発足後のEMSの問題点が鮮明に映し出されている。しかし、より立ち入った議論が行われたのは通貨委員会の方である。そこで、フランス側で作成された会議記録によって通貨委員会における討議内容を紹介しよう(22)。

ベルギーの代表たちは、自国通貨の危機の背景に、財政赤字と、伝統産業（鉄鋼と繊維）の国際競争力の低下による貿易赤字の増大という、構造的要因のあることを認める。しかし同時に、原因は「ドイツの通貨当局がマルクとベルギー・フランとが密接な関係にあることを無視してやや度を超えた介入を行った」ことにもあるとし、ブンデスバンクの政策を批判する。これにたいしてドイツの代表たちは、ベルギーが「インフレと景気後退のスパイラル」に陥っているのは、石油危機への対応を怠り、財政赤字を通貨の増発で糊塗しつづけてきたためであり、責任はもっぱらベルギーにあると主張する。そのうえで、ベルギー・フランの危機はこの通貨が過大評価されていることの証であるから、通貨を切り下げる以外に解決法はないと結論づける。しかし、ベルギーの代表たちは平価の切下げを拒否し、こう反論する――「ドイツは輸入インフレとの闘いにおいて強い為替相場が多くの点で有効なことを承知しており、〔ベルギーとは〕反対の〔強い為替相場〕政策を実施している。それなのに、どうして相手国〔ベルギー〕に弱い為替相場政策を奨めるのか」。

対立するベルギーとドイツのあいだに割って入ったのはフランスである。フランスは一九七六年の秋に「弱い通貨政策」と決別し、ドイツと同様の「強い通貨政策」に政策を転換していた。しかし新しい政策はなお完全には定着しておらず、ファンダメンタルズも不安定なままであった。当時のフランスの状況はベルギーとドイツのいわば中間に位置していた。フランスの代表たちの発言はそうした自国のおかれた状況を反映するものであった。彼らは、石油危機に正面から向き合うことなく名目所得や諸経費の引上げに応じているかぎり問題は解決しないとして、まずベルギーを批判する。しかしすぐに、次のように、ドイツにも厳しい批判の矛先を向ける。ドイツの反インフレ政策はそれ自体としては間違っていない。とはいえ、自国の事情を優先するあまり他の欧州諸国とのあいだで調整を行おうとしないのは問題である。とくにブンデスバンクの行動は性急すぎて他の国には適切な対応ができない。ドイツのファンダメンタルズに比べて政策的対応が度を超していることから、他の国の成長と雇用を損なっている[23]。

フランスの代表たちがEMSの機能との関係でとくに問題視したのは、ブンデスバンクが実施している為替政策である。すなわち、ドイツの中央銀行がアメリカとスイスという域外の強い通貨国の中央銀行と協調してマルク相場の引上げを図っており、それがEMS内の為替相場の緊張を高めているという現実である。

為替市場ではドイツ、スイス、アメリカ合衆国によって大量の介入が行われています。マルクは人為的な支援をうけており、マルクの現在の力は市場だけでなくこうした介入の結果でもあります。これが健全なことだと言えるでしょうか。とくに問題なのは、そのために他の〔欧州〕諸国も巨額の為替市場介入を余儀なくされていることです。マルク相場はブンデスバンクによって支えられています。たとえばフランス当局は、そうしたマルクにたいしてフランが相場を下げるのを放置できませんでした。とはいえフランスの介入には物理的限界があり、単独ではマルクの相場上昇を抑えることができませんでした(24)。

フランス代表のこの発言は他の諸国の代表たちのあいだに波紋を呼んだ。ブンデスバンクとフランス銀行が行った介入は、一方がマルク相場の引上げを目的としていたのにたいして他方はマルク相場の引下げを目的としており、仏独という共同体の基軸国が相互に「逆方向の介入」を行っていたことを意味するからである。これは介入にあたって独仏間で調整が行われていないこと、ＥＭＳの存在が事実上無視されていることを物語っている。しかも同じ会議の場で、同様のことがマルクとリラのあいだにも見られることが明かされたことから、問題がきわめて深刻に受けとめられたのである。

そこで注目されるのはドイツの代表たちの発言である。彼らは指摘されたことが事実であることを認め、次のように抗弁する。まず、マルクがドルにたいして四パーセントも減価するのはアメリカにとっても問題であった。それに現状を放置すれば投機を誘発しかねない。そこでドイツはアメリカと「緊密に協力して」介入することになったのである。そうした介入は欧州の利益にもかなう。なぜなら、「強いマルクは反インフレ闘争の有効な手段であり、ドイツだけでなく共同体全体の利益にもなる」からである。一方、ドイツが行った利上げは国内の政策目標を実現するために必要であり、共同体の利益よりも優先されるべきものであった。すなわち、「共同体全体の政策に反することになるかもしれないが、ドイツは自らの国内通貨目標値を放棄するわけにいかない。為替市場に緊張を生むからといって、国内のインフレ状況を受け入れるわけにはいかない」（傍点は引用者）というのがドイツの主張であった。ドイツにとっては対ドル為替相場の安定と国内通貨政策の目標達成の二つが優先すべき課題なのであり、ＥＭＳ内の為替関係の安定を図ることは当面の課題ではないというのである。

通貨委員会における討議をつうじて、ＥＭＳの理念と相容れない為替介入が域内諸国のあいだで実施されていること、また、為替政策のみならず金利政策についても域内諸国間で調整が行われていないことが明らかとなった。問題を重く見た各国の代表たちはこの日の会合で、共同体内の為替政策と通貨政策の調整が必要であることを確認した。とはいえ、彼らは調整の方法や方針にまで議論を広げることはしなかった。(25)

中央銀行総裁委員会における討議（七～九月）

七月に入ると、それまでとは反対にドル相場が大幅に下落した。また時を同じくして、インフレを抑制する目的でドイツが再度利上げに踏み切る可能性が出てきた。今度は中央銀行総裁委員会を主要な舞台として、域内諸国間における「調整」の不在をめぐって厳しいやりとりが行われた。

七月一〇日の中央銀行総裁委員会では、ブンデスバンク副総裁ペールが他の総裁たちにたいして、七月一二日のブンデスバンク理事会が公定歩合とロンバード金利(26)の引上げを決定する可能性があると通告した。(27)ペールはその理由をこう説明している。ドイツのマネー・サプライの上昇率は一〇パーセントの水準で推移しており、通貨目標値を守るにはこの水準を六～八パーセントに引き下げる必要がある。金利の再引上げはこの必要に応えるためである。ちなみに、ブンデスバンクがこのような対応をしようとした背景にはドイツに特有の事情があった。ドイツには他の欧州諸国と違って、銀行信用を直接管理する政策手段がなかった。このため、マネー・サプライの増加と銀行信用を抑えるには銀行の流動性に働きかけるしかなく、金利の引上げが必要になるのである。(28)

ペール発言には他の諸国の総裁たちが強く反発した。ドイツの金利が上がれば、マルクと他の欧州諸国通貨との為替関係、ドルと他の欧州諸国通貨との為替関係、のいずれの安定も損なわれ、EMS内の不均衡が拡大するからである。なかでももっとも危機感をつのらせたのはベルギー国立銀行総裁ストリッケルである。彼はブンデスバンクの政策に強い懸念を表明し、金利政策以外の手段で対処するようもとめた。オランダ銀行総裁ザイルストラもベルギーに同調した。オランダの金利はドイツの金利と直結しており、ロンバード金利が引き上げられればオランダ銀行はただちに追随せざるを得ない。このため、ザイルストラは、「マルクが堅調であるにもかかわらず金利を引き上げるのは適切ではありません」とブンデスバンクを批判する。

中央銀行総裁委員会委員長でフランス銀行総裁のクラピエも、ベルギー、オランダの総裁たちと同意見であった。彼はこの日の討議を終えるにあたり、ペールにたいして異例の要望を行った――「EMSを機能させるうえでの自らの役割を自覚し、共同体の為替機構を守るためにできるかぎりのことをして欲しい。またドイツ・ブンデスバンク理事会に本日の意見交換の結果を伝達して欲しい」と。

しかし委員長からのこの要望も、金利引上げの時期を若干遅らせる効果しかもたなかった。九月に入るとブンデスバンクが公定歩合を引き上げた。次いで周辺諸国のあいだに公定歩合引上げの動きが広がった。九月一一日の中央銀行総裁委員会では、ストリッケルとブンデスバンク総裁エミンガーのあいだで七月にもまして厳しいやりとりが行われた。

ストリッケルは、七月の会合で懸念や要望を表明したにもかかわらずブンデスバンクが利上げに踏み切った事実をとりあげ、EMS内で「調整」が機能していないことを問題にした[29]。これにたいしてエミンガーは次のように反論した。G10においても共同体においても事前説明をしており、中央銀行間調整の精神は完璧に尊重されている。ブンデスバンクによる公定歩合の引上げは貨幣市場の変化に追随したにすぎない。そもそも為替相場は、金利差よりもファンダメンタルズ、なかでもインフレ率の違いと経常収支の状態を反映するものである[30]。さらにエミンガーは、開き直りとも受けとられかねない言葉を口にした――「かりにある中央銀行が自行の政策を他の中央銀行に理解してもらえないとしても、自国内で絶対に必要と考えられる措置を講じたのであれば、この中央銀行が批判されるいわれはありません[31]」と。

二人の総裁の発言からは、ＥＭＳ内における「調整」をめぐる解釈の違いが読みとれる。ストリッケルは説明するだけでなく共同体諸国間における合意形成が必要だと言う。一方、エミンガーは一定の事前説明と事後説明だけで十分だとしている。というのも、ブンデスバンクにとって最優先の課題は国内政策の目標達成にあるからである。エミンガーが合意形成に否定的なのは当然のことであった。対立する二人の主張を前に、他の諸国の総裁たちは態度を保留した。とはいえ近い将来、「調整」を実質のあるものにする必要があるという認識では一致した。ブンデスバンクと共同歩調をとることの多いザイルストラも、現状は「国家的責任と超国家的決定の中間段階」にあるとしたうえで、ストリッケルの問題提起自体は「正しい」[32]とまで言い切っている。また、欧州委員会の経済金融担当副委員長オルトリは、調整に実質をもたせるための仕組みを欧州委員会の方で準備するつもりだと言明している。

2　マルクとドルとの双務的介入か、欧州諸国通貨による多角的ドル介入か

中央銀行総裁委員会および通貨委員会における討議（一〇月）

九月二三日の欧州閣僚理事会の場で平価調整が行われ、ＥＭＳを見舞った為替の緊張はひとまず解けた。この平価調整によってマルクが他の諸通貨にたいして二パーセント切り上げられ、デンマーク・クローネが三パーセント切り下げられた。同じ日に中央銀行総裁委員会も開かれている。総裁たちはこの会合で、平価調整が行われるにいたった事情について意見交換を行い、原因が共通ドル政策の不在にあるとの認識で一致した。そして、この問題を次の会合の議題にすることを決めた。

一〇月一日の中央銀行総裁委員会で最初に発言したのはエミンガーである。折しも直前の九月二九日に、ハンブルクで独米経済財務担当閣僚・中央銀行総裁会議が開かれていた。エミンガーは発言のすべてをこの会議の説明にあてた。エミンガーによると、ハンブルク会議では主に二つの点が確認された。第一に、アメリカの最大の関心事はドル／

マルク関係である。なぜなら、ドルが相場を下げているのはマルクにたいしてだけであり、加重平均された他の欧州諸国通貨の総体にたいしては安定している。それゆえアメリカにとって「敏感な部分[33]」はドル／マルク関係ということになるからである。ドル／マルク関係を優先することには技術的な理由もある。他の欧州通貨とは違ってマルクには広い市場があり、ニューヨークで容易に入手できるからである。第二に、市場介入の目的は為替相場の「不安定な変動」を是正することにある。かつてオランダが提案したような「目標相場圏[34]」を設けてマルクとドルのあいだに一定の変動幅を設定することは、現状では考えられない。アメリカのファンダメンタルズは不安定なままであるし、ドルとマルクのそれぞれの重みには大きな差があるからである。要するにエミンガーは、独米は二国間調整にもとづく為替政策を今後とも継続することで合意しているというのである。

エミンガーとは反対に、他の総裁たち――ただし、議長を務めたオランダ銀行総裁ザイルストラを除く――はいずれも、ドイツが事実上独占しているドル介入を欧州諸国のあいだに「多角化」させるべきだと主張した。アイルランド中央銀行総裁マーレーはそのために「一般的な枠組み」を創ることを、またイタリア銀行総裁チャンピは「共通の目標」を設定することを、それぞれ提案した。一方、フランス銀行総裁の代理で出席した同次席副総裁テロンは、それらに加えて、アメリカから「何らかの約束」をとりつけることを提案した。アメリカも加わるなら、「ドル相場の安定に向けた共同事業においてリスクをとる覚悟のあることが市場に伝わる[35]」からである。ちなみに、一九七六年に改正されたＩＭＦ規約第４条は「為替相場を操作する」ことや「攻撃的に」市場介入することを禁じている。もちろんテロンはこの規定を否定するわけではない。彼によると、市場に為替相場の形成を委ねるということは市場にすべてを委ねることではない。中央銀行の協調介入によって市場における相場形成に一定の方向性をあたえることができるし、またそうすべきだというのである。

以上のような意見交換のあとで、総裁たちはそれぞれの中央銀行が改めて意見を文書にまとめて提出することと、提出された文書にもとづいて論点を整理し、そのあとで再度検討することを決めた(36)。

同じ一〇月には、通貨委員会でも共通ドル政策について意見交換が行われている。通貨委員会を構成するのは経済・財務省の局長級代表と中央銀行の副総裁級代表である。この組織構成からもうかがえるように、通貨委員会の主要な役割は、通貨政策を経済政策全体のなかに位置づけ、政府と中央銀行との調整のうえに通貨政策を方向づけることにあった。それだけに通貨委員会の議論には政府の姿勢がより強く反映する傾向がある。一〇月一七日の通貨委員会にもそうした傾向が見られた。この日の会合では、ベルギーの代表がドル相場に「目標相場圏」を設けることを提案したが、これにたいするドイツを含む各国の代表たちの反応は肯定的であった。フランス側で作成された会議記録にはこう記されている。

ベルギー提案に関しては、委員会内で、次のように考えることで最終的にコンセンサスが成立した。あまりに大幅なドルの変動は問題である。定期的に発表される経済指標にもとづいて、ECUとドルのあいだに平価の「目標相場圏」を設定することが望ましい。

この案件については、ドルにたいする欧州諸通貨の状態〔相場〕が適切か否かを判断する基準を提案してもらえるよう、中央銀行総裁委員会ならびに欧州委員会に要請することで意見が一致した(37)。（傍点は引用者）

かくて通貨委員会では、通貨バスケットECUの対ドル「目標相場圏」を設定する方向で合意が成立していたのである。しかし右の引用にもあるように、通貨委員会はこの問題の技術的検討を中央銀行総裁委員会と欧州委員会に委ねることとし、自らの責任で議論を深めようとはしなかった。

中央銀行アンケート（一〇月）――(1)ドイツ・ブンデスバンクとオランダ銀行

一〇月一日の中央銀行総裁委員会決議にしたがい、一〇月の半ばから月末にかけて八カ国の中央銀行から覚書が提出された。そこに表明された意見は先の総裁たちの発言内容と基本的には変わらない。違いは、文書化されたことにより、それぞれの中央銀行の主張がより明確になっている点にある。そこで主要な中央銀行に焦点をあてて覚書の要点を紹介しよう。

ドルにたいして共通の政策を実施すべきか否かという原則にかかわる問題をめぐって、八つの中央銀行は二つのグループに分かれた。第一グループはこの政策に否定的なブンデスバンクとオランダ銀行であり、第二グループはそれに賛成するその他の中央銀行である。

まずブンデスバンクであるが、その主張は以下の二点にまとめられる(38)。第一に、かりに対ドル協調介入を行うにしても、それは「きわめて限定されたもの」にならざるを得ない。アメリカは自国の利害を優先するはずだし、IMFの改定規約第4条による制約もある。しかし、この第一の点以上にブンデスバンクが問題視するのは次の第二の点である。そもそも為替相場を決めるのはインフレ率の違いや国際収支の状態であり、市場介入によって為替相場を安定させられると考えるのは「幻想にすぎない」。介入はEMSにとってむしろ有害である。大規模な介入を行えば「EMS内における経済政策、財政政策および通貨政策の調整を遅らせることになり、為替の不安定状態が生じる恐れがある」。また、介入によって流動性やマネー・サプライが影響をうけるから、国内の通貨政策の目標はもとより、為替相場を安定させるというEMSの目標も達成できなくなる。かくてブンデスバンクは、EMS諸国が取り組むべきは域内における経済政策および財政政策の収斂であって、共通ドル政策ではないと主張する。

次にオランダ銀行の意見(39)。それは厳しい現実批判にもとづいている。批判の第一は共通ドル政策の定義づけに関係している。共通ドル政策の目的はドル相場の「不安定な変動」を是正しEMS内の緊張を解くことにある、と一般に理解されている。しかし現実は違う。ＥＭＳ内の緊張はドルが弱くマルクが強い場合に生じることが多いから、共通ドル政策とは、「実際には、不安定な変動を除去するというよりもドル相場の下落を阻止することであって、それはブンデスバンクがドルを買うことを意味している」（傍点は引用者）。実態に即して分かりやすく言い換えるとこうである。弱い通貨国はドル相場の下落を阻止するために共通ドル政策を支持し、強い通貨国ドイツはこの政策によって大量のドル買いを余儀なくされ、国内政策の運営に支障をきたすためにこれに反対している。オランダ銀行によるこの分析は、先のブンデスバンクの覚書および後段で紹介するフランス銀行の覚書の内容から見て正鵠を射ていると言えよう。

批判の第二はＥＭＳの機能をめぐっている。オランダ銀行によると、ＥＭＳは「調整可能で安定的な為替制度」として設計されており、参加諸国は対外均衡を維持する責任と義務を負っている。当然、通貨政策はこの責任と義務を果たすために実施されるべきであるが、いずれの国も政策をそのようには運営していない。黒字国のドイツでは、「通貨政策は本質的に国内の諸目標の方を向いており、対外均衡が必要とする以上に抑制的であった」。一方の赤字国では、「通貨政策は公的部門の巨額の赤字に見合うほど厳しくはなかった」。九月に行われた平価調整も資本移動への対処を目的としており、ファンダメンタルズの乖離とは直接関係がなかった。ＥＭＳが本来の機能を果たしていないために「平価調整が新たな平価調整を招く」恐れすらある。

以上のような現実認識にもとづいて、オランダ銀行は「共通ドル政策を実施してもＥＭＳの機能は改善しない」とみる。かくて、その結論はブンデスバンクと同じものになる。

結局、ドルの変動——しかも、とくに相場の下落——によってＥＭＳの内部に引き起こされる緊張は、とりわけ参加諸国の状態および政策の乖離に原因がある。したがって共通ドル政策は、まず通貨と財政の両面における国内政策の協調が、しかもとりわけ弱い通貨国における公的部門の巨額の赤字削減が、実現したあとでなされるものなのである。こうした意味において、調整可能で安定的な為替制度〔ＥＭＳ〕が必要とする条件は、共通ドル政策が必要とする条件とほぼ重なっている。(40)（傍点は引用者）

中央銀行アンケート（一〇月）——(2)その他の中央銀行

二つの強い通貨国の中央銀行とは反対に、残る六つの中央銀行はいずれも共通ドル政策の実施に積極的である。ただし、具体的な実施方法については意見が分かれる。ベルギーとフランスの中央銀行はたんなる「不安定な変動」だけでなく、ドルの「望ましい水準」や「介入点」を決めるべきだとする。一方、ＥＭＳの為替機構に参加していないイギリスと、六パーセントの拡大変動幅を認められたイタリアの中央銀行は、ＥＣＵの対ドル相場の安定を図るべきだとする。(41)

六つの中央銀行のなかでもっとも積極的な提案を行っているのはフランス銀行である。その基本的な考え方はこうである。共通ドル政策の目的は、ドルという「不安定な『パイロット』通貨が〔欧州に〕及ぼす遠心分離効果を消去することによって、経済通貨同盟の漸進的な創設過程を防衛する(42)」ことにある。この目的は、ドル相場の「目標相場圏」を設定し、その内部を欧州の通貨群が動くようにすることで達成できる。ただし目標相場圏は「野心的に過ぎる(43)」ので、一九七五年の中央銀行間合意の内容を改める程度にとどめるのが現実的である。

では一九七五年の合意をどう改めるのか。フランス銀行が提案するのは、介入基準の厳格化とニューヨーク連邦準備銀行との協力関係の強化である。まず介入基準については、ドル相場が下落する場合と上昇する場合に分け、次のように改める。

ドル相場の下落時

(1) 二四時間で変動が〇・二五パーセント未満の場合には介入しない。

(2) 二四時間で変動が〇・二五パーセントと〇・四〇パーセントのあいだ、ないしは七二時間で〇・二五パーセントと〇・五〇パーセントのあいだの場合には介入が望ましいが、義務とはしない。

(3) 二四時間で〇・四〇パーセントないしはそれ以上、また七二時間で〇・五〇パーセントないしはそれ以上変動する場合には介入義務が発生する。

ドル相場の上昇時

(1) 上昇が二四時間で〇・七〇パーセント未満、ないしは七二時間で一パーセント未満の場合には介入しない。

(2) 右の数字と等しいか、それ以上上昇した場合には介入義務が発生する。(44)

フランス銀行による提案の新しさは次の三点にある。(1)従来、一パーセントに設定されていた前日の終値からの最大乖離幅（介入点）が大幅に狭められている。(2)この最大乖離幅はドル相場の上昇よりも下落にたいしていっそう狭めに設定されている。いうまでもなくそれは、ドル相場の下落がEMS内の緊張を高める大きな要因になっていたからである。(3)介入基準のなかに一九七五年の中央銀行間合意にはなかった介入義務の規定が挿入されている。以上の三点からは、フランス銀行がドルの変動、とくにその相場の下落にたいして、より厳格な制限を課そうとしていたことがうかがえる。

ニューヨーク連邦準備銀行との協力関係についても、フランス銀行は踏み込んだ提案を行っている。それによると、欧州の中央銀行が自国の為替市場で自行とニューヨーク連邦準備銀行の双方の計算で介入する。たとえば介入の半分を自らの計算、残り半分をニューヨーク連邦準備銀行の計算とし、介入の負担を双方で折半する。欧州の中央銀行が自国の市場でアメリカの中央銀行の計算で介入するのは、ドイツ以外の欧州諸国の通貨は市場が狭く、ニューヨーク市場で必要量が入手できないという技術的問題を解決するためである。かくてフランス銀行案では、中央銀行間の調整の仕組みは情報交換のレヴェルをはるかに超え、「正真正銘の常設の共同決定機構」(45)（une véritable instance pluri-quotidienne de décision collective）になっていると言える。

最後に、一〇月一七日の通貨委員会で合意が成立していたECUの対ドル「目標相場圏」案のその後について、簡単に補足しておこう。この通貨委員会合意にしたがい、まず欧州委員会がこの案に技術的検討を加えた。次いで一一月に、欧州委員会からその結果が中央銀行総裁委員会に概略次のように報告された。この案の核心にあるのは、「共同体の中期の国際収支の均衡と両立可能な水準にECUの対ドル相場を維持する」という考え方である。しかし、そうした考え方に沿って制度を構築するには「多くの技術的障害」がある。なかでも「スミソニアン・タイプの定期的会合」(46)を開く必要があるが、実現できるとは思われない。この報告を聴いた総裁たちの反応は一様に鈍かった。わずかにベルギー、イタリア、イギリスの三国の総裁が一定の関心を示したものの、彼らもこの案の継続審議を発議することはしなかった。

3　ドル相場の変動にたいする欧州諸国経済の反応度——計量分析

以上から明らかなように、共通ドル政策にたいする考え方は国ごとに異なっていた。その原因と考えられるのはドル相場の変動が各国にあたえる影響の違いである。欧州委員会経済金融総局がこの影響の違いを計量分析し、結果を一九七九年一一月一六日付で覚書(47)にまとめている。この覚書は、共通ドル政策にたいする各国の姿勢の違いを数値データで説明しようとしたこころみとして貴重である。そこで以下に紹介しよう。

表9－2　ドル相場の変動にたいする共同体諸国の国内物価の反応度

	国内需要に占める財貨・サーヴィスの輸入額の割合（a）	輸入総額に占めるドル建て輸入額の割合（b）	対ドル反応度係数（c）＝（a×b）
ドイツ	0.23	0.31	0.071
フランス	0.20	0.29	0.058
イタリア	0.25	0.43	0.108
イギリス	0.30	—	—
オランダ	0.47	0.23	0.108
ベルギー／ルクセンブルグ	0.49	0.25	0.123
デンマーク	0.30	0.23	0.069
アイルランド	0.54	—	—
平　均	0.347	0.29	0.0895

（出所）ABF, 1489200205/124. Commission des Communautés européennes. DGAEF. Politique communautaire de change vis-à-vis du dollar US (Note des membres nommés par la Commission), Bruxelles, 16 novembre 1979.

欧州諸国の経済がドル相場の変動に反応する度合いを経済金融総局は「反応度」(vulnérabilité) と呼ぶ。この反応度を決める要素としては、まず各国の輸出総額と輸入総額のそれぞれに占めるアメリカの比重が考えられる。しかしそれだけでは十分でない。輸出がドル相場の変動からうける影響はアメリカ向け輸出だけにかぎらない。影響は第三国市場におけるアメリカとの競争にも現れるはずである。輸入についても同様で、第三国を経由したアメリカからの輸入にも影響が現れると見なければならない。さらにまた、ドル相場の変動が欧州諸国とアメリカとのあいだの資本移動に及ぼす影響も無視できない。一方、各国経済への影響を映し出す一般的な指標としては、物価、生産（GDP）、経常収支などが考えられる。経済金融総局は以上の諸要素のうち統計データのない資本移動を除くすべてを加味し、反応度を計算している。

経済金融総局による分析結果は五つの表にまとめられているが、ここではそのなかから二つをとり出して紹介しよう。表9－2はドル相場の変動にたいする各国の物価の反応度（係数）とその算出の手順を示している。物価の反応度（c）は、国内需要に占める財貨・サーヴィスの輸入総額の割合（a）と、輸入総額に占めるドル建て輸入額の割合（b）の積として導き出されている。表9－3の方はドル相場の

表9-3　ドル相場の変動にたいする共同体諸国の生産の反応度

	GDPに占める財貨・サーヴィスの輸出総額の割合（a´）	輸出総額に占めるドル建て輸出額の割合（b´）	対ドル反応度係数（c´）=（a´）×（b´）
ドイツ	0.25	0.05	0.013
フランス	0.20	0.09	0.018
イタリア	0.26	0.31	0.081
イギリス	0.30	0.17	0.051
オランダ	0.47	0.13	0.061
ベルギー／ルクセンブルグ	0.47	0.12	0.056
デンマーク	0.28	0.12	0.034
アイルランド	0.52	—	—
平　均	0.34	0.14	0.045

（出所）　表9-2に同じ。

変動にたいするGDPの反応度とその算出法を示している。ここでは、GDPの反応度（c´）は、GDPに占める財貨・サーヴィスの輸出総額の割合（a´）と、輸出総額に占めるドル建て輸出額の割合（b´）の積として導き出されている。

二つの表からは反応度が国ごとにかなり違うことがわかる。物価についても生産についても反応度が高いのはベネルクス、デンマークの小国と、狭義のEMSに参加していないイタリアおよびイギリスである。反対に反応度がもっとも低いのはドイツとフランスである。共同体諸国の平均で見ると、ドル相場が一〇パーセント上昇した場合に国内物価は名目ベースで約一パーセント上昇し、反対にドル相場が一〇パーセント下落した場合には生産が実質ベースで約〇・五パーセント低下する計算になる。

経済金融総局はしかし、このようにして算出された反応度は実態を十分に反映していないと言う。理由は二つある。まず、輸入価格の変動に連動してそれ以外の物価も同一方向に動くために、国内物価はドル相場の変動と同一方向に動くと見る必要があるからである。次に、ドイツ以外の国では物価スライド式の賃金（および各種所得）制度が広範に採用されており、これらの国ではドル相場の上昇は賃金（および各種所得）水準を引き上げる方向に作用するからである。それゆえ経済金融総局は、実際の反応度は表の数値よりもはるかに大きくなり、なかでも物価については「場合によって二倍にもなる」[48]としている。つまり、ドル相場の変動はとりわけドイツ以外の諸国の経済に大きな影響を及ぼすというのである。

ところで、経済金融総局は共通ドル政策の是非をめぐる議論には直接立ち入っていない。とはいえ覚書には、この政策に関する興味深い示唆がいくつか含まれている。その一つは、共通ドル政策にたいする各国の姿勢に経済の反応度が関係しているという点である。覚書を仔細に検討したフランス銀行の外事局は次のように記している。

> 欧州委員会の分析は興味深い。というのは、それによって共通ドル政策にたいする各国の立場がほぼ分かるからである。実際、なぜドイツがこの政策の利点を認めようとしないのかがよく分かる。ドイツは米ドルの変動の影響をわずかしかうけないように見える。そのうえ、そしてとりわけ、ドイツはドルにたいして自律的な政策を実施しており、また他のＥＭＳ諸国（ただし、イギリスとイタリアについては部分的にしか当てはまらない）の政策に強い影響を及ぼすことのできる手段を手にしている。それとは反対に、なぜ他の諸国（オランダを除く）が共通政策に賛成なのかも分かる。それらの国は一般にドルの変動にかなり敏感に反応している。ところがこれらの国には、アメリカの通貨にたいする自国の政策を自由に決めるための手段がない。[49]（傍点は引用者）

次に経済金融総局は、狭義のＥＭＳ諸国のなかで事実上ドイツだけがドル介入を行っている現状には不都合があるとし、次のような問題点を列挙している。「ＥＭＳの一体性に亀裂が生じる恐れ」がある。ドルの下落を放置すればアメリカの通貨だけが「超競争的通貨」になってしまう。ドルの大きな変動がつづくなら「事業界における安心感が失われる」。共同体諸国が保有する外貨準備の価値が変動し、中央銀行の活動に支障が生じる。[50]

EMS内の緊張が何に由来するのかという問題についても、経済金融総局は微妙ではあるが明確な判断を下している。欧州諸国の経済を収斂させないかぎり問題は解決しないと見る点では、同総局はドイツおよびオランダと同じである(51)。しかし両国とは違い、経済の収斂を共通ドル政策の前提とは見ない。同総局は、「ドル政策は、共同体内におけるいっそう大きな、経済の収斂をめざす政策の一側面と見ることができる(52)」と記している。あくまでも「経済の収斂」が基本であるが、共通ドル政策はこの収斂を進める過程で共同体諸国が直面する「現実の問題」、つまり現実的な解決が必要とされる問題だと見ているのである。

第3節　共通ドル政策に否定的なドイツ・ブンデスバンク（一九七九年一一～一二月）

1　テロン代理人会議報告（一一月一三日）

一九七九年一〇月に八つの中央銀行から提出された覚書をふまえたうえで、共通ドル政策にどう取り組むべきか。覚書を分析し、その結果を中央銀行総裁委員会に報告したのは同委員会の代理人会議である。代理人会議の報告は一一月一二日にとりまとめられ、翌一三日に開かれた中央銀行総裁委員会に、議長のフランス銀行次席副総裁テロンから口頭で報告された(53)。

報告のなかでテロンは、各国は共通ドル政策の目的をドル相場の「不安定な変動」の是正とすることで合意したものの、実施方法については意見が二つに割れていると言う。一つは、共通ドル政策は通貨、経済および財政の各政策領域で調整が実現したのちになされるべきだとする考え方である。もう一つは「主体主義的《ヴォランタリスト》」考え方で、「望ましいドル相場についての質的評価」を定期的に行い、それにもとづいてドル政策を実施するというものである。

ではどうすれば対立する二つのグループは折り合えるであろうか。テロンはその手がかりを一九七五年の中央銀行間合意にもとめる。すなわち、「一九七五年の合意を、最初にＥＥＣの内部で、次いでアメリカ当局と協力して、再定義する」。ただし「再定義」の内容は、「総裁たちが定期的に行うドル相場にたいする質的評価」という新しい要素を加えることによって、一九七五年の合意を「活性化する」というものである。報告の一節を引用しよう。

中央銀行総裁委員会の月例会議の際に、すでに実施された為替・介入政策および通貨政策についてだけでなく、新たなドル相場の水準についても議論する。その狙いは、次の数週間にドル介入政策を行う際に利用できる共通の質的評価を可能な範囲で行うことにある。(54)

かくて、一九七五年の合意事項にドル相場の「共通の質的評価」を追加し、欧州諸国によるドル介入に共通の方向づけを行う、というのがテロン報告の核心であった。テロン報告を聴いた中央銀行総裁委員会は、同じ一一月一三日の会合で、この報告にもとづいて共通ドル政策の内容を技術的に詰めることを決め、その作業をエイヴァルト小委員会に委ねた。

2　エイヴァルト小委員会と中央銀行総裁委員会

エイヴァルト小委員会の作業とエイヴァルト報告（一二月一八日）

エイヴァルト小委員会はＥＭＳ諸国の中央銀行の実務専門家からなる作業委員会である。この小委員会は一二月三～四日に集中的に検討作業を行い、一二月一八日付で報告書をまとめた。(55)しかし、そもそもドイツおよびオランダと他の諸国のあいだに基本的な意見の違いがあっただけに、小委員会で解決法を見出すことは困難であった。

報告書によると、各国の代表たちのあいだで合意が成立したのは次の二点だけであった。⑴中央銀行総裁委員会の月例会議の場でドルにたいする「共通の質的評価」を行う。⑵共通政策がめざすべき目標は、「アメリカ当局と緊密に協力してドル取引の秩序を維持すること」と「EMS内における緊張を回避すること」の二つとする。しかし、いずれの合意点についても、それを共通ドル政策としてどう具体化するかとなると、意見は分かれた。

目標実現へのアプローチからしてそうであった。ドイツとオランダの代表たちはドル介入を画一化することはできないと言う。なぜなら、介入のあり方は為替取引の自由度や為替市場の規模に応じて違っており、「すべての中央銀行を同じやりかたで縛るのは適切ではない」からである。両国以外の代表たちは、「共通の目標をもつ新たな行動計画を策定できるように一九七五年の規則を改めるべきだ」と主張する。

中央銀行の日々の行動に「共通の質的評価」をどう反映させるかという問題についても同様であった。ドイツは「厳格な指標」、とりわけ「量的指標」を設けることに反対し、一九七五年の合意それ自体を否定しようとした。ドイツによると、「そうした指標のあることがひとたび市場に知れると、この指標は中央銀行がそれを適用する覚悟があるか否かを判断するための目安になってしまう」からである。かりに中央銀行が市場の圧力に屈して指標を放棄するなら、この指標は二度と使えなくなる。実際、「一九七五年の量的規則が空文化したのはこのためであった」。それゆえ「同じ轍を踏んでも意味がないし、現状では規則の制定はできない」というのがドイツの主張である。一方、ドイツおよびオランダ以外の諸国は、「一九七五年の原則は、〔中央銀行間〕調整を強化するなら、そしてまたドル相場にたいする評価を考慮に入れるなら、依然として適用可能である」と見る。フランスとイタリアはさらに進んで、ドル介入の一般的な指針の提示や調整の強化だけでなく、「日々の変動を抑制するための数値化された介入点」を設けるべきだと主張する。というのも、両国の代表たちによると、ドル相場の変動が「基本的傾向」を示すものなのか、それとも「不安定な変動」を示すものなのかは即座に判断できないからである。

アメリカの通貨当局との連携強化については、報告書は「より直接的でより規則的な調整をアメリカ連邦準備銀行に拡大する」と、ごく簡単に触れているだけである。しかしフランス銀行の代表たちが作成した会議記録[56]によると、一二月三〜四日の会合では問題の核心に触れるようなやりとりが行われていた。そのなかには欧州の中央銀行がニューヨーク連邦準備銀行に代わって欧州市場でドル介入を行う案も含まれていた。提案したのはフランス銀行とベルギー国立銀行である。しかしこの提案は、ブンデスバンクの協力が得られなかったことから具体的な検討の対象にはならなかった。

フランス／ベルギー案を実現するにはニューヨーク連邦準備銀行と欧州の各中央銀行のあいだに結ばれているスワップ協定の改定が必要であった。この協定は二国間協定であり、協定ごとに内容が、しかもとくに為替リスクの負担に関する規定が異なっていた。協定が更新期を迎えるたびに、ドイツ以外の諸国のあいだでは協定内容を統一するために情報を共有することが問題になっていた。ところがブンデスバンクだけはこれに消極的で、ニューヨーク連邦準備銀行の許可が得られないことを理由に協定内容の開示を拒んできた。エイヴァルト小委員会においてもブンデスバンクはこうした態度を変えなかった。ブンデスバンクの姿勢は、欧州の経済大国ドイツと世界の超大国アメリカの二つの中央銀行のあいだに特別な利益共同体が形成されていたことをうかがわせる。が、それはともかくとして、こうしたブンデスバンクの対応のゆえにフランス／ベルギー案は葬り去られたのである[57]。

EMSにおける変動幅内介入の改革についてもブンデスバンクは否定的であった。ドイツ以外の諸国は、ドル介入問題との関連で、変動幅内介入をもっと柔軟な制度に変えるべきだと主張した。とくに緊急時には相手国の通貨を「即時・無制限に」使えるようにすることをもとめた。しかしドイツだけは、「少なくとも二国間での事前協議」が必要だとしてこの改革提案を拒否した。

このように、小委員会でとりあげられたほとんどすべての検討事項にたいしてドイツの中央銀行は拒否の態度を貫いたのである。[58]

エイヴァルト小委員会の作業の実態と報告書の内容は以上のとおりであるが、この報告書は親委員会である中央銀行総裁委員会において本格的な論議を呼ばなかった。それは、その直前の一二月一一日に開かれた同委員会で、ブンデスバンク総裁エミンガーがいっさいの妥協を拒否する内容の発言をしていたからである。

中央銀行総裁委員会における討議（一二月一一日）

一二月一一日の中央銀行総裁委員会では一九八〇年度に向けた共同体諸国の通貨政策が議論になったが、その過程で各国の姿勢の違いがさらに鮮明になった。最初に発言したベルギー国立銀行総裁ストリッケルは、ブンデスバンクによる公定歩合の引上げがＥＭＳ内の緊張を高めているとして、秋口以降のドイツとオランダの姿勢を厳しく批判した。

いくつかの中央銀行は、為替相場の決定は市場の判断に委ねるべきだと考えているようです。つまり、ある通貨が過大評価されていると市場が判断すると相場が下がり、過小評価されていると市場が判断すると相場が上がる——こうした状況を放置すべきだと考えているようです。しかしそのような考え方は、ＥＭＳがめざしている為替相場の安定という基本目標に反していますし、また、他の中央銀行が市場からの圧力にたいしてとっている態度に異議を唱えることになります。[59]

これにたいするエミンガーの反論は、ストリッケルの批判以上に厳しかった。

為替相場の安定はEMSにとって唯一の目的ではありません。一九七八年一二月五日の欧州首脳理事会決議に規定されているように、EMSは同時に国内の安定もめざしています。ドイツ当局の見解は、為替相場の安定の持続は経済成果のいっそう大きな収斂によってしか得られないというものです。この見解は、IMFの新協定の規定にも合致しています。……〔市場の〕投機的な一過性の圧力に屈してはなりませんが、一定期間圧力がつづく場合にはファンダメンタルズを再度吟味すべきでしょう。それに、一般に変動相場制の主な問題点と見なされている市場の過剰反応（overshooting）は、少なくともそれが関係当局に自国の国内政策を調整せざるを得なくさせるという意味では、良い結果をもたらします。[60]（傍点は引用者）

まさに、経済収斂至上主義、市場原理主義、変動相場原理主義とも受けとられかねない発言である。また、こうしたエミンガーの主張がブンデスバンクの国内政策目標と結びついていたという意味では、首相シュミットに倣って「民族主義的エゴイズムと結びついた官僚主義的縄張り意識[61]」と評することもできよう。実際、クラピエの後任としてフランス銀行総裁に就任したばかりのジュニエールは、エミンガーに「学派や理論にあまりに執着するのはよくありません[62]」と苦言を呈している。そしてジュニエールは、アメリカ合衆国と違って対外依存度の高い欧州諸国経済の特性にかんがみ、エミンガーに歩み寄るよう促した。

EEC諸国の各中央銀行がしかるべく行動するつもりでいるのは当然であるにしても、各国の通貨政策は為替相場に、したがってまた他の諸国の通貨政策に直接影響を及ぼします。このような共同体諸国の事情は、たとえばアメリカ合衆国とは違います。合衆国では対外的要因が国内政策にあたえる影響はごくわずかです。したがって今後数カ月間は、金利に関する諸措置にかぎらず、国内の通貨的諸措置が及ぼす対外的影響についても、ＥＥ

C〔諸国〕の中央銀行間の相互理解を深める必要があります。そのような努力をしないかぎり、EMS内における為替相場を安定させることは難しいでしょう。(63)

しかし、エミンガーはこのジュニエール発言に何らの反応も示さなかった。

中央銀行総裁委員会の議論を支配していたのは、一方の弱い通貨国が中央銀行間協力によって為替関係の安定を図るべきだと主張し、他方の強い通貨国が、最初になすべきは経済政策の収斂であり為替相場は市場に委ねるべきだと主張する対立の構図である。この構図は一九七〇年代初頭以来のもので、目新しいものではない。とはいえ、ブンデスバンクの姿勢が固さを増していたという点では状況は異なる。ブンデスバンクが拠って立つ伝統的な政策原則を別にすると、第二次石油危機後に欧州諸国間でファンダメンタルズの乖離が拡大していたことと、ドイツ自身もインフレに直面していたことが、ブンデスバンクの姿勢をさらに硬化させていたようである。この点については後段で立ち戻る。

こうして共通ドル政策の具体化をめぐる議論は完全に暗礁に乗り上げてしまった。後日、一九八一年一月五日付で作成されたフランス銀行外事局内の覚書には、次のように記されている。

エイヴァルト報告は代理人会議でも中央銀行総裁委員会でも立ち入った議論の対象にならなかった。それは時間が足りなかったからというよりも、共通政策の実施方式に関して合意のないことがはっきりしていたからである。……ドイツ・ブンデスバンクが教義を変えないかぎり、この任務〔共通ドル政策〕は時期尚早に見える。教義とは、ドル介入をするかしないかの日々の決定は、それがどんなものであれ、あらかじめ共同で決められた原則や実施方式にもとづいて行うことはできないというものである。(64)

第4節　第二次石油危機と共通ドル政策問題（一九七九〜八一年）

1　ドル相場の上昇とマルク相場の下落

共通ドル政策をめぐる共同体内の協議が膠着状態に陥ったのとほぼ時を同じくして、欧州諸国とアメリカとの通貨をめぐる関係は大きく変化した。それにともなって共通ドル政策問題をめぐる環境にも変化が生じた。

変化をもたらした要因は二つあった。一つは一九七八年末に発生した第二次石油危機で、いわば基礎的要因である。一九七九年から石油と原材料の価格が高騰し、共同体諸国ではインフレが再燃した。各国の経常収支は軒並み悪化し、共同体全体で第一次石油危機後を大きく上回る巨額の赤字を記録する（前出表5－2を参照）。共同体諸国のあいだではドイツとイギリスで明暗が分かれた。長年にわたり黒字大国の地位を独占してきたドイツが赤字国に転落し、北海油田のおかげで産油国になったイギリスがそれまでの赤字国から一転して黒字国になった。一方、欧州の外に目を転じると、アメリカと日本の経済は短期間で調整され、両国の経常収支は黒字を記録した。

変化をもたらしたもう一つの要因はアメリカによる新たな通貨調節方式の採用である。一九七九年一〇月六日を期して、連邦準備制度が通貨政策の軸を金利からマネー・サプライに移した。それにともない、アメリカの通貨当局は銀行準備を直接管理し、金利については自由な変動を容認するようになった(65)。

これらの二つの要因からドル相場の変動に大きな変化が生じた。一九八〇年の四月から七月までは、アメリカの通貨当局が一時的に緩和政策をとったことからドルの対マルク相場は八パーセント下落した。しかしその後は、ロナルド・レーガンが大統領に就任する一九八一年一月まで、ドルはマルクをはじめとするほとんどすべての欧州通貨にた

表9－4　ドルおよび円にたいするECUの変動率と乖離幅（1976〜80年）

（単位：％）

	年平均変動率		年乖離幅	
	対ドル	対円	対ドル	対円
1976	1.5	1.9	7.6	13.7
1977	1.5	2.5	10.6	18.7
1978	3.8	3.7	13.9	27.6
1979	2.5	4.2	10.2	35.0
1980	3.5	4.6	14.7	30.8

（出所）ABF, 1489200205/127. Commission des Communautés européennes. DGAEF. Projet d'avis du Comité monétaire sur les politiques de change vis-à-vis des monnaies tierces, 20 février 1981.

いして相場を約二〇パーセント上げた[66]。次いで一九八一年二月からは、年末までドル相場は一貫して上昇をつづける。いわゆる「レーガノミックス効果」と、三月にニューヨーク連邦準備銀行が為替介入を停止してビナイン・ネグレクトに戻ったことによるものである。

ドル相場は上昇しただけでなく乱高下するようになった。表9－4に明らかなように、欧州の八カ国の通貨[67]から合成された通貨バスケットECUの対ドル相場の変動は年平均で三パーセントを超え、月によっては一〇パーセントにも達している。

ところでドル相場が上昇した直接の原因は、アメリカで短期金利とくにプライム・レートが上昇し、欧州諸国の金利との差が開いたことにある。表9－5はアメリカ、ドイツ、フランス、ベルギーの四カ国の国内金利と、四カ国とアメリカとの金利格差を示している。表に明らかなように、一九八〇年の秋からアメリカの金利が上昇したのにたいして、欧州諸国の金利は一九八一年二月以降のドイツを別にして安定しており、アメリカとの金利格差が拡大している。

欧州諸国とアメリカとの通貨関係は一九八〇年下期から一変した。マルクの対ドル相場が急落したことにより、それまでドイツに向かっていた資本の流れがアメリカへと向きを変え、ドイツの外貨準備を脅かすことになる[68]。また、マルクをはじめとする欧州諸国の通貨には、為替相場の下落によってインフレ圧力が働くようになる。というのは、欧州諸国の輸入のかなりの部分（共同体全体では三〇パーセント）がドルで決済されていたからである。こうした危機的状況にたいして、ブンデスバンクは一九八一年二月一九日にロンバード信用[69]を停止した。ドイツの中央銀行はこ

表9－5　アメリカおよび欧州経済共同体諸国における1カ月期限の国内金利と両地域間の金利格差（1979年12月～81年3月）

（単位：%）

	1979.12	1980.09	1980.10	1980.11	1980.12	1981.01	1981.02	1981.03
アメリカ	13.00	11.50	13.00	16.25	18.50	16.875	14.0	14.87
ドイツ	9.90 (−3.10)	9.15 (−2.35)	9.20 (−3.80)	9.925 (−6.325)	10.40 (−8.10)	9.00 (−7.875)	15.0 (+1.0)	14.0 (−0.87)
フランス	12.50 (−0.50)	12.125 (+0.625)	11.0 (−2.0)	11.0 (−5.25)	11.0 (−7.50)	10.75 (−6.125)	12.875 (−1.125)	12.625 (−2.245)
ベルギー	14.25 (+1.25)	12.125 (+0.625)	11.875 (−1.125)	12.50 (−3.75)	12.125 (−6.375)	11.625 (−5.25)	12.75 (−1.25)	12.375 (−2.495)

（注）：月末の状態。カッコ内はアメリカとの格差。
（出所）ABF, 1489200205/128. Banque de France. DGSE. Evolution comparée des taux d'intérêt à court terme aux Etats-Unis et dans la CEE.

の制度を停止することによってドイツの国内短期金利がアメリカの金利に追随して上昇するようにし、アメリカへの資本流出を防ごうとしたのである。[70] 実際、この直後に、ドイツの金利は急上昇し、マルクの相場も回復する（前掲図9‐1、表9‐5を参照）。いうまでもなく、このようなドイツにおける金利の高騰とそれをもたらしたアメリカの高金利はEMS内の為替関係に緊張をもたらす。かくて欧州諸国は、アメリカの通貨政策にたいする共同体としての対応を迫られることになった。

2　欧州諸国のジレンマ（一九八一年春）――国内金利の安定か、対ドル為替相場の安定か

欧州委員会経済金融総局の覚書とランファリュシーの覚書

一九八〇年一二月一～二日に欧州首脳理事会が開かれた。共同体諸国の首脳たちはこの会議で、アメリカにおける金利の上昇ならびにドル相場の上昇にたいして協力して対処することで合意した。一方、ほぼ時を同じくして、レーガンが大統領選挙で勝利した。レーガンのブレーンにはサプライサイド・エコノミックスとマネタリズムの流れを汲む人物が多かったから、これで一九八一年一月以降のアメリカの経済政策が見通せるようになった。こうした二つの事情を背景にして、共同体の諸機関は一九八〇年の年末からアメリカの通貨政策への対応に取り組むことになる。

一九八一年二月には共同体の内部で二篇の覚書が作成されている。欧州委員会経済金融総局が通貨委員会のために作成した覚書と、国際決済銀行の経済顧問ランファリュシーが三月一〇日に開催される中央銀行総裁委員会に向けて作成した覚書である。いずれも、アメリカの通貨政策が共同体に及ぼす影響を分析し、共同体としての対応策を模索している。

まず経済金融総局の覚書[71]であるが、それは次のような現状認識に立っている。国際通貨関係が不安定さを増している。というのは、世界経済が「多極化」し、ＥＣＵと円が重みを増しているからである。ドル、ＥＣＵ、円の三つの通貨のあいだに長期にわたって固定的な為替関係を維持できれば問題は解決するが、それは難しい。なぜなら、かりに為替管理や為替市場介入などの手段を使ったとしても、アメリカ、欧州、日本のあいだで経済政策の調整が行われないかぎり為替は安定しないからである。ただし、日欧の経済関係は未だそれほど大きくないから、円が欧州諸国にたいしてもつ意味は小さい。それゆえ、欧州諸国にとっての当面の問題はアメリカとの関係ということになる。

覚書によると、共同体はアメリカの通貨政策の影響を強くうけ、輸入インフレ、資本流出、為替関係の緊張という三重の困難に直面している。欧州諸国にとって最良の解決法はアメリカが政策を変更してくれることである。とはいえアメリカに政策変更をもとめるわけにはいかない。アメリカの政策はインフレの抑制を目的としており、インフレの抑制は欧州諸国が長年アメリカに要求してきたものだからである。欧州諸国にできるのは、通貨政策偏重の反インフレ政策を改め、財政の健全化にも力を入れるようアメリカに要請することくらいである。一方、欧州諸国が独自に行えるのはドルの「不安定な変動」を抑えることであり、それには三つの方法がある。⑴カーター政権の例に倣い、欧州の弱い通貨国の中央銀行が外貨を借りて為替市場に介入する。⑵現行の双務的スワップ制度を多角的なものに変え、ドイツ以外の中央銀行にもドル介入を行えるようにする。⑶一九七五年の中央銀行間合意の枠組みを広げ、中央銀行総裁委員会が毎月ＥＣＵの対ドル相場の許容変動幅を決め、各中央銀行がこの変動幅維持のために介入する。

しかし本章ですでに確認しているように、これら三つの対応策の基本部分は共同体内で検討されていたものの合意形成に失敗していた。つまり、経済金融総局は実効性のある対応策を提案できなかったのである。

次にランファリュシーの覚書に移ろう。(72)欧州諸国の側に有効な対処法がないと見るのはランファリュシーも同じである。しかし問題のとらえ方は違っている。ランファリュシーによると、アメリカで「レーガン効果」と高金利がつづくかぎり、欧州諸国には金利の引下げと為替の安定を同時に追求することはできない。これらの国にできるのは次の二つの選択肢のいずれか一方を選ぶことだけである。一つは、金利調節を優先することであり、自国通貨の対ドル相場については下落するのを放置し、市場で新たな均衡点が成立するのをまつことである。ただしこの場合には、国内物価が上昇し、インフレ期待が長期にわたってつづく。もう一つは、自国通貨の対ドル相場が合理的な水準で安定するように、金利を引き上げることである。この場合には成長と雇用を犠牲にしなければならない。しかし、いずれの選択肢をとるにせよ、欧州諸国は市場の混乱を避けるために自らの責任で市場に介入せざるを得ない。

ランファリュシー自身は明言を避けているが、彼の分析からは論理必然的に一つの結論が導かれる。欧州諸国には自らが望む為替の安定と金利の安定を同時に追求できないのであるから、これらの国が対ドル政策で協力しても有意な結果は得られないという結論である。(73)そうであるなら、唯一考えられる解決法はアメリカが自らの意思で政策を変更することである。ではその可能性はあるのか。ランファリュシーは、レーガン政権の高官たちは一枚岩ではなく、マネタリスト優位の勢力図に変化が生じる可能性はあると言う。ランファリュシーは「ネオ・ケインジアン」(74)として知られるエコノミストだっただけに、マネタリストの影響力の後退に期待をかけていたようである。

積極性を欠く中央銀行総裁たち

一九八一年三月一〇日の中央銀行総裁委員会では、ランファリュシー自身が覚書の内容を口頭で報告し、次いで総裁たちのあいだで意見交換が行われた。総裁たちはいずれもランファリュシーの分析を肯定的に評価した。彼らは、アメリカの通貨政策を前に欧州諸国がジレンマに陥っていることを認めたのである。それだけにどの総裁の発言も歯切れが悪かった。四月の会議でも、五月の会議でも意見交換はくり返されたが、彼らの発言内容に特段の変化は見られなかった。

三月の会議でもっとも注目を集めたのは、ランファリュシー覚書に登場する第二の選択肢を選んだばかりのブンデスバンク総裁ペールである。彼はエミンガーの後任として総裁に就任したばかりであった。ペールは、ロンバード信用の停止はあくまでも資本流出をくいとめるための当座の措置で、事情が変われば元に戻すつもりであると述べ、弱い通貨国からの批判をかわそうとした。しかし彼は、その一方で、アメリカが政策変更に応じる可能性がないと断言する。欧州委員会副委員長オルトリがアメリカとのあいだで介入政策を調整することの意義を説いたのにたいして、ペールはそれを「幻想」であると批判する。

三月一六日の経済・財務担当閣僚理事会の会合に中央銀行総裁委員会の委員長が出席することには賛成です。財務大臣たちには、ＥＥＣ諸国が結束して働きかけることによってアメリカに通貨政策を変更させるという幻想をいだかせないようにすべきでしょう。……最近〔アメリカの〕通貨当局と接触しましたが、通貨当局が欧州諸国の事情に配慮して新政府の政策プログラムに変更を加えることは考えられません。オルトリ氏が述べたような介入政策の調整という誤った希望をもつべきではありません。実際、新政権はマネタリズムに傾いており、またいっさいの介入にたいして消極的であるという意味で、カーター政権にもまして抑制的な姿勢をとっています。(75)

ブンデスバンクと対立することの多いフランス銀行総裁ジュニエールの発言もやや精彩を欠いていた。ジュニエールはドイツの事情に配慮し、ブンデスバンクのとった高金利誘導措置に理解を示した。ただし彼は、フランスをはじめとする他の諸国にはブンデスバンクのような対応はできないと言う。インフレが長期にわたってつづき、依然としてインフレ期待が強いために、これらの国の経済は金利の変動に反応しないからである。フランス銀行研究総局がジュニエールのために作成した覚書(76)では、同じ問題が信用構造の側面から検討されている。それによると、フランスでは一九七一年から信用政策の抜本的改革が行われたものの(77)、銀行制度は依然として中央銀行による再金融に大きく依存しており、インフレ体質を克服できていない。また、銀行ごとに手持ちの流動性に大きな差があることから、たとえ一時的ではあっても金利の高騰を招くような政策手段はとれない。

このように、フランスにはアメリカとドイツに追随して利上げができないことから、ジュニエールはペールとは反対に、アメリカへの働きかけに望みをつなごうとする。四月一四日の中央銀行総裁委員会で、彼はマネタリズムを批判してこう発言している。

西側世界では短期金利が不安定すぎますし、また高すぎます。フランスの通貨当局はアメリカ合衆国による分析とは反対に、ひどいインフレ状態のもとでは、もっぱら通貨の量を軸にした、金利水準をまったく管理しない政策はインフレとの闘いに効果がないと考えています。ただし、この政策を強引に実施し、実質成長と雇用に深刻な影響が出てもかまわないというのであれば、話は別です。こうしたことは、ここ数カ月のあいだにワシントンで何度も説明しましたが、あまり理解してもらえませんでした。今後は、アメリカ合衆国における事情の変化に過度の期待をかけるべきではありません。とはいえ、アメリカ当局にたいして欧州諸国の意見を説明するのを断念すべきではないでしょう。(78)（傍点は引用者）

総裁たちのなかで比較的厳しい発言をしたのは、ドイツにおける金利上昇で難しい国内政策運営を強いられたベルギー国立銀行総裁ストリッケルである。しかしその彼も、欧州諸国が直面している困難な状況を思えば金利調整は「漸進的かつ慎重な」ものであるべきだろうと、ドイツに婉曲に苦言を呈するにとどめている。

中央銀行総裁委員会は六月一四日に欧州閣僚理事会向けの報告書をまとめた。この報告書は、現状分析についてはさきのランファリュシー覚書をそっくり借用している。しかし結論部分では、アメリカにたいして、通貨政策と予算政策とのポリシー・ミックスを図ることと、通貨調節の方式を見直すことの二項目を要請するよう、欧州閣僚理事会に勧告している。ただし、アメリカに働きかける際の注意点として、GDPにたいする財政赤字の比率はアメリカの方が欧州の大半の国よりも低いので、「直接的批判」は避け、「継続した対話」[79]をつうじて働きかけることが望ましい、との参考意見を付している。

ここでは通貨委員会における討議内容には立ち入らない。ただ、通貨委員会における議論の方向も中央銀行総裁委員会と同じだったことを確認するにとどめる。通貨委員会の空気をよく反映していると思われるのは、五月七日の会合で委員長のフランス財務省国庫局長アブレルが行った発言である。アブレルは、アメリカの通貨当局者が「例外的状況」においてしか為替介入をしないと述べている事実に触れたあと、共通ドル政策には「現実味がなくなった」[80]と言明している。

かくて一九八一年の春から、共通ドル政策にたいする欧州諸国の取組みは明らかに鈍くなった。その直接の原因はいうまでもなくアメリカ当局の固い姿勢にある。しかし一方で、それにはEMS内の事情の変化も無関係ではなかった。一九八二年三月でEMSが発足して三年が経過することから、一九八一年の年末には、共同体の諸機関がEMSの評価をこころみている。それらの機関はいずれも次のような評価で一致していた。域外の通貨にたいするEMS諸国通貨の為替相場が激しく変動したにもかかわらず、EMS内の為替関係は比較的安定していた。その最大の理由は、

ＥＭＳの「筆頭通貨」(81)であるマルクがドルにたいしても他の欧州通貨にたいしても相場を下げたために、ＥＭＳ内で投機的資本移動がおこらなかったことにある。(82)このような評価は、中央銀行総裁委員会の委員長が一九八一年一二月八日の欧州閣僚理事会で行った口頭報告にも反映している。

ＥＭＳは三周年を迎えようとしていますが、為替機構は非常に堅固であり、創設当時の予想をはるかに超える混乱状況にもちこたえることができました。……逆説的ではありますが、国際収支にたいする石油ショックの影響でドイツ・マルクが弱体化しました。この変化に他の諸要因が加わったおかげで、為替機構はあまり緊張しなかったのです。(83)

小括と展望

共同体諸国が対ドル為替相場政策で協調し、かつアメリカ合衆国とも為替相場政策で協調する。共通ドル政策と呼ばれたこの二重の政策協調を制度化するために、一九七九年から八一年にかけて、主として中央銀行総裁委員会において検討作業が行われた。しかし、この作業は不調に終わった。

一方で、共同体諸国の中央銀行は一九七五年に、一日あたりのドル相場の変動を前日の終値の一パーセント以内に抑えることで合意していた。しかしＥＭＳが発足したあとも、共通ドル政策の萌芽ともいうべきこの一パーセント・ルールは実際には守られていなかった。また、それを保障するために設けられた中央銀行間ネットワークも期待された役割を果たしていなかった。ＥＭＳが発足してほぼ二年が経過した一九八一年二月二〇日、欧州委員会経済金融総局は一パーセント・ルールについて、「ほとんど尊重されておらず、死語になっているように見える」と評したあとに次のように記している。

調整されたドル政策の萌芽をなすこれらの諸要素〔ネットワーク〕があるにもかかわらず、共同体内で各国が実施している介入政策のあいだにはほとんど統一性が見られない。このことは認めざるを得ない。EMSの創設後に実施された若干の手直し(84)も、現実の必要からほど遠いものであった。ときに、ドル介入がEMS諸通貨間の緊張を高めた。またときに、EMS諸通貨間の一体性を強めるために行われたドル介入が、ドル相場の安定を損なった。最後に、〔相互に〕『逆方向の』ドル介入が相変わらず行われた。現在、アメリカにおける高い金利水準とその激しい変動が他の諸国における通貨政策の運営をいちじるしく妨げている。それはEMSの内部に緊張をもたらし、あるいはEMSの内部における緊張を高めている。それだけに現状は憂慮される(85)。

かくて発足後のEMSは、ドルの変動にたいして事実上無防備の状態におかれていたのである。共通ドル政策への取組みが不調に終わった原因は二つある。まず、アメリカ合衆国の協力が得られなかった。アメリカ政府は、カーター政権時代の一時期にドルの安定化をめざしたものの長つづきせず、一九八一年一月に政権がレーガンに代わると再びビナイン・ネグレクトに戻り、しかも同時に高金利政策に転じた。次に、ドイツ・ブンデスバンクがドル政策における行動の自由を主張し、どんな方式であれ為替介入に拘束力をもたせることに反対した。ドイツの中央銀行は、少なくとも本書が対象とする一九八一年の年末までは、ニューヨーク連邦準備銀行と連携しつつ、マルクの、短期の対ドル為替相場の安定――すなわち「不安定な変動」の抑制――を優先的に図る方が、国内の通貨政策を運営するうえで得策だと判断していたのである。

要するに、世界の超大国と欧州の経済大国の双方の通貨当局が国内政策を優先した結果として、欧州諸国による共通ドル政策への取組みは不調に終わったのである。これは別の言い方をすると、変動相場制は、国内市場が広く、国内経済が為替相場の変動の影響をうけにくい大国にとっては都合がよく、経済の対外依存度が高く、しかも単独では効果的な為替政策を実施できない諸国、すなわち一般に経済規模の小さい、しかも通貨の弱い工業諸国にとっては具合が悪い制度だったということである。(86) マネタリズムの説くところとは反対に、実際には、変動相場制はきわめて非対称的な制度として機能していたのである。フランス、ベルギー、アイルランド、デンマークが共通ドル政策に積極的だったのは、それらが中小規模の国家グループに属しており、短期のみならず中期についても為替関係の安定を必要としていたからである。これら諸国の経済は物価スライド式賃金制のような硬直的要素をかかえており、為替の変動にたいする調整が遅れる傾向があっただけに、いっそう為替関係の安定を必要としていた。

共通ドル政策問題の顚末を理解するには、もう一つの要因も考慮に入れる必要がある。それは政治である。EMSの立上げにはジスカールデスタンとシュミットという仏独の首脳が決定的な役割を果たした。ところが一九七九年からは、前章で確認したように、第二次石油危機によって生じた国内経済の危機と、それにともなう政権基盤の動揺から、二人の首脳は欧州の地平で積極的な行動に出られなくなった。

ともあれ、共通ドル政策はEMSが発足したあとも事実上実施されなかった。しかし、それにもかかわらず、EMSは最初の三年間に深刻な危機を経験しなかった。たしかにこの間、EMSの内部では平価調整が一九七九年九月、同年一一月、一九八一年三月と三回行われているが、(87) その過程で特段の問題は生じていない。それは第二次石油危機の影響をうけてマルクが相場を下げたために、ドイツ国内にインフレ圧力が加わり、その反面としてEMS内の弱い通貨国にたいするデフレ圧力が弱まったことによるものであった。

ところで、共通ドル政策がめざす目標のなかには世界レヴェルでの通貨秩序の安定も含まれていた。しかし通貨秩序の安定をめぐる問題には、とくに第二次石油危機と相前後して新たな要素が加わることになった。日本が巨額の経常収支黒字を継続的に記録し、世界経済のなかでいちだんと存在感を増すようになったことである。

一九八一年二月に欧州委員会経済金融総局が指摘していたように、[88] 国際通貨制度をめぐる問題はもはや欧米の二極間の問題ではなく欧米日の三極間の問題へと姿を変えつつあった。そうした現実の推移に対応して、一九八〇年代の初頭から国際通貨制度をめぐる議論の場はしだいにG5、次いでG7へと移る。フランス財務省国際部長で〔欧州〕通貨委員会の委員でもあるジュルジャンサンを委員長とする作業委員会の発足と、その報告書の取扱いがそうした変化をよく示している。この作業委員会は一九八二年九月のヴェルサイユ・サミットで設置が決まり、作業は翌八三年二月に終了した。ジュルジャンサン委員会の任務は「為替市場への介入」問題の技術的検討にあったが、共同体諸国の意思を同委員会に反映させるための意見調整が行われることはなかった。通貨委員会も、一九八三年三月二日の会合でジュルジャンサン本人から報告書の内容を直接聴取するだけにとどまっている。[89] 一九八五年九月のプラザ合意についても事情は同じで、共同体内で事前にそれに向けた協議が行われた形跡はうかがえない。

共通ドル政策への取組みは不調に終わったわけであるが、この歴史的経験はその後の欧州通貨統合史にとってどのような意味をもったであろうか。最後にこの点に簡単に触れておこう。

この経験をつうじて以前にもまして一つのことが明確になった。それは、EMSの基礎上に経済通貨同盟を実現するには、二つの課題を達成する必要があるということである。課題の一つは、経済政策の収斂の必要性だけを説き、国内の政策目標の達成とアメリカとの短期為替政策の協調を優先しようとするブンデスバンクの自律的行動を封じることである。

もう一つの課題は、経済政策ならびに経済のファンダメンタルズの収斂に本腰を入れて取り組むことである。共通ドル政策へのアメリカの協力が期待できないことが再確認されたことにより、この第二の課題はいちだんと重みを増した。ただし、もともと欧州諸国はアメリカとの協調に多くを期待していなかったようである。通貨委員会と中央銀行総裁委員会の共同の作業委員会「通貨政策手段の調和小委員会」（バスチアーンス委員会）が、一九八一年一〇月二二日付の報告書のなかで、共同体諸国がEMSに参加した理由を分析している。それによれば、次のような理由が各国に共通していたという。「経済政策ならびに最終的な経済的成果の収斂があるかぎり、EMSの為替機構は外部からのショックの『共同体化』を可能にしてくれる。実際、この機構は米ドルにたいするこれら諸国通貨の個々の為替相場の変動を緩和してくれる[90]」。つまり、共同体諸国は経済面で一体化することにより、ドル相場の変動の影響を共同体諸国経済全体に拡散し、個別の国の経済がうける影響を最小化しようとしたというのである。

ところで、右の二つの課題は相互に関連している。また、その取扱いをめぐってドイツおよびオランダと他の欧州諸国のあいだで意見が大きく分かれていた。それだけに、二つの課題には同時併行的に取り組まないかぎり成果は見込めない。そうした取組みを進めるうえで決定的な役割を演じることになるのはフランスである。

一九八一年五月の大統領選挙でミッテランが勝利したあと、フランスの新政権は一時、欧州通貨協力問題から距離をおいた。しかし前章の終わりに記したように、それも長くはつづかなかった。一九八三年になるとミッテランは欧州への回帰を決断し、一九八五年一月にはジャック・ドロールを欧州委員会に委員長として送り込む。ドロールは着任するや、物、人、資本が域内を自由に移動できる「単一市場」の実現と、国民通貨の廃絶を意味する「単一通貨」の実現という二つの目標に向けて行動を起こす[91]。第一の目標、なかでも資本移動の自由化はドイツ政府とブンデスバンクの年来の主張に沿うもので[92]、それを実現するには経済政策の収斂と各種規制の緩和、さらには国有企業の民営化が必要になる。第二の目標はブンデスバンクの自律的行動を封じ、かつ強い通貨マルクを欧州の単一通貨のなかに吸収することを意味しており、フランス、イタリア、ベルギーの要求に沿っている。つまり、一九九二年二月のマーストリヒト条約に行き着くことになるドロールの行動計画は、前述の二つの課題を同時併行的に実現しようとするものであった。

ドロールの努力は着実に成果をあげた。一九八六年二月に、単一市場の実現が明文規定された単一議定書が調印され、翌八七年七月に発効する。単一議定書には、「EMSの枠内とECUの展開過程のなかで得られた経験を尊重する」(93)という条項も盛り込まれていた。ドロールによると、これは「通貨協力の強化」(94)を義務づける婉曲な表現で、彼が、フランスとイタリアの支持をとりつけ、ドイツとイギリスの強い抵抗を抑えて挿入させたものである。

単一市場と通貨条項のいずれについても、単一議定書と相前後してそのための条件整備が進む。まず単一市場については、各国で規制緩和、国有企業の民営化が進み、資本移動の自由化に向けた条件整備が進む。

次に通貨条項については、一九八七年九月八日、バーゼルで開かれた中央銀行総裁委員会において、EMSの機能強化を内容とする一連の合意が中央銀行間で成立した。この合意には、ブンデスバンクが強く反対してきた変動幅内介入における超短期信用の利用およびECUの利用範囲の拡大と、欧州委員会が一九七〇年代からくり返し提案してきた経済政策の収斂を進めるための諸指標および監視システムの導入が含まれていた。さらに、声明というかたちではあったが、通貨政策の目標に物価の安定を据えるという、ブンデスバンクが長年にわたって主張してきた項目も含まれていた。この合意は九月一二日にデンマークのニューボアで開かれた欧州閣僚理事会で了承される(95)。こうして「単一通貨の発射台」(96)が用意されることになった。その二日後の九月一四日、ブンデスバンク総裁ペールが記者会見を行い、バーゼル合意について次のようにコメントしている。

九月八日にバーゼルで交わされたEMSに関する合意から話を始めるのが重要であり、また必要であると考えます。……〔EMS諸国の〕中央銀行はこの合意で、物価の安定を通貨政策の優先目標にすることを約束しています。たしかにこれは口頭による声明でしかありませんが、それは重要です。というのは、まさにこの合意によって、ブンデスバンクの政策目標、すなわち〔為替〕平価の安定ではなく物価の安定という目標が、他の中央銀行によって受け入れられたことになるからです。

それに、ＥＭＳは〔ドイツ〕連邦共和国にとって多くの利益があります。ＥＭＳ発足の当初は、ブンデスバンクは通貨の安定と通貨政策の自律性維持にもっぱら意を用いており、〔ＥＭＳには〕むしろ懐疑的であり、慎重でした。しかし、われわれは努力をして、ＥＭＳに含まれているように思われた障害を取り除きました。今日では、ＥＭＳの維持と発展はわれわれの利益にもかなっています。それはとくに通商にとって有益です。わが国の貿易の半分以上は、わが国と実際上も法律上も固定為替の関係を維持している諸国とのあいだで行われています。(97)

ペールは記者会見の場を利用して、ＥＭＳ諸国の中央銀行が物価の安定を共通の目標とすることで合意したのと引換えに、ブンデスバンクがＥＭＳを全面的に受け入れたことを、すなわち、自らの行動の自由と強いマルクを少なくとも一定程度犠牲にすることに応じたことを、国の内外に向けて明言しているのである。

以上のような、その後の欧州通貨統合史の文脈のなかで見るなら、一九八一年における共通ドル政策の頓挫は、逆説的ではあるが、欧州諸国が通貨統合に向けて次の段階に進むためのスプリングボードになったと言えよう。

注

（1）本書、二〇五～二〇七頁、を参照。
（2）この合意については、本書、二〇四～二〇七頁、を参照。
（3）ABF, 1489200205/124. Commission des Communautés européennes. DGAEF. Politique communautaire de change vis-à-vis du dollar US, Bruxelles, 16 novembre 1979.

（4）共同体内の作業委員会（バスチアーンス小委員会）はこの用語を次のように定義している。「concertationとは、共同体諸国が政策について自国の考え方および目標を議論し、それらを相互に両立可能にするために調整する過程である。政策についての考え方および目標は、それらがある国で実施されても他の国の政策に関する考え方や目標を実現する妨げにならない場合に、『両立可能』ということになる」（ABF, 1489200205/206. Deuxième rapport du groupe de travail sur l'harmonisation des instruments de la politique monétaire, in *Vingt et unième rapport d'activité du Comité monétaire*, 31 décembre 1979.）。

（5）ABF, 1489200205/124. Commission des Communautés européennes. DGAEF. Politique communautaire de change vis-à-vis du dollar US, 16 novembre 1979.

（6）ABF, 1489200205/58. Procès-verbal du Comité des Gouverneurs, 11 décembre 1979.

（7）ABF, 1489200205/130. Banque de France. DGSE. Trois ans de S. M. E., 23 décembre 1981.

（8）その後、一九八一年一月までに、電話による情報交換は一日に四回に増え、参加国はアメリカ、EEC諸国、スウェーデン、ノルウェー、スイス、日本へと拡大した。ABF, 1489200205/127. Commission des Communautés européennes. DGAEF. Utilisation de l'ECU pour le renforcement des politiques de change des Etats-Unis et de la Communauté, 9 janvier 1981.

（9）ABF, 1489200205/124. Commission des Communautés européennes. DGAEF. Politique communautaire de change vis-à-vis du dollar US, Bruxelles, 16 novembre 1979.

（10）R. Solomon, *op. cit.*, pp. 349-350.（前掲邦訳、四八五～四八七頁）。

（11）ABF, 1489200205/51. Suppléants du Comité des Gouverneurs. Coordination des politiques de change à l'égard du dollar, Bruxelles, 15 octobre 1979.

（12）J. van Ypersele et J.-C. Koeune, *Le système monétaire européen*, *op. cit.*, p. 133.（前掲邦訳、一一八頁）。

（13）この用語はあたかもEMSのキーワードのように共同体の文書類のなかに頻繁に登場する。

（14）ABF, 1489200205/51. Suppléants du Comité des Gouverneurs. Coordination des politiques de change à l'égard du dollar, Bruxelles, 15 octobre 1979.

（15）ABF, 1489200205/124. Commission des Communautés européennes. DGAEF. Politique communautaire de change vis-à-vis du dollar US, Bruxelles, 16 novembre 1979.

（16）*Idem.*

（17）*Idem.*

（18）*Idem.*

（19）*Idem.*

（20）ABF, 1489200205/128. Commission des Communautés européennes. L'incidence des fluctuations du dollar sur le SME (Note à l'attention du Comité monétaire), 29 avril 1981.

（21）ABF, 1489200205/57. Procès-verbal du Comité des Gouverneurs, 1er octobre 1979.

（22）ABF, 1489200205/203. Compte rendu de la réunion du Comité monétaire les 7 et 8 juin 1979.

（23）会議記録を引用しよう。

ドイツのインフレ・リスクは低いままである。インフレが拡大する危険は当面はないし、マルクも弱くはなっていない。それなのに二パーセントもの利上げというのは高すぎはしまいか。他の共同体諸国はそれに追随せざるを得ないので、とりわけそれらの国の成長と雇用にいちじるしい緊張が生じている。石油価格の上昇とドル相場の上昇、まさしくそこに、行き過ぎたデフレ要因があるのではないか（*Idem.*）。

（24）ABF, 1489200205/203. Compte rendu du Comité monétaire les 7 et 8 juin 1979.

（25）ただしベルギーの代表たちだけは、強い通貨国が弱い通貨国にたいして特段の配慮をすべきだと主張した。すなわち、「EMS内で最強の通貨をもつ国は他の諸国と協議すべきであり、自国の考えを押しつけるべきではない。そうでないと、他の諸国は追随する過程で準備を失い、衰弱するか、切下げのリスクにさらされることになるであろう」（*Idem.*）。

（26）ロンバード金利とは、民間金融機関の一時的な流動性不足を補うためにブンデスバンクが行っている無制限証券担保貸付（ロンバード信用）の金利である。

（27）ABF, 1489200205/56. Procès-verbal du Comité des Gouverneurs, 10 juillet 1979. 以下、七月一〇日の中央銀行総裁委員会に関する引用は、とくに断りのないかぎりこの史料に拠る。

（28）こうしたドイツの事情については、一九七九年二月一三日の中央銀行総裁委員会で、オランダ銀行総裁ザイルストラがブンデスバンクの政策を批判するなかで問題にしていた。ABF, 1489200205/55. Procès-verbal du Comité des Gouverneurs, 13 février 1979.

(29) ストリッケルの発言を引用しよう。「〔七月の中央銀行総裁委員会において〕調整が意見交換というかたちで行われたものの合意にいたりませんでした。それどころか、逆にいくつかの中央銀行から要望が出されました。共同の決定が国ごとの決定に取って代わるような時期は、たしかに未だ到来していません。経済政策および通貨政策の真の協調がなければＥＭＳは継続して機能できません。この点で今後、中央銀行間の調整および協力を考える必要があるのは明らかです」(ABF, 1489200205/57. Procès-verbal du Comité des Gouverneurs, 11 septembre 1979.)。

(30) *Idem.*

(31) *Idem.*

(32) *Idem.*

(33) エミンガーによると、アメリカの代表がハンブルクでこの言葉を口にしたという。ABF, 1489200205/57. Procès-verbal du Comité des Gouverneurs, 1er octobre 1979.

(34) 目標相場圏については、本書、三〇〇～三〇一頁、を参照。

(35) ABF, 1489200205/57. Procès-verbal du Comité des Gouverneurs, 1er octobre 1979.

(36) *Idem.*

(37) ABF, 1489200205/124. Direction du Trésor. Note pour le Ministre. Compte-rendu du Comité monétaire du 17 octobre 1979.

(38) 以下、ブンデスバンクに関する引用は次の史料に拠る。ABF, 1489200205/57. Deutsche Bundesbank. Considérations sur la coordination de l'attitude des banques centrales de la CEE à l'égard des monnaies de pays tiers (traduction), 25 octobre 1979.

(39) 以下、オランダ銀行に関する引用は次の史料に拠る。ABF, 1489200205/57. Nederlandsche Bank. Note sur une politique commune à l'égard du dollar (traduction), 23 octobre 1979.

(40) *Idem.*

(41) ABF, 1489200205/124. Banque de France. DGSE. Politique commune vis-à-vis des monnaies tierces–Analyse des ré-

ponses des banques centrales, 31 octobre 1979.

(42) ABF, 1489200205/124. Banque de France. DGSE. Relations entre les monnaies du SME et le dollar. Principes généraux, 10 octobre 1979.

(43) *Idem.*

(44) *Idem.*

(45) *Idem.*

(46) ABF, 1489200205/127. Banque de France. DGSE. Politique commune vis-à-vis du dollar, 22 novembre 1979.

(47) ABF, 1489200205/124. Commission des Communautés européennes. DGAEF. Politique communautaire de change vis-à-vis du dollar US, Bruxelles, 16 novembre 1979.

(48) *Idem.*

(49) ABF, 1489200205/127. Banque de France. DGSE. Politique commune vis-à-vis du dollar, 22 novembre 1979.

(50) ABF, 1489200205/124. Commission des Communautés européennes. DGAEF. Politique communautaire de change vis-à-vis du dollar US, Bruxelles, 16 novembre 1979.

(51) 「ドルの気まぐれな変動によってＥＭＳ内の緊張は深刻化している。とはいえ、それは問題の深い原因ではない。ドイツ・マルクが逃避通貨になっている理由は簡単である。それは〔ドイツ〕連邦共和国の財政が磐石だからである。かりにＥＭＳ諸通貨間の乖離が財政安定度の面で狭まるなら、……ＥＭＳ内に緊張が生じる危険はもっと低くなるであろう」(*Idem.*)。

(52) *Idem.*

(53) テロン報告に関する引用は以下の史料から行う。ABF, 1489200205/57. Comité des Gouverneurs. Secrétariat. Projet de rapport oral du Président des Suppléants au Comité des Gouverneurs sur la politique commune à l'égard du dollar, 12 novembre 1979.

(54) *Idem.*

(55) ABF, 1489200205/239. Groupe d'experts présidé par Heyvaert. Rapport n° 45. Coordination des politiques de change des banques centrales de la CEE à l'égard du dollar, 18 décembre 1979. 以下、エイヴァルト小委員会報告に関する引用は、とく

に断りのないかぎりこの史料から行う。

（56）ABF, 1489200205/57. Banque de France. DGSE. Politique commune vis-à-vis du dollar. Réunion du groupe Heyvaert à Bâle les 3 et 4 décembre 1979, 5 décembre 1979.

（57）*Idem.*

（58）フランス側の会議記録には、一二月三〜四日の会議の様子が次のように総括されている。

この会合において、真の共通政策を構築しようとするいっさいのこころみにたいするドイツの反対が強固であることが確認できた。たしかに、ドイツ・ブンデスバンクの代表たちは、ドルの動向について総裁たちが定期的に評価を行うという原則を受け入れた。彼らは中央銀行間調整の強化すら提案している。しかし彼らは、自国の市場でドル介入を行うか否かの日々の決定が、どんなにわずかであれ、あらかじめ共同で決められた原則や実施方法にしたがうことを、絶対に認めようとしない。……結局ドイツ・ブンデスバンクは、すでに実施済みの行動を、また可能な範囲で自行が計画している行動を、調整して説明する用意があるということ以外に何の提案もしない。同行によると、それ以外の決まりはどんなものであれ、混乱をもたらす。混乱は次のものと結びついている。各国の通貨政策、および一般的に言ってファンダメンタルズの乖離。国ごとの外貨取引市場の規模の違いと取引に付与されている自由度の違い。

完全な行動の自由を維持したいという関心から、ドイツ・ブンデスバンクはあらかじめ共通政策を決めておくという原則をいっさい拒否する。……他のすべての銀行は、総裁たちがドル相場について行う月ごとの評価にもとづいて行動するという原則で一致している（傍点は引用者。*Idem.*）。

（59）ABF, 1489200205/239. Procès-verbal du Comité des Gouverneurs, 11 décembre 1979.

（60）*Idem.*

（61）H. Schmidt, *Die Deutschen und ihre Nachbarn, op. cit.*, II, S. 232.（前掲邦訳、下、一八頁）。なお、このシュミットの回想録からの引用は、Hans Tietmeyer, *Economie sociale de marché et stabilité monétaire*, Paris, 1999, p. 222. に登場する引用の仏訳を参考にしている。

（62）ABF, 1489200205/239. Procès-verbal du Comité des Gouverneurs, 11 décembre 1979.

（63）*Idem.*

（64）ABF, 1489200205/61. Banque de France. DGSE. Coordination des politiques de change des banques centrales de la CEE vis-à-vis du dollar, 5 janvier 1981.

（65）R. Solomon, *op. cit.*, pp. 352-353.（前掲邦訳、四九〇頁）。

（66）ABF, 1489200205/134. Banque de France. DGSE. Impact de la politique monétaire américaine sur les taux de change des pays de la C. E. E. et sur la conduite des politiques monétaires, 8 avril 1983.

（67）共同体加盟国は一九八一年一月のギリシャの加盟によって一〇カ国になっていた。しかし、ギリシャはEMSには参加していなかった。また、ルクセンブルグは先に述べたように固有の通貨をもたず、ベルギー・フランを国内に流通させていた。

（68）輸入総額にたいする外貨準備の比率は、共同体全体を一〇〇とすると、ドイツでは一九七九年の一五七から一九八〇年の一二二へと大きく低下している。ABF, 1489200205/128. Commission des Communautés européennes. DGAEF. Le taux de change dans le Système monétaire européen（Note à l'attention du Comité monétaire）, 27 avril 1981.

（69）この信用については、本章、注（26）を参照。

（70）エミンガーは通貨委員会で、アメリカとドイツの通貨関係の実態について次のように述べている。

為替相場のさらなる下落か、それとも高い金利水準か、あるいはさらにいっそう高い金利水準かという選択肢は、現実にはドイツにありません。ドイツの通貨当局にも、望ましいドイツ・マルクの対ドル為替相場水準についての考えはあります。しかし、一定の対ドル関係を維持するという意味での『ドル政策』は行っていませんし、また行うこともできません。ドイツの金利が常にアメリカの金利の変動に追随する必要はないのですが、ドイツの金利政策は国内的観点だけでは行えません。為替規制がなく、またマルク建ての長期金利と米ドル建て証券との金利のあいだには非常にはっきりとした関係がありますので、〔現状を放置した場合には〕外貨が流出し大量の外貨準備を失う恐れがあります。つまり、通貨が下落し、それによってドイツの長期金利に上昇圧力がかかる恐れがあります。多分、他の共同体諸国であれば資本流出をうまくとめられるでしょうが、ドイツの金利政策は一定程度、フランクフルトではなくニューヨークで決められているという事実を、残念ながら認めざるを得ません（傍点は引用者。ABF, 1489200205/128. Procès-verbal du Comité des Gouverneurs, 14 avril 1981.）。

（71）ABF, 1489200205/127. Commission des Communautés européennes. DGAEF. Projet d'avis du Comité monétaire sur les politiques de change vis-à-vis des monnaies tierces, 20 février 1981. 以下、欧州委員会の覚書に関する引用はすべてこの史料から行う。

（72） ABF, 1489200205/128. La CEE face à la politique monétaire des Etats-Unis, par A. Lamfalussy, 20 février 1981. 以下、ランファリュシー覚書に関する引用はこの史料から行う。

（73） 覚書を分析したフランス銀行研究総局の覚書も同様の理解をしている。ABF, 1489200205/128. Banque de France. Direction générale des Etudes. Quelques premières réflexions sur l'étude d'A. Lamfalussy, par Y. Barroux, 4 mars 1981.

（74） *Idem.*

（75） ABF, 1489200205/128. Procès-verbal du Comité des Gouverneurs, 10 mars 1981.

（76） ABF, 1489200205/128. Banque de France. Direction générale des Etudes. Commentaires sur la note de M. Lamfalussy, 5 mars 1981.

（77） 権上「フランスにおける新自由主義と信用改革（前掲論文）」二四頁以下、を参照。

（78） ABF, 1489200205/128. Procès-verbal du Comité des Gouverneurs, 14 avril 1981.

（79） ABF, 1489200205/62. Comité des Gouverneurs. Projet de note à soumettre au Conseil des ministres de l'Economie et des Finances qui se tiendra en juin, 14 juin 1981.

（80） ABF, 1489200205/204. Compte rendu du Comité monétaire, 7 mai 1981.

（81） ABF, 1489200205/131. Groupe de travail «Harmonisation des instruments de la politique monétaire». Problèmes techniques découlant de la coexistence d'objectifs monétaires et d'objectifs de taux de change au sein du SME, 22 octobre 1981.

（82） ABF, 1489200205/130. Comité des Gouverneurs. Secrétariat. Bilan du fonctionnement du SME, mars 1979–décembre 1981, 30 décembre 1981. たとえばフランス銀行外事局によると、「為替市場にとって重要な意味をもつ米ドルとドイツ・マルクの関係は、マルクが欧州諸通貨と『粘着性』（viscosité）とも呼べるような結びつきをしたことから弱まった」（ABF, 1489200205/130. Banque de France. DGSE. Trois ans de SME, 23 décembre 1981.）。

（83） ABF, 1489200205/130. Comité des Gouverneurs. Note verbale au Conseil Eco–Fin sur l'avenir du SME, 8 décembre 1981.

（84） 中央銀行総裁委員会の月例会議の場で行われることになったドル相場に関する意見交換をさすと見られる。

(85) ABF, 1489200205/127. Commission des Communautés européennes. DGAEF. Projet d'avis du Comité monétaire sur les politiques de change vis-à-vis de monnaies tierces, 20 février 1981.

(86) フランス銀行総裁ジュニエールの理解もこのようなものであった。一九八一年六月三日の講演のなかで、フランス銀行の通貨政策の目標は経済活動に適切な量の通貨を供給することにあると述べたあとで、彼は次のようにつづけている。

わがフランスは、欧州の大半の諸国、すなわち国際貿易・金融関係が国内経済活動——言い換えれば国内総生産——のなかで重要な比重を占めている諸国と同じように、中規模の国です。アメリカ合衆国のような巨大な国であれば量的通貨政策が為替相場に及ぼす短期や中期の効果に無関心でいられますが、この種の中規模の国にはそうした態度はとれません。

為替相場はわが国の輸出の動向、および原料やエネルギーのような基幹的輸入品の価格に影響を及ぼすことから、私たちには、為替相場が国内の通貨的諸要因の影響を大きくうけることを容認できません。わが国と同じような諸国、そして欧州でマネタリストの理論にもっとも近い諸国〔ドイツおよびオランダ〕ですら、ときには為替市場に介入しないわけにはいかないのです。

私たちが二年前に、欧州にEMSを創設し、加盟諸国に通貨の為替相場変動を狭い限度内に維持することを義務づけたのはこのためです。ところで、中央銀行が為替市場に介入するたびに、国内の量的目標を維持するうえではあってはならないことですが、中央銀行は多かれ少なかれ通貨を創造します（あるいは消去します）。かくて量的目標と、為替の安定というもう一つの目標——この目標はときに最重要なものとなります——とが衝突することがあるのです（ABF. Archives des Gouverneurs. Renaud de la Genière. Exposé du 3 juin 1981 lors du déjeuner de l'Assemblée générale annuelle du *Cercle des banques étrangères en France*.)。

(87) 一九七九年九月二四日におけるデンマーク・クローネの（他の諸通貨にたいする）三パーセント切下げおよびドイツ・マルクの二パーセント切上げ、同年一一月三〇日におけるデンマーク・クローネの五パーセント切下げ、一九八一年三月二二日におけるイタリア・リラの六パーセント切下げ。ABF, 1489200205/130. Banque de France. DGSE. Trois ans de SME, 23 décembre 1981.

(88) ABF, 1489200205/127. Commission des Communautés européennes. DGAEF. Projet d'avis du Comité monétaire sur les

politiques de change vis-à-vis des monnaies tierces, 20 février 1981.

(89) ABF, 1489200205/134. Comité monétaire. Rapport de M. Jurgensen sur les travaux du Groupe des interventions, 2 mars 1983.

(90) ABF, 1489200205/131. Groupe de travail «Harmonisation des instruments de la politique monétaire». Problèmes techniques découlant de la coexistence d'objectifs monétaires et d'objectifs de taux de change au sein du SME, 22 octobre 1981.

(91) ドロールは欧州委員長に就任した当初から単一通貨の実現を自らの使命と考えていた。欧州委員会では「通貨」と「経済」の二つの分野を一括して副委員長の一人が担当するのが慣例になっていた。しかし、ドロールはこの慣例を破って両者を切り離し、「通貨」を委員長直轄の担当領域とした。その理由を彼はこう説明している。「通貨を自分用にとっておいた私の意図は、ＥＭＳの強化に関する自分の考えを発展させ、ＥＭＳを単一通貨の発射台にすることにあった」(J. Delors, *op. cit.*, p. 193.)。

(92) 資本移動の自由化はローマ条約に盛り込まれており、すでに一九七〇年代にはドイツがその実現に取り組むようもとめていた。しかし一九八〇年代半ばまでは、進展はほとんど見られなかった。最大の抵抗勢力はフランスであったが、この問題でフランスが態度を軟化させるのは一九八四年春以降のことである。ABF, 1489200205/132. Compte rendu du Comité monétaire, 15 juillet 1982; *id.*, 1489200205/204. Compte rendu du Comité monétaire, 26 mars 1984.

(93) 単一議定書の当該箇所については、遠藤乾編『原典　ヨーロッパ統合史——史料と解説』名古屋大学出版会、二〇〇八年、四九六頁、を参照。ただし、条文の翻訳は一部変更している。

(94) J. Delors, *op. cit.*, pp. 223-224.

(95) ABF. Banque de France, Compte rendu, exercice 1987, p. 4；田中、前掲編著、一二七頁。

(96) 本章、注（91）の引用文を参照。

(97) ABF, 1489200205/288. Ambassade de France. Conseiller financier. Conférence de presse du Président de la Bundesbank Karl Otto Pöhl, Francfort le 14 septembre 1987.

総　括

最後に、本論で明らかにできたと思われる主要な論点を、本書冒頭のはしがきに記した三つの課題とかかわらせて簡単に振り返っておくことにしよう。

〔1〕欧州諸国の通貨を統合することによって為替相場の変動を廃絶しようとする動きは、欧州経済共同体発足後の比較的早い時期からあった。その動機は国や機関によって異なっていた。しかし、通貨統合がすべての共同体諸国にとって現実の課題になるのは、調整可能な固定相場制としてのブレトンウッズ体制が崩壊の危機に瀕し、アメリカ合衆国が国際通貨制度の改革に向けて動き出した一九七〇年代初頭のことである。折しも欧州では、ローマ条約が目標に掲げていた共同市場が関税同盟として完成したばかりであった。国際通貨制度の改革いかんによっては、この共同市場が機能不全に陥る恐れが出てきた。共同市場を防衛しようとするなら、共同体として独自の固定相場制を採用することが必要になるし、最終的には単一通貨の導入も考えねばならない。通貨統合が「経済通貨同盟」の名称で課題に浮上したのはこうした事情によるものであった。

経済通貨同盟の創設と国際通貨制度の改革は相互に密接に関連していた。関連するこの二つの問題へのアプローチをめぐって欧州諸国、なかでもフランスとドイツのあいだで意見が大きく分かれた。共同体を支える二つの基軸国の確執は、欧州通貨統合史のほぼ全過程をつうじて何度となくくり返され、通貨統合史に特有のダイナミズムをかたちづくっているが、そうした確執は初発からあったのである。

国際通貨制度の改革は為替変動幅を一定程度拡大するだけにとどめ、あくまでも固定相場制を維持する、というのがフランスの主張であった。この主張は、アメリカがドルの安定に責任を負い、そのために財政赤字を縮小し、アメリカ系多国籍企業による海外直接投資を規制することを含意している。フランスはアメリカに政治的圧力をかけることによってそうした条件を整えられると考えていた。かりに固定相場制を維持できれば単一通貨の導入を急ぐ必要はない。その場合には、欧州諸国のあいだで変動幅の軽微な縮小を行い、かつ域内信用制度を拡充することによって、さしあたり共同市場は防衛できる。フランスのアプローチは政治重視の保守的なものであった。このアプローチを非現実的と見るドイツは、アメリカの望む変動相場制を受け入れるべきだと主張した。変動相場制に移行するなら、経済通貨同盟の建設を急がねばならず、欧州諸国の経済政策を収斂させることが急務になる。したがってドイツのアプローチは、世界においては現実主義を、欧州においては急進主義を、それぞれとろうとした点に特徴がある。

仏独対立の構図は一九七五年の秋に崩れ、通貨統合（単一通貨の導入）への流れが決定づけられた。アメリカがドルの安定に責任を負わず、「ビナイン・ネグレクト」をつづけたからである。フランスの努力は徒労に終わり、結局この国も変動相場制を容認せざるを得なくなった。

以上のような歴史の文脈で見れば、通貨統合を選択したのは欧州諸国であるものの、それを余儀なくさせたのはアメリカであった。つまり、欧州における通貨統合の流れを実質的に創り出した影の主役は超大国アメリカであった。一方、欧州通貨統合は、アメリカ主導で行われた世界レヴェルでの変動相場制への移行にたいする欧州という地域レヴェルにおけるアンチテーゼであったということになる。さらに、変動相場制が容認されたことによって多国籍企業の自由な展開に道が開かれ、経済のグローバル化の流れが定着することになったという論理連関に着目するなら、欧州諸国による通貨統合の選択はグローバル化にたいする地域レヴェルの対応形態と見ることもできる。

アメリカの巨大な姿は、スネイクの制度設計とその立ち上げの際にも、スネイクの後身であるＥＭＳの創設の際にも、さらにこれら二つの制度の現実の機能の場においても、常に見え隠れしていた。欧州における通貨統合は欧州の問題を欧州だけで解決するために生まれた自己完結的な運動ではなかった。それは、危機に瀕した戦後の国際決済の仕組みと、その仕組みのうえに聳える資本主義世界の将来を、どう構想し設計するかという問題と不可分の関係にあったのである。実際、ＥＭＳの制度を設計したジスカールデスタンとシュミットの構想では、共同体諸国の通貨から合成される通貨バスケットＥＣＵは、変動相場制のもとで混迷をつづける国際通貨制度にたいする安定要素、いわば一種の「アンカー」の役割を果たすことになっていた。

〔2〕通貨統合の成否は、アメリカの行動を脇に措くなら、最終的には欧州諸国の経済政策――少なくともその理念――を収斂させせられるか否かにかかっていた。

このような観点に立てば、一九七〇年代中葉までは、通貨統合の実現可能性はかぎりなくゼロに近かった。フランスをはじめとする欧州諸国の多くは戦後にほぼ一貫してケインズ主義的成長政策をとり、インフレ基調の、弱い通貨政策を進めてきた。これにたいしてドイツは物価と通貨の安定を国是のように見なし、新自由主義的安定政策を「社会的市場経済」の名のもとに遂行していたからである。このように異なる経済政策をとる諸国が通貨統合に向けて為替変動幅を狭めるなら、ドイツ（およびドイツと共同歩調をとるオランダ）以外の諸国は自国の経済政策をドイツに近づけねばならなくなる。その結果、これらの国の経済にはデフレ・バイアスがかかり、社会および政治に緊張が生じる。一方、ドイツも難しい状況に追い込まれる。世界最強の通貨マルクをもつ経済大国ドイツには、経済通貨同盟を金融面から支えることが期待されていたからである。ドイツが実際に他の諸国を金融支援するとなれば、間違いなくドイツの国内世論は強く反発する。一九七一年一月の仏独首脳会議の席で、一方のポンピドゥーが経済通貨同盟の第一段階以外に責任を負うことを拒否し、他方のブラントが第一段階をスタートさせる条件として、第一段階の進捗状況によっては経済通貨同盟から離脱する権利を留保する「慎重条項」を挿入したのは、まさにそのためであった。さらに、スネイクからイギリス、イタリア、フランスと、弱い通貨国が次々と離脱することを余儀なくされたのも、同じ事情によるものであった。

経済政策の収斂をめぐる問題状況を一変させたのは、一九七四〜七五年に欧州諸国を見舞った経済危機である。第一次石油危機とスミソニアン固定相場制の崩壊にともなって発生したこの経済危機のなかで、ドイツ以外の、弱い通貨政策を実施してきた欧州諸国は軒並みインフレ・スパイラルに見舞われた。欧州諸国はいずれも対外開放度の高い中規模の工業国であったが、このタイプの国の経済は強力な対外的要因（なかでも為替相場の変動とエネルギー価格の高騰）によって支配され、もはや自律的な国内政策運営ができなくなったのである。当時「対外的拘束」という用語で語られたこの現象は、一九九〇年代に入ってから、グローバル化が急速に進むなかで世界の大半の国や地域で確認されるようになるが、欧州諸国ではそれが一九七〇年代の半ばから顕在化していたのである。

強まる「対外的拘束」は弱い通貨国に新たに二つの政策の採用を迫った。一つは対外均衡を優先する強い通貨政策である。もう一つは固定相場による決済が可能な共同市場の建設、すなわち通貨統合を急ぐことである。というのは、共同体加盟諸国（九カ国）のそれぞれの貿易総額の約五〇％は域内貿易で占められていたから、通貨統合が進めばこの部分が固定相場で決済できるようになり、「対外的拘束」は大幅に緩和されるからである。財務大臣時代のジスカールデスタンが閣議で用いた表現を借用するなら、固定相場制をとる共同体は対外的拘束からの「解放装置」の役割を果たすことになるのである。

二つの政策の採用に、最初に、しかもドラスティックなかたちで踏み切ったのはフランスである。しかしフランス以外の諸国についても程度の差と時期のズレこそあれ事情は変わらなかった。というのも、本書で示した諸事実からも明らかなように、ドイツ以外の欧州諸国は、変動相場制が経済規模の小さい国にとって厳しい、非対称的な制度として機能していることを、日常的な政策実践のなかで確認していたからである。マネタリストの理論的主張では、変動相場制を採用するなら、いずれの国でも成長に好適な調整が自動的になされることになっていた。しかし、多くの欧州諸国はこうした楽観的な主張を受け入れていなかったのである。これらの諸国はマネタリズムのなかに超大国のイデオロギーを見ていたとも言えよう。

一九七九年三月に発足したＥＭＳには、実現はしなかったものの、欧州中央銀行の萌芽となるべき欧州通貨基金の創設が組み込まれていた。またＥＭＳは、通貨バスケットＥＣＵを制度の中心に据えている点でスネイクと性格を異にしていたが、スネイクと同様、最大変動幅を二・二五％とする為替機構を具えていた。したがって、この制度に参加する欧州諸国の通貨は新自由主義の国ドイツの国民通貨マルクに「コルセット」で固定されることになり、これらの国は自国の経済政策をドイツに合わせなければならなくなる。ＥＭＳに参加することは、いわば「欧州新自由主義同盟」に参加することを意味したのである。

イギリスとイタリアが例外的な扱いをうけていたとはいえ、右のような性格をもつＥＭＳに欧州の九カ国が再結集したことは、一九七〇年代に生じた国際市場環境の激変とその結果としての「対外的拘束」の増大を抜きにしては考えられない。ＥＭＳによって保障される「安定通貨圏」と、その基礎上に導入されることになっていた単一通貨は、対外開放度の高い中規模の工業国からなる欧州諸国の、いわば生き残り戦略の要に位置していたのである。欧州諸国はさまざまな困難に直面しながらも通貨統合への歩みをやめることがなかったが、その最大の理由はここにあったと言えよう。

〔３〕一九七四〜七五年の経済危機を契機に欧州諸国で進むようになった経済政策の転換と、欧州新自由主義同盟としてのＥＭＳの成否は、ひとえに欧州諸国の社会が、より具体的に言えば労働団体がそれらにたいしてどのよう\nな

態度に出るかにかかっていた。

一九七〇年一〇月のヴェルネル報告にたいするフランス大統領府の強い反発が示すように、一九七〇年代初頭のフランスの右派政権にとっては、単一通貨に向けた道に入ることはフランスやイタリアで「騒乱」が発生し、「共産主義者が権力の座に就く」ことを意味した。しかしフランスについて見るなら、バール・プランが登場してもEMSが創設されても、大統領ポンピドゥーがあれほど恐れた一九六八年の「五月危機」は再発しなかった。それには二つの事情が関係していた。一つは、フランスにおける新自由主義は「社会的市場経済」タイプであり、しかも「社会対話」が用意されていたことである。もう一つは、一九七四〜七五年の経済危機の際に実施されたケインズ主義的総需要政策が何の効果も現わさなかったことである。この衝撃的な経験が新自由主義にたいする社会の反発を弱いものにしたと考えられる。ただし、一九八一年五月、第二次石油危機のまっただなかで実施されたフランスの大統領選挙では、社会党のミッテランが勝利した。しかしこうして登場した左翼政権も、古典的な左翼の経済政策を長期にわたってつづけることはできなかった。左翼政権の初期における経済政策の揺り戻しも、中長期の歴史のなかでは一つのエピソードでしかなかった。欧州の左翼政党と労働組合運動の伝統的な政策は現実によって乗り越えられてしまったのである。

かくて、明らかに一九七四〜七五年以後、新自由主義を理念とする経済政策ならびに市場経済モデルが、ドイツ以外の欧州諸国の社会にも受容され始めた。それを示すもっともわかりやすい指標は、物価の安定と各種規制の緩和（最終的には国有企業の民営化）を最優先にかかげる政策がフランスにかぎらず他の諸国においても受け入れられるようになったという事実である。この点については、本論で一九七九年三月のフランス財務省経済予測局次長ヴァングレヴリングの覚書と同年六月の欧州委員会の覚書を紹介しているが、ここでさらにもう一点、史料を紹介しよう。それは一九八四年一一月から八七年一月までフランス銀行総裁を務めたミシェル・カムデシュが、ＩＭＦ専務理事に就任すべく総裁を辞任した際に、同行の理事会で行った挨拶である。

> 幸運にも私は、わが国の通貨の健全性——すなわち、安易な金利政策、行政的手法による信用配分、競争的切下げといった安易な便法の拒否、つまり長年にわたってフランスがとらわれてきた幻想のいっさいの拒否——が広範な国民的コンセンサスを得て復活した時期に、当行の総裁を務めることができました。……こう申しますのは、健全で国際的に評価される通貨という至上命題をめぐってわが国で国民的コンセンサスが成立したのは最近のことだからです。[1]（傍点は引用者）

この短い挨拶のなかでフランスの中央銀行総裁は二度までも「国民的コンセンサス」という言葉を使っている。欧州諸国はＥＭＳのもとで、一九八〇年代に、国ごとに若干の時期のズレはあるものの、各種規制の緩和、なかでも資本移動の自由化を進め、さらに国有企業の民営化にも着手する。矢継ぎ早に実施されたこの一連の政策は、カムデシュの言う新しい「国民的コンセンサス」を基礎にしていたということになる。別の言い方をすると、ＥＭＳの創設、次いでＥＭＳのもとで実施された新自由主義を理念とする構造改革は、多かれ少なかれコーポラティズム型の社会であったフランスをはじめとする欧州諸国（ドイツを除く）の経済社会が「市場社会」に改造される歴史過程そのものであったということになる。[2]

とはいえ、各国の経済政策およびファンダメンタルズの収斂が容易でなかったことは十分注意しておく必要がある。企業経営者や労働者の意識と行動にはそれぞれの国の伝統や文化状況の違いが反映するからである。かくて統合欧州内におけるドイツ（およびオランダ）に代表される強い通貨国（潜在的債権国）とその他の弱い通貨国（潜在的債務国）の違いは長期にわたって残らざるを得ず、両者のあいだの軋轢も容易に消滅しない。ヴェルネル報告では、経済通貨同盟の最終段階において通貨政策と経済政策のそれぞれに中央決定機関が創設されることになっていた。二つのうち通貨政策の中央決定機関は一九九八年に欧州中央銀行として実現したが、経済政策の中央決定機関は今日にいたるまで実現していない。これは経済政策の収斂がいかに困難な事業であるかを物語っている。実際、問題の軋轢は今日まで絶えることがなかった。この軋轢を克服する役回りを演じてきたのは常に政治であった。(3)

〔4〕通貨統合が国家主権を侵すという認識は、フランスに関するかぎり一九七〇年代をつうじて確認できる。ただし国家主権をめぐる問題が共同体の公式の場で議論されることはなかった。原則にかかわる、それゆえ解決が困難な問題は議題にしないというのが共同体の諸機関における不文律だったからである。

しかし、通貨統合と国家主権の関係をめぐる問題は急速にその性格を変えた。ポンピドゥーが国家主権を侵すとして強く反対した通貨統合（単一通貨の導入）は、ジスカールデスタンの大統領在任期の後半には決定的に重要な問題ではなくなっていた。それには理由として二つのことが考えられる。まず、スネイクのもとで経験した厳しい試練をつうじて、為替相場の変動の廃絶は容易なことではなく、長期を要することが確認されたからである。次に、通貨統合を進める過程で段階的に国家の手を離れることになる通貨政策は、経済政策のなかでも多分に技術的な領域に属する政策と見られるようになったからである。ドイツ、フランス、イギリスという欧州の大国では、一九七〇年代半ばに通貨目標値が公式に設定され、物価の安定が公準と見なされるようになった。このため、通貨政策における国家の裁量の余地は大幅に狭められていた。

欧州通貨基金の創設を準備する過程で、この共同体の中央機関を中期信用にも責任を負うＩＭＦ型とするのか、それとも短期信用にのみ責任を負う、国家から独立した中央銀行型とするのかで、一方のフランスと他方のドイツおよびオランダが争った。しかし、この対立はフランスが中央銀行型とすることを受け入れたことによってひとまず収束した。この事実は、フランスのように国家主権問題に敏感な国ですら、すでに通貨政策が国家にとって自由に操作できる経済政策とは見なされなくなっていたことの証と言える。通貨政策はイデオロギーや政治的党派の違いで変化するものではなくなった。つまり、国家主権を根本において規定するものではなくなったのである。

総じて一九七〇年代における欧州経済共同体の歴史的進化とその運営の実体は、一九世紀的な国民国家を前提とする「主権の制限」という問題の枠組みではとらえにくい。主権とのかかわりで問題になっていた経済政策とは、「対外的拘束」が増大し、欧州諸国の経済政策理念が急速に新自由主義に収斂しつつある歴史段階における国家の介入政策だったからである。資本主義の歴史はまさにこの時期に、経済政策の収斂が国家主権を制限する度合いが低下しつつある段階、すなわちジスカールデスタンの外交顧問ロバンの言う「主権の共同行使」がリアリティをもつような段階へと、急速に移行しつつあったのである。一九七〇年代の欧州では一九世紀に起源をもつパラダイムが急速にリアリティを失いつつあった。この時期以降の国家をめぐる現実は、経済に領域を限定するかぎり、国家主権概念が変質しつつある過程、ないしは新しいタイプの国家が誕生しつつある過程としてとらえた方がよさそうである。

とはいえ国家については、一見矛盾するように見えるが、それが常に共同体の内部に実在していたことにも注意しておく必要がある。通貨統合をめぐる議論に節目ごとに方向性をあたえたのは二国間であれ、多国間であれ首脳会議であった。通貨委員会も中央銀行総裁委員会も専門委員会であり、それらの任務は、欧州閣僚理事会と欧州委員会のもとめに応じて問題を専門技術的側面から検討することにあった。しかし両委員会、なかでも通貨委員会における検討作業には各国の政治が深い影を落とし、そのために作業はしばしば暗礁に乗り上げた。作業を暗礁から離礁させたのは常に政治、つまり政治的妥協であった。

かくて統合欧州の現実は「自律的な官僚による支配」なる概念で説明できる世界からはほど遠い。通貨統合を中心とする欧州経済統合の歴史は、主権国家の存続と共同市場の創設というローマ条約に内在する二元性から生じる諸問題を、政治が現実のなかで不断に克服する過程であったと言える。初代欧州委員会委員長ハルシュタインも欧州委員会も、経済統合を「政治的事業」と呼んでいたが、これはまさに経済統合の本質を衝いた表現と言わねばならない。同じことを別の観点から言えば、経済統合、なかでもその中核をなす通貨統合は政治経済学の領域に属する事象であり、市場経済の論理だけでは説明できないということである。

以上に記した〔1〕から〔4〕までは、欧州通貨統合という事業が、資本主義世界の「大転換」、すなわち市場機構が国際領域と国内領域を歴史上かつてない広がりと深さでとらえる歴史過程の、きわめて重要な構成要素であったことを物語っている。

〔5〕歴史研究は一般に記述史料に依拠する。しかし、どの時代のどの主題を扱おうと、歴史には記述史料でカヴァーできない部分が必ず残る。当事者たちにとって自明なこと、とくに一般に高度に政治的な性格をもつ事柄は文書に残されないのが普通である。この欠落部分を埋めることはきわめて困難であるが、無視することは危険である。本研究を進める過程で筆者が確認したものの十分に展開できなかった事柄のなかから、本論の理解を深めるうえで重要と思われるものをいくつか指摘しておきたい。

一つは通貨問題に占める共通農業政策の重要性である。通貨委員会でも中央銀行総裁委員会でも農業問題が正面からとりあげられることはなかった。農業に関する事項は高度に政治的性格の問題であると見なされ、農業大臣たちからなる閣僚理事会で決められていたからである。しかし、フランスのように国民経済に占める農業部門の比重が大きい国では、その利害が通貨問題への対応に決定的な重みをもっていたことは、本論で部分的に紹介した情報からも明らかである。一般的に言って、スネイクでもＥＭＳでも、為替の最大変動幅（欧州変動幅）が二・二五％とされたのが共通農業政策を守るためであったという一事が、農業のもつ重みを端的に物語っている。

第二は外交・安全保障問題である。これはとりわけドイツにとって決定的な意味をもっていたと考えられる。本論では断片的にしか触れていないが、分断国家ドイツの対米、対ドル政策に、アメリカとの協調を優先せざるを得ないドイツの立場が滲み出ていたことを、ここで再確認しておきたい。年に二回、それぞれ二日をかけて行われていた仏独首脳会議の中心に据えられていた議題は常に外交・安全保障であり、通貨問題はこの議題と相前後して議論されていたことにも注意しておこう。

第三は、一九七〇年代が、戦後のベビーブーム世代が青年期を迎え、かつ高等教育の大衆化が急速に進んだ時期にあたることである。本論ではエピソード風にしか紹介できなかったが、フランスの労働市場に生じた「ミスマッチの失業」という現象には、まさしくこのことが関係していたと考えられる。また新自由主義の普及にもこうした時代状況が関係していた可能性が高い。というのは、フランス新自由主義の理論家ジャック・リュエフは一九五六年七月、自らが主宰した政府委員会の報告書――いわゆる「リュエフ－アルマン報告」[4]――のなかで、教育の重要性を次のように訴えていたからである。教育をつうじて市場経済についての国民の理解が深まるなら、彼らの行動は市場適合的になり、フランスはダイナミックな経済社会――リュエフの言葉を借りれば「プロメテウス的社会」(société prométhéenne)――に生まれ変わることができる。彼の議論にしたがうなら、高等教育の普及は、折から「大転換」をとげつつある自国の経済社会にたいするベビーブーム世代の理解の程度を、それ以前の世代に比べて格段に高いものにしていたことになる。

注

（1） ABF. Archives des Gouverneurs. Michel Camdessus. Extrait des comptes rendus de délibérations du Conseil général, 15 janvier 1987. 一九九五年に公刊されたフランス銀行の公式出版物には、同じ内容のことがより直截に記されている。

経済政策は失業とインフレのいずれか一方を選ぶことができるという、第二次石油危機まで一般に流布していた確固たる信念には根拠のないことが明らかとなった。インフレは経済発展を助勢するどころか、害をとりわけ投資と雇用に及ぼすように見える。もっともうまく長期の成長を達成したのは、インフレがもっともよく制御された諸国である。こうして次第に次のような認識が支配的になった。通貨の安定は長期の成長の要因である。資本市場の自由化と、経済人たちによる予測の重みの増大によって深く変化をとげた環境のもとでは、通貨政策は経済に必要な流動性を供給するという伝統的な役割を離れて、これ〔通貨の安定〕のみを目標にしなければならない……（*La Banque de France et la monnaie*, 5ème éd., Paris, chez la Banque de France, 1995, p. 74.）。

（2）コーポラティズム型の社会では、職業団体内や職業団体間における調整、それに国家による税制上の特権や補助金の付与によって国内市場は狭く仕切られた諸市場に分断されていた。言い換えれば、国内市場はそうした狭く仕切られた諸市場の集合体、すなわち「分節型市場」という姿をとっていた。したがって新自由主義を理念とする構造改革は、市場の側面から見ると、国内市場が分節型市場から一物一価の法則が貫徹する単一市場へと改造される歴史過程であった。この点についての詳細は、権上「一九七〇年代フランスの大転換（前掲論文）」を参照。

（3）ただしこのことは、通貨統合が新自由主義の理念によって支えられていたという筆者の理解と矛盾するものではない。本論で紹介したレイモン・バールによる（新）自由主義の定義づけにもうかがえるように、大陸欧州における新自由主義とは、日本で一般に理解されているような国家の役割の後退を単純に称揚する学説ではなく、国家には市場経済にたいして果たすべき重要な役割があることを説く学説であるからである。

（4）Rapport sur les obstacles à l'expansion économique（présenté par le Comité institué par le décret n°59-1284 du 13 novembre 1959）. Réédité dans Jaques Rueff, *Combats pour l'ordre financier*, Paris, 1972, pp. 319-448.

初出一覧

本書は以下の諸論文がもとになっている。ただし、いずれについても大幅な加筆、補正等が施されている。

序　章　「ローマ条約の二元性とマクロ経済政策の協調（一九五八〜六五年）——欧州通貨統合の前史」『横浜商大論集』第42巻第1号、二〇〇八年九月。
第1章　「ヨーロッパ通貨協力制度『スネイク』の誕生（一九六八〜七三年）——戦後国際通貨体制の危機とフランスの選択」『エコノミア』第56巻第1号、二〇〇五年五月。
第2章　「ヨーロッパ通貨協力制度『スネイク』の誕生（一九六八〜七三年）——戦後国際通貨体制の危機とフランスの選択」『エコノミア』第56巻第1号、二〇〇五年五月、「ウェルナー委員会とフランスの通貨戦略（一九六八〜七〇年）——フランスは『マネタリスト派』であったか」関東学院大学『経済系』第227集、二〇〇六年四月。
第3章　「ヨーロッパ通貨協力制度『スネイク』の誕生（一九六八〜七三年）——戦後国際通貨体制の危機とフランスの選択」『エコノミア』第56巻第1号、二〇〇五年五月。
第4章　「スミソニアン体制崩壊後の欧州通貨協力（一九七三〜七六年）——『スネイク』改革問題とフランス」『横浜商大論集』第41巻第2号、二〇〇八年二月。
第5章　「ケインズ主義から新自由主義へ——一九七〇年代の経済危機とフランスの転進」『横浜商大論集』第43巻第1号、二〇〇九年九月。
第6章　「ユーロ・ペシミズム下の仏独連携（一九七四〜七八年）——ＥＭＳ成立の歴史的前提」『横浜商大論集』第43巻第2号、二〇一〇年三月。
第7章　「欧州通貨協力制度『ＥＭＳ』の成立（一九七八年）——政治と経済のはざまで」『横浜商大論集』第44巻第1号、二〇一〇年一一月。

第8章　「未完に終わった単一通貨への道（一九七九～八一年）――ＥＭＳの第二段階と欧州通貨基金」『横浜商大論集』第45巻第2号、二〇一二年三月。

第9章　「ＥＭＳの発足と共通ドル政策（一九七九～八一年）――変動相場制下の大国と小国、それぞれの利害と論理」『横浜商大論集』第45巻第1号、二〇一一年九月。

なお、本書の主題と関係の深い拙論に以下の五点があることを付記しておく。

1. 「フランスにおける新自由主義と信用改革（一九六一～七三年）――『大貨幣市場』創出への道」『エコノミア』第54巻第2号、二〇〇三年一一月。
2. 編著『新自由主義と戦後資本主義――欧米における歴史的経験』日本経済評論社、二〇〇六年。
3. «Qui a gouverné la Banque de France (1870-1980)?» in Olivier Feiertag et Isabelle Lespinet-Moret, *L'économie faite homme. Hommage à Alain Plessis*, Genève, 2010.
4. 「欧州通貨統合史の神話と実相――スネイクからＥＭＳへ」成城大学『経済研究所年報』第25号、二〇一二年四月。
5. 「一九七〇年代フランスの大転換――コーポラティズム型社会から市場社会へ」『日仏歴史学会会報』第27号、二〇一二年六月。

史料（アーカイヴズ）

I．国立公文書館（Archives nationales）

この歴史文書館にはジョルジュ・ポンピドゥーとヴァレリー・ジスカールデスタンの二代の大統領府文書が寄託されている。この二つの文書コレクションは、大統領による意思決定の基礎になった高度の機密情報が数多く含まれているだけでなく、通貨統合問題が、経済、社会、政治、外交などの諸領域における課題と絡み合いながら展開していた事実を教えてくれる。そうした意味で、本研究にとってきわめて有益であった。

1．ポンピドゥー大統領府文書

この文書コレクションは主題も年次も異なる文書がまとめて一つの文書箱に納められている。このため、主題別に文書箱の整理番号を示すことはできない。ここでは、本研究で利用した文書群の主題と文書箱の整理番号のみを掲げるにとどめざるを得ない。

主題：欧州首脳会議（ハーグ、パリ、コペンハーゲン）、仏独首脳会議、仏米首脳会議（アゾレス会議を含む）、G10財務大臣会議、ヴェルネル報告、欧州経済通貨同盟、ＩＭＦ改革、イギリスの経済共同体加盟、農業共通政策。

文書箱：5AG2: 69, 75, 89, 93, 104, 105, 106, 1022, 1023, 1036, 1042, 1043. 543AP: 32.

2. ジスカールデスタン大統領府文書

第七次プラン／第八次プラン関連文書

5AG3: 2619, 2620, 2622, 2623, 2628, 2630, 2632, 2691, 2816. フランスのこの二つの五カ年計画に関連する文書箱はかなりの数にのぼる。しかし、フランスにおける経済政策理念の転換過程を知るうえで有益だったのは、この九点にとどまる。

フルカード・プラン／バール・プラン（いずれもフランスの国内政策）関連文書

5AG3: 813, 2641, 2644, 2645, 2649, 2650, 2651, 2652. これらの文書には、一九七四〜七五年の経済危機と一九七〇年代後半のフランスにおける現実の経済政策の転換過程が鮮かに映し出されている。

経済通貨同盟（とくにスネイク）関連文書

5AG3: 921, 923, 937, 2697. 経済通貨同盟関連文書のみを納めた文書箱はこの四つにとどまるが、次に記すＥＭＳ関連文書の文書箱にも関連する文書が数多く納められている。

ＥＭＳ関連文書

5AG3: 913, 920, 921, 2670, 2698, 2699, 3226. この七つの文書箱に納められた文書は、ＥＭＳの立上げに関係する機密性の高い文書で占められている。扱われている主題は以下のとおりである。ＥＭＳ構想が登場する背景、欧州の不況と景気浮揚政策、仏独首脳の秘密協議、アーヘン仏独秘密合意、欧州首脳理事会ブレーメン会議からブリュッセル会議にいたるまでの欧州諸国間協議、欧州諸国内におけるＥＭＳの評価。

ＩＭＳ改革関連文書

5AG3: 2700, 2701. ここには、ＩＭＦのＣ20の会議から、仏米秘密通貨交渉を挟んで、ＩＭＦ暫定委員会ジャマイカ会議にいたるまでの、ＩＭＦ改革に関する文書が集められている。

首脳会議関連文書

5AG3: 1802, 3220, 3221, 3222, 3224, 3226, 3233, 3334. 欧州首脳会議、仏独首脳会議、仏米首脳会議の記録および準備に関する文書からなっている。

その他（農業共通政策、イギリスの再交渉要求、アメリカにおける経済学の新潮流）

AN, 5AG3: 921, 922, 1802, 2640.

Ⅱ.　経済財政文書館（Centre des Archives économiques et financières）

この歴史文書館では、筆者はフランス財務省国庫局の文書を閲覧した。国庫局は経済・金融・通貨行政を一手に管掌する部局で、一九六六年に同省国際金融局が国庫局に統合されて以後は、国際通貨ならびに欧州通貨問題にたいする政府側の責任部局となった。それぞれの文書箱には年代も主題も多様な文書がまとまって収納されており、区分が難しい。以下に示す区分はあくまでも便宜的なものである。

第六次プラン、第七次プラン関連文書

B: 50525, 64916; Z: 14292.「通貨・物価・成長」作業委員会関連の文書からなり、マネタリズムの評価、ケインズ主義の払拭などの課題がとりあげられている。

経済通貨同盟関連文書

B: 12543, 12544, 50478, 50479, 50480, 50484, 54757, 62129. Z: 3661. バール・プラン（第一次、第二次）、各国の経済通貨同盟プラン、ヴェルナー委員会、アンショー報告、域内信用制度等に関連する文書類からなっている。なかでも貴重なのは、部分的であるとはいえ、ヴェルネル委員会の会議記録である。

国際通貨危機と欧州の対応関連文書

B: 12536, 12543, 12547, 50480, 50481, 50482, 50483. この文書で扱われている主題は以下のとおりである。ドル危機、マルクおよびギルダーのフロート、二重為替市場。欧州首脳会議、欧州閣僚理事会、閣僚および実務者による二国間の協議、専門委員会における欧州諸国間調整。G10財務大臣会議と欧州閣僚理事会の合同会議。

為替変動幅の拡大およびＩＭＦ改革関連文書

B: 12535, 12536, 12543, 12544, 12547, 17687, 50480, 50484, 54748, 62104, 62105. これら一一の文書箱に納められた文書群は、国際通貨制度の将来をめぐって、ＩＭＦおよび欧州経済共同体の諸機関を舞台にくり広げられた欧州諸国間の対立と妥協の歴史過程を伝える文書で占められている。

共通農業政策関連文書

B: 12536, 12543, 50492. 共通農業政策に関する文書箱はこれら以外にもあるが、筆者は、(欧州)計算単位、スミソニアン協定後の共通農業政策、通貨調整金制度とその濫用に関するものだけを抽出して閲覧した。

Ⅲ. フランス銀行歴史文書室 (Service des Archives de la Banque de France)

欧州通貨統合に関する歴史文書の大半はこの文書に所蔵されている。フランス銀行は通貨委員会には副総裁を、また中央銀行総裁委員会には総裁を、それぞれ委員として送っていた。さらに同行の外事局は、この共同体の二つの専門委員会のもとに設置された小委員会(作業委員会)に職員を専門委員として送っていた。このため、外事局は二つの専門委員会にたいするフランス側の事務局の役割を果たすことになった。こうして同局に膨大な通貨統合関係文書が集積されることになったのである。

1.　総務局文書

一般評議会（理事会）議事録と共和国大統領への年次報告書は、いうまでもなくフランス銀行の通貨政策の展開を知るための基礎史料である。しかし欧州通貨統合問題に関連する情報はあまり含まれていない。

「総裁文書」（archives des Gouverneurs）と呼ばれる文書コレクションには、一般に補足が困難な歴代の総裁たちの講演類（原稿およびその活字版）が含まれている。それらは、通貨政策および国際通貨問題に関するフランス銀行の公式の考え方を伝える文書として貴重である。筆者はベルナール・クラピエとルノー・ドゥ・ラ・ジュニエールの二人の総裁の文書を閲覧した。

2.　外事局文書ほか

通貨委員会文書

[1035200250]:10. [1397199801]: 41. [1397199802]: 1–18. [1397200602]: 46. [1489200205]: 122–206. 質と量の両面において、欧州通貨統合史研究の基礎史料となるのは、この八四の文書箱に納められた膨大な文書群である。一九五八年から一九八五年までの時期をカヴァーするこの文書群には、共同体内で討議に付された欧州通貨問題および国際通貨問題に関係するすべての文書が含まれている。たとえば、通貨委員会の会議記録、同委員会に提出された作業委員会および欧州委員会の覚書類、欧州閣僚理事会に提出された報告書、フランス銀行内で作成された検討資料など。

なかでも本研究にとって有益だったのは会議記録である。それは財務省国庫局長名（ときには国庫局長とフランス銀行副総裁の連名）で財務大臣に宛てて作成されており、フランス側の公式の会議記録である。各国代表の発言内容の記録と、政治や戦略・戦術面からのその分析・評価がなされているだけでなく、ときには各国代表の非公式な場での発言も記録されている。フランスにバイアスのかかった会議記録であるが、それだけに歴史研究にとっては貴重である。筆者はすべての文書に細部にわたって目を通した。

ちなみに、欧州委員会事務局が作成した公式の議事録は議事次第だけを記したもので、利用価値は低い。財務省にも通貨委員会関係の文書があるが、会議記録（フランス銀行内のものと同一）以外にとくに見るべきものはない。

中央銀行総裁委員会文書

[1397199801]: 47. [1489200205]: 47–78, 107–110. この三一の文書箱に納められた文書は、一九六四年の中央銀行総裁委員会が発足から一九八五年までの時期をカヴァーしている。その大半は共同体諸国の経済動向分析に関する統計資料で占められており、本研究で利用したのは中央銀行総裁委員会の議事録と小委員会の報告書類である。議事録はバーゼルの中央銀行総裁委員会事務局が作成した公式のものであるが、総裁たちの発言記録のかたちをとっており、彼らの生々しいやりとりが記録されている。ただし、中央銀行総裁たちの集まりであることから、通貨委員会に比べて通貨技術的な側面にバイアスがかかっている。

「通貨政策手段の調和」小委員会（バスチアーンス小委員会）文書

[1489200205]: 235, 236, 237, 238, 239. バスチアーンス小委員会は通貨委員会と中央銀行総裁委員会の共同の小委員会である本文書は、この小委員会の、親委員会にたいする報告書類からなっている。報告書では通貨政策の手段の調和と政策協調の実態とその評価が行われている。

経済通貨同盟（スネイク）／ＥＭＳ関連文書

[1489200205]: 255–258, 259–262, 272–277, 280–282, 287–289. この一九の文書箱に納められた文書では、スネイクの創設、バーゼル協定とその改定、域内信用制度、アンショー委員会、ＥＭＳの創設、各国におけるＥＭＳの評価など、

欧州為替機構の制度と機能のいっさいが扱われている。

ＦＥＣＯＭ（およびＢＩＳ）関連文書

[1489200255]: 245-248, 347-348, 356, 658. ＦＥＣＯＭ理事会の議事録、同理事会の活動報告、ＦＥＣＯＭの代理機関であるＢＩＳのＦＥＣＯＭ理事会への報告からなっている。

農業共通政策関連文書

[1489200205]: 216-221. 本研究では主に通貨調整金制度に関する文書を利用した。

ＯＥＣＤ（Ｇ10）／ＩＭＦ関連文書

[1489200205]: 38-40. 理事会および代理人会議の議事録からなり、理事および代理人たちの発言を確認することができる。

マネタリズム、通貨目標値関連文書

筆者は、研究総局の未整理の文書、約二〇〇〇頁分を閲覧したが、フランス銀行のエコノミストたちのマネタリズム研究への取組み、ならびにマネタリズムの評価を知るうえで有益であった。

Ⅳ．音声史料およびインタヴュー等

1．経済財政史委員会（Comité pour l'histoire économique et financière）

この委員会は一九九〇年に、財務大臣ピエール・ヴェレゴボワの肝いりで財務省の一機関として創設された。若手研究者を研究員として雇用し、研究集会の開催、学術研究書の出版を活発に行う一方、経済・財務・通貨当局の高級官僚を対象に音声史料の作成や個人文書の収集も行っている。

音声史料（カセット・テープ）

筆者がチェックした音声史料のうち、本研究で利用したのは以下の四人分である。

クロード・ピエールブロソレット、財務監察官、国庫局長。

ベルナール・クラピエ、財務監察官、フランス銀行総裁。

マルセル・テロン、フランス銀行次席副総裁。

ピエール・ストロール、フランス銀行総務局長。

個人文書

モーリス・ペルーズ（財務監察官、国庫局長）文書、ルネ・ラール（財務監察官、国庫局長、ＩＭＦ専務理事）文書。ただし、未だ荷解きがされておらず、段ボール箱に詰められ状態にあったために、筆者が利用できた文書は全体のごく一部にとどまる。

2. インタヴュー

ジャン＝マルセル・ジャンネー、パリ大学法学部経済学担当教授、経済大臣。二〇〇六年一一月二五日、パリの自宅。一時間三〇分。

ミシェル・アルベール、財務監察官、欧州委員会経済金融総局経済構造・開発局長、フランス計画庁長官。二〇一〇年九月一三日、フランス・アカデミー内、執務室ほか。二時間三〇分。

ジャック・ドゥ・ラロジエール、財務監察官、国庫局長、ＩＭＦ専務理事、フランス銀行総裁。ＢＮＰ－パリバ銀行本店、執務室。一時間三〇分。

主要文献

1. 公的刊行物

Banque de France, *Statistiques monétaires. Séries rétrospectives. Années 1969 à 1984,* chez la Banque de France, s. d.

Bulletin des Communautés européennes.

Comité monétaire de la Communauté européenne, *La politique monétaire dans les pays de la Communauté économique européenne,* Luxembourg, 1972.

Commissariat général du Plan, *Cinquante ans de planification à la française,* Paris, s. d.

Commissariat général du Plan, *Rapport du Comité du Financement. Préparation du 7e Plan,* Paris, 1976.

Commissariat général du Plan, *Rapport du Comité du Financement. Préparation du 8e Plan, 1981-1985*, Paris, 1980.

Commissariat général du Plan, *7ème plan de développement économique et social, 1976-1980,* Paris, 1976.

Commissariat général du Plan, *8ème plan de développement économique et social, 1981-1985,* Paris, s. d.

Journal officiel des Communautés européennes.

Mouvement 〔*Le*〕 *économique en France, 1949-1979. Séries longues macroéconomiques,* INSEE, mai 1981.

Premier Ministre et Ministère de l'Economie et des Finances, *Rapport sur le marché monétaire et les conditions du crédit demandé, par décision en date du décembre 1968 à MM. Robert Marjolin, Jean Sadrin et Olivier Wormser,* Paris, 1969.

Rapport général sur l'activité des Communautés européennes.

2. 定期刊行物

Année (*L'*) *politique, économique, sociale et diplomatique.*

Banque.

Economie et statistique, INSEE.

Economist (*The*).
Etudes et conjoncture, INSEE.
Expansion (*L'*).
Financial Times (*The*).
Rapport sur les comptes de la nation, INSEE.
Relations internationales.
Revue d'économie financière.
Revue du Marché commun.
大蔵省大臣官房調査企画課『調査月報』。
東京銀行『東京銀行月報』。
日本銀行調査局『調査月報』。

3. 通貨統合を中心とする欧州経済統合史

Association Georges Pompidou, *Georges Pompidou et l'Europe. Colloque, 25 et 26 novembre 1996*, Paris, 1995.
Association Georges Pompidou, *Georges Pompidou face à la mutation économique de l'Occident, 1969–1975.* Actes du colloque des 15 et 16 novembre 2001, Paris, 2003.
Badel (Laurence) et Michel (Hélène), *Patronat et intégration européenne. Pour un dialogue disciplinaire raisonné*, Paris, 2011.
Balleix-Banerjee (Corinne), *La France et la banque centrale européenne*, Paris, 1999.
Baudin (Pierre), *L'Europe face à ses marchés agricoles. De la naissance de la politique agricole commune à sa réforme*, Paris, 1993.
Beaupré (Nicolas) et Moine (Caroline) [dir.], *L'Europe de Versailles à Maastricht. Visions, moments et acteurs des projets européens*, Paris, 2007.
Berstein (Serge) et Sirinelli (Jean-François) [dir.] et avec la participation de Giscard d'Estaing (Valéry), *Les années Giscard. Valéry Giscard d'Estaing et l'Europe, 1974–1981*, Paris, 2006.

Bois (Pierre du), *Histoire de l'Europe monétaire, 1945-2005. Euro qui comme Ulysse...*, Paris, 2008.

Bussière (Eric), «La Banque de France et les débats monétaires à l'époque de la première union économique et monétaire: la difficile émergence d'une identité monétaire européenne (1968-1973)», in Feiertag (Olivier) et Margairaz (Michel) [dir.], *Politiques et pratiques des banques d'émission en Europe (XVIIe-XXe siècle). Le bicentenaire de la Banque de France dans la perspective de l'identité monétaire européenne*, Paris, 2003.

Bussière (Eric), Dumoulin (Michel) et Schirmann (Sylvain), *Milieux économiques et intégration européenne au XXe siècle. La crise des années 1970. De la conférence de La Haye à la veille de la relance des années* 1980, Bruxelles, 2006.

Conseil national du Patronat français, *Dix ans de marché commun*, s. d.

Dessart (Michel), *Pour une politique monétaire commune dans la C. E. E.*, Bruxelles/Louvain, 1971.

Devaux (Sadrine), Leboutte (René) et Poirier (Philippe) [dir.], *Le Traité de Rome: Histoires pluridisciplinaires. L'apport du Traité de Rome instituant la Communauté économique européenne*, Bruxelles, 2009.

Dévoluy (Michel) [dir.], *Les politiques économiques européennes. Enjeux et défis*, Paris, 2004.

Didry (Claude) et Mias (Arnaud), *Le moment Delors. Les syndicats au cœur de l'Europe sociale*, Bruxelles, 2005.

Duchenne (Geneviève), Dumoulin (Michel) et Dujardin (Vincent) [dir.], *Rey, Senoy, Spaak, fondateurs belges de l'Europe*, Bruxelles, 2007.

Dumoulin (Michel), Duchenne (Geneviève) et Van Laer (Arthe) [dir.], *La Belgique, les petits Etats et la construction européenne*, Bruxelles, 2004.

Franklin (Michael) [ed.], *Joining the CAP. The Agricultural Negociation for British Accession to the European Economic Community, 1961-1973*, Bern, 2010.

Gillingham (John), *European Integration, 1950-2000. Superstate or New Market Economy?*, Cambridge/New York, 2003.

Hörber (Thomas), *The Foundations of Europe. European Integration Ideas in France, Germany and Britain in the 1950s*, Wiesbaden, 2006.

Howarth (David J.), *The French Road to European Monetary Union*, New York, 2001.

Institut de Charles de Gaulle, *De Gaulle en son siècle, t.V: L'Europe*, Paris, 1992.

James（Harold）, *Making the European Monetary Union*, Cambridge/Massachusetts, 2012.

Jurgensen（Philippe）, *Ecu, naissance d'une monnaie*, Paris, 1991.

Lundestad（Geir）, *"Empire" by integration. The United States and European Integration, 1945-1997*, Oxford, 1998.（ゲア・ルンデスタッド／河田潤一訳『ヨーロッパの統合とアメリカの戦略――統合による『帝国』への道』ＮＴＴ出版、二〇〇五年）。

Maes（Ivo）, *Economic Thought and the Making of European Monetary Union*, Cheltenham, 2002.

Maes（Ivo）, *On the Origins of the Franco-German EMU Controversies*, National Bank of Belgium Working Papers-Research Series No. 34-July 2002.

Marjolin（Robert）«La coopération monétaire et financière au sein de la Communauté économique européenne», in *Bulletin CEE*, n°11, novembre 1963.

Mayne（Richard）, *The Community of Europe*, London, 1962.（Ｒ・メイン著／現代研究会訳『ヨーロッパ共同体――その歴史と思想』ダイヤモンド社、一九六三年）。

Mourlane（Stéphane）, «La France, l'Italie et la construction européenne: le temps des malentendu（1958-1965）», in *Relations internationales*, n°118, été 2004.

Noël（Gilbert）, *Du pool vert à la politique agricole commune. Les tentatives de la Communauté agricole européenne entre 1945 et 1955*, Paris, 1988.

Ortoli（François-Xavier）, «Intérêts nationaux et nécessité communautaire», in *Traité de Rome. 25ᵉ Anniversaire, 1957-1982*, Direction des Journaux officiels, mars 1982.

Parr（Helen）, *Britain's Policy towards the European Community. Harold Wilson and Britain's World Role, 1964-1967*, London/New York, 2006.

Rôle（Le）des ministères des Finances et de l'Economie dans la construction européenne（1957-1978）, 2 vols., Paris, 2002.

Stevens（Anne）& Stevens（Handley）, *Brussels Bureaucrats? The Administration of the European Union*, New York, 2001.

Varsori（Antonio）[éd.], *Inside the European Community. Actors and policies in the European integration, 1957-1972*, Barden-

Barden/Bruxelles, 2006.

Warlouzet (Laurent), *Le choix de la CEE par la France. L' Europe économique et débat de Mendès France à de Gaulle*（*1955-1969*）, Paris, 2011.

Werner（Pierre）, *L'Europe en route vers l'Union monétaire*, s. l., s. d.（février 1970?）.

Werner（Pierre）, *L'Europe monétaire reconsidérée*, Lausanne, 1977.

Ypersele（Jacques van）et Koeune（Jean-Claude）, *Le système monétaire européen. Origines, fonctionnement et perspectives*, seconde éd., Bruxelles, 1985.（ジャック・ヴァン・イペルゼル、ジョーン‐クロード・クーヌ共著／東京銀行ブラッセル支店訳『ＥＭＳ（欧州通貨制度）――その歴史と展望』東銀リサーチインターナショナル、一九八六年）。

遠藤乾編『〔原典〕ヨーロッパ統合史――史料と解説』名古屋大学出版会、二〇〇八年。

川嶋周一『独仏関係と戦後ヨーロッパ国際秩序――ドゴール外交とヨーロッパの構築』創文社、二〇〇七年。

小島健『欧州建設とベルギー』日本経済評論社、二〇〇七年。

小林正英「欧州統合過程におけるベネルクス三国の外交――フーシェ・プラン交渉を中心にして」『法学政治学論究』第27号、一九九五年一二月。

権上康男「欧州通貨統合史の神話と実相――スネイクからＥＭＳへ」成城大学『経済研究所年報』第25号、二〇一二年四月。

佐藤幸男監修／高橋和・臼井陽一郎・浪岡新太郎『拡大ＥＵ辞典』小学館、二〇〇六年。

田中素香編著『ＥＭＳ：欧州通貨制度――欧州通貨統合の焦点』有斐閣、一九九六年。

日本国際政治学会編「冷戦の終焉とヨーロッパ」『国際政治　157』二〇〇九年九月。

日本政治学会編「ＥＣ統合とヨーロッパ政治」『年報　政治学』一九九三年。

能勢和宏「ＦＴＡと欧州統合（一九五六～五九）――フランスの対応を手がかりにして」『史林』第95巻第3号、二〇一二年五月。

廣田愛理「戦後フランスの農業政策とヨーロッパ統合（一九四五～五七年）」廣田功編『現代ヨーロッパの社会経済政策――その形成と展開』日本経済評論社、二〇〇六年。

フランク（ロベール）／廣田功訳『欧州統合史のダイナミズム――フランスとパートナー国』日本経済評論社、二〇〇三年。

吉田徹編『ヨーロッパ統合とフランス――偉大さを求めた一世紀』法律文化社、二〇一二年。

4. 中央銀行、国際通貨制度

Aglietta (Michel) [coordination], *Cinquante ans après Bretton Woods*, Paris, 1995.

Andriews (David M.) [ed.], *Orderly Change, International Monetary Relations since Bretton Woods*, New York, 2008.

Borio (Claudio), Toniolo (Gianni) & Clement (Piet), *Past and Future of Central Bank Cooperation*, New York, 2008.

Bruneel (Didier), *La monnaie*, Paris, 1992.

Capie (Forest), *The Bank of England, 1950s to 1979*, New York, 2010.

Coombs (Charles), *The Arena of International Finance*, New York, 1976.(チャールズ・クームズ著/荒木信義訳『国際通貨外交の内幕』日本経済新聞社、一九七七年)。

Deutsche Bundesbank [Die]: Geldpolitische Aufgaben und Instrumente, Sonderdrucke der Deutschen Bundesbank Nr. 7, 5. Auflage, 1989.2.(ドイツ連邦銀行編/葛見雅之・石川紀訳『ドイツ連邦銀行――金融政策上の課題と政策手段』学陽書房、一九九二年)。

Deutsche Bundesbank [ed.], *Währung und Wirtschaft in Deutschland 1876–1975*, Frankfurt am Main, 1976.(ドイツ・ブンデスバンク編/日本銀行金融史研究会訳/呉文二、由良玄太郎監訳『ドイツの通貨と経済――一八七六~一九七五年 上下』東洋経済新報社、一九八四年)。

Deutsche Bundesbank [ed.], *Fifty Years of the Deutsche Mark. Central Bank and the Currency in Germany since 1948*, Oxford/New York, 1999.

Feiertag (Olivier), «L'évolution du système monétaire international dans les années 1960: les positions des économistes Robert Triffin et Jacques Rueff», in *Relations internationales*, n°100, hiver 1999.

Eichengreen (B.), *Globalizing Capital. A History of the International Monetary System*, Princeton, 1996.

Feiertag (Olivier) et Margairaz (Michel) [dir.], *Gouverner une banque centrale. Du XVIIe siècle à nos jours*, Paris, 2010.

France [La] et les institutions de Bretton Woods, 1944–1994. Colloque tenu à Bercy les 30 juin et 1er juillet 1994, Paris, 1998.

Gonjo (Yasuo), «Qui a gouverné la Banque de France (1870–1980?)», in Feiertag (Olivier) et Lespinet-Moret (Isabelle) [dir.],

L'Économie faite homme. Hommage à Allain Plessis, Genève, 2010.
James (Harold), *International Monetary Cooperation since Bretton Woods*, New York, 1996.
Marsh (David), *The Bundesbank. The Bank that rules Europe*, London, 1992.（traduction en français: *La Bundesbank, aux commandes de l'Europe*, Berlin, 1993; デイヴィッド・マーシュ著／相澤幸悦訳・行天豊雄監訳『ドイツ連銀の謎――ヨーロッパとドイツ・マルクの運命』ダイヤモンド社、一九九三年）。
Patat (Jean-Pierre), *Monnaie, institutions financières et politique monétaire*, 4e éd., Paris, 1987.
Prate (Alain), *La France et sa monnaie. Essai sur les relations entre la Banque de France et les gouvernements*, Paris, 1987.
Rueff (Jacques), *Le lancinant problème du déficit des balances des paiements*, Paris, 1964.
Rueff (Jacques), *Le péché monétaire de l'Occident*, Paris, 1971.（ジャック・リュエフ著／長谷川公昭・村瀬満男訳『ドル体制の崩壊――金本位制の擁護者、フランスの碩学による《国際通貨改革論》』サイマル出版会、一九七三年）。
Schmitz (Wolfgang) [ed.], *Convertibility, Multilateralism and Freedom*, Wien, 1972.（ウォルフガング・シュミッツ編／柏木雄介監訳『国際通貨危機と自由経済』日本経済新聞社、一九七三年）。
Solomon (Robert), *The International Monetary System, 1945-1981*, New York, 1982.（ロバート・ソロモン著／山中豊国監訳『国際通貨制度研究　一九四五～一九八七』千倉書房、一九九〇年）。
Toniolo (Gianni), *Central Bank's Independence in Historical Perspective*, Berlin, 1988.
Toniolo (Gianni), *Central Bank Cooperation at the Bank for International Settlements, 1930-1973*, New York, 2005.
Triffin (Robert), *Gold and the Dollar Crisis. The Future of Convertibility*, New Haven, 1960.（R・トリフィン著／村野孝・小島清監訳『金とドルの危機――新国際通貨制度の提案』勁草書房、一九六一年）。
稲村光一「ＩＭＦ総会・関連諸会議と世界不況問題」『世界経済評論』19(11)(243)、一九七五年一一月。
上川孝夫編『国際通貨体制と世界金融危機――地域アプローチによる検証』日本経済評論社、二〇一一年。
権上康男「フランスにおける新自由主義と信用改革（一九六一～七三年）――『大貨幣市場』創出への道」『エコノミア』第54巻第2号、二〇〇三年一一月。
日本銀行調査局『各国の中央銀行制度』一九五八年五月。

藤岡真佐夫『転換期の国際金融——通貨・為替をめぐる激動の軌跡』金融財政事情研究会、一九七五年。

堀江薫雄『国際通貨基金の研究——世界通貨体制の回顧と展望』岩波書店、一九六二年。

矢後和彦『国際決済銀行の20世紀』蒼天社出版、二〇一〇年。

吉野俊彦『昭和46年11月国際決済銀行におけるマネー・サプライに関する各国中央銀行専門家会議出席記録（海外出張報告）』日本銀行調査局、一九七二年。

5. フランスを中心とする欧州諸国の戦後の経済、政治、社会

Aron（Raymond）, *De Giscard à Mitterrand, 1977–1983,* Paris, 2005.

Becker（Jean-Jacques）, *Crises et alternances*（*1974–1995*）,（Nouvelle histoire de la France contemporaine–19）, Paris, 1998.

Bell（Philip）, *France and Britain, 1940–1994. The long separation,* London, 1997.

Berstein（Serge）, Casanova（Jean-Claude）et Sirinelli（Jean-François）［dir.］et avec la participation de Giscard d'Estaing（Valéry）, *Les années Giscard. La politique économique, 1974–1981,* Paris, 2008.

Berstein（Serge）, Milza（Pierre）et Bianco（Jean-Louis）［dir.］, *François Mitterrand. Les années du changement*（*1981–1984*）, Paris, 2001.

Berstein（Serge）et Rioux（Jean-Pierre）, *La France de l'expansion. 2. L'apogée Pompidou*（*1969–1974*）,（Nouvelle histoire de la France contemporaine–18）, Paris, 1995.

Berstein（Serge）, Rémond（René）et Sirinelli（Jean-François）［dir.］et avec la participation de Giscard d'Estaing（Valéry）, *Les années Giscard. Institutions et pratiques politiques, 1974–1978,* Paris, 2002.

Bussière（Eric）, Dumoulin（Michel）et Schirmann（Sylvain）［dir.］, *Europe organisée, Europe du libre-échange? Fin XIXe siècle-Années 1960,* Bruxelles, 2006.

Cardoni（Fabien）, Carré de Malberg（Nathalie）et Margairaz（Michel）［éd.］, *Dictionnaire historique des inspecteurs des Finances, 1801–2009,* Paris, CHEFF, 2013.

Economie［*L'*］*française dans la compétition internationale au XXe siècle,* Colloque des 3 et 4 octobre 2002 sous la direction scien-

tifique de Maurice Lévy-Leboyer, Paris, 2006.
Eichengreen (Barry), *The European Economy since 1945. Coordinated Capitalism and beyond,* Princeton, 2007.
Fracheboud (P.), *Quand la France était libérale. Chronique de politique économique 1974-1981,* Paris, 1986.
Gattaz (Yvon) et Simonnot (Philippe), *Mitterrand et les patrons, 1981-1986,* Paris, 1999.
Institut Charles de Gaulle, *De Gaulle en son siècle. 3. Moderniser la France,* Paris, 1992.
Iversen (Torben), Pontusson (Jonas) & Soskice (David), *Unions, Employers and Central Banks. Macroeconomic Coordination and Institutional Change in Social Market Economies,* New York, 2000.
Jeanneney (Jean-Marcel) [dir.], *L'économie française depuis 1967. La traversée des turbulences mondiales,* Paris, 1989.
Kanhimäki (Jussi M.), «Kissinger et l'Europe: entre intégration et autonomie», in *Relations internationales,* n°119, automne 2004.
Keitzer (Bernard), *Le modèle économique allemand. Mythes et réalités,* Paris, 1979.
Piquet Marchal (Marie-Odile), *Histoire économique de l'Europe des dix. De la Seconde Guerre mondiale à aujourd'hui,* Paris, 1985.
Prate (Alain), *Les batailles économiques du général de Gaulle,* Paris, 1978.
Reynaud (J.-D.), *Les syndicats en France,* t. 1, Paris, 1975.
Rousso (Henry), *La planification en crises (1965-1985). Actes de la table ronde tenue à l'IHTP le vendredi 13 décembre 1985,* Paris, 1987.
Simonian (Haig), *The Privileged Partnership, Franco-German Relations in the European Communities, 1969-1984,* Oxford, 1985.
Soutou (Georges-Henri), *L'alliance incertaine. Les rapports politico-stratégiques franco-allemands, 1954-1996,* Paris, 1996.
Soutou (Georges-Henri), «Georges Pompidou et Valéry Giscard d'Estaing: deux réconciliations et deux ruptures avec les Etats-Unis?», in *Relations internationales,* n°119, automne 2004.
Weinachter (Michèle), *Valéry Giscard d'Estaing et l'Allemagne. Le double rêve inachevé,* Paris, 2004.
長部重康『現代フランス経済論――歴史・現状・改革』有斐閣、一九八三年。
権上康男「一九七〇年代フランスの大転換――コーポラティズム型社会から市場社会へ」『日仏歴史学会会報』第27号、二〇一二年六月。

葉山滉『現代フランス経済論』日本評論社、一九九一年。

廣田功『現代フランスの史的形成——両大戦間期の経済と社会』東京大学出版会、一九九四年。

堀内博行『現代ドイツ経済の歴史』東京大学出版会、二〇〇七年。

6. 回想録、回想談、評伝

Amouroux（Henri）, *Monsieur Barre,* Paris, 1986.
Barre（Raymond）, *L'expérience du pouvoir. Conversations avec Jean Bothorel,* Paris, 2007.
Barre（Raymond）, *Raymond Barre. Entretien avec Jean-Michel Djian,* Paris, 2001.
Bérégovoy（Pierre）, *Une volonté de réforme au service de l'économie, 1984–1993,* Paris, 1998.
Brandt（Willy）, *My Life in Politics,* translated from German, London, 1992.
Debré（Michel）, *Mémoires IV: Gouverner autrement.*（*1962–1970*）, Paris, 1993.
De Gaulle（Charles）, *Lettres, notes et carnets,* t. 3, Paris, 2010.
De Gaulle（Charles）, *Mémoires d'espoir. Le renouveau,* Paris, t.1, 1970.（ドゴール著／朝日新聞外報部訳『希望の回想』一九七一年)。
Dell（Edmund）, «Britain and the origins of the European Monetary System», in *Contemporary European History,* 3, I（1994）.
Giscard d'Estaing（Valéry）, *Le pouvoir et la vie. La rencontre,* Paris, 1988.
Giscard d'Estaing（Valéry）, *Le pouvoir et la vie. L'affrontement,* Paris, 1991.
Giscard d'Estaing（Valéry）, *Le pouvoir et la vie. Choisir,* Paris, 2006.（ヴァレリー・ジスカールデスタン著／尾崎浩訳『権力と人生——フランス大統領回想録』読売新聞社、一九九〇年、同著／池村俊郎訳『エリゼ宮の決断——続フランス大統領回想録』読売新聞社、一九九三年)。
Giscard d'Estaing（Valéry）——, *Valéry Giscard d'Estaing. Entretien avec Agathe Fourgnaud,* Paris, 2001.
Hallstein（Walter）, *Europe in the making,* London, 1972.
Jeanneney（Jean-Marcel）, *Une mémoire républicaine. Entretiens avec Jean Lacouture,* Paris, 1997.
Jenkins（Roy）, *European Diary, 1977–1981,* London, 1989.

Jobert (Michel), *L'autre regard,* Paris, 1976.

Kissinger (Henry), *White House Years,* Boston, 1979.（ヘンリー・キッシンジャー著／桃井真監修・斎藤彌三郎ほか訳『キッシンジャー秘録４　モスクワへの道』小学館、一九八〇年）。

Lassaigne (Arthur), *Michel Albert. Une éthique citoyenne au service de l'Europe,* Maîtrise d'histoire, Sorbonne-Paris IV, 2004-2005.

Lattre (André de), *Servir aux Finances,* Paris, 1999.

Marjolin (Robert), *Le travail d'une vie. Mémoires 1911-1986,* Paris, 1986.

Mauroy (Pierre), *Mémoires. «Vous mettrez du bleu au ciel»,* Paris, 2003.

Monnet (Jean), *Mémoires,* Paris, 1976.（ジャン・モネ著／黒木寿時編・訳『ECメモワール――ジャン・モネの発想』共同通信社、一九八五年）。

Roussel (Eric), *Georges Pompidou 1911-1974,* nouvelle éd., Paris, 1994.

Samuel (Patrick), *Michel Debré. L'architecte du Général,* Paris, 1999.

Schmidt (Helmut), *Die Deutschen und ihre Nachbarn. Menschen und Mächte II,* Berlin, 1990.（ヘルムート・シュミット著／永井清彦他訳『ドイツ人と隣人たち――続シュミット外交回想録　上下』岩波書店、一九九一年）。

Schmidt (Helmut) [von D. Hauser (ed.)], *Jahrhundertwende. Gespräche mit Lee Kuan Yew, Jimmy Carter; Shimon Peres, Valéry Giscard d'Estaing, Ralf Dahrendorf, Michail Gorbatschow, Rainer Barzel, Henry Kissinger, Helmut Kohl und Henning Voscherau,* Berlin, 1998.（ヘルムート・シュミット著／田村真理・山本邦子訳『ヘルムート・シュミット対談集』行路社、二〇〇一年）。

Spaak (Paul-Henri), *Combats inachevés, II: De l'espoir à la déception,* Paris, 1969.

Tietmeyer (Hans), *Herausforderung Euro — Wie es zum Euro kam und was er für Deutschlands Zukunft bedeutet,* Munich, 2005. (Hans Tietmeyer, *Economie sociale de marché et stabilité monétaire,* (traduc. d'allemand en français), Paris, 1999. H・ティートマイヤー著／財団法人国際通貨研究所・村瀬哲司監訳『ユーロへの挑戦』京都大学学術出版会、二〇〇七年）。

Volcker (Paul) & Gyohten (Toyoo), *Changing Fortunes,* New York, 1992.（ポール・ボルカー・行天豊雄著／江澤雄一監訳『富の興亡――円とドルの歴史』東洋経済新報社、一九九二年）。

柏木雄介『激動期の通貨外交』金融財政事情研究会、一九七二年。

柏木雄介〔述〕本田敬吉・秦忠夫編『柏木雄介の証言――戦後日本の国際金融史』有斐閣、一九九八年。

7. その他（経済理論、経済・社会思想等）

Barre (Raymond) et Fontanel (Jacques), *Principes de politique économique,* Grenoble, 1991.

Cockett (Richard), *Thinking the Unthinkable. Think-Tanks and the Economic Counter-Revolution, 1931–1983,* London, 1995.

Denord (François), *Néolibéralisme. Version française. Histoire d'une idéologie politique,* Paris, 2007.

King (John E.), *Nicholas Kaldor,* Basingstoke/Hampshire, 2009.

Mirowski (Philip) & Plehwe (Dieter), *The Road from Mont Pelerin. The Making of the Neoliberal Thought Collective,* New York, 2009.

Polanyi (Karl), *The Great Transformation. The Political and Economic Origins of Our Tome,* New York, 1944. (new ed., Boston, 2001. カール・ポラニー著／野口健彦・栖原学訳『〔新訳〕大転換――市場社会の形成と崩壊』東洋経済新報社、二〇〇九年)。

Rueff (Jacques), *L'ordre financier,* Paris, 1945 (réédit., Paris, 1984).

雨宮昭彦『競争秩序のポリティックス――ドイツ経済政策思想の源流』東京大学出版会、二〇〇五年。

雨宮昭彦・J・シュトレープ編著『管理された市場経済の生成――介入的自由主義の比較経済史』日本経済評論社、二〇〇九年。

権上康男編著『新自由主義と戦後資本主義――欧米における歴史的経験』日本経済評論社、二〇〇六年。

……………………………………368,516-517
リチャードソン　Richardson, Gordon …… 367-368,370,451,459
リペール　Ripert, Jean ………………… 252,276
リュエフ　Rueff, Jacques ……………50,69,249-251,275,279,549
リュオー　Ruault, Jean-Pierre ……… 249-253, 255-256,258,262-263,285,325-326,397-398, 408
リンチ　Lynch, Jack …………………… 358,403
ルルー　Le Roux ………………………… 324-325
レーガン　Reagan, Ronald …… 277-278,409,522
レネップ　Lennep, E. van …………………… 31
レプケ　Röpke, Wilhelm ……………………… 39
ロバン　Robin, Gabriel ……… 290,295-296,329

バッフィ　Baffi, Paolo …………………368-369
バナフュ　Panafieu, Guy de ………… 403,411
バランジェル　Ballanger, Robert ……… 264
ハルシュタイン　Hallstein, Walter ……33-34, 36-37,42,546
バルフォア　Balfour, M. J. …………… 432,457
ハンコック　Hancock ……………………… 464
ヒース　Heath, Edward …………………… 298
ヒーリー　Healey, Denis ……………392-393
ピエールブロソレット　Pierre-Brossolette, Claude ……… 83,136-137,139,157-159,160-162,165-166,169,187,196,306,331
フーシェ　Fouchet, Christian ………………… 8
フォッケ　Focke, Katharina ……………… 129
フランソワポンセ　François-Poncet, Jean ………………………………………353-354,356
ブラント　Brandt, Willy ………76,118,123,127, 143-144,157,173,299-300,539
フリードマン　Friedman, Milton ………… 234
フリデリッヒス　Friderichs, Hans ……… 376
フリムラン　Pflimlin, Pierre ………………… 19
ブリュネル　Bruneel, Didier ………………… 37
フルカード　Fourcade, Jean-Pierre ……… 186, 195,199,214-215,218,220,223,239,245-246, 248,251,292
フルサン　Fourçan, André ………………… 277
ブルメンソール　Blumenthal, W. Michael ……………………………………………… 389
ブルワーズ　Brouwers, G. ……………… 95,97
プレスコフ　Prescoff, Georges …………… 271
フレッシュ　Freyche, Michel …………… 376
ブロックレネ　Bloch-Lainé, Jean-Michel ………………………………………96,107,310
ペール　Pöhl, Karl Otto …… 304,307,333,345, 361,376,379,395,418,426,429,431,442-443, 450,465,493,518-519,526-527
ペルー　Perroux, François ………………… 253
ベルナール　Bernard, Jean-René ………91-92, 109-111,114,128
ボーンガルトネル　Baumgartner, Wilfrid … 19
ポストゥーマ　Postuma, S. ………… 2-4,28,39
ホフマイヤー　Hoffmeyer, Erik ……… 204,452
ポランニー　Polanyi, Karl ……… vi,181-182
ボワイエ＝ドゥ＝ラ＝ジロデー　Boyer de la Giroday, F. ………………………30,32,42,203
ポンピドゥー　Pompidou, Georges …… 61,77, 79-82,84-85,91,109,112,114-117,127,129,143-147,169,173-174,195,288,296,541,542,544

ま行

マーレー　Murray ………………………… 451
マットヘッファー　Matthöfer, Hans …… 324, 379,389,392,395
マランボー　Malinvaud, Edmond ……163-165, 168,170,282,329
マルジョラン　Marjolin, Robert ………13,15-17,30,32,40,42,254,279,292
マルファッティ　Malfatti, Franco Maria ……………………………………… 115,298
マンスホルト　Mansholt, Siccu ………… 142
ミッケルセン　Mikkelsen …………… 448,450
ミッテラン　Mitterrand, François … 254,278, 396,465,473,475,525
ミュラー＝アルマック　Müller-Armack, Alfred ……………………………… 10-11,14,22
ミュンヒマイヤー　Münchmeyer, Alwin …………………………………………… 376
メルタン＝ドゥ＝ヴィルマルス　Mertens de Wilmars, J. ………………………66-67,152
モスカ　Mosca, Dott. U. ……… 53,56,62,109, 312,385
モネ　Monnet, Jean …………77,111,123,298
モノリー　Monory, René …………… 265,375
モリトール　Molitor, Bernhard … 95,125-126
モレッリ　Morelli, G. ……………………… 96

や行

ヨー　Yeo, Edwin H. ……………………… 219

ら行

ラール　Larre, René ……35,50-51,57,59-60,63, 71,85,99-101,105-106,136
ラーンシュタイン　Lahnstein, Manfred …………………… 360-361,364,403,463-464
ラットル　Lattre, André de …………31,237
ラロジエール　Larosière, Jacques de …… 177, 196,199,219-222,229,247-248,255,280,292-294,301,307,319-322,329,331,345
ラロック　Larock, Victor ………………… 6-7
ランファリュシー　Lamfalussy, Alexandre

さ行

た行

な行

は行

人名索引

あ行

か行

は行

ま行

や行

ら行

か行

さ行

索　引

事項索引

あ行

【著者略歴】

権上康男（ごんじょう・やすお）

1941年生まれ

東京大学大学院経済学研究科博士課程単位取得退学

現在、横浜商科大学商学部客員教授、横浜国立大学名誉教授、経済学博士（東京大学）

主な業績：『フランス帝国主義とアジア』（東京大学出版会、1985年）、同仏語版 *Banque coloniale ou banque d'affaires: la Banque de l'Indochine sous la IIIe République* (Paris, CHEF, 1993)、『フランス資本主義と中央銀行』（東京大学出版会、1999年）、『20世紀資本主義の生成』（共編著、東京大学出版会、1996年）、『新自由主義と戦後資本主義』（編著、日本経済評論社、2006年）

通貨統合の歴史的起源

——資本主義世界の大転換とヨーロッパの選択——

Historical Origins of European Monetary Integration : Policy Choices of European Countries in the Great Transformation of Capitalism

2013年3月28日　第1刷発行　　定価（本体10000円＋税）

著　者　権　上　康　男

発行者　栗　原　哲　也

発行所　株式会社　日本経済評論社

〒101-0051　東京都千代田区神田神保町3-2

電話　03-3230-1661　FAX　03-3265-2993

info8188@nikkeihyo.co.jp

URL：http://www.nikkeihyo.co.jp

装幀＊渡辺美知子　　印刷＊文昇堂・製本＊誠製本

乱丁・落丁本はお取替えいたします。　Printed in Japan

ISBN978-4-8188-2256-6

権上康男編著

新自由主義と戦後資本主義

―欧米における歴史的経験―

A5判　五七〇〇円

定義も起源も定かではない新自由主義誕生の歴史を明らかにし、アメリカ、ヨーロッパ大陸諸国、国際諸機関を対象に、理念と政策実践の両面から実相に迫る。

石山幸彦著

ヨーロッパ統合とフランス鉄鋼業

A5判　五六〇〇円

欧州統合は、ヨーロッパ石炭鉄鋼共同体の結成によって現実のものとなった。そこに組み込まれたフランス鉄鋼業の分析を通して、初期の欧州統合の実態と意義を解明する。

小島　健著

欧州建設とベルギー

―統合の社会経済史的研究―

A5判　五九〇〇円

一九九二年のベルギー・ルクセンブルク経済同盟以来ヨーロッパ欧州地域の統合に先導的役割を果たしてきた「小国」ベルギーを中心に欧州建設（統合）の歴史の解明を試みる。

西川純子著

アメリカ航空宇宙産業

―歴史と現在―

A5判　四五〇〇円

ライト兄弟から防衛ミサイルまで、アメリカの航空機産業が航空宇宙産業に転ずる過程を克明に分析。国防産業基盤が崩壊して軍産複合体が出現するまでを鮮やかに描き出す。

斎藤　叫著

世界金融危機の歴史的位相

四六判　三五〇〇円

一九二〇年恐慌との比較など長期的視点、一九八〇年代以降の「新自由主義」政策からの転換など中期的視点、国際金融システムをも視野に入れ、世界史に位置づける。